आधुनिकता के आईने में दलित

वाणी द्वारा लोक-चिंतन ग्रंथमाला

के कुछ और प्रकाशन :

लोकतंत्र के सात अध्याय

भारत का भूमंडलीकरण

लोक-चिंतक ग्रंथमाला

राजनीति की पूरी किताब

विख्यात राजनीतिशास्त्री रजनी कोठारी
की चुनिंदा रचनाओं का संकलन

लोक-चिंतन

ग्रंथमाला

आधुनिकता के आईने में दलित

संपादक

अभय कुमार दुबे

श्रृंखला संपादक

विजय बहादुर सिंह, योगेंद्र यादव

वाणी प्रकाशन

CSDS

विकासशील समाज अध्ययन पीठ

(सी.एस.डी.एस.)

वाणी प्रकाशन
4695, 21-ए, दरियागंज, नयी दिल्ली 110 002

फ़ोन : +911123273167 फ़ैक्स : +911123275710

शाखाएँ

अशोक राजपथ, पटना 800 004, बिहार

कॉफ़ी हाउस कैम्पस, महात्मा गांधी मार्ग, इलाहाबाद 211 001, उत्तर प्रदेश

महात्मा गांधी अन्तरराष्ट्रीय हिन्दी विश्वविद्यालय, वर्धा 442 001, महाराष्ट्र

सुल्तानिया रोड, मोतिया पार्क, भोपाल 462 001, मध्य प्रदेश

www.vaniprakashan.in

marketing@vaniprakashan.in

sales@vaniprakashan.in

ADHUNIKTA KE AAEENE MEIN DALIT
Edited by Abhay Kumar Dubey

ISBN : 978-93-87024-31-1
Social Science

संस्करण 2002, 2014
आवृत्ति 2020

मूल्य : ₹ 395

आवरण : के.एम. मधुसूदन

जयंत प्रिंटरी, एलएलपी, मुम्बई-02 में मुद्रित

वाणी प्रकाशन का लोगो मक़बूल फ़िदा हुसेन की कूची से

डोड्डबेल्लापुरा रामैया नागराज की स्मृति में

अनुक्रम

राजनीतिकरण, राजसत्ता, वोट, बहुजन, नक्सलवाद

बहस, नस्ल, जाति, भूमंडलीकरण

लोक-चिंतन ग्रंथमाला

भारतीय समाजशास्त्र की खोज

लोक-चिंतन ग्रंथमाला देश और दुनिया को भारतीय भाषाओं में समझने-समझाने की एक शुरुआत है। इस ग्रंथमाला के तहत समकालीन भारत और दुनिया के कुछ सामयिक और मूलभूत मुद्दों पर ग्रंथ प्रकाशित किए जाएँगे। ये ग्रंथ विकासशील समाज अध्ययन पीठ (सेंटर फॉर द स्टडी ऑव डेवलपिंग सोसायटीज, या सी.एस.डी.एस.) की १९६३ से आज तक की विचार-यात्रा को प्रतिबिंबित करेंगे और साथ ही इस विचार-परंपरा को एक नया आयाम देने की कोशिश भी करेंगे।

समकालीन भारत का बौद्धिक जगत दूर-दूर तक एक द्विभाजन का शिकार नजर आता है। पहली नजर में यह खाई एक भाषायी फाँक जैसी दिखाई देती है—एक ओर अंग्रेजी और दूसरी ओर समस्त भारतीय भाषाएँ। समाजशास्त्र, यानी समाज के बारे में गंभीर, दीर्घकालिक, शास्त्रीय मनन-चिंतन सिर्फ अंग्रेजी में होता है। भारतीय भाषाओं में मौलिक समाजशास्त्रीय लेखन के प्रयास बिरले ही होते हैं। न तो उसके अनुकूल माहौल है, न ही संस्थागत सुविधाएँ। बीच-बीच में एकाध अंग्रेजी की समाजशास्त्रीय रचना अनुवाद के रूप में भारतीय भाषाओं में सामने आ जाती है। लेकिन एकाध अपवाद को छोड़ कर समाज-चिंतन के नाम पर हिंदी में या तो सतही अखबारी लेखन मिलता है या फिर कुछ सस्ती पाठ्य-पुस्तकें। हिंदी में गंभीर और परिष्कृत लेखन या तो साहित्यिक रचनाओं की शक्ल ले लेता है, या फिर साहित्य-मीमांसा की। बौद्धिक श्रम का यह विचित्र विभाजन इतना गहरा और व्यापक है कि एकदम सहज और सामान्य दिखने लगा है। इसलिए जब-जब

समाज, राजनीति और अर्थव्यवस्था जैसे विषयों पर भारतीय भाषाओं में सोच विकसित करने की बात चलती है, तब-तब वह अक्सर अंग्रेजी के समाजशास्त्र का अनुवाद उपलब्ध कराने तक सीमित हो कर रह जाती है। हर कोई मान कर चलता है कि असली चुनौती अंग्रेजी में लिखे समाजशास्त्रीय ज्ञान को हिंदी के सरल-बुद्धि पाठक तक संप्रेषित करने की है।

दरअसल अंग्रेजी और भारतीय भाषाओं का अंतर केवल एक भाषायी फाँक नहीं है। यह अनुभूति, अभिव्यक्ति और ज्ञान के दो संसारों का अंतर है। अंग्रेजी और भारतीय भाषाओं के चिंतन की विषयवस्तु, विधा, प्रेरणा-स्रोत और अवधारणात्मक सूत्र एक-दूसरे से बुनियादी तौर पर भिन्न हैं। इनके सामाजिक दायरे एक-दूसरे से जुदा हैं। इसलिए इस फाँक की वजह से सिर्फ हिंदी का जगत ही नहीं अंग्रेजी की दुनिया भी गरीब हो गयी है। अगर हिंदी का पाठक नये और ताजा समाजशास्त्रीय सोच से वंचित हुआ है तो दूसरी तरफ सिर्फ अंग्रेजी तक सीमित समाजशास्त्र खुद समाज की जड़ों से कट गया है। भारत में और भारत के बारे में छपनेवाले समाजशास्त्रीय विश्लेषण अमूमन देसी ज्ञान परंपराओं और अवधारणाओं से अनभिज्ञ रहते हैं। ये अध्ययन अक्सर एक महानगरीय और अभिजात वर्ग के सामाजिक अनुभव के तंग दायरे में कैद रहने के साथ ही जमीन पर हो रहे सामाजिक परिवर्तन और जनांदोलनों से अनछुए भी रहते हैं। भारतीय समाज और चिंतन को बाँटनेवाली इस खाई के चलते सही मायने में एक भारतीय समाजशास्त्र का जन्म ही नहीं हो पाया है।

पिछले दो दशकों में इस खाई को पाटने की जरूरत और संभावना दोनों एक साथ बढ़े हैं। हिंदी और अन्य भारतीय भाषाओं में पाठकों का एक नया तबका तैयार हुआ है। तमाम दिशाओं और व्यवसायों से आए लोगों को मिला कर बना यह तबका आज जमीन पर विचारों का मुख्य उपभोक्ता और उत्पादक है। इसमें अध्यापक, पत्रकार, स्वतंत्र लेखक और सामाजिक, सांस्कृतिक और राजनीतिक कार्यकर्त्ता शामिल हैं। यह अंग्रेजी से अनभिज्ञ नहीं है, लेकिन मूलत: हिंदी या अन्य भारतीय भाषाओं में सोचता और स्वयं को व्यक्त करता है। कभी-कभार अंग्रेजी सामग्री का उपभोग कर सकने के बावजूद अपनी वैचारिक खुराक के लिए यह तबका भारतीय भाषाओं पर निर्भर करता है। पिछले दो दशकों में इसका आकार बढ़ा है और हाशिये पर पड़ी जातियों और समुदायों ने भी इसमें दाखिला पाया है। भारतीय समाज और लोकतंत्र के रंग-रूप में हुई तब्दीलियों ने इस मानस को झकझोरा है, इसके स्थापित मानकों और वैचारिक आलस्य को चुनौती दी है और बने-बनाए वैचारिक खाँचों को तोड़ा है। पाठकों के इस तबके को खबरों और उनके विश्लेषण, दोनों की भूख है। पिछले दशक में भारतीय भाषाओं के अखबारों में अभूतपूर्व विस्तार ने इस वर्ग की खबरों की भूख को तो किसी तरह पूरा किया है, लेकिन विश्लेषण की जरूरत को पूरा करने लायक सामग्री आज भी उपलब्ध नहीं है।

विकासशील समाज अध्ययन पीठ 1963 में अपनी स्थापना के बाद से ही समाजशास्त्र की देसी व्याख्या के प्रयास में लगा रहा है। यहाँ कार्यरत विद्वानों ने एक तरफ तो पश्चिम से उधार ली गयी औपनिवेशिक विचार-पद्धतियों का खंड़न-मंडन किया और दूसरी ओर समाजशास्त्र को विशेषज्ञों की बपौती बनाने की कोशिशों को भी चुनौती दी। ज्ञान और राजनीति के अटूट रिश्ते की शिनाख्त करते हुए इन विद्वानों ने जनांदोलनों के अनुभवों और शास्त्रीय ज्ञान-परंपराओं के बीच सेतु की भूमिका निभाने की कोशिश की। अंग्रेजी समाजशास्त्र की स्थापित अवधारणाओं को बुनियादी चुनौती देनेवाला यह अधिकांश लेखन अंग्रेजी में ही हुआ। इस लिहाज से इस विचार-परंपरा को भारतीय भाषाओं तक ले जाने का यह प्रयास अध्ययन पीठ की जीवनधारा की एक स्वाभाविक कड़ी समझी जानी चाहिए। कुछ वर्ष पहले भी इस अध्ययन पीठ की तरफ से एक ऐसा ही प्रयास हुआ था। साधनों और संस्थागत सुविधाओं की कमी की वजह से वह प्रयास केवल एक पुस्तक तक सीमित हो कर रह गया। लेकिन उस पुस्तक के परिचय में लिखी संपादक की यह पंक्तियाँ आज भी इस नयी ग्रंथमाला के उद्देश्य को स्पष्ट करती हैं :

> 'ग्रंथमाला का यह पहला प्रकाशन ज्ञान, कर्म और शब्द की त्रिवेणी के पुराविष्कार की कोशिश है, एक ऐसे समय में, जब यह तीनों धाराएँ परस्पर विमुख दिशाओं में बढ़ती हुई दिखायी पड़ रही हैं, और जिसके फलस्वरूप तीनों ही निरर्थक होती जा रही हैं : शास्त्रीय ज्ञान किताबों और गोष्ठियों में कैद दिखता है, कर्म निराधार, मूल्यहीन, सिद्धांतहीन और दृष्टिहीन है : और शब्द की जड़ें न ज्ञान में, न कर्म में, न अंतर्मन में।'

वाणी प्रकाशन के सहयोग से पाठकों तक पहुंच रही इस ग्रंथमाला में विकासशील समाज अध्ययन पीठ में लिखे गए श्रेष्ठ समाजशास्त्रीय शोध को अनुवाद की बजाय पुनर्लेखन की रचनात्मक प्रक्रिया के माध्यम से हिंदी में लाया जाएगा। साथ ही इस ग्रंथमाला के माध्यम से हिंदी में मौलिक अनुसंधान को बढ़ावा देने का प्रयास भी किया जायेगा। आशा है कि हमारा यह प्रयास केवल हिंदी तक सीमित नहीं रहेगा और देर-सबेर हम इसमें अन्य भारतीय भाषाओं को भी शामिल कर सकेंगे।

—विजय बहादुर सिंह, योगेंद्र यादव
श्रृंखला संपादक

स्मृति-शेष

डोड्डुबेल्लापुरा रामैया नागराज : वैचारिक द्वैध के पार

योगेंद्र यादव

डी.आर. नागराज को गुजरे चार साल हो गये। फिर भी उनकी याद बार-बार आती है, खासतौर पर दिल्ली के अंग्रेजीदाँ सेमिनारधर्मा समुदाय से अपने-आपको घिरा-घुटा पाते समय। सोचता हूँ कि अगर नागराज यहाँ होते तो क्या कहते, किस शास्त्रीय उपमा का इस्तेमाल करते और कैसे इस पाखंड की खिल्ली उड़ाते। सोचते-सोचते कई बार मैं किसी बुद्धिजीवी से नागराज का जिक्र कर बैठता हूँ। फिर गलती का एहसास होता है जब उसकी आँखों में प्रश्न तैरता है : किस नागराज का जिक्र कर रहे हैं आप?

आखिर दिल्ली को नागराज का परिचय कैसे दिया जाये? सिर्फ ४४ साल की उम्र में देहावसान के समय नागराज बंगलूर विश्वविद्यालय में कन्नड़ साहित्य के प्रोफेसर थे, साहित्य अकादेमी के राष्ट्रीय अनुवाद केंद्र के संस्थापक-निदेशक थे, महज ४० बरस की उम्र में कन्नड़ का सर्वोच्च शिवराम कारंत पुरस्कार पा चुके थे और हम्पी विश्वविद्यालय का उपकुलपति बनने का प्रस्ताव ठुकरा चुके थे। तब तक नागराज एक-दो नहीं, कई पुस्तकें लिख चुके थे, 'अक्षर चिंतन' नामक ग्रंथमाला का संपादन कर चुके थे और देश-भर के आंदोलनरत समूहों के सबसे महत्त्वपूर्ण हस्ताक्षरों में से एक बन चुके थे। इतना परिचय देने के साथ-साथ मैं यह कहना भी नहीं भूलता कि उन्हें शिकागो विश्वविद्यालय ने हर वर्ष एक सत्र के लिए

विजिटिंग प्रोफेसर नियुक्त किया था। इस अंतिम सूचना को पा कर दिल्ली नोटिस लेती है, माथे पर बल डालते हुए कहती है, 'अरे हाँ, सुना तो है इनके बारे में। कन्नड़ साहित्य के मूर्धन्य आलोचक थे।' मूर्धन्य, लेकिन कन्नड़ साहित्य तक सीमित। सत्ता प्रतिष्ठान कुछ इस अंदाज से प्रशंसा करता है कि अक्सर प्रशंसा का पात्र ही बौना साबित हो जाता है। इसी दिल्ली में वी.एस. नैपॉल को 'लेखक और चिंतक' कहा जाता है,लेकिन यू.आर. अनंतमूर्ति को 'कन्नड़ कथाकार'। खुशवंत सिंह को 'लेखक और स्तंभकार' कहा जाता है, लेकिन नामवर सिंह को 'हिंदी आलोचक'। यही औपनिवेशिक शैली डी.आर. नागराज के बौद्धिक फलक को कन्नड़ साहित्य की आलोचना के दायरे में सीमित कर देती है। अब दिल्ली को यह कैसे समझाया जाये कि ऐसे वर्गीकरण से उसकी तंगदिली ही जाहिर होती है।

आज के भारत में अंग्रेजी आधुनिकता की भाषा है, प्रगति की भाषा है, देश और दुनिया के बारे में मूर्त और अमूर्त चिंतन करने की भाषा है। अन्य भारतीय भाषाओं को बचपन के गीले संस्मरणों पर कविता-कहानी रचने की भाषा माना जाता है। इस स्थापित पूर्वग्रह में नागराज का कन्नड़ में और कन्नड़ साहित्य पर लिखना फिट बैठता है। यह छवि भारतीय भाषाओं को कविता-कहानी के साथ-साथ कभी-कभार दोयम दर्जे का आलोचनाकर्म करने की इजाजत भी देता है। इसी छवि को तोड़ने के लिए नागराज ने कुछ मित्रों के आग्रह पर एक पुस्तक मूल अंग्रेजी में लिख कर प्रकाशित करायी थी। यह थी 'दि फ्लेमिंग फीट' जो नागराज के जीवन में अंग्रेजी में छपी एक मात्र किताब है। कन्नड़ भाषी समुदाय के बाहर नागराज का मूल्यांकन अभी तक उसी किताब और अंग्रेजी में लिखे उनके कुछ छिटपुट लेखों पर आधारित है। अपनी भाषा न होने के कारण नागराज का अंग्रेजी लेखन सायास लगता था और वाक्य-विन्यास पर कन्नड़ का असर साफ दिखायी देता था। मैं अक्सर उनसे कहता था कि वे रोमन लिपि में कन्नड़ लिखते हैं। और वे पलट कर कहते थे कि अंग्रेजी के साथ हिंसा करना उनका जन्मसिद्ध अधिकार ही नहीं, धर्म भी है।

इन सीमाओं के बाद भी 'फ्लेमिंग फीट' ने बौद्धिक जगत में खलबली मचा दी। बंगलूर के एक छोटे से प्रकाशक द्वारा छापी गयी इस किताब को लोगों ने ढूँढ़-ढूँढ़ कर और माँग-माँग कर पढ़ा। जिसने भी पढ़ा, वह चमत्कृत हुए बिना न रह सका। भाषागत सीमा के बाद भी विशिष्ट शैली और वैचारिक बारीकी के कारण बाकी सब लेखकों से नागराज अलग निकले। धीरे-धीरे कुछ लोगों को यह समझ आने लगा कि नागराज महज साहित्यालोचन ही नहीं कर रहे हैं। उनका लेखन समाजशास्त्र और राजनीतिशास्त्र में भी दखल देता है। 'फ्लेमिंग फीट' का एक लेख गाँधी और आंबेडकर के रिश्तों की पड़ताल करता है तो दूसरा लेख समकालीन भारत में दलित मानस की सांस्कृतिक उलझन को वैचारिक परिप्रेक्ष्य में रखता है। नागराज एक ओर तो प्रगतिशील सौंदर्यशास्त्र से उपजे यथार्थवाद को चुनौती देते हैं, तो दूसरी ओर दलित-बहुजनवाद के आधुनिकतावादी मोह को।

समकालीन भारत के बौद्धिक जगत का एक ओर द्वैध आधुनिकता और परंपरा को लेकर है, जो कुछ हद तक अंग्रेजी और भारतीय भाषाओं के द्वैध की ही प्रतिबिंब है। एक ओर वे बुद्धिजीवी हैं जिनके लिएं ज्ञान-विज्ञान के सभी स्रोत और प्रेरणाएँ आधुनिक यूरोप से जुड़े हुए हैं और दूसरी ओर वे लोग हैं जिनके लिए वेदों के आगे-पीछे कुछ भी नहीं है। नागराज का लेखन इस खाई को भी पाटता है। एक ओर आधुनिक पश्चिमी साहित्य मीमांसा, समाजशास्त्र और दर्शन में पारंगत, तो दूसरी ओर भारतीय दार्शनिक परंपरा की अनेक धाराओं- उपधाराओं पर महारत। एक तरफ लुडविग विट्‌जेंस्टाइन का हवाला, तो दूसरी तरफ बौद्ध दार्शनिक नागार्जुन का उद्धरण। नागराज के लिए भारतीय परंपरा का मतलब सिर्फ संस्कृत के कुछ ग्रंथ नहीं थे बल्कि वे कन्नड़ और तेलुगू के तमाम ग्रंथों, वाचिक परंपरा और दंत कथाओं के चलते-फिरते आगार थे।

अपनी विद्वत्ता के बाद भी नागराज को कोरे पांडित्य से चिढ़ थी। भद्रलोक पंडितों के समागम में वे खुद को राजनीतिक कार्यकर्ता घोषित करने से बाज नहीं आते थे। वे सिर्फ कहने के लिए ही नहीं, कहीं बहुत गहरे स्तर पर खुद को दलित-बहुजन राजनीति से जुड़ा हुआ महसूस करते थे। पहले उन्होंने समाजवादी युवजन सभा में रह कर लोहियावादी राजनीति का संस्कार ग्रहण किया, फिर स्टूडेंट फेडरेशन ऑव इंडिया से जुड़ कर मार्क्सवाद सीखा। मार्क्सवाद से मोहभंग के बाद कर्नाटक के दलित आंदोलन से गहरा रिश्ता बनाया। नागराज में भारतीय समाज पर जाति-प्रथा के असर और शूद्र-अतिशूद्र समाज के साथ हुए अन्याय को पलटने का आग्रह कूट-कूट कर भरा था। अमूर्त से अमूर्त चर्चा में भी जातिवादी दुराग्रह चिह्नित करने से वे शायद ही कभी चूकते हों। खुद एक अतिपिछड़े बुनकर समुदाय के पुत्र होने के नाते नागराज ने शूद्र होने की पीड़ा, तिरस्कार और अभाव को स्वयं झेला था। यह भोगा हुआ यथार्थ नागराज की राजनीतिक प्रतिबद्धता की बुनियाद था।

लेकिन इस मामले में भी नागराज ने वैचारिक जगत के स्थापित द्वैध को लाँघा। शुद्ध बौद्धिकता और स्थूल वैचारिक प्रतिबद्धता रूपी विकल्पों को उन्होंने कभी स्वीकार नहीं किया। उन्होंने अपने लेखन से साबित किया कि स्थूल वैचारिक थापनाओं की जरूरत छिछली प्रतिबद्धता को ही होती है। राजनीतिक प्रतिबद्धता गर गहरी हो तो वह पकी-पकायी मान्यताओं की वकालत करने के बजाय बारीक चिंतन की तरफ ले जाती है। कांचा ऐलैया की पुस्तक 'व्हाय आई एम नॉट ए हिंदू' की कड़ी समीक्षा करते हुए नागराज उनकी इस बात के लिए खबर लेते हैं कि वे दलित आंदोलन की प्रचलित मान्यताओं का समर्थन करने में ही अपने बौद्धिक दायित्व की इतिश्री समझते हैं। नागराज साबित करते हैं कि कांचा का हिंदू धर्म विरोध दरअसल मनुवादी हिंदू धर्म की बुनियादी मान्यताओं का ही शिकार बना रहता है।

प्रतिबद्धता और वैचारिक बारीकी के इसी संगम ने शायद नागराज को विकासशील समाज अध्ययन पीठ की ओर आकृष्ट किया। नागराज से अध्ययन पीठ

और आशीष नंदी का पहला परिचय कराते समय मेरे मन में कई संशय थे। ये लोग नागराज को समझ भी पायेंगे? कैसा लगेगा नागराज को दिल्ली में हम सबके बीच? लेकिन मैं गलत साबित हुआ। कुछ ही दिनों में नागराज को अध्ययन पीठ में बुलाने की तैयारी होने लगी और देखते ही देखते वे दो साल के लिए विजिटिंग प्रोफेसर बन कर आ गये। पद तो एक औपचारिकता थी, नागराज अध्ययन पीठ की आत्मा थे। ऐसा लगता था कि जैसे वे अध्ययन पीठ के संस्थापकों में से एक हों। आज भी वे इस संस्था के लिए व्यक्ति नहीं, एक रूपक हैं उस बौद्धिक कर्म का जिसे अध्ययन पीठ अपना धर्म मानती है। अध्ययन पीठ का विस्तार करते हुए आज भी चर्चा होती है : क्या एक और नागराज मिल सकता है?

नागराज उस वक्त चल बसे जब देश के बौद्धिक प्रतिष्ठानों में दलित-बहुजन सरोकारों को जगह मिलनी शुरू ही हुई थी। इस बहस की शुरुआत ही में नागराज ने दलित-बहुजन बुद्धिजीवियों के सामने दो बड़े सवाल रखे। पहला सवाल दलित विमर्श में आधुनिकता के तमाम रूपों के प्रति मोह के बारे में था। चाहे वह आधुनिक प्रौद्योगिकी के प्रति लगाव हो, शहरीकरण में आस्था हो या फिर सीधे-सीधे अंग्रेजी राज और पश्चिमी समाज के प्रति सकारात्मक रुख हो, नागराज ने सभी पर सवालिया निशान लगाया। उनका कहना था कि पूँजीवाद की आर्थिक और राजनीति संरचना की व्याख्या तो पश्चिम के समाज विज्ञान ने की, पर उसके जातीय और सांस्कृतिक आधार की विवेचना करना तीसरी दुनिया के दलित-बहुजन बुद्धिजीवियों का कर्तव्य है। आधुनिक प्रौद्योगिकी के जरिये हुए कारीगर जातियों और समुदायों के संहार को समझे बिना यह व्याख्या अधूरी रहेगी। उनका दूसरा सवाल दलित-बहुजन आंदोलन के परंपराओं के प्रति रुख से संबंधित था। नागराज का शिकायत थी कि मनुवाद के आलोचक अक्सर इस मनुवादी भ्रम के शिकार हो जाते हैं कि दलित-बहुजन समाज के पास संस्कृति के नाम पर कुछ नहीं है और हिंदू सांस्कृतिक परंपराओं में दलित आत्मसम्मान की जगह नहीं है। उन्हें परंपराओं के पूर्ण विरोध और तिरस्कार की राजनीति दरअसल एक वैचारिक आत्मसमर्पण की तरह दिखायी देती थी। उनका आग्रह था कि परंपराओं का पूरा मैदान संघ परिवार और दूसरे मनुवादियों के हाथों सौंपने के बजाय दलित-बहुजन आंदोलन को उन्हीं सांस्कृतिक परंपराओं में से प्रति-संस्कृति के प्रतीक ढूँढ़ने और गढ़ने होंगे। नागराज का अपना लेखन ऐसी ही मिसालों से भरा पड़ा है।

मुझे लगता है कि नागराज के ये सवाल आज भी अनुत्तरित हैं। वे आज भी दिल्ली के लिए अपरिचित हैं। पर क्या नागराज को जानने के लिए दिल्ली को भी कुछ नही बदलना पड़ेगा?

संपादन और अनुवाद के बारे में

लोक-चिंतन ग्रंथमाला और पाठकों का अंतर्संबंध वैसा नहीं होगा जैसा हिंदी में सामान्य तौर पर प्रकाशित होती रहने वाली पुस्तकों और उनके पाठकों के बीच हुआ करता है। यह पुस्तक शृंखला उस पाठक वर्ग को संबोधित है जो राजनीतिक रूप से सचेत, ज्ञानार्जन की दृष्टि से उत्सुक और गंभीर चिंतन-मनन के प्रति रुझान रखने वाला है। इसके प्रकाशन के पीछे अध्ययन पीठ और वाणी प्रकाशन का यह विश्वास काम कर रहा है कि हिंदी-क्षेत्र में ऐसे पाठक वर्ग की रचना आपात-काल के खिलाफ सत्तर के दशक के मध्य में हुए संघर्ष से शुरू हुई थी जो उसके बाद भारतीय समाज के बेहद तेज रफ्तार से हुए सघन राजनीतिकरण के कारण नये चरण में पहुँच गयी है। एक ऐसे चरण में जब आम लोग न सिर्फ राजनीति और समाज-परिवर्तन की प्रक्रिया में सीधी भागीदारी करते हैं बल्कि उसकी बारीकियों के बारे में जानना भी चाहते हैं। ज्ञान-पिपासा रखने वाले मुट्ठी-भर लोग विश्वविद्यालयों और शोध संस्थानों में हमेशा मौजूद रहते हैं पर जब उन जैसे व्यक्ति समाज के अन्य सोपानों पर भी मिलने लगें तो समझ लीजिये कि एक पाठक वर्ग तैयार हो रहा है और उसकी बौद्धिक भूख को तृप्त करने की जिम्मेदारी किसी न किसी को निभानी ही पड़ेगी।

इस ग्रंथमाला की सामग्री संकलन, अनुवाद, सार-संक्षेप और फिर संपादन की बहुस्तरीय प्रक्रियाओं के बाद पाठकों के पास पहुँची है। अधिकतर अनुवाद और सार-संक्षेप अंग्रेजी से ही किये गये हैं लेकिन अन्य भारतीय भाषाओं (जैसे, मराठी और गुजराती) से भी सीधे हिंदी में भाषांतर किया गया है। मूलतः हिंदी में तैयार किये गये विमर्श की भी इस सामग्री में उल्लेखनीय हिस्सेदारी है। ग्रंथमाला

की तैयारी के लिहाज से विकासशील समाज अध्ययन पीठ और उसके सहयोगी संस्थानों में काम करने वाले या काम कर चुके समाज-विज्ञानियों को दो श्रेणियों में रखा जा सकता है। पहली और संख्यात्मक लिहाज से बड़ी श्रेणी उन विद्वानों की है जिनका बुनियादी अकादमीय प्रशिक्षण और सारा काम अंग्रेजी में है। उन्हें अपनी मातृभाषाओं में लेखन करने का मौका कतई नहीं मिला। अभ्यास और इच्छा की कमी के कारण उन्होंने भारतीय भाषाओं में समाज-विज्ञान रचने की तरफ कदम भी नहीं बढ़ाया। ये लोग हिंदी या दूसरी भारतीय भाषाएँ पढ़ कर समझ सकते हैं और कम से कम अपनी रचना के अनुवाद या सार-संक्षेप की प्रामाणिकता सुनिश्चित करने में सक्षम हैं। दूसरी श्रेणी में वे अध्येतागण आते हैं जो बाकायदा द्विभाषी हैं। वे ज्यादातर लेखन अंग्रेजी में करते हैं लेकिन बीच-बीच में भारतीय भाषाओं में अभिव्यक्ति के मौके का भी सदुपयोग करते रहते हैं। यह श्रेणी छोटी लेकिन इस ग्रंथमाला की दृष्टि से अत्यंत महत्त्वपूर्ण है। दोनों ही श्रेणियों में एक बात सकारात्मक रूप से समान है कि वे समाज-विज्ञान को हिंदी और भारतीय भाषाओं में लाने की दीर्घकालीन और श्रमसाध्य परियोजना को आगे बढ़ाने के लिए प्रतिबद्ध हैं। दूसरी श्रेणी के विद्वानों के आलेख या तो मूलतः हिंदी में लिखे गये हैं या उन्होंने अपनी अंग्रेजी रचनाओं के आधार पर उन्हें खुद नये सिरे से हिंदी में लिखा है। जाहिर है कि ऐसे लेख हिंदी के सुविज्ञ पाठकों को एकदम अलग स्वाद देंगे। इसी से मिलता-जुलता एहसास पाठकों को उन लेखों को पढ़ कर होना चाहिए जिनका सार-संक्षेप किया गया है। यह संक्षेपण तो है पर आमतौर पर मूल रचना को आधे से ज्यादा छोटा नहीं किया गया है। संक्षेपण प्रामाणिक है क्योंकि लेखक ने स्वयं पढ़ कर उस पर अपनी मुहर लगायी है। ग्रंथमाला में कुछ ऐसे लेख भी शामिल किये गये हैं जिन्हें एक ही विषय-वस्तु से संबंधित लेखों के छोटे-छोटे अंशों को मिला कर तैयार किया गया है। पाठकों को यदा-कदा साक्षात्कार की विधा का इस्तेमाल भी दिखेगा। मुझे उम्मीद है कि संपादन की इन कई शैलियों के इस्तेमाल से बौद्धिक आस्वादन में विविधता आयेगी और कम कलेवर में अधिक सामग्री उपलब्ध हो सकेगी। पाठक अधिक संतुष्ट होंगे।

मुश्किल तब आती है जब हम संपादन और अनुवाद के मैदान में उतरते हैं और जब हमें दिखायी पड़ता है कि भाषा और ज्ञान-परंपरा के लिहाज से हम उतने वैभवशाली नहीं हैं। बहुत कम ऐसा है जो बना-बनाया उपलब्ध है और न जाने कितना नये सिरे से बनाना है। मसलन, समाज-विज्ञान में प्रयुक्त होने वाली सैद्धांतिक और मानकीय शब्दावली हमारे पास है ही नहीं। पारिभाषिक शब्दकोशों की कमी नहीं है पर उसकी टकसाल में ढाले गये सिक्के पाठकों के बाजार में नहीं चल पा रहे हैं क्योंकि उनसे ज्यादा लोकप्रिय और ग्राह्य तो अंग्रेजी की शब्दावली हो चुकी है। 'ऑन्टॉलजी' एक ऐसे ही शब्द का उदाहरण है जिसे अंग्रेजी में समझना ज्यादा आसान लगता है। जैसे ही इसका शब्दकोशीय अनुवाद 'सत्तामीमांसा' के रूप में किया जाता है वैसे ही यह अनूदित पाठ को समृद्ध करने

के बजाय संप्रेषणगत व्यवधान बन जाता है। दूसरी बाधा समाज-विज्ञान की रचनाएँ पढ़ने के पाठकीय अभ्यास की कमी से उभरती है। अखबारी लेखन पढ़ते रहने के कारण पाठक सीधे-सरल और छोटे वाक्य पढ़ने का इस कदर अभ्यस्त हो चुका है कि लंबे और जटिल वाक्य सामने आते ही उसकी शिकायत होती है कि यह तो भारी लेखन है। विचित्र बात यह है कि अंग्रेजी पढ़ते समय पाठकगण यह शिकायत नहीं करते। दरअसल, यह दिमागी समस्या हिंदी पत्रकारिता के कुछ पुरोधाओं के इस गलत आग्रह के कारण पैदा हुई है कि हिंदी सहज घोषणात्मक वाक्यों की भाषा है। सरलीकृत हिंदी की माँग करने वाला यह पाठक अनुवादक से अपेक्षा करता है कि वह जटिल वैचारिक लेखन को भी छोटे-छोटे वाक्यों में तोड़ कर पेश करेगा। बेचारा अनुवादक यह माँग पूरी करने के चक्कर में पाता है कि उसने वाक्य तो तोड़ दिये और काफी-कुछ तात्पर्य भी स्पष्ट कर दिया लेकिन मूल लेखन की बारीकियाँ और उसकी अंतर्निहित एकात्मक अर्थवत्ता हाथ से निकल गयी। पश्चिमी बौद्धिक प्रभावों के कारण यही पाठक महत्त्वपूर्ण अवधारणात्मक शब्दों को कुछ खास रूढ़ हो चुके अर्थों में ही समझता है जबकि हमारे यहाँ समाज-वैज्ञानिक विश्लेषण में उनका प्रयोग भिन्न और कहीं व्यापक तात्पर्य के लिए करना पड़ता है। इसका सबसे उदाहरण 'सेकुलर' शब्द की जगह प्रचलित हो चुका शब्द 'धर्मनिरपेक्ष' है जिसका लोकप्रिय अर्थ धर्मों या पंथों के आपसी और राज्य से संबंधों का निकलता है। लेकिन भारतीय समाज-विज्ञान को सेकुलर शब्द का इस्तेमाल जाति-धर्मनिरपेक्ष अर्थों में करना पड़ता है यानी सेकुलर होने की प्रक्रिया न केवल दो धर्मों के आपसी संबंधों का निर्धारक तत्त्व हो सकती है बल्कि वह एक धर्म के भीतर विभिन्न समुदायों के आपसी संबंधों को भी परिभाषित कर सकती है। सेकुलराइजेशन और भी आगे जा कर जातीयता संबंधी आग्रहों में हुई आधुनिकतावादी तब्दीलियों को व्यक्त करने का माध्यम बन सकता है।

तीसरी तरह की दिक्कत हिंदी के भीतर व्याप्त कई तरह की सुविधाजनक बन चुकी गलतफहमियों के कारण उभरती है। आमतौर पर 'जातिवादी' गोलबंदी और 'जातीय' गोलबंदी के बीच के भारी अंतर का बहुत से अखबारी लेखकों और पाठकों के लिए कोई महत्त्व नहीं है। असमिया, बंगाली या तमिल जातीयताओं के नाम हैं और ब्राह्मण, ठाकुर या वैश्य जातियों के नाम हैं। इसी तरह 'सवर्ण' शब्द को लेकर भी काफी समस्या है। हिंदी के कई लेखक अपनी रचनाओं में और आम लोग आपसी बातचीत में 'सवर्ण' शब्द का इस्तेमाल सिर्फ पहले तीन वर्णों के लिए करते हैं जैसे कि शूद्र वर्ण उस दायरे में आता ही न हो। होना यह चाहिए कि उपनयन का अधिकार रखने वाले वर्णों के लिए 'द्विज' शब्द का प्रयोग किया जाये और शूद्र जातियों के लिए 'गैर-द्विज' का इस्तेमाल हो। जाहिर है कि अंत्यज या अछूत या दलित जातियाँ इस व्यापक दायरे में आते हुए भी समय-समय पर अपने लिए अलग अभिव्यक्ति की माँग करेंगी।

इसी बिंदु पर सवाल उठता है कि क्या इन तमाम मुश्किलों का तोड़ निकाल लेने से समाज-विज्ञान का हिंदी में प्रस्तुतीकरण आसान हो जायेगा? इसका जवाब यह है कि इन तकनीकी सतर्कताओं के बाद भी ऐसा तब तक नहीं हो सकता जब तक अंग्रेजी का लेखक अपने अनुवादक को पूरी छूट या स्वायत्तता नहीं देगा। स्वायत्तता की सीमा मूल लेखक की निगाह में अनुवाद-कर्म की हैसियत पर निर्भर करती है। इसी संदर्भ में वाल्टर बेंजामिन के कथन की उपयोगिता सामने आती है। वे अनुवादक के लिए मूल पाठ से परे जाने की सिफारिश करते हैं। वे अनुवादक को लगभग भड़काते हुए प्रोत्साहित करते हैं कि वह ऐसा जरूर करे और मूल लेखक पर जिम्मेदारी डालते हुए लगते हैं कि उसे मूल पाठ की दूसरी भाषा में सांस्कृतिक पुनर्रचना देखने के लिए दिमागी रूप से तैयार हो जाना चाहिए। इसके लिए लेखक को मूल पाठ की वाक्य-रचना का मोह छोड़ना पड़ेगा। दरअसल, यह स्वायत्तता मिलते ही अनुवादक के व्यक्तित्व में गुणात्मक परिवर्तन हो जाता है और वह मूल पाठ का गुलाम न रह कर एक अनुशासित सह-रचयिता का रूप ले लेता है। यह सह-रचयिता मूल कृति के उत्तर-जीवन का निर्माता होता है। मूल कृति के जीवन का यह दूसरा चरण पहले चरण से नैसर्गिक रूप से जुड़ कर उसका विस्तार बन जाता है। ऐसा हर अनुवाद संपादक का काम सहज कर देता है। कृति नये पाठकों के हाथों में जाती है। उसका प्रभामंडल और सामाजिक उपयोगिता कई गुना बढ़ जाती है।

अनुवाद मूल कृति का पुनरुत्पादन नहीं, पुनर्रचना है। चित्र जैसी कलाकृति का तो पुनरुत्पादन ही संभव है पर अनुवादक एक समूचे पाठ को एक दूसरी भाषा में, दूसरी लिपि में, दूसरी वाक्य-रचना में और दूसरी संस्कृति के जगत में रचता है। परकाया-प्रवेश जैसी कार्रवाई के नतीजे में जो काया बनती है उसके प्रामाणीकरण के लिए मूल काया कहीं और मौजूद रहती है। इस तरह दो पाठ बन जाते हैं। अनुवाद अगर स्वायत्तता के साथ किया गया है तो फिर पाठक के लिए मूल का अस्तित्व नहीं रहना चाहिए। एक बहुभाषी देश में अगर एक भारतीय भाषा, जैसे हिंदी, में स्वायत्त अनुवाद संपन्न हो जाये तो फिर दूसरी भारतीय भाषाओं में उसके अनुवाद की मुश्किलें बहुत कम हो जानी चाहिए। वैसे भी भारतीय भाषा परिवार की भाषाओं को अंग्रेजी के मुकाबले किसी घरेलू भाषा से अर्थग्रहण करने में ज्यादा सुविधा होगी। हिंदी से मराठी या कन्नड़ में या गुजराती में अनुवादपरकता बहुत बढ़ जानी चाहिए।

मैं अपने अनुभव से कह सकता हूँ कि विकासशील समाज अध्ययन पीठ से जुड़े जिन दो श्रेणियों के विद्वानों का ऊपर जिक्र किया गया है, वे काफी-कुछ वाल्टर बेंजामिन की अनुवाद संबंधी अनुशंसाओं के हामी लगते हैं। अध्ययन पीठ के भारतीय भाषा कार्यक्रम के कई सकारात्मक पहलुओं में यह सर्वाधिक महत्त्वपूर्ण है। इन विद्वानों के सहयोग और अनुवाद के अन्य अनुभवों का निचोड़ निकाल कर इस ग्रंथमाला के पाठकों की सुविधा के लिए यहाँ एक छोटी सी शब्दावली दी जा

रही है जिसका मकसद समाज-विज्ञान में अक्सर इस्तेमाल किये जाने वाले शब्दों से जुड़ी उन धारणाओं को स्पष्ट करना है जिनके तहत हमने उन्हें इस्तेमाल किया है। हालाँकि मानकीकरण होना बहुत जरूरी है लेकिन फिलहाल हमारा आग्रह किसी एक शब्द को ही इस्तेमाल करने का नहीं है क्योंकि हिंदी में यह समाजशास्त्र की पहली संगठित और नियोजित शुरुआत है। इसलिए शब्द और उसके विकल्प को भी दिया गया है। कहीं-कहीं जरूरत के मुताबिक कुछ शब्दों या धारणाओं के आसपास बन चुके विचार-जगत का भी संक्षेप में परिचय देने का प्रयास किया गया है। हो सकता है कि ऐसे परिचय में विज्ञ-पाठकों को कुछ पहलू छूटे हुए लगें। दरअसल, इस शब्दावली को पुस्तक-माला की सामग्री के अनुपूरक के रूप में देखा जाना चाहिए, न कि समाजशास्त्र के स्वतंत्र कोश की तरह। जैसे-जैसे इस श्रृंखला में पुस्तकें जुड़ेंगी, यह शब्दावली बढ़ती चली जायेगी। हमें उम्मीद ही नहीं पक्का यकीन है कि जल्दी ही हिंदी-जगत समाजशास्त्रीय अध्ययन में रच-बस जायेगा और उसे इस तरह की छोटी-पूरी मदद की आवश्यकता भी नहीं रह जायेगी।

—अभय कुमार दुबे

परिचय

अछूत की शिकायत

अभय कुमार दुबे

हमनी के इनरा के निगिचे न जाइले जा,
पांके में से भरि भरि, पियतानी पानी।
पनही से पिटि पिटि हाथ गोड़ तुरि दैलें,
हमनी के एतनी काही के हलकानी।

वह बीसवीं सदी का दूसरा दशक था जब १९१४ में महावीर प्रसाद द्विवेदी की यशस्वी पत्रिका **सरस्वती** में दलित कवि हीरा डोम द्वारा रचित 'अछूत की शिकायत' प्रकाशित हुई थी।[१] इसके बाद क्रांति, लोकतंत्र, आधुनिकता और मानवाधिकारों को समर्पित पूरी शताब्दी में अछूत अपनी इस शिकायत के निराकरण की प्रतीक्षा करते रहे। उन्होंने शिकायत करने के हर जरिये का इस्तेमाल किया। उन्होंने परंपरा के दरबार में हाजिरी लगायी और अंत्यज से शूद्र बनने की कोशिश करके जाति के दायरे के भीतर धीरे-धीरे ऊपर उठना चाहा। भक्ति आंदोलन से पहले तो वे ईश्वर के दरबार से भी बहिष्कृत थे। संत कवियों ने उन्हें ईश्वर को उलाहना देना सिखाया था। लेकिन आधुनिकता के जमाने में उन्होंने समतामूलक विचारधाराओं से लाभ उठा कर कर्मकांड-आधारित श्रेणीक्रमवाली समाज-व्यवस्था की जगह नागरिक समाज की स्थापना में अपनी मुक्ति तलाशनी चाही। गाँव में बसनेवाले इस महादेश के वंचितों ने शहर को अपनी उम्मीदों का केंद्र बनाया। दलितों ने तालमेल से ले

कर बगावत तक, स्वतंत्रता-संघर्ष की मुख्यधारा के विपरीत अंग्रेजों की कथित सामाजिक तटस्थता का इस्तेमाल करने से ले कर भारतीय गणराज्य की संवैधानिक बुनियाद डालने तक, प्रतिवेदन देने से ले कर रक्तपात करने तक, कानून तोड़ने से ले कर संविधानसम्मत उपायों तक एवं शिक्षा, आरक्षण और मतदान के जरिये सत्ता में हिस्सेदारी की कोशिशों से ले कर अंतर्राष्ट्रीय मंचों पर आवाज बुलंद करने तक तमाम कोशिशें कीं। आज वे अगर आंशिक रूप से सफल हैं तो अपनी इन्हीं कोशिशों के कारण। गैरदलित समाज का इसमें योगदान जरूर है लेकिन उसकी प्रकृति यदा-कदा ही प्रतीकात्मकता से परे जा पाती है। दलितों के मौजूदा सामाजिक-आर्थिक हालात उनकी शिकायत के अधूरे निराकरण की अक्सर याद दिलाते रहते हैं।

राजनीतिक लोकतंत्र के पचास साल गुजर जाने के बाद जब नयी सदी में आंध्र प्रदेश के तेरह दलित संगठन भारत के राष्ट्रपति को ज्ञापन देने गये तो उनकी सिर्फ भाषा अलग थी अन्यथा उसमें हीरा डोम द्वारा की गयी अछूत की वही शिकायत प्रतिध्वनित हो रही थी : इन संगठनों का कहना था कि आजाद भारत में अछूत ज्यादा से ज्यादा 'अर्ध-नागरिक' भर हैं और नागरिक समाज की रचना-प्रक्रिया के दौरान अछूत होने की कलंकित पहचान समग्र समाज में विलीन नहीं हो पायी है। अछूत आज भी समाज से बहिष्कृत हैं।[२]

आमतौर पर माना जाता है कि धर्म और परंपरा में नीची जातियों के ऊपर उठने की गुंजाइशें उस जगह खत्म हो जाती हैं जहाँ से अछूतबाड़े की सीमा शुरू होती है। लेकिन इस मान्यता के कुछ अपवाद भी हैं। तमिलनाडु के नाडारों और केरल के एडवाओं के बारे में दावा किया जा सकता है कि परंपरा के औजारों ने उन्हें अस्पर्श्य से स्पर्श्य बनाने में उल्लेखनीय भूमिका का निर्वाह किया। लेकिन बारीक जाँच-पड़ताल के पहले दौर से जो नतीजे निकलते हैं वे इतने सहज नहीं होते कि उन्हें परंपरा बनाम आधुनिकता के विराट द्विभाजन में फिट किया जा सके। नाडार और एडवा पूरे अछूत नहीं थे। ताड़ी खींचने के पैतृक धंधे के कारण उन्हें द्विजों ने मंदिर-प्रवेश से रोक दिया था, उन्हें भद्र समाज की तरह पोशाक पहनने की इजाजत भी नहीं थी और वे ब्राह्मणों के साथ कुछ फासला रखते हुए ही बात कर सकते थे लेकिन केरल और तमिलनाडु के द्विज समुदायों से उनका बहिष्करण अन्य अछूतों की भाँति संपूर्ण भी नहीं था। कमोबेश उनकी स्थिति उत्तर भारत के धोबियों से मिलती-जुलती थी जो अछूत और शूद्र होने की संधिरेखा पर रहते हैं। ऐसे अपेक्षाकृत कम अछूतों की सामाजिक और धार्मिक प्रगति के ऐतिहासिक प्रयासों के रास्ते पर भी द्विज जातियों द्वारा आयोजित रक्तपात के गहरे निशान मौजूद हैं। अगर इन समुदायों को औपनिवेशिक आधुनिकता का प्रश्रय न मिलता तो कल के शनार आज के नाडार कभी न बन पाते। शनारों के प्रतिरोध को कुचलने के लिए की गयी द्विज-व्यूह-रचना में 'स्वच्छ शूद्रों' को हथियार की तरह इस्तेमाल किया गया था। यह रणनीति आज भी सामाजिक यथास्थितिवादियों के लिए कारगर बनी

हुई है।[3] बारहवीं सदी में करुणा को ही धर्म और श्रम को पूजा समझनेवाले एक ब्राह्मण बसवराजेश्वर ने कन्नड़ क्षेत्र के दलितों और अपने स्वजातीयों के बीच विवाह-संबंधों की रेडिकल परंपरा शुरू करने का दुस्साहस किया था लेकिन बदले में उसे हताश मृत्यु का वरण करना पड़ा। उसने निचली जातियों में से जो वीरशैव गढ़े थे उन्हें द्विज परंपरा ने लिंगायतों के रूप में अपना लिया जिनका दलितों के खिलाफ प्रथम आक्रामक पंक्ति की तरह अक्सर दोहन किया जाता रहता है।[4] कुल मिला कर नाडारों और एडवाओं के उदाहरण बताते हैं कि शायद कुछ विशेष परिस्थितियों में कुछ अनुकूल आयामों के सुखद संयोग से शूद्र और अछूत समाजों की संधिरेखा पर रहनेवाले समुदायों को चातुर्वण्य-प्रणाली में शामिल होने का मौका मिल सकता है। इसके लिए उन्हें शनारों की तरह अतीत-रचना की लंबी परियोजना चलानी पड़ सकती है। शनारों की भाँति आधुनिकता का संसर्ग प्राप्त करने के लिए शायद उन्हें ईसाई धर्म सरीखे किसी बाह्य उत्प्रेरण की मदद भी लेनी पड़े। उन्हें एडवाओं के नेता श्रीनारायण गुरु की तरह परंपरा की रेडिकल पुनर्व्याख्या करने के दौर से गुजरना पड़ सकता है। परंपरा के क्षेत्र में चलाये गये इस तरह के ऊर्जावान आंदोलनों का सफल होना या न होना आधुनिकता और सत्ता के समीकरणों के अनुकूल होने पर निर्भर होता है। जाहिर है कि देश के अन्य अछूत ऐसे बिरले अवसरों की प्रतीक्षा में परंपरा से चिपके नहीं रह सकते थे। एडवा और नाडार उनकी मुक्तिकामना के मॉडल नहीं बन सकते थे। लेकिन एडवा और नाडारों के अनुभव से अछूतों को यह सीख तो मिली ही कि वे जैसे-जैसे अपने जातिसूचक पारंपरिक पेशे को छोड़ कर आधुनिक क्षेत्र में अन्य पेशों को अपनायेंगे, उनकी आर्थिक स्थिति सुधरेगी और आरक्षण के माध्यम से सत्ता की संरचनाओं से जुड़ेंगे, वैसे-वैसे उनकी सामाजिक हैसियत धर्म-जाति निरपेक्ष माध्यमों से अंत्यज से शूद्र की तरफ बढ़ेगी।

दूसरी तरफ सामान्य तर्क के अनुसार हिंदू समाज के दायरे से बाहर निकल कर अछूत को अछूत नहीं रहना चाहिए था लेकिन उस समय उसकी विडंबना और जटिल हो गयी जब ईसाई अथवा मुसलमान बन कर भी उसने खुद को चर्च और मस्जिद से बहिष्कृत पाया। बौद्ध धर्म के पूरी तरह कर्मकांड-मुक्त संस्करण को अपनाने के बावजूद उन्हें पूरे नागरिक की हैसियत नहीं मिल पायी।[5] जिस समय हीरा डोम हिंदीभाषी समाज के सामने शिकायत कर रहे थे उसी के आस-पास तेलुगु के महाकवि गुर्रम जाषुवा की कविता के एक प्रशंसक ने उनसे उनकी जाति पूछी थी और जैसे ही जाषुवा ने अपना अछूत होना घोषित किया वैसे ही वह काव्यप्रेमी घृणा से भर कर चला गया।[6] इस घटना के करीब साठ-पैंसठ साल बाद आजाद भारत की चलती हुई ट्रेन में कहानीकार-कवि ओमप्रकाश वाल्मीकि ने जैसे ही अपने सहयात्री को अपनी भंगी जाति का परिचय दिया वैसे ही उसकी सारी आत्मीयता नफरत में बदल गयी और उसने मुँह फेर लिया।[7]

लोक-चिंतन ग्रंथमाला की इस दूसरी कड़ी में यही समझने की कोशिश की

गयी है कि साम्राज्यवाद-विरोधी संघर्ष से ले कर एक आधुनिक राष्ट्र के निर्माण की विराट परियोजना चलाने के दौरान अछूत की शिकायत पूरी तरह क्यों दूर नहीं हुई और अगर दूर हुई तो इतनी नाकाफी क्यों साबित हुई कि बिहार के देहात में बसनेवाले एक दलित को गरीबी से निकलने में आज भी अनुमानतः तीस वर्ष तक का समय लग सकता है जबकि किसी गैरदलित के लिए यह अवधि केवल दो साल आँकी गयी है।[८] यह आकलन तो संभवतः इस शर्त पर किया गया होगा कि सभी को विकास और प्रगति के समान अवसर मिले होंगे।

असलियत यह है कि गरीबी की रेखा से नीचे रहनेवाली कुल ४८ प्रतिशत जनता के मुकाबले दलितों की आबादी का ७० प्रतिशत इस अतिदरिद्रता की हालत में रहता है। देश की आबादी का १६ प्रतिशत होने के बाद भी दलितों के पास कुल खेती योग्य जमीन का केवल एक प्रतिशत हिस्सा ही है। साक्षरता भी अन्य समुदायों के मुकाबले दलितों में करीब आधी ही है।[९] कानूनन पाबंदी होने के बावजूद देश के अधिकतर हिस्सों में छुआछूत जारी है। नयी सदी में जाने से ठीक पहले संसद में सरकार स्वीकार कर चुकी है कि आंध्र प्रदेश, बिहार, कर्नाटक, गुजरात, केरल, मध्य प्रदेश, महाराष्ट्र, ओडीशा, राजस्थान, तमिलनाडु, उत्तर प्रदेश और पांडिचेरी में अस्पृश्यता का प्रचलन है। इन बारह प्रदेशों के अलावा जम्मू-काश्मीर, पंजाब, हरियाणा, हिमाचल प्रदेश, गोआ, दिल्ली और अन्य केंद्रशासित राज्यों में इस कुप्रथा का असर अभी कुछ हल्का ही हो पाया है।[१०] दलितों पर अत्याचारों की हालत यह है कि देश में हर एक घंटे में दो दलितों को हिंसक हमले का शिकार होना पड़ता है, प्रत्येक दिन तीन दलित औरतों के साथ बलात्कार होता है, प्रत्येक दिन दो दलितों की हत्या कर दी जाती है और दो दलित घरों में आग लगा दी जाती है।[११] दलित प्रश्न अपने-आप में केवल घोर सामाजिक विषमता का ही नहीं, उसी के फलितार्थों के रूप में आर्थिक विषमता का भी आख्यान बना हुआ है। जाहिर है कि आधुनिकता की रोशनी में सराबोर होने के बावजूद दलितों के हालात में आमूल-चूल परिवर्तन नहीं आ पाया है।

१९१९ में आंबेडकर ने साउथबरो आयोग के सामने दावा किया कि अछूतों के अलग मतदाता-मंडल बनाये जाने चाहिए। यही वह क्षण था जब आधुनिक राजनीति में दलित-हितों को सुरक्षित करने का आंदोलन शुरू हुआ। आज उसकी यात्रा डरबन सम्मेलन के रूप में इस मुद्दे के भूमंडलीकरण तक पहुँच चुकी है। जाहिर है कि मंजिल अभी दूर ही है और यह ऐसी मंजिल है जिसे पाने का यूटोपियाई दावा करने तक की स्थिति में कोई नहीं है। दलित संगठनों का ज्ञापन बताता है कि राजनीतिक लोकतंत्र की अभी तक की कोशिशें और उसका मौजूदा रूप सामाजिक समता की उपलब्धि में सिर्फ एक हद तक ही मदद कर पाया है और उस हद को समता का नाम देना इस धारणा के साथ घोर अन्याय होगा। इस किताब में यह समझने का प्रयास भी है कि वह हद कहाँ से चल कर कहाँ खत्म होती है और उसे हासिल करने के लंबे सिलसिले में भारतीय समाज कितना बदला

है अर्थात दलितों की सामाजिक अवमानना खत्म हुई है या सिर्फ उसके रूप बदल गये हैं। आखिर जाषुवा की अवमानना और ओमप्रकाश वाल्मीकि की अवमानना में एक बारीक फर्क की अपेक्षा तो की ही जा सकती है क्योंकि जाषुवा के जमाने में छुआछूत को दंडनीय अपराध घोषित करनेवाला संविधान नहीं था। इस पुस्तक के **पहले हिस्से** में अधिकार-चेतना से लैस, जागरूक दलितों की दो भिन्न-भिन्न पीढ़ियों की नुमाइंदगी करनेवाले जाषुवा और वाल्मीकि के बीच फैले दलित समाज में आये बदलाव और उसके प्रति गैरदलितों के चिंतन का संधान किया गया है। लेखों की शैली विचारपरक, गहन, वैविध्यपूर्ण और कई बार रूपकप्रधान है। इन लेखों में तथ्य अवधारणाओं से आवेशित हो कर सामने आते हैं। इस लिहाज से **आधुनिकता के आईने में दलित** का यह हिस्सा संभवतः प्रचलित दलित-विमर्श से अलग तरह का साबित होगा। सुविधा के तौर पर इसे दलित-चिंतन पर दूसरी निगाह की संज्ञा दी जा सकती है। इसमें मान कर चला गया है कि धर्म और परंपरा के दायरे में दलित-समस्या का समाधान संभव नहीं है। यह संकलन आधुनिकता के दायरे में दलित समस्या के हल की दिक्कतों और संभावनाओं का संधान क़रता है।

दलित आंदोलन के स्रोतों की खोज से शुरू हुई यह बौद्धिक यात्रा इतिहास, संस्कृति, अस्मिता, चेतना, साहित्य, अवमानना के राजनीतिक सिद्धांत और ज्ञानमीमांसा के क्षेत्रों से गुजरने के बाद पुस्तक के **दूसरे हिस्से** में व्यावहारिक राजनीति में होनेवाली दलीय होड़ की जाँच-पड़ताल करती है ताकि भारतीय गणराज्य के संविधान द्वारा प्रदत्त सार्विक मताधिकार की समाज-परिवर्तनकारी ताकत की असली थाह ली जा सके। यह हिस्सा राजनीति में दलित उभार के दूरगामी नतीजों के साथ-साथ मुख्यतः दलित राजनीति के तीन आयामों से संबंधित है जिनमें से एक को आजकल मनुवाद-विरोधी बहुजन समाज की राजनीति के लोकप्रिय नाम से जाना जाता है और दूसरा रूप दलितों को भूमिहीन खेतिहर किसान के रूप में संगठित करने के नक्सलवादी प्रयासों से संबंधित है।

दलित गोलबंदी के सिर्फ यही दो रूप अपनाने का मुख्य कारण यह है कि केवल इन्हीं दो रूपों में आंदोलन के नेतृत्व पर दलित-हित हावी रह पाये हैं। इसके अलावा दलित गोलबंदी के दोनों रूप दलित समुदायों को वर्ग-रचना और नागरिक समाज की सदस्यता दिलाने के आश्वासन की पूर्ति की तरफ ले जाते हैं। दलित राजनीति का तीसरा आयाम उसके दूरगामी सामाजिक-राजनीतिक फलितार्थों की ओर इशारा करता है। इस हिस्से के आलेख आमतौर पर आँकड़ों, विवरणों और सर्वेक्षणों के माध्यम से अपने निष्कर्षों तक पहुँचते हैं। **तीसरे हिस्से** में यह दलित-मीमांसा उन ताजा बहसों पर एक गहरी नजर डालती है जो अभी तक किसी नतीजे पर नहीं पहुँची हैं लेकिन जिनकी परिणतियों में दलित-प्रश्न को आमूल-चूल बदल डालने की क्षमता है। ये बहसें दलित-प्रश्न के भूमंडलीकरण से तो जुड़ी हुई हैं ही, साथ ही ये बहसें भूमंडलीकरण के साथ दलितों के संबंधों की प्रकृति को खोजने

की कोशिश करती हुई भी लगती हैं।

लोकतंत्र, आधुनिकता और उदारतावाद ने दलितों के साथ क्या किया?

आंबेडकर ने सवाल पूछा था कि काँग्रेस और गाँधी ने अछूतों के साथ क्या किया। आंबेडकर के पास इस बात का जवाब भी था जो उनकी इसी शीर्षक की रचना में विस्तृत रूप से मिलता है। बाबासाहेब तथ्यों और विश्लेषण से साबित करने की कोशिश करते हैं कि काँग्रेस के पास दलित-मुक्ति का सामाजिक परिप्रेक्ष्य था ही नहीं। अछूतोद्धार के नाम पर उसके पास केवल खानापूरी थी। बाबासाहेब के अनुसार हिंदू दायरे में की गयी गाँधी की कोशिशें भी परवान नहीं चढ़ सकती थीं क्योंकि न उनके विचार में द्विज जातियों को आत्म-शुद्धि के लिए तैयार कर पाने की क्षमता थी और न उनकी पार्टी इसके लिए तैयार थी। आंबेडकर को १९३५ में हुए चुनावों के परिणामों की व्याख्या करके दिखाना था कि अछूतों की नुमाइंदगी करने के काँग्रेस और गाँधी के दावे की असलियत क्या है। आंबेडकर ने यह पुस्तक 'अछूतों और विदेशियों' के लिए लिखी थी। संभवत: उन्हें तत्कालीन गैरदलित समाज की वैचारिक उदारता पर भरोसा नहीं था।[१२]

लेकिन इक्कीसवीं सदी की भारतीय पीढ़ी को इस प्रश्न का उत्तर खोजने के लिए भिन्न रवैया अपनाना होगा कि आखिर लोकतंत्र ने दलितों के लिए अब तक क्या किया है। यह जरूरी इसलिए है कि लोकतंत्र के व्याख्याता हमेशा इस व्यवस्था को समता की स्थापना के लिए नैसर्गिक रूप से प्रतिबद्ध बताते रहे हैं और उनके इस दावे पर अभी तक गंभीर प्रश्नचिह्न नहीं लगाया जा सका है। लोकतंत्र और समता के अंतर्संबंधों के बारे में ज्यादा से ज्यादा विवाद इस बात पर है कि लोकतांत्रिक संस्थाएँ पूँजीवादी विकास द्वारा पैदा की गयी अनिवार्य विषमताओं का मुकाबला करने में सक्षम होती हैं या नहीं। लोकतंत्र के समर्थकों का उदारतावादी खेमा इन संस्थाओं की ताकत में कुछ ज्यादा ही भरोसा करता है और लोकतंत्र को पूँजीवाद की छाया से मुक्त कराने की परियोजना में लगा रेडिकल खेमा संस्थाओं के महत्त्व को कम करके आँकता है।[१३] समस्या यह है कि लोकतंत्र की समतामूलकता के ये दोनों ही विचार भारतीय परिस्थितियों में किये गये किसी प्रयोग के परिणाम नहीं हैं। अन्य समाजों में श्रमिक वर्ग शोषण का शिकार होने की स्थिति में भी लोकतंत्र के लिए सकारात्मक सामाजिक पूँजी की भूमिका निभाता है। उसे सामाजिक समता उपलब्ध कराने के लिए सामंतशाही और कुलीनतंत्र के रुतबे को तोड़ने की राजनीति करनी पड़ती है। लेकिन दलितों और अन्य निचली जातियों की बहुसंख्या से भरा भारतीय श्रमिक वर्ग कर्मकांड-आधारित श्रेणीक्रम के कारण नकारात्मक किस्म की सामाजिक पूँजी का प्रतिनिधित्व करता था। लोकतांत्रिक प्रयोग ने उसके इस चरित्र को पूरी तरह बदले बिना ही उसे आधुनिक उत्पादन की प्रक्रिया में खींचने की कोशिश की। न उदारतावादी दृष्टि से सामाजिक क्रांति दूर तक चलाई गयी और न ही रेडिकल नजरिये से दलित प्रश्न को उसकी समग्रता में

हल करने का प्रयास किया गया। यह खामी सिर्फ १९४७ के बाद स्थापित लोकतांत्रिक राज्य में ही नहीं थी बल्कि इसकी जड़ साफ तौर पर साम्राज्यवाद-विरोधी आंदोलन की उस मुख्यधारा में देखी जा सकती है जिसकी कमान काँग्रेस और गाँधी के हाथ में थी।

राष्ट्रीय आंदोलन एक आधुनिक गतिविधि होते हुए भी दलित प्रश्न को या तो बाद में निबटाये जा सकनेवाले पचड़े के रूप में देखता था या फिर आधुनिक विचार-श्रेणियों और राजनीति का इस्तेमाल करने के बजाय इस मसले को परंपरा के औजारों से हल करने के पक्ष में था। पहली प्रवृत्ति की नुमाइंदगी अगर नेहरू और उनके वामपंथी साथियों के हाथ में थी तो दूसरी प्रवृत्ति के सबसे बड़े प्रवक्ता स्वयं गाँधी थे। नेहरू और नंबूदिरीपाद एंड कंपनी के लिए दलित प्रश्न से चिढ़ने या उसें आंदोलन के फौरी एजेंडे पर न मानने के आग्रह के उदाहरण आसानी से पेश किये जा सकते हैं। एक तरह से इन नेताओं को आजादी के आंदोलन के लिए दलितों की जरूरत ही नहीं थी। वे मानते थे कि आजादी के बाद सतत विकास के माध्यम से सामाजिक विषमता की समस्या का समाधान कर लिया जायेगा।[१४] दूसरी तरफ गाँधी दलितों को आंदोलन में जगह देने के लिए तो उत्सुक थे लेकिन आंबेडकर की निगाह में उनके पास फार्मूला यह था कि फिलहाल अस्पृश्य दलितों को स्पृश्य शूद्र बन कर संतुष्ट हो जाना चाहिए ताकि भविष्य में बेहद लंबी सामाजिक-धार्मिक प्रक्रिया के जरिये वे शूद्र समाज के दायरे में आगे बढ़ सकें। गाँधी द्विज जातियों में छुआछूत के प्रति पापबोध पैदा करके उन्हें आत्म-शुद्धि के रास्ते पर ले जाना चाहते थे और उन्हें अछूतों से उम्मीद थी कि वे अपनी शिकायतों का आधुनिक राजनीति के दायरे में समाधान करने की कोशिश नहीं करेंगे।[१५]

दलितों के विषय में काँग्रेस और गाँधी के इस रवैये पर कोई विशेष तथ्यात्मक विवाद नहीं है लेकिन राष्ट्रीय आंदोलन पर उदारतावाद के असर का प्रश्न समाज-विज्ञानियों के बीच विवाद का विषय बना हुआ है। इस मसले की चर्चा जरूरी है। दलित-प्रश्न और आजादी के बाद नागरिक समाज की रचना का सवाल इस आकलन के साथ जुड़ा हुआ है कि राष्ट्रीय आंदोलन उपयोगितावादी और समूहवादी रुझानों से ग्रस्त था या वह भविष्य के भारत के नागरिक को निजत्व से परिपूर्ण इकाई की तरह देखता था। सभी विद्वानों में इस हद तक तो सहमति है कि पश्चिम में विकसित हुआ उदारतावाद इस देश की हिंदू परंपरा से मेल नहीं खा सकता था लेकिन इस बिंदु के बाद उनमें मतभेद शुरू हो जाता है। विद्वानों का एक पक्ष मानता है कि उदारतावाद भारत में उपयोगितावाद के जरिये आया इसलिए वह असफल होने के लिए अभिशप्त था। ये लोग तर्क देते हैं कि आजादी की लड़ाई के नेताओं में बहुत से मतभेद थे लेकिन उदारतावाद और व्यक्तिवाद को हानिकारक मानने के मामले में गाँधीवादियों और वामपंथियों में मतैक्य था और राष्ट्रीय नेतृत्व का यही रवैया आगे चल कर नागरिक समाज की रचना करने में कई तरह की बाधाओं का कारण बना। बहस का दूसरा पक्ष कहता है कि अधिकारों और आजादी की

अवधारणाओं को समूहगत रूप से ग्रहण करना अपने-आप में उदारतावाद के खिलाफ नहीं ठहराया जा सकता। यह पक्ष सवाल उठाता है कि अगर राष्ट्रीय आंदोलन उदारतावाद से ओतप्रोत न होता तो आजाद भारत के संविधान में सार्विक मताधिकार और आरक्षण जैसे प्रावधानों को इस प्रकार जगह न मिलती। पहला पक्ष संविधान के इन पहलुओं को या तो जैकोबिन इरादों का फलितार्थ मानता है या बेख्याली में की गयी कृति का दर्जा देता है। दूसरा पक्ष इन तर्कों को सरलीकरण की कोशिश और भारतीय उदारतावाद के लंबे इतिहास की अनदेखी करने का परिणाम करार देता है।[१६] बहरहाल, व्यक्ति की इयत्ता और समूह की प्रभुता के बीच तनाव की इस उलझन को दलितों के नजरिये से हल करने का प्रयास करने पर दूसरा ही आख्यान देखने को मिलता है।

दलितों और उनके नेतृत्व ने परंपरा के रास्ते को ठुकराने के साथ ही नेहरू और गाँधी के रवैयों को भी अस्वीकार किया और मुक्ति के अपने तीन अलग परिप्रेक्ष्य विकसित किये। इनकी दागबेल उन्नीसवीं सदी में ज्योतिबा फुले ने डाल दी थी। फुले की ब्राह्मणवाद-विरोधी परियोजना मुक्ति के कई स्तरों को एक साथ स्पर्श करती थी। इसका कोई प्रमाण नहीं है कि कभी बीसवीं सदी के महात्मा ने उन्नीसवीं सदी के इस महात्मा से प्रेरणा ली हो लेकिन दलितों को स्पर्श्य शूद्रों से जोड़ने के अभियान के पहले सूत्रधार फुले ही थे। गाँधी शूद्र-अंत्यज संसर्ग को ब्राह्मण धर्म के दायरे के भीतर और फुले उसके बाहर घटित करना चाहते थे। फुले ने इसे **बहुजन समाज** करार दिया। गुलामगीरी खत्म करने के लिए फुले का जोर भट ब्राह्मणों यानी पुरोहितों का वर्चस्व खत्म करने पर था इसलिए वे चौथे और पंचम वर्ण से धर्म-कर्म करा सकनेवाले अपने खुद के पुरोहित तैयार करने की अपील करते थे। अछूतों और शूद्रों को शिक्षित करने की पहली उल्लेखनीय मुहिम उन्होंने ही चलायी। फुले न होते तो आंबेडकर भी न होते क्योंकि महारों के लिए पहली पाठशाला उन्होंने ही खोली थी। इसीलिए आंबेडकर ने अपने तीन गुरुओं में बुद्ध और कबीर के बाद फुले को स्थान दिया है। फुले के माध्यम से दलित आंदोलन को दो तरह की विरासतें और मिलीं। उन्होंने **तटस्थता की थीसिस** दी और कहा कि ब्रिटिश शासन धार्मिक रूप से निष्पक्ष है इसलिए सामाजिक संघर्ष में उसके प्रभाव का इस्तेमाल निचली जातियों के हित में किया जा सकता है। इसके अलावा फुले ने राजा बाली के बहुजन राज्य और आर्य-अनार्य संघर्ष के मिथकों की रचना की जिसमें बहुजनों के लिए **अस्मिता-रचना** के संभावनापूर्ण तत्त्व थे। फुले का चिंतन, कर्म और व्यूह-रचना आज भी दलित-बहुजन राजनीति और सामाजिक संघर्ष में तटस्थ शक्तियों का लाभ उठाने के संदर्भ में प्रासंगिक बनी हुई है।[१७]

आंबेडकर ने फुले की विरासत को विकसित किया और पहली बार जाति के मसले को ऊपर से देखने के बजाय नीचे से देखने की कोशिश की। पहली बार दलित समाज अपने हितों के लिए चलाये जानेवाले आंदोलन को अपने हाथ में लेता दिखाई दिया। १९१८ और १९२० में उत्पीड़ित वर्ग के दो सम्मेलनों में आंबेडकर

ने वी.आर. शिंदे और नारायण चंदावरकर जैसे दलितों के स्थापित लेकिन गैरदलित नेताओं की कार्यदिशा को आड़े हाथों लिया। उन्होंने दावा किया कि 'उन संस्थानों और व्यक्तियों को उत्पीड़ित वर्गों के हितों की रक्षा करने का कोई अधिकार नहीं है जिनकी बागडोर अछूतों के हाथ में नहीं है।' इसका मतलब यह नहीं था कि आंबेडकर प्रगतिशील और रेडिकल सोचवाले द्विजों को अपने आंदोलन से दूर रखना चाहते थे। उन्होंने अपने कई आंदोलनकारी कार्यक्रमों में ब्राह्मणों को शामिल न होने देने के प्रस्तावों का कड़ा विरोध किया। दरअसल उनकी कोशिश दलित नेतृत्व विकसित करने की थी। गोलमेज सम्मेलनों के जरिये उन्होंने तत्कालीन राजनीति में अनूठे हस्तक्षेप किये। इसी दौरान दक्षिण भारत में द्रविड़ आंदोलन के रूप में ई.वी. रामस्वामी नायकर 'पेरियार' के नेतृत्व में तीसरा परिप्रेक्ष्य विकसित हो रहा था। पेरियार की समझ यह थी कि दलितों या आदि-द्रविड़ों का कल्याण गैरब्राह्मणों के साथ व्यापक मोर्चा बनाने में है। उनकी गोलबंदी के दायरे में ब्राह्मणों के अलावा सभी जातियाँ आ जाती थीं। जाहिर था कि दलित इस आंदोलन पर अपना नेतृत्व स्थापित करने के बारे में सोच भी नहीं सकते थे। पेरियार के आत्मसम्मानवादी कार्यकर्ता छुआछूत के खिलाफ आवेश से भरे हुए थे लेकिन उनकी यह युद्धमुद्रा पूर्वदलितों के नाडारों जैसे हिस्सों के लिए ही ज्यादा कारगर साबित हो सकती थी। दलितों के संदर्भ में पेरियार की सीमाएँ साफ थीं और बीसवीं सदी के पास आंबेडकर का कोई विकल्प नहीं था। बाबासाहेब भी पेरियार के ब्राह्मण-विरोधी द्रविड़वाद को आलोचनात्मक निगाह से देखते थे।[१८]

अगर १९३२ में गाँधी ने अनशन का अस्त्र चला कर अपनी बात न मनवा ली होती तो अछूतों को मिले पृथक मतदाता मंडलों के कारण भारतीय राजनीति काफी-कुछ बदल गयी होती और आगे चल कर इसी कारण समग्र समाज की संरचना में गुणात्मक परिवर्तन आ गया होता। आंबेडकर को सारे जीवन गाँधी के सामने झुक जाने का अफसोस रहा। आंबेडकर का यह दुःख आज भी दलित राजनीति में समय-समय पर व्यक्त होता रहता है। आज भी डीएस-फोर जैसा नया दलित संगठन अपनी यात्रा की शुरुआत पूना समझौते के खिलाफ आंदोलन से करना पसंद करता है।[१९]

१९४५ में आंबेडकर ने पृथक मतदाता मंडलों की माँग फिर से की[२०] लेकिन तब तक देर हो चुकी थी और अंग्रेज काँग्रेस नेतृत्व को अपना उत्तराधिकारी बनाने के लिए दिमाग बना चुके थे। हालाँकि आंबेडकर मार्च १९४७ तक अपनी कोशिशें करते रहे पर तब तक यह लगभग तय हो चुका था कि आजाद भारत राजनीतिक लोकतंत्र के तहत उस जटिल अंतर्विरोध में रहने के लिए लंबे अरसे तक अभिशप्त रहेगा जो आंबेडकर के शब्दों में एक वोट-एक व्यक्ति के उसूल पर आधारित राजनीतिक समता के बरक्स ऊँच-नीच पर आधारित समाज-व्यवस्था का अंतर्विरोध था :

जनवरी की २६ तारीख को हम अंतर्विरोधों के युग में प्रवेश करेंगे। राजनीति में

समता और सामाजिक-आर्थिक जीवन में विषमता होगी। राजनीति में हम एक व्यक्ति की कीमत एक वोट के आधार पर आँकेंगे। लेकिन सामाजिक और आर्थिक जगत में विषमतामूलक संरचनाओं के कारण हम एक व्यक्ति-एक मूल्य के उसूल को नकारना जारी रखेंगे। अंतर्विरोधों की इस गिरफ्त में हम कब तक फँसे रहेंगे? सामाजिक और आर्थिक क्षेत्र में हम समता को कब तक ठुकराते रहेंगे? अगर हमने लंबे अरसे तक समता को अस्वीकार करना जारी रखा तो इसका नतीजा हमारे राजनीतिक लोकतंत्र के संकटग्रस्त होने में ही निकलेगा।[२१]

अंग्रेजों के बाद राष्ट्रीय मंच पर वह शक्ति नहीं रही जो १५ अगस्त १९४७ तक दलितों की निगाह में सामाजिक रूप से तटस्थ समझी जाती थी। तब आंबेडकर के नेतृत्व में दलित-हितों ने नवगठित भारतीय राज्य को संवैधानिक रूप से तटस्थ बनाने की मुहिम चलायी क्योंकि उसे सामाजिक और आर्थिक रूप से निष्पक्ष बनाना ऐतिहासिक रूप से असंभव था। ध्यान रहे कि आंबेडकर बहुमत-अल्पमत के उसूल पर आधारित लोकतंत्र को दलित-हित के लिए लाभदायक नहीं मानते थे। इसीलिए उन्होंने संयुक्त राज्य अमेरिका की तर्ज पर यूनाइटिड स्टेट्स ऑव इंडिया को परिकल्पित करनेवाले संविधान का एक मसविदा भी तैयार किया था जिसमें आनुपातिक चुनाव-प्रणाली का प्रावधान किया गया था। ऐसे विचारों के बावजूद संविधानसभा की मसविदा समिति के चेयरमैन और नेहरू की सरकार में कानून मंत्री के तौर पर काम करने के लिए आंबेडकर के तैयार हो जाने को तटस्थता की थीसिस के तर्क की रोशनी में समझा जाना चाहिए। द्विजों की चौधराहट से ग्रस्त और उदारतावाद के लिहाज से अविकसित पड़े लोकजीवन के तहत काँग्रेस शासन में संविधान एक नखलिस्तान की तरह था। उसके पीछे एक सामाजिक पुनर्रचना का परिवर्तनकामी इरादा[२२] काम कर रहा था कि विधि-रचना की यह दीर्घसूत्री कृति छुआछूत पर पाबंदी, आरक्षण और सार्विक मताधिकार जैसे प्रावधानों के जरिये उन समीकरणों को गड़बड़ा देगी जो द्विजों द्वारा औपनिवेशिक आधुनिकता अपनाने और फिर राष्ट्रीय आंदोलन की बागडोर सँभालने के माध्यम से पुख्ता हुए थे। उन्नीसवीं सदी से परवान चढ़ी इस अनुकृतिमूलक और संकर आधुनिकता पर निचली जातियों के नेतृत्व ने कभी विश्वास नहीं किया।

पूर्ण साक्षरता के बिना सार्विक मताधिकार और राज्य के पूर्ण सेकुलरीकरण के बिना कार्यविधिक लोकतंत्र की स्थापना कई तरह के अंदेशों को जन्म देने के लिए काफी थी। मताधिकार, चुनाव-प्रणाली और बहुदलीय-प्रणाली के बावजूद समस्या यह थी कि भारतीय परिस्थितियाँ मतदाताओं को अलग-अलग व्यक्ति के रूप में गोलबंद करने के लिए कतई अनुपयुक्त थीं अर्थात मतदाताओं को विचारों की ताकत के आधार पर आकर्षित नहीं किया जा सकता था। न ही मतदाता सामाजिक-आर्थिक वर्गों की तरह संगठित किये जा सकते थे। इसकी संभावनाएँ काफी सीमित थीं। एकमात्र व्यावहारिक तरीका जाति के आधार पर अपील करने का ही था। यह नहीं कहा जा सकता था कि परंपरा और आधुनिक राजनीति के इस

अजीब संयोग में कौन किस पर हावी रहेगा।

इन परिस्थितियों में दलितों के सामने प्रश्न यह था कि वे आधुनिकतावादी मनुष्यता के कौन-से खाने में फिट किये जायेंगे। क्या उन्हें आधुनिक श्रमिक वर्ग में पूर्ण सदस्य के तौर पर दाखिला मिलेगा? क्या उन्हें रिपब्लिक के स्वतंत्र सदस्य के रूप में स्वीकार किया जायेगा? वे कमतरी के उस एहसास से कैसे निकलेंगे जो हजारों साल से उनकी आत्मा को जकड़े हुए है? उनकी उलझन यह थी कि संख्या की श्रेष्ठतावाली चुनाव-प्रणाली में उनके साथ गठजोड़ करनेवाली ताकतें कौन-सी होंगी? अपने गिरेबान में झाँक कर देखने पर दलित समुदाय को वे आंतरिक विभेद दिखते थे जिनसे सवाल निकलता था कि उसकी अपनी एकता का ऊँट किस करवट बैठेगा? इन सवालों के जवाब उन्होंने धीरे-धीरे और अधिकतर खट्टे तजुर्बों के जरिये हासिल किये।

दलितों द्वारा इंडिपेंडेंट लेबर पार्टी,[२३] शिड्यूल्ड कास्ट्स फेडरेशन[२४] और धर्म परिवर्तन[२५] के प्रयोग किये जा चुके हैं। रिपब्लिकन पार्टी और दलित पेंथर,[२६] बहुजन समाज पार्टी[२७] और अब दलित मानवाधिकारों से संबंधित राष्ट्रीय मुहिम[२८] के प्रयोग अभी जारी हैं। लोकतंत्र ने दलितों को इस अर्थ में काफी निराश किया है कि इस व्यवस्था ने समता की नैसर्गिक तरफदार होने के बावजूद सामाजिक विषमता की जड़ों पर न केवल सीधे प्रहार करने से इंकार कर दिया वरन् उससे जुड़े निहित स्वार्थों को कई तरह से ताकत दी।[२९] दूसरी तरफ लोकतंत्र के कारण दलितों को संविधान प्रदत्त दायरों में मुक्तिकामी परियोजना चलाने का मौका भी मिला। उनके मौजूदा सामाजिक मुकाम, उनकी राजनीतिक ताकत और उनके भविष्य के सपनों का अगर कोई ठोस आधार है तो यही अप्रत्यक्ष गुंजाइश है। यदि लोकतंत्र के तीनों खंभों में सर्वोपरि कार्यपालिका और विधायिका का निर्माण करनेवाली दलीय-प्रणाली पहल करके उनका पक्ष लेती तो भारतीय लोकतंत्र दलितों के प्रति सिर्फ अप्रत्यक्ष पक्षधरता का गुनहगार होने से बच सकता था। यह निष्कर्ष निकालने में गलती का कोई खास जोखिम नहीं है कि भारत में दो लोकतंत्र हैं जिनमें एक खासतौर से दलितों, अन्य निचली जातियों और अल्पसंख्यकों समेत हाशिये पर पड़े तबकों की दुनिया के लिए है। इस बनते हुए लोकतंत्र को इन लोगों ने विशेष रूप से पिछले पचास साल में अपने लिए गढ़ा है। १९५२ में पहले संसदीय निर्वाचन के समय यह लोकतंत्र केवल एक वायदे के रूप में था। हाँ, इस आश्वासन को यह श्रेय अवश्य जाता है कि लोकतंत्र सीधे-सीधे दलितों का भले ही न हुआ हो पर उसने उन्हें लोकतंत्र को अपने लिए बनाने की छूट का सिलसिला हमेशा कायम रखा।[३०]

दलितों के लिए यह लोकतंत्र बनाने का रास्ता यातना, तिरस्कार, अवमानना और धैर्यपूर्वक प्रतीक्षा से गुजरने के अलावा कोई और नहीं हो सकता था। रचना के तनावपूर्ण क्षणों में उन्हें कई बार आत्म-संदेहों और फौरी नाकामियों के दौर का सामना करना पड़ा। इतिहास गढ़ने, अस्मिता-रचना और हित-आधारित राजनीति

की प्रक्रिया ने उन्हें द्विजों के मोहरे बनने जैसे जोखिमों का शिकार भी बनाया। ऐसे समीक्षकों की कमी नहीं है जो बेहिचक कहते हैं कि दलित आंदोलन आंबेडकर के देहावसान के बाद से अभी तक उबरा नहीं है। ऐसे विश्लेषक भी काफी हैं जो मानते हैं कि दलितों की दुनिया को ज्यादा से ज्यादा प्रगतिकांक्षी समूहों की एक अप्रतिम कोशिश के रूप में ही समझा जा सकता है। दरअसल ये लोग कहना चाहते हैं कि दलितों के पास समाज के रेडिकल बदलाव का कोई एजेंडा नहीं रह गया है। उनके पास अपने तर्क और आँकड़े हैं जो लगभग ऐसा यकीन दिला सकते हैं। लेकिन इससे पहले कि मन उनके ऊपर विश्वास करे, स्मृति में फुले के दृढ़प्रतिज्ञ सत्यशोधक, पेरियार के आक्रामक द्रविड़, आंबेडकर के स्वप्नदर्शी नवबौद्ध और जुझारू पेंथर आ जाते हैं। इससे पहले कि बुद्धि यह मान ले कि दलित राजनीतिक नेतृत्व का चरित्रबल आम नेताओं से उतना ही अलग है जितना भ्रष्टाचार का मौका न मिलने पर नैतिक बने रहनेवाले व्यक्ति का होता है, निकट अतीत की वे संभावनाएँ ध्यान आ जाती हैं जब दलित राजनीतिक प्रयासों में चुनाव-प्रणाली के प्रक्षालन की संभावनाएँ दिखा करती थीं। इससे पहले कि उत्तर प्रदेश में मायावती और कल्याण सिंह के बीच छः-छः महीने की अवधि तक मुख्यमंत्री बनने के समझौते को सत्तालोलुपों का एक और हथकंडा मान लिया जाए, सुदीप्त कविराज का वह इशारा निगाह में पड़ जाता है जिसमें उन्होंने इस प्रयोग की तुलना यूरोपीय संघ में चल रहे सावधि राष्ट्रपतित्व से की है।

ध्यान रहे कि बारी-बारी से मुख्यमंत्री बनने के इस फार्मूले का सुझाव इस समझौते से पहले धीरूभाई शेठ जैसे समाज-विज्ञानी ने दिया था। धीरूभाई चाहते थे कि संवैधानिक गतिरोध की स्थिति में साहसपूर्ण पहलकदमी ले कर नए राजनीतिक विकल्पों की रचना की जानी चाहिए। उनका ठोस सुझाव था कि तीन वर्ष तक मुलायम सिंह यादव मुख्यमंत्री की गद्दी सँभालें और फिर दो साल के लिए उसे मायावती के लिए खाली कर दें। बाकी एक साल किसी मुसलमान को मुख्यमंत्री बनाया जाए। धीरूभाई की यह तजवीज एक दिक्कततलब हालत के आदर्श समाधान की तरफ इशारा करती थी। इसी से मिलता-जुलता प्रयोग बाद में भाजपा और बसपा ने मिल-जुल कर किया। कविराज का कहना है कि ऐसे प्रयोगों को उपेक्षित कर देने के बजाय नयी लोकतांत्रिक कार्यविधियों के आगाज की तरह देखना चाहिए। शायद वे कहना चाहते हैं कि किसी गतिरोध की स्थिति में कांशीराम जैसा दलित नेतृत्व परंपरागत राजनीतिक नेतृत्व के मुकाबले नये-नये रास्ते खोजने में अधिक सक्षम साबित हो सकता है। उसके पास सत्तारूढ़ होने का कोई अतीत नहीं है और वह पश्चिमी लोकतंत्र की परंपरानिष्ठा से बँधा हुआ भी नहीं है। इस तरह प्रणालीगत रूप से आज का दलित नेतृत्व आंबेडकर के मुकाबले अधिक मुक्त चिंतन कर पाने की स्थिति में है।[३१]

कविराज का यह तर्क दूर तक इशारा करता है। हालाँकि वे इसका इस्तेमाल

सिर्फ व्यावहारिक राजनीति की सीमाओं में ही करते हैं पर इस दायरे से परे जा कर भी इस तर्क को आजमाया जा सकता है। हम ज्ञान की राजनीति में इसके सही होने की संभावनाएँ देख सकते हैं। सिंहावलोकन करने पर दलित चिंतन के विकास की मुख्य दिशा पर यूरोपीय ज्ञानोदय की गहरी छाप मिलती है। परंपरा से शत्रुतापूर्ण संबंधों के कारण दलित चिंतकों को लंबे अरसे तक हम आधुनिकता पर कोई सवालिया निशान लगाते हुए नहीं पाते। आधुनिक राज्य के प्रति उनकी वफादारी लगातार अक्षुण्ण रहती है। परंपरा की किसी भी वकालत को वे संदेह की नजर से देखते हैं। आंबेडकर में इसका चरम रूप मिलता है। वे हर चीज के आधुनिकीकरण पर आमादा लगते हैं। यहाँ तक कि वे सदियों पुराने एक धर्म को आधुनिक विचार-श्रेणियों के साँचे में ढालने जैसी बौद्धिक इंजीनियरिंग भी कर डालते हैं। लेकिन जैसे-जैसे दलितों का सामना आधुनिकता के व्यावहारिक रूपों से होता है, उन्हें लगने लगता है कि आज के समय का सबसे प्रभावशाली विचार अपने सार्वभौमिक आश्वासन के मुताबिक उनका मददगार साबित नहीं हो पा रहा है। वे पाते हैं कि ज्ञानमीमांसा के दरवाजे सारी दुनिया की तरह उनके लिए खुले नहीं हैं। साहित्य के संसार में कदम रखने पर दलितों को इसका पहला एहसास होता है। उनकी रचनाओं को अधूरा साहित्य करार दे कर हाशिये पर डाल दिया जाता है। समाजशास्त्र के क्षेत्र में उनकी अवधारणाओं को अजीबोगरीब कह कर दरकिनार करने की कोशिश की जाती है। वे समाजशास्त्र के लिए एक ऐसा समुदाय बन जाते हैं जिसे उसकी स्वतःउद्भूत सामुदायिकता की रोशनी में देखने के बजाय बाहर खड़े हो कर देखा जाना ठीक समझा जाता है। जमीनी हालात कुछ ऐसे बनते हैं कि दलितों को अनुभवसिद्ध विमर्शों और आख्यानों में उलझ कर रह जाना पड़ता है। वे सिद्धांतवेत्ता नहीं हो पाते।

दूसरी तरफ वे पाते हैं कि आधुनिकता की पूरी भाषा ही विजयी जातियों, समुदायों और राष्ट्रीयताओं की महागाथा है। उसकी वैचारिक दुनिया एक खास डिजायन के मुताबिक होनेवाले ध्रुवीकरणों के लिए ही बनी है और ये ध्रुवीकरण उपनिवेशवाद बनाम राष्ट्रीय मुक्ति, साम्राज्यवाद बनाम राष्ट्रवाद, पूँजीवाद बनाम समाजवाद, सार्वदेशिकता बनाम स्थानीयता, सेकुलरवाद बनाम सांप्रदायिकता और आधुनिकता बनाम परंपरा के द्विभाजन के अनुसार होते रहते हैं। वे देखते हैं कि इन विराट संघर्षों में अपेक्षाकृत छोटी आवाजें न केवल अनसुनी कर दी जाती हैं बल्कि उन्हें शक की निगाह से भी देखा जाता है कि कहीं वे एक बड़ी लड़ाई को भटकाने की साजिश तो नहीं हैं। दलितों को लगता है कि आधुनिकता के दायरे में उनकी माँगों को हमेशा कल के लिए टाल दिया जाता है, कभी आजादी की लड़ाई के नाम पर तो कभी वर्ग-संघर्ष के नाम पर। यह व्यावहारिक अनुभव दलितों को आधुनिकता का हमदर्द आलोचक बनने के लिए मजबूर कर सकता है। आधुनिकता पर किये जानेवाले दक्षिणपंथी हमले से खुद को अलग रखते हुए दलित बौद्धिकता

एक सर्वथा नयी विचार-श्रेणी को जन्म देने की संभावना रखती है। हो सकता है कि यह नया विचार कुछ लोगों को उत्तर-आधुनिकतावाद जैसा लगे लेकिन अपने आमूलवादी रुझानों में यह कुछ नयी बात कहता ही नजर आयेगा।

ज्ञानमीमांसा के क्षेत्र में दलित भारतीय समाज की तरफ से वही योगदान कर सकते हैं जो नारीवादी और अश्वेत आंदोलन कर चुके हैं। नारीवादियों और अश्वेतों ने ऐतिहासिक सवाल पूछा था कि यूरोपीय पुनर्जागरण ने जिस मानव की संप्रभुता स्थापित की थी या मार्क्स ने जिस नये मनुष्य की रचना करने का सपना देखा था उसकी चमड़ी का रंग कैसा था और उसका लिंग क्या था? इस सवाल में क्रांति के भीतर क्रांति करने की संभावनाएँ थीं। दलित भी यही सवाल पूछ रहे हैं कि आजाद भारत में जाति के हिसाब से नागरिकता का बाजार भाव बढ़ता-घटता क्यों है, वोट एक होने के बावजूद उसका जातिगत मूल्य अलग-अलग क्यों है, वर्ग-संघर्ष में लगी ट्रेड यूनियन में दलित का मुकाम क्या है और अगर जाति का महत्त्व नहीं रह गया है तो शहर जैसी सार्वदेशिक संरचना में दलित को अपनी जाति क्यों छिपानी पड़ती है? दलित के ये सवाल परंपरा से नहीं हैं। वह तो उस आधुनिकता से पूछ रहा है जो भारतीय संदर्भों में अधूरी और ज्यादा से ज्यादा ब्राह्मणवादी आधुनिकता है। ज्ञानमीमांसा के क्षेत्र में दलितों द्वारा किया जा सकनेवाला यह नवाचार आधुनिक होने की दलित-कसौटी को स्थापित करके हमारे लोकतंत्र को आमूलवादी प्रवृत्तियों से आवेशित कर सकता है।

इतिहास, अस्मिता और ज्ञानमीमांसा

आधुनिक राजनीति के युग में दलितों के लिए सबसे उत्तेजक सवाल यह था कि उनकी राजनीतिक नुमाइंदगी कौन करेगा। इसके प्रमाण उपलब्ध हैं कि गोलमेज सम्मेलनों में अछूतों के सवाल पर हुई गाँधी और आंबेडकर की टक्कर को बंबई से ले कर आगरा तक दलित समाज द्वारा बड़े ध्यान से देखा गया था। दरअसल, गाँधी और आंबेडकर के इस विवाद को आधुनिक दलित आंदोलन के स्रोत की तरह भी पढ़ा जा सकता है। यह विवाद आज तक भारतीय राजनीति का एक रूपक बना हुआ है। आज भी यह विवाद दलित नेताओं को गाँधी की आलोचना के लिए सामग्री मुहैया करा रहा है। आज भी गाँधीवाद से प्रेरणा लेनेवाले बुद्धिजीवी और राजनीतिक नेता इस विवाद की रोशनी में अपने विचारों की जाँच-पड़ताल करने पर मजबूर हैं क्योंकि दलित-प्रश्न पर गाँधी की आलोचना का मतलब गैरदलित समाज की सामाजिक अनुदारता को नये सिरे से नंगा कर देना ही होता है। गाँधी-आंबेडकर विवाद के अधिकतर आकलन तथ्यात्मक नजरिये से किये जाते रहे हैं और जैसा कि होता है तथ्यों को अपनी-अपनी पक्षधरता के मुताबिक सजाया जाता रहता है। **दलित-मीमांसा** के पहले लेख **आत्मशुद्धि बनाम आत्मसम्मान** में कन्नड़ के साहित्य-चिंतक **डोड्डुबेल्लापुरा रामैया नागराज** ने 'केंचुए की तरह' काम करनेवाली समाजशास्त्रीय पद्धति के बजाय रूपक-आधारित अध्ययन की

शैली अपनायी है ताकि उन्हें दोनों पक्षों के साथ हमदर्दी के साथ पेश आने का मौका मिल सके। नागराज के इस विमर्श की खूबी यह है कि वे गाँधी और आंबेडकर के नजरियों की व्याख्या प्रतिरोधी तर्क के आधार पर न करके उनकी अपनी दृष्टियों के आधार पर करते हैं। इस तरह न केवल दो प्रतिमानों का संघर्ष उभरता है, बल्कि दोनों के बीच संवाद के पहलुओं की शिनाख्त भी की जाती है। गाँधी द्वारा आत्मशुद्धि के आग्रह और आंबेडकर द्वारा आत्मसम्मान के संकल्प के बीच नागराज की भूमिका एक निष्पक्ष रैफ्री की रहती है। दलित-पक्षधरों को नागराज गाँधीवाद के प्रति कुछ नर्म रवैया अपनाते हुए लग सकते हैं। लेकिन अंतिम विश्लेषण में यह लेख आंबेडकरवादियों द्वारा की गयी जुमलेबाजी के मुकाबिले गाँधी और गाँधीवादी आत्मशुद्धि की अधिक गहन आलोचना बन कर उभरता है। आज नागराज हमारे बीच नहीं हैं लेकिन लीक से हट कर रचा गया उनका सिर्फ यही आलेख उन्हें विस्मृत न होने देने के लिए काफी है। वे दोनों पक्षों को पुनर्विचार के लिए मजबूर करते हैं और जातिवाद-विरोधी आंदोलन और आत्मशुद्धि की सीमाएँ उद्‌घाटित करते हुए 'हरिजन' के अंकों में छपी सामग्री के आधार पर नतीजा निकालते हैं कि गाँधी और आंबेडकर आपस में भिड़ते हुए एक-दूसरे से सीख भी रहे थे। नागराज के रूपक उस क्षण को सामने लाते हैं जब गाँधी का हरिजन आंबेडकर के दलित में रूपांतरित हो जाता है। स्रोतों की खोज के साथ-साथ यह विमर्श दलित आंदोलन की समस्याओं की तरफ इशारा भी करता है। ये समस्याएँ दलित अभिजनों के सायास स्मृति लोप और अतीत को उलटने की कोशिश करते हुए समुदाय से विच्छेद कर लेने की प्रवृत्ति के रूप में उभरती हैं।

आत्मसम्मान को दलित-समाज और राजनीति के केंद्रीय विमर्श की तरह स्थापित कर देने के बाद यह मीमांसा उसकी एंटीथीसिस **अवमानना के आयाम** खोजती है। दलित परिप्रेक्ष्य में गहन समाजशास्त्रीय अध्ययन करनेवाले **गोपाल गुरु** का विचार है कि अवमानना को समझने में उदारतावादी और मार्क्सवादी नजरिये नाकाम रहे हैं। अवमानना के ऐतिहासिक विकास-क्रम, उसके सामाजिक घटनास्थल और अवमानना के शिकारों द्वारा उसके निराकरण की संभावित रणनीति का सूत्रीकरण करनेवाला यह आलेख समसामयिक समाजशास्त्र में कुछ नवीन श्रेणियों का समावेश करने की पहल करता है। गोपाल मानते हैं कि दलित नित्य-प्रति अवमानना के दौर से गुजरते रहते हैं इसलिए वह उनकी आत्म-परिभाषा में बदल जाती है। अवमानना द्वारा प्रदत्त पहचान के जरिये वे जान पाते हैं कि वे क्या हैं और क्या नहीं हैं। अवमानना उत्पीड़ित की शक्ति बन जाती है। गाँव से ले कर शहर तक और खेत से ले कर कारखाने तक दलितों की अवमानना का यह क्रम लोकतांत्रिक-उदारतावादी राज्य में कानूनी रूप से प्रतिबंधित होते हुए भी परिवर्तित रूपों में जारी रहता है।

दफ्तर में काम करनेवाला दलित ही नहीं अछूत समुदाय से आया हुआ मुख्यमंत्री भी पाता है कि लोकतंत्र और सत्ता में ऊँचे स्तर पर भागीदारी करने के

बाद भी उसके लिए मानवीय संबंधों की संहिता अभी बदली नहीं है। अपमान की कूटभाषा का जन्म हो चुका है और अवमाननाकारी कटाक्ष परंपरा की देन न हो कर दलितों द्वारा किये जानेवाले आधुनिकतावादी दावों के खिलाफ हथियार की तरह इस्तेमाल किये जा रहे हैं। यह समस्या उस समय बेहद उलझ जाती है जब अभिजन बन चुके दलित भी अपने सजातीय बंधुओं के लिए इसी भाषा का इस्तेमाल करते हुए देखे जाते हैं। दलित समाज में महिलाओं को एक गाल पर सवर्ण अहंकार का तो दूसरे गाल पर दलित पुरुष की पितृसत्ता का थप्पड़ खाना पड़ता है। अवमानना के इस जटिल समाजशास्त्र की व्याख्या करनेवाले इस बेहतरीन लेख में उसके प्रतिरोध के तरीकों और निराकरण के लिए अपनाये जा सकनेवाले विकल्पों की चर्चा भी की गयी है। लेकिन अवमानना का संपूर्ण उन्मूलन गोपाल गुरु और समतामूलक समाज की स्थापना के लिए संघर्षरत लोगों के लिए एक यक्ष प्रश्न ही बना रहता है।

अवमानना के अंदेशों से मुक्त होने के लिए अछूत जो परियोजनाएँ चलाते रहे हैं उनमें अतीत-रचना और अस्मिता-निर्माण का भारी महत्त्व है। फुले ने राजा बलि के मिथकीय राज्य का सूत्रीकरण करके बहुजन समाज को गर्व करने लायक इतिहास देने की कोशिश की थी। आंबेडकर ने यही काम अछूत कौन थे जैसा सवाल उठा कर किया। वेदों और धर्मशास्त्रों को खँगाल कर और स्टेनली रोज के नस्ली सिद्धांत के साथ-साथ हर्बर्ट राइजली के मानवशास्त्रीय अध्ययन की समीक्षा करके आंबेडकर ने निष्कर्ष निकाला कि अछूत पहले कभी क्षत्रिय थे। दलितों को एक सम्माननीय इतिहास देने के लिए आंबेडकर ने ब्राह्मणों और बनियों की साँठगाँठ को निशाना बनाया और ब्राह्मण-क्षत्रिय विवाद में क्षत्रिय पक्ष के साथ हमदर्दी दिखायी। उन्होंने ब्राह्मणों की बौद्धों के प्रति घृणा में अस्पृश्यता का स्रोत तलाशा और स्पष्ट दावा किया कि इस प्रथा का चलन संभवत: चार सौ ईसवी के आसपास हुआ होगा।

बाबासाहेब की ये धारणाएँ प्राचीन भारत के इतिहासकारों के बीच विवाद का विषय बनी हुई हैं लेकिन अतीत-रचना के उनके प्रयासों से उत्तर-आंबेडकर पीढ़ी को काफी प्रेरणा मिली। क्षत्रिय-स्रोत का आग्रह सत्तर के दशक के दलित बुद्धिजीवियों को युद्ध, शौर्य और संघर्ष की मानसिकता की तरफ ले गया। हजारों वर्ष से ग्रामीण भारत में गाँव के बाहर पड़ा रहनेवाला अंत्यज ऐसे स्थान की तलाश के लिए निकल पड़ा जहाँ से उसे बहिष्कृत किया जाना संस्थागत रूप से नामुमकिन हो। यह नया स्थान शहर था जो आधुनिकता के घटनास्थल के रूप में उभर रहा था। दलित-चेतना उत्तरोत्तर नगर-केंद्रित होती गयी और दलित साहित्य नागरिकता की खोज में जाति पूछे जाने के औचित्य पर सवालिया निशान लगाने लगा। दलित-चेतना की इन धाराओं की शिनाख्त करते हुए **अभय कुमार दुबे** अपने चर्चित आलेख **नये शहर की तलाश** में जाति-विरोधी प्रत्यय की सीमाओं और दलित-चेतना की रेडिकल संभावनाओं को सामने लाते हैं। वे मराठी, कन्नड़, हिंदी,

गुजराती और तेलुगू की दलित साहित्य धाराओं से सामग्री लेते हुए नतीजा निकालते हैं कि नये शहर की तलाश में आया हुआ दलित नायक नागरिकता के आवरण में भी अपनी नीची जाति छिपाने में नाकाम है। जो केंचुल उसने अछूतबाड़े में छोड़ दी थी वह अभी भी उसके अंग के साथ चिपटी हुई है। वह नागरिक समाज की खोज में फिलहाल नाकाम हो चुका है। उसमें आधुनिकतावाद के प्रति ललक है लेकिन वह इस विचार की चुकी हुई संभावनाओं के प्रति निराश हो चुका है। इस प्रक्रिया में दलित नायक जहाँ खड़ा है वही उसकी चेतना का मौजूदा मुकाम है।

यह वही मुकाम है जहाँ दलित बौद्धिकता भारतीय सभ्यता और संस्कृति की आलोचना करते-करते पाती है कि आधुनिकता ने परंपरा के साथ एक खुफिया समझौता कर लिया है। उसकी वेदना उस समय और बढ़ जाती है जब वह पूँजीवादी आधुनिकता को ही नहीं बल्कि आधुनिकता के रेडिकल दावेदारों को भी इस गठजोड़ में शामिल पाती है। **आदित्य निगम** इसी **'ब्राह्मणवादी' आधुनिकता की आलोचना** को द्वंद्वात्मक विश्लेषण के औजारों से सम्पन्न करते हैं। वे देखते हैं कि आधुनिकता यूरोपीय ज्ञानोदय के आधार पर बनी जिस ज्ञान-प्रणाली के माध्यम से परवान चढ़ी है, दलित और नीची जातियों के प्रतिनिधि अब उस पर पहले की तरह आँख बंद करके भरोसा करने के लिए तैयार नहीं हैं। आदित्य का आलेख दलितों का नेतृत्व करने में विफल रहने के संदर्भ में वामपंथियों की आलोचना का प्रभावशाली आख्यान बन कर उभरता है। आदित्य नागराज का हवाला देते हैं कि आधुनिकता और जाति-व्यवस्था के बीच धोखाधड़ीपूर्ण समझौते के कारण दलितों का शहर का सपना भी टूट गया है। मार्क्सवादी इतिहासकार सुमित सरकार द्वारा जाति के सवाल पर आत्मालोचना की आलोचना के जरिये निगम दिखाते हैं कि मार्क्सवादी बननेवाला युवक किस तरह जातिगत शोषण को वर्गीय शोषण में समाहित करके अपने अपराधबोध से तो मुक्ति प्राप्त कर लेता है लेकिन इस प्रक्रिया में भारतीय यथार्थ उसकी पकड़ से निकल जाता है।

आदित्य द्वारा वामपंथियों की दुनिया में छेड़ी गयी इस उत्तेजक बहस को **गोपाल गुरु** दलित-बौद्धिक जगत में ले जाते हैं। **ज्ञानमीमांसा की सांस्कृतिक दीवारें** में उनकी समस्या यह है कि दलित मानस को उसकी पारिवेशिकता की सीमाओं से निकाल कर सार्वभौम आयाम कैसे दिये जायें। उन्हें लगता है कि इसके लिए दलितों को अपने ऊपर लाद दिये गये सार्वभौमिकता के उदारतावादी नजरिये से भी मुक्ति पानी होगी। गोपाल को भूमंडलीकरण की व्यापकता के कारण बने सार्वभौमिकता के नये संस्करण में दलितों के लिए गुंजाइश नहीं दिखती। ज्ञानमीमांसा के क्षेत्र में डुबकी लगा कर भी दलितों को कुछ खास नहीं मिल पाता है क्योंकि आमतौर पर गैरदलितों के लिए खुला यह क्षेत्र दलितों को उनकी शर्तों पर प्रवेश देता ही नहीं। कहीं राष्ट्रवाद का शब्दाडंबर उन्हें रोक लेता है तो कभी उन्हें वर्ग नामक चेतना के पीछे घसीटने की कोशिश की जाती है। कुल मिला कर दलितों को पारिवेशिकता से विकसित करके सार्वभौमिक क्षेत्र में ले जाने के नाम

पर जो हुआ है वह एक तरह की शापित सार्वभौमिकता की उपलब्धि के अलावा और कुछ नहीं है। सार्वभौमिक क्षेत्र में सांस्कृतिक दीवार दलित को सिद्धांतशास्त्री बनने से रोक देती है और वह अनुभवानुश्रित बहुजन बन कर रह जाता है। सिद्धांत गढ़ने का धंधा ब्राह्मण के पास बना रहता है और दलित आँकड़ों में उलझ कर संतोष कर लेता है। गोपाल गुरु की यह बहुचर्चित प्रस्थापना हमें बताती है कि सिद्धांत की गतिविधि सांस्कृतिक तौर पर निरपेक्ष नहीं होती और जिसके पास समय और स्वतंत्रता होती है वही अमूर्त भाषा में चिंतन कर पाता है। दलित के पास पीढ़ी-दर-पीढ़ी संचित दरिद्रता है इसलिए वह जिस सार्वभौम क्षेत्र में जाता है उस पर हीनता की परिचायक दलित-पारिवेशिकता की छाप बनी रहती है जो उसकी हीनता की परिचायक है। दिक्कत यह है कि सार्वभौमिक और पारिवेशिक के द्वंद्वात्मक संबंध में ब्राह्मणी सार्वभौमिकता दलित-पारिवेशिकता को तो रचती है लेकिन दलित अपने लिए नयी सार्वभौमिकता का संस्कार नहीं कर पाते।

आखिर दलित ऐसा क्यों नहीं कर पाता? क्या ऐसा करने के लिए उसने अपने-आपको तैयार किया है? क्या उसके पास कोई एकीकृत दलित समाज है जो राजनीतिक और सांस्कृतिक रूप से किसी एक धारा का प्रतिनिधित्व करता हो? क्या दलित पूर्व-अछूतों का आधुनिक नाम-भर है या इसके जरिये अंत्यज अपना सामाजिक-सांस्कृतिक दायरा आबादी के तकरीबन सोलह फीसद से ज्यादा बढ़ा लेते हैं? क्या दलित-अस्मिता दलितों की मुक्ति का संघर्ष चलाने में अन्य उत्पीड़ित तबकों को आकर्षित करने में सक्षम है? इन सवालों की तथ्यात्मक जाँच करते हुए **घनश्याम शाह** व्यापक हिंदू समाज के साथ दलितों के संबंधों के बारे में विभिन्न मान्यताओं और सिद्धांतों का जायजा लेते हैं कि दलित आम हिंदुओं से कहाँ तक जुड़े हुए हैं और कहाँ तक अलग हैं। **अस्मिताओं का सहअस्तित्व** दलित समाज के आंतरिक विभेदों के परंपरागत और आधुनिक रूपों की तरफ ध्यान खींचता है। शाह पाते हैं कि धर्मांतरण का रास्ता अपनाने अर्थात गैरहिंदू अस्मिता स्वीकार कर लेने के बावजूद दलित समुदायों के भीतर समता और एकजुटता के नये संबंधों और भावनाओं का जन्म नहीं हुआ। अश्वेत आंदोलन की तर्ज पर दलितों ने प्रति-विचारधारा के सूत्रों को भी अपनाया है जिसकी अभिव्यक्ति अधिकांशतः दलित साहित्य और दलित पेंथर आंदोलन में हुई है। शाह का निष्कर्ष है कि अछूतों के लिए दलित होना नयी अस्मिता का प्रमाण जरूर है लेकिन उन्होंने अभी तक अपनी पुरानी परंपरागत अस्मिता पूरी तरह छोड़ी नहीं है। वे दोनों अस्मिताओं के सहअस्तित्व में जीवित हैं।

आजादी के बाद उपलब्ध शैक्षिक अवसरों, आरक्षण और संसदीय राजनीति के कारण दलित समाज में धीरे-धीरे उभरा एक छोटा-सा अभिजन वर्ग अक्सर तीखी बहस का केंद्र बनता रहा है कि क्या इस वर्ग को आज भी आरक्षण की जरूरत है और आर्थिक रूप से ऊँचा उठ जाने के बाद व्यापक दलित समाज के साथ इसके रिश्ते अब कैसे हैं। **दलितों के अभिजन** में **विजय बहादुर सिंह** ने उप्र के

आजमगढ़ जिले के ५५ दलित-अभिजनों के साथ विभिन्न मुद्दों पर बातचीत करके इन सवालों के जवाब देने की कोशिश की है। यह अध्ययन दलित-अभिजनों के बारे में प्रचलित कई तरह की गलतफहमियों को तोड़ता है। समाज के अन्य अभिजनों के मुकाबले ये दलित नाम मात्र के अभिजन ही हैं और इस हालत में पहुँचने के लिए उन्हें जिस पीड़ा और संघर्ष से गुजरना पड़ा है उसका शतांश भी समाज के अन्य हिस्सों को नहीं झेलना पड़ता। तीन पीढ़ियों के तुलनात्मक अध्ययन से निकला यह यथार्थ बताता है कि दलित-अभिजनों को बाकायदा अभिजन बनने में काफी समय लगेगा। आधुनिकीकरण और शहरीकरण की प्रक्रिया से लाभान्वित होनेवाले ये अभिजन अपने समुदाय के मित्र, चिंतक और मार्गदर्शक की भूमिका निभा रहे हैं। जाति-प्रथा की विषम अभिव्यक्तियों के खिलाफ उनमें आक्रोश की कमी नहीं है लेकिन जब तक उनके पास बहुजन समाज पार्टी जैसा संगठित राजनीतिक माध्यम नहीं आता तब तक उनका 'मोक्ष' निजी से सामुदायिक नहीं हो पाता।

दलित समाज जहाँ एक ओर अपने अंदर एक मध्यवर्ग के उदय से जुड़ी समस्याओं से जूझ रहा है वहीं उसे दलित आंदोलन के भीतर एक और आंदोलन की आहटें भी सुननी पड़ रही हैं। यह है दलित महिलाओं का आंदोलन जो समग्र महिला समुदाय के मुक्ति आंदोलन का हिस्सा होने के साथ-साथ दलित समाज में पितृसत्ता का प्रश्न उठाता है। विख्यात दलित साहित्यकार **मोहनदास नैमिशराय** अपने आलेख **दोनों गालों पर थप्पड़** में दलित महिलाओं की त्रासदी को उभारते हैं। वे साहित्य, इतिहास, राजनीति और समाजशास्त्रीय स्रोतों के जरिये दलित महिलाओं के संदर्भ में मुक्तिकामी भीमस्मृति और दासता की प्रतीक मनुस्मृति के सहअस्तित्व का तथ्य सामने लाते हैं।

अगर इस दलित-मीमांसा में दलितों के प्रति गैरदलित-चिंतन की थाह नहीं ली गयी तो यह अधूरी ही रह जायेगी। यह दलित समस्या का सबसे नाजुक पहलू है क्योंकि गैरदलितों का मानस बदले बिना दलितों के अनुकूल सार्वभौमिकता की रचना नहीं हो सकती। आंबेडकर को इस आवश्यकता का पूरा एहसास था और गाँधी की तो सारी कोशिशें ही इस लक्ष्य को वेधने के लिए केंद्रित थीं। **गैरदलित और दलित समस्या** में **धीरूभाई शेठ** इसी प्रश्न पर गौर करते हैं लेकिन उनका चिंतन पुनालेकर की भाँति सवर्णों के बीच एक और सुधार आंदोलन चलाने की अपील[३२] करने पर खत्म नहीं होता वरन् वे अधिक व्यावहारिक धरातल पर खड़े हो कर सूत्रीकरण करते हैं कि गैरदलितों का दलित संबंधी चिंतन कैसा है और उसे कैसा होना चाहिए।

धीरूभाई के अनुसार जातिवाद विरोध और प्रगतिशीलता का दावा करनेवाले गैरदलित आज भी दलित समस्या को कमोबेश पुराने परिप्रेक्ष्य में रख कर ही पेश कर रहे हैं। इसके पीछे एक जाना-बूझा रवैया है जो कथित आधुनिक, वैज्ञानिक व निरपेक्ष दृष्टि की आड़ में दलितों की समाज में सांस्कृतिक भागीदारी रोक देता है।

जैसे ही दलित मंच के नीचे से खड़े हो कर अपनी बात कहता है वैसे ही मंच पर बैठे गैरदलित 'व्यवस्था का प्रश्न' उठाने लगते हैं। दरअसल, कल की कर्मकांडीयता और आज की आधुनिकता दलित प्रश्न पर गठजोड़ में चली जाती है। परिणामस्वरूप दलित समस्या के निरूपण और समाधान की दो अलग-अलग दृष्टियों, आधारों और शब्दावलियों की रचना होती है। दोनों पक्ष अपना अलग-अलग राग अलापते हैं। जरूरत इस बात की है कि दोनों रवैयों के बीच एक रागात्मक संवाद हो, दोनों परस्पर तादात्म्य स्थापित करें। आखिर जो समस्या सत्ता और वर्चस्व की अन्योन्यक्रिया द्वारा सुलझने से इंकार कर देती है उसे हल करने का एकमात्र तरीका आपसी संवाद ही रह जाता है।

राजनीति, संगठन और संघर्ष

लोकतंत्र को अपने अनुकूल बनाने की मुहिम की शुरुआत दलित नेतृत्व ने संविधान के दायरे में की थी। सामाजिक इंजीनियरिंग के लिए उनके पास सार्विक मताधिकार और आरक्षण के शक्तिशाली औजार थे। संविधान के कारण ही अदालतों ने जातिगत ऊँच-नीच को न्यायिक व्याख्या का आधार बनाना बंद कर दिया था। गाँधी की व्यूह-रचना दलितों से पृथक मतदाता मंडल का अधिकार छीन चुकी थी जिसके कारण उत्तर-आंबेडकर युग में कॉंग्रेस के प्रभाव से स्वतंत्र दलित नेतृत्व का विकास नहीं हो पाया। जैसे ही कॉंग्रेस के राजनीतिक रुतबे का क्षय हुआ और जगजीवन राम सरीखे नेहरूयुगीन नेताओं का विदागीत लिखा गया वैसे ही दलितों के बीच स्वाभाविक रूप से फुले-आंबेडकर विचारधारा मुखर हो गयी। ऐसे लोग प्रभावशाली नेताओं के रूप में उभरे जिनका द्विज अभिजनों के बीच आमतौर से मजाक उड़ाया जाता था। एक पार्टी के शासन की विराट छाया में दलित अपना राजनीतिक दावा ठीक से पेश नहीं कर पाते थे लेकिन गठजोड़-राजनीति के जमाने में उन्हें अपनी संख्यात्मक शक्ति के लाभकारी दोहन का अवसर मिला। अस्सी और नब्बे के दशकों में दलित राजनीति के उभार ने सभी का ध्यान आकर्षित किया और राजनीति में जाति के महत्त्व पर जोरदार बहस फिर से चालू हो गयी। इससे पहले इस बहस की शुरुआत पचास के दशक में लोहिया ने पिछड़ी जातियों के राजनीतिक उभार के संदर्भ में की थी।

नयी परिस्थिति का रोचक पहलू यह था कि लोहिया द्वारा उठाये गये इस मुद्दे का पूरी तरह से समाधान हुए बिना ही दलितों के दावे ने बहस को काफी आमूलवादी रुझान दे दिये। एक तरफ मंडल आयोग की सिफारिशों ने पिछड़ी जातियों की साठ के दशक से ही जारी राजनीतिक गतिशीलता को निर्णायक आवेग दिया और दूसरी तरफ दलितों ने उत्तर प्रदेश में पिछड़ों, अतिपिछड़ों और अल्पसंख्यकों के साथ गठजोड़ करके १९९३ में सांस्कृतिक राष्ट्रवाद के उत्थान को रोक दिया। इस घटना में भारतीय राजनीति को परिवर्तित करने की जोरदार संभावनाएँ थीं। विख्यात राजनीतिशास्त्री **रजनी कोठारी** ने **दलित उभार के मायने**

में इस परिघटना के दूरगामी परिणामों पर पैनी निगाह डाली। कोठारी लंबे अरसे से राजनीति में जातिवाद का प्रदूषण फैल जाने की प्रचलित थीसिस को नकारते हुए जातियों के राजनीतिकरण के सिद्धांत का प्रतिपादन कर रहे थे। लोकतांत्रिक राजनीति में होनेवाली दलीय होड़ में जातियों की भागीदारी के समाज-परिवर्तनकारी आयामों में उनकी गहरी दिलचस्पी थी। इसलिए दलित उभार के कारण उठी बहस में उनका हस्तक्षेप स्वाभाविक ही था।

कोठारी इस प्रति-मान्यता से अपनी दलील शुरू करते हैं कि लंबे अरसे से जाति से जुड़ी राजनीतिक-चेतना पर द्विज जातियों की इजारेदारी चली आ रही थी और अब जाति-प्रथा समेत व्यवस्था से पीड़ित लोग जातिगत पहचान और उससे संबंधित दावों को पेश कर रहे हैं। इस तर्क से साबित होता है कि जाति के आधार पर राजनीति केवल दलितों और पिछड़ों ने ही शुरू नहीं की है बल्कि यह प्रवृत्ति पहले से चली आ रही है। कोठारी इसमें दलितों और पिछड़ों के हस्तक्षेप को सकारात्मक मानते हैं और उन बौद्धिक-राजनीतिक धाराओं की आलोचना करते हैं जो इसके प्रति या तो द्वैध की शिकार हैं या फिर शत्रुता और तिरस्कार की भावना रखती हैं। कोठारी के विचार से दलित उभार ने परंपरागत वामपंथी, गाँधीवादी, उदारतावादी और नये सामाजिक आंदोलनों की पहल करनेवाले गैरसरकारी संगठनों की सामाजिक-राजनीतिक विफलताओं और सीमाओं को बेनकाब कर दिया है। इस तरह कोठारी का विमर्श मुख्यधाराओं की बेबाक आलोचना बन कर उभरता है। वह ऐसे कई सवाल पूछता है जिनके जवाब इन धाराओं के अहलकारों के पास नहीं हैं। खास बात यह है कि कोठारी का चिंतन एकतरफा दलित समर्थन के अति-रेडिकल रुझान से ग्रस्त नहीं है। उसमें एक नैतिक और संशोधनकारी आवेश तो है लेकिन दलित-बहुजन गठजोड़ की अंदरूनी समस्याओं पर भी उनकी निगाह है। वे उन प्रवृत्तियों की शिनाख्त करते हैं जो दलित संघर्ष को इतिहास की उत्प्रेरक शक्ति बनने से रोकती हैं।

अभय कुमार दुबे का लंबा विवरणात्मक आलेख **बहुजन समाज पार्टी और 'गुरु किल्ली'** दलित-बहुजन शक्तियों के व्यावहारिक राजनीतिक पक्ष का जायजा लेते हुए नमूने के तौर पर बसपा द्वारा उत्तर प्रदेश में राजसत्ता सँभालने के तजुर्बे का विश्लेषण करता है। दलितों और पिछड़ों के राजनीतिक रवैयों के बीच अंतर दिखाने के बाद इस लेख में उन कारणों की शिनाख्त करने का प्रयास है जो बहुजन समाज की रचना में बाधक साबित हुए हैं। यह विवरण बताता है कि कांशीराम और मायावती द्वारा संचालित यह दलित राजनीति आंबेडकरवादी राजनीति से कितनी भिन्न है, यह उत्तर-आंबेडकर राजनीति का प्रतिनिधित्व करती है या नहीं, आरक्षण के गर्भ से निकली दलित सरकारी कर्मचारियों की विशाल बिरादरी की अनूठी राजनीतिक परियोजना के रूप में बसपा दलितों को एक विशाल राजनीतिक समुदाय में बाँधने के लक्ष्य में कहाँ तक कामयाब हो पायेगी, बसपा के प्रयोग में समग्र

भारतीय राजनीति की सफाई करने की क्या-क्या संभावनाएँ थीं और किसी परिवर्तनकारी आर्थिक कार्यक्रम के बिना दलित-अस्मिता स्थापित करने के एकांत प्रयासों का क्या नतीजा निकल सकता है।

नक्सलवादियों पर राजनीतिक-मानवशास्त्र की दृष्टि से शोध करनेवाली **बेला भाटिया** ने इस मार्क्सवादी-लेनिनवादी आंदोलन द्वारा मध्य बिहार के खेत-खलिहानों में छेड़े गये सशस्त्र भूमि-संघर्षों में दलित भूमिहीनों की भागीदारी का अध्ययन पेश किया है। **नक्सलवादी बनते दलित** में आत्मसम्मान और आर्थिक शोषण के प्रश्न पर दलितों की जातिगत गोलबंदी के वर्ग-संघर्ष में रूपांतरण का विश्लेषण मिलता है। कृषि-क्रांति की थीसिस के समर्थक के रूप में नक्सलवादियों का मुख्य योगदान यह है कि वे किसान आंदोलन पर भूमिहीनों का नेतृत्व स्थापित करने के पक्षधर हैं। देश की सबसे बड़ी कम्युनिस्ट पार्टी के तौर पर मार्क्सवादी कम्युनिस्ट पार्टी भूमिहीन को किसान की मान्यता देने के लिए ही तैयार नहीं है। इसीलिए वह किसान सभा अलग बनाती है और खेत मजदूर सभा अलग। यह पार्टी कृषि-क्रांति की धुरी को मध्यम किसान के आसपास केंद्रित मानती है। लेकिन नक्सलवादियों के विमर्श में खेत मजदूर देहाती सर्वहारा के रूप में उभरता है। चूँकि अधिकतर दलित खेत मजदूर हैं इसलिए वे इस सर्वहारा वर्ग का निर्माण करते हैं। बेला भाटिया दलित नक्सलवादियों से बातचीत के जरिये पता लगाने की कोशिश करती हैं कि वे इस राजनीति में क्यों आये, अपनी सामाजिक-आर्थिक स्थिति सुधारने में उन्हें किस हद तक लाभ मिला, मार्क्सवाद-लेनिनवाद को उन्होंने किस हद तक आत्मसात किया है, इस संघर्ष में इज्जत की लड़ाई का आयाम कितना है और नक्सलवादी नेतृत्व ने जाति के प्रश्न के साथ क्या सुलूक किया।

दलित संघर्ष और राजनीति के तीसरे आयाम के रूप में कार्यकर्ता-बुद्धिजीवी **विजय प्रताप** ने **एक दलित युवक द्वारा पार्टी की तलाश** का गहन अनुभव पेश किया है। इस नौजवान की राजनीतिक-चेतना बिहार आंदोलन की देन है और वह अपने लिए प्रतिपक्ष के दायरे में उपयुक्त दल की खोज करना चाहता है पर हर बार उसे गली का बंद सिरा ही मिलता है। यह नौजवान बहुजन समाज पार्टी में नहीं जाना चाहता क्योंकि उसे उल्टे-जातिवाद में दलितों की समस्याओं का हल नजर नहीं आता। इस युवक के जीवनानुभव की बेचैनी के केंद्र में वे समस्याएँ हैं जो दलितपन के दायरे को तोड़ने का मौका तलाश करने वालों को झेलनी पड़ती हैं।

पुष्पेंद्र ने इस दलित-उभार का **वोट डालनेवाले दलित** के रूप में अध्ययन किया है। **विकासशील समाज अध्ययन पीठ** द्वारा १९९६ और १९९८ के संसदीय चुनावों के सर्वेक्षणों को आधार बना कर किये गये इस विश्लेषण से कुछ दिलचस्प निष्कर्ष निकलते हैं। इनमें पहला तो यह है कि दलित मतदाताओं ने काँग्रेस को उप्र और बिहार जैसे बड़े और महत्त्वपूर्ण प्रदेशों में जरूर छोड़ दिया है लेकिन जहाँ उनके पास बहुजन समाज पार्टी, रिपब्लिकन पार्टी, वामपंथी दलों और क्षेत्रीय दलों

का विकल्प नहीं है वहाँ अभी वे काँग्रेस को वोट दे रहे हैं। काँग्रेस को इस समय भी कुल मिला कर देश-भर में सबसे ज्यादा दलित वोट मिलते हैं लेकिन इसके बावजूद दलित उसके वोट बैंक नहीं माने जा सकते। दूसरा निष्कर्ष यह है कि दलित अब किसी पार्टी के वोट बैंक नहीं हैं। अब हर पार्टी को उनके वोट लेने के लिए उनके ठोस हितों पर ध्यान देना पड़ेगा। तीसरा निष्कर्ष यह है कि दलित मतदाताओं का रुझान आमतौर पर वामपंथी और सेकुलर है। चौथा निष्कर्ष यह है कि साधनसम्पन्न हो चुके दलितों का मतदान संबंधी व्यवहार द्विज जातियों के साधनसम्पन्न मतदाताओं जैसा ही हो जाता है।

नस्ल, जाति और भूमंडलीकरण

आजकल दलित-प्रश्न जिस उत्तेजक बहस से गुजर रहा है वह भूमंडलीकरण के साथ उसके संबंधों पर केंद्रित है। हालाँकि इस बहस को करीब दस साल पहले दलित आंदोलन की मशहूर व्याख्याता गेल ऑम्वेट ने छेड़ा था। गेल का दावा था कि नयी आर्थिक नीतियों से दलितों को लाभ होगा क्योंकि निजीकरण और बाजारीकरण की प्रक्रिया उस पब्लिक सेक्टर को तोड़ रही है जो अपने स्वभाव में ब्राह्मणवादी है। गेल की यह प्रस्थापना जल्दी ही विवादास्पद हो गयी लेकिन वे अपने विचारों पर दृढ़ बनी रहीं और धीरे-धीरे उनकी छवि धनी किसानों के आंदोलन के साथ उनके सांगठनिक संबंधों के आधार पर ही पहचानी जाने लगी। गेल के विचारों के विपरीत डी.आर. नागराज, कांचा ऐलय्या और गोपाल गुरु जैसे दलित आंदोलन के व्याख्याता इस नतीजे पर पहुँच चुके हैं कि भूमंडलीकरण हाशिये पर पड़े तबकों की मृत्यु-घोषणा के अलावा कुछ नहीं है।

लेकिन इस नतीजे से यह नहीं समझ लेना चाहिए कि दलित और उनके हित-रक्षक भूमंडलीकरण संबंधी दुविधाओं से उबर चुके हैं। उनका ऊहापोह दो व्यावहारिक रूपों में सामने आया है। पहला, क्या दलित-प्रश्न का भूमंडलीकरण किया जाना चाहिए और दूसरा, क्या दलितों को भूमंडलीकरण के विरोध में चल रहे आंदोलन में भाग लेना चाहिए? पहली दुविधा के साथ जाति को अंतर्राष्ट्रीय मंचों पर नस्ल की श्रेणी में पेश करने का विवाद जुड़ा है और दूसरी के साथ साम्राज्यवाद-विरोधी संघर्ष या स्वदेशी के नाम पर चलाई जा रही भूमंडलीकरण-विरोधी मुहिम में एक बार फिर दलित-प्रश्न के पृष्ठभूमि में चले जाने के खतरे की समस्या है। दलित देख चुके हैं कि जो आंदोलन खुद उनके नेतृत्व में नहीं चलता उससे उन्हें कोई प्रत्यक्ष लाभ नहीं पहुँचता और इस मुहिम पर उनका नेतृत्व स्थापित होने की संभावनाएँ दूर-दूर तक नहीं हैं।

डरबन सम्मेलन के संदर्भ में दलित-मीमांसा इस बहस में तीन शीर्ष समाज-विज्ञानियों के तर्कों को पेश करती है। **शिव विश्वनाथन** अपने विचारोत्तेजक आलेख **दलित-स्पर्श से डरता समाजशास्त्र** में किताबी समाजशास्त्र की सीमाओं को उद्‌घाटित करते हुए उन बुद्धिजीवियों की आलोचना करते हैं जो लंबी नींद से

जाग कर बदली हुई दुनिया को देख कर बौखला जाते हैं। कभी मंडल सिफारिशों ने यही भूमिका निभायी थी और आज जातिगत उत्पीड़न को नस्ली भेदभाव के रूप में देखे जाने के आग्रह ने यही काम कर दिखाया है। शिव का तर्क यह है कि दलित-प्रश्न मंडलवादी राजनीति के परिप्रेक्ष्य से आगे विकसित किया जाना चाहिए। इसी तरह इसे केवल मानवाधिकारों के दायरे में देखे जाने की प्रवृत्ति से भी परे जाने की जरूरत है। वे डरबन के बहाने और दलित-प्रश्न के भूमंडलीकरण की कोशिशों से पैदा हुए माहौल में एक नये दलित-विमर्श के आविष्कार की अपील करते हैं जिसके आधार में मुक्ति का नया सिद्धांत होना चाहिए।

अपनी टिप्पणी के काव्यात्मक उपसंहार से पहले शिव कुछ शंकाएँ भी उठाते हैं कि दलित मुद्दे का अंतर्राष्ट्रीयकरण करनेवाले अपनी मुहिम का औचित्य राष्ट्रभक्ति के दायरे में कैसे सिद्ध करेंगे? वे पूछते हैं कि क्या भविष्य का दलित आंदोलन अंतर्राष्ट्रीय संस्थाओं द्वारा दी जानेवाली दान-दक्षिणा के आधार पर अपनी दिशा तय करेगा? उनकी मान्यता है कि मुक्तिकामी आंदोलन को किसी कीमत पर अपनी स्वायत्तता नहीं खोनी चाहिए। बहस में दूसरा योगदान **धीरूभाई शेठ** का है जो **नस्ल के आईने में जाति का अक्स** देखने के खिलाफ हैं। वे दलित मुद्दे के भूमंडलीकरण के तो समर्थक दिखते हैं लेकिन उन्हें उसके तरीके पर आपत्ति है। उनका कहना है कि जाति को नस्ल की श्रेणी में रखने के बजाय जाति की श्रेणी में ही अंतर्राष्ट्रीय मंच पर क्यों न पेश किया जाये। उनकी चिंता यह है कि जाति को नस्ल मानते ही उसका विमर्श बदल जायेगा और उसके डेढ़ सौ साल से चले आ रहे मौजूदा दलित-विमर्श पर नुकसानदेह असर भी पड़ सकता है। धीरूभाई की आपत्तियाँ व्यावहारिक ही नहीं, सैद्धांतिक धरातल पर भी हैं। उनके अनुसार जाति के विमर्श के तहत दलितपन आगे चल कर विभिन्न प्रक्रियाओं के माध्यम से व्यापक भारतीय समाज में समाहित हो सकता है। इस तरह नागरिक समाज बनाने की तरफ जाने की संभावनाएँ प्रबल हो सकती हैं। लेकिन नस्लगत विमर्श में दलितों और नीची जातियों के अलग नस्ल बने रहने की समस्या कायम रहेगी। ऊँची जातियाँ भी अंतर्राष्ट्रीय मान्यता के लोभ में नस्ल की तरह व्यवहार करना शुरू कर सकती हैं जिससे जातिगत भेदभाव के खिलाफ संघर्ष के समाज-परिवर्तनकारी आयाम साँसत में फँस सकते हैं।

बहस में तीसरी दलील **रजनी कोठारी** की है जो मानते हैं कि छुआछूत विश्व-मानवता और खास कर भारतीय सभ्यता का अंतिम कलंक है। इसे मिटाने के लिए भूमंडलीकरण की प्रक्रिया में जाने का स्वागत किया जाना चाहिए। यह इसलिए भी जरूरी है कि नव-उदारतावादी पूँजीवाद ने भूमंडलीकरण के जरिये लोकतंत्र के जिस नये रूप की रचना की है उसके तहत दलितों जैसे हाशिये पर पड़े तबकों के आर्थिक-प्रणाली से बाहर फेंक दिये जाने का खतरा पैदा हो गया है। आज न केवल जातिभेद-विरोधी जमीनी संघर्षों को उत्तरोत्तर मजबूत करने की जरूरत है बल्कि अंतर्राष्ट्रीय मोर्चाबंदी भी आवश्यक है। 'नयी विश्व-व्यवस्था' में

फौजीकरण, रंगभेद और राष्ट्रीय समाजों के भीतर होनेवाले शोषण-दमन की संरचनाएँ अंतर्गुम्फित हो गयी हैं। राष्ट्रीय अर्थतंत्र इस विश्व-व्यवस्था से जितना ज्यादा जुड़ेंगे उतना ही दलित सरीखे तबकों को आधुनिक क्षेत्र में अधीनस्थ बनाने के अंदेशे प्रबल होते जाएँगे। जाति के अंतर्राष्ट्रीयकरण का विरोध करनेवाले ब्राह्मणवाद के एजेंट हैं। श्वेतांगों के प्रति भारतीय मानस में पारंपरिक आसक्ति मिलती है और इसकी एंटीथीसिस के तौर पर कालों के प्रति तिरस्कार दिखायी देता है। इस मानसिकता की जड़ वर्ण-व्यवस्था में मिल सकती है।

पुस्तक के अंतिम खंड की अंतिम बहस में आदित्य निगम ने भूमंडलीकरण के खिलाफ होनेवाले संघर्षों में दलित भागीदारी के साथ जुड़ी दुविधाओं का प्रश्न उठाया है। भूमंडलीकरण की प्रक्रिया को बांग्ला की तर्ज पर 'विश्वायन' का नाम देते हुए आदित्य ने **राष्ट्रवादी विचार से परे** में एक बार फिर नागरिक समाज की आलोचना करते हुए वामपंथ के गिरेबान में झाँक कर देखने की कोशिश की है। उनकी दलील है कि दलित विश्वायन के कारण राष्ट्र-राज्य के कमजोर होने से खास आहत नहीं हैं, हालाँकि यही राज्य उनकी सामाजिक रूप से बहिष्कृत हैसियत के बरक्स राहत का एक मुकाम पेश करता रहा है। दलितों की इस समझ के विपरीत परंपरागत मार्क्सवादी समझ यह है कि विश्वायन से निकले नये किस्म के उपनिवेशवाद के खिलाफ संघर्ष का केंद्र राष्ट्र-राज्य ही बनेगा। आंध्र प्रदेश के तेरह दलित संगठनों के जिस ज्ञापन का आदित्य ने हवाला दिया है उसकी तर्कपद्धति कतई दूसरे किस्म की है। इस ज्ञापन को चिंता भूमंडलीकरण की नहीं बल्कि होते हुए भूमंडलीकरण में दलितों के हिस्से की है। दलितों को डर है कि कहीं भूमंडलीकरण के खिलाफ एकता के नाम पर एक बार फिर उनसे अपना संघर्ष मुल्तवी करने की अपील न कर दी जाये।

□□□

दलित समस्या का यह अध्ययन **विकासशील समाज अध्ययन पीठ** में कार्यरत विद्वानों, उससे जुड़े अध्येताओं और सहयोगी संगठनों के शोधकर्ताओं द्वारा पिछले दस वर्ष में किये गये चिंतन-मनन का परिणाम है। यह इसकी सीमा भी है और विशेषता भी। सीमा इसलिए कि दलित विषयक चिंतन का दायरा अध्ययन पीठ से कहीं ज्यादा विस्तृत है। विशेषता इसलिए कि इसमें दलितों के संदर्भ में अध्ययन पीठ के वे सरोकार अभिव्यक्त हो सके हैं जो भारतीय जमीन पर नित बनते-बिगड़ते नागरिक समाज की अपेक्षाकृत यथार्थ तस्वीर पेश करते हैं। परंपरा के बरक्स देखने के कारण आधुनिकता की कुछ ज्यादा ही स्वप्निल छवि दिखायी देती है। लेकिन अध्ययन पीठ शुरू से ही आधुनिकता को उसी के दावों की कसौटी पर कसने का प्रयास करती रही है। आधुनिकता का दलित संबंधी दावा एक ऐसी ही कसौटी है।

आधुनिकता के आईने में दलित उत्तर-गाँधी और उत्तर-आंबेडकर कालावधि में स्थित है। व्यक्तित्व और कृतित्व के रूप में आंबेडकर इसके

सकारात्मक संदर्भ-बिंदु हैं। उनके महत्त्व और प्रासंगिकता की प्रतिष्ठा गाँधी के व्यक्तित्व और कृतित्व के सापेक्ष होती है। उन्नीसवीं सदी में जोतिबा फुले की बहुजन व्यूह-रचना, तटस्थता की थीसिस और आर्य-अनार्य संघर्ष का मिथकीय परिप्रेक्ष्य इस कालावधि का आंतरिक इतिहास है। भारतीय उदारतावाद का लड़खड़ाता विकास, आधुनिकतावाद की विकासवादी निष्पत्ति और औपनिवेशिक हस्तक्षेप के कारण बदली परिस्थिति इसके बाह्य कारक हैं। इस मीमांसा में भागीदारी करनेवाले कुछ अध्येताओं को दलित समाज का प्रत्यक्ष अनुभव है और गैरदलित समाज से आये अध्येता इस अनुभव की भरपायी दलितों और समतामूलक समाज के पक्ष में अपनी वैचारिक निष्ठा से करते हैं। उनके आलेखों में तर्कों, पद्धतियों और शैली की विविधता है लेकिन वे जिन बातों पर एकमत हैं उनका सूत्रीकरण इस प्रकार किया जा सकता है :

★ उदारतावाद के विकास की सीमाओं पर बहस जारी रहते हुए भी इस तथ्य से इंकार नहीं किया जा सकता कि संविधान के तीन प्रावधानों ने आजाद भारत में दलितों के लिए राजनीतिक समता हासिल करने के लिए खासी गुंजाइशें मुहैया करायीं। सार्विक मताधिकार, आरक्षण और अदालतों पर कर्मकांड-आधारित श्रेणीक्रम को मद्देनजर रखते हुए न्यायिक व्याख्या करने की रोक से दलितों को एक ऐसा धर्म-जाति निरपेक्ष संसदीय और सरकारी क्षेत्र मिला जिसमें वे अपनी मुक्ति-परियोजना चला सकते थे। इसी दायरे में उन्होंने अपनी पार्टियों का निर्माण किया, सत्ता के समीकरणों को प्रभावित कर सकने लायक मतदान करना सीखा और अपने समाज में धीरे-धीरे एक अभिजन तबके को जन्म दिया। उन्होंने नाना प्रकार से अस्मिता रचना की मुहिमें चलायीं और राजनीति के स्तर पर अपना एकीकृत समुदाय बनाने के प्रयास किये। इस समय भी दलितों की मुख्य गतिविधियाँ इसी गुंजाइश में हो रही हैं।

★ नागरिक समाज की सीमाएँ इस दायरे तक ही सीमित नहीं रहतीं। यह दायरा तो उस समाज को विनियमनकारी अदृश्य आलोक की तरह अपने आगोश में लिए रहता है। दलितों के संदर्भ में लोकतांत्रिक संस्थाओं का यह विनियमन अभी शुरुआती दौर में है और उसके विकास की रफ्तार बहुत मंद है। दलितों को संपूर्ण नागरिकता उपलब्ध कराने के खिलाफ सक्रिय ताकतों की जड़ परंपरा में है लेकिन जहाँ परंपरा से उसके आर्थिक और सत्तामूलक आधार छिन गये हैं वहाँ भी आदत की ताकत दलितों को अवमाननाकारी परिस्थितियों का सामना करने पर मजबूर कर देती है। हालात उस समय और चिंताजनक हो जाते हैं जब उदारतावादी लोकतांत्रिक संस्थाएँ अवमानना के नए रूपों की स्रोत बन जाती हैं। तब लगता है कि लोकतांत्रिक प्रक्रिया, आधुनिकता और विकास के केंद्र के रूप में शहर और नागरिक के सर्वोपरि होने की धारणा शायद दलित समस्या का संपूर्ण समाधान नहीं है।

★ लोकतंत्र को पूँजीवादी दायरों से निकाल कर आमूलवादी रुझानों से आवेशित करने में दिलचस्पी रखनेवाले तत्त्वों ने भी पूरी तरह से आधुनिक श्रम

संबंधों की स्थापना में योगदान नहीं दिया है। वे दलित-समाज की परिवर्तनकारी मजबूरियों को समझने में आमतौर पर नाकाम रहे हैं। दलितों को ग्रामीण सर्वहारा के रूप में देखने की स्वागतयोग्य प्रवृत्ति उनके एक छोटे से हिस्से में ही है और वह हिस्सा भी जाति के भारतीय यथार्थ को सिद्धांतबद्ध करने के कार्यभार से बचने की कोशिश करता रहता है। दलितों ने अपनी ओर से बार-बार इन रेडिकल तत्त्वों की तरफ हाथ बढ़ाने की कोशिश की है लेकिन हर बार उनका हाथ बीच में ही छोड़ दिया गया है।

★ दलितों को ज्ञान के क्षेत्र में भी तरह-तरह की सांस्कृतिक दीवारों का सामना करना पड़ रहा है। इनमें कोई दीवार भाषा की है तो कोई कला की है। राजनीतिक समता हासिल करने की तरफ बढ़ते हुए दलित समाज का बुद्धिजीवी ज्ञानमीमांसा की कक्षा में खुद को सबसे पीछे की बेंच पर बैठा पाता है। उसकी चेतना खुद को अनुभवनिष्ठता और प्रतिक्रियामूलक सौंदर्यशास्त्र की गली में बंद पाती है। उसके बिरादरों की अवमानना का सवाल कुछ तथाकथित बड़ी लड़ाइयों के नक्कारखाने में तूती की तरह दब जाता है। वह सतत दुविधा में रहने के लिए अभिशप्त है क्योंकि एक तरफ उसे यूरोपीय ज्ञानोदय से मुक्ति और समता के औजार मिलते हैं और दूसरी ओर उसी ज्ञानोदय के आधार पर रचित विमर्शों में उसकी आवाज अल्पसंख्यकों की तरह खो जाती है। उससे उम्मीद की जाती है कि वह अपने सवालों को अनिश्चित भविष्य के लिए मुल्तवी कर देगा। यह आग्रह उससे वह ब्राह्मणवादी आधुनिकता करती है जिसने पुराने ऊँच-नीच को पूरी तरह छोड़े बिना उसी के आधार पर नये तरह के सामाजिक स्तरीकरण को जन्म दे कर हालात को और जटिल बना दिया है।

★ लोकतंत्र में दलीय होड़ के जरिये उपलब्ध हो सकनेवाली राजनीतिक समता के रास्ते में दलितों का आंतरिक विभेदीकरण एक बड़ी बाधा के रूप में उभरता है। आंबेडकर से ले कर कांशीराम तक सभी दलित नेता इस समस्या से जूझते नजर आते हैं। आर्थिक विकास दलित समाज में वर्गों की रचना करता है जो जातिगत विभेदों का स्थान नहीं लेते बल्कि जातिगत विभेदों के साथ मिल कर विभेदीकरण को और भी जटिल कर देते हैं। नतीजे के तौर पर राजनीतिक समुदाय नहीं बन पाता और दलित उन पार्टियों को भी वोट देते नजर आते हैं जो दरअसल उनके हितों की नुमाइंदगी नहीं करतीं। गठजोड़ के जरिये दलितों के राजनीतिक प्रतिनिधियों को यदा-कदा थोड़े समय के लिए सत्ता भी मिल जाती है लेकिन वे उसका इस्तेमाल सिर्फ अस्मिता-निर्माण के औजार के रूप में करते हैं और उस आर्थिक बुनियाद की रचना नहीं कर पाते जिसके बिना अस्मिता व्यापक समाज की मान्यता से वंचित रहती है। लोकतांत्रिक प्रक्रिया में दलितों की उत्साहपूर्ण भागीदारी से एक संभावना पैदा हुई थी कि शायद वे परिवर्तन करने की अपनी क्षमता का इस्तेमाल इस व्यवस्था के लिए करेंगे। शुरू में लगा भी था कि उनकी राजनीति सबसे अलग है और धीरे-धीरे उसकी अग्रगति एक अनुकरणीय उदाहरण की रचना

करेगी जिससे सत्ता के खेल के नियम बदलेंगे। पिछले दस साल का तजुर्बा बताता है कि इस आशा को पूरा करने के लिए हमें किसी और दलित नेतृत्व की प्रतीक्षा करनी होगी।

★ मौजूदा दलित नेतृत्व की कमजोरियों पर नजर दौड़ाते समय हमें यह नहीं भूलना होगा कि इस नेतृत्व ने दलितों को वह दिया है जो आंबेडकर अपने समय की सीमाओं में कैद रहने के कारण नहीं दे पाये थे। राजनीति में पूर्ण सक्रियता के बाद भी आंबेडकर का जोर सामाजिक आंदोलन पर था और राजसत्ता को 'मास्टर की' करार देने के बावजूद उनके राजनीतिक प्रयोग दलितों को सत्ता की मंजिल का रास्ता दिखाने में असमर्थ रहे। उत्तर-आंबेडकर पीढ़ी ने, मुख्यत: कांशीराम ने, इस छूटे हुए कार्यभार को काफी कुशलता से अंजाम दिया लेकिन दैनंदिन राजनीति के दायरे में दलित-दावे को पेश करने की निर्मम प्रक्रिया ने इस नेतृत्व को आंदोलन के दीर्घकालीन परिप्रेक्ष्य से दूर कर दिया। शायद इसी कारण पुराने आंबेडकरवादी कांशीराम और बहुजन समाज पार्टी के उभार को दलितों के लिए बहुत आश्वस्तिकारी नहीं मानते। उन्हें लगता है कि बसपा की राजनीति ने आंबेडकरवाद का परिप्रेक्ष्य तकरीबन छोड़ दिया है। लेकिन दलित राजनीति द्वारा जोड़-तोड़ पर अत्यधिक निर्भरता की उनकी आलोचना चुनावी राजनीति के परिवर्तनकारी महत्त्व को कम करके आँकने की प्रवृत्ति से ग्रस्त है। वे यह भी समझने के लिए तैयार नहीं हैं कि आंबेडकरवादी खाँचे को तोड़े बिना कांशीराम वगैरह ये उपलब्धि नहीं कर सकते थे। बहरहाल, तात्कालिक दलित राजनीति की सफलताओं को आंदोलन के दीर्घकालीन उद्देश्यों से आवेशित करने की जिम्मेदारी अब नये दलित नेतृत्व के सामने खड़ी है। ऐसा होने पर ही आरक्षण और राजसत्ता के दायरों के बाहर व्यापक नागरिक समाज में दलितों की मंजिल से जुड़े यक्ष प्रश्नों का समुचित उत्तर मिल पायेगा।

★ वह दलित नेतृत्व कहाँ से आयेगा? क्या वह गैरसरकारी संगठनों से जन्मेगा? पर्यावरण, लोक-विद्याओं और मानवाधिकारों की रक्षा का बीड़ा उठानेवाले नये सामाजिक आंदोलनों के सांगठनिक रूप की तरह स्वयंसेवी संगठन दलित-प्रश्न के संदर्भ में अपनी सीमाएँ पहले ही साफ कर चुके हैं लेकिन पिछले दिनों खासतौर से दलितों के मानवाधिकारों से जुड़े एक संगठन ने अपनी पहलकदमी से एक नयी संभावना जगायी है। यह संगठन दलित-प्रश्न का भूमंडलीकरण करके उसे नस्ली भेदभाव की तरह अंतर्राष्ट्रीय मंच पर पेश करना चाहता है। इस प्रयास से एक नया आलोड़न पैदा हुआ है। इस मुद्दे में दिलचस्पी रखनेवाले सभी पक्ष बहस में कूद पड़े हैं। दलित-मीमांसा ने भी यह बहस उठायी है। इस प्रयास की महत्त्वाकांक्षाएँ साफ हैं। दलित मानवाधिकार संगठन एक नये दलित नेतृत्व का विकास करना चाहता है। एक ऐसे नेतृत्व का जिसके पास करीब डेढ़ सौ साल से विकसित हो रहे दलित-मुक्ति के विमर्श को बदलने का फार्मूला भी मौजूद है। दलित-प्रश्न में हुए इस हस्तक्षेप में अगाऊ भूमिका निभानेवाली ये

शक्तियाँ ईसाई गैरसरकारी संगठनों से निकली हैं। भारतीय ईसाइयों के पास धर्म-परिवर्तन, समाज-सुधार और शिक्षा के जरिये दलित-प्रश्न में हस्तक्षेप की समृद्ध परंपराएँ हैं। यद्यपि अपनी मुहिम के पक्ष में उन्होंने नाना प्रकार के ढेर सारे गैरईसाई दलित कार्यकर्ता जुटा लिये हैं पर दलितों के राजनीतिक प्रतिनिधि इस पर खामोश हैं। यह तथ्य दो बातों का परिचय देता है कि इस मुहिम का बुनियादी तर्क कितना आकर्षक है और इस मुहिम में मौजूदा दलित राजनीति को उलट-पुलट कर देने की कितनी संभावनाएँ और अंदेशे हैं।

□□□

आखिर में दलित मीमांसा कुछ स्वांत:सुखाय अपेक्षाओं की तरफ इशारा करती नजर आती है :

★ पहली अपेक्षा इस देश के खेतिहर यथार्थ के मुताबिक है। इसके तहत अंतर्राष्ट्रीय वित्तीय पूँजी द्वारा ग्रामीण भारत को नष्ट किये जा सकने के संदर्भ में दलितों से गाँधीवादी परिप्रेक्ष्य को संशोधित करके ग्रामीण भारत की पुनर्रचना में भागीदारी करने की माँग की जा सकती है।

★ दूसरी तरफ दलित आंदोलन से अपेक्षा है कि परिवर्तन के नये हरावल की रचना के लिए वह छोटे-छोटे रेडिकल प्रयासों को अपने आगोश में समेट ले और वामपंथी आंदोलन के साथ एक सहजीवी रिश्ता कायम करे।

★ तीसरी अपेक्षा एक नये दलित-विमर्श के विकास की है जो सत्ता की अवधारणा को भिन्न तरह से समझे और जिसमें लोकतंत्र की चालू समझ को बदलने की क्षमता हो। यह नया विमर्श नागरिकता के ऐसे विचार को प्रतिपादित कर सकता है जिसके तहत वह नागरिक अधिकारों के पुलिंदे की तरह न हो कर नाना प्रकार के कौशलों और दक्षताओं के आगार के रूप में अपना नित नवीकरण कर सके।

★ चौथी अपेक्षा यह है कि दलित-बहुजन 'हमें सत्ता सँभालनी है' जैसे शब्दाडंबर से परहेज करें, 'एकला चलो रे' के नारे की व्यर्थता को समझें और अपने परिवेश की सीमाओं का रचनात्मक अतिक्रमण करें। पारिवेशिक प्रवृत्तियों को सार्वभौमिक का स्पर्श दिये बिना दलितों का दायरा खुल नहीं सकता और न ही स्थापित सार्वभौमिक का दलित-हित में परिष्कार हो सकता है।

★ पाँचवीं अपेक्षा यह है कि अवसरों की समानता ही काफी नहीं है इसलिए दलितों के लिए समाज में अवमाननाकारी परिस्थितियों के उन्मूलन के लिए समता के सिद्धांत को अन्य सभी सिद्धांतों के ऊपर तरजीह दी जाये। भौतिक स्थितियों की संरचना आमूल-चूल बदल दी जाये ताकि उत्पादन-प्रक्रिया से होड़ और सभी तरह की ऊँच-नीच हटा कर सभी की सहभागिता की गारंटी की जा सके।

★ अंतिम अपेक्षा दलित आंदोलन के राष्ट्रीय चरित्र और समग्र समाज के साथ उसके संबंध से जुड़ी है। आंबेडकर का चिंतन तो राष्ट्रीय था लेकिन उनके

राजनीतिक प्रयोग अधिकांशतः महाराष्ट्र तक ही सीमित थे। इसी तरह बामसेफ और डीएस-फोर का आंदोलनकारी चरित्र राष्ट्रीय था लेकिन उसके गर्भ से निकली बसपा मुख्यतः उत्तर प्रदेश-आधारित पार्टी बन कर रह गयी है। १९९३ की मशहूर चुनावी जीत के बाद कांशीराम ने सारे देश में घूम-घूम कर बसपा के पौधे को रोपने की कोशिश की थी लेकिन उसका कोई सकारात्मक नतीजा नहीं निकला। अब तो कोई इस तरह की कोशिश भी नहीं कर रहा है। अंदेशा यह है कि कहीं दलित-परियोजना अपनी सफलताओं की सीमाओं का शिकार तो नहीं हो गयी है? विचार की दृष्टि से ही नहीं, संगठन के लिहाज से भी दलितों का राष्ट्रीय संगठन बनना अभी बाकी है। तभी उन्हें वास्तविक 'मास्टर की' मिल पायेगी और तभी वे उस सुप्त पड़े सामाजिक परिप्रेक्ष्य का जीर्णोद्धार कर पायेंगे जो आंबेडकर ने शुरू किया था। आंबेडकर की रचनाओं का अनुशीलन किसी को भी इस निष्कर्ष तक पहुँचा सकता है कि बाबासाहेब अंततः दलित होने की पहचान आधुनिक नागरिक समाज में विलीन होते हुए देखना चाहते थे। फिलहाल दलित पहचान को सुदृढ़ करने का दौर चल रहा है। ऐसा शायद इसलिए है कि कमरे से निकलने के लिए कुछ कदम कमरे में ही रखने पड़ते हैं।

इन स्वांतःसुखाय अपेक्षाओं से स्पष्ट है कि इनकी फौरन उम्मीद करना एक यूटोपिया हासिल करने जैसा होगा। लेकिन हमें पता है कि मनुष्य-निर्मित यातनाओं को चुनौती देने में यूटोपिया की परिकल्पना मानवता की हमेशा मदद करती रही है।

संदर्भ और टिप्पणियाँ

१. माता प्रसाद, *हिंदी साहित्य में दलित काव्यधारा*, विश्वविद्यालय प्रकाशन, वाराणसी, १९९३, पृष्ठ ३१२-३१४

२. आदित्य निगम, *बियांड दि नेशनलिस्ट इमेजिनरी : दलित पॉलिटिक्स इन दि 'ग्लोबल एरा'*, अप्रकाशित में उद्‌धृत।

३. नाडारों के संघर्ष के संक्षिप्त विवरण के लिए देखें लॉयड आई. रुडोल्फ और सुजाने हूबर रुडोल्फ, *मॉडर्निटी ऑव ट्रेडीशन*, ओरिएंट लांगमेन, पृष्ठ ३६-४९

४. कात्यायनी चामराज, 'एवोल्यूशन ऑव दि दलित : ऐन आउटलाइन ऑव दि दलित मूवमेंट इन कर्नाटक', *ह्यूमनस्केप*, सितंबर २००१, मुंबई।

५. वैलेरियन रोड्रिग्ज, 'सेलियेंस ऑव कास्ट एमंग मुस्लिम्स एंड क्रिश्चियंस', *वन इंडिया वन पीपुल*, मुंबई, अगस्त २००१ (नवबौद्धों द्वारा रचित दलित साहित्य स्वयं में संपूर्ण नागरिकता की तलाश का ही आख्यान है)।

६. पी. माणिक्याम्बा, 'कवि कोकिल जाषुवा की दलित-चेतना', संकलित : रमणिका गुप्ता और वी. कृष्ण (सं.), *तेलुगू साहित्य में दलित दस्तक*, नवलेखन प्रकाशन, हजारीबाग, झारखंड, २००१

७. ओमप्रकाश वाल्मीकि के जीवन की इस जानी-मानी घटना के अलावा उनके जीवन का आख्यान जानने के लिए देखें उनकी आत्मकथा *जूठन*, राधाकृष्ण प्रकाशन, नयी दिल्ली, १९९७, पृष्ठ १५८-५९

८. *आउटलुक,* २० अगस्त २००१, नयी दिल्ली, संयुक्त राष्ट्र विकास कार्यक्रम की मानव विकास रपट से उद्धृत आँकड़ा, पृष्ठ ४८

९. वी. सुरेश, 'दि दलित मूवमेंट इन इंडिया', संकलित : टी.वी. सत्यमूर्ति, *रीजन, रिलीजन, कास्ट, जेंडर एंड कल्चर इन कंटेम्परेरी इंडिया,* ऑक्सफोर्ड, दिल्ली, १९९८

१०. सुभाष गाताड़े के लेख 'अनटचेबिलिटी एंड इंडियाज (ड)रबन इलीट' में उद्धृत केंद्रीय समाज कल्याण मंत्री मेनका गाँधी द्वारा संसद में दिया गया बयान, *हिमाल,* जुलाई २००१, नेपाल।

११. *ह्यूमनस्केप,* सितंबर २००१, मुंबई का आवरण।

१२. भीमराव रामजी आंबेडकर, *काँग्रेस और गाँधी ने अछूतों के लिए क्या किया,* अनुवाद: जगन्नाथ प्रसाद कुरील, समता साहित्य प्रकाशन, लखनऊ, १९८८

१३. सुदीप्त कविराज,'डेमोक्रेसी एंड सोशल इनईक्वलिटी', संकलित : फ्रेंसाइन आर. फ्रेंकेल, जोया हसन, राजीव भार्गव और बलवीर अरोड़ा (सं.), *ट्रांसफॉर्मिंग इंडिया : सोशल एंड पॉलिटिकल डायनामिक्स ऑव डेमोक्रेसी,* ऑक्सफोर्ड, दिल्ली, २०००

१४. अछूतों की समस्या को राष्ट्रीय आंदोलन के एक भटकाव के रूप में देखने का रवैया सबसे ज्यादा उस समय उभर कर आता है जब गाँधी के छुआछूत-विरोधी आग्रहों की जवाहरलाल नेहरू और नंबूदिरीपाद जैसे नेता आलोचना करते हैं। यह नंबूदिरीपाद ही थे जिन्होंने अछूतों के प्रश्न को 'पचड़ा' करार दिया था। भारतीय कम्युनिस्ट आंदोलन आज तक इस विरासत से पीछा छुड़ाने की कोशिश में लगा हुआ है। विरोधाभास यह था कि नेहरू और वामपंथी छुआछूत विरोध और सामाजिक समता के सवाल पर गाँधी से कहीं अधिक रेडिकल थे लेकिन उनके अंदर उस नैतिक साहस और राजनीतिक कौशल की कमी थी जो गाँधी के पास पर्याप्त मात्रा में उपलब्ध था। इन नेताओं को डर था कि अछूतों का मसला उठाने से कहीं द्विज जातियाँ काँग्रेस को समर्थन देने के बारे में दोबारा न सोचने लगें। दूसरी तरफ आधुनिकता और आर्थिक विकास की परिवर्तनकारी ताकत में अगाध विश्वास भी इन नेताओं को अछूत-प्रश्न आजादी मिलने तक टाल देने का तर्क प्रदान करता था।

१५. पूना समझौते पर हुए गाँधी-आंबेडकर विवाद में यह पहलू साफ तौर पर उभर कर आता है। अछूतों को अलग मतदाता मंडल मानने के खिलाफ अंग्रेजों के सामने तर्क रखते हुए यरवदा जेल से किये गये गाँधी के पत्र व्यवहार से स्पष्ट है कि वे अछूत-प्रश्न को राजनीति के मैदान में हल करने की कोशिशों को हिंदू समाज के लिए हानिकारक मानते थे। यह पत्र-व्यवहार और उस पर आंबेडकर की प्रतिक्रिया को कांशीराम ने अपनी पुस्तक *चमचा युग* (समता प्रकाशन, लश्करी बाग, नागपुर, १९९८, अनुवाद : रामगोपाल आजाद) में संकलित किया है।

१६. राजीव भार्गव, 'डेमौक्रैटिक विजन ऑव ए न्यू रिपब्लिक : इंडिया, १९५०', संकलित : फ्रेंसाइन आर. फ्रेंकेल, जोया हसन, राजीव भार्गव और बलवीर अरोड़ा (सं.), *ट्रांसफॉर्मिंग इंडिया : सोशल एंड पॉलिटिकल डायनामिक्स ऑव डेमोक्रेसी,* ऑक्सफोर्ड, दिल्ली, २०००

१७. फुले के योगदान पर विस्तार से नजर दौड़ाने के लिए देखें, *जोतिबा फुले रचनावली* (दो खंड), सं. : एल.जी. मेश्राम 'विमलकीर्ति', राधाकृष्ण, दिल्ली, १९९४

१८. बीसवीं सदी के दूसरे दशक में दलित आंदोलन के स्थापित लेकिन गैरदलित नेताओं से आंबेडकर के मतभेदों के लिए देखें, वामन नारायणन कुबेर, *आंबेडकर : ए क्रिटिकल स्टडी,* पीपुल्स पब्लिशिंग हाउस, दिल्ली, १९९१, पृष्ठ १७; गैरब्राह्मण आंदोलन के प्रति आंबेडकर के रवैये के लिए देखें, भगवान दास (सं.) : *दस स्पोक आंबेडकर,* खंड-एक, भीम पत्रिका पब्लिकेशंस, १९६३, पृष्ठ ८८-८९; पेरियार के आंदोलन और दृष्टि की विस्तृत व्याख्या के लिए देखें : वी. गीता और एस.वी. राजादुरै, *टुवर्ड्स ए नॉन ब्रहमिन मिलेनियम : फ्राम इयोथी*

दास टु पेरियार, साम्य, कोलकाता, १९९८

१९. गेल ऑम्वेट, 'दि बहुजन समाज पार्टी', *फ्रंटियर*, कलकत्ता, १२ जून १९९३ (डीएस-फोर का यह आंदोलन २४ सितंबर १९८२ को शुरू हुआ था जबकि कॉंग्रेस पूना समझौते की पचासवीं जयंती मनाना चाहती थी।)

२०. पृथक मतदाता मंडल दोबारा हासिल करने के लिए आंबेडकर के प्रयासों के लिए उनकी दो रचनाएँ १९४५ में प्रकाशित *कॉंग्रेस और गाँधी ने अछूतों के लिए क्या किया* और १९४७ में प्रकाशित *राज्य और अल्पसंख्यक* देखी जा सकती हैं। इनमें बाबासाहेब ने साबित किया है कि पूना समझौते से अछूतों का क्या नुकसान किया। इसी संदर्भ में १५ मार्च १९४७ को अपनी पार्टी शेड्यूल्ड कास्ट्स फेडरेशन की तरफ से आंबेडकर ने संविधानसभा को एक लंबा ज्ञापन भी दिया था।

२१. कांस्टीटुएंट एसेंबली डिबेट, खंड-दस, ऑफीशियल रिपोर्ट, १९८९, पृष्ठ ९७९

२२. संविधान की यह समझ सुदीप्त कविराज के पूर्वोद्धृत लेख के आधार पर।

२३. आंबेडकर ने इंडिपेंडेंट लेबर पार्टी का गठन १९३६ में किसानों, मजदूरों और दलितों के व्यापक मोर्चे के रूप में किया था। बंबई विधान परिषद के चुनावों में इस पार्टी ने भाग लिया और कम से कम इतनी सफलता अर्जित कर दिखाई जिसके आधार पर आंबेडकर दावा कर सकते थे कि कॉंग्रेस और गाँधी अछूतों के राजनीतिक प्रतिनिधि नहीं हैं। इस पार्टी का कार्यक्षेत्र मुख्यत: बांबे प्रेसीडेंसी मध्य प्रांत और बेरार के कुछ हिस्सों में था। १९३८ में इस पार्टी ने दलित खेतिहर मजदूरों और गैरदलित किसानों का जबर्दस्त मोर्चा निकाला। प्रदर्शनकारियों की माँग थी कि बेगार प्रथा और बँधुआ प्रथा खत्म की जाये, जंगलात और परती जमीन दलितों में बाँटी जाये और दलित खेतिहर मजदूरों का मेहनताना बढ़ाया जाये। इस पार्टी के जरिये आंबेडकर ने दलितों को मजदूर वर्ग में समान हैसियत के साथ शामिल करने का अभियान चलाया जिसमें उन्हें खास सफलता नहीं मिली। १९४२ में उन्होंने इस पार्टी को भंग कर दिया। आंबेडकर का यह कदम विवाद का विषय बना क्योंकि इस पार्टी में दलितों और गैरदलितों की वर्गीय एकता की संभावनाएँ निहित थीं। पार्टी के कई गैरदलित नेता, सुरबनाना टिपणिस, श्यामराव पारुलेकर और पंजाबराव देशमुख क्रमश: सोशलिस्ट पार्टी, भाकपा और कॉंग्रेस में चले गये।

२४. आंबेडकर ने १९४२ में आल इंडिया शिड्यूल्ड कास्ट्स फेडरेशन का गठन किया। इस दल के पास दलितों को गैरदलितों से जोड़ने का कार्यक्रम नहीं था लेकिन इसने दूर-दूर के इलाकों के दलितों का ध्यान अपनी ओर आकर्षित करने में सफलता हासिल की। फेडरेशन ने पचास के दशक में चुनाव लड़े लेकिन इसे अपेक्षित चुनावी सफलता नहीं मिली।

२५. १५ अक्टूबर १९५६ को आंबेडकर ने अपने ३, ८०,०० समर्थकों के साथ नागपुर में बुद्ध धर्म ग्रहण किया। पाँच दिसंबर को उनकी मृत्यु हो गयी लेकिन इससे पहले उनके पदचिह्नों पर चलते हुए लाखों दलित बौद्ध बन गये जिससे १९६१ की जनगणना में बौद्धों की संख्या में १,६७१ प्रतिशत की बढ़ोतरी दर्ज की गयी। बुद्ध धर्म के प्रति आंबेडकर के रवैये के लिए १९५७ में प्रकाशित उनकी विख्यात रचना *दि बुद्धा एंड हिज धम्मा* के अलावा १९५० में *महाबोधि* पत्रिका के ५८वें अंक में प्रकाशित उनका लेख 'बुद्धा एंड दि फ्यूचर ऑव हिज रिलीजन' देखा जा सकता है। इस पहलू के एक बेहतरीन समीक्षात्मक लेख के लिए देखें, वैलेरियन रोड्रिग्ज, 'मेकिंग ए ट्रेडीशन क्रिटिकल : आंबेडकर्स रीडिंग ऑव बुद्धिज्म', संकलित : पीटर रॉब (सं.), *दलित मूवमेंट्स एंड दि मीनिंग्स ऑव लेबर इन इंडिया*, ऑक्सफोर्ड, दिल्ली, १९९६

२६. रिपब्लिकन पार्टी की स्थापना १९५७ में की गयी और निधन से पहले आंबेडकर द्वारा लिखा

गया एक खुला पत्र इसके कार्यक्रम का आधार बना। रिपब्लिकन पार्टी साठ के दशक में महाराष्ट्र के काँग्रेसी सूबेदार यशवंतराव चव्हाण के राजनीतिक दाँव पर चढ़ गयी। आरडी भंडारे, दादा साहेब रुपवते और एन.एम. कांबले जैसे नेता काँग्रेस में चले गये। धीरे-धीरे यह पार्टी बारह घटकों में टूट गयी। पार्टी के राजनीतिक स्खलन से उपजा आक्रोश सत्तर के दशक में दलित युवकों को ब्लेक पेंथर आंदोलन की तर्ज पर दलित पेंथर के गठन की तरफ ले गया। अपनी जुझारू कार्रवाइयों और दलित शब्द का दायरा बढ़ाने की बौद्धिक कोशिशों के बावजूद पेंथर तरह-तरह के मतभेदों और गुटबाजी के कारण छह टुकड़ों में विभाजित हो गये। पेंथर इस मुद्दे पर ही आपसी संघर्ष में उलझे रहे कि 'दलित' शब्द की वास्तविक परिभाषा क्या होनी चाहिए। उत्तर भारत में बुद्धप्रिय मौर्य के नेतृत्व में रिपब्लिकन पार्टी ने शुरू में रंग दिखाया, लेकिन जल्दी ही उल्टे-सीधे गठजोड़ों और इंदिरा गाँधी की फर्जी रेडिकल राजनीति ने इस संभावना को भी निरस्त कर दिया।

२७. बहुजन समाज पार्टी के उभार के लिए देखें, अभय कुमार दुबे, *कांशीराम : एक आलोचनात्मक अध्ययन*, राजकमल प्रकाशन, दिल्ली, १९९६

२८. यह आंदोलन दलित-प्रश्न को अंतर्राष्ट्रीय हस्तक्षेप के जरिये हल करवाना चाहता है। उसकी कोशिश है कि जातिगत भेदभाव को नस्ली अन्याय की श्रेणी में मान लिया जाये। हाल ही में इसके एक प्रवक्ता ने दावा किया है कि इस मुहिम में दलित-संघर्ष की कमान सँभालने की संभावना है। देखें, बिनू अलेक्स, 'दलित मूवमेंट कम्स ऑव एज', *ह्यूमनस्केप*, सितंबर २००१, मुंबई।

२९. आजाद भारत में भूमि सुधारों के आधे-अधूरे चरित्र और उन्हें पूरा करने में सरकार की व्यावहारिक आनाकानी इसका सबसे बड़ा प्रमाण है। जमीन के मालिकाने में समतामूलक हस्तक्षेप किये बिना भारतीय देहात की सामाजिक संरचना दलितों के प्रति न्यायकारी नहीं बनायी जा सकती थी।

३०. बसपा नेता कांशीराम की मान्यता है कि संविधान में सार्विक मताधिकार एक टिक-टिक करते हुए टाइम बम की तरह था। आंबेडकर ने दलितों से स्पष्ट कहा था कि केवल स्वराज के तहत बने संविधान में ही दलितों के हाथ में राजनीतिक सत्ता आने की संभावना बन सकती है। देखें, वामन नारायणन कुबेर, *आंबेडकर : ए क्रिटीकल स्टडी*, पीपुल्स पब्लिशिंग हाउस, दिल्ली, १९९१, पृष्ठ १५१; भारतीय लोकतंत्र की वैधता के बदलते आधार और उसमें नीची जातियों की बढ़ती भागीदारी के एक विश्लेषण के लिए देखें, जवीद आलम, 'वैधता के नये स्रोत', संकलित : अभय कुमार दुबे (सं.), *लोकतंत्र के सात अध्याय*, लोक-चिंतन ग्रंथमाला, खंड-एक, राजकमल, दिल्ली, २००१; इसी संकलन में योगेंद्र यादव का आलेख 'लोकतंत्र के भारतीयकरण के पचास वर्ष' और योगेंद्र यादव का एक अन्य लेख, 'अंडरस्टेंडिंग दि सेकिंड डेमौक्रैटिक अपसर्ज : ट्रेंड्स ऑव बहुजन पार्टिसिपेशन इन इलेक्टोरल पॉलिटिक्स इन दि १९९०ज', संकलित : फ्रेंसाइन आर. फ्रेंकेल, जोया हसन, राजीव भार्गव और बलवीर अरोड़ा (सं.), *ट्रांसफॉर्मिंग इंडिया : सोशल एंड पॉलिटिकल डायनामिक्स ऑव डेमोक्रेसी*, ऑक्सफोर्ड, दिल्ली, २०००

३१. देखें सुदीप्त कविराज का पूर्वोद्धृत लेख। धीरूभाई शेठ के सुझाव के लिए देखें *राष्ट्रीय सहारा* (२६ अक्टूबर १९९६) में प्रकाशित उनका लेख 'उत्तर प्रदेश : रास्ता यहाँ है' और *टाइम्स ऑव इंडिया* (३० अक्टूबर १९९६) में प्रकाशित उनका लेख 'वे आउट इन यूपी : कोअलीशन थ्रू टाइम शेयरिंग'।

३२. एस. पी. पुनालेकर, *ऑन दलित आइडेंटिटी एंड एसर्शन*, ऑक्सफेम के तत्वावधान में सेंटर फॉर सोशल स्टडीज, सूरत के दलित विषयक सेमिनार में दिया गया उद्घाटन व्याख्यान।

... विचार ... इतिहास ...
अस्मिता ... अवमानना
... ज्ञान-मीमांसा ...

दलित आंदोलन के स्त्रोतों की खोज

बाबासाहेब और बापू ने सृजनात्मक अधीरता के साथ इतिहास में छलाँग लगाई और आपस में टकरा गये। दोनों ताजिंदगी एक दूसरे को भ्रांत और मूर्ख बताते रहे। लेकिन उन्होंने सक्रियता के माध्यम से एक-दूसरे के अतिरेकों का शमन भी किया और इस उत्कट मुठभेड़ के अंत में रूपांतरित व्यक्तित्वों के रूप में उभरे। गाँधी और आंबेडकर तीस के दशक के मध्य तक एक-दूसरे से काफी प्रभावित हो चुके थे। इसके पर्याप्त प्रमाण हैं कि गाँधी और आंबेडकर ने एक-दूसरे को रूपांतरित कर दिया था। गाँधीजी ने हरिजनों के उत्थान की परिभाषा और उसके दायरे का विस्तार किया था और उनके लिए अब वह सिर्फ अस्पृश्यता का सवाल नहीं रह गया था। उन्होंने आंबेडकर से आर्थिक स्थिति पर बल देने का मुद्दा लिया और दूसरी तरफ आंबेडकर ने आंदोलन में धर्म की महत्ता को स्वीकार किया।

आत्मशुद्धि बनाम आत्मसम्मान

डोड्डुबेल्लापुरा रामैया नागराज

दो सिद्धांतों का आमना-सामना होने पर अगर उनमें तालमेल न बिठाया जा सके, तो उनके पैरोकार एक-दूसरे को मूर्ख और भ्रांत घोषित कर देते हैं।

— ***आन सर्टेनिटी* में विट्‌जेंस्टाइन**

आलेख को शुरू करने के लिए बाबासाहेब आंबेडकर का आलोचनात्मक आह्वान सबसे अच्छा तरीका होगा। आखिरकार, तथागत की बौद्ध-प्रणाली की उत्कृष्टता अपने शिक्षक की समीक्षा में ही तो निहित होती है। दलित आंदोलन अपने वजूद के लिए बाबासाहेब का कई तरह से ऋणी है लेकिन उन्हीं के पितृत्व की वजह से वह संकट का सामना भी कर रहा है। उनके दार्शनिक और राजनीतिक जीवन का आलोचनात्मक आकलन दलित आंदोलन पर रोशनी डालने के साथ-साथ उसे सही संदर्भ में समझने में सहायक भी होगा।

सबसे बड़ी विडंबना यह है कि बाबासाहेब के राजनीतिक जीवन की प्रकृति समझने के लिए उसे गाँधीजी के राजनीतिक जीवन के साथ रख कर देखना पड़ेगा। दोनों के बीच प्रकट असंगति बाबासाहेब की विलक्षण समस्याओं को उभार सकती

है। लेकिन महत्त्वपूर्ण सवाल यह है कि क्या इन दोनों नेताओं के बीच असल में कोई बुनियादी असंगति थी भी? मैं इस सवाल का सही जवाब पाने की कोशिश करूँगा। चूँकि इस जवाब के दलित आंदोलन के लिए दूरगामी परिणाम होंगे, इसलिए हमें बड़ी सावधानी बरतते हुए उन पूर्वग्रहों और मनमानी धारणाओं से जूझते हुए आगे बढ़ना होगा, जो कहीं गहरे जड़ें जमाए बैठी हैं। दूसरे शब्दों में, हमें यह समझना होगा कि दलित आंदोलन ऐसी मन:स्थिति की देन है जो अछूतों की समस्याओं से निपटने के गाँधीवादी मॉडल के दृढ़तापूर्वक नकार में विश्वास रखती है और इसी नजरिए ने दलित आंदोलन की रूपरेखा और धारणाओं को आकार दिया है। लेकिन आज ऐतिहासिक परिस्थितियाँ बदल चुकी हैं। नतीजतन, हम दलित आंदोलन को प्रभावित करनेवाली शक्तियों के स्रोतों और संरचनाओं की पुन: पड़ताल करने को मजबूर हैं। इस दौरान अगर कोई अप्रिय आश्चर्य हमें झकझोरे तो उसे झेलने के लिए भी हमें तैयार रहना चाहिए। मुमकिन है इससे गाँधी और आंबेडकर की कुछ ऐसी मान्यताएँ ही सामने आ जाएँ जो अभी तक कहीं छिपी पड़ी थीं।

शुरुआत गाँधी-आंबेडकर संबंधों के बारे में प्रचलित धारणाओं की पड़ताल से करनी होगी। यहाँ भी काफी सावधानी बरतनी पड़ेगी कि कहीं इन संबंधों की प्रचलित तस्वीर हम पर हावी न हो जाए। बाबासाहेब की राजनीति गाँधी की उस विचारधारा और सांस्कृतिक राजनीति से निस्संदेह अलग थी जिसने १९४७ तक पूरे राष्ट्र को अपने दबदबे में रखा हुआ था। गाँधीजी राष्ट्रीय राजनीति के केंद्र थे। कई लोग उनसे असहमत भी रहते थे, लेकिन उन्हें गंभीरता से नहीं लिया जाता था। इसी दौर में उभरा हरिजन समस्या से संबंधित गाँधीवादी मॉडल राष्ट्रीय आंदोलन पर अपनी खास तरह की छाप के कारण गंभीर विश्लेषण की माँग करता है। काँग्रेस में पनपे हरिजन नेतृत्व के अध्ययन के लिए भी यह सवाल विचारणीय है। काँग्रेस के इसी हरिजन नेतृत्व के खिलाफ दलितों की उग्र युवा पीढ़ी ने ६0 के दशक और उसके बाद विद्रोह किया था।

दरअसल, गाँधी द्वारा तैयार हरिजन नेतृत्व उनके जैसा कतई नहीं था। इस नेतृत्व को आकार देनेवाले राजनीतिक-मनोवैज्ञानिक कारकों ने एक नए किस्म की राष्ट्रीय राजनीतिक मुखरता को जन्म दिया लेकिन सामाजिक-सांस्कृतिक सवालों पर चुप्पी कायम रही। मुखरता और चुप्पी की यह एक विरोधाभासी संगति थी। आजादी के बाद के दशकों में दलितों की नयी पीढ़ी ने वरिष्ठ हरिजन नेताओं की राष्ट्रीय वक्तृता को बकवास घोषित कर दिया और आरोप लगाया कि इसकी आड़ में संरचनात्मक विषमताएँ छिपायी जा रही हैं। इस पीढ़ी ने सांस्कृतिक सवालों पर हरिजन नेतृत्व की चुप्पी को पालतूपन और कायरता करार दिया। सामाजिक-सांस्कृतिक आंदोलन के इतिहास में यह एक नयी बात थी। यहाँ मामला भावुकता की रौ में पितृ-परंपरा की गलत व्याख्या का ही नहीं था। यह तो एक अनिवार्य और प्रामाणिक किस्म की तरह की पितृहंता प्रवृत्ति थी। लेकिन क्या वरिष्ठ हरिजन

नेताओं के बारे में युवा पीढ़ी का यह निर्णय कुछ ज्यादा ही कठोर नहीं था? क्या नयी पीढ़ी ने उन जटिल ऐतिहासिक ताकतों की अनदेखी नहीं की थी जिन्होंने इन नेताओं को गढ़ा था? लेकिन यही तो इतिहास की मोहिनी शक्ति है। वह आंशिक दृष्टि में ही पूर्ण दृष्टि का विश्वास पैदा करा देती है और जिसके प्रवाह में उत्साही जन मैदान में कूद पड़ते हैं। संपूर्ण दृष्टि की प्रतीक्षा में बैठा व्यक्ति न तो कभी सक्रिय होता है और न ही इतिहास में छलाँग लगाता है। इसी प्रक्रिया में इतिहास की मुक्तिकामी संभावनाएँ निहित रहती हैं। बाबासाहेब और बापू ने इसी सृजनात्मक अधीरता के साथ इतिहास में छलाँग लगाई और आपस में टकरा गये। सृजनात्मक अकुलाहट से भरे इन दोनों व्यक्तियों की यह ऐतिहासिक कार्रवाई एक महासमाधि जैसी स्थिति थी। उन्होंने सक्रियता के माध्यम से एक-दूसरे के अतिरेकों का शमन किया और इस उत्कट मुठभेड़ के अंत में रूपांतरित व्यक्तित्वों के रूप में उभरे। यहाँ मैं गाँधी और आंबेडकर के बीच १९३० के दशक में हुए जटिल लेकिन मंत्रमुग्ध करनेवाले टकराव का जिक्र कर रहा हूँ। दोनों नेता ताजिंदगी एक-दूसरे को मूर्ख और भ्रांत कहते रहे (भले ही उन्होंने ठीक-ठीक यही शब्द इस्तेमाल न किए हों)। इसमें बाबासाहेब की अभिव्यक्ति ज्यादा उग्र थी। अलबत्ता, मेरे ख्याल से यह अंतर ऐसा केवल शैली के स्तर पर था, वैसे कुछ लोगों के लिए शैली ही सब कुछ होती है। दरअसल, तीस के दशक के मध्य तक, गाँधी और आंबेडकर वैसे नहीं रह गये थे जैसे वे अपने गहन टकराव के शुरुआती दौर में थे। दोनों तब तक एक-दूसरे से काफी प्रभावित और एक-दूसरे के असर से रूपांतरित हो चुके थे। लिहाजा, उनके टकराव की कहानी का गहराई से अध्ययन जरूरी है। मैं इस टकराव के कुछ प्रमुख प्रकरणों के वर्णन की कोशिश करूँगा। स्रोत के तौर पर मैंने गाँधी के साप्ताहिक 'हरिजन' के कुछ अंश इस्तेमाल किए हैं। मेरा मानना है कि 1933 से 1936 के बीच के 'हरिजन' के अंकों की सामग्री अपने अभिभूतकारी शैलीगत वैविध्य के कारण महाकाव्यात्मक आयाम रखती है। यहाँ शैली से मेरा तात्पर्य उसके सीमित साहित्यिक अर्थों में नहीं है। दरअसल, 'हरिजन' के इन अंकों में वर्णित जीवनानुभव अपनी सीमाओं से परे जा कर साहित्य की एक नयी शैली ही रचते दिखाई देते हैं।[१]

अस्पृश्यता गाँधीजी की केंद्रीय चिंताओं में से एक थी। इतिहास के प्रति ईमानदारी बरतते हुए हमें मानना पड़ेगा कि अस्पृश्यता को भारतीय राजनीति का एक अहम सवाल बापू ने ही बनाया। हालाँकि अट्ठारहवीं और उन्नीसवीं शताब्दी में कई संतों और आंदोलनों ने भी यह मुद्दा उठाया था जिनके योगदान को समझने के लिए ज्यादा गहरी अंतर्दृष्टि और विश्लेषण जरूरी है। 19वीं शताब्दी के भारतीय समाज में आमतौर पर एक ऐसा विक्षोभ था जिसने जाति-प्रथा की बुनियाद पर सवाल उठानेवाले सामाजिक आंदोलनों और धार्मिक प्रतीकवाद को जन्म दिया। इन आंदोलनों को उभारनेवाली प्रक्रिया का पश्चिम के साथ भारत के बेचैन संबंधों से कोई अनिवार्य नाता नहीं था। हाँ, इनमें से कुछ आंदोलन निश्चित रूप से पश्चिम

के साथ भारतीय संसर्ग अथवा मुठभेड़ की पैदाइश थे।[2]

ऐतिहासिक परिप्रेक्ष्य में देखें तो ऐसे कई साधू और योगी भारत में हुए हैं जिनके लिए उपनिवेशवाद कोई अर्थ नहीं रखता था। न तो एक संक्रमणकालीन दौर के रूप में और न ही संघर्ष के स्रोत के रूप में। लेकिन इन साधुओं और योगियों ने काफी दृढ़तापूर्वक जाति-प्रथा को नकारने की कोशिश अवश्य की। इस सिलसिले में कर्नाटक के शिशुनाला शेरिफ और कैवर नारायणप्पा जैसे योगियों तथा उत्तर भारत के सतनामी और महिमा आंदोलनों की मिसालें ली जा सकती हैं।

जाहिर है, ये लोग ऐतिहासिक घटनाक्रम को प्रभावित करने में नाकाम रहे। इसका प्रमुख कारण यह था कि उन्होंने समस्याओं को समूचे भारतीय समाज की पुनर्रचना के बृहत्तर कार्यभार से जुड़े राजनीतिक परिप्रेक्ष्य में न तो देखा और न ही उन्हें इस तरह प्रस्तुत किया। संक्षेप में कहा जा सकता है कि इन लोगों ने अपने समाज को राष्ट्र-राज्य के अंग के रूप में देखा ही नहीं। इन देशज विद्रोहियों के लिए जाति-प्रथा से लड़ने का कार्यभार अपनी परंपरा की आध्यात्मिक जरूरत से ही निकला था। समाज की उनकी अवधारणा मूलतः सांस्कृतिक थी जिसमें तमाम छोटे-छोटे समूह भौगोलिक और सामाजिक दायरों में घुल-मिल कर रहते थे। इनमें से अधिकांश का जीवन सौ-दो सौ मील की भौगोलिक परिधि के भीतर ही बीतता था। इसी दायरे में वे देशाटन भी करते थे। ये विद्रोही छोटे-छोटे समुदायों की अंतरात्मा थे। एक शताब्दी से भी ज्यादा समय तक भारतीय विमर्श पर पूरी तरह छाए रहनेवाले औपनिवेशिक प्रभुत्व का ऐतिहासिक अनुभव इन लोगों को विकल नहीं कर पाया। इनमें से कुछ लोग इस औपनिवेशिक हस्तक्षेप से अभिभूत हो कर रह गये और कुछ ने इस बारे में उदासीन रुख अपनाए रखा। इन योगियों के इस रवैये का सबसे महत्त्वपूर्ण कारण था लौकिक शक्तियों को विजातीय समझने की उनकी परंपरा। ये लोग मानते थे कि सांसारिक शक्तियों पर कोई सकारात्मक प्रभाव नहीं डाला जा सकता। उनके मतानुसार, राजसत्ता और ऐतिहासिक संस्थाएँ प्रकृति की तरह होती हैं—कभी अनियमित और पशुवत तो कभी मित्रवत, उदार और कृपालु। कई योगियों-साधुओं ने औपनिवेशिक हस्तक्षेप पर अपनी राय व्यक्त करने के लिए प्रकृति को रूपक की तरह इस्तेमाल किया। शिशुनाला शेरिफ ने, जो मुसलमान थे और अपने अद्वैतवादी ब्राह्मण गुरु के कारण वीरशैव योगी कहलाए, औपनिवेशिक हस्तक्षेप पर एक सुंदर कविता लिखी जिसमें बारिश के दौरान खेतों में आनेवाले कीट-पतंगों से उपनिवेशवाद की तुलना की गयी है। उन्होंने पूँजीवादी उद्योगीकरण की शुरुआत के तौर पर हुबली में कपास की ओटाई का कारखाना लगने पर भी काव्य प्रतिक्रिया की थी। उन्होंने एक कविता में लिखा—इस कारखाने के विशाल विस्तार को देखो और प्रणाम करो। आगे की पंक्तियों में उन्होंने इस अनुभव का भी पूरी तरह आध्यात्मीकरण कर दिया। एक जटिल यांत्रिक संरचनावाली मशीन को उन्होंने यौगिक अनुभव की जटिलता के बखान के लिए

बतौर रूपक इस्तेमाल किया। इस कविता में कारखाने की तुलना एक लोकोत्तर अस्तित्व से की गयी। आधुनिक सिद्धांतकारों ने चिंता और विकलता को उपनिवेशवाद के दो केंद्रीय अनुभवों के रूप में प्रस्तुत किया है, लेकिन इन योगियों में ये दोनों ही कभी प्रभावी मानसिक अवस्थाएँ नहीं रहीं। उनके लिए इस लौकिक जगत से आत्मा की मुक्ति ही सर्वोच्च आध्यात्मिक लक्ष्य था। वे जाति-प्रथा में निहित अहंकार और अपमान को इस मोक्ष या निर्वाण की राह में बाधक समझते थे। ताज्जुब नहीं कि इन योगियों ने भारतीय दर्शन के तर्कबुद्धि-आधारित मतों का इस्तेमाल नहीं किया। जाति-विरोधी रवैया ऐसे अधिकतर मामलों में अ-ब्राह्मण परंपराओं का एक उत्पाद था यद्यपि कई विक्षुब्ध ब्राह्मणों ने इस मुहिम को शक्ति दी और इसका गौरव बढ़ाया। इन लोगों की राय में सामाजिक सुधार का मुद्दा इयत्ता के आध्यात्मिक रूपांतरण में ही निहित था। यह जान-बूझ कर अपनायी गयी मुद्रा या कोई हठधर्मिता नहीं थी, बल्कि इसका स्रोत अधिभूतवादी आवश्यकताओं में ही निहित था।

आंबेडकर तो नहीं, लेकिन गाँधीजी के नजरिए की इन योगियों से काफी समानताएँ थीं। अस्पृश्यता की समस्या को उन्होंने जिस ढंग से परिभाषित किया, उससे यह स्पष्ट है। अलबत्ता, गाँधीजी इन योगियों से कई मायनों में भिन्न थे। चूँकि देसी आध्यात्मिक परंपराएँ भक्ति-आंदोलन की शैव और वैष्णव शाखाओं का ही थोड़ा बदला हुआ रूप थीं, इसलिए गाँधीजी इसी दायरे में एक नया रास्ता खोज सके। उन्होंने वैष्णव परंपरा से प्रेरणा ग्रहण की। मिसाल के तौर पर उन्होंने देवालय से जुड़े प्रतीकवाद को अपनाया। इसकी वजह से उनके जीवन में अंतर्द्वंद्व और आत्मसाक्षात्कार के कई क्षण आये। इस पर हम बाद में चर्चा करेंगे। योगियों के विपरीत गाँधीजी में उपनिवेशवाद को ले कर गहरी चिंता व्याप्त थी। उन्हें उपनिवेशवाद की विनाशकारी शक्ति का बखूबी अंदाजा था। इसी वजह से वे उपनिवेशवाद की तटस्थता के भ्रम और इस खुशफहमी से बचे रहे कि वह भारतीय मानस को नुकसान पहुँचाए बगैर चुपचाप गुजर जाएगा। उन्होंने योगियों द्वारा औपनिवेशिक अनुभव के यथार्थ को किसी लोकोत्तर अनुभव के समकक्ष रखने की प्रवृत्ति को सख्ती से नकारा। गाँधीजी की संवेदनशीलता को कई अन्य परंपराओं ने आकार दिया था जो किसी तरह से पश्चिमी नहीं थीं। औपनिवेशिक अनुभव से उपजी चिंता जब-जब बर्दाश्त से बाहर हुई और अस्तित्व की समग्रता को ही खतरा पैदा हुआ तब-तब भारतीय आध्यात्मिक परंपराओं ने गाँधीजी के लिए मरहम का काम किया। गाँधीजी ने जातिवादी अहं का नाश करने के आध्यात्मिक उत्साह को कभी राष्ट्रवादी संघर्ष के बृहत्तर लक्ष्य की अपनी प्राथमिकताओं पर हावी नहीं होने दिया। इसी तरह उन्होंने विदेशी शक्ति के खिलाफ राष्ट्रवादी संग्राम के चलते जाति-प्रथा के खिलाफ संघर्ष की महत्ता भी कम नहीं होने दी। लेकिन, इस सबके बावजूद, अस्पृश्यता के प्रति गाँधीवादी दृष्टिकोण मूलतः धार्मिक और आध्यात्मिक

था जिसका आदर्श भारतीय रहस्यवादी धाराओं में निहित था। तीस के दशक में इसी तरह के चिंतन के साथ आंबेडकर से उनकी भिड़ंत शुरू हुई।

जाति-प्रथा का एक और जवाब दक्षिण भारत के गैरब्राह्मण आंदोलन के रूप में सामने आया था। अपने चरित्र और मुख्य प्रवृत्ति के रूप में पूरी तरह धर्म-निरपेक्ष यह आंदोलन केवल दक्षिण तक ही सीमित नहीं था।[३] इस आंदोलन के विकास में विभिन्न जटिल शक्तियों की एक भूमिका थी जिनमें औपनिवेशिक हस्तक्षेप की राजनीति की भूमिका सर्वाधिक महत्त्वपूर्ण थी। यह निचली जातियों और सामाजिक समूहों का एक सचेत, संगठित और सुविचारित प्रयास था।[४] निचली जातियों ने ऊँची जातियों के दबदबे से लड़ने के लिए उन क्रमिक और वैधानिक तरीकों का इस्तेमाल किया जो उन्होंने अपने गोरे प्रभुओं से सीखे थे। शूद्रों की माँगें भौतिकवादी थीं। अपने साथ सहयोग करने के लिए तैयार विभिन्न जातियों के अभिजात वर्गों को प्रोत्साहन देने की औपनिवेशिक नीति ने भी इस आंदोलन को आकार देने में बड़ी भूमिका निभायी।[५] औपनिवेशिक राज की सामाजिक नीति और निचली जातियों की ऊपर उठने की उत्कट अभिलाषा ने मिल कर शूद्रों में जबरदस्त आशावाद का संचार किया, लेकिन दुर्भाग्य से गैरब्राह्मण दल और आंदोलन उनकी आकांक्षाओं को साकार करने का उपयुक्त माध्यम साबित नहीं हुए।

इस आंदोलन के महत्त्व को कम करके आँकना बहुत आसान है। कई तरह के विद्वानों ने अतीत में ऐसा किया भी है। यह एक तथ्य है कि मद्रास प्रेसिडेंसी में जस्टिस पार्टी और मैसूर की प्रजामित्र मंडली जैसे समूहों के रूप में प्रकट हुए गैरब्राह्मण आंदोलन में आदर्शों की व्यापकता नहीं थी। इसमें अवसरवादी और राष्ट्रवाद-विरोधी राजनीतिक जोड़-तोड़ की प्रवृत्तियाँ थीं। इस आंदोलन के प्रति अनुदार दृष्टिकोण रखनेवाले इसे सरकारी बाबूतंत्र में शामिल होने की दौड़ भी करार दे सकते हैं। इस आंदोलन के नेता मध्य जातियों और भूमिधरों के बीच से उभरे थे। शूद्रों में इस बात पर बड़ा आक्रोश था कि ब्राह्मणों ने प्रशासन में महत्त्वपूर्ण और मामूली दोनों तरह के स्थानों पर कब्जा करके अपना दबदबा बना लिया है। इस आंदोलन के अंतर्विरोध कई बार सार्वजनिक तौर पर उजागर भी हुए। खासतौर पर निचली जातियों के प्रति मध्य जातियों का 'कृपालु' रवैया उनके जातिवादी पूर्वग्रहों को पूरी तरह ढँकने के लिए नाकाफी था। उन्होंने ब्राह्मणवादी मूल्यों को पूरी तरह आत्मसात कर लिया था। वास्तव में देखा जाए तो आज भी दलित आंदोलन के समक्ष यह प्रमुख समस्या है। जब कभी दलित अन्य जातियों की सहयोगी भूमिका से अपने लिए व्यापक आधार तैयार करने की कोशिश करते हैं तो बहुत जल्दी ही ऐसे अंतर्विरोध उभर आते हैं। मूल्यों के सवाल पर ये बड़े तीखे रूप में प्रकट होते हैं। अन्य गैर-ब्राह्मण जातियाँ ताकतवर सामाजिक समूहों के एकाधिकार से लड़ने के लिए दलितों का सहयोग लेने में संकोच नहीं करतीं, बल्कि इस तरह का गठबंधन बनाने के लिए बेताब ही रहती हैं। लेकिन वे अक्सर बुनियादी सामाजिक-

सांस्कृतिक मुद्दों से कतरा जाती हैं। दरअसल, अन्य जातियों की गठजोड़मूलक प्रवृत्तियाँ उनकी ऊर्ध्वगामिता का एक अनिवार्य तत्त्व होती है जिसके कारण वे सामाजिक-सांस्कृतिक अनुदारतावादियों के साथ सक्रिय सहयोग में चली जाती हैं। उनकी यह दुहरी प्रवृत्ति गैरब्राह्मण आंदोलन के शुरुआती वर्षों में साफ दिखाई देती थी।

ये सभी आलोचनाएँ जायज हैं लेकिन इनके कारण हमें उन शक्तियों की जटिल संरचना से आँखें नहीं फेर लेनी चाहिए जिन्होंने इस आंदोलन को आकार दिया। न ही हमें उस वैधता को भूलना चाहिए जो इस आंदोलन ने हासिल की, यद्यपि यह वैधता आंशिक ही थी। आंदोलन नौकरियों और शिक्षा में आनुपातिक प्रतिनिधित्व सुनिश्चित करने के न्यायसंगत लक्ष्य तक सीमित था। यही वह बिंदु है जहाँ हमें ऐसे आंदोलनों के उदात्त और कठोर पहलुओं के आपसी रिश्तों पर गौर करना चाहिए। सामान्यत: लोग जाति के विरोध में ऊँची-ऊँची दार्शनिक बातों से भावुक हो उठते हैं लेकिन इससे जुड़े आंदोलन के सांसारिक और कठोर चेहरों से डर भी जाते हैं।

आंदोलन के ये पहलू प्राय: सामुदायिक और सकारात्मक पक्षपात (आरक्षण) के नाम पर नौकरियाँ और अन्य भौतिक लाभ हासिल करने के दृढ़ (कभी-कभी भोंडे) प्रयासों में देखे जा सकते हैं। इन आंदोलनों की खूबसूरती और विरूपता जाति-प्रथा की अवज्ञा में निहित है। भारत में जाति-प्रथा सिर्फ सांस्कृतिक मूल्यों का एक ढाँचा नहीं है, यह जाति अनुक्रम के समानान्तर सत्ता और पूँजी के असमान वितरण की संरचना का भी मामला है। जाति-प्रथा के खिलाफ विद्रोह की आध्यात्मिक सुंदरता के प्रशंसकों को भौतिकवादी माँगों की विरूपता भी स्वीकार करनी चाहिए। गाँधीजी ने इस विद्रोह की आध्यात्मिक सुंदरता पर तो गहराई से प्रतिक्रिया जताई लेकिन जैसे ही उसके सांसारिक और लौकिक स्वरूप से उनका सामना हुआ, वे गहरी उलझन के शिकार हो गये। जाति-प्रथा के अन्यायों पर ऐसी खंडित प्रतिक्रिया आज भी दलित आंदोलन के उदारतावादी समर्थकों को प्रभावित करती रहती है। राजनैतिक प्रतीकवाद से जुड़े कार्यक्रम तो उन्हें प्रभावित करते हैं लेकिन मंडल आयोग सरीखे ठोस मुद्दों से दलित आंदोलन का जुड़ाव देख कर उन्हें आश्चर्यजनक रूप से गुस्सा आ जाता है। दलित आंदोलन का आविर्भाव इन्हीं दो शक्तियों के अभिसरण में निहित है— एक तो जातिगत अहं से संघर्ष का पारलौकिक पहलू और दूसरा, शिक्षा व नौकरियों के अवसरों के लिए संघर्ष का सांसारिक यथार्थ। यदि जनसामान्य की इच्छाएँ-आकांक्षाएँ वास्तविक एवं मूर्त्त रूपों में नहीं ढलतीं तो किसी भी आंदोलन का व्यापक सामाजिक आधार छीजते जाने का खतरा उभर आता है। दूसरी ओर, यह खतरा भी रहता है कि कहीं आंदोलन एक वर्ग के प्रभावी और मुखर समूह की फौरी भौतिकवादी माँगों के दायरे में सिमट कर न रह जाए। किसी आंदोलन के प्रति बेहद सहज बुद्धिजन्य नजरिया उसकी

क्षमताओं और ऊर्जा का ह्रास कर सकता है। इस पृष्ठभूमि में, बाबासाहेब ने गैरब्राह्मण आंदोलन के प्रति एक परिणामवादी रवैया अपनाया। बाबासाहेब को जाति क्रम में ऊपर उठने की इस आंदोलन की कोशिशों से सहानुभूति थी लेकिन वे इसकी यथास्थितिवादी प्रवृत्तियों के प्रति शंकित भी थे। १९४४ में मद्रास प्रेसिडेंसी के आम चुनावों में जस्टिस पार्टी का सफाया हो जाने पर एक भोज के दौरान अपने भाषण में उन्होंने गंभीर विवेचन करते हुए कहा था :

> तो इस पार्टी में ऐसी क्या गड़बड़ी थी कि इतने दिन तक सत्तासीन रहने के बावजूद वह ताश के पत्तों की तरह ढह गयी? ऐसा क्या था कि पार्टी गैरब्राह्मणों के ही एक बड़े हिस्से में अलोकप्रिय हो गयी? मेरी राय में इसकी दो वजहें थीं।
>
> अव्वल तो ये लोग ठीक-ठाक यह नहीं तय कर पाए कि ब्राह्मण तबकों से उनके मतभेद क्या थे। हालाँकि इन लोगों ने ब्राह्मणों की तीखी आलोचना की लेकिन क्या इनमें से कोई भी यह कह सकता है कि उनके मतभेद सैद्धांतिक थे? खुद इनमें कितना ब्राह्मणवाद था? उन्होंने ब्राह्मण नामों को धारण करके खुद को दूसरे दर्जे का ब्राह्मण समझना शुरू कर दिया था। ब्राह्मणवाद का परित्याग करने के बजाय वे उसे आदर्श मान कर उससे चिपके रहे। ब्राह्मणवाद के खिलाफ उनका गुस्सा महज इसलिए था कि ब्राह्मणों ने उन्हें केवल दोयम दर्जा ही दिया था।
>
> पार्टी के पतन की दूसरी वजह इसका बेहद संकीर्ण राजनैतिक कार्यक्रम था। गैरब्राह्मण पार्टी के राजनैतिक कार्यक्रम में एक खामी यह थी कि पार्टी ने अपने युवा कार्यकर्त्ताओं के लिए कुछ नौकरियाँ सुरक्षित करने को ही मुख्य मुद्दा बना लिया था। वैसे यह मुद्दा पूरी तरह जायज था लेकिन जिन गैरब्राह्मण नौजवानों को सरकारी नौकरी दिलाने के लिए पार्टी बीस साल तक लड़ी, क्या उन्होंने नौकरी के फायदे उठाने के बाद पार्टी को याद रखा? बीस साल की सत्ता के दौरान पार्टी गाँवों में रहनेवाले उन ९० प्रतिशत गैरब्राह्मणों को भूल गयी जो गरीबी की जिदंगी जी रहे थे और महाजनों के शिकंजों में फँसे हुए थे।[६]

आंबेडकर के इस भाषण से दो अंतर्संबद्ध धाराएँ निकलती हैं जिनका दलित आंदोलन में निहित आंतरिक तनावों से निश्चित संबंध है। पहली बात तो यह है कि दलितों के बीच से ही एक समूह ऊर्ध्वगामी गतिशीलता के माध्यम से मध्यवर्गीय लोकाचार में शामिल हो गया है। इस प्रक्रिया से पूरे वर्ग में एक जोरदार उत्साह का संचार होता है जो धीरे-धीरे पूरे समुदाय को लपेटे में ले लेता है। इस उत्साह का आधार वास्तविक और काल्पनिक दोनों है—वास्तविक इस अर्थ में कि समुदाय का एक हिस्सा सरकारी नौकरियाँ पा कर शेष वर्ग के लिए एक अनुकरणीय उदाहरण बन जाता है। दूसरी ओर, यह काल्पनिक इस कारण लगता है कि पूरे समाज का ढाँचागत बदलाव हुए बिना समग्र दलित समुदाय अपने भीतर ही पैदा हो गये 'सुविधासम्पन्न' अल्पसंख्यक वर्ग जैसा दर्जा कभी हासिल नहीं कर सकता। दरअसल, दलितों के एक समूह की इस विशिष्ट ऊर्ध्वगामी गतिशीलता की समस्या का मूलाधार कहीं और है। मैं इसे 'सायास स्मृतिलोप' कहूँगा। यह जान-बूझ कर अपने अतीत को भूलने की कोशिश है। बाबासाहेब द्वारा जस्टिस पार्टी से सवाल

करने का उद्देश्य इसी समस्या की ओर इंगित करना था कि क्या नौकरियों के फायदे उठाने के बाद गैरब्राह्मण युवकों ने पार्टी को याद रखा? आधुनिक संदर्भों में देखें तो जाति-प्रथा ने हमेशा निचली जातियों में खुद के प्रति घृणा, शंका और आत्मदमन की मन:स्थिति बनाए रखने की भूमिका निभाई है। आमतौर पर ये प्रवृत्तियाँ समूहीकृत रूप में सामने आती हैं। तिरस्कृत समुदायों में जन्म लेनेवाले आधुनिक व्यक्ति को न सिर्फ अपने समुदाय से विच्छेद की कष्टप्रद प्रक्रिया से गुजरना पड़ता है बल्कि अपने अतीत को उलट देने का सचेत प्रयास करना उसके अस्तित्व का अभिन्न अंग बन जाता है।

कन्नड़ के प्रसिद्ध दलित लेखक डॉ. सिद्धलिंगैया ने इन तमाम लक्षणों का अपने हास्य नाटक 'पंचम' में चित्रण किया है। हास्य के साथ-साथ करुणा, वाक्पटुता और विडंबना के तत्त्वों से भरपूर इस नाटक में हयवदन राव नाम के प्रशासनिक अधिकारी द्वारा कुछ अस्पृश्य अभ्यार्थियों के साक्षात्कार लिये जाने की नाटकीय कथा चलती है। हयवदन राव अपने ब्राह्मणवादी दंभ और भद्रता से चार अभ्यार्थियों, जिनमें महिला और पुरुष दोनों हैं, को बौना साबित कर देता है। ये चार अभ्यार्थी दरअसल आधुनिक दलित अस्मिता के निर्माणाधीन पहलुओं को अप्रामाणिक रूप से दर्शाते हैं। उन्हें खुद पर यकीन नहीं है और ये अनगढ़ और बेढंगे हैं। झूठ बोलने की कोशिश में उनका झूठ पकड़ा जाता है। इन चारों में अपने अतीत को जान-बूझ कर विस्मृत करने की समान प्रवृत्ति दिखती है। इनके बाद पाँचवें अभ्यर्थी 'पंचम' का प्रवेश होता है और सारा परिदृश्य पूरी तरह बदल जाता है। एक विलक्षण सौंदर्य का जन्म होता है। हयवदन राव ने अपने पूरे जीवन में 'पंचम' जैसे लोग कभी नहीं देखे थे। पंचम अपने अतीत को विस्मृत करने से न सिर्फ इंकार करता है बल्कि उसे जान-बूझ कर याद करता है। दैवी आक्रोश का एक आभामंडल उसके इर्द-गिर्द व्याप्त रहता है। नाटक के अंत में पंचम अपने समुदाय से आत्मसम्मानपूर्ण नया जीवन आरंभ करने का भावुकता-भरा आह्वान करता है। पहले चार अभ्यार्थियों को नाटक में दलित आंदोलन पर अपरिहार्य बोझ की तरह दर्शाया गया है जबकि पंचम को आंदोलन की शक्ति और गौरव के रूप में चित्रित किया गया है। इस नाटक में वर्णित पहले चार चरित्र दलित आंदोलन के शुरुआती दौर से ही इस पर बोझ बने रहे हैं। यह तथ्य इस आंदोलन को गाँवों में भूमिहीनों के बीच प्रचलित मार्क्सवादी-लेनिनवादी संघर्षों से अलग करता है। लेकिन इन चारों को लाइलाज मान लेना एक तरह की सांस्कृतिक अंधता ही होगी। यह अंधता जाति-प्रथा के मनोविज्ञान और उसके कारण व्यक्तियों में होनेवाले विरूपण की ओर से आँखें फेर लेने से उपजती है। दरअसल इन चारों पात्रों को मदद की जरूरत है। उन्हें एक ऐसा माहौल चाहिए जो उनकी दलित पहचान को स्वीकारे और उसका आदर करे। यह परिस्थिति उन्हें केवल एक शक्तिशाली दलित आंदोलन ही उपलब्ध करा सकता है। समूचा दलित आंदोलन एक स्तर पर इसी

परिकल्पना से आरंभ होता है कि उपरोक्त वर्णित चार चरित्र कालांतर में पंचम की तरह रूपांतरित हो जाएँगे। इस नाटक में निहित संदेश भी यही है। अपने अधूरे और अकुशल सदस्यों के रूपातरण का काम इस आंदोलन की केंद्रीय चिंता है और उसके अंतर्निहित आदर्शवाद का सूचक भी।

चलिए, मूल बहस को आगे बढ़ाते हैं। किसी प्रभुत्वशाली गुट, यानी आरक्षण द्वारा नौकरियाँ पा कर विकसित हो गये गुट द्वारा अपने अतीत को जान-बूझ कर भुलाये रखने का अर्थ है आंदोलन को वर्तमान के इर्द-गिर्द जकड़ देना। वास्तविक माँगों के संदर्भ में इसके मायने यह निकलते हैं कि आंदोलन पर कुछ चुनिंदा समूहों के हितों के संरक्षण और संवर्धन के उपकरण की तरह काम करने का जबरदस्त दबाव रहेगा। इस परिस्थिति में दलित का संघर्ष अनुकूलन की एक निश्चित प्रक्रिया से गुजरेगा और केवल शहरी समूहों की आकांक्षाओं का ही प्रतिनिधित्व करेगा। बाबासाहेब को इस बात का श्रेय दिया जाना चाहिए कि उन्होंने दलित आंदोलन की शुरुआत में ही इस खतरे को पहचान लिया था।

जस्टिस पार्टी के बारे में अपने भाषण में बाबासाहेब ने जिस दूसरी समस्या की ओर इंगित किया था वह वैकल्पिक सांस्कृतिक मूल्यों को न सिर्फ एक दलित व्यक्ति के लिए बल्कि समूचे दलित आंदोलन के लिए परिभाषित करने के बारे में थी। स्मृतिलोप एक तरह की उदासीनता और भावशून्यता का प्रेरक बन जाता है जिससे पुरानी संस्कृति को नकारने के साथ-साथ नए निर्माण के कष्टप्रद प्रयासों को निरुत्साहित करने का माहौल बनता है। आंबेडकर इस सांस्कृतिक जड़ता को कभी बर्दाश्त नहीं कर सकते थे। उनके पूरे जीवन को इसी मन:स्थिति के विरुद्ध अनवरत संघर्ष करने के रूप में देखा जा सकता है। हालाँकि, इस वजह से उनके सामने कई दिक्कतें आईं। खासतौर पर एक आंदोलन और उससे जुड़ी स्मृतियों की संरचना के बीच संबंध को परिभाषित करने में उन्हें उलझनों का सामना करना पड़ा। यह मसला उन मुद्दों में से था जहाँ आंबेडकर की गाँधीजी से तगड़ी भिड़ंत हुई थी। गाँधीजी द्वारा हिंदू प्रतीकों का इस्तेमाल मुख्यधारा के हिंदूवाद पर आश्रित था। इन प्रतीकों में जीवन फूँकने के लिए गाँधीजी ने जिस तरीके का प्रयोग किया था, उससे गैरसवर्णों में प्रेरणा का संचार नहीं हो सकता था। गाँधी द्वारा हिंदूवाद को इस्तेमाल करने का तरीका अनूठा था। इसके तहत हिंदूवाद के प्रति असहमति व्यक्त करने के लिए गहरी आभ्यंतरता और कल्पनाशील ढंग अपनाना जरूरी था। लोहिया और राजगोपालाचारी को छोड़ कर बापू के हरिजन अनुयायी ही नहीं, हिंदू अनुयायी भी हिंदू प्रतीकवाद के इस दुधारे प्रयोग का शायद ही अनुकरण कर सकते थे। अधिकांश लोगों ने हिंदूवादी प्रतीकों को अनुष्ठानों के रूप में ही समझा और बरता एवं उनके विद्रोही आयामों की अनदेखी कर दी। देवालय प्रवेश आंदोलन के दौरान ही ऐसे लोग टकराव की स्थिति से दो-चार हुए। लेकिन गाँधीजी के शत्रु उनकी रणनीतियों के संभावित प्रभावों को अच्छी तरह समझ गये थे। उन्होंने बापू की

रणनीतियों को चुनौती देने में कोई चूक नहीं की। यही कारण था कि उनके आलोचक कामयाब रहे जबकि उनके चेले नाकाम हो गये।

आंबेडकर को गाँधीजी की द्वंद्वात्मक विधि बेहद जटिल लगती थी। उनकी निगाह में यह तरीका हिंदूवाद की बुराइयों से लड़ने में अक्षम भी था। दरअसल, हिंदूवाद के प्रति आभ्यंतरता बड़ी आसानी से जाति-प्रथा के प्रति एक आस्थावादी हल्की-फुल्की शिकायत में पतित हो सकती थी। गाँधीजी के अधिकांश अनुयायियों के साथ यही हुआ भी। बाबासाहेब एक नए चर्च (या एक नए समाज) की चट्टानी बुनियाद रखना चाहते थे, जबकि हिंदूवाद की आंतरिक संरचना अपने खिलाफ यदा-कदा ही विरोध फूटने की अनुमति देती है। फिर इस विरोध को यह संरचना अनुदारवाद के दलदल में जज्ब कर लेती है। लेकिन फिलहाल, हमारे लिए सामयिक बात यह है कि बाबासाहेब द्वारा ग्रामीण भारत का भावुकतापूर्ण और दुखद उल्लेख काफी कुछ गाँधीवादी किस्म का लगता है। वैसे इसका उल्टा मतलब भी निकाला जा सकता है। मेरे आलेख का मूल कथ्य यही है। तीस के दशक में एक-दूसरे से मुठभेड़ के बाद गाँधीजी और आंबेडकर ने एक-दूसरे को आत्मसात कर लिया था। यह परस्पर आत्मसातीकरण कई कटुतापूर्ण विवादों के सिलसिले के बीच ही संभव था। यह पूरी कहानी एक समृद्ध प्रतीकवाद से संतृप्त है।

II

गाँधीजी के चिंतन का प्रस्थान-बिंदु यह था कि अस्पृश्यता की समस्या इयत्ता की समस्या है—समूची हिंदू इयत्ता की। उन्होंने व्यक्तिगत इयत्ता की धारणा को रूपांतरित कर दिया था और उनकी रणनीति में जातीय अहंकार के जालों को साफ करने की आवश्यकता पूरे समूह की इयत्ता की बृहद धारणा में बदल गयी थी। लेकिन उन्होंने हमेशा इन मूल्यों को निजी तौर पर आत्मसात करने के महत्त्व को दृढ़ता से कायम रखा, उनके विचार से अस्पृश्य व्यापक इयत्ता का ही एक हिस्सा था। उन्होंने अस्पृश्यता उन्मूलन आंदोलन को आत्मशुद्धि की एक पवित्र रस्म के रूप में देखा। उन्होंने 'हरिजन' (१५ अप्रैल, १९३३) में लिखा : 'अस्पृश्यता निवारण का आंदोलन आत्मशुद्धि का आंदोलन है।'[७]

गाँधी द्वारा इयत्ता पर दिये गये धार्मिक जोर को १९३२ में हुए पूना समझौते की पृष्ठभूमि में देखा जाना चाहिए। यह समझौता बापू और बाबासाहेब की परस्पर विरोधी स्थितियों के बीच संघर्ष के एक निर्णायक बिंदु के रूप में समझा जाता है। बाबासाहेब ने इस समस्या को सामाजिक, आर्थिक और राजनीतिक सत्ता की संरचना में दलितों के लिए स्वतंत्र राजनीतिक पहचान बनाने के संदर्भ में परिभाषित किया था। दूसरी ओर, गाँधीजी के लिए यह मूलत: एक धार्मिक सवाल था और यह भी हिंदूवाद का अंदरूनी मामला। उन्होंने डा. आंबेडकर के आक्रामक प्रतिनिधित्व में फेंकी गयी इस चुनौती को उदारतापूर्वक नहीं लिया। उपलब्ध

ऐतिहासिक साक्ष्यों के स्तर पर देखें तो यह लड़ाई गाँधीजी ने जीती। आज भी आंबेडकरवादियों के मन में इस चोट की गहरी कसक मौजूद है। रवींद्र कुमार का यह मानना ठीक ही है कि आंबेडकर ने पूना समझौता इस डर से स्वीकार कर लिया था कि कहीं उपवास के कारण गाँधीजी की मृत्यु की स्थिति में दलितों से बड़े पैमाने पर प्रतिशोध का सिलसिला न शुरू हो जाए।[८] परिस्थिति पूरी तरह से राष्ट्रपिता के पक्ष में थी, लेकिन, सौभाग्य से, वे इतिहास के लंबे दौर में मिली क्षणभंगुर जीतों पर खुश होनेवाले नहीं थे। गाँधीजी के लिए सत्य ज्यादा महत्त्वपूर्ण था और दिल ही दिल में वे जान गये थे कि उनकी जीत की बुनियाद कमजोर है। कृष्ण ने कभी कर्ण को झुकाने में हाथ बंटाया था। गाँधीजी को सत्य की तलाश थी। राघवन अय्यर ने गाँधीजी के विचारों की बेहतरीन विवेचना करते हुए उनके जीवन के लिए महाभारत की जटिल सार्थकता का इस तरह जिक्र किया है :

> गाँधीजी का विचार था कि धर्म का अर्थ कर्मकांडों का नहीं बल्कि सत्य और अहिंसा का अनुपालन है। इस विचार के पक्ष में उन्होंने महाभारत का उदाहरण दिया। उन्होंने कहा कि धर्मशास्त्रों ने हमें दो शाश्वत सिद्धांत दिये हैं— पहला, अहिंसा धर्म का सर्वोच्च नियम है और सत्य के अलावा धर्म का कोई विधान नहीं है?[९]

यरवदा का उपवास गाँधीजी की प्रतिबद्ध धार्मिक मान्यता के अमूर्त्त और व्यावहारिक, दोनों रूपों का नतीजा था। मेरा ख्याल है कि गाँधीजी इस समय तक धर्म और सत्य के बीच के दुखद विभाजन को गहराई तक महसूस करने लगे थे। उन्हें शायद यह लगने लगा था कि अस्पृश्यता के प्रति आंबेडकर का नजरिया भी सत्य हो सकता है और इसका भी परीक्षण होना चाहिए। इस अहसास के बाद भारतीय इतिहास की एक बेहद सम्मोहक मुठभेड़ की शुरुआत हुई। गाँधीजी ने कुछ मुद्दों पर गहराई से विचार किया और बिना किसी शब्दाडंबर के अपनी खरी-खरी शैली में लिखा। उनके सामने सवाल था :

> आप आंदोलन को केवल अस्पृश्यता के उन्मूलन तक ही क्यों सीमित करते हैं? क्यों न जाति-प्रथा को ही पूरी तरह समाप्त कर दिया जाय? अगर एक जाति और जाति में फर्क है और जाति और अस्पृश्यता में फर्क है, तो क्या यह सिर्फ मात्रा का अंतर नहीं है?[१०]

इस पर गाँधीजी का जबाव था :

> हिंदुत्व में आजकल अस्पृश्यता का जो आचरण है वह मेरी राय में ईश्वर और मनुष्य के प्रति पाप है और लिहाजा एक धीमे जहर की तरह हिंदुत्व की शक्ति को नष्ट कर रहा है। भारत में असंख्य जातियाँ हैं। वे सामाजिक संस्थाएँ हैं और किसी समय उन्होंने बहुत उपयोगी भूमिका निभायी थी। शायद आज भी एक हद तक निभा रही हैं।....उनके होने में कोई पाप नहीं है। ये अपने तहत कष्ट पा रहे लोगों की भौतिक उन्नति की गति धीमी करती हैं, लेकिन आध्यात्मिक उन्नति में जातियाँ कोई बाधा नहीं हैं। लिहाजा जाति-प्रथा और अस्पृश्यता के बीच मात्रा का नहीं, किस्म का अंतर है।

रेडिकल आलोचकों ने इन विचारों और वर्णाश्रम धर्म में गाँधीजी की आस्था

को अपनी आलोचना का केंद्र बनाया है। उनका मानना है कि ये विचार गाँधीजी के अनुदार सामाजिक दर्शन के केंद्र में हैं। एक तरह से, गाँधीजी की ये बातें जातियों में बराबरी के संबंध में उनके वक्तव्य की तरह ली जा सकती हैं। और जिस पर अधिकतर हिंदू उदारवादियों को कोई आपत्ति भी नहीं होगी। खासतौर पर उच्च जातियों और मध्य जातियों के बुद्धिजीवी जाति-प्रथा के सकारात्मक पहलुओं की इस तरह परिभाषा करना पसंद करेंगे कि जातियाँ अपने सदस्यों को एक पहचान की अनुभूति तो देती ही हैं। अंतर्राष्ट्रीय पूँजी की समरूपीकरण करनेवाली प्रवृत्तियों के संदर्भ में निस्संदेह जाति-प्रथा की इन खूबियों के सकारात्मक असर की भूमिका उभरती है। लेकिन दलितों के दृष्टिकोण से तस्वीर बिल्कुल उल्टी है। उन्हें एक पहचान देने और सुरक्षा प्रदान करने की बजाय जाति-प्रथा लगातार उन पर तिरस्कार और अपमान थोपती रहती है। पहचान का मामला तो उनके लिए एक ऐसा कलंक है जिसे आसानी से मिटाया नहीं जा सकता। इस पृष्ठभूमि में देखें तो जाति-प्रथा के बचाव या उसे सकारात्मक दिखाने का कोई भी प्रयास दलित आंदोलन के नजरिए से संदिग्ध हो जाता है। बाबासाहेब ने 'हरिजन' के पहले अंक में यही दृष्टिकोण मुखरित किया था:

> अछूत जाति-प्रथा का ही एक उपउत्पाद है। अछूत रहेंगे क्योंकि जातियाँ बरकरार हैं। जाति-प्रथा के विनाश के सिवाय अछूतों के उद्धार का कोई रास्ता नहीं है। आगामी संघर्ष में इस घिनौनी कट्टरता को मिटाने के अलावा हिंदुओं को बचाने और उनका अस्तित्व सुरक्षित रखने का कोई और रास्ता नहीं है।[११]

यह संक्षिप्त वक्तव्य गाँधीजी से मतभिन्नता के संदर्भ में था लेकिन दिलचस्प बात यह है कि पिछले दो दशकों से भी ज्यादा समय से यह दलित आंदोलन का सूत्रवाक्य बना हुआ है। इस वक्तव्य के अभिप्राय से दलित आंदोलन को ऐसी विशिष्ट पहचान मिली जो शूद्रों द्वारा जतायी गयी असहमति के अन्य रूपों से अलग है। गाँधीजी द्वारा जाति-प्रथा की वकालत की तीस के दशक में ही तगड़ी आलोचना हुई थी। वे इस बयान को पूरी तरह कभी त्याग नहीं सके। अलबत्ता, इस दशक के मध्य में उन्होंने जाति-प्रथा की कुछ आलोचनाओं की वैधता को स्वीकार कर लिया था। वामपंथी-गाँधीवादियों में सबसे ज्यादा कल्पनाशील नेता राममनोहर लोहिया ने जाति-प्रथा के प्रभावों की कुछ श्रेणियों के संदर्भ में विवेचना की है जो आंबेडकरवादी संदर्भों के ज्यादा निकट लगती हैं।[१२] गाँधीजी आधुनिक सभ्यता की अमानवीय प्रवृत्तियों के कारण जातिगत समाज की वैसी ही खतरनाक संरचनाओं के प्रति कुछ नरम पड़ गये थे।[१३] दूसरी ओर, लोहिया को जाति-प्रथा के बारे में कोई खुशफहमी नहीं थी, लिहाजा वे पारंपरिक भारत में होनेवाले अन्यायों और उन्हें जारी रखने की तकनीकों को समझने के लिए बेहतर ढंग से एक सिद्धांत विकसित कर पाए।

इस सिलसिले में गाँधीजी और अन्य आमूलवादियों के बीच मतभिन्नता के

मुद्दे पर भी चर्चा की जा सकती है। गाँधीजी को जाति-प्रथा के 'संघटक नियमों' में कोई कमी नहीं दिखती थी। उनका विश्वास था कि गड़बड़ी जाति-प्रथा के विनियमन अथवा लागू करने में है।[१४] उनका ख्याल था कि इसे केवल एक शक्तिशाली आंदोलन ही सुधार सकता है और इस तरह जाति-प्रथा की तेजस्विता को फिर से प्रतिष्ठित किया जा सकता है। आमूलवादी लोग इस राय से सहमत नहीं थे। जाति-प्रथा के संघटक नियमों और अमल का अंतर न तो नैतिक रूप से तर्कसंगत था न दार्शनिक रूप से। इसका विकल्प केवल एक ही था—ऐसे नये नियमों को परिभाषित करना जो पुरानों को हर स्तर पर प्रतिस्थापित कर दें। दिलचस्प बात यह है कि आंबेडकर ने जाति-प्रथा के संघटक नियमों की गाँधीवादी परिभाषा तो ठुकरा दी लेकिन इस पूरे खेल में उन्होंने बापू के बताए नियमों के मुताबिक ही हिस्सा लिया।[१५] यह बाबासाहेब और उनके अनुयायियों के नेतृत्व में हुए मंदिर-प्रवेश आंदोलनों के अध्ययन से स्पष्ट हो जाता है। इस सिलसिले में दो सत्याग्रह विशेष रूप से उल्लेखनीय हैं— पहला १९२९ में पार्वती मंदिर के प्रवेश का सत्याग्रह और दूसरा १९३०-३५ के दौरान नासिक के कलाराम मंदिर में प्रवेश का सत्याग्रह। यद्यपि पार्वती मंदिर आंदोलन में आंबेडकर स्वयं उपस्थित नहीं थे, पर उस आंदोलन के प्रेरणा-स्रोत वही थे। एलीनर जिलियट ने इसके महत्त्व को रेखांकित करते हुए लिखा है :

> यह प्रयास गाँधीवादी शैली में था लेकिन इसे न तो गाँधी और न काँग्रेस ने मंजूरी दी थी। गाँधीजी का नाम तो नहीं लिया गया था लेकिन सत्याग्रह की प्रेरणा और उसका तरीका निस्संदेह गाँधीजी की सीख की ही देन था। आंबेडकर और स्थानीय महार नेताओं द्वारा आयोजित कलाराम सत्याग्रह में प्रवेश और सालाना जुलूस में शामिल होने के प्रयासों में हजारों अछूतों ने हिस्सा लिया। पूना के पार्वती मंदिर सत्याग्रह की ही तरह यह भी असफल रहा। कलाराम सत्याग्रह के फलस्वरूप न सिर्फ सत्याग्रह और काँग्रेस से उनका मोहभंग हुआ, बल्कि हिंदुत्व के नकार की भावना भी प्रबल हुई। इसके साथ-साथ अछूतों में उस समय पनप रहे पृथकतावादी राजनीतिक दृष्टिकोण को भी मजबूती मिली।[१६]

आंबेडकर इस मंदिर-प्रवेश आंदोलन की प्रतीकवादी राजनीति के अंतर्निहित अंतर्विरोधों की ओर ध्यान खींचने में सफल रहे। इस आंदोलन का अध्ययन मौजूदा दलित आंदोलन के लिए भी प्रासंगिक होगा क्योंकि मंदिर आज भी प्रचलित हिंदूवाद के केंद्र में मौजूद है।

यहाँ थोड़ा ठहर कर हम मंदिर संबंधी प्रतीकवाद और उससे गाँधीजी के संबंध के बारे में चर्चा करेंगे। हिंदू संस्कृति में देवालय (मंदिर) सदा से आध्यात्मिक आनंद का स्रोत और भौतिक शक्ति का प्रतीक रहा है। बारहवीं शताब्दी में कर्नाटक के वीरशैव आंदोलन के महान संत नेता बसवन्ना ने बतौर सत्ता के उपकरण बतौर देवालय की अवधारणा को ही नकार दिया था। उन्होंने मानव-शरीर को ही मंदिर के रूप में माना। लेकिन वैष्णव लोग इस मसले को अलग तरह से देखते हैं और

उनके प्रतीकवाद में मंदिर का महत्त्वपूर्ण स्थान है। मंदिर के प्रति गाँधीजी का रवैया अस्पष्ट था जो मंदिर से उनके वैष्णव लगाव और उसके अद्वैत नकार के बीच गहरे संघर्ष को दर्शाता है।[१७] 'हरिजन' (८ जुलाई, १९४४) के अंक में गाँधीजी ने लिखा 'मैंने हमेशा ईश्वर को निराकार माना है।' महत्त्वपूर्ण बात यह है कि देवालय प्रवेश के आंदोलन के दौर में गाँधीजी बहुत कम बार मंदिर गये। गाँधीजी में दो व्यक्तित्व मौजूद थे—पहला, बसवन्ना की तरह रेडिकल अध्यात्मवादी था जो मानव-शरीर को ही मंदिर मानता है और दूसरा एक आधुनिक आंदोलनकारी का जो ऐतिहासिक घटनाओं का रुख बदलना चाहता था। उन्होंने इन दोनों व्यक्तित्वों के संश्लेषण का प्रयास तो किया लेकिन उसमें हमेशा सफल नहीं हुए। इस संबंध में कई बार छोटी-छोटी नाकामियाँ उनका उपहास उड़ानेवाले रूप में भी सामने आईं। बसवन्ना ने अपने और अन्य के लिए अलग-अलग निर्देश कभी नहीं दिये थे। रेडिकल अध्यात्मवादियों के मंदिर-विरोधी दृष्टिकोण और मंदिर के प्रति आदर रखनेवाले वैष्णव नजरिए में संगति संभव नहीं थी। शायद गाँधीजी इस विसंगति को समझ गये थे इसीलिए उन्होंने इन दोनों स्थितियों में संश्लेषण का प्रयास किया। इसके लिए उन्होंने संघटक और विनिमयकारी तत्त्वों के बीच अंतर स्थापित करने की विधि का प्रयोग किया था। यह मंदिर की आध्यात्मिक सार्थकता को बचाने के साथ-साथ उसके क्षय की प्रवृत्ति की ओर ध्यान दिलाने का एक जटिल प्रयास था। इसकी एक बानगी 'हरिजन' (११ मार्च, १९३३) में दिखती है:

> पत्थर और ईंट-गारे के मंदिर इन मानव-मंदिरों के प्राकृतिक विस्तार के अलावा कुछ नहीं हैं। हालाँकि अपनी संकल्पना में वे निस्संदेह ईश्वर के निवास-स्थल हैं लेकिन मानव-मंदिरों की ही तरह उन पर क्षय के वही नियम लागू होते हैं।[१८]

लेकिन गाँधीजी के आलोचक उनके इस प्रयास से संतुष्ट नहीं हुए। आश्चर्य की बात तो यह है कि देवालय-प्रतीकवाद के प्रति गाँधीजी के अप्रामाणिक सम्मोहन से असहमति जताने वालों में रवीन्द्रनाथ टैगोर भी थे। उन्होंने गाँधीजी को एक जवाबी पत्र लिखा जो 'हरिजन' (१ अप्रैल, १९३३) में छपा। उन्होंने लिखा :

> प्रिय महात्माजी, यह कहना अनावश्यक है कि एक विशेष समूह द्वारा शोषण के प्रयोजन से देवत्व को ईंट-गारे के मंदिर में कैद करने का विचार मुझे कतई पसंद नहीं है। मेरा दृढ़ विश्वास है कि सरल हृदय के लोग ईश्वर के अस्तित्व को खुली हवा में, बिना किसी कृत्रिम व्यवधान के, महसूस कर सकते हैं।[१९]

इसके बाद गाँधीजी ने अपने मंदिर संबंधी रवैये पर कभी सफाई नहीं दी। गाँधीजी ने हिंदू प्रतीकवाद और देवालय प्रवेश को जिस तरह जोड़ा था, उसे दो धाराओं के मिलाप के रूप में भी देखा जा सकता है— एक पौराणिक व्याख्याकार की भूमिका के रूप में और एक चतुर राजनीतिक नेता के रूप में जिसकी निगाह जनता की तात्क्षणिक प्रतिक्रिया पर रहती है। पौराणिक व्याख्याकारों में हमेशा शास्त्रों और प्रतीकों की पुनर्व्याख्या करने की तीव्र इच्छा रहती है। इस कोशिश में

संघटक और विनिमयकारी तत्त्वों को प्रभावी ढंग से अलग-अलग करना पड़ता है। पौराणिक व्याख्याकार की गतिरुद्ध कल्पना शास्त्रों और प्रतीकों को मनचाहा अर्थ दे सकती है। निस्संदेह हिंदू प्रतीकवाद से जुड़ाव का गाँधीवादी तरीका यही था। गाँधीजी में छिपे हुए चतुर राजनीतिक नेता और व्यावहारिक व्यक्ति ने हरिजनों में सशक्त विकल्पों के अभाव में मंदिरों के प्रति गहरी ललक को पहचान लिया था। जैसा कि मैंने पहले कहा है, मंदिर सदैव आध्यात्मिक आनंद के स्रोत और भौतिक गर्व के प्रतीक रहे हैं। दलित लोग अपनी नयी पहचान पर बल देने के लिए प्राय: मंदिरों में प्रवेश और अन्य धार्मिक अधिकारों में समानता की माँग करते हैं। ये दोनों पहलू उनके लिए एक तीखे यथार्थ की तरह रहते हैं। दूसरी तरफ, जब कोई धार्मिक परंपरा दलितों के आत्मसम्मान को ठेस पहुँचाती है, तो वे अपनी गरिमा पर बल देने के लिए अपनी पारंपरिक भूमिकाओं को नकार देते हैं। ऐसे मामलों में दलित आंदोलन की स्थिति बहुत साफ होती है—वह आसानी से इस रवैये का समर्थन कर देता है। लेकिन मंदिरों में प्रवेश के संदर्भ में आंदोलन को कई अंतर्विरोधों का सामना करना पड़ा। जिस प्रतीकात्मक संरचना से लड़ने का उसने प्रण ले रखा है उसी का समर्थन करके दलित आंदोलन एक तरह के अपराधबोध का शिकार हो जाता है। अगर वह मंदिरों की हठपूर्वक अस्वीकृति पर टिका रहे तो मंदिरों को भौतिक सत्ता और गौरव के प्रतीक के रूप में देखने के महत्त्वपूर्ण आयाम की अनदेखी होती है। इसके अलावा जनसामान्य से कट जाने का डर तो रहता ही है।

इस समस्या का एक और महत्त्वपूर्ण आयाम है। एक ही ईश्वर की अलग-अलग माध्यमों और रूपों में आराधना का अधिकार मध्यकालीन भक्ति-आंदोलन का मूल भाव रहा है। मध्यकालीन तमिल और कन्नड़ भक्ति-साहित्य में उपलब्ध शिकारी बेदारा कनप्पा की कहानी, इसका एक अनूठा उदाहरण है। शिकारी शिव की 'सामिष' पद्धति से आराधना करता है जिससे उच्चवर्णी निरामिष पुजारी बौखला उठते हैं।

केवल गाँधीवाद में आस्था रखनेवाले लोग ही मंदिरों में प्रवेश का आंदोलन शुरू करने और उसे जारी रखने की कल्पना कर सकते थे। बाकी लोगों के लिए तो यह ईश्वर में अनास्था का मामला था। गाँधीवादी नियमों के मुताबिक आंदोलन करते-करते बाबासाहेब जल्दी ही अनास्था और आंदोलन के विरोधाभासों के बारे में समझ गये क्योंकि वे पहले ही हिंदुत्व की संरचना के भीतर अछूतों की समस्याओं के हल खोजने से जुड़ी शंकाओं से परेशान थे। इसके अलावा आंबेडकर के व्यक्तित्व में पौराणिक व्याख्याकारवाले तत्त्व थे भी नहीं। इस अर्थ में देखें तो उनमें पहली पीढ़ी के बौद्धोंवाले सभी गुण उस समय भी थे, जब उन्होंने औपचारिक रूप से बौद्ध धर्म स्वीकार नहीं किया था। आंबेडकर की ताकत कठिन ऊहापोह के बजाय सीधे और सरल अर्थ समझने में निहित थी। वे समझते थे कि कम योग्य लोगों के हाथों में व्याख्यात्मक और विश्लेषणात्मक प्रक्रिया बड़ी

आसानी से अनास्था में बदल सकती है। इसलिए आंबेडकर ने फैसला लेने में देर नहीं लगाई। १९३५ में उन्होंने हिंदुत्व को अलविदा कह दिया।

गौरतलब है कि आंबेडकर की स्थिति इसलिए महत्त्वपूर्ण नहीं थी कि अछूतों का बहुमत उनके समर्थन में था। इसके ठीक विपरीत, उपलब्ध साक्ष्य बताते हैं कि अछूत दूसरे खेमे की ओर थे। अछूतों के एमसी राजा जैसे प्रभावशाली नेता इस सवाल पर गाँधीजी की ओर ज्यादा झुके हुए थे।[२०] लेकिन, आंबेडकर की निगाह में 'पौराणिक' पक्ष का कोई मूल्य न था। उनका मानना था कि हिंदुत्व अविद्या का ही मूर्तिमान स्वरूप है और यह कि इसका कायाकल्प कभी नहीं हो सकता।

मंदिरों में प्रवेश के मुद्दे पर गाँधीवादी नियमों को स्वीकारने के साथ-साथ बाबासाहेब एक वैकल्पिक रास्ता बनाने की कोशिश भी कर रहे थे। इस संदर्भ में १९२७ का महाड़ संघर्ष गंभीर चर्चा की माँग करता है। यह संघर्ष अछूतों द्वारा सार्वजनिक जल के इस्तेमाल से जुड़ा था। मंदिर और तालाब के बीच जमीन-आसमान का फर्क है और इस संघर्ष की अगुवाई के आंबेडकर के तरीके से उनके और गाँधीजी के बीच उन दिनों मौजूद अंतर के निर्धारण में मदद मिलती है। आंबेडकर के महाड़ माडल में अस्पृश्यता के प्रश्न को नागरिक अधिकारों का मुद्दा मानने पर जोर था। इस रणनीति का लाभ यह था कि ईसाई, मुसलमान और सेकुलर लोग भी निजी धार्मिक आग्रहों का उल्लंघन किए बिना इस संघर्ष को समर्थन दे सकते थे। केरल का वाइकम सत्याग्रह ऐसा ही चरित्र पा सकता था लेकिन गाँधीजी ने उसे सेकुलर बनाने के प्रयासों का विरोध किया। उनके विचार से यह विशुद्ध रूप से हिंदुत्व का अंदरूनी धार्मिक मामला था। आधुनिक लोकतांत्रिक तरीकों की भी इस संबंध में कोई भूमिका नहीं थी। अगर अस्पृश्यता को नागरिक अधिकार का मुद्दा माना जाए तो स्वाभाविक था कि अन्य सामाजिक-आर्थिक और राजनीतिक ताकतें मिल कर धार्मिक दृष्टिकोण के खिलाफ एक मजबूत मोर्चा बना लेतीं। दरअसल, 'हरिजन' के पन्नों में भी वह चुनौती बढ़ती जा रही थी। नतीजतन पूरे समुदाय के संपूर्ण या आर्थिक उत्थान पर ज्यादा जोर दिया जाने लगा था। खुद गाँधीजी ने आगरा के हरिजन सम्मेलन में पास प्रस्ताव को अपने पत्र में दर्ज किया था। उस प्रस्ताव का एक अंश यहाँ प्रस्तुत है (हरिजन, २ सितंबर १९३३) :

> हरिजन आंदोलन में आर्थिक और शैक्षिक समस्याओं के बजाय मंदिरों में प्रवेश की समस्या पर ज्यादा जोर है। मंदिरों में प्रवेश का कार्यक्रम हरिजनों के लिए अभीष्ट नहीं है क्योंकि यह दास मानसिकता, अंधविश्वास और अन्य बुराइयों को जन्म देगा जो हरिजनों की योग्यता को नष्ट कर देगा। पुजारी समाज हरिजनों पर हावी रहेगा। वे पुजारियों के दास बन जाएँगे। लिहाजा यह बेहद जरूरी है कि प्रगति के शैक्षिक और आर्थिक पहलुओं पर ज्यादा ध्यान दिया जाए। अंतर्जातीय विवाह और अंतर्जातीय भोज इस आंदोलन के कार्यक्रमों में शामिल होने चाहिए।[२१]

इस प्रस्ताव की पहली पंक्ति से सहमत होते हुए भी गाँधीजी का आग्रह था : मंदिरों के दरवाजे अछूतों के लिए खोले बगैर उत्थान की प्रक्रिया पूरी नहीं होगी।

मंदिरों में प्रवेश की छूट का अर्थ होगा हरिजनों की धार्मिक समानता को कबूल कर लेना। अंतर्जातीय विवाह और अंतर्जातीय भोज की माँग के गाँधीजी स्पष्ट समर्थक नहीं थे। वे इन मसलों पर सनातनियों का क्रोध भड़काना नहीं चाहते थे। यहाँ तक कि अपने बेटे के अंतर्जातीय विवाह को रजामंदी देने के बावजूद उन्होंने इस घटना से उपजनेवाले स्वाभाविक रेडिकल प्रभावों को हल्का रखने की कोशिश की। गाँधीजी के इस ढुलमुलपन ने उन्हें आमूलवादियों की निगाह में संदिग्ध बना दिया।

इन तमाम बातों के अलावा, बाबासाहेब को गाँधीवादी माडल से कई और मूलभूत दिक्कतें थीं। चूँकि गाँधीजी ने अस्पृश्यता निवारण के आंदोलन को आत्मशुद्धि की पवित्र रस्म के रूप में देखा था, लिहाजा इससे उनकी निगाह में सवर्ण हिंदू की इयत्ता पर बहुत बड़ी नैतिक जिम्मेदारी आ गयी थी। इस कारण अक्सर एक नैतिक प्रभामंडल बन जाता था जो उन हरिजनों को अभिभूत कर देता था जो गाँधीजी और काँग्रेस की तरफ आकर्षित हुए थे। आजादी के पहले के दिनों में यही हुआ।

समूची हिंदू इयत्ता को आत्मशुद्धि की ओर ले जाने में होनेवाली तकलीफों ने एक तरह की सार्वजनिक भव्यता ग्रहण कर ली और बड़े नफीस ढंग से निजी इयत्ता के महिमामंडन की भूमिका निभाई। हिंदू कट्टरता के विरोध में गाँधीवादी संघर्ष, साहस और त्याग की गाथाएँ उन क्षेत्रों में घर-घर में दोहराई जाती थीं जहाँ राष्ट्रवादी संघर्ष लोकप्रिय था। अन्य जगहों पर इन्हें दंतकथाओं का दर्जा मिल गया था। इनकी कहीं खिल्ली उड़ाई जाती थी तो कहीं श्रद्धा से देखा जाता था। गाँधीवादी दृढ़ता और चरित्रबल ने हरिजनों के हृदय में कृतज्ञता पैदा कर दी। सनातनी भी इससे अछूते नहीं रहे। हरिजनों के उत्थान के महान उद्देश्य के लिए गाँधीजी के महान उपवास से द्रवित हो कर उत्तर प्रदेश के सनातनी ब्राह्मण ने १८ मई, १९३३ को पिलखुआ में एक बड़े जनसमूह के सामने एक सरकारी प्राथमिक पाठशाला के शौचालयों की सफाई तक की।

अपराधबोध से ग्रस्त हिंदू इयत्ता को प्रायश्चित के लिए अछूतों की आवश्यकता थी। सवर्ण हिंदू सुधारक के इस नायकत्व के मुकाबले हरिजन का व्यक्तित्व और बौना हो गया। हमारी तमाम भाषाओं का साहित्य ऐसी जटिल किंतु भावाभिभूत करनेवाली घटनाओं से भरा पड़ा है। राष्ट्रवाद के दौर में रचे गये भारतीय साहित्य की यह एक केंद्रीय धारा थी।

आत्मशुद्धि के गाँधीवादी कार्यक्रम की हृदयस्पर्शी रूमानियत, पीड़ा और भव्यता में उसकी कमजोरी भी निहित थी, लेकिन इससे हरिजनों में एक ऐसा नेतृत्व जरूर उभर आया जो खुद को गाँधीजी के अभियान के प्रति कृतज्ञ महसूस करता था। दिलचस्प बात यह है कि गाँधीवादी कार्यक्रम से सारे हरिजन प्रभावित नहीं हुए थे। कई ऐसे आलोचक और शंकालु लोग भी थे जिन्हें इस कार्यक्रम की यथार्थवादी समीक्षा में काफी दिलचस्पी थी। ताज्जुब की बात नहीं कि 'हरिजन' (४ मार्च,

१९३३) के अंक में एक ऐसी ही आलोचनात्मक टिप्पणी छपी जिसे गाँधीवादी आदर्शवाद के प्रतिबिंदु की तरह लिया जा सकता है। इस टिप्पणी में एक अछूत संवाददाता ने हरिजनों और हिंदू सुधारक के संबंध को इस तरह बयान किया :

> सभी लोग अभिभावक-संरक्षक की तरह हमारे पास आते हैं। शायद ही कोई दोस्त और समकक्ष बन कर आता हो। सेवक की तरह आने की बात तो जाने ही दीजिए। आपका प्रांतीय संगठन भी इसका अपवाद नहीं है। किसी हरिजन के लिए इसके मुखिया तक बिना डरे और काँपे जाना मुश्किल है।[२२]

गाँधीजी ने इस संवाददाता के तीखे लहजे से सहमति जताई थी और स्वीकार किया था कि आंदोलन में आत्ममहिमामंडन की प्रवृत्ति मौजूद है। लेकिन अंततः उन्होंने अपने सुझाये रास्ते को ही सही ठहराया।

आत्ममहिमामंडन की इस गहन, हृदयस्पर्शी और रूमानी त्रासदी में केवल एक ही नायक की गुंजाइश थी और वह थे खुद गाँधीजी। इस रूपक का विस्तार करने पर हम पाते हैं कि यह आध्यात्मिक अलगाव का कष्ट भोगने की उस नायक की क्षमता का परम उत्सव बन चुका था। दुर्भाग्य से इस उत्सव की पटकथा को गाँधीजी के सवर्ण 'हिंदू' अनुयायी ही मंचित कर सकते थे। उन्होंने इसे स्वीकारते हुए लिखा भी था कि हरिजनों का मंदिर-प्रवेश उतने मायने नहीं रखता था जितना संकीर्णतावादियों को इस विश्वास की ओर प्रवृत्त करना कि हरिजनों को मंदिरों में जाने से रोकना गलत है। यही था हृदय-परिवर्तन का प्रसिद्ध (या कुख्यात?) सिद्धांत। रेडिकल आलोचकों का आरोप था कि जातिवादी हिंदू का हृदय उसकी जमीन, संपत्ति, धन और सामाजिक-राजनीतिक सत्ता में बिखरा हुआ था और इन सभी में बदलाव के बिना जातिवादी हिंदुओं का हृदय-परिवर्तन करना कठिन था। १९३३ के शुरुआती महीनों में गाँधीजी इस राय से कतई सहमत नहीं हो सकते थे लेकिन उन्होंने इस पर गहराई से सोचना शुरू कर दिया था।

दार्शनिक तौर पर भी गाँधीवादी मॉडल ने जातिवादी हिंदू इयत्ता को अंतर्मुखता की जटिल बुनावट में उलझा दिया था। यह मॉडल जिस तरीके से एक आत्मसचेत हिंदू सुधारक को कट्टरपंथ के खिलाफ संघर्ष के पवित्र कर्मकांडों में दीक्षित करता था, उससे पैदा होनेवाले तनाव के माहौल में काँग्रेस के हरिजन नेताओं को इसके अनुशीलन का कोई तरीका उपलब्ध करने की कोई गुंजाइश न के बराबर थी। यह मूलतः शास्त्रसम्मत सीमा थी— रामायण में सुग्रीव, हनुमान या निषादराज नायक राम को हटा कर प्रमुख भूमिका निभाने के बारे में सोच भी नहीं सकते थे क्योंकि नायक तो केवल राम ही थे। लेकिन आंबेडकर कभी हनुमान और सुग्रीव की भूमिका से संतुष्ट नहीं रह सकते थे।

यह कहना बहुत मुश्किल है कि गाँधीजी ने आत्मशुद्धि की प्रक्रिया के नतीजों की प्रकृति के बारे में सोचा था या नहीं। काँग्रेस का हरिजन नेतृत्व बेहद नरम और आज्ञाकारी निकला। यह ग्रामीण समाज पर पारंपरिक रूप से प्रभुत्व जमाए बैठी

शक्तियों के लिए बहुत सुखद था। कैसा विरोधाभास था कि गाँधीजी ने तो हिंदू समाज की बुनियादों को चुनौती दी और उन्हें हिला देना चाहा। लेकिन काँग्रेस का हरिजन नेतृत्व सामाजिक और सांस्कृतिक संरचना के लिए कोई वास्तविक चुनौती नहीं बन पाया। गाँधीजी के प्रताप से अभिभूत यह हरिजन नेतृत्व अधिकांशतः धार्मिक हिंदू ही बना रहा। दुर्भाग्यवश इसी कारण गाँधीवादी हरिजन नेतृत्व की बुजुर्ग पीढ़ी की कई खूबियाँ, मसलन— नैतिक दृढ़ता, भ्रष्ट न होना, अपने समुदाय से जमीनी जुड़ाव और सामान्य समझदारी का मूल्य नहीं समझा जा सका। दलितों की नयी पीढ़ी ने तो इन खूबियों का उपहास तक किया।

प्रायश्चित के इस गाँधीवादी तरीके की त्रासदी यह भी थी कि अलग-अलग लोगों के लिए उसका अलग-अलग अर्थ था। आदर्शवादी हिंदू के लिए यह एक सलीब की तरह था जिसे ढोने के अलावा कोई चारा न था। क्रुद्ध दलितों की राय में यह तिरस्कृत समुदायों की उग्र ऊर्जा को पालतू बनाने का नफीस तरीका था। उधर, अनुदार हिंदू ताक़तों के लिए काफी प्रतिरोध के बाद यह दमनात्मक सहनशीलता का एक कठिन अभ्यास था।

इस हालत में आंबेडकर के पास गाँधीवादी मॉडल अस्वीकार करने के अलावा कोई चारा नहीं था। वे समझ गये थे कि इस मॉडल ने हरिजनों को आत्मशुद्धि की एक रस्म के तहत वस्तुओं के रूप में बदल दिया है। और यह रस्म-अदायगी भी वे लोग कर रहे थे जिनकी अपने 'स्व' को ले कर बृहत्तर नायकीय कल्पनाएँ थीं। इतिहास के रंगमंच पर ऐसी पटकथावाले नाटक में अछूत लोग कभी अपने ढंग से नायक नहीं बन सकते थे। वे नायक के अस्तित्ववादी क्रोध और निराशा (शायद महिमा भी) को प्रतिबिंबित करनेवाले आईने-भर रहने के लिए अभिशप्त थे।

गाँधीजी ने अस्पृश्यता के सवाल से एक खास ढंग से निपटने में अपना पूरा जीवन दाँव पर लगा दिया था। उनकी राय में मूलतः यह एक धार्मिक अधिकार का मामला था। जैसी पहले चर्चा की जा चुकी है, आंबेडकर ने आरंभ से ही इसका विरोध किया। दरअसल, गाँधीजी का पहला विख्यात अनशन इस सवाल से निपटने के वैकल्पिक तरीकों के विरोध में था। मई, १९३३ के दूसरे अनशन की महत्ता को इसी पृष्ठभूमि में समझना होगा। पहले अनशन में उद्देश्य बिल्कुल साफ थे। वे अछूतों की समस्या को औपनिवेशिक संदर्भ में आधुनिक लोकतांत्रिक प्रक्रियाओं की भाषा में व्यक्त करने के प्रयासों के विरुद्ध थे। गाँधीजी का गंभीरतापूर्वक मानना था कि ऐसी अभिव्यक्ति दबे-कुचले वर्गों के प्राकृतिक विकास को रोक सकती थी और शोषण करने वालों को अपने अंदर संशोधन करने की प्रक्रिया को हतोत्साहित कर सकती थी। यह विचार लोकतांत्रिक समाज से अनिवार्यतः भिन्न एक सावयवी (आर्गेनिक) समुदाय के होने में दृढ़ विश्वास का नतीजा था। सावयवी समुदाय की धारणा उत्तर-पुनर्जागरण काल की यूरोपीय विचारधारा में एक पसंदीदा विषय रहा

है। गाँधीजी के लिए इसका विशेष आकर्षण था। उनका मानना था कि इस समाज के अंतर्विरोध ऐसे नहीं हैं जिनमें तालमेल न बिठाया जा सके। सावयवी समुदाय की संरचना में स्वाभाविक प्रतिरोध की गुंजाइश होती है जो समस्याओं के समाधान के स्वाभाविक तरीकों का रास्ता खोलता है। इसमें आसानी यह रहती है कि अंतर्विरोधों के हल का यह तरीका समाज की बुनावट को तार-तार नहीं होने देता। लेकिन आंबेडकर इस विचार और सामाजिक रूपांतरण की ऐसी रणनीतियों से पूर्णत: असहमत थे। एबी ठक्कर को लिखे एक पत्र में उन्होंने १९३२ में उठे नागरिक अधिकारों, सामाजिक और आर्थिक मामलों में समान भागीदारी के अवसर जैसे सवालों पर अपना नजरिया साफ कर दिया था। गाँधीजी का यह पहला अनशन दरअसल इसी नजरिए के विरोध में था।

अपने दूसरे अनशन (मई, १९३३) के बारे में सबसे पहले वक्तव्य में गाँधीजी ने घोषित किया था कि उनका यह अनशन विशेष तौर पर अपने ही खिलाफ है। उन्होंने अपने भीतर उठ रहे उस झंझावात की पृष्ठभूमि का खुलासा किया जिसकी वजह से वे २१ दिन बिना शर्त अनशन पर रहे। गाँधीजी ने कहा :

> पिछले सितंबर से ले कर अब तक सभी महीनों के दौरान मैं हरिजनों, गैरहरिजनों, ज्ञानियों-अज्ञानियों और स्त्री-पुरुषों से लंबी चर्चा करता रहा हूँ और पत्र-व्यवहार व साहित्य का अध्ययन करता रहा हूँ। जितना मैंने सोचा था, उससे यह समस्या कहीं ज्यादा बड़ी है। इसे धन, बाह्य संगठन और राजनीतिक सत्ता से भी नहीं मिटाया जा सकता, यद्यपि हरिजनों के लिए ये तीनों आवश्यक हैं। लेकिन प्रभावी होने के लिए इन्हें आंतरिक स्वास्थ्य, आंतरिक संगठन और आंतरिक शक्ति जगाने की चेष्टा करनी चाहिए। दूसरे शब्दों में उन्हें आत्मशुद्धि करनी चाहिए। यह केवल उपवास और प्रार्थना से ही हो सकती है। हम सत्य के देवता तक शक्ति के मद में नहीं, दुर्बल और असहाय की विनम्रता के सहारे ही पहुँच सकते हैं।
>
> लेकिन इच्छाशक्ति रहित शारीरिक उपवास निरर्थक है। इसमें आंतरिक उपवास की निष्कपट स्वीकारोक्ति तथा सत्य और केवल सत्य को अभिव्यक्त करने की अभिलाषा होनी चाहिए। इसलिए, केवल वही लोग सत्य की खातिर उपवास के पात्र हैं जिन्होंने इसके लिए काम किया है और जिनमें अपने शत्रुओं के लिए भी प्रेम है, जो पाशविक आवेग से मुक्त हैं और जिन्होंने भौतिक संपत्तियों और महत्त्वाकांक्षाओं का त्याग कर दिया है।[२३]

गाँधीजी के इस वक्तव्य की अंतर्धाराओं में बड़े जटिल सांकेतिक अर्थ भरे हुए हैं। जब गाँधीजी कहते हैं कि अस्पृश्यता का निवारण न धन से होगा, न बाह्य संगठनों से और यहाँ तक कि राजनीतिक सत्ता से भी नहीं होगा तो वे डॉ. आंबेडकर को ही अध्यात्मवादियों की भाषा में व्यक्त कर रहे होते हैं। अध्यात्मवादी ऐसे प्रयासों को भौतिक प्रगति प्राप्त करने के रूप में देखते हैं। आर्थिक अवसर का विचार धन के रूप में व्यक्त होता है जबकि नागरिक अधिकार और सामाजिक भागीदारी राजनीतिक सत्ता के रूप में। संयोग से, इन्हीं तीनों को आंबेडकर की प्रमुख प्राथमिकताओं के तौर पर परिभाषित किया गया है। विपक्षी के नजरिए को बहस

करते समय अभिव्यक्त करना आमतौर पर पेचीदा साबित होता है। यहीं आ कर वाद-विवाद के दौरान भारतीयों के तर्कों का हुलिया अक्सर हद से ज्यादा बिगड़ जाता है। लेकिन गाँधीजी यहाँ पर बड़ी कुशलता से अपने विपक्षी को नष्ट कर देते हैं और इसके लिए वे तर्क की बारीकियों का सहारा भी नहीं लेते। इसके लिए वे अपने प्रतिपक्षी के दृष्टिकोण को उसके मूलतत्त्वों में सीमित करके दिखाते हैं। लेकिन गाँधीजी वितंडावादी नहीं थे। अगर प्रोफेसर वीके मतिलाल को बीसवीं सदी में वितंडावाद का प्रयोग करने वालों का इतिहास लिखना पड़े तो उसमें बापू की जगह कहीं नहीं होगी। इस सूची में लेनिन अग्रणी होंगे क्योंकि उन्होंने द्वंद्वात्मक चिंतन की प्रतिभा अपने गुरु मार्क्स से पायी थी। प्रोफेसर मतिलाल सहित कई लेखकों ने भारतीय दर्शन पर लिखते समय वितंडावाद का द्वंद्वात्मक विधि के तौर पर भी जिक्र किया है।

कुछ भी हो, गाँधीजी ने एक अलग रास्ते से अपना लक्ष्य हासिल किया। अपने प्रतिपक्षी के नजरिए को मूल तत्त्वों में सीमित कर उसे तुच्छ और नगण्य बना दिया। आंबेडकर ने अपनी असहमतियों को मजबूत करने के लिए जो आध्यात्मिक तर्क जुटाए थे, उनकी वैधता को इस प्रक्रिया ने नकार दिया। कहने का आशय यह है कि गाँधीजी ने आंबेडकर के व्यक्तित्व के उस आयाम को नजरअंदाज करना बेहतर समझा। गाँधीजी की राय में आंबेडकर का भौतिकवादी दृष्टिकोण उनकी कमजोरी थी जबकि आंबेडकर आध्यात्मिकता को गाँधीजी की कमजोरी मानते थे। जाहिर है कि इन्हीं रवैयों के कारण दोनों की विचारणा में भौतिकवाद और आध्यात्म की एक साथ उपस्थिति पर पर्दा पड़ा रहा। यह गाँधी-आंबेडकर विवाद के मानक तय करने के मामले में निर्णायक प्रश्न था। उपरोक्त उद्धरण में गाँधीजी द्वारा सत्य के देवता के संदर्भ में कही गयी पंक्ति को दोहराने से यह साफ हो जाएगा कि उनमें (आंबेडकर से) इस भिड़ंत के जरिए सीखने की प्रबल इच्छा और दृढ़ विश्वास था। गाँधीजी ने स्वीकार किया था, 'हम सत्य के देवता तक शक्ति के मद में नहीं पहुँच सकते,' इसलिए दूसरों से चर्चाएँ और मशविरे जरूरी हैं। लेकिन 'वे विपक्षी को विपक्षी ही मानते थे भले ही उसूलन वे उससे भी प्यार करना चाहते रहे हों। (गाँधीजी के मुताबिक) उससे भी प्यार करना है।'

मेरा ख्याल है कि गाँधीजी के इन दो युगांतरकारी उपवासों में महत्त्वपूर्ण अंतर है। पहले उपवास में गाँधीजी (आंबेडकर से) जीतना चाहते थे, जबकि दूसरा उपवास सत्य की खोज के लिए था। उनमें शक्ति का मद या तो उस समय तक रह नहीं गया था या उसे नष्ट करना उनके उपवास का उद्देश्य था। बाह्य संघर्ष का आंतरिक संघर्ष में रूपांतरण पूरा हो गया था। वह प्रदीप्ति का ऐसा क्षण था, जहाँ बाहरी और भीतरी जगत का अंतर मिट जाता है। गाँधीजी के इस अनुभव की तुलना 'ज्ञानेश्वरी' में अर्जुन की कृष्ण के विश्वरूप दर्शनों के बाद की स्थिति से की जा सकती है। मैं यहाँ उत्प्रेक्षा अलंकार का प्रयोग इस अनुभव की जटिलता पर रोशनी

डालने के लिए कर रहा हूँ।

एक अलग नजरिए से, रेनफोर्ड बमब्रो ने अपने एक निबंध में ऐसी स्थितियों पर विचार करते हुए लिखा है :

> अपने कक्ष के एकांत में ध्यानावस्थित दार्शनिक स्वीकारोक्तियों, आलोचनाओं और आत्मालोचनाओं में संलग्न होते हुए भी एक साथ अन्य लोगों के संपर्क और उनसे संघर्ष की मुद्रा में हो सकता है चाहे वे अकादमी में हों या देवालय में।[२४]

यह संघर्ष बाहरी है या भीतरी, इसका फैसला संबंधित व्यक्ति के एक पक्ष से दूसरे पक्ष में रूपांतरण से तय किया जा सकता है। यहाँ मेरा आशय यही दर्शाना है कि गाँधीजी के साथ ठीक-ठीक क्या हुआ था। इस अवसर पर मैं अपनी विश्लेषण पद्धति की वास्तविकता जाहिर करना चाहता हूँ, क्योंकि मैंने रूपकों और कल्पनाओं का सहारा लिया है जो छिपी हुई सजातीयता को सामने लाते हैं।[२५] प्राकृतिक और सामाजिक विज्ञान की विश्लेषण पद्धति को छोड़ना यहाँ मेरी मजबूरी है। सत्यापनीय साक्ष्यों का परीक्षण वैज्ञानिक निष्कर्षों की ओर ले जाता है, लेकिन रूपकों और रूपकाधारित अध्ययन की कार्य-शैली अलग होती है। वे चीजों को क्रमबद्ध ढंग से संयोजित नहीं करते बल्कि सारे सांसारिक तर्कों से परे, कल्पना की छलाँगें मारते हुए किसी सत्य को प्रदीप्त करते हैं और उसे वह अर्थ देते हैं जो सामान्य सामाजिक विज्ञान के रास्ते चल कर नहीं पाया जा सकता। महान कन्नड़ कवि बेंद्रे ने रूपक के जन्म को इन पंक्तियों में बताया है, 'कल्पना की उड़ान मधुमक्खी की पीठ पर सवार हुई, धारदार हवा के पंखों पर लय का जन्म हुआ। बिजली की मुस्कान चमकी और लुप्त हो गयी।' सामाजिक विज्ञान की कार्यशैली केंचुए की तरह होती है—वह बड़ी मेहनत से जमीन को किसान के लिए तैयार करता है जबकि, मधुमक्खी तो बिल्कुल अलग प्रजाति की होती है।

मई १९३३ के उपवास को एक विवरणात्मक कविता के केंद्रीय रूपक की तरह रख कर देखें तो उसके इर्द-गिर्द बिंबों की एक पूरी श्रृंखला घूमने लगती है। विशेषकर, एक हरिजन लड़के की छवि आँखों के आगे आती है, जो ८ मई, १९३३ की शाम कुछ घंटे प्रतीक्षा के बाद छह बजे गाँधीजी से मिलने गया था। यह घटना दलित आंदोलन को बिल्कुल अलग रोशनी में दर्शाती है। महादेव देसाई ने इस पूरी कहानी का बड़ा मार्मिक वर्णन किया है।[२६] वह लड़का गाँधीजी से अपने वजीफे के सिलसिले में मदद माँगने आया था और उसकी चिंता गाँधीजी से एक आश्वासन पाने की थी। उसने बड़ी तकलीफें उठा कर अपने लिए चप्पलें खरीदने के वास्ते पैसा जुटाया था ताकि उन्हें पहन कर जेल तक जा सके। अभी तक तो मैं महादेव देसाई के वर्णन में मामूली हेरफेर करके बयान कर रहा था लेकिन अब सारी कहानी उन्हीं की जुबानी पेश है :

> 'अच्छा तो क्या तुम संतुष्ट हो? मैं तुम्हें आश्वासन देता हूँ' गाँधीजी ने उस लड़के से कहा।

> गाँधीजी के चरणों पर फूल चढ़ाते हुए वह बोला, 'नहीं। मैं दूसरों से क्यों पूछूँ? मुझे उन पर भरोसा नहीं है, केवल आप पर है। बाकी सब झूठे हैं।'
>
> गाँधीजी ने कहा , 'लेकिन अगर मेरे सभी सहयोगी झूठे हैं तो मैं तो उन सबसे ज्यादा झूठा हुआ। बेहतर होगा तुम मुझ पर भी भरोसा न करो।'
>
> वह लड़का अब तक अपने दुख को बड़ी हिम्मत से दबाये हुए था लेकिन अब वह फूट-फूट कर रोने लगा। उसने सुबकते हुए कहा, 'आप हमें छोड़ कर क्यों जा रहे हैं? आप खुद कहते हैं कि आपके सहयोगी सच्चे नहीं हैं। आपके इर्द-गिर्द पवित्रता नहीं है और ऐसे में आप आमरण अनशन कर रहे हैं।'
>
> 'लेकिन ऐसा क्यों कह रहे हो कि मैं तुम्हें छोड़ कर जा रहा हूँ। मैं नहीं जा रहा हूँ।' इस पर उस लड़के ने फिर रोते हुए कहा, 'इस पर हम कैसे भरोसा करें?' गाँधीजी ने कहा, 'मैं तुम्हें भरोसा दिलाता हूँ, मैं मरने नहीं जा रहा हूँ। आओ, हम लोग एक अनुबंध कर लें। सोमवार २९ मई की दोपहर को तुम एक संतरा ले कर आना और मैं उसका रस पी कर अपना उपवास तोड़ूँगा। फिर हम लोग तुम्हारे वजीफे के बारे में बात करेंगे। अब तो तुम संतुष्ट हो?'
>
> उस लड़के का चेहरा खुशी से चमक उठा और आँसू गायब हो गये। उसने कहा, 'हाँ।' गाँधीजी ने कहा, 'तुम वायदा निभाओगे न,' और वहाँ मौजूद सभी लोगों के ठहाकों से जेल की कोठरी गूँज उठी।

इस कहानी का पहला हिस्सा यहाँ खत्म होता है। अछूतोद्धार के लिए रखा उपवास अगर हरिजन लड़के द्वारा पेश संतरे का रस पीने से टूटता तो आदर्श न्याय की मिसाल बन सकती थी। आखिरकार वह दिन आया जिसके लिए सैकड़ों-हजारों लोगों ने प्रार्थना की थी। महादेव देसाई को उस हरिजन लड़के का इंतजार था जिसने गाँधीजी से संतरे का रस पिलाने का अनुबंध किया था। लेकिन वह लड़का नहीं आया। देसाई उसका पता नहीं जानते थे। संतरे का रस तो दिया गया लेकिन किसी लड़के द्वारा नहीं, बल्कि लेडी ठाकरसी द्वारा, जो उस दिन शायद खुद को सबसे खुशनसीब महिला समझ रही होंगी। ध्यान रहे, गाँधीजी को संतरे का रस लेडी ठाकरसी ने पिलाया जबकि उस मौके पर वहाँ प्रोफेसर वाडिया, अंसारी, काका साहेब और ठक्कर जैसे लोग मौजूद थे। गौरतलब यह भी है कि इस मोड़ पर यह कहानी अपना यथार्थवादी चरित्र त्याग कर प्रतीकवाद की ओर मुड़ जाती है। यह एक बिंब बन जाती है। ऐतिहासिक सार्थकता से ईमानदारी बरतते हुए देखें तो उस दिन जेल ने सभी हरिजनों के लिए अपने द्वार खोल दिये थे। गाँधीजी को उपवास तोड़ने से पूर्व जो पहला और एकमात्र हार पहनाया गया, वह एक हरिजन कन्या की ओर से था।

लेकिन, उस लड़के ने गाँधीजी से अनुबंध क्यों तोड़ा? आखिर हुआ क्या? एक सच्चे किस्सागो की तरह महादेव देसाई को ही कहानी बयान करने दी जाए :

> मैं पाठकों को पहले ही बता चुका हूँ कि जिस हरिजन लड़के को २९ मई की दोपहर को एक संतरा ले कर गाँधीजी से मुलाकात करनी थी, वह अपना वादा निभाने में नाकाम रहा। मैं इससे खुश नहीं था। मुझे लगा था कि उसे ऐसा नहीं

करना चाहिए था। मैंने बड़ी टीस से सबको बताया कि किसी लड़के के आने की अखबारों में छपी बात झूठी है। लेकिन पहली जून को मुझे एक बैरंग चिट्ठी मिली जिसमें उस लड़के ने लिखा था कि वह आया तो था लेकिन भीतर दाखिल होने में असफल रहा था। मैंने उसे तुरंत एक संतरा ले कर आने को कहा हालाँकि तब तक बहुत देर हो चुकी थी। वह आया और मुझे बताया कि वह २९ की दोपहर को नहीं आ सका क्योंकि कालेज की छुट्टियों के दौरान उसे कहीं काम करना पड़ता था। वह शाम को देर से पहुँचा था और भीतर प्रवेश नहीं पा सका। दूसरे दिन उसने मुझे असली बात बताई जिसे जान लेने के बाद हम सबको उस नैतिक पतन के बारे में सोचना चाहिए जो अस्पृश्यता के नासूर की देन है। उस लड़के ने बताया कि वह उपवास के दौरान एक-दो बार आया था और उत्सुकतापूर्वक उपवास के बारे में जानकारी भी हासिल की थी। लेकिन अंतिम दिन उसका साहस जवाब दे गया। उसने सोचा कि उस दिन समारोह में उस जैसे दीन-हीन का प्रवेश नहीं हो पाएगा। उसे यह डर भी था कि अगर उसकी अच्छी तकदीर (अगर वह उपवास तुड़वाने आया और अखबारों में उसका विज्ञापन हुआ) उसके ही कुछ साथियों में जलन पैदा कर देगी और जो कुछ उसके पास है वह उससे भी हाथ धो बैठेगा। उस लड़के पर कई मिली-जुली भावनाएँ हावी हो गयी थीं। लेकिन इन सबको उस अस्पृश्यता के परिप्रेक्ष्य में देखना होगा जिसका कलंक उसके व्यक्तित्व पर लगा था। उसे दो बार जेल आने और एक अछूत आगंतुक के रूप में अपना परिचय देने में हिचक नहीं हुई थी। लेकिन ऐसे महान मौके पर उसने स्वयं में उस शक्ति का अभाव महसूस किया जो ऐसे सौभाग्य को सँभाल पाती। बेवजह खुद को अपमानित करने और नीचा दिखाने की इस प्रवृत्ति के पोषण के लिए दरअसल हम लोग जिम्मेदार हैं। *(हरिजन, १० जून, १९३३)*

महादेव देसाई का यह बयान शिक्षित दलित मानस पर छाए उलझन भरे जालों को समझने में भावुक गाँधीवादियों की अक्षमता को दर्शाता है। देसाई ने जिस बात को उस युवक में हिम्मत की कमी के रूप में समझा था वह पूरी गाँधीवादी पद्धति की प्रकृति के प्रति गहन असहजता भी हो सकती थी। देसाई ने उन अमूर्त्त ऐतिहासिक शक्तियों का जिक्र किया जिन्होंने उस हरिजन युवक को ढाला था, लेकिन वह युवक तो अपने समक्ष मौजूद ठोस स्थिति पर प्रतिक्रिया कर रहा था। देसाई इस किस्से को बयान करते हुए भावुकता के चक्कर में यह देख नहीं पाए कि उसमें कितनी सूक्ष्म और अनगढ़ विडंबनाएँ छिपी हुई थीं। वे यह भी नहीं देख पाए कि गुरु और शिष्यों के बीच कितना अंतर था। शुरू से उस हरिजन युवक में विडंबना और विभेद की अनुभूति विद्यमान थी। उसने यह भी समझ लिया था कि गाँधीजी के लिए जो तत्त्व करुणा के थे, उनके अनुयायियों के लिए वही तत्त्व प्रहसन में बदल गये थे। झूठ बोल कर वह युवक अपने-आपको पवित्र किस्म की दया का पात्र बनने के खतरे से बचाना चाह रहा था। अतीत का अपराध वर्तमान में अपने ही स्रोतों को अपमानित कर सकता है। लाक्षणिक अर्थ में कहें तो, गाँधीजी से भेंट न करने का फैसला करके उस हरिजन युवक की दलित पहचान का पुनर्जीवन हो गया। एक अलग अर्थ में, देसाई की तरह वह युवक भी इस निष्कर्ष

पर पहुँचा कि गाँधीजी और उनके अनुयायियों में कोई फर्क नहीं था। आंबेडकर कहते थे कि मंदिरों में प्रवेश आंदोलन के सिलसिले में गाँधीजी का उत्साह तीस के दशक में ही बुझ गया था। 'काँग्रेस और गाँधी ने अछूतों के लिए क्या किया' नामक किताब में उन्होंने इस सिलसिले में कुछ नाराजगी भरी विडंबनापूर्ण टिप्पणियाँ की हैं। ठोस ऐतिहासिक साक्ष्यों के स्तर पर आंबेडकर का कथन सच है और गाँधीवादियों के कार्यक्रम में एक निश्चित बदलाव देखा जा सकता है। 'हरिजन' के एक अंक में (२८ दिसंबर, १९३५) में सी. राजगोपालाचारी ने तो एलान भी कर डाला-'अस्पृश्यता अभी समाप्त नहीं हुई है लेकिन क्रांति सचमुच समाप्त हो चुकी है। अब सिर्फ मलबा हटाना बाकी रह गया है। छुआछूत का राक्षस मारा जा चुका है।' इस कथन में निहित भोलेपन पर ताज्जुब होता है और राजगोपालाचारी जैसे राजनीतिज्ञ का यह कथन तो उस उलझन को और मुश्किल बना देता है।

इसके पर्याप्त प्रमाण हैं कि गाँधीजी और आंबेडकर ने एक-दूसरे को रूपांतरित कर दिया था। गाँधीजी ने हरिजनों के उत्थान की परिभाषा और उसके दायरे का विस्तार किया था। अब वह सिर्फ अस्पृश्यता का सवाल नहीं रह गया था। गाँधीजी ने आंबेडकर से आर्थिक स्थिति पर बल देने का मुद्दा लिया जबकि आंबेडकर ने इस आंदोलन में धर्म की महत्ता को अंगीकार किया। गाँधीजी ने आर्थिक उत्थान की प्राथमिकता को स्वीकारा और उसे ग्रामीण भारत के कायाकल्प का सवाल बना दिया। गाँधीजी के इस बदलाव पर गैरगाँधीवादी दलितों ने बुद्धिमत्तापूर्ण तर्क-वितर्क किए। दूसरे शब्दों में, गाँधीजी ने एक ऐसा संपूर्णतावादी जीवन-दर्शन प्रतिपादित करना चाहा जिसके केंद्र में हरिजन संबंधी प्रश्न होना था। लेकिन इस बदलाव को आंबेडकर के प्रभाव के बजाय एक सफल क्रांति की समाप्ति का फल बताया गया। गाँधीजी ने खुद हरिजनों के उत्थान का दायरा विस्तृत करने की व्याख्या की (२१ दिसंबर, १९३४) :

> कुछ पाठकों ने 'हरिजन' के स्तंभों में ग्रामोद्योग योजना के विकास से जुड़ी बातों की भरमार पर एतराज जताया है जबकि कुछ लोगों ने प्रस्तुति की एकरसता में इस तब्दीली का स्वागत किया है। शायद दोनों ही मत जल्दबाजी में प्रकट किए गये हैं। गाँव के कल्याण से जुड़ी किसी भी समस्या का हरिजनों से संबंध आवश्यक है। हरिजन पूरे भारत की जनसंख्या का छठा हिस्सा हैं। अगर किसी गाँव को अच्छा आटा-चावल मिलेगा तो बाकी जनसंख्या की ही तरह हरिजन भी इस बदलाव से लाभान्वित होंगे। लेकिन उनके लाभान्वित होने का विशेष अभिप्राय है। चर्मशोधन और खालों के पूरे काम पर उनका एकाधिकार है। नयी योजना में आर्थिक तौर पर इस काम का सबसे ज्यादा हिस्सा रहेगा।[२७]

गाँधी-आंबेडकर के विवाद का आधार ऐसे ही मुद्दों ने तैयार किया। लेकिन वर्तमान के नजरिए से इन दोनों का संश्लेषण आवश्यक है। ऊपर-ऊपर इन दोनों में काफी तीखी वैचारिक भिड़ंत होती थी लेकिन आधारभूत स्तर पर दोनों एक-

दूसरे के पूरक थे। इन दोनों महान व्यक्तियों के बीच मतभेदों को नजरअंदाज करना बहुत कठिन है लेकिन वर्तमान की आवश्यकताएँ हमें उनके बीच साम्य तलाशने के लिए मजबूर कर रही हैं। एक-दूसरे से अलग और एक-दूसरे को खारिज कर सकनेवाले दो दृष्टि-बिंदुओं के खंडन का यह काम बड़ा विकट है। नागार्जुन की बौद्ध द्वंद्वात्मक पद्धति के मुताबिक उस स्थिति की व्याख्या करें तो हम पाएँगे कि गाँधी और आंबेडकर दोनों ने अपना दृष्टिकोण और कठोर बना लिया था और इस प्रकार यथार्थ की सही प्रकृति की अनदेखी की थी।

सवाल यह है कि अंतिम विश्लेषण में हम गाँधीजी से क्या ऐसा कुछ सीख पाते हैं जो दलित आंदोलन के लिए महत्त्वपूर्ण ढंग से प्रासंगिक हो? अछूतों की मुक्ति सहज रूप से ग्रामीण भारत के उद्धार से जुड़ी हुई है और इसका उल्टा भी उतना ही सच है। इस संदर्भ में, हरिजनों की समस्या को पूरे गाँव के कायाकल्प से जोड़ने के गाँधीवादी विचार की काफी प्रासंगिकता है। अलबत्ता, इस उत्साह को दलित दृष्टिकोण के अनुरूप थोड़ा बदलने की जरूरत भी है क्योंकि अछूतों के लिए गाँव नरक-कुंड की ही तरह हैं। लेकिन कोई दूसरा विकल्प भी तो नहीं है। गाँवों को उनके रहने लायक बनाना ही पड़ेगा। दूसरे शब्दों में ग्रामीण भारत की गाँधीवादी स्वीकृति को आंबेडकरवादी संशय से धारदार बनाने की जरूरत है, खास तौर पर हरिजनों के आर्थिक उत्थान की कुछ गाँधीवादी रणनीतियों के संदर्भ में। खादी कार्यक्रम गाँधीजी ने इसीलिए बड़े महत्त्वाकांक्षी ढंग से शुरू किया था क्योंकि सीधी-सादी कताई-बुनाई हरिजनों की खासियत थी (हरिजन, २७ अक्टूबर, १९३३)।[२८] इस तरह के कार्यक्रमों के शब्दश: पालन की आज आवश्यकता नहीं है। सबसे अच्छा तरीका होगा इन कार्यक्रमों पर पूरी ग्रामीण अर्थव्यवस्था के कायाकल्प के मॉडल के रूप में अमल करना और निचली जातियों और अछूतों पर खास ध्यान देना। ग्रामीण पुनर्निर्माण के कार्यक्रम में कुछ ऐसे क्षेत्र हैं जहाँ गाँधीजी ने ग्रामीण समाज का आदर्श स्थापित करते समय जातिगत मूल्यों की अनदेखी की है। चर्मशोधन का कार्यक्रम ऐसा ही है। गाँधीजी ने इस 'सर्वाधिक उपयोगी और अपरिहार्य उद्योग' पर काफी जोर दिया है (हरिजन, ७ सितंबर, १९३४)।[२९] ऐसे विचार कतई स्वीकार नहीं किए जा सकते। दलितों के लिए ऐसे धंधों को छोड़ने की ऐतिहासिक आवश्यकता का आंबेडकरवादी संकल्प अपने प्रभावों में ज्यादा व्यावहारिक और क्रांतिकारी है।

सवर्ण हिंदू मानस में चर्मशोधन का काम अछूतों से अभिन्न रूप से संबंधित है। दरअसल, यही चीज उनके सांस्कृतिक कलंक का एक प्रमुख स्रोत है। दूसरी तरफ, दलितों को गाँवों से संपर्क तोड़ने की कोई जरूरत नहीं है, बल्कि उन्हें शक्तिशाली बनाने का एक अचूक तरीका यह होगा कि जीवनयापन के स्वतंत्र साधनों पर उनका अधिकार रहे। लेकिन इसके लिए अपमानजनक काम-धंधों का सहारा लेना दलितों के दृष्टिकोण से प्रतिकूल होगा। होना यह चाहिए कि गाँधीजी

के गाँव-केंद्रित नजरिए को आंबेडकरवादी संशय के साथ अपनाया जाए ताकि उसकी रूमानियत का इलाज किया जा सके। निचली जातियों के लिए भारत में गाँव के अलावा कोई जगह नहीं है। इसलिए मौजूदा ग्रामीण समाज को रूपांतरित करने की उनकी इच्छा को और मजबूत ही करना चाहिए। गाँधीजी ने हरिजनों की बेहतरी के केन्द्रीय मुद्दे के इर्द-गिर्द आर्थिक, राजनीतिक, सामाजिक और आध्यात्मिक विचारों का जटिल तानाबाना बुन दिया था। मौजूदा दलित आंदोलन आज वैसे ही कार्यभार का बोझ उठाने के लिए विवश है। अंतर्राष्ट्रीय पूँजी की ताकतें ग्रामीण भारत को नष्ट करना चाहती हैं। अगर ऐसा हुआ तो निचली जातियाँ भी आर्थिक, सांस्कृतिक और सामाजिक तौर पर बुरी तरह आहत होंगी। अब अंतिम प्रश्न : गाँधीजी ने आंबेडकर को किस तरह और किस हद तक रूपांतरित किया था? बाबासाहेब ने अस्पृश्यता के सवाल को धार्मिक मानने का हमेशा विरोध किया था लेकिन बाद में उन्होंने इस मसले में धर्म के महत्त्व को स्वीकारा। असल में आंबेडकर ने धर्म के विचार पर वैसे ही अमल किया जैसे गाँधीजी ने आर्थिक उत्थान के मसले पर। दोनों जगह एक क्रम दिखता है— एक तथ्य को स्वीकारना और साथ-साथ बदलते भी जाना। धर्म के महत्त्व को एक सत्य के रूप में मानना और फिर हिंदुत्व को त्याग देना दलितों के संदर्भ में आंबेडकरवादी परिवर्तन था। १९३५ में आंबेडकर की येवला घोषणा कि वे एक हिंदू के रूप में नहीं मरेंगे, गाँधीवादी पद्धति की वैधता को स्वीकार करने का ही सूचक था, हालाँकि उन्होंने इस पद्धति को हिंदू धर्म के अंदर ही अपनाने के विकल्प को ठुकरा दिया था। दूसरी ओर, आर्थिक उत्थान को एक प्रभावी उपचार मानते हुए यह स्वीकारना कि एक चुनिंदा समूह के बजाय पूरे गाँव का कायाकल्प किया जाये, आंबेडकरवादी नजरिए का गाँधीवादी रूपांतरण था। जाति-प्रथा के प्रति गाँधीजी को अपनी नरम स्वीकृति बदलनी पड़ी थी। 'हरिजन' के १६ नवंबर, १९३५ के अंक में उन्होंने यह घोषणा की कि जाति को समाप्त होना होगा। इससे उनके पुरातनपंथी समर्थक भौंचक्के रह गये थे। उन्होंने अंतर्जातीय विवाहों और अंतर्जातीय भोज पर पाबंदियों की भी आलोचना की। यह उनके पुराने ढुलमुलपन के मुकाबले बड़ी ताजगी भरी तब्दीली थी।

इतनी चर्चा के बाद यह कहना गैरजरूरी है कि गाँधीजी और आंबेडकर एक-दूसरे के पूरक हो सकते हैं। दरअसल, उन्हें ऐसा बनाया जाना चाहिए। बेशक, ऐसी कोशिशों का कट्टरपंथी विचारकों और शोधार्थियों द्वारा सख्त विरोध होगा। शायद ये लोग गाँधी-आंबेडकर के बीच आग भड़काने के लिए नए सबूत भी खोज निकालें। ऐसी प्रवृत्तियों से मुकाबले के लिए, एक तरीका तो यह है कि ऐसे वैचारिक मतभेदों और मुठभेड़ों की पुनर्व्याख्या की राजनीतिक आवश्यकता को रेखांकित किया जाए। इसके अलावा, एक दार्शनिक आपत्ति भी दर्ज कराई जा सकती है, जिसमें एक ऐतिहासिक तथ्य और उससे भी गहरे ऐतिहासिक सरोकारोंवाले सत्य के प्रासंगिक ब्यौरों के बीच भेद करने के लिए प्रत्याश्रित तर्कों

के आधार पर अंतर का सहारा लिया जाना चाहिए।[30] गहन ऐतिहासिक सत्य के स्तर पर टकराववाले तत्त्व गायब हो जाते हैं और छुपी हुई एकता सामने आ जाती है। इस पूरे लेख की वैचारिक खुराक प्रत्याश्रित तर्क पर आधारित भिन्नता की धारणा से ही निकली है। गाँधी और आंबेडकर की वैचारिक मुठभेड़ के संदर्भ में मतभेदों को स्वीकारने और उनके परीक्षण से हम उनके बीच एक गतिशील एकता की सच्चाई तक पहुँचते हैं।

संदर्भ और टिप्पणियाँ

१ देखें, *हरिजन* के १९ खंड, जोआन बोडुरंट (सं.), *हरिजन : ए जरनल ऑव एप्लाइड जर्नलिज्म, १९३३-३५*, न्यूयार्क, गार्लेंड पब्लिशिंग इन्कार्पोरेटिड १९७३

२. निचली जातियों में हुए सुधार और प्रतिरोध आंदोलनों की जानकारी और अध्ययन के लिए ये रचनाएँ देखी जा सकती हैं-टी.के. ऊमान, प्रोटेस्ट एंड चेंज : स्टडीज इन सोशल मूवमेंट्स, नयी दिल्ली, सेज, १९९१, एम.एस. ए. राव, *सोशल मूवमेंट्स इन इंडिया : बैकवर्ड क्लास मूवमेंट्स*, खंड-१, नयी दिल्ली, मैकमिलन, १९७९, एम.एस.ए. राव, *सोशल मूवमेंटस एंड सोशल ट्रांसफॉर्मेशन इन इंडिया*, नयी दिल्ली, मैकमिलन, १९७९, जी.ए.ऑड्डी, *सोशल प्रोटेस्ट इन इंडिया : ब्रिटिश प्रोटेस्टेंट मिशनरी एंड सोशल रिफार्म*, नयी दिल्ली, मनोहर, १९७९, रोजालिंड ओ 'हेनलन' *कास्ट, कांफ्लिक्ट एंड आइडियालॉजी : महात्मा जोतिराव फुले एंड लो कास्ट प्रोटेस्ट इन नाइंटींथ सेंचुरी वेस्टर्न इंडिया*, केम्ब्रिज, १९८५, जॉन सी.बी. वेब्स्टर, *द दलित क्रिश्चियंस*, दिल्ली, आईएसपीसी के, १९९२, अब्दुल मलिक मुजाहिद, *कनवर्जन टु इस्लाम : अनटचेबिल्स स्ट्रेटजी फॉर प्रोटेस्ट इन इंडिया*, चेम्बर्सबर्ग, १९८९; मार्क जुर्गंसमेयर, *रिलीजन एज़ सोशल विजन : मूवमेंट अगेंस्ट अनटचेबिलिटी इन ट्वंटियथ सेंचुरी*, बर्कले, यूनीवर्सिटी ऑव कैलिफोर्निया प्रेस, १९८२, सुमित सरकार, *मॉडर्न इंडिया*, नयी दिल्ली, मैकमिलन, १९८३, रॉबर्ट एल. हार्डग्रेव जूनियर, *द नाडार्स ऑव तमिलनाडु : द पॉलिटिकल कल्चर ऑव कम्युनिटी इनचार्ज*, बर्कले, यूनीवर्सिटी ऑव कैलिफोर्निया प्रेस, १९६९, वी. रामकृष्ण, *सोशल रिफॉर्म इन आंध्रा*, दिल्ली, विकास, १९८३, सौरभ दुबे, *रिलीजन, आइडेंटिटी एंड अथॉरिटी एमंग द सतनामीज़ इन कॉलोनियल इंडिया* (अप्रकाशित), केम्ब्रिज विश्वविद्यालय, १९९२, सूजन ने नायली, *सेंट्स, गॉडेसिस एंड किंग्स, मुस्लिम्स एंड क्रिश्चियंस इन साउथ इंडियन सोसाइटी*, केम्ब्रिज, १९८९, गेल ऑम्बिड्ट, *कल्चरल रिवोल्ट इन ए कालोनियल सोसाइटी : द नॉन ब्राह्मन मूवमेंट इन वेस्टर्न इंडिया : १८७३-१९३०*, बंबई, १९७६, मूजेन इरिक, *पॉलिटिक्स एंड सोशल कांफ्लिक्ट इन साउथ इंडिया : द नान-ब्राह्मन मूवमेंट एंड तमिल सेपरेटिज्म*, बर्कले एंड लास एंजेलिस, १९६९, महिमा आंदोलन के विस्तृत अध्ययन के लिए देखें धार्मिक आंदोलनों के सामाजिक आयाम पर ३० जुलाई, १९९३ को इंडियन इंस्टीट्यूट ऑव एडवांस स्टडीज में हुए सेमिनार में पेश किया गया पर्चा : फणिनंदन देव, 'सोशियो-पॉलिटिकल अनरेस्ट इन नाइंटींथ सेंचुरी ओडीशा एंड राइज ऑव महिमा धर्म'

३. वाशब्रुक, *इमर्जेंस ऑव प्राविंशियल पालिटिक्स-द मद्रास प्रेसीडेंसी*, नयी दिल्ली, विकास, १९७७, इस पुस्तक के दो अध्याय खासतौर से ध्यान देने योग्य हैं: 'द वॉक्युवुलरी ऑव कम्युनल पालिटिक्स' और 'होम रूल लीग, जस्टिस पार्टी एंड कांँग्रेस'।

४. एस. चंद्रशेखर, *नेशनलिज्म इन साउथ इंडिया* (अप्रकाशित प्रबंध, इतिहास विभाग, बंगलूर

विश्वविद्यालय)। इस रचना में दक्षिण भारत के गैरब्राह्मण आंदोलन की विस्तार से चर्चा है।

५. वोर्न हेट्ने ने इस अवधारणा का इस्तेमाल मैसूर रियासत की राजनीति के विश्लेषण के लिए किया है। देखें उनकी रचना, 'द पालिटिकल इकोनॉमी ऑव इनडायरेक्ट रूल', नयी दिल्ली, *अंचिका,* १९७८, पृष्ठ ४३. साथ ही मैसूर रियासत की गैरब्राह्मण राजनीति के लिए देखें, जेम्स मेनर, *पालिटिक्स चेंज इन ऐन इंडियन स्टेट,* मैसूर, १९१७-१९५५, नयी दिल्ली, मनोहर, १९७७, पृष्ठ ५८-७३.

६. भगवानदास (सं.), *दस स्पोक आंबेडकर,* खंड-एक, जालंधर, भीम पत्रिका पब्लिकेशंस, १९६३, पृष्ठ ८८-८९.

७. *हरिजन,* खंड-एक (१९३३), पृष्ठ ८,

८. रविंदर कुमार, *गाँधी, आंबेडकर एंड द पूना पैक्ट,* नयी दिल्ली, १९८५, पृष्ठ २१.

९. राघवन अय्यर, द *भारत एंड पॉलिटिकल थॉट ऑव महात्मा गाँधी,* दिल्ली, ऑक्सफोर्ड, १९७३. पृष्ठ २२६.

१०. *हरिजन,* खंड-एक (१९७३), पृष्ठ 2.

११. उपरोक्त, पृष्ठ ३

१२. राममनोहर लोहिया, द *कास्ट सिस्टम,* हैदराबाद, समता विद्यालय निवास, द्वितीय मुद्रण। यह पूरी किताब लोहिया और आंबेडकर में इस समस्या को ले कर सजातीयता का प्रमाण है।

१३. आधुनिक सभ्यता की गाँधीजी द्वारा आलोचना के लिए देखें, भीखू पारेख, *गाँधीजी'ज पालिटिकल फिलासफी,* लंदन, मैकमिलन, १९८२, पृष्ठ ११-३६.

१४. ऐसी परिस्थितियों में विट्जेंस्टाइन द्वारा प्रदत्त विचार श्रेणियों के प्रयोग की संभावनाओं से संबंधित ये अवधारणाएँ चंडीगढ़ विश्वविद्यालय के डॉ. सत्यपाल गौतम के साथ विचार-विमर्श में उभरीं।

१५. महाराष्ट्र और गुजरात के मंदिर-प्रवेश आंदोलनों के अध्ययन के लिए देखें, मकरंद मेहता, द *दलित टेम्पिल एंट्री मूवमेंट्स इन महाराष्ट्र एंड गुजरात १९३०-४८,* ऊपर वर्णित सेमिनार में पेश किया गया एक आलेख।

१६. इलियनर जिलिअट, 'गाँधी एंड आंबेडकर, ए स्टडी इन लीडरशिप', संकलित : जे मिशेल महार (सं.), द *अनटचेबिल्स इन कंटेम्प्रेरी इंडिया,* (टस्कन, द यूनिवर्सिटी ऑव अरिजोना प्रेस, १९७२, पृष्ठ ८२-८३.

१७. गाँधीजी के अद्वैतवादी दृष्टि से अध्ययन के लिए देखें : रामचंद्र गाँधी, 'गॉड इन ट्रुथ', संकलित : रामाश्रय रॉय (सं.), *कंटेम्प्रेरी क्राइसिस एंड गाँधी* (दिल्ली, डिस्कवरी पब्लिशिंग हाउस, १९८६), पृष्ठ ३१-४३.

१८. *हरिजन,* खंड-१ (१९३३), पृष्ठ ५.

१९. *उपरोक्त,* पृष्ठ ३६.

२०. इस प्रश्न पर दक्षिण-भारत के उत्पीड़ित वर्गों के नेता एम.सी. राजा का चक्रवर्ती राजगोपालाचारी से विवाद हुआ था। सत्तारूढ़ होने के कारण राजगोपालाचारी सावधानी से आगे बढ़ना चाहते थे, लेकिन राजा मंदिर-प्रवेश से संबंधित अपने निजी विधेयक को पेश करने के लिए उत्सुक थे। आखिर में यह विधेयक गिर गया। इस मुद्दे पर एक दिलचस्प चर्चा के लिए देखें : एस कृष्णास्वामी. *द रोल ऑव मद्रास लेजिस्लेचर इन फ्रीडम स्ट्रगल १८६१-१९४७,* (दिल्ली).

२१. *हरिजन,* खंड-१ (१९३३), पृष्ठ 4.

२२. *उपरोक्त,* ४ मार्च, १९३,. पृष्ठ 7.

२३. *उपरोक्त,* ६ मई, १९७७, पृष्ठ १.

२४. रेनफोर्ड मम्बो, 'फूल्स एंड हेरेटिक्स', संकलित : ए. फिलिप ग्रिफिथ (सं.), *विट्जेंस्टाइन सेंटेनरी एसेज,* केम्ब्रिज, सीयूपी, १९९१, पृष्ठ २४४-२४५.

२५. रूपक को केंद्रीय पद्धति के रुप में अपनानेवाले कई अध्ययन प्रकाश में आये हैं. देखें : विभिन्न इंदुर्ख्या, मेटाफर एंड कागनीशन (दोर टु पुट, क्लुअर एकेडमिक पब्लिशर्स, १९९२), इस रचना में गैरभाषाशास्त्रीय क्षेत्र में रूपक के इस्तेमाल पर दिलचस्प अध्ययन मिलता है, हालाँकि रूपक के राजनीतिक विमर्श की संभावनाओं की पड़ताल नहीं की गयी है, पृष्ठ २१-२६, इस संबंध में पाल किकूर की रचना भी काफी उपयोगी हो सकती है। देखें : डोनाल्ड मिलर, *द रीज़न ऑव मेटाफर,* नयी दिल्ली, सेज, १९९२.

२६. इस अछूत लड़के के बारे में महादेव देसाई का पूरा आख्यान एक कहानी जैसा लगता है जिसमें से अनेक अर्थ खोजे जा सकते हैं। देखें : *हरिजन,* खंड-१, १३ मई से जून १९३३ के अंक।

२७. *हरिजन,* खंड-११, २१ दिसंबर, १९३४, पृष्ठ ३५४.

२८. *उपरोक्त,* खंड-एक, २७ अक्टूबर, १९३३, पृष्ठ ४.

२९. *उपरोक्त,* खंड-११, सितंबर, १९३४, पृष्ठ २३६.

३०. सत्ता मीमांसा से संबंधित भेद से जुड़ी इस अवधारणा को लाकाऊ-लावार्थ ने हाईडेगर की आलोचना के खिलाफ बचाव के लिए इस्तेमाल किया है। एडोर्नो समेत कई लेखकों ने दलील दी है कि इस बहुप्रशंसित जर्मन दार्शनिक का विचार आत्यंतिक रूप से फासीवादी है। देखें : फिलिप लाकाऊ-लावार्थ, *हाईडेगर, आर्ट एंड पालिटिक,* अनुवादक : क्रिस टर्नर (ऑक्सफोर्ड, वेसिल ब्लेकवेल्थ, १९९०)। मेरी रुचि हाईडेगर के बचाव में न हो कर सत्ता मीमांसा के भेद का प्रयोग करने में ज्यादा है। वैसे मुझे राजनीति, सौंदर्यशास्त्र और दर्शन के बीच जटिल संबंधों के बारे में लाकाऊ-लावार्थ के विचारों ने भी काफी प्रभावित किया था। देखें : लाकाऊ-लावार्थ, 'टाइपोग्राफी : मिमेसिस फिलासफी, पालिटिक्स', संकलित : क्रस्टोफर फिंस्क (सं.), केंब्रिज, मास, हार्वर्ड यूनिवर्सिटी प्रेस, १९८९.

—अनुवाद : अमिताभ

हीनता की मनोग्रंथि : स्रोत और निराकरण

अवमानना को समझने में उदारतावादी और मार्क्सवादी, दोनों नजरिये ही नाकाम रहे हैं। नित्य-प्रति अवमानना के दौर से गुजरनेवाले दलितों और महिलाओं के लिए अवमानना उनकी आत्म-परिभाषा में बदल जाती है जिसके जरिये वे जान पाते हैं कि वे क्या हैं और क्या नहीं हैं। अवमानना उत्पीड़ित की शक्ति बन जाती है। गाँव से ले कर शहर तक और खेत से ले कर कारखाने तक दलितों की अवमानना का यह क्रम लोकतांत्रिक-उदारतावादी राज्य में कानूनी रूप से प्रतिबंधित होते हुए भी परिवर्तित रूपों में जारी रहता है। दफ्तर में काम करनेवाला दलित ही नहीं, अछूत समुदाय से आया हुआ मुख्यमंत्री भी पाता है कि लोकतंत्र और सत्ता में ऊँचे स्तर पर भागीदारी करने के बाद भी उसके लिए मानवीय संबंधों की संहिता अभी बदली नहीं है। अपमान की कूटभाषा का जन्म हो चुका है और समस्या यह है कि अभिजन बन चुके दलित भी अपने सजातीय बंधुओं के लिए इसी भाषा का इस्तेमाल करते हुए देखे जाते हैं।

अवमानना के आयाम

गोपाल गुरु

भारतीय बुद्धि अपमान करने की नयी-नयी किस्मों के ईजाद में खास तौर से माहिर है। इस समाज में मुक्ति के लिए किये जानेवाले संघर्ष को हर कदम पर अवमानना के विभिन्न रूपों और तरीकों का सामना करना पड़ता है। इसलिए परस्पर सम्मान और गरिमा पर आधारित मानवीय संबंधों की नयी संहिता के सूत्रीकरण के लिए निरंतर जद्दोजहद प्रत्येक संवेदनशील व्यक्ति के लिए ऐतिहासिक रूप से अनिवार्य हो जाती है। समस्या यह है कि उदारतावादी चिंतन के दायरे में गरिमा और परस्पर सम्मान के सवाल को या तो केवल विधिसम्मत निजी अधिकारों के संदर्भ में समझा गया है या फिर उसे एक मनोवैज्ञानिक परिघटना की संज्ञा दी गयी है।[१] लगता है कि उदारतावादी दृष्टि व्यवस्था की घाघ प्रवृत्ति से वाकिफ नहीं है। यह व्यवस्था अवमानना-आधारित सामाजिक संबंधों का प्रच्छन्न पुनरुत्पादन करती रहती है।[२] उदारतावादी विचार ऐसी राजनीतिक संस्थाओं की अनदेखी करता है जो अवमानना का एक श्रेणी के रूप में उन्मूलन करने के बजाय संस्थागत रूप से उसकी पुष्टि करती हैं। पूँजीवादी राज्य और नागरिक समाज के तहत सक्रिय इन संस्थाओं का रवैया कुछ ऐसा ही है। दूसरी तरफ मार्क्सवादी दृष्टि भी अवमानना के प्रति एक

तरह की द्वैधवृत्ति की शिकार है। आत्मसम्मान और गरिमा के मसले पर यह दृष्टि अक्सर अपर्याप्त साबित होती रही है।[३]

चूँकि सामाजिक संबंध जातिगत ऊँच-नीच से बुरी तरह प्रभावित हैं इसलिए भारत में किसी भी मानवाधिकार आंदोलन के लिए जाति-उत्पीड़न का विरोध करना एक अनिवार्य प्रस्थान बिंदु माना जाता है।[४] इस संबंध में यह उल्लेख करना जरूरी है कि मार्क्सवादी दायरों में कुछ ऐसे संवेदनशील विद्वानों और कार्यकर्ताओं का तबका भी है जो गरिमा अथवा अवमानना की उपेक्षित श्रेणियों पर ध्यान देने की कोशिश करते रहे हैं।[५] मानवाधिकार संबंधी विमर्श के इस मोड़ पर कुछ दलित-बहुजन विद्वानों ने भी जाति के यथार्थ पर एक नया परिप्रेक्ष्य प्रस्तावित करने की पहल की है।[६] लेकिन यह परिप्रेक्ष्य उदारतावादी लोकतांत्रिक और मार्क्सवादी नजरियों के प्रति स्वायत्त दृष्टिकोण रखने के बजाय मुख्यतः प्रतिक्रियामूलक ही है। इस दलित-बहुजन परिप्रेक्ष्य की मान्यता है कि उदारतावादी नजरिया मानवाधिकारों की समस्या को व्यक्ति और राज्य के बीच टकराव से आगे जा कर नहीं देखता और मार्क्सवादी इसे राज्य और वर्ग के बीच संघर्ष के अलावा किसी और नजरिये से समझने के लिए तैयार नहीं होते।

इस चर्चा में उतरने के पीछे मेरे दो मकसद हैं। मेरा पहला तर्क तो यह है कि भारत में मानवाधिकारों पर होनेवाले किसी भी विमर्श की शुरुआत भारतीय सभ्यता की सांस्कृतिक आलोचना से होनी चाहिए। इसी आग्रह के तहत कहा जा सकता है कि मानवीय संबंधों को अभिव्यक्त करनेवाली भाषा, संकेतों और सभी प्रदर्शनकारी कृत्यों की गहराई से जाँच करना इस वार्ता का एक प्रमुख उद्देश्य है। दूसरे, मैं इस सिलसिले में राज्य की संस्था और नागरिक समाज पर गौर करना बेहद महत्त्वपूर्ण मानता हूँ क्योंकि मानवीय संबंधों की संहिताएँ स्वयं को इन्हीं सामाजिक दायरों में व्यक्त करती हैं। चूँकि इन दोनों उद्देश्यों के लिए भारतीय सभ्यता की सांस्कृतिक आलोचना का महत्त्वाकांक्षी प्रयास जरूरी है इसलिए इस कोशिश के तहत सुविधा और स्पष्टता के लिहाज से मैं तीन तरह के मुद्दे उठाना चाहता हूँ।

पहला मुद्दा तो यही है कि आखिर अवमानना है क्या? विभिन्न विद्वानों ने इसे किस तरह समझा है? क्या अवमानना केवल एक मनोवैज्ञानिक निर्मिति है? अथवा यह वर्चस्व स्थापित करने के मकसद से बनायी गयी एक विचारधारात्मक संरचना है जिसे उत्पीड़क द्वारा इस्तेमाल किया जाता है? क्या अवमानना के दौर से गुजरनेवाला व्यक्ति उस अनुभव के कारण एक तरह की हीन-आत्मछवि में नहीं फँस जाता? क्या अवमानना का साक्षात्कार हीनता की मनोग्रंथि की बुनियाद नहीं डाल देता? क्या यह प्रक्रिया अपने-आप में हीनता के विमर्श की वह जमीन नहीं तैयार करती जहाँ उत्पीड़ित अवमानना को स्वीकार कर लेता है? क्या उत्पीड़क अपने शिकार को आत्मगरिमा से पूरी तरह वंचित नहीं कर डालता? क्या उत्पीड़क द्वारा वर्चस्व स्थापित करने के इस हथकंडे से उत्पीड़ित की पीड़ा और नहीं बढ़

जाती? क्या अवमानना की प्रक्रिया उत्पीड़ित पर उत्पीड़क की जकड़ को और मजबूत नहीं कर देती? अगर ऐसा नहीं है तो उत्पीड़क का विरोध करने के लिए उत्पीड़ित अवमानना का तात्पर्य नए सिरे से कैसे समझता है? प्रतिरोध की कार्रवाई में कौन-कौन-से रूपक या रूप उत्पीड़ित के काम आ सकते हैं?

दूसरे मुद्दे के रूप में मैं अवमानना की श्रेणी के ऐतिहासिक संदर्भ का सवाल उठाना चाहूँगा। आखिर इस श्रेणी का ऐतिहासिक विकास-क्रम क्या है? तीसरे, अवमानना के सामाजिक घटनास्थल कौन-कौन-से हैं? क्या अवमानना का कोई निश्चित सांस्कृतिक संदर्भ भी होता है? और अंत में विचारणीय यह है कि अवमानना का शिकार उस हौलनाक तजुर्बे से पार कैसे पाता है? क्या उसकी अपनी पहलकदमी के बिना सिर्फ कानूनी, राजकीय और संवैधानिक हस्तक्षेप के जरिये वह अवमानना के खिलाफ संघर्ष कर सकता है? क्या नैतिक स्तर पर सात्विक आक्रोश यानी गाँधीवादी शैली का आत्म-उत्पीड़न उसे यह उपलब्धि दिला सकता है? या फिर उसे पलट कर उत्पीड़क की अवमानना करनी चाहिए और इस प्रक्रिया में अवमानना की अनुभूति का प्रक्षालन करना चाहिए?

अवमानना का तात्पर्य

अवमानना की विभिन्न अवधारणाएँ प्रचलित हैं। अविशाई मार्गलिट की रचना 'डीसेंट सोसाइटी' में अवमानना के कई अर्थ सामने आते हैं। अराजकतावादी नजरिये से अवमानना को देखते हुए वे तर्क देते हैं कि किसी भी तरह के प्राधिकार या कृपा-भाव के प्रति अधीनता अवमानना का पर्याय होती है।[७] इस धारणा के मुताबिक कृपालु होने के किसी भी रूप या कोशिश को अवमानना समझा जाना चाहिए। इस परिभाषा के तहत आत्मसम्मान का प्रश्न भारी महत्त्व ग्रहण कर लेता है। अधिकार और अवमानना के बीच सूत्रों की स्थापना करते हुए मार्गलिट का तर्क है कि अधिकारों की माँग करने की अक्षमता भी एक तरह की अवमानना है।[८] चूँकि उदारतावादी दृष्टि में व्यक्ति की संप्रभुता का प्रश्न काफी महत्त्वपूर्ण माना जाता है इसलिए इस नजरिये के लिए निजी स्वायत्तता की कमी ही अवमाननाकारी हो जाती है।[९]

इसी उदारतावादी जमीन पर खड़े हो कर चार्ल्स टेलर दलील देते हैं कि अवमानना की अवधारणा मान्यता के सवाल से जुड़ी हुई है। वे एक ऐसी व्यापक परिभाषा देते हैं जिसमें अवमानना नकारात्मक चेतना के रूप में परिभाषित होती है और यह नकारात्मक चेतना मान्यता न मिलने अथवा मानव-समाज की सदस्यता से वंचित रहने का परिणाम होती है।[१०] उदारतावादी चिंतन के साथ-साथ लोकतंत्र का दायरा भी मान्यता की अभिव्यक्ति के लिए एक मूल्यगत गुंजाइश प्रदान करता है। इसके अनुसार लोकतंत्र अपने अंदर सभी के समावेश का पक्षधर होता है यानी बजाय इसके कि उसे कोई मान्यता दे, उसके अंदर व्यक्ति स्वत: मान्य होना चाहिए।

यह अलग बात है कि लोकतंत्र में ऐसा होता नहीं है। यह व्यवस्था मान्यता से वंचित का सबलीकरण किये बिना मान्यता-संपन्न को स्थापित कर देती है।[११] उसूलन लोकतंत्र में अवमानना के लिए कोई जगह नहीं होनी चाहिए। वहाँ तो मान्यता स्वतः मिल जानी चाहिए यानी मान्यता देनेवाले का वजूद ही नहीं होना चाहिए। लेकिन अधिकारों का प्रश्न केंद्र में आते ही तिरस्कार का सीधा संबंध अवमानना से स्थापित हो जाता है। तिरस्कार एक ऐसा व्यवहार है जिसमें किसी मनुष्य को कुछ इस तरह से कमतर माना जाता है कि उसकी इयत्ता पर ही चोट लगती है। उसका सम्मान, उसका एहसास—कि उसका भी उतना ही महत्त्व है जितना दूसरों का—सबसे ज्यादा घायल होता है।[१२]

अगर मान्यता और अवमानना में कोई संबंध है तो नकारात्मक और सकारात्मक मान्यताओं के बीच फर्क भी करना पड़ेगा। मान्यता तभी सकारात्मक होती है जब वह परस्पर सम्मान को जन्म देती हो और उस प्रक्रिया में वर्चस्व का कोई स्थान न हो। मान्यता उस समय नकारात्मक हो जाती है जब किसी की उपलब्धि अनिच्छा और अवहेलना से स्वीकार की जाती है। या फिर दूसरों की उपलब्धियों का हवाला दे कर उसका महत्त्व कम करने की कोशिश की जाती है। ऐसी नकारात्मक मान्यता का नतीजा अवमानना में निकलता है। नकारात्मक मान्यता और अवमानना के बीच के इस संबंध में उत्पीड़क अपने प्रबल वर्चस्व के जरिये उत्पीड़ित को हीन, गिरा हुआ, विकृत, अभिशप्त और दलितों के मामले में अछूत होने की मान्यता देता है। अवमानना की यह अभिव्यक्ति सार्वजनिक और प्रत्यक्ष होती है। यह अभिव्यक्ति अप्रत्यक्ष तब हो जाती है जब राज्य और नागरिक समाज उत्पीड़ित को सुरक्षा प्रदान करने के लिए तैयार दिखता है। इस संबंध में उत्पीड़ित का उत्पीड़क के खिलाफ प्रतिरोध भी शामिल है जो उल्टी अवमानना के रूप में सामने आता है। इस प्रक्रिया में अवमानना का शिकार व्यक्ति उत्पीड़क के आदेशों को सार्वजनिक रूप से मानने से इंकार कर देता है। या फिर वह उत्पीड़क को यह महसूस करने पर मजबूर कर देता है कि संबंधित मसलों के बारे में उसका ज्ञान उत्पीड़क से कहीं ज्यादा है। प्रतिरोध की इस प्रक्रिया में अवमानना की संहिताओं का उल्लंघन किया जाता है और शक्ति के असंतुलन को चुनौती भी दी जाती है। लेकिन प्रतिरोध की ऐसी घटनाएँ बहुत कम ही देखने में आती हैं और जब होती भी हैं तो अक्सर अप्रत्यक्ष घटित होती हैं।

अवमानना क्षमताओं और योग्यताओं के संदर्भ में दो समान हैसियतवाले लोगों के बीच नहीं घटित हो सकती क्योंकि दोनों के ही पास समान अवसर और उन्हें इस्तेमाल करने की काबिलियत होती है। ऐसे दो व्यक्तियों के बीच होड़ में अगर कोई हारता है तो उसे अपमानित महसूस करने की कोई वजह नहीं होनी चाहिए। अवमानना तो असमान शक्ति-संबंधों की स्थिति में ही घटित होती है। अवमानना प्रायः उस समय होती है जब उसका शिकार उसके विमर्श को स्वीकार कर लेता

है और उत्पीड़क अवमानना के जरिये अपना वर्चस्व स्थापित करना चाहता है। उदाहरण के लिए किसी दलित के साथ सार्वजनिक रूप से या किसी किसान के साथ जमींदार द्वारा की गयी गाली-गलौज के पीछे वर्चस्व स्थापित करने का इरादा होता है। यहाँ उत्पीड़क अपशब्दों के जरिये उन्हें बताना चाहता है कि वे चुनौती देने के बजाय औकात में रहें तो बेहतर होगा। लेकिन इसी संदर्भ में राजीव भार्गव ने तर्क दिया है कि अवमाननाकारी भाषा का प्रयोग हमेशा अवमानना को जन्म नहीं देता।[१३] भार्गव के अनुसार छात्र का शिक्षक द्वारा किया गया अपमान इसलिए अवमानना का पर्याय नहीं माना जा सकता क्योंकि उसके पीछे शिक्षक का इरादा परोपकार की भावना से ओतप्रोत हो कर छात्र के कल्याण के लिए होता है। यहाँ राजीव भार्गव दोनों तरह के अपमान के बीच अंतर के लिए सकारात्मक नैतिकता का इस्तेमाल करते हुए दिखते हैं। इस सिलसिले में राजीव का अंतिम तर्क यह है कि अवमानना अचानक नहीं होती वरन् वह विभिन्न चरणों में घटित होती है। अवमानना के पहले चरण में उत्पीड़ित अपने बारे में गहरे आत्मसंदेह का शिकार हो कर मनोवैज्ञानिक रूप से अस्थिर हो जाता है।[१४] दूसरे चरण में अवमानना उसे आत्मसम्मान से वंचित कर देती है। और, तीसरे चरण यानी अंत में अवमानना के कारण ही उत्पीड़ित के अंदर एक तरह का प्रतिरोध पनपना शुरू हो जाता है।

यहाँ यह जोड़ना जरूरी है कि चरणबद्ध अवमानना केवल उन लोगों की होती है जिन्हें पहले कभी उसकी अनुभूति नहीं हुई है। अवमानना के ऐसे शिकारों को सदमा जैसा लगता है। लेकिन दलितों और महिलाओं के लिए तो अवमानना दैनंदिन जीवन की घटना है जिसके वे अभ्यस्त हो चुके होते हैं। अवमानना के ऐसे स्थायी शिकारों के लिए यह चरणों में घटित नहीं होती। इसलिए, अवमानना से पूर्व-परिचित होने और उसके अचानक घटित होने में अंतर किया जाना चाहिए। गैरदलितों को अपनी जिंदगी में कुछ खास तरह की स्थितियों में कभी-कभी अवमानना का शिकार होना पड़ सकता है।

इसका एक उदाहरण उस रेलवे अफसर की अवमानना में देखा जा सकता है जिसके ऊपर एक न्यायाधीश ने जनवरी, २००० में दिल्ली के प्लेटफार्म पर ही मुकद्दमा चला दिया था। ऐसी घटनाओं के मुकाबले दलितों को दोहरी अवमानना झेलनी पड़ती है। वे अपने सामाजिक अस्तित्व में निहित अपमान के साथ-साथ विभिन्न जीवन-स्थितियों में होनेवाले अपमान का सामना भी करते हैं। दलित महिलाओं को नंगा घुमाने की घटना से होनेवाली अवमानना बताती है कि दरअसल उनके समग्र जीवन में ही अवमानना अंतर्निहित है। इसी जगह बड़े शर्मनाक ढंग से यह तथ्य उभरता है कि अवमानना की अनुभूति का पूर्व अभ्यास होने के कारण ही ये महिलाएँ मनोवैज्ञानिक रूप से पूरी तरह टूटने से बच जाती हैं। होता यह है कि इस तरह की घटनाएँ अवमानना के शिकारों को मौका देती हैं कि वे अपने विचारों और कार्रवाइयों को अवमानना की अनुभूति से पार पाने के लिए सुसंगठित कर

सकें। रोजमर्रा की अवमानना अपने उत्पीड़ितों का मन पूरी तरह तोड़ने या उन्हें बेसहारा करने या मनोवैज्ञानिक रूप से असंतुलित करने में नाकाम रहती है। यही वह निष्कर्ष है जो हमें अवमानना की सृजनात्मक धारणा पर गौर करने की तरफ ले जाता है। यह एक ऐसी धारणा है जिस पर ऊपर चर्चित किसी अन्य दृष्टि से नहीं सोचा गया है।

अवमानना की सृजनात्मक धारणा

अवमानना की धारणा में किसी सृजनात्मकता की तलाश वैसे तो काफी अरुचिकर है लेकिन एक स्तर पर अवमानना अपने शिकार को एक ऐसी आत्म-परिभाषा अपनाने के लिए प्रोत्साहित करती है जो इतिहास में से निकलती है और जिसकी रचना बजरिये भाषा, रूपक और क्रियाशीलता के औजारों से होती है। ये संदर्भ कुछ नये अर्थों का सृजन करते हैं जिनसे अवमानना के शिकार न केवल यह जान पाते हैं कि वे क्या हैं बल्कि उन्हें यह भी एहसास होता है कि वे क्या नहीं हैं। ये नये अर्थ प्रतिरोध के लिए उत्पीड़ित की शक्ति के साथ-साथ उसके ऊपर लगाये गये प्रतिबंधों अर्थात उत्पीड़क द्वारा स्थापित प्रबल वर्चस्व की समझ पैदा करते हैं। अवमानना का यह सृजनात्मक पहलू दलितों के कल्पनाजगत में प्रतिरोध के अंग के रूप में मौजूद रहता है।

दलित साहित्य के कुछ विद्वानों ने भी अवमानना की अवधारणा का सृजनात्मक तात्पर्य निकालने की चेष्टा की है। दलित साहित्य के एक पुरोधा बाबूराव बागुल ने अपनी मशहूर कहानी **मरन सस्ता होता है**[१५] में अवमानना को एक ऐसी चेतना के रूप में परिभाषित किया है जिसकी धार तलवार के समान होती है। बागुल अछूत जैसे बेहद अवमाननाकारी शब्द को एक बगावती तेवर दे कर ऊँची जातियों द्वारा अपनायी जानेवाली पवित्रता-अपवित्रता की धारणाओं को चुनौती देते नजर आते हैं। काफी प्रभावशाली रूपकों की मदद से वे अछूत की तुलना उस प्रखर सूर्य से करते हैं जिसे कोई नहीं छू नहीं सकता।[१६] बागुल के लिए अछूत मृत्यु, पंच महाभूत अथवा अग्नि की तरह है जिनका आलिंगन नहीं किया जा सकता।[१७] बागुल की दुनिया में अवमानना एक पवित्र आग की तरह क्रांतिकारी-चेतना के कुंड में दहकती रहती है। उसी से उत्पीड़क के खिलाफ प्रतिरोध और विद्रोही स्मृति का जन्म होता है।[१८] दक्षिण भारत के कुछ दलित व्याख्याताओं ने भी अछूत को बिजली के नंगे तार की संज्ञा दी है जिसे छूना घातक हो सकता है।[१९] इन दोनों मिसालों में अवमानना की सृजनात्मक धारणा दलितों के प्रखर सौंदर्यशास्त्र के रूप में उभरती है। इसी जगह सवाल उठता है कि अवमानना का यह सृजनात्मक पहलू किसी तरह के विरक्ति भाव से तो प्रभावित नहीं है? कहीं ऐसा तो नहीं है कि सामाजिक मान्यता से वंचित रहते-रहते दलित चिंतकों ने उस मान्यता को ही अनावश्यक करार दे दिया हो? कुछ और सवाल भी हैं।

क्या अवमानना की दलित समझ बदले की भावना से पीड़ित है? क्या उसमें कोई नैतिक सरोकार नहीं है या उसकी नैतिकता संदिग्ध है? क्या दलित अपने उत्पीड़कों पर हावी हो जाना चाहते हैं? क्या वे अन्य समूहों को अधीनस्थ बनाना चाहते हैं? इन सभी प्रश्नों की रोशनी में पूछा जा सकता है कि आखिर दलित अपनी अवमानना को किस नजर से देखते हैं?

ऐतिहासिक संदर्भ

दलित इतिहास अवमानना के महा-बोझ से दबा हुआ तो है लेकिन उसका कोई विकास-क्रम नहीं मिलता। दलितों को लगता है कि शायद उन्हें एक ऐसी भविष्यहीन कालावधि में कैद कर दिया गया है जिसकी सत्ता-मीमांसा हर हालत में उनके खिलाफ जाती है। सामंती व्यवस्था ने उनका सामाजिक मूल्य कभी स्वीकार नहीं किया। उसने दलित को सामाजिक दृष्टि से अवांछित और हतभाग्य लेकिन भौतिक रूप से उपयोगी माना। छुआछूत की विचारधारा के कारण दलितों के लिए समय और स्थान भी निरंतर अवमानना का स्रोत बना रहा है। उन्हें शहरों और गाँवों की मुख्य सड़कों पर एक निर्धारित समय को छोड़ कर अन्य किसी भी समय चलने का अधिकार नहीं था। अट्ठारहवीं शताब्दी के पेशवा शासन काल के दौरान दलितों को सार्वजनिक स्थलों का इस्तेमाल सुबह और शाम के समय करने की इजाजत नहीं थी। वे केवल दोपहर और शाम के बीच ही सड़कों पर चल-फिर सकते थे। यह प्रतिबंध इसलिए लगाया गया था ताकि सुबह और शाम के समय दलितों की छाया भी ऊँची जाति के हिंदुओं पर न पड़े और वे अपवित्र होने से बचे रहें। ऊँची जाति के घरों के अंदर दलित-प्रवेश के बारे में तो सोचा भी नहीं जा सकता था। सामंती प्रभुओं द्वारा समय और स्थान पर ऐसा नियंत्रण दलितों के लिए बेहद अवमाननाकारी था क्योंकि इसके कारण दलित दोपहर और शाम के बीच किसी भी तरह के मानवीय संसर्ग से वंचित हो जाते थे। हालाँकि पूरे देश में यही रवैया था लेकिन महाराष्ट्र में पेशवाशाही के दौरान यह परिघटना बर्बरता की सीमाओं को छूने लगी थी। छुआछूत की विचारधारा ने दलितों को सामान्य मानवीय संसर्ग से सर्वथा वंचित करके गाँव की परिधि पर धकेल दिया था। वे कब्रिस्तान, श्मशान, खुले शौचालयों, कसाईखानों और *हडकी हडोली* (महाराष्ट्र के गाँवों में मरे हुए जानवरों की खाल उतारने के लिए दलितों को दी जानेवाली जगह) के आस-पास रहने के लिए मजबूर हो गये। उनकी भौतिक परिस्थितियाँ निहायत अवमाननाकारी और बहिष्कृत होती चली गयीं।

सामंती काल में समय और स्थान से संबंधित यह अवमानना अपने-आप में अंतर्विरोधी थी। एक तरफ दलितों और महिलाओं पर कर्तव्य आरोपित किया गया था कि उन्हें सामंती प्रभुओं की चौबीसों घंटे सेवा करनी है और दूसरी ओर छुआछूत का आग्रह कायम रखने के लिए समय की पाबंदियाँ भी थीं। इसी तरह दलितों को

सड़कों पर एक सीमा तक और देवालयों में पूरी तरह जाने से रोक दिया गया था लेकिन उन्हें मंदिरों से एक मनोवैज्ञानिक जुड़ाव की गुंजाइश जरूर दी गयी थी। उडुपी के माधवाचार्य मंदिर में दलित एक छोटे से छेद से भगवान कृष्ण के दर्शन कर सकते थे। कहा जाता था कि भगवान अपने कुछ भक्तों को अपने चेहरे के बजाय सिर्फ पीठ के दर्शन करने की इजाजत देते हैं। दूसरी तरफ छुआछूत की यह विचारधारा दलितों से खेतों में मजदूरी करवाने या खेती के औजार बनवाने में बाधक नहीं बनने दी जाती थी। इसी अंतर्विरोध के खिलाफ उन्नीसवीं सदी के दलित साहित्य में आवाज उठायी गयी है। एक दलित संत कवि ऊँची जातियों से पूछता है, 'हमारी बनायी गयी मशक से पानी पी कर तुम ऊँची जातिवाले अपवित्र नहीं होते तो मशक बनानेवाले के शारीरिक स्पर्श से कैसे अपवित्र हो जाते हो?' जाहिर है कि ऊँची जातियाँ अवमानना को एक विचारधारात्मक अस्त्र की तरह इस्तेमाल करती हैं ताकि दलितों को अधीनता में रखा जा सके। छुआछूत की विचारधारा का सबसे निकृष्ट आयाम वह सापेक्षीकरण है जो **मनुस्मृति** की देन है। यह संहिता अवमानना को ऊपर से नीचे और दायें से बायें के विभिन्न सामाजिक स्तरों पर स्थापित कर देती है। ऊपर से नीचे के स्तर पर शूद्र जातियाँ द्विजों के हाथों अपमान झेलती हैं जिसके विवरण फुले, पेरियार, आंबेडकर और कोल्हापुर के शाहू महाराज के साहित्य में पर्याप्त रूप से मिल सकते हैं। दायें से बायें के स्तर पर यही शूद्र जातियाँ दलितों को वही अपमान झेलने पर विवश करती हैं जिसके खिलाफ वे द्विजों से संघर्ष करती रही हैं।

छुआछूत प्रथा के इस अंतर्विरोध से सामंती प्रभुओं को कभी कोई दिक्कत नहीं हुई। अंग्रेज शासकों और औद्योगिक पूँजीपति वर्ग के जमाने में भी इस हालत में कोई परिवर्तन नहीं आया। अपने भौतिक हित-साधन के लिए ये वर्ग भी शूद्रों को दलितों की अवमानना करने के लिए प्रोत्साहित करते रहे। शूद्र अपनी इच्छा से इस पूँजीवादी साजिश के शिकार नहीं हुए। दरअसल, वे अपने भौतिक हितों के दबाव में नयी औपनिवेशिक परिस्थिति में दलितों का अपमान करने पर विवश हुए। इस प्रकरण पर विस्तार से चर्चा जरूरी है। तीस के दशक में बंबई की सूत मिलों में काम करनेवाले मराठा कर्मचारियों ने कताई के काम में दलित मजदूरों को लेने पर ऐतराज किया था। उनका तर्क था कि उनके स्पर्श मात्र से पूरा सूत ही अपवित्र हो जायेगा। उस जमाने में इस्तेमाल की जानेवाली तकनीक में सूत को अटेरन पर चढ़ाने के लिए मजदूरों को अपने थूक का प्रयोग करना पड़ता था। दलितों के लिए यह परिस्थिति दुगुनी अवमाननाकारी थी क्योंकि वे दूसरे कर्मचारियों के मुकाबले काम में अधिक दक्ष थे लेकिन मराठा मजदूरों को उनके कौशल की परवाह नहीं थी। दूसरे, विरोध की यह मुहिम उन्हें बार-बार अपने हीन सामाजिक दर्जे और अस्पर्श्य हैसियत की याद दिला देती थी। यहाँ इस सवाल का जवाब ढूँढ़ना जरूरी है कि मराठा कर्मचारियों ने दलितों की यह अवमानना क्यों की? इसकी कई तरह

की व्याख्याएँ हो सकती हैं। विचारधारात्मक रूप से उद्योगपतियों के लिए यह मुहिम सुविधाजनक थी क्योंकि इससे मजदूर जाति के आधार पर बँट जाते थे। मराठाओं ने दलितों का विरोध इसलिए भी किया होगा कि कताई के काम में वेतन बेहतर मिलता था।[२०] बहरहाल, अवमानना करने के इस कृत्य में एक तरह के मनो-संलक्षण को भी देखा जाना चाहिए जिसके तहत कोई व्यक्ति कौशल और योग्यता पर आधारित आधुनिकता के दावे पर खरा उतरने में खुद को अक्षम पाता है। ऐसी परिस्थिति में आधुनिकता के कमजोर दावे को पुष्ट करने के लिए अवमानना के आवरण का इस्तेमाल करने की कोशिश की जाती है। नैतिक रूप से ऐसा व्यक्ति उलटी अवमानना का शिकार हो सकता है क्योंकि बिना किसी डर या पक्षपात के होड़ में भाग न ले पाने की अक्षमता या अनिच्छा से वह अपनी ही निगाह में गिर सकता है। एकलव्य की दंतकथा से इस उलटी अवमानना की अनुभूति को अच्छी तरह समझा जा सकता है। कुल मिला कर होता यह है कि टूटा हुआ आधुनिकता-बोध उत्पीड़क के मन में रोजगार संबंधी असुरक्षा को बैठा देता है और अवसरों को अपने हाथ में रखने के लिए वह अवमानना की श्रेणी का प्रयोग करता है। इससे यह निष्कर्ष निकाला जा सकता है कि ऊँची जातियों द्वारा की जानेवाली जाति-आधारित अवमानना के पीछे अवसरों की उपलब्धि में होनेवाले पक्षपात को कायम रखने की भावना भी होती है। अब अगला सवाल यह उठता है कि क्या लोकतांत्रिक सिद्धांत के इर्द-गिर्द संगठित समाज और सभी तरह की अवमाननाओं को मिटाने के लिए संवैधानिक और नैतिक रूप से प्रतिबद्ध राज्य में भी अवमानना का यह आख्यान जारी रहता है?

भारतीय राज्य और दलितों की अवमानना

लोकतांत्रिक-उदारतावादी राज्य से यह माँग वैधानिक रूप से की जा सकती है कि वह अपने राजतंत्र के हर व्यक्ति को समान आदर और अवसर मुहैया कराये, भले ही वह व्यक्ति अल्पसंख्यक समुदाय का हो या बहुसंख्यक समुदाय का। राज्य अपने प्राधिकार का विस्तार करते हुए अपने किसी भी सदस्य को पक्षपात या उत्पीड़न से बचाने के लिए सामाजिक प्रक्रिया में हस्तक्षेप कर सकता है। राज्य और उसकी संस्थागत ताकत के साथ-साथ आत्मसम्मान के लिए चलाये जानेवाले आंदोलनों की कहीं अधिक महत्त्वपूर्ण सामाजिक उपस्थिति के कारण उत्पीड़क अवमानना के छिपे हुए रूपों का इस्तेमाल करने लगे हैं। उदाहरणार्थ, साठ के दशक में आंध्र प्रदेश के दलित मुख्यमंत्री का अपमान करने के लिए ऊँची जाति के अफसर और मंत्री दुहरे अर्थोंवाली कटाक्षपूर्ण भाषा का इस्तेमाल करते थे। दलित मुख्यमंत्री को वे अक्सर 'एम एम' के नाम से संबोधित करते थे। मुख्यमंत्री के पूछने पर उनकी सफाई होती थी कि 'एम एम' से उनका मतलब है 'मिस्टर मिनिस्टर' जो चार्ल्स टेलर के मुताबिक अधिक गरिमामय संबोधन भी माना जा सकता था। लेकिन इस 'एम एम' का तेलुगू भाषा में एक और अर्थ 'मिस्टर माला' निकलता था। माला

आंध्र प्रदेश की एक दलित जाति होती है। 'एम' का एक अर्थ जारज संतान भी निकलता है। यह उदाहरण बताता है कि मानवीय संबंधों की संहिता को बदलने के लिए किये जानेवाले प्रगतिकांक्षी प्रयासों को नाकाम करने के लिए कैसी-कैसी चालाकियों का इस्तेमाल किया जाता रहा है।

जहाँ-जहाँ निम्नवर्गीय आंदोलन अवमाननाकारी हालात के खिलाफ संघर्षरत होता है वहाँ-वहाँ उत्पीड़क व्यंग्य और कटाक्ष का इस्तेमाल करने का हथकंडा अपनाते हैं। तमिलनाडु, आंध्र प्रदेश और महाराष्ट्र में ऐसे कई उदाहरण देखे जा सकते हैं जिनमें उत्पीड़क दलितों की अवमानना के लिए अपमान की कूट भाषा का प्रयोग करते हुए पाये गये। ये उदाहरण अधिकतर शहरी स्थितियों में मिलते हैं क्योंकि वहाँ उत्पीड़कों को राज्य के हस्तक्षेप का खतरा रहता है। पी. साईंनाथ ने ग्रामीण इलाकों में दलित अवमानना के हृदयविदारक विवरण दिये हैं जिनसे पता चलता है कि गाँवों में उत्पीड़क बिना किसी रोक-टोक के मनमानी कर सकते हैं।[२१] इस चर्चा से यह निष्कर्ष निकाला जा सकता है कि जहाँ राज्य आंदोलन के दबाव में हस्तक्षेप करता है वहाँ उत्पीड़क व्यंग्य और कटाक्षों के सहारे अवमानना करता है। जिन परिस्थितियों में उत्पीड़क स्वयं को नागरिक समाज में राज्य का विस्तार समझता है और जहाँ राज्य अपने ऊपर समाज के रंग-रुतबेवाले तबकों को हावी हो जाने देता है वहाँ अवमानना की भाषा सीधे गाली-गलौज की हो जाती है। राजस्थान, उत्तर प्रदेश और बिहार में ऐसा होना आम है। लेकिन दिल्ली में भी राज्य की जोरदार और प्रभावी मौजूदगी के बावजूद मेडिकल कॉलेज के ऊँची जातियों के छात्र भगवा सरकार की छत्रछाया में दलित छात्रों का अपमान करते देखे गये हैं। एक मेडिकल कालेज में ऊँची जातियों के छात्रों ने दलित छात्रों को जूते में पानी भर कर पीने पर मजबूर किया। दलितों के लिए यह दुहरे अपमान का कारण था क्योंकि एक तो उन्हें गिलास के बजाय जूते से पानी पीना पड़ा और दूसरे परंपरागत रूप से चमड़ा गंदा और अपवित्र माना जाता है। ऊँची जाति के छात्रों पर यह आरोप भी है कि उन्होंने दलित छात्रों के खाने की मेज एक कोने में खिसका दी और उसे दलित कोने का नाम दे दिया। इस तरह उन्होंने दलित छात्रों को 'द्विज-मुख्यधारा' से काटने की कोशिश की।

दरअसल, भारतीय संदर्भ में राज्य ने दलितों, आदिवासियों और महिलाओं के सम्मान और गरिमा की रक्षा में काफी सीमित भूमिका ही अदा की है। कई जगहों पर तो वह हाशिये पर पड़े हुए लोगों की अवमानना में भागीदार भी रहा है। संवैधानिक प्रावधानों पर अमल न करना इसका एक पहलू है, लेकिन भारतीय राज्य ऐसे कदम भी उठाता है जो दलित, आदिवासी और महिला को बेइज्जत करते हैं। राज्य जीवित मनुष्यों की अस्मिता को नाना प्रकार के कार्डों से निकलनेवाली पहचान का पर्याय बना देता है। राशन कार्ड, गरीबी की रेखा से नीचे रहने वालों की शिनाख्त करनेवाले कार्ड, सूखा पीड़ितों के लिए पीले कार्ड, अनुसूचित जाति

या जनजाति का सदस्य होने के प्रमाणपत्र या कार्ड, गरीब बच्चों को दोपहर का भोजन बाँटने के लिए कार्ड, आदि जैसे सभी राजकीय कदम इसी निरंतर होती अवमानना का सिलसिला हैं।

इस बिंदु पर यह जाँच करना भी जरूरी है कि संवैधानिक प्रावधानों के मुताबिक दिया गया आरक्षण भी क्या अवमानना का द्योतक है? निश्चित रूप से राज्य की कृपा अथवा दान में मिला आरक्षण अवमाननाकारी ही माना जाना चाहिए। दया के रूप में आरक्षण की पेशकश भी अवमाननाकारी होगी। वास्तव में आरक्षण को दो पक्षों के बीच एक अनुबंध के रूप में होना चाहिए, एक ऐसे अनुबंध के रूप में जिसकी दोनों पक्षों को आवश्यकता है। लाभान्वित होनेवाले पक्ष के लिए यह सकारात्मक आवश्यकता यानी एक तरह का वरदान साबित होगी और शासक वर्ग के लिए यह नकारात्मक यानी अनिवार्य बुराई समझी जाएगी। दान के बजाय अधिकार के रूप में मिलनेवाला आरक्षण अवमाननाकारी नहीं समझा जाना चाहिए। आखिरकार आरक्षण का प्रावधान दलितों की उन परिस्थितियों के शमन के लिए मिला है जिनकी जिम्मेदारी खुद उन पर कतई नहीं डाली जा सकती।[२२] दलितों की इच्छा से स्वतंत्र उनके अस्तित्व की अमानवीय परिस्थितियाँ और अनिवार्यता का तर्क आरक्षण को अवमानना का कारक बनने से रोक देता है। अवमाननाकारी होने के बजाय एक अधिकार के रूप में आरक्षण शक्ति के असंतुलन को ठीक करने और सत्ता के ढाँचे को अधिक लोकतांत्रिक बनाने की भूमिका अदा करता है। आरक्षण उन सामाजिक समूहों को सामाजिक गतिविधियों में भागीदारी का मौका देने की गुंजाइश देने की शुरुआत करता है जो ऐतिहासिक रूप से इस प्रक्रिया से अलग-थलग रहे हैं।

लेकिन आरक्षण का प्रावधान न केवल उत्पीड़क द्वारा बल्कि उससे लाभान्वित होने वालों द्वारा भी अवमानना के स्रोत में बदला जा सकता है। जाति, वर्ग और लिंग के आधार पर होनेवाले पक्षपात को चुनौती देनेवाले इस प्रावधान में उत्पीड़क द्वारा अवमाननाकारी अर्थों का निवेश कर दिया जाता है। व्यंग्य और कटाक्षों के माध्यम से आरक्षण के सहारे आगे बढ़े लोगों को अपमानित किया जाता है। उन्हें 'सरकारी दामाद' करार दे कर आरक्षण के लाभों को 'दहेज' की संज्ञा देना इसी सिलसिले का अंग बन चुका है। मंडल आयोग की वजह से बना प्रोफेसर 'बंडल' प्रोफेसर के रूप में चर्चित कर दिया जाता है। आरक्षण से लाभान्वित होने वालों को सीधे-सीधे अपमानित करने के इन तौर-तरीकों के बारे में विस्तार से चर्चा जरूरी है। पंचायतों में ३३ प्रतिशत आरक्षण से महिलाओं के लिए एक नयी लोकतांत्रिक गुंजाइश खुली है। लेकिन महिलाओं की लोकतांत्रिक भागीदारी बढ़ानेवाले इस कदम से पितृसत्ता ने चिढ़ कर महिलाओं को कभी छिपे तो कभी खुले रूपों में अपमानित करना शुरू कर दिया है। महिलाओं को एहसास कराया जा रहा है कि वे सार्वजनिक पदों को सँभालने के योग्य नहीं हैं इसलिए उन्हें अपने पतियों के

रिमोट कंट्रोल से संचालित होना होगा। प्राय: यह रिमोट कंट्रोल पितृसत्ता की निजी अभिव्यक्ति होता है लेकिन पुणे के भोर ताल्लुका की पंचायत के उदाहरण से पता लगता है कि यह एक दूरस्थ और अधिक संगठित पितृसत्तात्मक नियंत्रण के औजार के रूप में भी काम कर सकता है। भोर की इस महिला पंचायत को मुंबई में बैठी ब्राह्मणघर की एक ऐसी एसोसिएशन चलाती है जिसमें सभी सदस्य पुरुष ही हैं। ब्राह्मणघर की समस्त पुरुष आबादी मुंबई में बस गयी है। उनकी यह एसोसिएशन दूर बैठ कर महिलाओं को नियंत्रित करनेवाले आधुनिक पितृसत्तात्मक संगठन की एक मिसाल है। महिलाओं को घर में रहने, चौका-बर्तन करने और बच्चे पालने का निर्देश दे कर सीधे-सीधे अपमानित किया जाता है। उनकी जगह पुरुष पंचायत चलाते हैं। दलील यह दी जाती है कि औरतों को पंचायत का कामकाज आता ही नहीं। औरतों का पितृसत्तात्मक नियंत्रण पंचायत के दायरे में ही सीमित न रह कर व्यापक सार्वजनिक दायरे में विस्तृत हो गया है। १९९६ में भोर ताल्लुका के ब्राह्मणघर गाँव में ही कुछ अनुसंधानकर्मियों ने एक सभा आयोजित की जिसमें महिला सरपंच के लिए सुरक्षित कुर्सी पर उसका पति बैठा और सरपंच कुर्सी के पास खड़ी रही। अंदाज लगाया जा सकता है कि उस समय उस सरपंच का अपने ही पति के हाथों कितना सार्वजनिक अपमान हो रहा होगा। जब उससे अनुरोध किया गया कि कुर्सी पर उसी को बैठना चाहिए तो उसने यह कह कर बचाव किया कि उसकी कुर्सी पर बैठ कर पति को अपनी सामाजिक प्रतिष्ठा बढ़ाने का मौका मिल रहा है। जाहिर है कि यहाँ पति की सामाजिक प्रतिष्ठा के लिए पत्नी का त्याग उसकी अवमानना का कारक बनता हुआ दिखता है। गैरदलित महिला सरपंच का यह अपमान उसकी एक जीवन-स्थिति के रूप में समझा जा सकता है पर दलित महिला के लिए इस तरह का अपमान उसके वजूद का एक अंग बन जाता है और उसे रोज-बरोज इसे बर्दाश्त करने पर विवश होना पड़ता है। महाराष्ट्र के नासिक जिले के निफड ताल्लुका की सवारगाँव पंचायत के चुनाव में एक दलित महिला ने ऊँची जाति के उम्मीदवार को पराजित कर दिया जिसके कारण उसे लगातार अपमान झेलना पड़ा।[२३] इस दलित महिला सरपंच को नियमित रूप से सबके सामने अपमानित होना पड़ता है। जिस व्यवस्था में गैरदलित महिला सरपंच को अवमानना झेलनी पड़ती हो वहाँ दलित महिला सरपंच की हालत समझी जा सकती है। ऊपर से उस महिला सरपंच को तो भूमिहीन होने के कारण अपने उत्पीड़क के खेत में ही मजदूरी करनी थी। जाहिर है कि वह हर समय उपहास की भाषा का सामना करने के लिए अभिशप्त होगी। इस प्रकार भारतीय संदर्भ में न लोकतंत्र और न ही राज्य दलितों को अवमानना से संघर्ष में मदद का ठोस आश्वासन देता है। सार्वजनिक संस्थाओं और लोकतांत्रिक विचारधारा की इस नाकामी के बाद क्या व्यापक नागरिक समाज से उम्मीद की जा सकती है कि वह इस जिम्मेदारी को पूरा करने में अगुआ भूमिका निभायेगा?

नागरिक समाज और अवमानना

खेदजनक है कि इस सवाल का जवाब हाँ में नहीं दिया जा सकता। आमतौर पर सामाजिक और शैक्षिक संस्थाओं को नागरिक समाज का वाहक माना जाता है लेकिन इन जगहों में भी दलितों के खिलाफ उपहास की भाषा का इस्तेमाल किया जाता है।[२४] शिक्षा-जगत में केंद्रीय विश्वविद्यालय तो ऐसी अवमाननाकारी भाषा के लिए उर्वर क्षेत्र बन गये हैं। इन विश्वविद्यालयों में सुविधाभोगी समुदायों से आये ऐसे विद्वानों की कमी नहीं है जो बौद्धिक अभिव्यक्ति के लिए अत्यंत जटिल अमूर्त भाषा का इस्तेमाल करते हैं। यह भाषा बहुत बड़ी संख्या में लोगों के पल्ले नहीं पड़ती क्योंकि उनकी शिक्षा-दीक्षा के आधार उतने परिष्कृत नहीं होते। इस भाषा के कारण नीची जातियों के छात्र और अध्यापक विद्वानों के उस समुदाय से बहिष्कृत महसूस करते हैं और इस तरह भाषा के आधार पर अवमानना का एक विमर्श तैयार हो जाता है जिसके तहत दलितों के प्रति एक तरह का कृपाभाव अपनाया जाने लगता है। कहा जाता है कि दलित होने के बावजूद तुम इतनी अच्छी अंग्रेजी बोलते हो! यह वक्तव्य किसी की योग्यता की आपत्तिजनक सराहना की मिसाल नहीं तो और क्या है? दलित के कौशल को ईमानदारी से मान्यता देने के बजाय यह वक्तव्य उसे जाति-प्रथा में उसकी नीची हैसियत की याद दिला देता है। दलित के प्रति इस तरह का कृपाभाव जातिगत सामाजिक फासले को कायम रखता है। दलित की योग्यता को मान्यता देने में बरती गयी इस चालाकी में एक ऐसा पहलू है जो दलित को मनोवैज्ञानिक रूप से श्रेष्ठता का भ्रम दिला देता है और उसे यह बयान देनेवाले ऊँची जाति के व्यक्ति की सांस्कृतिक श्रेष्ठता के दम्भ पर सवाल नहीं उठाने देता।

आर्थिक रूप से पिछड़ी जातियों का अपमान करने के लिए ऊँची जातियाँ छिपे हुए और नफीस तरीके ही नहीं अपनातीं बल्कि उनका खुले तौर पर अपमान करती हैं। मुंबई की एक चाल में रहनेवाले एक मजदूर परिवार के पुत्र ने जब सेकेंडरी स्कूल परीक्षा में उच्चतम स्थान प्राप्त किया तो ऊँची जाति के शहरी अभिभावकों ने पूरी परीक्षा-प्रणाली पर ही सवाल उठा दिया कि ऐसा 'बुद्धिहीन लड़का' कैसे इतने अच्छे नंबरों से पास हो गया। उन्होंने कहा कि यह कैसी प्रणाली है जिसके कारण मजदूर वर्ग की पृष्ठभूमि का एक छात्र पूरे राज्य में अव्वल आ गया। इसी तरह देहाती पृष्ठभूमिवाले छात्रों द्वारा योग्यता सूची में अच्छी जगह पाने को शहरी लोगों द्वारा संदेहजनक दृष्टि से देखा जाना भी आम बात है। वे इसे 'लातूर शैली का परीक्षा परिणाम' करार देते हैं। जवाहरलाल नेहरू विश्वविद्यालय जैसी जगहों पर भी ऊँची जाति के शिक्षक एक दलित लड़की द्वारा इम्तहानों में सर्वोच्च अंक प्राप्त करने को आसानी से नहीं पचा पाते। ये उदाहरण बताते हैं कि ऊँची जाति के शहरी लोगों द्वारा कमेरे वर्गों की योग्यता और क्षमता को मान्यता न देना

भी अवमानना का एक स्रोत है।

अकादमिक क्षेत्रों में अपने कौशल और ज्ञान के लिए समान मान्यता का संघर्ष कर रहे दलितों और गैरदलितों को कई तरह के कटाक्ष सहन करने पड़ते हैं। होता यह है कि कुछ विख्यात विचारकों और कुछ प्रतिष्ठित सिद्धांतों पर सुविधाभोगी समुदायों से आये हुए कुछ विद्वान अपनी ठेकेदारी मान लेते हैं। इससे उनका अहंकार तुष्ट होता है और इसी प्रवृत्ति के कारण वे निचली जातियों का अपमान करते हैं। हिकारत से कहा जाता है कि आजकल तो हर ऐरा-गैरा ग्राम्शी को उद्धृत करने लगता है इसलिए बेचारे ग्राम्शी को कब्र में भी शांति नहीं मिल रही होगी। जाहिर है कि ग्राम्शी को हड़प लेने के लिए व्याकुल ये ऊँची जातिवाले शुक्र मनाते होंगे कि ग्राम्शी आज सशरीर मौजूद नहीं हैं वरना उन्होंने भारतीय संदर्भ में खुद को इस महादेश के वास्तविक सबाल्टर्न यानी दलित वर्ग से ही जोड़ा होता। बहरहाल, ग्राम्शी पर दलितों के दावे को नकारना भी अवमानना का एक रूप बन कर उभरता है। कई विश्वविद्यालयों में पिछड़ी जाति के प्रोफेसरों को मंडल-प्रोफेसर के कटाक्ष से संबोधित किया जाता है। राष्ट्रीय राजधानी के केंद्रीय विश्वविद्यालय इस मामले में खासे आगे हैं। जैसे ही आरक्षण को सरकारी दान ठहरा कर मजाक उड़ाया जाता है वैसे ही दलित और नीची जाति के अन्य लाभान्वितों के लिए अवमाननाकारी हालात बन जाते हैं। उनकी योग्यता और मूल्य की उपेक्षा करने के लिए उन्हें जान-बूझ कर भूल जाने या उन्हें दरकिनार करने के हथकंडे अपनाये जाते हैं। कुछ स्थापित विद्वान तो अपने अनुसंधान क्षेत्र में काम करनेवाले 'कम महत्त्वपूर्ण' शोधार्थियों को बर्दाश्त तक करने के लिए तैयार नहीं होते। अगर इस स्थिति के बावजूद 'कम महत्त्वपूर्ण' शोधार्थी काम में लगे रहते हैं तो उन्हें नजरंदाज करने का रवैया अपनाया जाता है। अगर कोई दलित शोधार्थी अपने लिए बंद बौद्धिक क्षेत्र के दरवाजों को खोल कर अंदर घुसने की गुस्ताखी कर ही डालता है तो दंडस्वरूप उसे लगातार अपमानित किया जाता है। एक कथित दार्शनिक द्वारा महाराष्ट्र के एक प्रमुख दलित विद्वान को सिर्फ इसलिए अपमानित करने की घटना प्रकाश में आ चुकी है क्योंकि वह दार्शनिक खुद को दर्शन का ठेकेदार मानता था।

आरक्षण के लाभान्वित को लगातार तरह-तरह का अपमान पचाने के लिए विवश होना पड़ता है क्योंकि वह खुद भी उत्पीड़क द्वारा वर्चस्व स्थापित करने की कोशिशों को चुनौती देने के लिए आरक्षण को सृजनात्मक रूप से और आत्मगौरव बढ़ाने के औजार के रूप में इस्तेमाल करने में जान-बूझ कर या अनजाने में नाकाम रहता है। यदि आरक्षण के उपादान को ठीक से इस्तेमाल किया जाये तो उससे लाभान्वित होनेवाला व्यक्ति खुद को स्वतंत्र, संप्रभु और स्वत:निर्णय लेने में सक्षम और विवेकवान बन सकता है। इसके लिए दलितों और नीची जाति वालों को आरक्षण का प्रावधान सरकारी कृपा के रूप में न ले कर एक अधिकार के रूप में ग्रहण करना सीखना होगा वरना उसे आरक्षण के बदले ढेर सारे और निरंतर अपमान

के अलावा और कुछ नहीं मिलेगा। आरक्षित सीटों से हिंदुत्ववादी पार्टी के टिकट पर निर्वाचित होनेवाले बहुत से दलित अपना बुद्धिसंगत व्यक्तित्व खो देते हैं। लगभग ऐसा ही उन दलित सरकारी कर्मचारियों के साथ घटित होता है जो अपनी इच्छा से स्वतंत्र बेहद मुश्किल हालात के कारण या फिर खुद योजनाबद्ध तरीके से प्रगति की सीढ़ियाँ चढ़ने के लिए अपने राजनीतिक आकाओं को खुश करने में लगे रहते हैं। ऐसे दलित कर्मचारी आधुनिकता द्वारा प्रदत्त गुंजाइशों के जरिये आगे बढ़ने के बजाय कृपा और किसी के वरदहस्त के माध्यम से आगे बढ़ने की जुगाड़ में व्यस्त रहते हैं। अवमानना के यहाँ दिये गये उदाहरण तो उस सामाजिक यथार्थ का एक मामूली-सा अंश-भर हैं जो वस्तुतः दलितों और महिलाओं के लिए अवमानना की कहानियों से भरा हुआ है। अगला सवाल यह है कि क्या केवल दलितों और महिलाओं को ही अपमान का यह सिलसिला झेलना पड़ता है?

वर्चस्व और अवमानना

किसी दलित को अपमानित करते समय उत्पीड़क दरअसल उसके पूरे समुदाय को निशाना बना रहा होता है। ऐसा करने के लिए वह दलितों के सांस्कृतिक प्रतीकों को अपने आक्रमण का शिकार बनाता है, उन्हें विकृत करके अपमानित करने की कोशिश करता है। मुंबई के रमाबाई नगर में आंबेडकर की प्रतिमा को क्षति पहुँचाने या लखनऊ में आंबेडकर की मूर्ति की जान-बूझ कर देखरेख न करने की घटनाओं को इसी श्रेणी में रख कर देखा जाना चाहिए। इस जरिये उत्पीड़कों ने सारे देश के दलित समुदाय का अपमान करने की कोशिश की। ऊँची जातियों से संबंधित स्मारक स्थलों को विशेष महत्त्व देना और दलित प्रतीकों को किसी घटिया जगह डाल देना या उनकी उपेक्षा करना पूरे समुदाय का अपमान करना ही माना जायेगा।

ऊँची जाति के उत्पीड़क दलितों का अपमान सरेआम ही करते हैं। दलित औरतों को सार्वजनिक रूप से नंगा घुमाया जाता है और दलितों को अक्सर सबके सामने अत्याचारी के पैरों पर गिर कर माफी माँगनी पड़ती है। दलितों को इस हद तक और इतना ज्यादा बर्बर अपमान झेलना पड़ता है कि मौत के बाद भी अवमानना उनका पीछा नहीं छोड़ती। १९९२ में महाराष्ट्र में मराठवाड़ा क्षेत्र के लातूर जिले में एक ऐसी ही हृदयविदारक घटना हुई थी। लातूर के गोठाला गाँव में ऊँची जाति के उत्पीड़कों ने एक दलित कोतवाल परिवार के तीन सदस्यों की लाशों को मरे हुए जानवरों की तरह घसीट कर गाँव से बाहर सड़ने के लिए फेंक दिया था।[२५] अवमानना के ऐसे भीषण तरीकों का इस्तेमाल करके उत्पीड़क समुदाय दलितों को स्थायी रूप से दमित मानसिकता का शिकार बना देना चाहते हैं। बेहद चालाक किस्म के उत्पीड़क तो दलितों को अपने सामने झुकाने के लिए प्रकट दमनात्मक तरीकों का सहारा भी नहीं लेते। वे अन्य वैचारिक और मनोवैज्ञानिक हथकंडों के जरिये उनकी चेतना को अपने शिकंजे में कर लेते हैं। वे कभी मेहरबान हो कर

और कभी टुकड़ा फेंक कर उनकी अधीनस्थता सुनिश्चित करते हैं। हथकंडे के शिकार दलितों को उस मामूली मेहरबानी के बदले अपनी कृतज्ञता सार्वजनिक रूप से जाहिर करके अपमानित होना पड़ता है। सांस्कृतिक संदर्भों में यह अहसान दलितों के किसी सामाजिक उत्सव में थोड़ी-सी देर के लिए मौजूद हो कर किया जाता है। भौतिक संदर्भों में प्रभुत्वशाली उत्पीड़क अपनी तस्वीर या दस्तखतों के इस्तेमाल की इजाजत भी दे देता है। ऐसे छोटे-मोटे अहसान दलितों को कृतज्ञता के बोझ से झुका कर उनका आत्मसम्मान नष्ट कर देते हैं। इस प्रक्रिया में उत्पीड़क परोपकारी की तरह सामने आता है और उसकी मेहरबानी का फायदा उठानेवाला दलित उसके वर्चस्व को पुष्ट करने के औजार में बदल जाता है। इस विधि से होनेवाले अपमान के दौरान उत्पीड़क अपने समुदाय की छीजती हुई सामाजिक श्रेष्ठता के बारे में एक तरह के नकारात्मक यूटोपिया में खोया रहता है। चूँकि ये जातियाँ दलितों या महिलाओं के आधुनिकतावादी दावों के साथ होड़ कर पाने में अपेक्षाकृत अक्षम हैं इसलिए वे जाति और पितृसत्ता की परंपरा-प्रदत्त भाषा का इस्तेमाल करती हैं जो भारतीय सामाजिक संदर्भों में उन्हें आसानी से उपलब्ध हो जाती है। दलित अधिकारी का ऊँची जाति या मध्य जाति के अधीनस्थ के हाथों अपमान होना आम बात है। इन घटनाओं को इन्हीं संदर्भों में देखा जाना चाहिए। १९३० में बड़ोदरा रियासत के दफ्तर में एक ऊँची जाति के क्लर्क ने जिस दलित के ऊपर फाइल फेंक कर मारी थी वह कोई और नहीं बल्कि महान आधुनिकतावादी आंबेडकर ही थे।

अवमानना को सांस्कृतिक रूप से विशिष्ट या एकायामी भी नहीं समझा जाना चाहिए। खुद दलित भी दलितों और महिलाओं की अवमानना कर सकते हैं। एक आधुनिकतावादी दलित अपने उन सजातीय बंधुओं को हिकारत से देख सकता है जो प्रतिभा, विशेषज्ञता और कौशल में कमजोर हैं या धाराप्रवाह अंग्रेजी बोलने जैसे आधुनिक सांस्कृतिक मानकों पर खरे नहीं उतर पाते। यह प्रवृत्ति उत्पीड़ित तबके को विभाजित कर देती है। फिर होता यह है कि एक दलित के आधुनिकतावादी दावे को पूरा महत्त्व देने के बजाय किसी कम योग्य गैरदलित की प्रशंसा की जाती है। अवमानना की सामाजिक रूप से प्रतिगामी प्रक्रिया उस गैरदलित उत्पीड़क के सांस्कृतिक वर्चस्व का फलितार्थ ही है। सांस्कृतिक विषमता के गर्भ से अवमानना का जन्म दो कारणों से होता है। सामंती मानसिकता के कारण किसी दलित को अपनी नीची सामाजिक हैसियत और प्रभुत्वशाली उत्पीड़क की छोटी-मोटी मेहरबानियों के चलते द्विज-वर्चस्व सुविधाजनक लग सकता है, भले ही वह द्विज दलित के मुकाबिले योग्यता और प्रतिभा में कुछ न हो। सामाजिक आत्मविश्वास का संपूर्ण अभाव भी किसी दलित को अपने ही बंधुओं के अपमान की तरफ ले जा सकता है। उसे अपने जाति-भाई ही सबसे आसान शिकार लग सकते हैं। इस परिघटना के तहत जैसे-जैसे उत्पीड़ित समुदाय विभाजित होता जाता है वैसे-वैसे

उत्पीड़क सुरक्षित महसूस करता है क्योंकि उसके रंग-रुतबे के बचे रहने की गारंटी हो जाती है।

अवमानना और प्रतिरोध

क्या निरंतर अवमानना अपने शिकारों को दिमागी रूप से सुन्न नहीं कर देती? अगर नहीं तो फिर अवमानना के शिकार अपने अपमान के प्रति सचेत कब होते हैं और उसका मुकाबला करने का निर्णय कब करते हैं? यहाँ मेरी मान्यता यह है कि अवमानना अपने शिकारों को चेतना के स्तर पर पूरी तरह पक्षाघात से पीड़ित कर देती है। दूसरी तरफ जेम्स स्कॉट के 'जलीय रूपक'[२६] या बाबूराव बागुल के 'अग्निकुंड' की भाँति अतीत में हुई अवमानना उत्पीड़ित के भीतर अपनी इयत्ता के दावे की संभावना को जगाये रखती है। नकारात्मक-चेतना में उबाल आता रहता है। वह उत्पीड़ित को बाँध के पानी की तरह आगे-पीछे ले जाती है। जलचालित-प्रणाली की भाँति पानी का उफान सकारात्मक और नकारात्मक किस्म के विद्रोह की संभावनाओं से आवेशित रहता है। अगर पानी को एक नियंत्रित रास्ते से न छोड़ा जाये तो वह इतनी तेजी और ताकत से निकलता है कि बाँध को ही नष्ट कर डालता है और आस-पास के इलाके में प्रलय आ जाती है। इसी पानी का नियंत्रित प्रवाह उत्पादक उद्देश्यों के लिए इस्तेमाल किया जा सकता है। सब कुछ इस बात पर निर्भर करता है कि पानी को नियंत्रित करनेवाला वाल्व किसके हाथ में है।

अवमानना का शिकार छः तरीकों से प्रतिरोध कर सकता है। लेकिन इन तरीकों की चर्चा करने से पहले जरूरी है कि उत्पीड़ित की चेतना के उस खदबदाते हुए संस्करण पर विचार कर लिया जाये जिसकी आवाज व्यक्तिगत या सामूहिक रूप से पूरी तरह से कभी बुलंद नहीं हो पाती। सवाल यह है कि दबी हुई लेकिन खदबदाती हुई चेतना उत्पीड़ित को किस बिंदु पर अवमानना के खिलाफ संघर्ष के लिए उत्प्रेरित करती है? अवमानना के कारण पैदा हुआ रूपांतरणकारी अहसास उस समय तक उत्पीड़ित को प्रभावित करने में नाकाम रहता है जब तक उसे उत्पीड़क के एहसान और कृपा के नीचे दबे रहने की अनुभूति होती रहती है या जब तक वह बेहद तकलीफदेह हालात में फँसा रहता है। सामंती युग में कृतज्ञता की भाषा सीख लेने के कारण दलितों के लिए अवमानना एक नियम बन गयी थी और उन्होंने अपनी हेय आत्मछवि को स्वीकार कर लिया था। यह स्थिति तेलुगू की इस कहावत से चरितार्थ होती हुई दिखती है जिसमें दलित कहता है : 'नी बंचन डोरी, नी कल्ल मोलुकुता' अर्थात 'मालिक मैं तुम्हारा दास, तुम्हारे पैरों पर गिरता हूँ'। इस संबंध में भीखू पारेख द्वारा बतायी गयी गाँधी की तत्संबंधित खोज महत्त्वपूर्ण हो जाती है क्योंकि इसके जरिये दलित की आत्महीनता बढ़ानेवाली छवि को समझने में मदद मिलती है। इसमें अंतर्निहित विडंबना को इस तरह देखा जा सकता है : उत्पीड़क की ताकत अंततः उत्पीड़ित के जरिये ही पैदा होती है। चूँकि वे शक्तिहीन व्यक्ति

की भाँति सोचते और व्यवहार करते हैं इसलिए उत्पीड़क को उनके ऊपर वर्चस्व हासिल हो जाता है। दूसरे, उत्पीड़न की प्रणाली अंततः उत्पीड़ित पर निर्भर करती है और उसी के सहकार से कायम रखी जाती है। तीसरे, उत्पीड़क अपने उत्पीड़न में सहभागी और उसके जिम्मेदार होते हैं इसलिए उन्हें पूरी तरह निर्दोष नहीं ठहराया जा सकता। चौथे, उत्पीड़न की कोई भी व्यवस्था तब तक संगठित नहीं हो सकती और न ही टिक सकती है जब तक उसकी जड़ें उसके शिकारों के दिल-दिमाग में न जमी हों।'[२७] जाहिर है कि इस तरह की निष्क्रिय-चेतना के आधार पर होनेवाला कोई भी अवमानना-विरोधी प्रतिरोध रेडिकल नहीं हो सकता। ऐसी ही कुचली हुई स्थिति में शूद्रों और अतिशूद्रों ने अवमानना का मुकाबला करने के लिए आध्यात्मिक उपादानों का सहारा लिया होगा और देव-प्रतिमा के सामने उत्पीड़क को नर्क की यातना देने की प्रार्थनाएँ की गयी होंगी। देश के कई हिस्सों में भक्ति की पद्धति से होनेवाले प्रतिरोध को इस प्रकार समझा जा सकता है। पूरी तरह रूपांतरकारी-चेतना की उपलब्धि तभी संभव हो पाती है जब उत्पीड़क कृतज्ञता के बजाय अधिकारों की भाषा, खासतौर से सामंती व्यवस्था के नकारात्मक अधिकारों के मुकाबले सकारात्मक अधिकारों की भाषा सीखता है। ब्रिटिश साम्राज्यवाद द्वारा भारत में उदारतावाद की विचारधारा की अनजाने में ही की गयी शुरुआत के बिना ऐसा होना संभव नहीं था। इस विचारधारा ने बुद्ध अथवा कबीर जैसी हस्तियों द्वारा प्रवर्तित भारतीय परंपरा के मुक्तिकामी आयामों का इस्तेमाल किया और दलितों को अपने आत्मसम्मान और अर्थवत्ता का एहसास दिलाया। फुले, पेरियार और आंबेडकर ने इसी विचारधारा के आधार पर अधिकारों की भाषा को पुनर्जीवित करके हर तरह की अवमानना के खिलाफ संघर्ष किया। दास मानसिकता पैदा करनेवाली कृतज्ञता की भाषा की जगह नयी दलित दावेदारी को व्यक्त करनेवाली अधिकारों की भाषा ने ले ली जिसका प्रमाण आंबेडकर की रचना 'काँग्रेस और गाँधी ने अछूतों के लिए क्या किया' के पहले पृष्ठ पर मिलता है। यह किताब इस उद्धरण से शुरू ही होती है : 'हमारा मालिक बनने से तुम्हें फायदा होगा पर तुम्हारा दास बनने से हमें क्या फायदा हो सकता है?'

इन दलित-बहुजन नेताओं द्वारा इस्तेमाल की गयी अधिकारों की भाषा का दायरा इतना विस्तृत और स्वभाव इतना रेडिकल था कि उससे दलित के वजूद को कुछ इस तरह से पुनर्परिभाषित करने की गुंजायश निकलती थी कि अवमानना के निहायत नफीस रूपों का भी मुकाबला किया जा सकता था। भक्ति और गाँधीवादी परंपराओं की तरह फुले, पेरियार और आंबेडकर ने हिंदू समुदाय से कोई मान्यता लेने से इंकार किया क्योंकि वे मानते थे कि इससे तो और ज्यादा अवमानना की परिस्थितियाँ पैदा होंगी। अपनी माँगों के लिए याचिका पेश करने का तरीका हिंदुओं को मान्यता देनेवाला और दलितों को मान्यता के लिए याचना करनेवाला बना देता था। इससे हिंदू सक्रिय और दलित निष्क्रिय भूमिका में चले जाते थे। हिंदू व्याख्या करते थे और दलित व्याख्यायित होते थे। दरअसल, याचिका पेश करने की इस प्रक्रिया में 'साझे मूल्यों' की अवमाननाकारी अपील करने के बाद याचिकाकर्ता को

पता चलता है कि सामाजिक और राजनीतिक मान्यता किसी की मेहरबानी से नहीं बल्कि अपने-आप कोशिश करने से ही हासिल हो सकती है। वर्चस्व और अधीनस्थता के असमान विनिमय में अंतर्निहित विमर्श को फुले, पेरियार और आंबेडकर ने कभी स्वीकार नहीं किया। न ही इन लोगों ने याचिका पेश करने का तरीका अपनाया। हिंदू धर्म को त्यागने के आंबेडकर के निर्णय को इसी संदर्भ में देखा जाना चाहिए।

हिंदू धर्म त्याग कर अवमानना से मुक्त होने का तरीका अपनाने के पहले दलितों ने कई तरह के प्रतिरोधों का सिलसिला चलाया। इनमें से प्रतिरोध के पहले चरण की शिनाख्त एक मंद प्रतिरोध के रूप में की जा सकती है। इस तरह का प्रतिरोध करनेवाले उत्पीड़ित पूरी तरह से अधीनस्थ परिस्थितियों के शिकार होते हैं जिनके कारण उन्हें विरोध की गुंजाइशें न के बराबर ही मिलती हैं। इसलिए उन्हें बेहद सावधानी, गोपनीयता और प्रच्छन्न ढंग से विरोध करना पड़ता है। ऐसी परिस्थितियों में उत्पीड़ित अपनी वेदना की शिकायत वफादार और नजदीकी दोस्तों से करता है। उसे उम्मीद होती है कि उसका दोस्त उसकी अवमानना को सार्वजनिक नहीं करेगा और उसके सामने हृदय की वेदना उँडेल देने से उत्पीड़ित को अवमानना की गहरी अनुभूति से मुक्ति का एहसास होगा। जेम्स स्कॉट के एक पात्र ऐगी की जीवन-स्थितियों से इस तरह के मंद प्रतिरोध की समानता देखी जा सकती है। ऐगी एक काली महिला है जो अपने अवमाननाग्रस्त हृदय की पीड़ा अपने प्रति काफी कठोर मालिक की सहृदय पत्नी को बता देती है।[२८] भारतीय विश्वविद्यालयों और परिवारों में ऐसे उदाहरण आसानी से मिल सकते हैं जहाँ उत्पीड़ित अपने विश्वस्त मित्रों की नैतिक ईमानदारी पर भरोसा करके अपनी तकलीफ का बयान करते हैं। इस किस्म के प्रतिरोध के लिए यह सुनिश्चित करना जरूरी होता है कि कहीं अवमानना का प्रकरण सार्वजनिक हो कर बात का बतंगड़ न बन जाए और मुक्ति की अनुभूति होने के बजाय उत्पीड़ित की जान और साँसत में न फँस जाए।

अवमानना के प्रतिरोध का दूसरा चरण अपेक्षाकृत और मुश्किल हालात में अपनाया जाता है। इसमें उत्पीड़ित प्रतिरोध की एक और मंद विधि का इस्तेमाल करता है जिसे प्रतीकात्मक प्रतिरोध के रूप में समझा जा सकता है। चूँकि उत्पीड़क के आतंक के कारण उसका अवमानना के सामाजिक स्थल पर ही विरोध नहीं किया जा सकता इसलिए उत्पीड़क उसे दूर से चुनौती देता है। दूर से किये जानेवाले इस प्रतिरोध का महत्त्व सीमित ही हो सकता है। लेकिन इस प्रतीकात्मक प्रतिरोध से भी उत्पीड़क के प्रति आलोचनात्मक दृष्टि बनने और बने रहने में मदद मिलती है।

प्रतिरोध के तीसरे चरण में उत्पीड़ित किसी डर, मनोग्रंथि अथवा छिपाव के बिना कार्रवाई करता है। स्कॉट ने इसी प्रक्रिया को प्रतिरोध का सार्वजनिक प्रतिलेखन करार दिया है। इस तरह के प्रतिरोध की तुलना डर्कहीम द्वारा प्रदत्त

'परोपकारी आत्महत्या' की श्रेणी अथवा शमा और परवाने की मिसाल से भी की जा सकती है। किसी सामाजिक सरोकार के लिए दलित का आत्मदाह इसी श्रेणी में आता है। मराठवाड़ा विश्वविद्यालय के नामांतर आंदोलन में ऐसी कई घटनाएँ हो चुकी हैं। इस विधि से उत्पीड़ित अकेले दम पर समझौताविहीन संघर्ष करता है और उसे नतीजों की कोई परवाह नहीं रहती। प्रतिरोध का यह स्तर किसी किस्म के मोल-तोल से परे, त्याग से परिपूर्ण और वीरोचित होता है। ऐसी मानसिकतावाले प्रतिरोधी छिपने या अनाम रहने में यकीन नहीं रखते। ये लोग ऐसी ताकतों से दूर रहना पसंद करते हैं जो उन्हें किसी अस्थायी तालमेल के जरिये अवमानना की अनुभूति के नवीकरण की तरफ ले जाती हैं। ऐसे विद्रोही अवमानना को किसी आगामी प्रतिरोध के लिए खदबदाते हुए रखने में यकीन नहीं रखते। यह प्रतिरोध किसी तरह के अवसरवाद में दिलचस्पी नहीं दिखाता क्योंकि वह उत्पीड़क द्वारा रियायत का आश्वासन देनेवाली लच्छेदार बातों में नहीं फँसता। किसी भी तरह के विनिमय को ठुकरानेवाली प्रतिरोध की यह श्रेणी आत्मसम्मान और गरिमा के सार्वभौम नैतिक उसूलों से स्पंदित होती रहती है। इन्हीं कारणों से इसका चरित्र पारिवेशिक या संकीर्ण नहीं होता। लेकिन आज के जमाने में ऐसा उत्कट त्याग व्यर्थ भी चला जाता है और मौकापरस्त किस्म के सत्ता के दलाल निजी फायदों के लिए दलित समुदाय की सामूहिक अवमानना के खिलाफ संघर्ष करने वालों के बलिदान को भुनाने में कामयाब हो जाते हैं। ऐसे अवसरवादी उस हुतात्मा के स्मारक को भी अपनी पूँजी बनाने से नहीं चूकते।

प्रतिरोध की इस श्रेणी के साथ मुख्य समस्या यह है कि इसके जरिये वह वर्चस्वमूलक शक्ति अर्जित नहीं की जा सकती जो उत्पीड़क के खिलाफ एक प्रभावी और निर्णायक युद्ध छेड़ने के लिए आवश्यक है। यह जरूर है कि ऐसा प्रतिरोध अपने पीछे क्रांतिकारी स्मृतियाँ छोड़ जाता है जो आनेवाले समयों में मुक्तिकामी ताकतों को प्रेरणा देती रहती हैं।

प्रतिरोध के चौथे चरण में अवमानना के खिलाफ दलित संघर्ष की इतिहासधारा के क्रांतिकारी इस्तेमाल का सिलसिला शुरू होता है। वीरोचित बलिदान की यादें उन दलितों के लिए प्रति-इतिहास की भूमिका अदा करती हैं जो आज भी अवमानना के शिकार बने हुए हैं। इस परियोजना में लगे हुए बुद्धिजीवियों को एक तरह के बहुआयामी विद्रोहियों की संज्ञा दी जा सकती है जो क्रांतिकारी स्मृति को व्यर्थ न जाने देने का ऐतिहासिक कार्यभार उठाते हुए मुक्तिकामी ताकतों की गोलबंदी करने के लिए समय-समय पर उसका रचनात्मक इस्तेमाल करते रहते हैं। प्रतिरोध की इस श्रेणी के तहत समझौताविहीन संघर्ष करने वालों के साथ-साथ उत्पीड़कों और उनका साथ देने वालों से भी संवाद की पहल निहित होती है। ये बहुआयामी विद्रोही अवमानना के खिलाफ जूझने का दायित्व छोड़े बिना उस अनिवार्य ऊर्जा को संरक्षित और संवर्द्धित करने में लगे रहते हैं जो अन्यथा सीमित

और अतिसंवेदनशील किस्म की होती है। प्रतिरोध के इस चरण में अवमाननाकारी संरचनाओं से आवश्यक दूरी कायम रखते हुए सभी तरह के उत्पीड़ितों को एकजुट करने को अनिवार्य शर्त समझा जाता है और इस प्रक्रिया में समस्याग्रस्त संरचनाओं को लाभकारी संरचनाओं में बदलने की कोशिश की जाती है। ऐसा करने के पीछे कुंठित मानसिकता नहीं बल्कि एक अलग नयी दुनिया बनाने का तर्क होता है। इस श्रेणी में उस नकारात्मक आदान-प्रदान की कोई जगह नहीं होती जिसमें अपनी अवमानना की तीव्रता को हल्का करने के लिए दूसरे की अवमानना की जाती है। चूँकि ऐसे बुद्धिजीवियों का चिंतन बौद्ध दर्शन पर आधारित होता है इसलिए वे किसी अवमाननाकारी संरचना को जन्म नहीं देते और इस तरह अपने विरोधियों को उत्पीड़ित नहीं करते। इस जगह आ कर अवमानना का पूरा तर्क पलट जाता है। आंबेडकर और उनके अनुयायी दलित समुदाय के सीमित पारिवेशिक दायरे के अंदर आत्मगरिमा की खोज करने के बजाय बृहत्तर समाज के नैतिक धरातल पर उसे उपलब्ध करने की कोशिश करते हुए नजर आते हैं। यही वह नैतिक सरोकार है जो दलित समुदाय को बदले की भावना से काम करने या उत्पीड़क को अपनी ताबेदारी में लाने का आग्रह अपनाने से रोकता है। आंबेडकर की परियोजना में नीत्शे के उस प्रावधान की कोई जगह नहीं है जिसके तहत एक खास स्तर पर उत्पीड़ित को पूरी व्यवस्था के फासीवादी अधिग्रहण के लिए उकसाया जाता है।[२९]

अवमानना का निराकरण

अवमानना की समस्या का निराकरण करने के लिए कई रास्ते सुझाये जा सकते हैं। पहला और काफी रेडिकल किस्म का तरीका तो यह है कि अवमाननाकारी दुनिया से अलग एक सर्वथा नयी दुनिया बना ली जाये। एक ऐसी नयी समाज-व्यवस्था रची जाये जिसमें किसी तरह की अवमानना का वजूद ही न हो। देश के कई दलित संगठन दलितिस्तान की स्थापना के रूप में इस विकल्प को सुझा चुके हैं। यह सुझाव ब्रिटेन के रंगभेद-विरोधी संघर्ष से निकले उस रेडिकल रास्ताफरी आंदोलन जैसा है जिसके तहत श्वेत उत्पीड़न का निराकरण करने के लिए कालों की अलग अवमानना से मुक्त दुनिया बनाने की माँग की जाती है। लेकिन दलितों के संदर्भ में यह तकरीबन असंभव ही है। अगर दलित खुद को इतिहास की चालक शक्ति मानते हैं तो उन लोगों या तबकों को छोड़ कर कैसे जा सकते हैं जो उन्हीं की भाँति अवमानना के खिलाफ संघर्ष कर रहे हैं। अवमानना के निराकरण का एक दूसरा तरीका यह हो सकता है कि उत्पीड़ित से अतीत और वर्तमान की अवमानना को भुला देने की अपील की जाये। राजीव भार्गव ने उन कारणों को रेखांकित किया है जिनकी बिना पर दलितों को यह प्रस्ताव अस्वीकार्य हो सकता है। उनके अनुसार 'उत्पीड़ित से अतीत की यातनाओं को भूलने के लिए कहना दरअसल यह कहने के समान है कि अतीत में उनके साथ कोई बड़ा जुल्म हुआ ही नहीं और उनके

क्षोभ का कोई कारण ही नहीं है। इस तरीके से तो उनका मन और गिर जायेगा। अतीत की अवमानना भुलाने की अपील से उत्पीड़ित की महत्त्वहीनता उसकी अपनी ही निगाह में और पुष्ट हो जायेगी। इससे भी आगे जा कर नैतिक ठेस को नजरंदाज करने से उत्पीड़ित के लोकतंत्रीकरण की प्रक्रिया दूषित हो जायेगी।'[३०] दरअसल अतीत की अवमाननाओं को भुला देने का आग्रह उत्पीड़ित के लिए किसी भी तरह के आख्यान या विमर्श की अभिव्यक्ति के रास्ते बंद कर देगा और उस हालत में उसके पास अवमानना के खिलाफ संघर्ष का एक ही प्रभावी हथियार रह जायेगा कि वह उत्पीड़क की अवमानना करे। दलितों के लिए यह विकल्प कुछ खास आकर्षक नहीं दिखायी देता। आंबेडकर के बौद्ध दर्शन में विश्वास करनेवाले उनके अनुयायियों के लिए तो इसे अपनाना तकरीबन नामुमकिन है क्योंकि यह दर्शन करुणा और मैत्री को प्रमुखता देता है। इसके तहत अवमानना को मिटाने के लिए अवमानना के प्रयोग की इजाजत नहीं दी जा सकती। दलित अवमानना के खिलाफ लड़ाई में प्रतिपक्षी की ओर से लापरवाह रहने का रवैया भी अपना सकते हैं। वे कह सकते हैं कि उन्हें उत्पीड़क की तरफ से मिलनेवाली मान्यता की कोई जरूरत नहीं है। वे तो स्वयं प्रखर सूर्य की भाँति प्रकाशवान हैं। वे अपना अलग सौंदर्य-जगत रच सकते हैं जो किसी अन्य की सनद के आधार पर नहीं बल्कि अपने निजी प्रामाणिक सांस्कृतिक संसाधनों पर निर्भर करेगा। अर्थात दलित अपना अलग सौंदर्यशास्त्र बनाने की कोशिश करेंगे जो एक स्वाग्रही सौंदर्यशास्त्र होने के नाते न्यायसंगत भी होगा। इस विकल्प में समस्या यह है कि यह रोमानी किस्म का है। यह दलितों को बेचैनी भरे अलगाव में झोंक सकता है। फिर यह बुद्ध की उन शिक्षाओं के विरोध में भी खड़ा है जो असीमित मैत्री की धारणा पेश करती हैं। बुद्ध का यह विचार बौद्ध संघ की संरचना में निहित समता के मूल्यों पर आधारित संघात्मकता में व्यक्त होता है। बुद्ध के इस विचार से सूत्र लेते हुए गाँधीवादी प्रेम के आध्यात्मिक और कष्ट सहने के मनोवैज्ञानिक प्रभाव के बीच जटिल संबंध में अवमानना का निराकरण ढूँढ़ने का प्रस्ताव कर सकते हैं। गाँधीवादी मानते हैं कि सत्याग्रही के प्रेम और नैतिक सौम्यता से विपक्षी का क्रोध और घृणा मंद हो सकती है। उसकी मानवीयता और शिष्टाचार-बोध जाग सकता है। वह एक बेहतर मनुष्य में बदल सकता है। गाँधीवादियों के अनुसार उत्पीड़ित द्वारा बिना शिकायत किये कष्ट सहने से उत्पीड़क में शर्म की अनुभूति पैदा होगी और वह जीत के आनंद से वंचित रह जायेगा। इस प्रक्रिया में उत्पीड़ित के पक्ष में जनमानस बनेगा और उत्पीड़क को शांतिपूर्वक अपने अंदर झाँकने का मौका मिलेगा।

गाँधीवादी एक और विकल्प सुझा सकते हैं कि दलितों को हरिजनों के रूप में देखा जाये और हरिजन की अवमानना की ही नहीं जा सकती क्योंकि वे तो ईश्वर के प्रतिबिंब होते हैं। इन सुझावों से जाहिर है कि गाँधीवादियों को उत्पीड़क की दयालु धार्मिक-चेतना से काफी उम्मीदें हैं इसलिए वे अवमानना का निराकरण

आध्यात्मिक दायरे में करने की कोशिश करते हैं। इस विकल्प के जवाब में दलितों का कहना यह हो सकता है कि दलित के प्रति गाँधी के सरोकार में अधिकारों की भाषा और आत्मसम्मान की अवधारणा की कोई जगह नहीं है। गाँधीवादी तर्क दे सकते हैं कि सादा जीवन गुजारने के मॉडल में आवश्यकताओं को न्यूनतम कर लेना अंतर्निहित है इसलिए ऐसी जीवन-शैली में न शोषण की आवश्यकता रह जाती है और न अवमानना के अंदेशे। गाँधीवादी मॉडल अवमानना को पूँजीवादी उत्पादन पद्धति से जोड़ता है और सुझाव दे सकता है कि उत्पीड़ित को इस सामूहिक पूँजीवादी उत्पादन पद्धति से अलग हो जाना चाहिए। सादा जीवन-शैली का विकल्प अगर एक मासूम सुझाव के अलावा कुछ नहीं है तो उत्पादन पद्धति से अलग हट जाने के सुझाव में अवमानना के और भी ज्यादा अंदेशे निहित हैं।

इतिहास बताता है कि मनुष्य इच्छाओं को घटाने के बजाय अवमानना के नये-नये रूपों से कामनाओं को और पुष्ट करता रहा है। यही कारण है कि गाँधी-विचार से दलितों को कोई फायदा नहीं होनेवाला। मान लीजिए कि अगर इसी सुझाव के मुताबिक उत्पीड़ित दलित सरपंच महिला उत्पीड़क के खेत में काम करने नहीं जाती है तो क्या वह एक बेरोजगार महिला के रूप में अपमानित नहीं होगी और क्या खुद उसका पति उसे अपमानित नहीं करेगा? वह दलित महिला या तो कोई अपना धंधा करेगी या फिर घर का काम करेगी। दोनों ही हालतों में जाति-आधारित सामाजिक संबंधों को हानि पहुँचेगी। इस परिस्थिति में जी.ए. कोहेन की दलील हो सकती है कि अवमानना के निराकरण के लिए यह नुकसान तो झेलना ही पड़ सकता है। स्पष्ट है कि उत्पीड़क द्वारा अपराधबोध की नैतिक क्षमता में हद से ज्यादा यकीन रखने का गाँधीवादी रवैया दलितों को पसंद नहीं आ सकता। यही कारण है कि भीखू पारेख चार्ल्स टेलर से इस बात में तो सहमत नजर आते हैं कि किसी भी व्यक्ति की आत्मपहचान और मूल्यवत्ता के लिए सामाजिक मान्यता अनिवार्य है और ऐसी मान्यता के बिना उसे दोनों ही पहलुओं में गंभीर नुकसान उठाना पड़ सकता है। लेकिन पारेख टेलर से इस बात में सहमत नहीं हैं कि किसी प्रभुत्वशाली समूह को बौद्धिक तर्कों अथवा नैतिक अपीलों के आधार पर अपने विचार बदलने के लिए मनाया जा सकता है। असल में ऐसा मानना ही मान्यता की प्रक्रिया को गलत ढंग से समझना है।[३१]

भीखू पारेख सुझाव देते हैं कि सामाजिक मान्यता न मिलने के कारण होनेवाली अवमानना के निराकरण के लिए प्रभुत्वशाली संस्कृति की जोरदार आलोचना की जानी चाहिए और विषमतामूलक आर्थिक-राजनीतिक सत्ता की संरचनाओं को बदला जाना चाहिए। भीखू पारेख का यह निष्कर्ष एकदम सही है कि किसी को मान्यता से वंचित करने के पीछे सांस्कृतिक और भौतिक कारणों की भूमिका होती है।[३२] दलित उत्पीड़क में शर्म अथवा नैतिक अपराधबोध जगा कर अवमानना के खिलाफ संघर्ष करने के बजाय उसे मान्यता देने के लिए मजबूर करना

चाहते हैं और इस लक्ष्य की पूर्ति के लिए संभवत: वे उत्पीड़क के खिलाफ आधुनिकता के डंडे का इस्तेमाल करना चाहेंगे। दलितों के बड़े हिस्से और उनके गेल ऑम्विेट जैसे हितैषियों का विचार है कि अगर दलित आधुनिक क्षमताओं को हासिल कर लें यानी कौशल और योग्यताओं से लैस हो जायें तो उत्पीड़क उनकी मूल्यवत्ता स्वीकार करने पर विवश होगा। इस प्रकार से दक्ष होने के लिए आधुनिकतावादियों का सुझाव है कि दलितों को जीवन के हर स्तर पर लगातार कसौटी पर कसे जाने के लिए तैयार रहना चाहिए। ये हितैषी चेतावनी देते हैं कि जीवन की इस परीक्षा में न बैठ कर भूख हड़ताल पर बैठनेवाले ऊँची जाति के उत्पीड़कों के हाथों अपमानित होने के लिए अभिशप्त हैं। भूख हड़ताल कर रहे दलितों के ऊपर होनेवाली अवमाननाकारी टिप्पणियों को इसी संदर्भ में देखा जा सकता है। लेकिन यह आधुनिकतावादी निराकरण तीन तरह की समस्याओं से ग्रस्त है। पहली बात तो यह है कि जिस कसौटी पर दलितों को कसा जाना है वह उन्होंने खुद नहीं बल्कि दूसरों ने बनायी है। दूसरे, इस प्रक्रिया में उत्पीड़कों को प्रभावित करने की इच्छा निहित है इसलिए इसमें उत्पीड़क ही निर्णायक की भूमिका ग्रहण कर लेता है और उसके निर्णय के अधीन होना ही दुखदायी और अवमाननाकारी हो जाता है।

आंबेडकर को अपने जीवन में इस सच्चाई का तीखा एहसास हुआ था कि निर्णायक की भूमिका निभा रहा उत्पीड़क आधुनिकतावादी दावा करनेवाले दलित को आमतौर पर बर्दाश्त नहीं करता और दलित कितनी भी क्षमता क्यों न हासिल कर ले निर्णायक उसे हीन ही समझता है। १९३८ में पुणे में दलित छात्रों के सामने इस आधुनिकतावादी समस्या की व्याख्या करते हुए आंबेडकर ने कहा था कि दलित द्वारा उपलब्ध किया हुआ सोना भी ऊँची जातियों द्वारा एल्यूमिनियम करार दे दिया जाता है। तीसरे, यह आधुनिकतावादी निराकरण उन लोगों के लिए अनाकर्षक साबित होता है जो योग्यता और कौशल प्राप्त कर लेनेवाले दलितों को अहंकारवश व्यापक दलित समाज में मिलने के लिए तैयार नहीं देखते। ऐसे आधुनिक दलित सामुदायिक भावना को नुकसान पहुँचाते हैं और उन दलितों की अवमानना के कारण बन जाते हैं जो 'स्मार्ट' नहीं बन पाये हैं। अपनी प्रकृति और तर्क में विषमतामूलक संरचनाओं को निरंतर जन्म देनेवाला आधुनिक समाज स्पर्द्धा और अलगाव में डालनेवाले हालात बनाता रहता है जिससे दलितों और महिलाओं के लिए अवमाननाकारी परिस्थितियाँ पैदा होती रहती हैं।

अवमानना के निराकरण का एक तरीका प्रौद्योगिकीय आधुनिकता भी हो सकती है जिसके जरिये उत्पीड़क को संयम रखने पर मजबूर किया जा सकता है। अगर भारतीय पूँजीपति वर्ग ने सूत मिलों के कताई विभाग का आधुनिकीकरण कर दिया होता तो ऊँची जातियों को सूत के अपवित्र होने का बहाना करके दलितों को कताई विभाग से बाहर रखने का मौका न मिलता। प्रौद्योगिकीय आधुनिकता का

दूसरा उदाहरण यह है कि अगर राज्य ने शहरों में साफ-सफाई की सुविधाओं का आधुनिकीकरण कर दिया होता तो शहरी आबादी के हाथों सफाई का काम करनेवाले दलितों को अपमानित न होना पड़ता। तब अपमान से बचने के लिए सफाई मजदूरों को फौज में भर्ती होने का अवसर माँगने के लिए ज्ञापन न देना पड़ता। लेकिन निराकरण का यह सुझाव भी पूरी तरह समस्याविहीन नहीं है क्योंकि पूँजीप्रधान अर्थव्यवस्था में दलितों को बड़े पैमाने पर बेरोजगारी की समस्या का सामना करना पड़ सकता है जो अपने-आप में निहायत अवमाननाकारी ही है। जाहिर है कि प्रौद्योगिकीय आधुनिकता दलितों के लिए गंभीर दुविधा की स्थिति खड़ी कर देती है। इसी तरह श्रमप्रधान अर्थव्यवस्था भी दलितों के लिए ऐसी ही विरोधाभासी स्थिति पैदा करती है। नकदी फसल उगानेवाला धनी किसान अपनी फसल के सड़ जाने के डर से श्रम-शक्ति की कमी की स्थिति में दलितों के खिलाफ इस्तेमाल की जानेवाली अवमाननाकारी भाषा पर संयम रखने पर विवश हो सकता है। दलित श्रम-शक्ति उसे अपनी शर्तों पर काम कराने के लिए मजबूर कर सकती है। इस तरह श्रमप्रधान अर्थव्यवस्था में मजदूरों की आपूर्ति में कमी के हालात अवमाननाकारी स्थितियों को सकारात्मक चुनौती देने लायक भूमिका निभा सकते हैं। लेकिन भारतीय परिस्थितियाँ श्रम-शक्ति की प्रचुरता के लिए जानी जाती हैं। भारत में सभी मजदूरों के लिए सार्थक और गरिमापूर्ण काम ही उपलब्ध नहीं है। न जाने कितनों को कचरा बीनने का अवमाननाकारी काम करना पड़ता है। कचरा बीनने वालों की जिंदगी कचरा खा कर जिंदा रहनेवाले जानवरों जैसी ही हो जाती है।

अवमानना के निराकरण के इन तरीकों पर विचार करते समय यह ध्यान रखने की जरूरत भी है कि उत्पीड़क हमेशा ही अवमाननाकारी भाषा का इस्तेमाल नहीं करता। अपनी विनम्रता और भद्रता साबित करने के लिए वह सभ्य भाषा का प्रयोग भी कर सकता है। सवाल यह है कि क्या उसकी इस विनम्रता के स्रोत उसकी सत्ता की ताकत में निहित नहीं हैं। यह भी हो सकता है कि वह छोटी-सी भाषायी रियायत करके अपने सामाजिक नियंत्रण को और अधिक कड़ा करने की विमर्शी रणनीति पर अमल कर रहा हो। ऐसे चालाक उत्पीड़क कई बार उत्पीड़ितों से प्रशंसा भी प्राप्त कर लेते हैं। श्रम की प्रचुरता की स्थिति में दलित मजदूरों को और अधिक अवमाननाकारी हालात से दो-चार होना पड़ता है क्योंकि तब वे अपनी शर्तों पर काम करने की स्थिति में नहीं होते।

इन मिसालों से लगता है कि एक तरह का अनुबंध-आधारित आदान-प्रदान का संबंध ही ऐसी स्थिति बना सकता है जिसमें अधिकारों की भाषा के आधार पर परस्पर मान्यता की जमीन बन सके और जिसमें उत्पीड़क के अहंकार को तृप्त करनेवाली नकारात्मक कृतज्ञता के लिए कोई जगह न हो। स्कॉट की भाषा में इसी को विवेकाधीन पक्षधरता का अधिकार में रूपांतरण माना जाता है जिसके कारण उत्पीड़ित अवमानना या अधीनस्थता से बच पाता है।[३३] हम देख सकते हैं कि ऊपर चर्चित सभी विकल्प अवमानना की संपूर्ण समाप्ति की स्थायी परिस्थितियाँ

सुनिश्चित नहीं करते। आखिर वह कौन-सी सामाजिक परिस्थिति हो सकती है जिसमें अवमानना का पूरी तरह उन्मूलन किया जा सकता है? यह एक यक्ष प्रश्न है। ज्यादा से ज्यादा यह कहा जा सकता है कि अगर भौतिक स्थितियों की संरचना आमूल-चूल बदल दी जाये और उत्पादन-प्रक्रिया से होड़ को हटा कर श्रेणीक्रम की किसी भी अनुभूति से रहित सभी की सहभागिता की गारंटी की जाये तो ऊँच-नीच और अवमानना रहित सामुदायिक जीवन का आश्वासन मिल सकता है। यह तभी संभव है जब संसाधनों पर सभी की बराबर पहुँच हो। अवमानना के उन्मूलन के लिए अवसर की समानता ही काफी नहीं हो सकती। यहाँ समता के सिद्धांत को अन्य सभी सिद्धांतों के ऊपर तरजीह देना जरूरी होगा और केवल इसी पूर्व शर्त के आधार पर उन संरचनाओं का उन्मूलन किया जा सकता है जो अवमानना का आधार बनी हुई हैं और जो उसका नवीकरण करती रहती हैं।

संदर्भ और टिप्पणियाँ

१. अविशाई मार्गलिट, *द डीसेंट सोसाइटी,* हार्वर्ड यूनिवर्सिटी प्रेस, हार्वर्ड, १९९६
२. दलित आज भी उद्योगों के सबसे कम फायदेवाले और सामाजिक रूप से प्रदूषित हिस्सों में काम करने के लिए अभिशप्त हैं। उन्हें या तो कारखानों के सफाई विभाग में काम करना पड़ता है या फिर वे तेल मिलों के उन विभागों में काम करते हैं जिनमें टैलो अथवा चर्बी का इस्तेमाल किया जाता है।
३. के. बालगोपाल, *इंडियन जरनल ऑव ह्यूमन राइट्स,* जनवरी १९९७, हैदराबाद विश्वविद्यालय, पृष्ठ १००
४. *उपरोक्त।*
५. जवीद आलम, 'पब्लिक स्फेयर एंड डेमौक्रैटिक गवर्नेन्स इन कंटेम्प्रेरी इंडिया', संकलित : राजीव भार्गव, अमिय कुमार बागची और आर. सुदर्शन (सं.), *मल्टीकल्चरिज्म, लिबरलिज्म एंड डेमोक्रेसी,* ऑक्सफोर्ड, दिल्ली, १९९९, पृष्ठ ३२४
६. कांचा ऐलय्या, *इंडियन जरनल ऑव ह्यूमन राइट्स,* पूर्वोद्धृत, पृष्ठ १५१
७. *पूर्वोद्धृत,* मार्गलिट, पृष्ठ ३१
८. *उपरोक्त,* पृष्ठ ३६
९. *उपरोक्त।*
१०. चंद्रन कुकुटस, 'लिबरलिज्म एंड मल्टीकल्चरिज्म', *पॉलिटिकल थ्योरी,* खंड-२६, अंक-५, अक्टूबर १९९८, पृष्ठ ६८८
११. वॉलिन शेल्डन, 'डेमोक्रेसी, डिफरेंस एंड रिकगनीशन', *पॉलिटिकल थियरी,* खंड-२१, अंक-३, अगस्त १९९३, पृष्ठ ४६९
१२. नीरा चंढोक, 'पीपुल्स मूवमेंट एंड आर्टीकुलेशन ऑव राइट्स', *इंडियन जरनल ऑव ह्यूमन राइट्स,* १९९७, पृष्ठ १८१
१३. इस अंतर्दृष्टि में मेरे साथ राजीव भार्गव भी सहभागी हैं।
१४. इस अंतदृष्टि में मेरे साथ राजीव भार्गव भी सहभागी हैं।
१५. बाबूराव बागुल, *मारन सस्ता होता हे* (मराठी का कहानी संग्रह)।

१६. बागुल, *दलित साहित्य आजचे क्रांति विज्ञान,* (मराठी), बुद्धिस्ट पब्लिशिंग हाउस, नागपुर, १९८६, पृष्ठ १०६
१७. *उपरोक्त,* पृष्ठ १०६
१८. *उपरोक्त।*
१९. तमिलनाडु के कुछ दलितों ने नये वर्ष के ग्रीटिंग कार्डों पर इस प्रकार की भावनाओं को व्यक्त करनेवाले चित्रों का इस्तेमाल किया है।
२०. गोपाल गुरु, 'पॉलिटिकल इकॉनोमी ऑव दलित डिसक्रिमिनेशन एंड सेग्रेगेशन ऑव द शिड्यूल्ड कास्ट्स इन नाइंटींथ सेंचुरी बांबे', *सोशल साइंस प्रॉबिंग्स,* पीपुल्स पब्लिशिंग हाउस, नयी दिल्ली, खंड-४, मार्च १९८७, पृष्ठ ३०
२१. १९९८-१९९९ के बीच द *हिंदू* में प्रकाशित पी. साईनाथ की रचनाएँ।
२२. विस्तृत चर्चा के लिए देखें : रोनाल्ड ड्वौर्किन, *टेकिंग राइट्स सीरियसली,* यूनिवर्सल बुक ट्रेडर्स, दिल्ली, १९९६
२३. अध्ययन क्षेत्र का मेरा अपना प्रेक्षण।
२४. मार्च १९९७ में जवाहरलाल नेहरू विश्वविद्यालय के सेंटर फॉर सोशल सिस्टम में दिया गया आंद्रे बेते का व्याख्यान।
२५. गोपाल गुरु, 'दलित किलिंग इन मराठवाड़ा', *ईपीडब्ल्यू,* एक दिसंबर १९९१
२६. जेम्स स्कॉट, *डोमिनेशन एंड आर्ट्स ऑव रजिस्टेंस,* न्यू-हेविन, येल युनिवर्सिटी प्रेस, १९९०, पृष्ठ २१९
२७. भीखू पारेख, *गाँधीज पॉलिटिकल फिलासफी,* अजंता, नयी दिल्ली, १९९१, पृष्ठ १५४
२८. जेम्स स्कॉट, पृष्ठ ३१९
२९. *पूर्वोद्धृत,* मार्गलिट, पृष्ठ ३६
३०. राजीव भार्गव, 'इंट्रोड्यूसिंग मल्टीकल्चरिज्म', संकलित : राजीव भार्गव, अमिय कुमार बागची और आर. सुदर्शन (सं.), *मल्टीकल्चरिज्म, लिबरलिज्म एंड डेमोक्रेसी,* ऑक्सफोर्ड, दिल्ली, १९९९, पृष्ठ ५३
३१. भीखू पारेख, 'वाट इज मल्टीकल्चरिज्म', *सेमिनार,* ४८४, १९९९, पृष्ठ १७
३२. *उपरोक्त।*
३३. जेम्स स्कॉट, *वेपंस ऑव द वीक,* ऑक्सफोर्ड, नयी दिल्ली, १९९०, पृष्ठ १९४

दलित साहित्य और अस्मिता-रचना

बाबासाहेब द्वारा चलाये गये अतीत-रचना के प्रयासों से उत्तर-आंबेडकर पीढ़ी सत्तर के दशक में युद्ध, शौर्य और संघर्ष की मानसिकता की तरफ गयी। गाँव के बाहर पड़ा रहनेवाला अंत्यज ऐसे स्थान की तलाश के लिए निकल पड़ा जहाँ से उसे बहिष्कृत किया जाना संस्थागत रूप से नामुमकिन हो। यह नया स्थान शहर था जो आधुनिकता के घटनास्थल के रूप में उभर रहा था। दलित-चेतना उत्तरोत्तर नगर-केंद्रित होती गयी और दलित साहित्य नागरिकता की खोज में जाति पूछे जाने के औचित्य पर सवालिया निशान लगाने लगा। मराठी, कन्नड़, हिंदी, गुजराती और तेलुगू की दलित साहित्य-धाराओं ने बताया कि नये शहर की तलाश में आया हुआ दलित नायक नागरिकता के आवरण में भी अपनी नीची जाति छिपाने में नाकाम है। जो केंचुल उसने अछूतबाड़े में छोड़ दी थी वह अभी भी उसके अंग के साथ चिपटी हुई है।

नये शहर की तलाश

अभय कुमार दुबे

... उन सबके चेहरे पर उमड़ते हुए आदरमिश्रित भाव एवं आश्चर्य देख कर पहले से ही नौकरी मिलने के कारण प्रफुल्लित मेरा मन प्रेममग्न प्रणयिनी की भाँति रंगीन सुगंधित होता चला गया ... कि बीच में रणछोड़ ने डरते-डरते पूछा, 'पर तुम्हारी जाति क्या है?' यह सुनना था कि मैं क्रोधित बादलों की भाँति गरज पड़ा, 'आपने जाति किसलिए पूछी? मैं कौन हूँ यह तुम्हें दिखता नहीं? मैं ... मैं बंबईवाला। सत्य के लिए मरनेवाला। शास्त्र और शस्त्र धारण करनेवाला। देश को मुक्ति और शक्ति देनेवाला, समझे। या फिर से कहूँ?' आनंद से मदमस्त हो कर गरजते हुए मैं आगे बढ़ा। सारी रात सपनों में धुत्त मेरा मन गतिमान होता हुआ दौड़ता रहा। मेरे कानों पर पीछे आते हुए झुंड के शब्द पड़ते रहे। देवजी कह रहा था, 'अरे रणछोड़, उसे वापस बुला लो, दौड़ो, भागो।'

—बाबूराव बागुल की मराठी कहानी
'जब मैंने अपनी जाति छिपायी थी' का अंश[१]

कमरे से निकलने के लिए कुछ कदम कमरे में ही रखने पड़ते हैं। यह दार्शनिक उक्ति बाहर निकलने की सभी समस्याओं का समाधान नहीं कर पाती। भारतीय समाज में जाति को छोड़ने की कोशिश ने अपने-आपको छोड़ने के अंदेशे को जन्म

दिया है। इसलिए सभी लोगों ने दरवाजा पार करने की पूरी कोशिश नहीं की। आधुनिक होने की प्रक्रिया ने जाति-प्रथा के कर्मकांडी स्वरूप का धीरे-धीरे क्षय अवश्य किया लेकिन साथ ही एक खामोश द्वंद्वात्मकता भी काम करती रही। जाति खुद करवट बदल कर परिवर्तनशील समाज के नए आर्थिक, राजनीतिक और सामाजिक ढाँचे में नदी की गाद की तरह उतरती चली गयी,[२] और किसी विशेष प्रयास के अभाव में हम कमरे में ही चलते रह गये।

यही वह बिंदु है जिस पर हमारे गौरवशाली जाति-प्रथा विरोधी संघर्ष नाकाफी साबित हुए। छुआछूत-विरोध, तालाब और कुएँ के पानी पर अधिकार, मंदिर-प्रवेश, शिक्षा, आरक्षण और मताधिकार के परिप्रेक्ष्य ने अपनी सीमाएँ स्वयं उद्‌घाटित कर दीं। बाहर निकलने के लिए एक छलाँग की जरूरत पड़ी। एक ऐसी चालक शक्ति प्राप्त करना अनिवार्य हो गया जो अतीत और वर्तमान से मुक्ति का एहसास दिला सके। केवल दलित समुदाय ने ही इस शक्ति का आह्वान किया। अन्य समुदाय जातिवाद-विरोध के चुके हुए प्रत्यय से बँधे रहे और थक-हार कर अपने अग्रहार की तरफ लौट गये। जिन्होंने जातिवाद का उग्र विरोध किया था, वे भी सीमा पर खड़े अपने पुनर्ग्रहण की प्रतीक्षा करने लगे। जिन्होंने बौद्धिक मंथन द्वारा मनोवैज्ञानिक मुक्ति चाही थी वे पुराना छोड़ने और नया प्राप्त करने के वास्तविक कार्यभार से कतराते हुए या तो लौट आये या फिर लौटने के निर्णय पर पहुँच गये।

दलित समुदाय ने अकेले ही जोखिम उठाया। वह नए गाँव और नए शहर की तलाश में आगे निकल गया। कोई दूसरा इस सामाजिक और मनोवैज्ञानिक परियोजना में साझीदार होने को तैयार था ही नहीं। अकेले पड़ जाने की अनुभूति ने सदियों से हो रहे अन्याय के प्रति उनकी वाणी को और कर्कश बना दिया। उनकी मुद्रा युद्ध की हो गयी और अभिव्यक्ति आक्रामक। अकेलेपन ने उन्हें बार-बार अपने निजी अनुभव की ओर मोड़ा जिसकी प्रामाणिकता पर अत्यधिक जोर देने के कारण उनकी चेतना का कला रूप यथार्थवाद तक ही सीमित रह गया। राजनीतिक जुड़ाव ने उसमें पूर्वनिर्धारण के तत्त्वों की समस्या पैदा कर दी।[३] लंबे सफर के गर्द-गुबार ने कई बार इस चेतना के चमकदार पक्षों को धुँधला किया। युद्ध और रचना के अंतर्गुंफन में युद्ध हावी नजर आया। इस तरह दलित-चेतना अपनी आत्मसंभवा अभिव्यक्ति खोजने की डगर पर चल पड़ी।

अकेले चलने के तर्क

दलित-चेतना और उसके साहित्य को क्यों जन्म लेना पड़ा—इसके ऐतिहासिक कारणों पर एक नजर डालते ही 'एकला चलो रे' का तर्क समझ में आ जाता है। रानाडे और फुले जैसे उदारतावादी और रेडिकल तत्त्वों के मिश्रण ने महाराष्ट्र में जिस जातिवाद-विरोधी आंदोलन की नींव डाली थी, मराठी साहित्य ने उससे प्रेरणा लेने से लगभग इंकार कर दिया। वहाँ किसी शिवशंकर पिल्लै ने झाड़ूबरदार का

बेटा नहीं लिखा। न ही किसी प्रेमचंद ने **ठाकुर का कुआँ, सद्गति** या **कफन** जैसी कहानियाँ रचीं। कोई हैरियट बीचर स्टो भी वहाँ पैदा नहीं हुई जो अंकल टॉम की कुटिया बना कर सवर्ण समाज के हृदय को अपराधबोध से भर देती। यू.आर. अनंतमूर्ति के **संस्कार** और **भारतीपुर** के मनोजगत से मराठी साहित्यकारों का दूर का रिश्ता भी नहीं था। जो साहित्य जातिवाद-विरोध के सीमित परिप्रेक्ष्य को भी अभिव्यक्ति देने में नाकाम रहा, दलित-चेतना उसके लिए कल्पनातीत ही होनी चाहिए थी। प्रगतिशील साहित्य का आंदोलन भी समता की आकांक्षा को पूँजीपति बनाम श्रमिक के वर्गीय सूत्रीकरण के तहत ही व्यक्त कर पाया और मार्क्सवादी साहित्यकार कम्युनिस्ट सिद्धांतकार नंबूदिरीपाद के मुताबिक 'अछूतों के बेकार में ही उठ आये पचड़े' को अछूत मानते रहे।[४] नारायण सुर्वे जैसे उसी मार्क्सवादी ने दलित-चेतना का स्पर्श प्राप्त किया जो स्वयं दलित समाज से आया था। इस विशिष्ट परिस्थिति ने दलित-चेतना को अकेले ही मुहिम चलाने का पहला तर्क प्रदान किया।

जिन क्षेत्रों ने अधिक सामाजिक संवेदनशीलता प्रदर्शित की, वहाँ का साहित्य अगर जातिवाद-विरोध के परे जाने की चुनौती स्वीकार कर लेता तो दलित-चेतना की अकेले चलने की बढ़ती हुई प्रवृत्ति में बदलाव आ सकता था। समस्या यह थी कि वहाँ **संस्कार** आड़े आ चुका था। नारणप्पा और प्राणेशाचार्य जैसे जातिवाद-विरोधी चरित्र अपनी इच्छा से स्वतंत्र एक विराट अतीत, एक सुसंगठित अग्रहार से युक्त वर्तमान और एक सुनिश्चित विचारधारा के टुकड़ों से बने भविष्य को लाँघने का जोखिम नहीं उठा पाए। इसके विपरीत अक्करमाशी[५] के घिनौने और अतीतविहीन वर्तमान में जीती हुई अछूत और जारज संतान ठीक उसी तरह अपने खोल से बाहर निकल आयी जिस तरह 'साँप केंचुल छोड़कर'[६] निकल आता है।

दलित-चेतना किस तरह जातिवाद-विरोध के आगे की चीज थी और क्यों वह केवल दलितों में ही जन्म ले सकती थी—इस शंका का एक मोटा-मोटा जवाब, जातिवाद-विरोधी साहित्य और दलित साहित्य के कुछ उदाहरणों पर तुलनात्मक दृष्टि डालने से मिल सकता है। अनंतमूर्ति हमें बताते हैं कि जाति-प्रथा के दैवी कारागार से छूटने के लिए दलित ही नहीं ब्राह्मण भी छटपटा रहे हैं। उनके कन्नड़ उपन्यास **संस्कार** में नारणप्पा और प्राणेशाचार्य ऐसे ही पात्र हैं। नारणप्पा विद्रोह कर चुका है और अब बारी प्राणेशाचार्य की है। वे शंकाओं की दुनिया में चक्कर लगाते हुए ब्राह्मणत्व की निस्सारता समझ लेते हैं। सवाल यह है कि ये दोनों पात्र पुनः अग्रहार की तरफ आने के लिए क्यों अभिशप्त हैं? नारणप्पा का शव अग्रहार की सीमा पर रखा हुआ अंत्येष्टि के लिए ब्राह्मणों का इंतजार कर रहा है क्योंकि उसी ने ब्राह्मणों को छोड़ा था, ब्राह्मणों ने उसे नहीं। प्राणेशाचार्य अपने वर्तमान की व्यर्थता का साक्षात्कार करने के बावजूद किसी नए अग्रहार के निर्माण का संकल्प नहीं लेते वरन् वापस आने का निर्णय करते हैं। **संस्कार** के ये पात्र जातिवाद-विरोधी संघर्ष-चेतना के शास्त्रीय उदाहरण हैं। इन्हीं में इस संघर्ष की संभावना और

सीमाएँ निहित हैं। इनके विपरीत शरणकुमार लिम्बाले की आत्मकथा **अक्करमाशी** का नायक दलित बस्ती की तरफ लौटने की जितनी कोशिश करता है, उतना ही उससे दूर होता चला जाता है। वह कमरे में कई कदम चलता है। अपने अवैध पिता का उपनाम पाने के लिए संघर्ष करता है, फिर उसी उपनाम के आवरण में जाति छिपाता घूमता रहता है। 'जय भीम' और 'नमस्कार' अभिवादन के बीच चुनाव के ऊहापोह को लाँघता हुआ शरण कुमार दाँत-पर-दाँत जमा कर अपनी आत्मकथा लिख डालता है। दादी, काका, माँ, पत्नी, बहन और अधिकांश दलित समाज उसे अपनी ओर खींचता है लेकिन वह अपनी केंचुल छोड़ देने के लिए संकल्पबद्ध साबित होता है ताकि नया व्यक्ति त्व ग्रहण कर सके। प्राणेशाचार्य और नारणप्पा काल्पनिक पात्र हैं और लिम्बाले वास्तविकता है। अनंतमूर्ति यथार्थवाद से आगे के कलाकार हैं और शरणकुमार यथार्थवाद की शुरुआती सीढ़ियाँ ही चढ़ सके हैं। लेकिन यह केवल तकनीकी फर्क है। चेतना के धरातल पर दोनों अलग-अलग धाराओं का प्रतिनिधित्व करते हैं। लिम्बाले की दलित-चेतना धारा अनंतमूर्ति की चेतना धारा के बिना नहीं बन सकती थी लेकिन उसकी गुणवत्ता अलग ही तरह की होनी थी।

संस्कार के ब्राह्मण पात्रों के पास उनकी इच्छा से स्वतंत्र एक अतीत है। एक सुनिश्चित विचारधारा के तंतुओं से बनी भविष्य-दृष्टि है। वे अपने वर्तमान से घबरा कर आगे-पीछे भागते हैं। नारणप्पा तो दलित जीवन में अर्थात् अतीत में ही फरार हो जाता है। अतीत से उलटे कदम चलते वक्त वही छोड़ा हुआ अग्रहार उसका पड़ाव बनता है और भविष्य में जाने की उसकी संभावनाएँ विद्रोह का जोखिम उठाने के बावजूद समाप्त हो जाती हैं। प्राणेशाचार्य नारणप्पा के रास्ते पर चलने से बाल-बाल बचते हैं। धर्मनिष्ठा और बौद्धिक मंथन उन्हें नयी चेतना का स्पर्श दिलाता है। लेकिन यह झटका पीठ पर लदे हुए भारी-भरकम अतीत और एक सुविचारित भविष्य-दृष्टि का बोझ उतारने के लिए काफी नहीं होता।

लिम्बाले के सामने ऐसी कोई समस्या नहीं है। उसका काका मुसलमान है, पिता गाँव का पाटिल है जिसके घर में घुसना उसके लिए कल्पनातीत है। लिम्बाले महाराष्ट्र के दलित हैं लेकिन साथ में वे उत्तर प्रदेश के जौनपुर जिले में स्थित माधोपुर गाँव के उन चमारों के प्रतिनिधि भी हैं जो अपनी तीन पीढ़ियों से पीछे का अतीत जानते ही नहीं थे।[७] उनके इतिहास के बारे में माधोपुर के राजपूत जमींदारों को ज्यादा जानकारी थी। इसलिए अतीत लिम्बाले को रोकने के लिए शक्तिहीन है। वह भविष्य के निर्माण में पृष्ठभूमि की भूमिका अदा नहीं करता। लिम्बाले को केवल वर्तमान से ही मुक्त होना शेष है, एक ऐसे वर्तमान से जो अग्रहार की तरह सुगठित नहीं है वरन बंबई के कुलियों और बर्तन माँजने वालियों के बीच बिखरा हुआ है। लिम्बाले के रक्त-संबंधों की शिनाख्त तलाशने पर भी नहीं हो पाती। अपने-आपको छोड़ने की यह कार्रवाई भी कोई सहज-सरल और स्वाभाविक नहीं हो सकती थी। अपने वर्तमान को, चाहे वह कितना ही घृणित क्यों न हो, बिरले

ही त्याग पाते हैं, क्योंकि दलितों को छोड़ कर आमतौर पर सभी के पास कोई न कोई गर्व करने लायक अतीत अवश्य होता है। इस त्याग में अभिव्यक्ति के विकृत हो जाने का खतरा भी रहता है। साँप की तरह केंचुल छोड़ने की उपमा में इसे देखा जा सकता है। प्राणेशाचार्य के लिए **संस्कार** की दलित नायिका यौन-संवेदना की स्रोत भी है। यह संवेदना लिम्बाले के पास नहीं है। वह अपनी प्रेमिका के सान्निध्य में वैसी थरथराहट महसूस नहीं कर पाता। एक सुंदर औरत का वर्णन लिम्बाले के शब्दों में 'बाघ की जीभ की तरह गोरी' के रूप में होता है। लिम्बाले की कहानी में बिखराव है, उपन्यास का सुगठित विस्तार नहीं। केंद्राभिमुखता के अभाव से ग्रस्त दलित साहित्य एक तरह की अनिवार्य विकेंद्रीयता से ओत-प्रोत है। इसलिए उस में उपन्यासों की रचना यदा-कदा ही होती है। दलित-चेतना का सौंदर्यशास्त्र जातिवाद-विरोधी चेतना के सौंदर्यशास्त्र से एकदम अलग है। क्या त्यागना और क्या ग्रहण करना है—उसके चुनाव की शर्तें और परिस्थितियाँ एकदम अलग हैं।

अक्करमाशी बाहर कैसे निकला? वह क्यों निकलना चाहता था? वही और केवल वही दलित-चेतना का वाहक क्यों बन सका? नारणप्पा या एन.जी. रंगा का हरिजन नायडू (हरिजन नेता) यह भूमिका क्यों नहीं निभा पाया?[८] बाहर निकल कर अक्करमाशी, **बलुतं** (अछूत : दया पवार) या **उचल्या** (उठाईगीर : लक्ष्मण गायकवाड़) अब कहाँ जाने की तैयारी में है? उसका पथ-प्रदर्शक कौन है? या उसकी चेतना पूरी तरह स्वायत्त हो चुकी ? दलित-चेतना की व्याख्या इन सवालों के उपयुक्त जवाबों की माँग करती है।

लंबी छलाँग के बाद

दरअसल, कमरे में काफी चल चुकने के बाद दलितों ने देखा कि वे अभी भी न केवल कमरे में हैं वरन उन के पैर जातिवाद के नए रूपों की गाद में धँसे हुए हैं। आंबेडकर को पता था कि उनकी पत्नी पंढरपुर के विठोबा के प्रति अपने हृदय की समस्त भक्ति के बावजूद मंदिर की सीढ़ियों के पास बनी हुई चोखामेला की समाधि से आगे नहीं बढ़ पाएगी। इसलिए उन्होंने पत्नी को रोका और कहा कि नया पंढरपुर बनने का इंतजार करो। बीस वर्ष तक उन्होंने दिमाग में इस नवनिर्माण का नक्शा तैयार किया और १९५६ में एक ऐसा क्षण आया जब धर्मांतरण के मौके पर अखबारों ने लिखा कि जैसे वहाँ एक नया पंढरपुर बन गया हो। इस क्षण को केवल धर्म-परिवर्तन की नजर से देखना ऐतिहासिक अन्याय होगा। इतिहास में मोटे तौर पर इतना ही दर्ज है कि उस दिन अस्पृश्यता के शिकार लाखों हिंदू बौद्ध बन गये। लेकिन दलित-चेतना के लिए तो वह मनोवैज्ञानिक मुक्ति का क्षण था जिसकी मदद से उस समुदाय का एक उल्लेखनीय अंश दरवाजा पार करने के लिए लंबी छलाँग लगा सका।[९]

धर्मांतरण का महत्त्वपूर्ण पहलू सिर्फ एक धर्म त्याग कर दूसरा धर्म अपनाना नहीं था। बौद्ध धर्म के कर्मकांडी पक्ष को आंबेडकर ने और उनके साथ अन्य

दलितों ने पहले ही ठुकरा दिया था। वे परंपरागत बौद्ध नहीं बने। अछूत छात्रों ने अपने कमरों में देवी-देवताओं की तस्वीरें उतार कर खिड़की के बाहर फेंक दीं। उनकी जगह बुद्ध की तस्वीर जरूर लगाई लेकिन केवल प्रतीकात्मक रूप में। सामाजिक संगठन, निजी जीवन और यहाँ तक कि चिंतन पर उसका कोई असर नहीं पड़ा। दलित साहित्य का नामकरण बौद्ध साहित्य नहीं हुआ। ऐसे सभी प्रयासों का जम कर विरोध किया गया।[१०] हिंदू-चेतना की प्रतिक्रिया में कोई बौद्ध-चेतना नहीं जन्मी। जाहिर है कि दलित-चेतना ने बुद्ध धर्म को एक पेचकस की तरह इस्तेमाल किया और अपने दिमाग की मशीन से प्रारब्धवाद के पेच खोल कर वह टुकड़ा ही निकालने की शुरुआत कर दी जिसके कारण बंधुमाधव की कहानी **जहरीली रोटी** का नायक येतल्या एक छोटी-सी बगावत के बावजूद वही रोटी खा कर प्राण त्यागने पर विवश हो गया था। चेतना की इसी परत के कारण **जब आकाश फट पड़ा था** के सखा चाचा का देहांत शिक्षित और समझदार होने के बावजूद सवर्ण अफसर का ताँगा अपने सीने पर झेलने के कारण होता है।

मनोवैज्ञानिक मुक्ति का यह क्षण प्राप्त करना बेहद मुश्किल था। राजनीतिक रणनीति के मुकाबले प्रति-रणनीति बनाना, सवर्णों की पार्टी के मुकाबले अवर्णों की पार्टी बनाना, सत्याग्रह से ले कर हड़ताल तक के नुस्खे इस्तेमाल करना, शिक्षा के लिए कालेज और छात्रावास खोल देना, आरक्षण से अफसरी हासिल कर लेना और वोट के संतुलनकारी प्रयोग के जरिए सत्ता में हिस्सेदारी प्राप्त कर लेना अपेक्षाकृत आसान था। १९५६ से पहले ऐसी सभी कोशिशें की जा चुकी थीं। सबसे बड़ा जोखिम उठाना ही बाकी था जिसके लिए जातिवाद-विरोधी संघर्ष की सफलताओं ने जमीन तैयार कर दी थी। चेतना की नियतिवादी और नकारवादी परतों के पलड़े ऊपर-नीचे हो रहे थे। **संस्कार** और **हरिजन नायकुडू** की चेतना नियतिवाद पर प्रश्न लगा कर रुक गयी थी। धर्मांतरण से हुई मनोवैज्ञानिक युक्ति ने येतल्या और सखा चाचा के रूप में नियतिवाद पर पहली सफल चोट की। दलित आत्मकथाओं में पुराना कलेवर छोड़ कर नया व्यक्तित्व प्राप्त करने की छटपटाहट दिखाई देने लगी। बाबूराव बागुल और शंकर राव खरात की कहानियों में एक सृष्टि की उत्कट आकांक्षा प्रतिध्वनित होने लगी।

चेतना की दूसरी परत

दलित-चेतना के लिए धर्मांतरण क्या काम कर सकता था, इसका एक अंदाजा वरिष्ठ कहानीकार बंधुमाधव[११] की कहानी **जहरीली रोटी** है। येतल्या एक परंपरागत 'वतनदार' महार है जिसे जमींदार बापू पाटिल के यहाँ दिन-भर हाड़तोड़ मेहनत करने के बावजूद अपना हक़ नहीं मिलता। जायज होने के बावजूद यह हक उसे गिड़गिड़ा कर माँगना पड़ता था। येतल्या का ख्याल है कि उसके पोते महादेव की बगावत भरी बातों से नाराज हो कर ही बापू पाटिल ने उसे 'हक' नहीं दिया। येतल्या प्रारब्ध से बँधा हुआ है। महादेव बाहर से आया है और स्वायत्त चेतना के

कुछ तत्त्व उसमें मौजूद हैं। वह अपने दादा को मिलनेवाली गालियों का प्रतिवाद करता है और अपने दादा को भी ललकारता है कि उसे अब यह परंपरागत पेशा ठुकरा देना चाहिए। येतल्या इंन बातों पर कान नहीं देता। महादेव व्यंग्य करने लगता है। इस बहस के दौरान ही येतल्या प्रारब्ध से बँधी अपनी चेतना की कुछ ऐसी परतें खोलता है जिनमें नए विचारों के प्रति ग्रहणशीलता है। वह उत्तेजित हो कर गू-मूत से सनी रोटी कुत्ते के सामने फेंक देता है। यह छोटी-सी बगावत असफलता के अंदेशों से आक्रांत है। बाद में **जहरीली रोटी** के वही टुकड़े खा कर येतल्या को प्राण गंवाने पड़ते हैं। बंधुमाधव की एक और कहानी **जब आकाश फट पड़ा था** में भी येतल्या जैसा ही पात्र है सखा चाचा।[१२] वह भी भवितव्यता और स्वायत्त-चेतना के संघर्ष का प्रतिनिधि चरित्र है। 'जहरीली रोटी' में युवा और रेडिकल महादेव चेतना की दूसरी और सुप्त परत को अपनी बातों से उकसाता है, लेकिन सखा चाचा में यह अंतर्द्वन्द्व बिना किसी बाह्य प्रेरणा के मौजूद है। ये चरित्र बताते हैं कि आम अशिक्षित दलित अपने प्रारब्धवाद के बावजूद अवचेतन में उसके विपरीत तत्त्वों को छिपाए हुए है। धर्मान्तरण ने इसी परत को सुप्तावस्था से निकालने और प्रारब्धवादी विचारधारा से पिण्ड छुड़ाने में दलितों की मदद की।[१३]

दलित रचनाशीलता के लिए मनोवैज्ञानिक मुक्ति का कितना महत्त्व था—इस का पता आंबेडकर के निजी जीवन से भी लगता है। उनके जीवनीकार और रचनाओं के संपादक वसंत मून बताते हैं कि बचपन में आंबेडकर परीक्षाओं में अच्छे नंबर नहीं ला पाते थे क्योंकि स्कूल में ऊँच-नीच का माहौल उनकी प्रतिभा का दमन कर देता था।[१४] आंबेडकर की यही प्रतिभा विदेश जा कर खूब फली-फूली क्योंकि उन्हें वहाँ जकड़बंदी का नहीं, मुक्ति का एहसास होता था। भारतीय सामाजिक जीवन दलितों के वैचारिक अग्रगमन के लिए कितना असुविधाजनक है, इसकी अनुभूति भी आंबेडकर के जीवन से होती है। कोलंबिया विश्वविद्यालय में पढ़ते समय बाबासाहेब मानते थे कि अछूत समस्या हिन्दू समाज में एक अनावश्यक विकृति की तरह पैदा हो गयी है। वे अछूतों को एक अलग प्रजाति, राष्ट्रीयता या समुदाय या उपनिवेशबद्ध नहीं मानते थे।[१५] इस जगह वे गाँधी के नजदीक थे। गाँधी भी छुआछूत को हिंदू समाज की अंदरूनी समस्या मानते थे। समय आने पर संघर्षों के कई दौर की कटु असफलताओं के कारण आंबेडकर के विचारों में क्रमशः परिवर्तन हुआ और आखिर में वे अछूतों की अलग अस्मिता रचने का प्रयास करते दिखाई दिये। इस विश्लेषण में पृथकतावाद और संकीर्णता देखने की गलती हमें नहीं करनी चाहिए क्योंकि अलग राष्ट्र बनाने की सिफारिश उन्होंने केवल मुसलमानों के लिए की थी। हाँ, वे स्वायत्तता जरूर चाहते थे। वे भारतीय समाज में अलग शिनाख्त बना कर विलीन हो जाना चाहते थे। अलग पहचान ही विलय की शर्तों को बराबर का आधार दे सकती थी और उसके लिए उन्हें एक गौरवशाली अतीत की आवश्यकता थी। बौद्ध-धर्म सुदूर अतीत का एक लुप्तप्राय अंश था। उसकी टिमटिमाती हुई लौ में वर्तमान और भविष्य निर्माण की कीमियागीरी असंभव

थी। हालाँकि आंबेडकर ने दलितों को एक बौद्ध अतीत देने की भरसक कोशिश की, लेकिन उनके बाद की दलित-चेतना ने बौद्ध धर्म से अलग हट कर 'अतीत-निर्माण' का बीड़ा उठाया। इस मामले में वह आंबेडकर की अनुयायी नहीं वरन उनका विकास साबित हुई।

युद्ध और भक्ति के द्वंद्व में 'अतीत-रचना'

दलितों के पास बारहवीं, तेरहवीं और पंद्रहवीं शताब्दी के दलित संत कवियों की उपलब्धियाँ थीं। लेकिन 'अतीत-रचना' के अनिवार्य तत्त्वों के रूप में दलित बुद्धिजीवियों ने उन्हें स्वीकार नहीं किया। चोखामेला एवं रैदास[१६] के उदाहरण उनके सामने थे कि जातिवादी विचारधारा में आध्यात्मिक मुक्ति अर्थात् मोक्ष का आश्वासन उन्हें पहले से ही मिला हुआ है। किंवदंती के अनुसार दोनों संत कवियों को मोक्ष मिला लेकिन वह विठोबा अथवा राम से उनके एकांत और प्रत्यक्ष तादात्म्य का फल नहीं था। दोनों महाभक्तों को बार-बार अपनी भक्ति सिद्ध करनी पड़ी। रैदास को तो अपनी चमड़ी उचेल कर जनेऊ तक दिखाना पड़ा। दरअसल, यह मोक्ष दूसरों द्वारा निर्धारित जगह ही थी। इस आध्यात्मिक समता की उपलब्धि से सामाजिक समता के पहलू गायब थे। चोखामेला पंढरपुर के मंदिर की सीढ़ियों के नीचे भजन करते रहे। मंदिर की दीवार में ही दब कर उन्हें मोक्ष मिला। फिर भी उनकी समाधि वहीं सीढ़ियों के नीचे ही बन सकी। रैदास ने जीवन-भर चमड़ा घोटा और ब्राह्मणों की साजिशों एवं ईर्ष्या के लक्ष्य बने रहे।[१७]

भक्तिकाल का यह हिस्सा अक्सर दलितों के लिए गौरव योग्य अतीत के रूप में पेश किया गया है। इसी निरंतरता में चोखामेला के छूटे हुए काम को पूरा करने के लिए साने गुरुजी ने अनशन किया और अछूतों को मंदिर-प्रवेश का अधिकार दिलाया। उधर समाजवादियों ने विश्वनाथ मंदिर में अछूतों के प्रवेश के लिए पुलिस की लाठियाँ खाईं। यह एक चुके हुए परिप्रेक्ष्य को पुनर्जीवित करने की कोशिश ही थी जबकि दलितों का एजेंडा कभी का बदल चुका था। धर्मांतरण के कारण उन के मानस में मंदिर-प्रवेश की संभावना से हलचल होनी बंद हो गयी थी। उनमें पुराने नहीं, 'नए अतीत' की चाह थी। उनकी जरूरत एक ऐसा इच्छानुकूल इतिहास बनाने की थी जिसके जरिए वे वर्तमान को दूरबीन की तरह लगा कर भविष्य में झाँक सकें।

एक नए अतीत के निर्माण की परियोजना इस लिहाज से सुविधाजनक थी कि उसमें तथ्यों की जगह मिथकों से काम चलाया जा सकता था। विशुद्ध और निर्मम इतिहास वहाँ अनावश्यक था क्योंकि वह तो अतीत का संघटन करने के बजाय विखंडन ही कर देता। चूँकि दलितों का अतीत उन पर बाध्यकारी नहीं था इसलिए वे अपनी मर्जी से मिथकों का योजनाबद्ध चुनाव कर सकते थे। आंबेडकर ने देखा कि महारों ने फौज में भर्ती हासिल करके अस्मिताहीनता से छुटकारा पाने की शुरुआत की है। खुद उनके पिता फौज में सूबेदार थे। उन्नीसवीं शताब्दी के आखिर

में आंबेडकर के एक पूर्वज अवकाशप्राप्त हवलदार गोपालनक विट्ठलनक वेलन कर द्वारा लिखित ज्ञापन से उन्हें मालूम हुआ कि सौ साल के इतिहास में महारों के लिए अंग्रेज फौज में भर्ती होना सबसे ज्यादा शानदार बात थी।[१८]

आंबेडकर की कोशिशों से उधर महार रेजिमेंट बनी और इधर दलित चेतना में युद्ध की प्रतीकात्मक और व्यावहारिक महत्ता बढ़ने लगी। संत कवियों से तो दलित बुद्धिजीवी कतरा कर निकल ही चुके थे। पुणे के मंदिर का चोखामेला पर नामकरण आंबेडकर को मंजूर न था।[१९] इस परिस्थिति में पराक्रमी अमृंतक की दंतकथा महारों के काम आई। खूबसूरत रानी को शत्रु के पंजे से छुड़ाने की मुहिम पर जाने से पहले अमृंतक ने अपना यौनांग काट कर लकड़ी के बक्से में रख कर वफ़ादारी की अमानत बतौर राजा को भेंट कर दिया था। एक अरसे बाद जब अपनी तलवार और चमत्कारी घोड़े के दम पर वह रानी को छुड़ा कर लाया तो राजा ने रानी की पवित्रता पर शक किया। इस पर अमृंतक हँसा और उसने राजा को लकड़ी का बक्सा खोल कर रानी की पवित्रता और अपनी वफादारी का सबूत देखने को कहा। पराक्रम और आत्मत्याग की इस कहानी ने महारों के रोंगटे खड़े कर दिये।[२०] शुरुआती दलित कहानीकार अण्णा भाऊ साठे ने **फकीरा** और **सवाला माँग** जैसे योद्धा और रॉबिनहुड सरीखे चरित्रों की रचना की और इस प्रक्रिया में साहित्यिक योगदान किया। बाद के दलित साहित्यकारों ने तो युद्ध को अपना प्रतीक ही बना लिया। **जब मैंने अपनी जाति छिपायी थी** के यशस्वी कथाकार बाबूराव बागुल ने लिखा है—'इस देश में पैदा होने की गलती की है तो अब उसे सुधारो, या तो इसे त्याग दो, या युद्ध करो।' दलित साहित्यकारों के सामने हमेशा से ही युद्ध को न चुनने की स्वतंत्रता थी। वे विकल्प के रूप में पलायन अपना सकते थे पर उन्होंने ऐसा नहीं किया।

धीरे-धीरे दलित समीक्षकों ने विश्व-साहित्य से कला की वे परिभाषाएँ चुन लीं जो कला को युद्ध और हथियार की तरह देखती थीं। उन्होंने कामू के इस कथन को उद्‌धृत किया—'सिर्फ युद्ध के बीच ही कलाकार को मिल सकती है शांति, और कहीं नहीं।' चूँकि वे युद्ध का इस्तेमाल एक मिथक के रूप में कर रहे थे, इसलिए उसे शाश्वत बना देना भी उनके लिए जरूरी था। यहाँ पर सार्त्र उनके काम आये—'लेखन केवल लिखना ही नहीं, एक कार्रवाई है, और बुराई के खिलाफ मनुष्य के सतत संघर्ष में लेखन को सायास एक हथियार की तरह इस्तेमाल करना चाहिए। लेखक को यह बात समझनी चाहिए।'[२१]

मराठी दलित साहित्य के अलावा भी अन्य भाषाओं की दलित साहित्य-धाराओं में युद्ध और संघर्ष को स्थापित करने के उदाहरण देखे जा सकते हैं। हिन्दी की क्षीण-सी दलित काव्यधारा में महाभारत काल के दो दलित योद्धा प्रतीकों, एकलव्य और घटोत्कच का तो आह्वान है ही, साथ ही वहाँ एक नया दलित शौर्य का प्रतीक भी है—रानी लक्ष्मीबाई की सहेली झलकारी बाई।[२२] महिला होने के कारण यह प्रतीक एक विशिष्ट रूप प्राप्त कर लेता है। झलकारी पर लिखी अर्चना वर्मा की कविता की कुछ पंक्तियाँ खुद-ब-खुद झलकारी की कहानी कह देती हैं

और नए तथ्यों का सृजन भी करती है :

थी शक्ल भी उसकी रानी की, भेष बनाया रानी-सा।
ले तलवार, घोड़े पर सवार, रानी को बाहर पहुँचाया।

मुंड कटे और लाश बिछीं, गोरों को ललकारी थी।
अंग्रेजों से लोहा लेने रण में कूदी झलकारी थी।

अचूक निशानेबाज थी वह, त्याग, शौर्य साहस का रूप।
पति शहीद हुए बेफिक्र रही, रण में फिर भी वह लड़ी खूब।

मनुवादी बरतें भेदभाव, कोरिन अछूत वह नारी थी।
..........रण में कूदी झलकारी थी।

जाहिर है कि इस कविता को सुभद्रा कुमारी चौहान की 'खूब लड़ी मर्दानी' की तर्ज पर लिखने की कोशिश की गयी, लेकिन रचना तुकबंदी से आगे नहीं बढ़ पाई। इस कलात्मक अकुशलता को नजरंदाज करते ही हमें एकदम नयी चीज के दर्शन होते हैं। दलित वर्गों के स्वाधीनता संग्राम में योगदान का तथ्य झलकारी के रूप में गढ़ कर पेश कर दिया गया है। आम धारणा और तथ्य इसके विपरीत हैं। महारों का युद्ध से संबंध ईस्ट इंडिया कंपनी की फौज में शामिल होने का फलितार्थ था। आंबेडकर ने अंग्रेजों की तरफ से लड़नेवाले महार वीरों को सम्मानित किया था।[२३] 'सबाल्टर्न' इतिहासकार भी निचले वर्ग की जिस स्वतःस्फूर्त राजनीतिक-चेतना का उत्सव रचते हैं वह सबसे निचला वर्ग दलित अर्थात पंचम वर्ण नहीं है। वह वर्णाश्रम के दायरे से अलग आदिवासी तबका है, जिसमें स्वायत्तता के पहलू काफ़ी मात्रा में बचे हुए हैं या फिर वे शूद्र लेकिन किसान जातियाँ हैं जो पंचायतों के आदेश पर विद्रोही सिपाहियों से मिल जाती हैं। या फिर वे कुलीन सामंत हैं जो 'सबाल्टर्न' परिभाषा के अनुसार 'अधीनस्थता' के दायरे में आते हैं।[२४]

दलित साहित्यकार यह चिंता नहीं करते कि इतिहास क्या कहता है—उन्हें तो नये रूपक बनाने हैं। दंतकथाओं से लिये गये हों अथवा निकट अतीत से। कन्नड़ दलित साहित्य में भी मडेश्वर की दंतकथा है। वह हमारे सामने 'लार्ड मडेश्वरा ऑफ सेविन हिल्स' के रूप में आता है। राजा की पालकी उठानेवाला और उसके लिए चप्पलें बनानेवाला दलितों का चमत्कारी ईश्वर मडेवा विराट पुरुष की तरह आकार में बढ़ता चला जाता है। एक विशाल वृक्ष को उखाड़ कर छड़ी की तरह इस्तेमाल करता हुआ मडेवा उसी राजा को गरदन पर पैर रख कर कुचल देता है।[२५]

युद्ध नहीं रचना भी

युद्ध में विश्वास आरोपित कर लेने के कारण दलित चिंतकों के लिए अग्रगमन के कुछ रास्ते खुले लेकिन कुछ बाधाएँ भी खड़ी हो गयीं। आंबेडकर ने कहा था कि बलि सिर्फ बकरियों की दी जाती है, शेरों की नहीं। इसलिए युद्ध के जरिए उन्होंने 'दलित' शब्द में से दलित भावना को निकाला और उसे 'पेंथर' से जोड़ दिया। दलित पेंथर के संस्थापक नामदेव ढसाल और राजा ढाले जैसे दलित कवि ही थे।

पेंथरों ने उसी कीर्तिस्तंभ के नीचे खड़े हो कर शपथ लेनी शुरू की जिस पर महार योद्धाओं के नाम अंकित हैं। इस तरह युद्ध को परंपरा और संगठन का रूप दिया गया। मुश्किल यह थी कि इसमें से रचना के तत्त्व कैसे निकाले जाएँ। अपने तात्कालिक रूप में युद्ध रचना की एंटीथीसिस (या विलोम) था और युद्ध के स्वचालित ढंग से रचना में परिवर्तन होने के लिए जितने समय की दरकार थी, उतना इंतजार करना दलितों के लिए नामुमकिन था। वे पहले ही शताब्दियों तक प्रतीक्षा कर चुके थे। इस उलझन को सुलझाने में भी आंबेडकर ने उनकी मदद की।

आंबेडकर एक समाजशास्त्री और राजनीतिज्ञ, समाज-सुधारक, अर्थशास्त्री और कानूनविद थे लेकिन वे साहित्यकार नहीं थे। कहने-भर के लिए माना जा सकता है कि आंबेडकर की आत्मकथा **मी कसा झालो** (मैं ऐसे बना) से प्रेरणा ले कर दलित साहित्यकारों ने आत्मकथा की विधा विकसित की।[२६] आंबेडकर में ही दलित साहित्य के स्रोत दिखाने के लिए यह उदाहरण दिया जाता है लेकिन साहित्य के क्षेत्र में आंबेडकर का असली महत्त्व कुछ और ही था। यह था एक पथ-प्रदर्शक और मनोवैज्ञानिक मुक्ति के द्वार पर दलितों को खड़ा कर देने का महत्त्व।

दलित आंदोलन पर विस्तृत काम करनेवाले इलिअनर जिलिअट ने अपने लेख 'गौरव का लोकगीत : समकालीन दलित विश्वास के तीन घटक' की शुरुआत बाबासाहेब द्वारा मराठी में लिखी गयी तीन पंक्तियों के अंग्रेजी अनुवाद से की है-

हिन्दुओं को चाहिए थे वेद, इसलिए उन्होंने व्यास को
बुलाया जो सवर्ण नहीं थे।

हिन्दुओं को चाहिए था एक महाकाव्य, इसलिए उन्होंने
वाल्मीकि को बुलाया जो खुद अछूत थे।

हिन्दुओं को चाहिए था एक संविधान, और उन्होंने
मुझे बुला भेजा।[२७]

ये पंक्तियाँ अंग्रेजी से हिन्दी में अनूदित हैं, फिर भी काफी शक्तिशाली भावनाओं से ओत-प्रोत लगती हैं। मूल मराठी में उनका प्रभाव निश्चित रूप से चमत्कारी होगा। ये पंक्तियाँ दलितों को संदेश देती हैं कि तुम कला और संस्कृति की रचना में किसी से पीछे नहीं हो। ये पंक्तियाँ और भी आगे जा कर दलितों को विश्वास दिलाती हैं कि वे कला और संस्कृति के मूल रचयिता हैं। इसके बाद दलित रचनाशीलता के अतीत-निर्माण में दलितों द्वारा लोककला के विभिन्न रूपों में परंपरागत भागीदारी के तथ्यों ने भी मदद की।

दया पवार को एक मराठी कहावत प्रिय है, जिसे मोटे तौर पर हिन्दी में इस तरह कह सकते हैं—ब्राह्मण के घर लिखना, कुनबी के घर अनाज और महार के घर गाना। जिलिअट बताते हैं कि गजट में माँग जाति का वर्णन 'विलेज म्यूजीशियन' के रूप में किया गया है। 'तमाशा' में महारों की भागीदारी एक

लोकमान्य तथ्य है। बीसवीं सदी में 'तमाशा' का जीर्णोद्धार करनेवाले ब्राह्मण बापूराव की संगिनी पवाला एक कलावंत और रूपसी महार नारी ही थी। हाल तक दादू इंदुरि कर (इंदु महार) तमाशा कला के बड़े महारथी थे। उत्तर भारत में नटनियों के साथ जुड़ी हुई किंवदंतियों और नौटंकी के रूपों का आज भी अस्तित्व है।[२८]

दलित कला के अतीत के लिए लोकरूपों का इस्तेमाल पूरी तरह समस्याविहीन नहीं था। तमाशा और नौटंकी में भाग लेनेवाली अछूत महिलाओं को चरित्रवान समझा जाता था। रंग-रुतबेवाले लोग इनका रखैलों की तरह इस्तेमाल करने से नहीं चूकते थे। इसलिए आंबेडकर ने दलित कला के संदर्भ में इस किस्म के तथ्यों को चतुराईपूर्वक सीमित रखा। यह भी एक कारण है कि दलित साहित्य में नाटक का आविर्भाव कुछ देर से हुआ।

अनार्यावृत्त का पंचम वेद

दलित चेतना की इन धाराओं को केवल मराठी दायरे में सीमित मान लेना अनुचित होगा। यह भी एक गलतफहमी है कि आधुनिक दलित साहित्य का जन्म सबसे पहले मराठी में हुआ था। तेलुगू क्षेत्र में जब गाँधी के हरिजनोद्धार से प्रभावित हो कर एन.जी.रंगा **हरिजन नायकुडु** (हरिजन नेता : १९३३) और उन्नव लक्ष्मीनारायण **मलापल्ली** (हरिजन बस्ती : १९२२) की रचना कर रहे थे उस समय मार्क्सवाद से प्रभावित युवा साहित्यकारों की एक पीढ़ी ने वर्गीय शोषण को केंद्र बना कर प्रभावशाली रचनाशीलता के नये आयाम प्रस्तुत किये। लेकिन राष्ट्रवादी साहित्य की भाँति यह वामपंथी साहित्य भी जातिगत भेदभाव और दमन की चक्की में पिसते हुए दलित समुदाय को मुक्तिकामी स्पर्श देने में नाकाम रहा। रंगा और लक्ष्मीनारायण ने हरिजनों को जाति-प्रथा के दायरे में मुक्ति का अधूरा सपना दिखाने की कोशिश की थी और वामपंथी कह रहे थे कि वर्ग-संघर्ष के सार्वभौम अपरंपार में शोषण के अन्य सभी रूप समा कर नष्ट हो जाएँगे। दलितों ने यह तर्क मानने से इंकार कर दिया। बीस और तीस के दशक में भाग्य रेड्डी वर्मा के नेतृत्व में आदि-आंध्र महासभा के दलित आंदोलन और तटवर्ती आंध्र के क्षेत्र में ईसाई मिशनरियों के शैक्षिक प्रयासों से बने माहौल में एक सर्वथा नयी दलित साहित्यिक-सांस्कृतिक परंपरा ने जन्म लिया। इसके शीर्ष पर गुर्रम जाषुवा थे जो अपनी प्रखरता और अनूठे कृतित्व के लिए दलित महाकवि कहलाये। जाषुवा के साथ थे भीमन्ना, कुसुम धर्मन्ना और स्वयं भाग्य रेड्डी वर्मा। इन विलक्षण प्रतिभाओं ने जिस साहित्य की रचना की और ऊँची जातियों की सांस्कृतिक धारा के सामने जो चुनौती पेश की वह आगे चल कर साहित्य का एक **पंचम वेद** ही बन गयी।[२९]

तेलुगू की ही तरह उत्तर भारत के हिंदी क्षेत्र में भी दलित साहित्य की संभावनाएँ तीस के दशक में ही दिखायी देने लगी थीं। इसकी पृष्ठभूमि में बीस के दशक में कानपुर में चले आदि-हिंदू आंदोलन द्वारा उत्पन्न विद्रोह की भावना थी। यह आंदोलन पंजाब के तत्कालीन आदि-धर्म आंदोलन, मद्रास के आदि-द्रविड़

आंदोलन और महाराष्ट्र में चल चुकी सत्यशोधकों की मुहिम जैसा था। इसके नेता स्वामी अछूतानंद और रामचरण दास थे।[३०] इन नेताओं ने एक नयी संस्कृति की रचना पर बल दिया जिसमें 'आत्मानुभव' और उसके जरिये होनेवाले 'आत्मज्ञान' पर नोट दिया गया। क्या समाज, नयी आराधना पद्धति, नया मंदिर और नया इतिहास रचने की इस कोशिश के पीछे दलितों को भारत का मूलवासी मानने और ऊँची जातियों को आक्रामक मानने की मान्यता निहित थी? ये नेता 'आर्यावृत्त' की जगह 'अनार्यावृत्त' बनाना चाहते थे। अछूतानंद का 'आत्मानुभव' आगे चल कर आंबेडकर की आधुनिकता के साथ समागम करके हिंदी दलित साहित्यकारों की दलित चेतना में रूपायित हुआ। इसी जमाने में महावीर प्रसाद द्विवेदी की सरस्वती में हीरा डोम की कविता 'अछूत की शिकायत' प्रकाशित हुई और कानपुर के ही एक अछूत मिल-मजदूर काशी बाबा ने 'छोटे और बड़े का सवाल' शीर्षक से एक कहानी की रचना की।[३१]

तेलुगू और हिंदी में मिलनेवाला दलित साहित्य का यह ऐतिहासिक परिप्रेक्ष्य आगे चल कर साम्राज्यवाद-विरोधी आंदोलन में गाँधी और काँग्रेस द्वारा सामाजिक-सांस्कृतिक परिदृश्य पर हावी होते चले जाने के कारण नेपथ्य में चला गया। आंबेडकर के नेतृत्व में दलित-हितों ने गोलमेज सम्मेलनों में गाँधी और अंग्रेजों के सामने अपनी शर्तें रखीं क्योंकि स्वराज उनके लिए समता की आकांक्षा के अलावा कुछ नहीं हो सकता था। १९६५ के बाद जैसे मराठी में दलित साहित्य का उद्घोष हुआ, वैसे ही न केवल जाषुवा और भीमन्ना की तेलुगू में, न केवल हीरा डोम और काशी बाबा की हिंदी में बल्कि गुजराती, तमिल और कन्नड़ में भी दलित साहित्य की धाराएँ फूट पड़ीं।

मराठी के बाद अगर किसी भाषा में दलित साहित्यकारों ने अपेक्षाकृत संपूर्णता और कौशल के साथ समांतर सौंदर्यशास्त्र और समांतर अतीत रचने का प्रयास किया तो वह तेलुगू थी। उन्हें इस दिशा में एक हद तक सफलता भी मिली। इसका कारण था तीस और चालीस के दशक की वह समृद्ध रचनाशीलता जो उस जमाने के ब्राह्मण साहित्यालोचकों के हृदय को दग्ध कर जाती थी। ऊँची जातियों के इन साहित्यिक सिपहसालारों के हाथों ने अपने घोर अपमान और उपेक्षा का जवाब गुर्रम जाषुवा के इन शब्दों में दिया :

> *मेरी कविता-सुंदरी की विभा को देख कर जिसने प्रशंसा की, उसी ने जाति के बारे में पूछा और उठ कर चला गया तो ऐसा लगा जैसे उसने मेरी छाती में छुरी भोंक दी हो। कैसी लज्जा की बात है? ... जो दो कौड़ी के नहीं हैं ऐसे ईर्ष्यालु काकों का झुंड कितना ही शोर मचाये, मुझे शारदा ने वरण किया, वह मुझे नहीं छोड़ेगी। मेरी कविता की अमृतधारा से वह दस सागर बना जायेगी।*[३२]

जाषुवा की चुनौती के साथ कंधे से कंधा मिलाते हुए उनके समकालीन भीमन्ना ने **राघवशिष्टम** की रचना की जिसमें अतीत-रचना की कलात्मक कोशिशें की गयीं। इस नाटक में ब्राह्मण ऋषि वशिष्ठ और मतंगी कन्या अरुंधती के विवाह

से उत्पन्न हुई संतानों को दलितों का जातीय स्रोत साबित करने की कोशिश की गयी थी।[33] जाषुवा बार-बार भगवान के सामने प्रश्न करने की मुद्रा में खड़े होते थे। वे पूछते थे कि यह पंचम कहाँ से आया? हमने सुना है उसके बूढ़े ब्रह्मा ने चार बेटे पैदा किये। यह टूटा हुआ पशु से भी हीन पंचम कहाँ से आया? यह वैसा ही सवाल था जैसा ई.वी. रामस्वामी नायकर पेरियार ने कभी द्रविड़ आंदोलन के तूफानी वर्षों में अपनी एक जनसभा में पूछा था।

विभिन्न भाषाओं के दलित साहित्यकारों ने १९६५ के बाद अपनी रचनाओं में जाषुवा के इस प्रश्न का उत्तर उसी प्रखरता से देना शुरू किया जिस तरह वह अपनी भव्य दाढ़ी में शेर जैसे लगनेवाले पेरियार के मुँह से निकला था। पेरियार ने कहा था कि ब्राह्मण ब्रह्मा के मस्तक से, क्षत्रिय वक्ष से, वैश्य जंघाओं से और शूद्र पैरों से पैदा हुआ। लेकिन केवल पंचम की पैदाइश ही स्वाभाविक थी, केवल वही स्त्री-पुरुष के समागम से जन्मा। पेरियार के इस दिलचस्प दावे को जोतिबा फुले द्वारा 'प्रतिपादित आर्य बनाम अनार्य' के मिथकीय संघर्ष से जोड़ कर दलित साहित्यकारों को एक हद तक अतीत से संबंधित प्रश्न हल करने की सामग्री मिल सकती थी। दलित साहित्य की दलितों द्वारा की गयी वैचारिक व्याख्याओं में बार-बार बीसवीं सदी की शुरुआत में चले उन आंदोलनों की वैचारिकता उभरती है जिनमें दलितों को धरती का मूल निवासी बताने की कोशिश की गयी थी। दलित' आक्रांत हैं, वे आक्रमणकारी आर्यों के पहले अपनी जमीन और अपने भविष्य के मालिक थे, वे आक्रांताओं के द्वारा रौंदे गये हैं, गुलाम बनाये गये हैं—यह हाहाकारी भावना दलित साहित्यकार बार-बार अपनी रचनाओं में व्यक्त करते हैं और हर बार उनकी वाणी में यह ध्वनित होता है कि अभी उस प्राचीन अतीत की पराजय का उत्तर देना शेष है। दलित उस समय एक लड़ाई हार गये थे लेकिन उनका सभ्यतामूलक युद्ध अभी जारी है। वे मानते हैं कि पराजय जय की जननी है।

आधुनिकता से भी परे

युद्ध और रचना के अतीत-निर्माण की परियोजना कहाँ तक पहुँची, यह विवाद का विषय हो सकता है—लेकिन उसका रास्ता असंदिग्ध रूप से साफ है। यह अभियान पूरी तरह भविष्याधीन था जिससे दलित चेतना में आधुनिकता के प्रति पर्याप्त ललक पैदा हो गयी। दलित बुद्धिजीवियों का एक हिस्सा दलित चेतना की इस प्रवृत्ति से चिन्तित है।[34] उसे दलित लोग पूँजीवाद के समर्थक होते हुए दिखाई दे रहे हैं। गेल ऑम्वेट तथा अन्य दलित अध्येताओं के एक दूसरे तबके ने पूँजीवाद के नए रूपों को अपनाने के लिए दलितों का आह्वान करना शुरू कर दिया है। इससे यह शक और मजबूत होता है। इस अपील से चिन्तित बुद्धिजीवियों ने इसके जवाब के लिए आंबेडकर के कृतित्व में पूँजीवादी मुनाफाखोरी की आलोचना और पब्लिक सेक्टर के कठोर समर्थन को खोज निकाला है।[35] इस तरह एक तरफ आंबेडकर को पूँजीवादी आधुनिकता के समर्थक रूप में चित्रित किया जा रहा है और दूसरी तरफ,

'आधुनिकता के सशर्त समर्थक' के रूप में उनकी छवि बनाई जा रही है। उन्हें आधुनिकता से दूर दिखाने के लिए जीवन के अंतिम समय में धर्म का आसरा ढूँढ़ने और इस तरह गाँधी से सीखने जैसे निष्कर्ष निकाले जा रहे हैं। दलित चेतना में धर्म के महत्त्व की व्याख्या में हम देख चुके हैं कि बौद्ध धर्म वहाँ केवल नियतिवाद की प्रतिरणनीति की तरह है, वह केवल नकार की अभिव्यक्ति है, न कि धार्मिक चेतना की स्वीकारोक्ति। दरअसल, दलित साहित्य आधुनिकता के प्रति अपनी ललक इन सरलीकृत सूत्रीकरणों से अलग अधिक संकुल और रचनात्मक ढंग से दिखाता है।

यह एक दिलचस्प तथ्य है कि पूँजीवादी क्रांति के ऐतिहासिक रूप से सीमाबद्ध चरित्र को समझने में अफ्रीका के काले बुद्धिजीवियों को जितना समय लगा, ठीक उतने ही समय में एकदम अलग परिस्थितियों के बावजूद दलित बुद्धिजीवियों ने इसकी अनुभूति कर ली। उनके पास समाजशास्त्रीय अभिव्यक्ति तो विकसित नहीं हो पाई, लेकिन व्यावहारिक ज्ञान की मदद से उन्होंने वर्णाश्रम और पूँजीवाद के तालमेल को देख लिया। इसलिए जिस आधुनिकता की उसने कामना की, उसमें पूँजीवाद का स्थान नहीं था। समकालीन विश्व में इस तरह के यूटोपिया की संरचना दुर्लभ है।[३६]

प्र.ई. सोनकांबले अपनी आत्मकथा **यादों के पंछी**[३७] में बचपन की हाहाकारी स्मृतियों में पहुँच कर उस राजाराम ब्राह्मण से मिलते हैं जिसकी पतोहू की विदा का शगुन अछूत बालक का मुख देख लेने के कारण बिगड़ गया था। बरसों बाद हुई इस मुलाकात में गरीबी और वृद्धावस्था के कारण ऊँच-नीच का भौतिक आधार टूट चुका है। वह ब्राह्मण उस अछूत से दान माँगता है जो बाबासाहेब के मिलिंद कालेज में पढ़ कर लेक्चरर हो चुका है, लेकिन वर्णक्रम के हिसाब से जिसे दान देने का अधिकार नहीं है। जाहिर है कि ब्राह्मण दान नहीं भीख माँग रहा है। नायक को दया आती है और वह जेब में अधिक पैसे होने के बावजूद केवल एक रुपया निकाल कर देता है। जब ब्राह्मण भगवान के नाम पर ज्यादा पैसे माँगता है तो नायक का जवाब होता है, 'भगवान को क्या करने हैं ज्यादा रुपये।' यह पात्र और घटना आधुनिकता की उपलब्धि की शुरुआत है। ईश्वर और धन का द्विभाजन इहलोकवाद का प्रतीक है। सोनकांबले आधुनिक चेतना के लौकिक स्वरूप को बुनियाद के रूप में दिखाते हैं। ध्यान रखना चाहिए कि इसी बिंदु के बाद पूँजीवाद चर्च से पुन: नाता जोड़ लेता है। लेकिन आधुनिकता की तरफ बढ़ रही दलित यात्रा इस कुटेव के प्रति सतर्क हो जाती है। एक कहानी में शहर से पढ़ कर आये इंजीनियर को पता चलता है कि पूँजीवादी आधुनिकता दलितों को उनकी मंजिल पर नहीं पहुँचा पाई है। वे अभी भी अपना गाँव ढूँढ़ रहे हैं। न ही वे शहर की तलाश में कामयाब हैं। एक अन्य कहानी में शहर में मकान और नागरिकता की तलाश कर रहे आदर्शवादी युवक को जाति छिपाने के लिए नागरिकता छद्मावरण की तरह ओढ़नी पड़ती है।

शंकर राव खरात की कहानी **मैं मेरा गाँव ढूँढ़ रहा था** दलितों की दुनिया में आधुनिकता की संरचना से अछूते तत्त्वों का उद्घाटन करती है। नायक शहर से

इंजीनियरिंग पास करके आया है। आधुनिक जीवन की इस महत्त्वपूर्ण उपलब्धि से अपने पिता को गौरवान्वित होते देखने की कल्पना से वह रोमांचित है। सवर्णों के व्यंग्य-बाण और अपमान भी उसके उत्साह को मंद नहीं कर पाते लेकिन दलित बस्ती उसे खाली मिलती है। छुआछूत और भेदभाव के विरोध में दलित एक बस्ती बसाने कहीं और चले गये हैं। कहाँ गये हैं—किसी को नहीं पता। नायक भी नए गाँव की तलाश में निकल पड़ता है।[३८]

इस प्रतीक को आरक्षण के जरिए ऊँची नौकरियाँ पाए दलितों के मुकाबले रख कर देखना चाहिए। तेल आयोग के एक शीर्ष अफसर ने, जो दलित कतारों से उठ कर आया है, अपने इंटरव्यू में कहा कि अगर मनु आपको पसंद नहीं है तो उसकी बात मत कीजिए।[३९] यह अफसर नए शहर की खोज में नहीं है। पूँजीवादी व्यवस्था ने उसे पूरी तरह हड़प लिया है। यह अफसर डी.आर. नागराज जैसे बुद्धिजीवियों की चिंता को सही ठहराता है। लेकिन यह दलित चेतना का प्रतिनिधि भी नहीं है। वह तो 'दलित-ब्राह्मण' है। खरात की कहानी का इंजीनियर नायक ऐसा नहीं है। वह आर्थिक और प्रशासनिक उपलब्धि की होड़ में तो है लेकिन आनंदातिरेक भंग होने के बाद उसे पता चलता है कि अफसरी उसकी मंजिल नहीं थी।

पूँजीवादी विकास ने दलितों को वह देश मुहैया नहीं कराया जिसकी आंबेडकर को अपेक्षा थी। बाबूराव बागुल की अमर कहानी **जब मैंने अपनी जाति छिपायी थी** इसी असलियत का एक श्रेष्ठ कलात्मक बयान है। नायक को रेलवे की नौकरी मिल चुकी है। उसे किराए पर मकान पाने के लिए जाति छिपानी पड़ती है। वह खुद को किसी अन्य जाति का नहीं बताता। हर बार उससे जब जाति पूछी जाती है तो वह आवेश में गरज पड़ता है और खुद को देश की उन्नति के लिए समर्पित कर्मठ नागरिक के रूप में पेश कर देता है। सावधानी से चुने गये इस आवरण का बहुमुखी असर होता है—जाति भी छिप जाती है, जाति पूछनेवाला जातिवादी होने के इलजाम में कुछ सिटपिटा भी जाता है और नायक के मन का आदर्शवाद भी तरंगित हो उठता है। इस कहानी का दलित नायक शुद्ध नागरिक बनना चाहता है। वह चाहता तो खुद को उच्चवर्णीय भी घोषित कर सकता था। नागरिक समाज उपलब्ध न करा पाने में पूँजीवादी विकास की असफलता इसी जगह उभर आती है। नागरिकता का दावा भी दूसरों के मन में नायक की सवर्ण छवि ही बना पाता है। अंत में छिपी हुई असलियत खुल जाती है और जूतों-लाठी की निर्मम पिटाई के साथ प्रकरण खत्म होता है। बागुल का नायक 'नागरिक समाज' की खोज में फिलहाल नाकाम हो चुका है। उसमें आधुनिकता के प्रति ललक है, लेकिन आधुनिकतावाद की चुकी हुई संभावनाओं के प्रति वह निराश है। वह युद्ध का उद्घोष करता है लेकिन उसमें रचना की छटपटाहट भी है। वह प्रचंड नकार का प्रतिनिधि है लेकिन 'नागरिक समाज' के यूटोपिया में निजी पहचान और स्वीकार की खोज कर रहा है। नए शहर की तलाश में बागुल का नायक जिस जगह खड़ा है, वही दलित चेतना का मौजूदा मुकाम है।

संदर्भ एवं टिप्पणियाँ

१. सूर्यनारायण रणसुभे (सं.) : *दलित कहानियों का संकलन,* जयपुर : पंचशील प्रकाशन, १९८१

२. दलितों और पिछड़ी जातियों के बीच चल रहे ब्राह्मणीकरण के पहलू अब छिपे हुए नहीं रह गये हैं। इस विषय में सक्षम समाजशास्त्रीय अध्ययनों की भरमार है (उदाहरण के लिए देखें- सी.आर. प्रसाद राव और के. राधाकृष्ण मूर्ति : दलित कांशसनेस एंड ब्राह्मणिज्म : ए मल्टीप्लेक्स क्वेश्चन, द *ईस्टर्न एंथ्रोपॉलिजिस्ट*-४६ : १ (१९९३)। गोपाल गुरु ने आरक्षण के असर पर जो काम किया है, उसके नतीजे भी इसी ओर इंगित करते हैं (रिजर्वेशंस एंड द संस्कृटाइजेशन ऑफ शेड्यूल्ड कास्ट्स—सम थियरॉटीकल आस्पेक्ट्स : *सोशियालाजीकल बुलेटिन*-३३ (एक और दो)। ब्राह्मणवाद से संघर्ष करते-करते नवब्राह्मणवाद के चंगुल में फँस जाने की परिघटना अब आम हो चुकी है। दलितों और पिछड़ी जातियों के अंतर्विरोध की जड़ में भी यही प्रक्रिया है।

३. दलित साहित्य के कलापक्ष से संबंधित इन समस्याओं को ले कर खुद दलित समीक्षकों और उनके हमदर्दों के बीच ही बहस चल रही है। देखें, अर्जुन डांगले द्वारा संपादित संकलन *पॉयजंड ब्रेड,* दिल्ली : (ओरिएंट लांगमैन, १९८२) में आर.जी. जाधव और शरच्चंद्र माधव मुक्तिबोध के लेख।

४. गेल ऑम्वेट ने दलित आंदोलन पर प्रकाशित अपनी पुस्तक (*दलित एंड डेमौक्रैटिक रिवोल्यूशन ऑफ इंडिया* : सेज, दिल्ली, १९९४) में इस कथन का उल्लेख किया है। दलित समीक्षकों को भी प्रगतिशील साहित्यकारों से यही शिकायत रही है। उत्पादन संबंधों के बदलने से जाति और वर्ण की समस्याओं का निपटारा हो जाएगा—यह परंपरागत मार्क्सवादी धारणा भारतीय संदर्भ में पूरी तरह नाकाम हो चुकी है, लेकिन मार्क्सवादी नेता इसमें आज भी संशोधन करने को तैयार नहीं हैं। उदाहरण के लिए देखें, विनोद मिश्र : 'एंटीथीसिस ऑफ कास्ट एंड क्लास : ऐन ऑर्थोडॉक्स हाइपोथेसिस,' *लिबरेशन* (विशेषांक), दिल्ली, १९९४

५. शरण कुमार लिम्बाले, *अक्करमाशी,* ग्रंथ अकादमी, दिल्ली, १९८९

६. लिम्बाले, 'अक्करमाशी की आत्मकथा', *हंस,* मार्च १९९४, दिल्ली

७. बर्नार्ड एस. कॉन, ऐन *एंथ्रोपोलोजिस्ट अमंग हिस्टोरियंस एंड अदर एसेज,* ऑक्सफोर्ड यूनिवर्सिटी प्रेस, नयी दिल्ली।

८. एन.जी. रंगा, *हरिजन नायक्कुडू* (हरिजन नेता), आंध्र प्रदेश हिन्दी अकादमी, १९८९

९. इलिनयर जिलिअट, *फ्रॉम अनटचेबिल टु दलित,* दिल्ली, मनोहर, १९९२

१०. डांगले, *उपरोक्त।*

११. डांगले, *उपरोक्त।*

१२. रणसुभे, *उपरोक्त।*

१३. 'अधीनस्थ वर्ग' की चेतना में घटित होनेवाली इस प्रक्रिया के विश्लेषण के लिए देखें, अंतोनियो ग्राम्शी : *प्रिजन नोटबुक्स,* इंटरनेशनल पब्लिशर्स, न्यूयार्क, 1978 और पार्थ चटर्जी का लेख, 'कास्ट एंड सबाल्टर्न कांशसनेस', *सबाल्टर्न स्टडीज,* खंड पाँच, दिल्ली : ऑक्सफोर्ड यूनिवर्सिटी प्रेस।

१४. वसंत मून, *बाबासाहेब आंबेडकर,* नेशनल बुक ट्रस्ट, नयी दिल्ली।

१५. जिलिअॅट, *पूर्वोक्त।*

१६. इन दोनों भक्तिकालीन संतों के लिए देखें, जिलिअट (पूर्वोक्त) और आर.एस. खरे, 'इवेलुएटिंग ऐन आइडियल एसेटिक', *सोशल स्ट्रेटिफिकेशन,* संपादक दीपंकर गुप्ता, दिल्ली, ऑक्सफोर्ड, १९९४

१७. वीरभारत तलवार, 'अछूतोद्धार आंदोलन और सवर्ण हिन्दू : समन्वय के विचार की जांच', *पहल-४८*

१८. जिलिअॅट एवं मुल्कराज आनंद, ऐन *एँथॉलॉजी ऑफ दलित लिट्रेचर*, दिल्ली, ज्ञान, १९९२

१९. जिलिअॅट, *उपरोक्त*।

२०. जिलिअॅट, *उपरोक्त*।

२१. इन सभी उद्धरणों का स्रोत, डांगले, *उपरोक्त*।

२२. माता प्रसाद, *हिन्दी साहित्य में दलित काव्यधारा*, विश्वविद्यालय प्रकाशन, वाराणसी, १९९३

२३. गेल ऑम्वेट, *समकालीन जनमत*, दिल्ली, १९९४

२४. रंजीत गुहा, *एलीमेंटरी आस्पेक्ट्स ऑव पीजेंट इंसर्जेंसी इन कॉलनियल इंडिया*, दिल्ली, ऑक्सफोर्ड, १९८६

२५. डी.आर. नागराज, *फ्लेमिंग फीट*, साउथ फोरम प्रेस, १९९३

२६. डा. रणसुभे ने *दलित कहानियाँ* की भूमिका में यही तर्क दिया है।

२७. जिलिअॅट, *उपरोक्त*।

२८. जिलिअॅट, *उपरोक्त*।

२९. इन बुद्धिजीवियों में डी.आर. नागराज प्रमुख हैं। उन्होंने अपनी चिंताएँ *फ्लेमिंग फीट* में व्यक्त की हैं।

३०. ए. सत्यनारायणन, 'दलित प्रोटेस्ट लिट्रेचर इन तेलुगू : ए हिस्टोरिकल पर्स्पेक्टिव,' *ईपीडब्ल्यू*, २१ जनवरी, १९९५; 'पंचम वेद' तेलुगू कवि सतीश चंदर की बेहतरीन कविता है।

३१. नंदिनी गोप्तू, 'कास्ट, प्राइवेशन एंड पालिटिक्स : द अनटचेबिल्स इन यूपी टाउंस इन द अर्ली ट्वंटिएथ सेंचुरी,' संकलित : *दलित मूवमेंट एंड मीनिंग्स ऑव लेबर इन इंडिया*, संपादक : पीटर रॉब, ऑक्सफोर्ड, दिल्ली, १९९९.

३२. हीरा डोम की रचना के लिए माता प्रसाद की उपरोक्त रचना देखें, काशी बाबा की रचना का उल्लेख गोप्तू के आलेख से।

३३. डॉ पी. माणिक्याम्बा, 'कवि कोकिल जाषुवा की दलित-चेतना,' संकलित: *तेलुगू साहित्य में दलित दस्तक*, संपादक : रमणिका गुप्ता, डॉ वी. कृष्ण, नवलेखन, हजारीबाग, २००१

३४. ए. सत्यनारायणन, *उपरोक्त*।

३५. गेल ऑम्वेट द्वारा नयी अर्थनीति को ब्राह्मणवाद-विरोधी बतानेवाले *समकालीन जनमत* में प्रकाशित पूर्वोद्धृत लेख के उत्तर में लिखे गये मेरे लेख 'गेल ऑम्वेट का ब्राह्मणवाद' में मैंने आंबेडकर की यही तस्वीर पेश करने की कोशिश की है।

३६. फेमी ओजो-एडे, *ऑन ब्लैक कल्चर*, नाइजीरिया, ओबाफेमी एवोलावी यूनिवर्सिटी प्रेस लिमिटेड, १९८९

३७. रणसुभे, *उपरोक्त*।

३८. रणसुभे, *उपरोक्त*।

३९. *इंडिया टुडे*, 'ब्रेकिंग द बैरियर', ३० अप्रैल, १९९४

पारिवेशिक से सार्वभौम की ओर

दलित-मानस की सबसे बड़ी समस्या यह है कि उसे पारिवेशिकता की सीमाओं से निकाल कर सार्वभौम आयाम कैसे दिये जायें। उन्हें सार्वभौमिकता के उदारतावादी नजरिये से तो मुक्ति पानी ही होगी लेकिन भूमंडलीकरण की व्यापकता के कारण बने सार्वभौमिकता के नये संस्करण में भी उनके लिए गुंजाइश नहीं दिखती। ज्ञानमीमांसा के क्षेत्र में डुबकी लगा कर भी दलितों को कुछ खास नहीं मिल पाता। यह क्षेत्र दलितों को उनकी शर्तों पर प्रवेश देता ही नहीं। कहीं राष्ट्रवाद का शब्दाडंबर उन्हें रोक लेता है तो कभी उन्हें वर्ग नामक चेतना के पीछे घसीटने की कोशिश की जाती है। कुल मिला कर दलितों को पारिवेशिकता से विकसित करके सार्वभौमिकता के क्षेत्र में ले जाने के नाम पर जो हुआ है वह एक तरह की शापित सार्वभौमिकता की उपलब्धि के अलावा और कुछ नहीं है। सार्वभौमिक क्षेत्र में सांस्कृतिक दीवार दलित को सिद्धांतशास्त्री बनने से रोक देती है और वह अनुभवानुश्रित बहुजन बन कर रह जाता है। सिद्धांत गढ़ने का धंधा ब्राह्मण के पास बना रहता है और दलित आँकड़ों में उलझ कर संतोष कर लेता है।

दलित बौद्धिकता और सांस्कृतिक दीवारें

गोपाल गुरु

भारत में सामाजिक बदलाव को अवधारणा और व्यवहार के स्तर पर समझने के लिए यह देखना होगा कि इतिहास के निर्माण में लगी दिखनेवाली शक्तियों ने अपने वैचारिक और चेतनामूलक परिवेश की सीमाओं को लाँघ कर सार्वभौमिकता तक की यात्रा कैसे की। साथ ही यह भी समझना होगा कि यह पारिवेशिकता क्या है जिसके दायरे से बाहर संक्रमण करना ही होता है और यह सार्वभौमिकता क्या है जिसे उपलब्ध किए बिना समाज-परिवर्तन की भूमिका नहीं निबाही जा सकती। इन दोनों के आपसी संबंध को भी व्याख्यायित करना होगा। सामाजिक बदलाव की जटिल प्रक्रिया को यह जाने बिना नहीं समझा जा सकता कि पारिवेशिक से सार्वभौमिक की इस यात्रा का स्वरूप क्या है? इस वैचारिक और राजनीतिक संक्रमण में शामिल होनेवाले समूह कौन-से हैं? विशिष्टता से वैश्विकता की ओर जाने के तकाजे क्या हैं? और इस यात्रा में किस तरह की बाधाएँ हैं?

पारिवेशिकता और सार्वभौमिकता की व्याख्या सामाजिक और आर्थिक संरचना में व्यक्ति और समूह की विशेष हैसियत पर निर्भर करती है। हैसियत बदलने के साथ-साथ व्यक्ति और समूह की परिभाषा भी बदलती जाती है। पारिवेशिकता और सार्वभौमिकता की श्रेणियाँ अपने-आप विकसित नहीं होतीं, बल्कि समाज में प्रभावशाली शक्तियाँ अपने हित संबंधों के आधार पर उनकी रचना करती हैं। कौन पारिवेशिक है और कौन सार्वभौम, यह तय करने का ठेका भी बुनियादी अंतर्विरोधों पर टिकी असमान संरचना में समाज के अगुआ तबके के पास होता है। यह तबका अपनी पारिवेशिकता को सार्वभौमिकता साबित करने के लिए विचारधारात्मक औजारों का इस्तेमाल करता रहता है। लेकिन ऐसा नहीं है कि सार्वभौमिकता की यह परिभाषा लोग खामोशी से स्वीकार लेते हों। समाज के निचले तबके के लोग इसके लादे जाने का विरोध करते हैं इसलिए इन परिभाषाओं को दबे-कुचले समूहों की चुनौतियों का सामना करना पड़ता है।

उदारतावादी नजरिये के तहत सार्वभौमिकता सीमित अर्थों में मुक्ति, स्वतंत्रता और समता का वायदा करती है। इसके सीमित होने का कारण यह है कि इस नजरिए में मुक्ति का संदर्भ व्यक्तिपरक होने के साथ-साथ मुक्ति सीढ़ी-दर-सीढ़ी होती है। उदारतावादी नजरिये का सबसे महत्त्वपूर्ण पहलू यह है कि उसके तहत सार्वभौमिकता तक पहुँचने के लिए आधुनिकता जैसे 'फास्ट चैनल' का उपयोग अपेक्षित रहता है। समझा जाता है कि व्यक्ति अगर आधुनिक बना तो उसे सार्वभौम चेतना प्राप्त हो जाएगी।[१] आधुनिकता और सार्वभौमिकता हैं तो दो शब्द, लेकिन इनका इस्तेमाल समान अर्थों में किया जाता है।[२] इसकी वजह है आधुनिकता में भविष्य को ले कर एक प्रकार का आश्वासन मिलना। इसमें मुक्ति की संभावना भी होती है। मिसाल के तौर पर आधुनिकता के तहत व्यक्ति की पहचान पीढ़ी-दर-पीढ़ी चली आ रही सांस्कृतिक विरासत द्वारा आरोपित नहीं होती, बल्कि वह व्यक्ति द्वारा हासिल की गयी कुशलता, उसके कृतित्व, कार्यक्षमता, आदि सर्वस्वीकृत मूल्यों से तय होती है। इसीलिए यह पहचान एक व्यापक अर्थ में सेकुलर अर्थात धर्म-जाति-जातीयता-सामुदायिकता से निरपेक्ष होती है। मनुष्य द्वारा हासिल यह पहचान संभव करने के लिए आधुनिकता इतिहास की अगुआई करनेवाले पूँजीपति वर्ग को संस्थाओं के विभेदीकरण पर मजबूर करती है। इस विभेदीकरण के परिणामस्वरूप मुनाफे के साथ-साथ व्यक्ति को अपना पेशा चुनने की स्वतंत्रता भी अपने-आप मिल जाती है। अर्थात आधुनिकता की प्रक्रिया में स्वतंत्रता की गारंटी और विश्वास अंतर्निहित होता है। आधुनिकता के तत्त्वों के तहत व्यक्ति भी विवेकवादी बन सकता है। अर्थात व्यक्ति अपनी पसंद-नापसंद से पेशा चुनने को आजाद होता है। वेबर के अनुसार[३] आधुनिकता की योजना में प्रतिभा के सर्वस्वीकृत नियमों का पालन करना ही काफी होता है। मसलन, इसमें गाँव के चौकीदार को एक आदर्श अधिकारी बनाने जैसा वायदा अंतर्निहित मिल सकता है। इस जगह वेबर का यह आदर्श अधिकारी ही सार्वभौम का प्रतीक बन जाता है।

इस संदर्भ में उदारतावादी दृष्टि की सीमाओं को रेखांकित करते हुए नारीवादी अपना नजरिया इस तरह प्रस्तुत करते हैं : उदारतावादी जिसे सार्वभौम मान्यता देते हैं वही बुनियादी तौर पर दोषपूर्ण है। वह अपने-आप में परिपूर्ण और व्यापक नहीं है। नारीवादियों की आपत्ति इस बात पर है कि उदारतावादी नजरिये में समाहित सार्वभौमिकता संकुचित और एकपक्षीय है क्योंकि इसमें पुरुष को ही यह दर्जा दिया गया है। दिक्, काल तथा ज्ञानमीमांसा के तीनों क्षेत्रों में पुरुष को ही परिपूर्ण, सर्वव्यापी, क्षमतावान और परिपक्व माना गया है। उसी को विवेकवान माना गया है। यह भी समझा गया है कि वह भावनाओं का गुलाम नहीं होता और ज्ञानमीमांसा के क्षेत्र में ऊँची उड़ान भरने की सामर्थ्य भी उसी में है।[४] इसके बनिस्बत स्त्री को अधिक भावुक, भोली, श्रद्धालु और तुलनात्मक रूप में कम बौद्धिक क्षमतावाली समझा गया है। उसे पारिवेशिक का प्रतीक समझा गया है। दिक् और काल दोनों के बंधन उस पर लगाए गये हैं। उदाहरण के तौर पर देखें तो पता चलता है कि उदारतावादी माहौल में भी स्त्री के हाथ में अपने समय की बागडोर नहीं है। पुरुष द्वारा तय की गयी समय की सीमाओं का पालन करने के लिए उसे दिन-रात एक करना पड़ता है। अपने पति को मिनट-मिनट का हिसाब देना पड़ता है। इस तरह उसके सामने समय की सीमाएँ तय हैं। मेहनत करनेवाली स्त्री के लिए समय की परिभाषा भी करना संभव नहीं है। वजह यही है कि काल की उसकी अवधारणा असीम है। वह कितनी देर मेहनत करती है इसका हिसाब रखना उसके लिए संभव नहीं है। दिक् / अवकाश के संदर्भ में भी स्त्री की यही छवि बनती है। अर्थात उसकी सीमारेखाएँ बहुत संकीर्ण होती हैं। मिसाल के तौर पर घर के अंदरूनी हिस्से से बाहर आना उसके लिए मना है। अगर उसमें से वह बाहर निकल भी गयी तो उसके लिए घर की दहलीज लाँघना संभव नहीं है और कभी-कभार अगर उसने दहलीज के बाहर कदम रखा भी तो उसे पुरुष द्वारा तय अनुशासन के नियम मानने पड़ते हैं। इसके विपरीत पुरुष सब जगह घूमने के लिए आजाद है। उसका वजूद सर्वव्यापी है। वह दिक् और काल दोनों में फैला है। इसलिए हमें पुरुष कभी भी, कहीं भी नजर आ सकता है। लेकिन स्त्री का कहीं भी और कभी भी अकेले जाना आज भी पुरुष द्वारा तय अनुशासन की सीमाओं में नहीं आता।

दिक् और काल के इस संदर्भ से आगे बढ़ने पर हमें पारिवेशिकता और सार्वभौमिकता में द्वंद्व नजर आता है। अगर डॉक्टर बाबासाहेब आंबेडकर के विचारों पर गौर करें तो इसका अंतर्निहित फर्क और स्पष्ट हो जायेगा। आंबेडकर के अनुसार गाँव पारिवेशिकता का प्रतीक है और शहर सार्वभौमिकता का। उनके मुताबिक गाँव मनुष्य को गुलामी में जकड़ कर रखता है। वह अज्ञान का प्रतीक है। इसके बनिस्बत शहर में स्वतंत्रता और मुक्ति की गारंटी है। शहर में मनुष्य की चेतना व्यापक होती है। जर्मनी के भूदासों को भी शहर सार्वभौमिकता का प्रतीक नजर आता है।[५] शहर के इसी आश्वासन के चलते आंबेडकर दलितों को शहर जाने की

सलाह देते हैं। इसके बनिस्बत गाँधी पारिवेशिक को सार्वभौम बताने की कोशिश करते हैं। उनके दृष्टिकोण के अनुसार देहात / गाँव में भी मुक्ति की गारंटी है। इस मसले पर विस्तार से चर्चा की जा सकती है लेकिन फिलहाल एक बात पर जोर देना जरूरी है कि पारिवेशिक और सार्वभौम के बीच की यात्रा के कदम नापने में भू-क्षेत्रीय पैमाने नाकाफी होते हैं। अर्थात ग्रामीण परिवेश से शहरी परिवेश में आना ही सार्वभौमिकता की उपलब्धि का प्रमाण नहीं हो सकता। दरअसल इससे झूठे आशावाद को भी प्रोत्साहन मिल सकता है।

देहात से शहर गये लोगों को बेहतर मानवीय जीवन की गारंटी देने के बजाय शहर ने आम लोगों को निराश ही किया है। शहरी लोगों के जीवन के तेजी से होते हुए कंगालीकरण का चित्रण साहित्य और फिल्मों में देखा जा सकता है। इसी सिलसिले का एक दूसरा पहलू यह भी है कि भू-क्षेत्रीय आयाम पारिवेशिक और सार्वभौम के बीच की दूरियों को महज प्रतीकात्मक स्तर पर ही कम कर पाते हैं। वास्तविकता में तो ये दूरियाँ कम नहीं होतीं। 'सुलभ इंटरनेशनल' के प्रणेता बिंदेश्वरी प्रसाद पाठक ने सफाई मजदूरों की चंद संतानों को उनकी उपेक्षित, तिरस्कृत, अस्पृश्य बस्तियों में से उठा कर हवाई जहाज की यात्रा करा दी। यह भी सुना गया है कि इन सफाई मजदूरों को पंचतारा होटलों में बढ़िया खाने की दावत दी गयी। इस क दम के चलते पारिवेशिकता की क्वालिटी तो नहीं बढ़ी अर्थात दलित बस्ती में कोई खास सुधार तो नहीं हुए, लेकिन हवाई जहाज की यात्रा की बदौलत और पंचतारा होटलों का अनुभव पा कर दलित बच्चों और उनके अभिभावकों को निश्चित ही यह लगा होगा कि उन्होंने दुनिया की सैर की। दरअसल, हुआ यह है कि जब से भूमंडलीकरण की प्रक्रिया चली है, पहले का सार्वभौम अर्थात शहर ही अब पारिवेशिक हो गया है। 'विश्व ग्राम' की संकल्पना के मुकाबले बड़े-बड़े महानगर पारिवेशिक होते दिख रहे हैं। वजह यही है कि शहर में अब आश्वासन नहीं बचा है। अब वह ग्राम में ही है, ऐसा प्रचार निहित स्वार्थों की तरफ से हो रहा है। अर्थात इसके बाद के चरण में अर्थ और संस्कृति के स्तर पर, विशेषत: भाषा के जरिए हम सब 'विश्व ग्राम' के नागरिक होंगे। इस किस्म का आशावाद सरकार और स्वयंसेवी संस्थाओं की तरफ से व्यक्त किया जा रहा है।[६]

इसी तर्क के अगले हिस्से के तौर पर कुछ विद्वानों का कहना है कि पहले की अवधारणाएँ अब संकुचित हो कर पारिवेशिक हो रही हैं और ग्राहक नाम की एक सार्वभौम अस्मिता उभर आयी है। यह समझाने की कोशिश हो रही है कि यह नयी अस्मिता कितनी मुक्तिकामी और प्रगतिगामी है।[७] एक स्तर पर हिंदुत्व के संदर्भ में यह वक्तव्य आकर्षक लग सकता है, लेकिन इसका सामाजिक आधार साफ तौर पर संकीर्ण और अभिजात वर्गों तक ही सीमित रहनेवाला है। वजह यही है कि असलियत में सभी को ग्राहक बनने का मौका नसीब होने की संभावना नहीं है। सक्रिय ग्राहक होने लायक क्रय-शक्ति भारत के ज्यादातर लोगों के पास नहीं

है। यही कारण है कि भारत में अनाज का भंडार सरकारी गोदामों में भरा पड़ा है। जाहिर है कि भूमंडलीकरण के इस दौर में पारिवेशिक से सार्वभौम अस्मिता की ओर जाने का अवसर सिर्फ नवधनाढ्यों को ही मिलनेवाला है। कुल मिला कर तात्पर्य यही है कि पारिवेशिक को एक हद तक गौण, गैरजरूरी और कम गुणोंवाला माना गया है और सार्वभौम को आकर्षक, खूबसूरत और मुक्ति के आश्वासन से भरपूर बताया गया है। यानी इन दोनों श्रेणियों के बीच स्थायी तनाव रहता है। दूसरी बात यह है कि इस संक्रमण का सामाजिक आधार संकीर्ण है। वह बहुजन को छाँटनेवाला अर्थात अभिजनवादी है। यहाँ प्रश्न उभरता है कि पारिवेशिक और सार्वभौम का अंतरर्द्वंद्व क्या वाकई में तनावपूर्ण और अंतर्विरोधी है? या यह संबंध द्वंद्वात्मक है? इस अंतर्संबंध को समझना हो तो उसे द्विभाजन के जरिए अर्थात यह सही या वह सही के निर्णय के आधार पर नहीं समझा जा सकता। इसके लिए पारिवेशिक और सार्वभौम की वास्तविक मुक्तिकामी परिभाषा रचनी होगी।

इस संदर्भ में यह तर्क दिया जा सकता है कि पारिवेशिक और सार्वभौम में एक द्वंद्वात्मक रिश्ता है। सार्वभौम की रचना पारिवेशिक करता है और पारिवेशिक को बदलने के लिए सार्वभौम का बदलना जरूरी है। इनके दो अलग-अलग उदाहरण लिये जा सकते हैं : एक यथास्थितिवादी और दूसरा रेडिकल परिवर्तनवादी। साम्राज्यवादी इतिहासकारों और नृवंशवैज्ञानिकों अर्थात प्राच्यविदों ने तय किया कि औपनिवेशिक भारत विलक्षण होने के कारण ही पारिवेशिक की श्रेणी में आता है अर्थात साम्राज्यवादियों ने भारत को एक विशिष्ट साँचे में बंद किया। आज के इतिहासकारों को यह बात मान्य नहीं है।[६] इस पारिवेशिकता को बदलने के लिए ही भारतीयों ने साम्राज्यवाद को हटाने का प्रयास किया। दूसरी बात यह है कि क्रांतिकारी मजदूरों का जाति के खाने में बंद रहना उनकी पारिवेशिकता का लक्षण है, मगर उसे जाति के खाने से निकाल कर गहरी वर्गचेतना से लैस करना उन्हें सार्वभौम बनाना है। इन दोनों के बीच क्रांतिकारी रिश्ते को सिद्धांत और ज्ञानमीमांसा के क्षेत्र में एक अलग पद्धति से समझा जा सकता है।

ज्ञानमीमांसा के क्षेत्र में विशुद्ध अनुभवों को अवधारणाओं के तौर पर और उनकी तार्किक परिणति के रूप में सिद्धांत के तौर पर स्थापित करना उन अनुभवों को सार्वभौम आयाम प्रदान करने जैसा है। यही कहा जा सकता है कि विशुद्ध अस्तित्व के अमूर्त्तन के आधार पर अर्थ की खोज करने का मतलब है विचारों और सिद्धांत के स्तर पर व्यापकता हासिल करना और एक तरह की ऊँचाई तक पहुँचना। आखिर इन दोनों के बीच के क्रांतिकारी रिश्ते को स्थापित करने के लिए हम एक भिन्न स्तर पर इसके बारे में तर्क कर सकते हैं। सत्ता की व्याख्या के संदर्भ में यही दिखता है कि सत्ता पारिवेशिक और सार्वभौम के अंतर को नहीं स्वीकारती। इसके बजाय वह सार्वभौमिकता से पारिवेशिकता की ओर और पारिवेशिकता से सार्वभौमिकता की ओर दोनों ही रास्तों से ऊपर से नीचे और नीचे से ऊपर प्रवाहित

होती रहती है। मिसाल के तौर पर गली का गुंडा या गाँव का रंगदार भी दावा करता है कि 'मेरे हाथ दिल्ली तक हैं' और दिल्ली का सत्ताधारी भी कहता है कि 'मेरी जड़ें गाँव में भी हैं'। सत्ता के संदर्भ में समग्रता से विचार करें तो दोनों श्रेणियों के बीच की दूरियाँ या उनके बीच का विरोध काफूर हो जाता है। वास्तविक अर्थों में समूहों को चेतना की नयी ऊँचाई तक पहुँचना हो या उनमें व्यापकता या गहराई लानी हो तो आसपास के (पारिवेशिक) और दूर के (सार्वभौम) सभी प्रभुत्वकारी रूपों के बारे में सचेत रहने की जरूरत है। सार्वभौमिकता की ओर जाने की यही पूर्वशर्त है। इसके बिना उसकी मंजिल तक पहुँचना संभव नहीं है। परिवर्तन की प्रक्रिया में जब आदर्श अर्थात सार्वभौम (जिसे मूल्यों के स्तर पर हासिल करना है और जो अमूर्त्त है) से अस्तित्व या व्यवहार (अमूर्तन का व्यवहार के स्तर पर अनुभव करना है) के बीच की दूरियाँ पूरी तरह मिट जाती हैं, तभी सही मायनों में सामाजिक परिवर्तन संभव हो पाता है। आदर्श और यथार्थ के बीच का द्वंद्व समाप्त हो जाने पर ही वास्तविक परिवर्तन संभव हो पाता है। इन दोनों के बीच की दूरियाँ मिटाना ही इन दोनों ओर से होनेवाली यात्रा की प्रेरणा बनता है। भारत में परिवर्तन के संदर्भ में सिद्धांत और व्यवहार के स्तर पर यह यात्रा क्या दोनों दिशाओं से संभव हो पा रही है? इसके पीछे कौन-सी प्रेरणा काम कर रही है?

भारत में सामाजिक परिवर्तन पर विचार करते हुए मोटे तौर पर हमें यही नजर आता है कि यहाँ विचार और व्यवहार की प्रेरणा पारिवेशिक से सार्वभौम की ओर जाने की रही है। ऊपर से नीचे तक की यह यात्रा दो कारणों से संभव हुई। एक तो भारत औपनिवेशिक देश था; दूसरे यहाँ की सामाजिक संरचना खास किस्म की होने के कारण ऐतिहासिक तौर पर अगुआई करनेवाले वर्ग ने पारिवेशिकता के बजाय सार्वभौमिकता पर जोर दिया। सार्वभौमिकता को विशेष स्थान प्राप्त होने की वजह थी यहाँ की प्राक्-आधुनिक अवस्था और औपनिवेशिक प्रभुत्व। प्राक्-आधुनिक अवस्था में व्यक्ति की इयत्ता और समाज दोनों एकरूप थे। दोनों के बीच की सांस्कृतिक सीमा-रेखाएँ बिल्कुल धूमिल थीं। व्यक्ति की अलग स्वायत्त और स्वतंत्र अस्मिता नहीं थी। उसकी अस्मिता समाज की पहचान में विलीन थी। उदाहरण के तौर पर समाज में व्यक्ति की पहचान उसके जाति समूह के आधार पर तय होती थी। आज तक इस स्थिति में खास अंतर नहीं आया है। जाति ने सामाजिक और सांस्कृतिक संबंधों को समग्रता में आच्छादित कर रखा है। अगर हम सामंती अर्थव्यवस्था में अंतर्निहित जजमानी-प्रणाली को लें तो वहाँ पर व्यक्ति या समूह की पहचान उत्पादन-पद्धति के साथ उसके स्थापित रिश्ते के आधार पर तय होती थी। इसी वजह से, खास कर महाराष्ट्र में जजमानी-प्रणाली में पाटील, कुलकर्णी, कामदार, कोतवाल, वेसकर, इनामदार, आदि पहचानें अस्तित्व में आयीं और उनका सुदृढ़ीकरण भी हुआ। निचोड़ के तौर पर यही दिखता है कि प्राक्-आधुनिक समाजों में व्यक्ति या समूह की पहचान सामंती संस्थाओं से जुड़ी थी। समूह की

पहचान पारंपरिक व्यवसाय से तय होने के चलते श्रम केवल जीवनयापन का साधन नहीं था, बल्कि वह असली पहचान का स्रोत भी था। सत्ताधारी वर्ग इस अस्मिता की निरंतरता बनाये रखने में कामयाब हुआ। वजह यही थी कि व्यवसाय-आधारित पहचान पीढ़ी-दर-पीढ़ी बिना किसी बाधा के आगे बढ़ती रही। ब्राह्मण का लड़का ब्राह्मण, चौकीदार का लड़का चौकीदार और बढ़ई का लड़का बढ़ई बना रहा। इसमें कुछ अपवाद भी थे। व्यवसाय को ले कर संक्रमण में स्त्री संबंधी विचार नदारद था। इतिहास के इस क्रम में स्त्री के 'स्वत्व' और उसकी इयत्ता को पूरी तरह से नकार दिया गया था। स्त्री की तरह दलित के 'व्यक्तित्व' को महज जड़ ही नहीं बल्कि जाति-प्रथा से बजबजाती समाज-संरचना में पूरी तरह से कलंकित बना दिया गया था। प्राक्-आधुनिक भारत में दलितों की काल और दिक् की अवधारणा उच्चवर्णीय और उच्चवर्गीय समुदायों ने अशुचिता और छुआछूत की विचारधारा के आधार पर कलंकित की। दलितों को पुणे जैसे शहर में भी एक खास समय पर ही सड़कों पर चलने की छूट थी। समय के संदर्भ को ले कर उन्हें कोई आजादी नहीं थी। दलितों की भौगोलिक स्थानिकता भी कलंकित की गयी थी। दलितों को चमरौटी, मुसहरान या पासी टोला में सीमित रख कर उनके घरों पर वैसे ही निशान लगाए गये जैसे प्लेग से आक्रांत बस्तियों में लगाए जाते थे। इस तरह उन्हें जीवन की मुख्यधारा से बाहर कर दिया गया। सत्ताधारी तबके को उनकी पहचान को भी एक खास खाने में बंद करने में कामयाबी मिली।

आजादी की लड़ाई के दौरान इन कलंकित खानों में बंद की गयी बहुजन अस्मिता को मुक्त करने का कार्यक्रम भी इतिहास की अगुआई करनेवाले तत्कालीन तबके अर्थात पूँजीपति वर्ग और ब्राह्मण वर्ग को आगे बढ़ कर हाथ में लेना चाहिए था। सार्वभौमिकता को गहन करने के लिए यहाँ के अगुआ तबके को चाहिए था कि वह हिंदुत्व के चिंतन से ग्रस्त नागरिक समाज की रेडिकल आलोचना प्रस्तुत करता। अर्थात राजनीतिक मसलों के साथ-साथ सामाजिकता को भी बराबरी से अहमियत देना दीर्घकालीन और प्रभावी मुक्तिकामी राजनीति के लिए जरूरी था। लेकिन ऐसा नहीं हो सका। बीसवीं सदी की शुरुआत में हुए राजनीतिक बनाम सामाजिक के विवाद में 'राजनीतिक' पहलू ने एक तरह से बाजी मार ली और राष्ट्रवाद को ही दलित-बहुजनों की मुक्ति को एकमात्र रास्ते की तरह स्थापित करने की सार्वभौम-चेतना जनमानस में स्थापित की गयी। यही बात जोरों से रखी जाने लगी कि राष्ट्र को आजाद होना चाहिए और यही महत्त्वपूर्ण भी है।

राष्ट्रवाद का शब्दाडंबर

बीसवीं सदी के शुरुआती दशकों में साम्राज्यवादी शक्तियों के खिलाफ निर्णायक और व्यापक लड़ाई छेड़ने के लिए काँग्रेस ने 'राष्ट्रवाद' की अवधारणा को राजनीति के केन्द्र में माना। राष्ट्रवादी नेताओं की मान्यता थी कि देश एक बार आजाद हो

जाए तो जाति, लिंग-भेद आदि प्रश्न अपने-आप हल हो जाएँगे। समाज-परिवर्तन, आधुनिक भारत, सामाजिक क्रांति और राष्ट्रवाद, ये अवधारणाएँ समानार्थक समझी जाने लगीं। बहुजन समाज को गारंटी दी गयी कि राष्ट्रवाद इन सभी पारिवेशिक मसलों को सुलझा देगा। राष्ट्रवाद की अवधारणा को एक स्वयंभू मूल्य और अपने-आप में परिपूर्ण विवेक का मसला घोषित कर देने के कारण आंबेडकर और पेरियार जैसे बहुजन विचारकों की तरफ से प्रस्तुत की गयी सामाजिक परिवर्तन और मुक्ति की अवधारणा को दोयम दर्ज़े का साबित कर दिया गया। अन्य सभी सामाजिक-सांस्कृतिक प्रश्न कितने ही महत्त्व के रहे हों, उन्हें राष्ट्रवाद की तुलना में कम प्राथमिकता दी गयी। इस प्रकार 'राष्ट्रवाद में ही सभी का हित है' के शब्दाडंबर को अतिरिक्त महत्त्व मिला।

राष्ट्रवाद के इस सामाजिक सिद्धांत में दो परस्पर विरोधी प्रवृत्तियाँ अंतर्निहित रहती हैं। एक स्तर पर राष्ट्रवाद की सामाजिक अवधारणा आत्मपरिपूर्ति की है, क्योंकि इसमें भविष्य को ले कर एक वायदा होता है। स्वतंत्रता, समानता, सेकुलरवाद आदि सार्वभौम मूल्यों को स्थापित करने का इसमें एक विश्वास निहित है। निश्चित ही यह वायदा सिद्धांत के स्तर पर ही होता है। इस विश्वास / वायदे का 'अकादमिक' प्रतिबिंबन भारतीय संविधान में देखा जा सकता है। दूसरी तरफ भारतीय राष्ट्रवाद या किसी भी किस्म के उदारतावादी या यथास्थितिवादी राष्ट्रवाद की अवधारणा और सिद्धांत आत्मप्रवंचनापूर्ण भी साबित होता है। अर्थात पहले किए गये वायदों को वह सिद्धांत पूरा नहीं कर सकता। काँग्रेस ने दलित-किसानों को राष्ट्रवाद का प्रलोभन दिखाया और स्वतंत्रता संग्राम में उनका समर्थन हासिल करने की कोशिश की। आंबेडकर और पेरियार, आदि ने उसी समय पहचान लिया था कि राष्ट्रवाद के नाम से किए गये मुक्ति या विकास के वायदे किस तरह छलपूर्ण, अधूरे, धोखे में रखनेवाले और कभी भी न पूरे होनेवाले हैं। राष्ट्रवाद की इस अवधारणा के बारे में सामने आयी रेडिकल प्रतिक्रियाओं पर गौर करना जरूरी है। दलित साहित्य पूछता है कि 'स्वतंत्रता किस गधी का नाम है?' बाँध पीड़ित कहते हैं कि 'पहली आजादी वास्तविक नहीं थी, इसलिए दूसरी आजादी चाहिए।' अब तो भूमंडलीकरण के दौर में तीसरी आजादी की भी चर्चा चल रही है। इसीलिए आंबेडकर कहा करते थे कि 'राष्ट्रवाद को अगर ऊँचाई और गहराई हासिल करनी है तो स्वराज के साथ सुराज को भी जोड़ना होगा।' आंबेडकर के मुताबिक सुराज का आधार समता से संपन्न और सभी किस्म की शोषणमुक्त इंसानियत से परिपूर्ण समाज-व्यवस्था होगी। मगर पूँजी की हितैषी काँग्रेस और हिन्दुत्ववादी नेताओं ने बहुजन समुदाय के इन नेताओं को राष्ट्रवादी विवेक के नाम पर देशद्रोही साबित करके चुप कराने का प्रयास किया। इन नेताओं को राष्ट्रवाद के चर्चाजगत से भी बाहर रखने की कोशिश की गयी या उन्हें राष्ट्रवाद के नाम पर सार्वभौमिकता के पीछे बेरहमी के साथ घसीटने की कोशिश की गयी। कुछ दलित-बहुजन नेताओं

को राष्ट्र के पीछे घसीटने में काँग्रेस को कामयाबी भी मिली।

साम्राज्यवाद के विरोध में सामाजिक / सांस्कृतिक स्तर पर सभी भेदभाव भुला कर आजादी के लिए एकजुट होने का आह्वान किया गया। भारत के अभिजन 'राष्ट्रवाद' नामक सार्वभौमिकता के पीछे पूरे वेग से दौड़ पड़े। लेकिन इस एकतरफापन में काँग्रेस प्रणीत राष्ट्रवाद की अवधारणा एक कृत्रिम ऊँचाई ही पा सकी और गहराई तक पहुँचना उसके लिए संभव ही नहीं हो सका। वजह यह थी कि काँग्रेस ने राष्ट्रवाद का सामाजिक आधार विशुद्ध विवेक के आधार पर विस्तारित करने के बजाय श्रद्धा का इस्तेमाल करके उसे व्यापक बनाने की कोशिश की। अर्थात जनसाधारण की श्रद्धा-आधारित पारिवेशिक-चेतना को खास चोट पहुँचाये बिना समय-समय पर उसके साथ समझौता करके राष्ट्रवाद के नारे के पीछे लोगों को गोलबंद करने का सफल प्रयोग किया गया। भारत में राष्ट्रवाद की अवधारणा पहले से ही तनावग्रस्त रही है क्योंकि एक तरफ यह विवेक का आग्रह रखती है तो दूसरी तरफ श्रद्धा को पुचकारती है। जनसाधारण के स्तर पर राष्ट्रभक्ति का संकीर्ण अर्थों में इस्तेमाल किया गया है। राष्ट्रवाद के नाम से संबोधित की जा रही सामाजिक क्रांति 'श्रद्धा' के रूप में ही जनसाधारण तक पहुँचायी गयी है। इसे घसीटने के प्रयास में राष्ट्रवाद का व्यापक समतावादी संदर्भ पीछे छूटता गया। अलग अर्थों में खोखली राष्ट्रभक्ति का ढिंढोरा पीटा गया। घसीटे जाने की इसी प्रक्रिया के दौरान भारतीय समाज में पारिवेशिक और सार्वभौम पहचानें सुदृढ़ीकृत हुईं। जो राष्ट्रवादी था वह सार्वभौम माना गया। और जो अराष्ट्रवादी था वह पारिवेशिक करार दे दिया गया। यहाँ पर एक बात और रेखांकित करना इतिहास-संगत होगा। भारत के वामपंथी (और कम्युनिस्ट भी) इस राष्ट्रवादी विवेक के पीछे ही काफी हद तक घसिटते गये। उन्हें भी स्त्री और जाति की समस्या का हल राष्ट्रवादी आंदोलन में दिख रहा था। इसी आशावाद के तहत उन्होंने भी 'राजनीतिक' पहलू पर अधिक जोर दिया। वे भी राष्ट्रवाद नामक सार्वभौमिकता के पीछे काँग्रेस की तरह दौड़ते चले गये। काँग्रेस की ही तरह कम्युनिस्टों ने भी सामाजिक बदलाव का रिश्ता राजसत्ता पर कब्जे के साथ जोड़ा। दोनों में फर्क महज इतना ही था कि काँग्रेस का प्रस्थान-बिंदु साम्राज्यवाद दिखता था तो कम्युनिस्टों का पूँजीवाद था। अगर लेनिन को निर्णय लेना होता तो संभवतः उन्हें यह बात नहीं जँचती। कम्युनिस्टों और काँग्रेस में आजादी के पहले समानता यह दिखती है कि दोनों ही सार्वभौमिकता को ऊँचाई और गहराई देने के लिए नागरिक समाज की बेलाग समीक्षा से शुरुआत नहीं करते।

कोई भी मार्क्सवादी इस तर्क से सहमत नहीं होगा कि उदारतावादी दृष्टिकोण की सार्वभौमिकता अर्थात आधुनिकता स्थिर, टिकाऊ, शाश्वत और परिपूर्ण है। लेकिन भारतीय मार्क्सवाद के ज्यादातर नेताओं और विचारकों ने मुक्ति के आवश्यक लगनेवाले सिद्धांतों और अवधारणाओं को प्रस्तुत करते समय अत्यंत

सरलीकृत रवैया अपनाया। मिसाल के तौर पर, वर्गीय शोषण को सार्वभौम सत्य बताने का आग्रह किया गया। सर्वहारा ही असली सार्वभौम पहचान है, यह धारणा मार्क्सवादी विचार-जगत में जोरों के साथ रखी गयी। संक्षेप में कहा जा सकता है कि काँग्रेस-प्रणीत राष्ट्रवाद की अवधारणा की ही तरह वर्ग की अवधारणा और उसके अनुरूप व्यवहार के चलते मुक्ति की अन्य अवधारणाओं की या तो उपेक्षा की गयी या उन्हें मार्क्सवादी विचार-जगत में गौण स्थान दिया गया। आमतौर पर मार्क्सवादियों ने जोर दिया कि सर्वहारा का आंदोलन खड़ा करने के लिए जरूरी अखंड सार्वभौम-चेतना पैदा करने की क्षमता वर्गीय अवधारणा में ही है। ऐतिहासिक, सांस्कृतिक, भौतिक, आदि कारणों के चलते जो समूह इस चेतना के लिए पूरी तौर पर तैयार नहीं थे, उन्हें भी वर्ग नामक चेतना के पीछे घसीटते ले जाने की कोशिश की गयी।

राजनीति और अवधारणाओं के बारे में अपनाये गये इस शुद्धतावादी नजरिये के चलते ही मार्क्सवादी व्यवहार और विचारजगत में जाति और संस्कृति के प्रश्न को दोयम स्थान मिला। सर्वहारा की आमूल-चूल मुक्ति के लिए पारिवेशिकता से (अर्थात जाति-प्रथा से) सार्वभौमिकता अर्थात वर्ग की ओर जाने का आग्रह बार-बार करते हुए भी कम्युनिस्टों ने जातिप्रथा पर जबरदस्त प्रहार नहीं किए। उन्होंने खुद को उस पर एक खरोंच लगाने तक सीमित रखा। बीच-बीच में जाति-प्रथा पर खरोंच लगाना कम्युनिस्टों की लाभ-हानिवाली राजनीति का हिस्सा बन गया। इसे लाभ-हानि की राजनीति इसीलिए करार दिया जा रहा है क्योंकि आज भी समूचे देश में (पश्चिम बंगाल और केरल को अलग करें तो) अलग-अलग प्रांतों और क्षेत्रों में कम्युनिस्टों की राजनीति में आत्मविश्वास की कमी साफ झलकती है। इसकी वजह यही है कि वामपंथी नेता सर्वहारा की एकजुटता को ले कर निरंतर असुरक्षा ग्रंथि के शिकार रहते हैं। जाति के चलते वर्ग की एकजुटता भंग हो सकती है इसलिए कम्युनिस्टों ने अपने चर्चा-जगत से जाति के प्रश्न को एक तरह से हटा ही दिया है। अन्य किसी की तुलना में वामपंथियों के पास उद्‌देश्य, स्वप्न और दर्शन को ले कर इतना बड़ा नैतिक बल होने के बावजूद जाति के प्रश्न पर राजनीति करना उन्हें इतना असुरक्षित क्यों लगा, यह एक पहेली ही है। बीच-बीच में जाति के प्रश्न को उठाना वामपंथियों के शिष्टाचार का एक हिस्सा-भर बन कर रह गया है। रूस और पूर्वी यूरोप में हुए उलट-फेर के बाद उम्मीद की जा सकती है कि शायद अब भारत के वामपंथी राजनीति और सिद्धांत के स्तर पर जाति को वर्ग के साथ कृत्रिम तरीके से नत्थी करने का प्रयत्न नहीं करेंगे। लगता है कि अब जाति के प्रश्न को किनारे रख कर या उसकी उपेक्षा करके वर्ग की सार्वभौमिकता की ओर जाने का 'शॉर्टकट' भारत के वामपंथी नहीं ढूँढ़ेंगे। वामपंथियों की एक बड़ी पार्टी के केरल में सम्पन्न राष्ट्रीय सम्मेलन के घोषणापत्र से ऐसा आभास मिला है।

पारिवेशिक से सार्वभौम की ओर जाने का प्रयास अथवा जाति-चेतना को वर्ग-चेतना में परिवर्तित करने का प्रयास कामयाब नहीं होता है, यह बात नक्सलवादियों के भी ध्यान में आ चुकी है। लिहाजा अब वे भी स्त्री और जाति-प्रश्न पर चर्चा करते दिखते हैं। जाहिर है कि सार्वभौमिकता की ओर जाने के लिए सबसे पहले हिन्दुत्व से ग्रस्त नागरिक समाज की आलोचना विकसित करना जरूरी है और उसके लिए आधुनिकता एक बीच के 'पड़ाव' के तौर पर उपयोगी संदर्भ बिन्दु हो सकती है। अगर कंप्यूटर की भाषा में कहें तो इससे एक खिड़की खुल सकती है। लेकिन इस आधुनिकता की खिड़की से सभी झाँक सकें, ऐसा संभव नहीं है। उदाहरण के लिए दलित और स्त्री को इससे नहीं झाँकने दिया जाएगा। दूसरे शब्दों में कहें तो पिछले पचास साल की कालावधि में दलितों द्वारा आधुनिकता का दावा उच्चवर्णीय और उच्चवर्गीयों ने नकारा है।

बहुजन के लिए शापित आधुनिकता

आजादी के बाद बहुजनों यानी दलितों, स्त्रियों, अल्पसंख्यक समूहों, अन्य पिछड़े तबकों और आदिवासियों को जाति, धर्म, लिंग, वंश का भेद रखे बिना बहुजनों को सरलीकृत तरीके से प्रावधान बना कर संविधान में नागरिकता प्रदान की गयी। बहुजनों को व्यापक 'सेकुलर' सार्वभौम-चेतना और अस्मिता प्रदान करने की इस कागजी कोशिश से व्यक्ति / समूह की प्राक्-आधुनिक अस्मिताएँ कम से कम व्यवहार के स्तर पर तो धुँधली हो ही जानी चाहिए थीं। वायदा तो यही था कि संविधान और कल्याणकारी राज्य के जरिए बहुजनों की प्राक्-आधुनिक अस्मिता रोजमर्रा के व्यवहार से पूरी तरह समाप्त हो जाएगी। खास कर आंबेड कर ने काँग्रेस के साथ जो करार किया था उसमें यह बात अंतर्निहित थी। संविधान तैयार करने की ऐतिहासिक जिम्मेदारी को आंबेडकर द्वारा स्वीकार किया जाना इसी सामाजिक करार का हिस्सा था। आंबेडकर को लग रहा था कि एक बार प्रतिभा, कुशलता, कार्यक्षमता और निष्पक्षता/समदर्शिता जैसे गुणों को हासिल करने के बाद उसी के आधार पर नयी बौद्धिक अस्मिताएँ समाज में स्वीकृत होंगी। आधुनिक समाज के विकास के लिए प्रतियोगिता के नियम सर्वस्वीकृत हो जाने के बाद समाज के किसी भी जाति के व्यक्ति की सफलता को नकारना संभव नहीं रह जाएगा। प्रतियोगिता के नियमों को सबके द्वारा स्वीकार लिये जाने के बाद किसी भी जाति के व्यक्ति के मन में 'ईर्ष्या' नहीं होनी चाहिए। लेकिन पिछले पचास साल के अनुभव से ऐसा कहा जा सकता है कि अपने देश में बहुजनों को इस आधुनिक / वैश्विकअस्मिता का अनुभव आज तक संभव नहीं हो सका है। नागरिक समाज के क्षेत्र में कुछ तत्त्वों की ओर से उन पर बार-बार कलंकित मानी गयी प्राक्-आधुनिक या जाति-आधारित अस्मिता लादने की कोशिश की जाती है। मिसाल के तौर पर, अल्पसंख्यकों को दोयम दर्जे का नागरिक समझना, नागरिकता के आधार पर दलितों /

स्त्रियों को हासिल सामाजिक प्रतिष्ठा नकारे जाने जैसे कृत्य आज भी होते रहते हैं। बहुजनों द्वारा किया जानेवाला आधुनिकता का दावा नकारने के ऐसे कुछ प्रसंग हम यहाँ रेखांकित कर सकते हैं। पारिवेशिकता से सार्वभौमिकता की ओर जाने के दलितों के प्रयास यानी उनका आधुनिकता का दावा नकारे जाने की परंपरा वैसे पुरानी ही है। यह सीधे गाँधी-आंबेडकर विवाद से शुरू होती है। आंबेडकर ने अपने जीवन में आधुनिकता के लिए जरूरी सभी नियमों का पालन किया। अपनी श्रेष्ठता के आधार पर विरोधियों को जवाब दे सकने लायक जरूरी सांस्कृतिक पूँजी भी उन्होंने हासिल की। अभिव्यक्ति की क्षमता, अलग-अलग ऊँची उपाधियों / डिग्रियों के जरिये उन्होंने आधुनिकता की ओर जाने की दुर्गम यात्रा पूरी की। लेकिन उनकी इस आधुनिकता को समाज में स्वीकार नहीं किया गया। इसके बारे में कई उदाहरण दिये जा सकते हैं। जब आंबेडकर और गाँधी की पहली मुलाकात हुई तब आंबेडकर की ओर देख कर गाँधी ने कहा, 'मुझे लगा था कि आंबेडकर पूना के प्रगतिशील ब्राह्मण होंगे।'

गाँधी के इस वक्तव्य से दो बातें उजागर होती हैं : एक तो दलित समाज में बुद्धिमान लोग पैदा हो सकते हैं, इसके बारे में गाँधी के मन में शंका थी। दूसरे ब्राह्मण समाज के अंदर आधुनिकता प्रकृति प्रदत्त होती है। लिहाजा आंबेडकर भी ब्राह्मण होंगे ऐसा शायद गाँधीजी को लग रहा था। यहाँ गाँधी ब्राह्मणों की सार्वभौमिकता बहाल करते रहे दिखते हैं : ऐसा अर्थ भी उनके वक्तव्य से निकल सकता है। इसी तरह से दलितों की आधुनिकता नकारने का उदाहरण आंध्र प्रदेश के दलित कवि गुर्रम जाषुवा नामक दलित कवि के बारे में सामने आता है। १९३० के आस-पास की बात है जब गंभीर कविता रचने की उनकी क्षमता को स्वीकारने से एक उच्चवर्णीय कवि ने साफ इंकार कर दिया था। इस संबंध में गौर करने लायक बात यह थी कि यह दलित कवि सार्वभौमिकता का प्रतीक समझी जानेवाली संस्कृत से भरी तेलुगू में ही लिख रहा था।[१]

एक ताजा उदाहरण भी लिया जा सकता है। उत्तर प्रदेश में तैनात न्यायिक अधिकारी भगीरथ प्रसाद को कुछ समय पहले ही उनके वरिष्ठ उच्चवर्गीय अधिकारियों ने कार्यकुशलता का 'प्रमाण पत्र' दिया था। फिर इस अधिकारी का इलाहाबाद तबादला हो गया। उनके स्थान पर आये एक उच्चवर्णीय अफसर ने उस कमरे और वहाँ की मेज-कुर्सी को गंगा के पानी से धुलवाया। यह विवाद जब आगे बढ़ा और अधिक गंभीर होने लगा तब इस अधिकारी ने अपना जातिवाद छुपाने के लिए धूर्तता का सहारा लिया। उसने कहा कि 'मुझे दमे की शिकायत है, इसीलिए मैंने कमरा धुलवा डाला।' पिछले कुछ सालों से शिक्षा के क्षेत्र में महाराष्ट्र में किए जा रहे दावों पर भी गौर किया जाना चाहिए। लातूर के विद्यार्थी जब बोर्ड के इम्तिहान में अव्वल आने लगे तो विद्वत्ता पर इजारेदारी रखनेवाले शहरी अभिभावकों ने 'लातूर पैटर्न' पर ही सवाल उठाना शुरू कर दिया। इतना ही नहीं, उनमें से कुछ लोगों के मन में ग्रामीण विद्यार्थियों की प्रतिभा के बारे में भी सवाल उठे। परीक्षा

पद्धति में कुछ गड़बड़ है, ऐसा शोरगुल होने लगा। प्राध्यापक भालचंद्र नेमाड़े के कथन पर गौर करें, 'अब कम से कम यह ठीक हो गया है कि 'विद्या' ज्ञान का 'नैहर' समझे जानेवाले शहरों को छोड़ कर अपने ससुराल चली गयी।' अर्थात विद्या ग्रामीण इलाकों तक पहुँची। यह बात अलग है कि अब लातूर भी शहर हो गया है। लेकिन बहुजनों के लिए आधुनिकता नकारने की कोशिशें जवाहरलाल नेहरू के नाम से स्थापित केंद्रीय विश्वविद्यालय में आज तक चलती रहती हैं। अगर किसी दलित-बहुजन विद्यार्थी ने अव्वल स्थान ग्रहण किया तो उसकी प्रतिभा के बारे में सवाल खड़े किए जाते हैं। मेरिट लिस्ट / गुणवत्ता सूची के नाम पर उसे कभी-कभी सचेत ढंग से आरक्षित स्थानों के कोटे में ढकेला जाता है। अर्थात जो सार्वभौम है उसका पारिवेशिक में रूपांतर किया जाता है।

आधुनिकता पर स्त्री के दावे को ठुकराने का काम पुरुष की ओर से नियमित होता रहता है। उसकी मेधा और प्रतिभा के अनुसार उन्हें अवसर नहीं दिये जाते। पुलिस विभाग इसका बड़ा उदाहरण है। स्त्री-पुलिस को तुलनात्मक तौर पर नर्म जगह तैनात किया जाता है। अगर यदा-कदा महिलाओं ने आधुनिकता का अपना दावा प्रस्तुत करने की कोशिश की तो उनकी बेइज्जती होना तय है। ऐसी स्वतंत्रचेता स्त्रियों का पुरुष की ओर से जिस तरह अपमान होता रहता है वह हमारे समाज में प्रचलित मुहावरों से भी पता लगता है। 'गंगा-जमुना का पानी, पति की तुलना में पत्नी सयानी' जैसा मुहावरा दृष्टव्य है। यह मुहावरा सर्वव्यापी है। महज नदियों के नाम बदलने पड़ते हैं। निचोड़ के तौर पर यही कहा जा सकता है कि स्त्रियों के लिए सार्वभौमिकता से इंकार करने में पुरुष कभी आक्रामकता से, तो कभी चालाकी से काम लेता है। मगर भारत जैसे देश में इस समूची हकीकत को महज स्त्री-पुरुष भेद के आधार पर नहीं समझा जा सकता। उसके साथ-साथ जाति के पहलू को समाविष्ट करना पड़ेगा। इसकी अनिवार्यता समझने के लिए भँवरी देवी प्रकरण को समझना चाहिए। राजस्थान की भँवरी देवी पर जो अत्याचार हुआ वह लैंगिक अत्याचार तो था ही, मगर वह महज लैंगिक इच्छापूर्ति के लिए नहीं था। उसके जरिये भँवरी देवी द्वारा पारिवेशिक से सार्वभौम की तरफ जाने की यात्रा अर्थात आधुनिकता का दावा नकारने के लिए भी उस प्रसंग को आक्रामक ढंग से अंजाम दिया गया। भँवरी देवी सार्वभौम भाषा में बोल रही थीं। सार्वभौम प्रश्नों के संदर्भ में जनमत संगठित कर रही थीं। भँवरी उच्चवर्णों में व्याप्त जातिनिष्ठ बालविवाह प्रथा के खिलाफ कैसे बोल सकती है, इसकी चिढ़ जातिवादी ताकतों में होने के कारण ही भँवरी पर यह नौबत आयी। उच्चवर्णीयों को नागवार गुजरा कि भँवरी देवी नीच जाति की होने के बावजूद उच्च जाति को नीतिमत्ता का पाठ पढ़ा रही है।

राजनीति के क्षेत्र में भी आमतौर पर यही बात नजर आती है। बहुजन समाज के लोग आम तौर पर दर्शन और विचार के क्षेत्र में कम ही दिखाई देते हैं। अर्थात विद्वत्ता से प्रवाहित होनेवाली आध्यात्मिक / आत्मिक सत्ता पाने की रुचि उनमें थोड़ी कम है। उसके बजाय जो ऐहिक / लौकिक / दुनियावी सत्ता है, उसमें उन्हें ज्यादा

रुचि है। इसका मतलब विद्वान या तत्त्वचिंतक बनने के बजाय बहुजन समाज के लड़के-लड़कियाँ, खास कर लड़के, चुनाव लड़ना, संसदीय राजनीति में हिस्सा लेना या प्राध्यापक बनना पसंद करते हैं। इसमें उनकी पसंद-नापसंद स्वैच्छिक या स्वायत्त नहीं होती बल्कि वह रचना की सीमा के तौर पर ही उभरती है।

सिद्धांतशास्त्री अभिजन बनाम अनुभवानुश्रित बहुजन

ज्ञानमीमांसा के क्षेत्र में भी दलित-बहुजन और स्त्री की सार्वभौमिकता नकारी जाती है। उच्च जाति के अभिजन आमतौर पर सिद्धांत का सूत्रीकरण करते नजर आते हैं। दूसरी तरफ अमूर्त समझी जानेवाली इस प्रक्रिया से बहुजनों को वंचित रखा जाता है। उन्हें अमूर्तन की भाषा और सिद्धांत के लिए जरूरी क्षमता भी नहीं मिलने दी जाती। कहा जाता है कि ज्ञानमीमांसा के क्षेत्र में एक तरह की समता व्याप्त है।[१०] बहुआयामी सांस्कृतिक संदर्भ उपलब्ध कर चुके समाज में ही ज्ञानमीमांसा के क्षेत्र में सैद्धांतिक संसाधनों का आदान-प्रदान बिना किसी सांस्कृतिक दीवार के संभव हो सकता है। आदान-प्रदान की इस प्रक्रिया में कोई भी सामाजिक-सांस्कृतिक बंधन नहीं होता। दूसरे शब्दों में कहें तो किसी भी सामाजिक और सांस्कृतिक वातावरण में पले-बढ़े स्त्री-पुरुष या व्यक्ति / समूह में सैद्धांतिक भाषा पैदा करने की प्रतिभा और क्षमता होती है। उसी तरह इस भाषा का इस्तेमाल करने की क्षमता सभी में होती है। इसीलिए इस भाषा को आत्मसात करना कोई जन्मसिद्ध बात नहीं मानी जाती। इसी के अनुसार भारत के संदर्भ में अलग-अलग जातिसमूहों के स्त्री-पुरुषों के लिए सिद्धांत की अमूर्त भाषा में बोलना भी संभव होना चाहिए। कम से कम यह सिद्धांत के स्तर पर संभव है। सिद्धांत का सामाजिक आधार किसी खास जाति-समूह तक सीमित नहीं होता बल्कि वह व्यापक होता है। इसी के चलते सिद्धांत का विज्ञान सार्वभौम स्तर पर सामाजिक एकरूपता हासिल करने में सक्षम होता है। इसी का अर्थ यह है कि सिद्धांत या सैद्धांतिक भाषा किसी खास जाति की इजारेदारी नहीं होनी चाहिए या सिद्धांत किसी खास जाति का गुलाम नहीं हो सकता। लेकिन व्यवहार में ऐसा नहीं है। भारत में सिद्धांत एक विशिष्ट जाति का एकाधिकार बन चुका है। ये दो प्रक्रियाओं के जरिए संभव हुआ है। एक तो कुछ लोग जन्म से ही अपने मुँह में सिद्धांत का चम्मच लिये आते हैं। ऐसे लोगों को बचपन में ही उनके अभिभावक सैद्धांतिक भाषा और अवधारणा की घुट्टी पिला देते हैं। थोड़ी अतिशयोक्ति लग सकती है लेकिन यह काफी हद तक सही है। लेकिन अनुभवजन्य अनुसंधान से सैद्धांतिक अनुसंधान तक पहुँचने का यह रास्ता काफी दुर्गम है। इस मार्ग से गुजरते हुए एक द्वंद्व से गुजरना पड़ता है। अनुसंधान में व्यक्ति की रुचि-अरुचि इसी द्वंद्व से तय होती है। यह द्वंद्व आवश्यकता और स्वतंत्रता के बीच का द्वंद्व है। कुछ रेडिकल विद्वानों का यह भी कहना है कि सिद्धांत का निर्माण करना स्वतंत्रता के दायरे का मामला है। अर्थात जिसके पास समय है,

स्वतंत्रता है, उनके लिए ही अमूर्त भाषा में चिन्तन करना संभव होता है। सिद्धांत की 'गतिविधि' इस तरह सांस्कृतिक तौर पर सापेक्ष है। किसी भी जाति-समूह के व्यक्ति के पास समय हो तो वह सिद्धांतिक बन सकता है। लेकिन जिसकी बुनियादी जरूरतें भी पूरी नहीं हो सकी हैं, जो हालात से मजबूर है, उसे समय कैसे मिल सकता है। वह अनुभव-आधारित संशोधन तो कर सकता है लेकिन सैद्धांतिक नहीं। अगर जाति की भाषा में बात करें तो कौन आज भी जरूरतमंद है? इसका जवाब मिलता है दलित-बहुजन ही। और स्वतंत्रता का उपभोग कौन कर रहे हैं? उच्चजातिवाले। लिहाजा सिद्धांत के क्षेत्र पर उच्चवर्णियों का नियंत्रण हो गया क्योंकि वे स्वतंत्र हैं। वे स्वतंत्र क्यों हैं? उनके पास पीढ़ी-दर-पीढ़ी संचित संपत्ति है। दलित-बहुजनों के पास पीढ़ी-दर-पीढ़ी चली आ रही दरिद्रता और कंगाली है। इसी के चलते दलित-बहुजन, प्रख्यात विचारक रोनॉल्ड ड्वौर्किन के शब्दों में कहें तो, लादी हुई परिस्थितियों के चलते अनुभव-आधारित क्षेत्र की ओर मुड़ते हैं।

इसमें भी जो बहुजनवादी सिद्धांत के लिए चिंतन करना चाहते हैं, जिन्हें मुक्ति संघर्ष के लिए जरूरी सिद्धांत की अहमियत पता चल चुकी है, जो महज बयानबाजी से ऊब चुके हैं, जो तुलनात्मक तौर पर ज्यादा समय निकाल सकते हैं, जो ऐशोआराम का शिकार नहीं हुए हैं (अर्थात जो इसका शिकार होते हैं, वे महज 'पॉप' सिद्धांत ही रच सकते हैं) और जो खुद को संशोधन और रोज-ब-रोज की कमाने-खानेवाली राजनीति जैसे मामलों से दूर रखते हैं, ऐसे बहुजन समाज के व्यक्ति को तो अनुसंधान के क्षेत्र में घुसने भी नहीं दिया जाता। उन्हें सुनियोजित तरीके से कमजोर किया जाता है।

कमजोर करने की यह प्रक्रिया तीन स्तरों पर चलती है। एक तो ज्ञानमीमांसा के क्षेत्र में सार्वभौम भाषा, खास कर अंग्रेजी के जरिये एक तरह की सांस्कृतिक दीवार खड़ी की जाती है (बिल्कुल ज्ञान-मीमांसीय समतावाद के खिलाफ)। सांस्कृतिक दीवार खास तरीके से ऑक्सब्रिज लहजे में अंग्रेजी बोलनेवाले समूहों को तैयार करके मजबूत की जाती है। इस समूह में जो ऑक्सब्रिज किस्म की अंग्रेजी नहीं बोल सकते उन्हें प्रवेश नहीं मिलता। यह भाषा चर्चा-सत्रों पर भी हावी रहती है। हकीकत यह है कि यह भाषा ही एक तरह से 'दरबान' अर्थात 'गेटकीपर' का काम करती है। इस दरवाजे में दलित-बहुजन को कैसे प्रवेश मिल सकता है? उसके पास कितनी भी महत्त्वपूर्ण सैद्धांतिक अंतर्दृष्टि क्यों न हो, उसे श्रोता नहीं मिलते। ऐसे बहुजनों की आवाज दबा दी जाती है। दूसरी महत्त्वपूर्ण बात यह है कि आज के वैचारिक युग में अमूर्त सैद्धांतिक भाषा का जोर है। जिस तरह के संशोधन और पाठ्यक्रम आगे आ रहे हैं, उनके लिए ऐसी ही तकनीकी भाषा चाहिए। बहुजनों का इस भाषा से परिचय नहीं होता। इसमें उन्हें पर्याप्त प्रशिक्षण भी नहीं मिला होता है। दर्शन के लिए भी तकनीकी भाषा से परिचित होना जरूरी है। अगर कभी बहुजन इस भाषा को आत्मसात कर भी लेते हैं तो इसकी गारंटी नहीं दी जा सकती कि

अभिजन समाज की तरफ इस भाषा का आदर हो ही पाएगा। दार्शनिक भाषा का और विचारों का लोकतंत्रीकरण ज्ञान के ठेकेदारों को पसंद नहीं है।

संक्षेप में देखें तो जिसके पास समय है, वह बिल्कुल अलग किस्म की सैद्धांतिक भाषा बोलने लगता है। अर्थात भारत जैसे देश में, विशेष कर दिल्ली जैसे शहर में कुछ उच्चवर्णीय फुर्सत के साथ सिद्धांत की भाषा बोल सकते हैं। इसी के साथ यह भी सच है कि इस विमर्श का एक बड़ा हिस्सा विज्ञान और प्रौद्योगिकी के संदर्भ में प्रयोग होनेवाले तकनीकी सूत्रों और प्रमेयों की भाषा से भरा है। इसी का अर्थ यह है कि एक तरहं से भारत में सार्वभौमिकता की ऊँचाई तो बढ़ी है मगर गहराई नहीं बढ़ पायी है। वजह यही है कि भारतीय समाज में एक तरफ तो विज्ञान और प्रौद्योगिकी की व्याप्ति है तो दूसरी ओर जातिवाद का भी बोलबाला बढ़ा है। लेकिन सोचने की बात है कि दलित-बहुजनों के सार्वभौमिकता के दावे क्यों नकारे जाते हैं और उच्चवर्णियों की तरफ से होनेवाले विरोध के बारे में बहुजन समाज की क्या प्रतिक्रिया है? पहले प्रश्न के संदर्भ में यह कहा जा सकता है कि जो उच्चजातीय अभिजन बहुजनों के दावे का विरोध करते हैं, उनकी आधुनिकता सतही होती है। वे आधुनिकता के बारे में असुरक्षा ग्रंथि के शिकार रहते हैं। इसीलिए अपनी खोखली आधुनिकता को 'ढकी मुट्ठी सवा लाख की' तर्ज पर सुरक्षित रखने के लिए दूसरे की असली आधुनिकता को भी कलंकित किया जाता है। यहाँ पर कुछ हद तक नाक-भौं सिकोड़ते हुए ही उच्चवर्णीय अप्रत्यक्ष तरीकों से दलित-बहुजनों के आधुनिकता के दावे को स्वीकार करते हैं। आंबेडकर के दावों को इसी तरह से उनके विरोधियों को मानना पड़ा था। आधुनिकता को ले कर दलित-बहुजन दृष्टिकोण के तहत नैतिकता के स्तर पर भी अनेक गंभीर सीमाएँ अब साफ उजागर हुई हैं। इन सीमाओं को देखने के पहले उभरे दूसरे सवालों का जवाब पहले ढूँढ़ने की कोशिश की जानी चाहिए। साफ है कि दलितों को जिस सार्वभौमिकता से वंचित किया जाता है उसके बारे में वे महज शोकाकुल नहीं बने रहते। वे अपनी समस्या के 'पीड़ाबोध' से चिपके नहीं रहते। वे उसका प्रतिकार भी करते हैं।

विशिष्टता का सौंदर्यशास्त्र

ऊपर इस बात का उल्लेख किया ही जा चुका है कि इतिहास में दलित-बहुजनों और स्त्रियों को विशिष्ट खानों में डाल कर उनकी पारिवेशिकता को निकृष्ट साबित किया जाता रहा है। उसे छुआछूत-शुचिता जैसी विचारधारा के जरिये कलंकित किया गया है। आजकल कुछ बहुजनवादी यह साबित करने का प्रयास कर रहे हैं कि पारिवेशिक निकृष्ट नहीं बल्कि सुन्दर है, मुक्तिदायी है। दलित-बहुजन आम तौर पर अनुभवनिष्ठ संशोधन की ओर मुड़ते हैं। उसका मुख्य कारण यही बताया जाता है कि जो जिस यथार्थ को जीता है, प्रत्यक्ष अनुभव करता है, उसके लिए वह

यथार्थ पूरी प्रामाणिकता के साथ रखना संभव होता है। एक हद तक यह सही भी है। इसकी वजह यह है कि उच्चवर्णीय संशोधक / शोधकर्ता के अनुभव-आधारित संशोधन में बड़े पैमाने पर अंतराल दिखते हैं। लेकिन यह निश्चित रूप से नहीं कहा जा सकता कि दलित-बहुजनों के संशोधन में यथार्थ के सभी पहलू शामिल हो पाते हैं। सूचना-आधारित संशोधन का दूसरा पक्ष यह है कि राजसत्ता को महज सूचनाप्रद और आँकड़ों पर आधारित संशोधन में ही रुचि है क्योंकि आँकड़ों की बाजीगरी करके आम जनसाधारण को भुलावे में रखा जा सकता है, फुसलाया जा सकता है। इसके बनिस्बत राजसत्ता सैद्धांतिक किस्म के संशोधन से घबड़ाती है। इसकी वजह यही है कि इसके जरिये राजसत्ता की अन्तर्वस्तु का पर्दाफाश होने की संभावना रहती है और परिणामस्वरूप राज्य की वैधता पर भी आँच आने की संभावना रहती है। इसके बजाय छोटे-छोटे समूहों के सांस्कृतिक जीवन का अध्ययन संशोधन के जरिये करके यथार्थ को बिखेर कर टुकड़े-टुकड़े में पेश करना पूँजीवाद के फायदे में ही रहता है। समग्र यथार्थ के छोटे-छोटे टुकड़े करने का दायित्व गैरसरकारी संगठन / स्वयंसेवी संस्थाएँ बड़े जोर-शोर से उठाते हैं। अर्थात सार्वभौम यथार्थ का पारिवेशिक यथार्थ में रूपांतर करने में दोनों का ही-स्थापित तबकों का और स्वयंसेवी संस्थाओं का—हित होता है। सार्वभौमिकता की इस राजनीति को मद्देनजर रखना बहुजनों के लिए जरूरी है।

दूसरा मुद्दा यह है कि सैद्धांतिक सूत्रीकरण की प्रक्रिया से जुड़े कई मिथक गलत साबित हो चुके हैं। अर्थात यह कहना कि सैद्धांतिक बनना फुर्सत का काम है, जिसके पास समय है उसका काम है, जो लोग मुफलिसी में रहते हैं उनके लिए सिद्धांत कर पाना संभव नहीं होता, आदि दावों को कुछ बहुजनवादी विचारकों ने झुठला दिया है। इनमें प्रमुखता के साथ कॉमरेड शरद पाटील का नाम लेना पड़ेगा। वे कहते हैं कि पी.वी. काणे के अनुसार भारतीय दर्शन के जन्मदाता ब्राह्मण थे, लेकिन भंडारकर जैसे सारस्वत पंडित कहते हैं कि वे तो क्षत्रिय थे। लेकिन दासप्रथा के तहत गुलाम बनायी गयी स्त्री और शूद्रों ने भी भारतीय संस्कृति के संदर्भ में बड़ी भूमिका अदा की है। प्राचीनतम कहे गये भारतीय दर्शन सांख्य की जनक कपिला नामक स्त्री थी। लोकायत जैसे अब्राह्मणी दर्शन के विकास में भी स्त्री ने महत्त्वपूर्ण भूमिका अदा की है। आगे चल कर शरद पाटील कहते हैं कि 'फुर्सत का सिद्धांत रखने वालों को इस बात की पड़ताल करनी चाहिए।'[११] इसके बावजूद सोचने की बात यह है कि विश्वविद्यालयों में चलनेवाली 'कमाओ और सीखो' जैसी योजनाओं के तहत या रात या दिन के कॉलेज से शिक्षा प्राप्त कर मेहनत करके सीखनेवाले सैकड़ों बहुजन विद्यार्थियों के बीच से कितने गंभीर और सैद्धांतिक किस्म का संशोधन करनेवाले लोग निकलते हैं। इसका जवाब होगा बहुत ही मामूली संख्या में। वजह यही है कि उनकी गरीबी उन्हें झटपट नौकरी के लिए पूरक पाठ्यक्रम की ओर मोड़ती है। गरीबी और जरूरतमंद होने की इस हकीकत

के चलते बहुजन सिद्धांत गढ़ने के रास्ते की ओर नहीं बढ़ते। वे महज कविताएँ करते हैं। लेकिन एम.एन. श्रीनिवास जैसा एकाध समाजशास्त्री कह सकता है कि मेरे अनुभव-आधारित संशोधन के लिए सिद्धांत की स्वीकृति की जरूरत नहीं है, अनुभव अपने-आप में स्वयंप्रमाणित हो सकते हैं और उसके लिए सिद्धांत के प्रतिनिधित्व की आवश्यकता नहीं है।

दूसरी तरफ दलित-बहुजनों की ओर से यह बात भी कही जाती है कि वे सार्वभौमिकता के सर्जक हैं। उनका दावा है कि व्यापक संस्कृति का हमने ही सृजन किया है। उदाहरण के तौर पर गौतमन कहते हैं कि तमिल संगीत दलितों ने ही रचा है। इलिया राजा इसकी मिसाल है। इतिहास के अन्य ऐसे उदाहरण कॉमरेड पाटील के लेखन में ही दिखते हैं। अर्थात इस नजरिये के तहत 'अंतर्वस्तु' के बजाय 'अस्तित्व' को अहमियत दी गयी है। लेकिन इस पद्धति से विचार करें तो इसमें भी एक दिक्कत पेश आयेगी। प्रस्तुति में राजनीति और संघर्ष का केन्द्र व्यक्ति बनता है, बाहरी ताकतें नहीं। इसमें यह अंतर्निहित होता है कि समूचा संघर्ष बाह्य ताकतों से न हो कर अपने साथ ही है। खुद के खिलाफ जारी इस संघर्ष से छुटकारा पाना हो तो किसी विपश्यना केंद्र में जा कर इससे मुक्ति पायी जा सकती है। सोचने की बात यह है कि क्या वाकई में यह संघर्ष अपने खिलाफ ही होता है? जो बात हमने शुरुआत में नोट की कि जिस तरह पारिवेशिक को तराशने का काम सार्वभौम करता है उसी तरह पारिवेशिक को बदलने के लिए सार्वभौम को बदलना जरूरी है। लेकिन व्यक्तिगत स्तर पर विपश्यना करके सार्वभौम होना कैसे संभव है? इस प्रस्तुति में सामाजिक बदलाव के लिए जरूरी संघर्ष से राजनीति को बाहर कर देने की साजिश नजर आती है। विपश्यना से पारिवेशिक की मुक्ति का रास्ता ढूँढ़ने में सबसे बड़ी समस्या यही दिखती है। अस्तित्ववाद की हिमायत करनेवाले साहित्यकारों को चाहिए कि वे इस पहलू पर विचार करें।

दूसरी तरफ ब्राह्मणी सार्वभौमिकता ने दलित-बहुजन यथार्थ को हमेशा पारिवेशिकता के घेरे में सीमित रख कर हीन साबित करने का प्रयास किया है। दूसरे की हीनता पर फली-फूली इस परजीवी सार्वभौमिकता के विरोध में पारिवेशिकता को अधिक सुंदर बनाने का प्रयास चंद दलित-बहुजन विचारकों ने किया है। इन सबमें बाबूराव बागुल का नाम प्रमुखता से लेना जरूरी है।[१२]

बहुजनों के सांस्कृतिक प्रतीकों को हीन साबित करके उनकी उपेक्षा करने की भी कोशिश के जवाब में पारिवेशिक को ही सौंदर्य से परिपूर्ण साबित करने की कोशिश की जाती है। इस बारे में लालू प्रसाद यादव के उदाहरण की चर्चा की जा सकती है। १९९५ के लोकसभा चुनाव में हरियाणा की किसी चुनावी सभा में हिन्दुत्ववादी पार्टी के चंद कार्यकर्त्ताओं ने लालू प्रसाद यादव के सामने काले झंडों के साथ प्रदर्शन किया। लालू प्रसाद इन लोगों पर बिल्कुल नहीं बरसे। उलटे काले रंग का समर्थन करते हुए उन्होंने अपने विरोधियों को यह कह कर चुप किया कि

काला रंग अपवित्र चीजों को दूर रखने के लिए इस्तेमाल किया जाता है। मेरे बचपन में मुझे नजर न लगे इसलिए मेरी माँ मेरे गालों पर काला काजल लगाया करती थी। इस तरह लालू प्रसाद ने अपने विरोधियों को उन्हीं की लाठी से पीटने का काम किया। इस तरह सांस्कृतिक क्षेत्र में पारिवेशिक को हीन साबित करने की प्रस्थापित तत्त्वों द्वारा की जानेवाली कोशिश के बरअक्स बहुजनों की तरफ से समय-समय पर यही दिखाने की कोशिश की गयी है कि पारिवेशिक ही किस तरह सुंदर है। दलित का सौंदर्यशास्त्र या अब्राह्मणी साहित्य का सौंदर्यशास्त्र जैसी बातें इसी श्रेणी में आएँगी।

बहस-मुबाहिसे के क्षेत्र में पारिवेशिक के सौंदर्यशास्त्र का इस्तेमाल विरोधियों के सांस्कृतिक-साम्राज्यवादी मनसूबों को ध्वस्त करने में महत्त्वपूर्ण भूमिका अदा कर सकता है। लेकिन अक्सर अतिवादी और 'एकला चलो रे' कहनेवाले रुख के साथ-साथ यह पैंतरा भी होता है कि हमें किसी के समर्थन की जरूरत नहीं है, यह पारिवेशिक को अधिक एकाकी बनाता है। उसके इर्दगिर्द सीमा-रेखाओं को अधिक मजबूत बनाता है। सबसे पहले तो निरंतर सक्रिय और परिवर्तनशील समाज में ऐसा रुख अख्तियार नहीं किया जा सकता। कीर्केगार्द का कहना है कि विचारक और बाघ दोनों को किसी के साथ की जरूरत नहीं होती। दोनों अकेले ही रहना पसंद करते हैं। लेकिन ऐसा कीर्केगार्दवादी रुख अपनाना संभव नहीं होता। ऐसा एकांतिक / अतिवादी रुख अपनाने की कोशिश करने में दो तरह के खतरे दिखते हैं। एक तो इंसानियत और करुणा पर आधारित सामाजिक संबंध परस्पर सौहार्द और लेन-देन से ही संभव हो सकते हैं। इस संबंध में 'वे' और 'हम' जैसा विभाजन काम नहीं आता। उल्टे इसमें मनुष्य के (स्त्री-पुरुष) अहम पर बंदिशें लगानी पड़ती हैं। इसका अर्थ यही है कि हाड़मांस की भावनाओं से ओत-प्रोत मनुष्यों के जीवन के लिए सौंदर्यपूर्ण और सामंजस्यपूर्ण जीवन जरूरी है। मिली-जुली बस्ती में रहनेवाले किसी उच्चवर्णीय व्यक्ति को अगर बस्ती के सामाजिक और सांस्कृतिक जीवन से अलग रखा जाये तो उसका भी दम घुटता ही है। मगर इससे बचने के लिए वह व्यक्ति जातिभेद, लिंगभेद, वंशभेद, वर्गभेद इत्यादि से लबालब भरे काल / समय और सामाजिक स्थान को अपने क्रांतिकारी हस्तक्षेप से निर्मल बनाने / साफ करने की कोशिश नहीं करता। इसके बजाय अपनी घुटन को दूर करने के लिए वह व्यक्ति-विशेष पर निर्भर हो जाता है, वैश्विकता की ओर अपनी यात्रा नहीं करता। बदलती परिस्थिति में यह व्यक्ति बार-बार वहीं अपना पारिवेशिक बनाने की कोशिश करता है। मिसाल के तौर पर पुणे में कोथरूड नामक उपनगर के निर्माण को इसी पारिवेशिक की पुनर्निर्मिति के रूप में देखा जा सकता है। दलित-बहुजन भी अपनी-अपनी घुटन को दूर करने के लिए पारिवेशिक पर आधारित सांस्कृतिक स्थान का निर्माण करते हैं। उदाहरण के तौर पर हम आंबेडकर के जन्मदिन के बहाने तैयार हुए दलित अफसरों के अलग सांस्कृतिक समूहों को देख सकते हैं।

रोजमर्रा की कमाऊ राजनीति के माहौल में (जिसे हमने संसदीय राजनीति जैसा सुंदर-सा नाम दिया है) पारिवेशिकता को अतिरिक्त महत्त्व मिला है। प्रतियोगिता के इस अस्थिर राजनीतिक वातावरण में अपनी पारिवेशिक अस्मिताओं को ले कर अलग-अलग जाति-समूह सौदेबाजी के लिए उतर रहे हैं। एक तरफ इनका इसलिए स्वागत हो रहा है कि यह प्रक्रिया इन जातियों का लोकतंत्रीकरण कर रही है। लेकिन दूसरी तरफ इस पारिवेशिकता को बचाये रखने की भी कोशिशें दिख रही हैं। पारिवेशिक की इन सीमा-रेखाओं को बचाये रखने का काम करनेवाले ये स्वयंभू रक्षक इस हद तक सतर्कता बरतते हैं कि महज प्रतीकात्मक स्तर पर भी इसे सार्वभौम की ओर जाने से रोकते हैं। उदाहरण के तौर पर कोल्हापुर के चंद दलित नेताओं ने एक वामपंथी नेता को भीम पुरस्कार दिया। यह पुरस्कार क्यों दिया गया इसको ले कर अन्य स्वयंभू नेताओं में बेचैनी फैल गयी। कुल मिला कर दिखने में यही आ रहा है कि कमाने-खाने की राजनीति के लिए पारिवेशिकता की राजनीति का खुल्लमखुल्ला इस्तेमाल हो रहा है। राजनीति का यह तरीका अब सबको मंजूर है। इसलिए पारिवेशिक की असली पहचान की बात करते हुए हमें इस धोखे को भी ध्यान में रखना होगा। असली पहचान पर अतिरिक्त जोर और उसकी कोशिश अक्सर सक्रिय ताकतों के मुक्तिसंघर्ष को स्थानीय स्तर के मामलों में ही समेटे रखती है। उसको प्रतीकांध भक्ति में तब्दील करती है। उसको निष्प्रभावी करती है। जाहिर है कि इसमें असली पहचान के नाम पर पारिवेशिकता की गहराई थोड़ी बढ़ सकती है। मगर उसकी ऊँचाई में कतई बढ़ोतरी नहीं हो सकती। असलीपन की इस कोशिश में बाहरी दुश्मन बिल्कुल साबुत रहता है।

जाति-समूह स्वयं को अपनी पारिवेशिकता तक सीमित रखें, इसी में व्यवस्थापोषक तत्त्वों का हित है। पारिवेशिकता का भावना के स्तर पर अध्ययन करने के लिए इधर ढेर सारा पैसा संभावनाशील अनुसंधानकर्त्ताओं को बाँटा जा रहा है। भावनाओं या शब्दाडंबर में मशगूल रहे बहुजन व्यवस्थापोषकों के हक में जाते हैं। वे सिद्धांत रचने का जोखिम नहीं उठाते। यह स्पष्ट है कि अपने समृद्ध अनुभव के आधार पर सिद्धांत को समृद्ध करने और सिद्धांत की बुनियाद पर मनुष्य को गहराई प्राप्त करने के लिए लंबी जद्दोजहद से गुजरना पड़ता है। इन दिनों ऐसी परीक्षाओं से गुजरने के लिए कोई तैयार नहीं रहता। इससे बचने के लिए दलित-बहुजन दो तरीकों को अमल में लाते हैं। एक तो ऐसी जद्दोजहद करने के बजाय ये लोग अनशन पर बैठते हैं। अनशन का रास्ता आजकल आगे बढ़ने का आसान रास्ता बना है। दूसरे, अगर गंभीर सिद्धांत का सूत्रीकरण संभव न हो तो ये लोग आसानी से सिद्धांत को शब्दाडम्बर में तब्दील करके अपने को बचा लेते हैं। उदाहरण के तौर पर देखें तो 'हमें राजसत्ता सँभालनी है' यह शब्दाडम्बर हम आमतौर पर सुनते रहते हैं। लेकिन इस जुमलेबाजी के सैद्धांतिक तर्क पर ये लोग गौर नहीं करते। सिद्धांत के लिये आवश्यक है कि वह साधारणजन की मानसिकता

और राजनीति का हिस्सा बने। सिद्धांत को महज जुमले में तब्दील करके उसे दीवार पर लिखना काफी नहीं होता। सिद्धांत को अनुभव के स्तर पर जीना होता है। उसी में से बुनियादी परिवर्तन संभव हो पाता है। सिद्धांत और व्यवहार के दो क्षितिजों का मिलन परिवर्तन की प्रेरणादायी शक्ति बन सकता है। सभी परिवर्तनकामियों के लिए इस बात को मद्देनजर रखना जरूरी है।

संदर्भ एवं टिप्पणियाँ

१. एंथनी गिडंस, द *कांसिक्वेंसिस ऑफ मॉडर्निटी*, स्टेनफर्ड यूनिवर्सिटी प्रेस, स्टेनफर्ड १९९०, पृष्ठ १ से ५६

२. *उपरोक्त।*

३. *उपरोक्त।*

४. सैंड्रा हार्डिंग, 'सब्जेक्टिविटी, एक्सपीरिएंस एंड नॉलेज', *डेवलपमेंट एंड चेंज* का विशेषांक, जुलाई १९९२, खंड-२३, अंक-३, पृष्ठ १७५.

५. मारिया मीस, *पेट्रियार्की एंड एक्युमुलेशन ऑन ए वर्ल्ड स्केल*, जेड बुक्स, लंदन, १९८६, पृष्ठ ७६.

६. महाराष्ट्र के शिक्षा मंत्री प्रो. रामकृष्ण मोरे का जुलाई २००० के अंक में *महाराष्ट्र टाइम्स* में छपा लेख।

७. यह विचार खुली अर्थव्यवस्था के समर्थक विद्वान और चंद किसान संगठनों के नेता पिछले कुछ सालों से रख रहे हैं।

८. अमेरिका के कोलंबिया विश्वविद्यालय में प्रोफेसर इतिहासकार निकोलस डर्क ने उन्नीसवीं सदी के मद्रास प्रांत के चंद गाँवों के अध्ययन के दौरान यह बात सामने रखी थी।

९. वाघमन (केरल) में आयोजित संगोष्ठी में उस्मानिया विश्वविद्यालय के इतिहास के प्रोफेसर जंगम चिनया द्वारा प्रस्तुत परिपत्र।

१०. ध्रुव रैना, 'द प्रेजेण्ट इन द पास्ट', प्रोफेसर रोमिला थापर द्वारा संपादित *इंडिया न्यू मिलेनियम*, पेंग्विन, २०००, पृष्ठ २५

११. शरद पाटील, *सत्यशोधक मार्क्सवादी*, अंक-५, जुलाई, १९८२, पृष्ठ १७

१२. बाबू राव बागुल, *दलित साहित्य आजचे क्रांति विज्ञान*, नागपुर, १९७९

ज्ञानमीमांसा के नये पहलू

दलित बौद्धिकता भारतीय सभ्यता और संस्कृति की आलोचना करते-करते पाती है कि आधुनिकता ने परंपरा के साथ एक खुफिया समझौता कर लिया है। वह पूँजीवादी आधुनिकता को ही नहीं बल्कि आधुनिकता के रेडिकल दावेदारों को भी इस गठजोड़ में शामिल पाती है। आधुनिकता और जाति-व्यवस्था के बीच धोखाधड़ीपूर्ण समझौते के कारण दलितों का शहर का सपना भी टूट गया है। ऊँची जातियों से आनेवाला मार्क्सवादी युवक जातिगत शोषण को वर्गीय शोषण में समाहित करके अपने अपराधबोध से तो छुटकारा प्राप्त कर लेता है लेकिन जाति का भारतीय यथार्थ उसकी पकड़ से निकल जाता है। लोकतंत्र को आमूलवादी रुझानों से आवेशित करने में दिलचस्पी रखनेवाले तत्त्वों ने भी पूरी तरह से आधुनिक श्रमसंबंधों की स्थापना में योगदान नहीं दिया है। दलितों को ग्रामीण सर्वहारा के रूप में देखने की स्वागतयोग्य प्रवृत्ति उनके एक छोटे से हिस्से ही में है और वह हिस्सा भी जाति के भारतीय यथार्थ को सिद्धांतबद्ध करने के कार्यभार से बचने की कोशिश करता रहता है।

'ब्राह्मणवादी' आधुनिकता की आलोचना

आदित्य निगम

पिछले सालों में हिंदुस्तान में आधुनिकता के सवाल पर काफी तीखी बहसें हुई हैं। खास तौर पर अंग्रेजी में होनेवाले समाजशास्त्रीय अध्ययनों में यह जोरदार बहस का सवाल बन कर उभरा है। हिंदी लेखन और चिंतन में तो एक मायने में आधुनिकता हमेशा ही सवालों के घेरे में रही है। यहाँ उसकी तफसील में जाने की जरूरत तो नहीं है, मगर इतना जरूर याद रखना चाहिए कि हिंदी में एक अच्छी-खासी परंपरा है जो गाँधीजी और राममनोहर लोहिया के चिंतन से प्रभावित होने के नाते आधुनिकता के बारे में कई शंकाओं को पोसती रही है। इसकी एक वजह यह भी है कि हिंदी और आमतौर पर अन्य भारतीय भाषाओं का बुद्धिजीवी तबका उस आधुनिकता से सबसे ज्यादा पीड़ित महसूस करता रहा है जिसकी कमान यहाँ का अंग्रेजीदाँ वर्ग सँभाले हुए था। मगर इस तबके की समस्या शायद समूचे भाषायी जगत की नहीं थी। आधुनिकता कई शोषित तबकों के लिए आजादी का पैगाम ले

कर भी आयी थी और उसकी बदौलत ही हिंदुस्तान सरीखे मुल्कों में 'बराबरी' और 'हक' की जुबान और कलाम को इन मातहत और बेहैसियत तबकों ने हासिल कर पाया था।[१] इस जुबान का इस्तेमाल इस मुल्क के अभिजनों ने भी बखूबी किया था और जंगे-आजादी के दौर में बराबरी और हक के इन नए विचारों को इस राष्ट्रवादी अभिजन ने राष्ट्रों या कौमों के बीच बराबरी के हक के रूप में समझा और व्याख्यायित किया था। लेकिन आधुनिकता के मायने अलग-अलग तबकों के लिए अलग-अलग थे। आजादी के बाद का एक द्वन्द्व शायद सत्ता पर काबिज अंग्रेजीदाँ अभिजन और उस पर काबिज होने की ख्वाहिश रखनेवाले भाषायी अभिजन के बीच रहा। चूँकि एक मायने में उत्तर-औपनिवेशिक काल के पहले चार दशकों में यह अंग्रेजीदाँ तबका ही पूरे बौद्धिक जगत पर छाया रहा, इसलिए चीजों को देखने-सोचने का सारा का सारा अंदाज और हमारा राजनीतिक 'कलाम' उन्हीं द्वारा नियंत्रित होता रहा।[२] इस लिहाज से यह कहा जा सकता है कि पिछले बीस साल में उसके वर्चस्व के संकटग्रस्त हो जाने के कारण ही दरअसल आधुनिकता सवालों के घेरे में आयी है। यही वह समय भी है जब **नर्मदा बचाओ** जैसे आंदोलनों के चलते आधुनिक विकास की अवधारणाओं को चुनौती मिलनी शुरू हुई है।

इस रोशनी में देखें तो दलित आंदोलन से उठ रही आवाजें कुछ अलग-सी जान पड़ती हैं। ऐसा इसलिए भी कि खास तौर पर दलितों के लिए आधुनिकता और उसका कलाम कई मायनों में उनकी आजादी का हरकारा बन कर आया था। आधुनिक विकास ने भी पहली मरतबा उन्हें छुआछूत के नरक से कम से कम एक हद तक नजात दिलाने का काम किया। लिहाजा यह सवाल स्वाभाविक तौर पर उठ ही सकता है कि क्या वाकई दलितों का कोई ऐसा लेखन है, कोई इबारत, तहरीर या पाठ (टेक्स्ट) या कोई ऐसा ज्ञान-भंडार है जिसे हम 'आधुनिकता की आलोचना' कह सकते हैं? कम से कम खुले रूप में तो इसकी मौजूदगी नहीं ही मिलती। फिर भी इस परचे में मेरा यह तर्क होगा कि ऐसी एक महत्त्वपूर्ण आलोचना फिर मौजूद है, भले ही किसी दूसरे नाम से हो या बिना नाम के ही हो। ऐसा कहा जा सकता है कि दलित लेखन के एक बड़े हिस्से में इसकी एक 'गैर-हाजिर मौजूदगी' है, जिसे खोद कर निकालना होगा। रेडिकल-सेकुलर यानी परिवर्तनवादी व जाति-धर्मनिरपेक्ष राजनीति के साथ उसके रिश्ते के कई समस्यापूर्ण पहलुओं को समझने के लिए ऐसा करना जरूरी है।

'आधुनिकता' शब्द का इस्तेमाल कई तरीकों से और कुछ जरूरत से ज्यादा ही होता आया है। दलित लेखन में आधुनिकता की आलोचना के संदर्भ में बात करने पर यह समझना होगा कि वहाँ यह आलोचना आधुनिक विकास, विज्ञान या तर्कशास्त्र की कतई नहीं है। मगर जैसा इस परचे में हम दावा करेंगे, ये अप्रत्यक्ष आलोचनाएँ हिंदुस्तान में राजनीतिक आधुनिकता की उन दो महान निर्मितियों / संरचनाओं से लगातार जिरह करती हैं जिनके इर्द-गिर्द हमारी सियासत घूमती है। ये दो संरचनाएँ हैं : सेकुलरवाद और राष्ट्रवाद की। यूरोपीय ज्ञानोदय की बदौलत

प्राप्त आधुनिक चिंतन और सियासत की यह खूबी रही है कि उसने जहाँ एक तरफ इंसानी आजादी के लिए नए रास्ते खोले वहीं इस प्रक्रिया में उसने सोचने-समझने के कई ऐसे कायदे चालू किए जिनमें काले और सफेद का फर्क तो रहा मगर बीच के तमाम रंग गायब हो गये। मसलन आधुनिकता बनाम परंपरा, विज्ञान बनाम जहालत, तर्कबुद्धि बनाम अंधविश्वास; और इसी क्रम को अगर और आगे बढ़ाया जाए तो राष्ट्रवाद बनाम साम्राज्यवाद, सेकुलरिज्म बनाम सांप्रदायिकता जैसी एक-दूसरे के खिलाफ खड़ी जोड़ियों के आधार पर बनी अवधारणाओं के जरिए ही हम सोचने के आदी हो गये हैं और इन्हीं के जरिए हम अपनी दुनिया को समझने की कोशिश करते हैं।[३] जाहिर है कि इन 'विलोम' अवधारणाओं के सहारे हमें उस दुनिया के तात्पर्य को तलाशने में आसानी होती रही है जो अन्यथा एक 'मायावी संसार' था जिसका रहस्य सिर्फ 'ऊपरवाला' ही जानता था या जान सकता था। उसके आशय को तलाशना वर्जित तो था ही, असंभव भी था। विज्ञान और तर्कशास्त्र ने न सिर्फ हमें वह हौसला दिया कि हम उसे समझने की कोशिश करें बल्कि उसे समझने के औजार भी मुहैया कराये। दुनिया को इस तरह समझने की गरज से आधुनिक ज्ञानमीमांसा ने भगवान की जगह इंसान को बैठाया। इंसानी जिंदगी के इतिहास को उसने नए मायने दिये।

आधुनिक ज्ञानमीमांसा में 'इतिहास' उत्तरोत्तर एक नए दर्शन का रूप लेता चला गया। इस दर्शन का मूल मंत्र 'परिवर्तन' कहा जा सकता है। समाज की कोई भी दशा नियत और शाश्वत नहीं है। सब कुछ बदलता है और बदला जा सकता है। इंसान खुद अपने इतिहास का निर्माता (एजेंट) होता है, वही इतिहास रचता है। 'इतिहास' और उसके 'कर्त्ता' की इन अवधारणाओं के इर्द-गिर्द एक बिल्कुल नया दर्शन, इतिहास-दर्शन भी इसी क्रम में उभरा अर्थात इतिहास (का ज्ञान)--जिसका आशय अब तक के मानव-समाज की वैज्ञानिक व्याख्या से था—अब एक ऐसी कुंजी बन जाता है जिससे हर ताला खोला जा सकता है। इतिहास के ज्ञान ने धार्मिक मठाधीशों और चर्च की सत्ता को चुनौती देने का काम किया। इन मठाधीशों के दावों के बरक्स इतिहास का दावा एक मुक्तिदाता के रूप में सच पर एकाधिकार के रूप में उभर कर सामने आया। अठारहवीं व उन्नीसवीं सदी में विज्ञान का बौद्धिक दबदबा इस कदर था कि सारा जोर 'तथ्यों' पर, और चीजों को 'साबित' कर पाने पर पड़ने लगा। हमेशा प्रमाण समेत की जानेवाली इतिहास की वैज्ञानिक व्याख्या सच की कसौटी बन गयी। सच और उसका ज्ञान हासिल करने के बीच अब अगर कोई दूरी थी तो वह महज एक सही पद्धति या कायदे की थी। इस मान्यता ने जड़ जमा ली कि अगर सही और वैज्ञानिक पद्धति हो तो सच तक आसानी से पहुँचा जा सकता है।

मगर आधुनिक ज्ञानमीमांसा ने इस प्रक्रिया में एक नए द्वैतवाद को जन्म दिया। यह था 'ज्ञाता' (सब्जेक्ट) और 'ज्ञातव्य' (ऑब्जेक्ट) के बीच का द्वैतवाद। देकार्त के बाद से एक मायने में यह फर्क पूरे के पूरे वैचारिक जगत पर छा गया।

वैज्ञानिकता के आग्रह के चलते इस नयी ज्ञानमीमांसा का एक पहलू और उभर कर सामने आया : प्राकृतिक ज्ञान के मॉडल पर बननेवाले नए सामाजिक ज्ञान को भी अब 'मूल्य-निरपेक्ष' बनाने की कोशिशें होने लगीं। जाहिर है, मूल्य-निरपेक्षता तभी संभव होती है जब ज्ञाता अपने ज्ञातव्य के बाहर खड़ा एक 'वैज्ञानिक' हो और अपने ज्ञातव्य जगत के मूल्यबोध से प्रभावित न हो। अगर सच तक उन्हीं लोगों की पहुँच हो सकती है जो इस सही, वैज्ञानिक, मूल्य-निरपेक्ष पद्धति या कायदे से लैस हों, तो यह लाजिम है कि सामाजिक ज्ञान का समूचा कारोबार भी इन 'बाहर खड़े' ज्ञाताओं के काबू में रहेगा। कहने की जरूरत नहीं कि आगे चल कर यह नजरिया सच की इजारेदारी करने वालों की एक नयी जमात पैदा कर देता है। सच एक है और वह वैज्ञानिकों या विशेषज्ञों को ही हासिल हो सकता है—इस ख्याल के नतीजे आगे चल कर बहुत दूरगामी होने थे। अब यह सोच पाना भी मुमकिन न था कि जहालत में जीनेवाले, अनपढ़ और गँवार, लोगों के पास भी सच का कोई टुकड़ा हो सकता है। गौरतलब है कि इस नजरिए में तजुरबे के आधार पर संचित यानी अनुभव-आधारित ज्ञान की कोई जगह नहीं हो सकती थी, क्योंकि उसमें हमेशा 'वस्तुनिष्ठता' और सही वैज्ञानिक पद्धतियों का अभाव रहता है। इस विचार के तहत आम लोगों का अपना ज्ञान चूँकि उनके भोगे हुए सच का ही आईना होता है, इसलिए वह ज्ञान का ओहदा पाने का हकदार नहीं रह जाता है।

पिछले सालों में दुनिया के पैमाने पर आधुनिकता के संकट ने यही बात पुरजोर ढंग से उजागर की है। इस संकट ने यह दिखाया है कि इस पूरे ज्ञान-दर्शन ने कई ऐसी दिक्कतें भी पैदा कर दीं जिनका एहसास भी शायद हम आधुनिकों को पहले नहीं था। सबसे बड़ी दिक्कत यही है कि इन 'विलोम' जोड़ियों के चलते दुनिया हमें सिर्फ काली और सफेद ही दिखाई देती है। जो 'विज्ञानपरक' नहीं है वह अंधकारमय जहालत के सिवा कुछ नहीं, जो 'युक्तिपरक' नहीं है वह 'दकियानूस' और 'पिछड़ा हुआ' है, जो राष्ट्रवादी नहीं वह साम्राज्यवाद का दलाल है, वगैरह, वगैरह। नए इतिहास-दर्शन की रोशनी में यह समझने की गुंजाइश भी जाती रही कि आम लोग अपने अतीत को किस तरह समझते हैं और उससे किस तरह का रिश्ता बनाते हैं। पूरा समाज अंधकार में डूबा दिखाई देने लगा और आधुनिक विश्व-दृष्टि से लैस लोगों का यह कर्त्तव्य बन गया कि वे इस समाज को अँधेरे से उबारें। काबिले-गौर है कि 'ज्ञानोदय' का अंग्रेजी नाम 'एनलाइटेनमेंट' है—यानि रोशनी प्राप्त होना। यह उस द्वैतवाद की जीती जागती मिसाल है जिसकी हम ऊपर चर्चा कर चुके हैं। जाहिर है कि जिन्हें यह रोशनी हासिल नहीं हुई वे इस नजरिए में अंधकार के गर्त में डूबे हुए ही माने जाएँगे। लोगों की पहचान के सवाल, 'खुदी' की उनकी परिभाषाएँ, सब इसी 'पिछड़ी मानसिकता' की निशानी समझी जाने लगीं। यह नयी इतिहास और विश्व-दृष्टि बताती थी कि 'इंसान' ही अंतिम सत्य है और बाकी सब मिथ्या है। बाकी तमाम पहचानें रफ्ता-रफ्ता आधुनिक विकास के साथ-साथ गायब हो जाएँगी—बस बचेगा आनेवाले समाज

का 'सपाट नागरिक'। आधुनिक समाज की वह आखिरी मंजिल होगी जब हर व्यक्ति को एक समान नागरिकता मिल पाएगी और यह व्यक्ति वह होगा जिस पर दूसरी किसी पहचान का नामो-निशान भी बाकी न रह जाएगा। यह 'बेनिशाँ' नागरिक आधुनिकता का वह सपना था, जो टूट गया। पिछले बीस बरस से ज्यादा से चारों तरफ हम जो 'छोटी पहचानों अथवा अस्मिताओं की बगावत' देख रहे हैं, उसके चलते भी कई मसलों पर सिरे से सोचने की जरूरत आ पड़ी है। पश्चिमी राजनीतिक चिंतन में इस दौरान 'समुदाय की वापसी' और 'बहुसंस्कृतिवाद' पर चल रही बहस इसी परिघटना का आईना है।

एक अर्थ में दलित सियासत आधुनिकता के इन विलोमों के खिलाफ एक जोरदार प्रतिवाद है। राष्ट्रवादी आंदोलन के दौरान और हाल के सालों में वह लगातार राष्ट्रवाद बनाम साम्राज्यवाद या सेकुलरवाद बनाम सांप्रदायिकता की विलोम जोड़ियों से टकराती रही है। उसका वजूद ही उस 'तीसरे' के आने का एलान है जिसे उन्होंने नेपथ्य में धकेल दिया था और जो अब इन जोड़ियों के लिए समस्या बनता हुआ उन्हें चुनौती देता है। इस तरह दलित राजनीति आधुनिक सेकुलर मानस की आमफहमी को नकारती है। आधुनिक सियासत की इन अवधारणाओं के प्रतिवाद के जरिए वह उन तमाम शाश्वत सार्वभौम सत्यों के खिलाफ भी प्रतिवाद करती है जिनके इर्द-गिर्द आधुनिकता की आजादीपसंद अभिव्यक्ति खड़ी हुई है। इस अभिव्यक्ति की बुनियाद या तो एक 'सपाट नागरिक' की अवधारणा पर है या फिर उतने ही सपाट और अमूर्त उस 'मजदूर वर्ग' की अवधारणा पर टिकी है जिसे मार्क्सवाद ने इतिहास का कर्त्ता मुकर्रर किया था।

मेरी समझ से दलित राजनीति 'सपाट नागरिक' और 'सपाट मजदूर वर्ग' के लिए दिक्कतें पैदा करती है। इस संदर्भ में हमें यह भी नोट करना चाहिए कि 'अल्पसंख्यक संस्कृतियों के प्रति बेरुखी' के भाव की जड़ें पश्चिमी राजनीतिक परंपराओं में काफी गहरे पैठी हुई हैं।[४] वरनॉन फैन डाइक और विल किमलिका ने ठीक ही याद दिलाया है कि समूची उन्नीसवीं सदी और समान रूप से बीसवीं सदी के शुरुआती दौर में यह भाव उदारतावादी और मार्क्सवादी चिंतन-परंपराओं पर हावी था।[५] यकीनन इसके खिलाफ अल्पसंख्यकों के हक में भी तर्क उठते रहे मगर कुल मिला कर वे आवाजें हाशिये पर ही रहीं। वर्चस्व इन्हीं परंपराओं का रहा।

मूल विषय पर आने से पहले एक बात और। दलित आलोचना को महज एक 'राजनीतिक मतभेद' समझना गलत होगा। इस लेख में 'ज्ञानमीमांसा' शब्द का इस्तेमाल मैं यह जताने के लिए कर रहा हूँ कि एक गहरे अर्थ में वह हमारे राजनीतिक कलाम को, उसकी कई बुनियादी राजनीतिक और सैद्धांतिक अवधारणाओं को ही चुनौती देती है। वह न सिर्फ आधुनिक सोच की विलोम अवधारणाओं को चुनौती देती है बल्कि साथ ही उससे निकले सबसे बुनियादी विच्छेद को भी नकारती है—यानि 'ज्ञाता' और 'ज्ञातव्य' के विच्छेद को। अपने पूरे कलाम में वह जाति-उत्पीड़न के तजुरबे को केंद्रीयता प्रदान करती है और उसका

यह दावा कि दलित के बारे में प्रामाणिक ज्ञान सिर्फ दलित वजूद के मुकाम से ही पैदा हो सकता है, ज्ञाता और ज्ञातव्य के द्वैतवाद को एक सीधी चुनौती देता है। यह कोई इत्तेफाक नहीं है कि जब तक दलितों ने खुद अपना इतिहास लिखना शुरू नहीं किया तब तक कोई दलित इतिहास पैदा ही नहीं हुआ था। कुछ हद तक यह मसला वैसा ही है जैसा नारीवाद के संदर्भ में था। दूर खड़े एक वैज्ञानिक द्वारा लिखे गये इतिहास में लाजमी तौर पर ऐसे छोटे-छोटे असंख्य इतिहास गायब हो जाया करते हैं जिनका लेखन वैज्ञानिक कायदों पर नहीं बल्कि भोगे हुए यथार्थ पर निर्भर होता है। इकबाल सूफी के अंदाज में अगर कहा जाए तो 'वो तड़प नग्मे में कहाँ जो शिकस्ते-दिल में है'। 'शिकस्ते-दिल' का बयान अगर उस नग्मे में भी सही मायने में नामुमकिन है जो दिल की गहराइयों से निकलता है तो फिर समाजशास्त्रीय लेखन की क्या बिसात कि वह उसका इजहार कर पाए? नग्मा जो दिल के करीब है, भोगे हुए यथार्थ के करीब है—उसी में अगर यह कुव्वत नहीं कि वह हाले-दिल बयान कर सके तो दूर खड़े एक वैज्ञानिक के लिए यह कैसे मुमकिन हो सकता है? इसीलिए यहाँ मैं दलित तजुरबों की चर्चा न करके सिर्फ इस बात पर एक निगाह डालना चाहूँगा कि दरअसल दलित बुद्धिजीवियों द्वारा पैदा किया गया ज्ञान 'हम' से, यानी एक सेकुलर-रेडिकल सियासत में यकीन रखनेवाले लोगों से, क्या कहता है।

पिछले दो दशकों से, खास तौर पर मंडल-विरोधी आंदोलन के बाद से हमने देखा है कि किस तरह ऊँची जातियों के बौद्धिक प्रतिनिधियों ने 'मेरिट' और 'एफिशियेंसी' की जबान का सहारा लेकर, और अक्सर 'वर्ग' और 'आर्थिक पिछड़ेपन' तक का मसला उठा कर 'जाति' की अवधारणा का दमन किया है। इस परचे में मेरा यह तर्क होगा कि 'जाति' को इस तरह दबाने की कोशिश महज ऊँची जातियों के जातिवादी पूर्वग्रह का ही नतीजा नहीं है। इसके पीछे एक और ताकत काम कर रही है जो बुनियादी तौर पर एक आधुनिकतावादी ताकत है जिसे इस तरह की 'पिछड़ी' और गैर-सेकुलर श्रेणियों से परहेज है। इसी आधुनिक परहेज ने वह तर्क मुहैया कराया है जिसके सहारे ऊँची जातियों की इस अभिव्यक्ति ने एक खास शक्ल अख्तियार की है। मगर हाल के सालों में, खास कर मंडल के बाद के समय में सेकुलरिस्टों को जाति की सेकुलर संभावनाओं का एहसास होने लगा है—खास तौर पर दलित आंदोलन की सेकुलर संभावनाओं का। जब यह लगने लगा कि जाति ही वह चट्टान साबित हो रही है जिससे टकरा कर हिंदुत्व की नैया डगमगा रही है, तो यकायक 'जाति' का सम्मान बढ़ गया। मगर परेशानी यह है कि जाति की रेडिकल-सेकुलर संभावनाओं को ले कर इशारेबाजी तो खूब हुई मगर उसको सैद्धांतिक तौर पर समझने की कोशिश न के बराबर हुई। जाति क्यों कल तक 'पिछड़े सोच' की निशानी थी और क्यों आज वह प्रगतिशील संभावनाएँ लिये जान पड़ती है—इस बात पर कोई ध्यान ही नहीं दिया गया। जब सेकुलर राष्ट्रवाद की तूती बोलती थी तब जाति एक पिछड़े सोच का लक्षण मानी जाती थी। अब राष्ट्रवाद की इस किस्म के बुरे दिन आ गये हैं और हर तरह के दोस्तों की जरूरत

आ पड़ी है तब जाति रेडिकल भी बन गयी है और सेकुलर भी। इस तरह दलित आंदोलन के अपने वजूद को उसकी खुद की नजर से समझने की कोई कोशिश भी नहीं हुई है। यहाँ हम उसकी अपनी निगाह से लिखे जा रहे इतिहास की चर्चा करना चाहेंगे, ताकि रेडिकल-सेकुलर सियासत के लिए उसके निहितार्थों को समझा जा सके।

I

जाने माने मार्क्सवादी इतिहासकार सुमित सरकार ने हाल के अपने दो लेखों में (जिनमें से एक उनकी किताब **राइटिंग सोशल हिस्टरी** में आखिरी अध्याय के रूप में छपा है) जाति के संवाल पर एक लंबा आख्यान लिखा है। इन दोनों लेखों में उन्होंने इतिहास-लेखन में जाति के साथ अपनायी गयी बेरुखी और उसके दमन के मसले से जूझने की कोशिश की है। इन परचों में उन्होंने तर्क दिया है कि मुख्यधारा का राष्ट्रवादी इतिहास-लेखन कुछ इस तरह हुआ है कि उसमें जाति को एक मायने में गूँगा बना दिया गया है। उनका मानना है कि इस राष्ट्रवादी इतिहास-लेखन की प्राथमिकताओं का उसकी जाति-संबंधी खामोशियों से सीधा और साफ रिश्ता है। 'उपनिवेशकाल के आखिरी चरण' के इतिहास की इस चालू समझ के बारे में उनका मानना है कि वह अब भी मूलतः इस मान्यता पर टिकी है कि राजनीतिक अमल की और विमर्श की सारी सार्थकता को साम्राज्यवाद, राष्ट्रवाद और उपनिवेशवाद की अवधारणाओं के जरिए समझा जा सकता है।[६] दूसरे शब्दों में कहा जाए तो सुमित सरकार यहाँ यह इशारा कर रहे हैं कि इतिहास-लेखन की यह खामोशी महज एक इत्तफाक नहीं है बल्कि यह उसके कलाम और उसके ढाँचे का एक लाजमी नतीजा है जिसने जाति की अवधारणा को 'नाजायज' ठहरा दिया था। राष्ट्रवादी इतिहास-लेखन में जाति का यह नाजायज दर्जा इसीलिए है क्योंकि उसकी दुनिया में सिर्फ दो ही जायज खिलाड़ी थे—साम्राज्यवाद और राष्ट्रवाद। राजनीतिक अमल की दुनिया में आप या तो राष्ट्रवादी हो सकते थे या फिर साम्राज्यवाद के पिट्ठू। यह तर्क पेश करते हुए सरकार एक और बात की ओर इशारा कर रहे हैं जिससे हमारा वास्ता इस परचे में लगातार बना रहेगा : ज्ञान और विचार की श्रेणियाँ किस तरह राजनीतिक अमल की तमाम संभावनाओं को आकार देती हैं और उसकी हदें तय कर देती हैं। बहरहाल, सरकार महज इशारा ही करते हैं और आगे की राह नहीं दिखाते। अगर आपको यह उम्मीद हो कि वे अपनी अपार विद्वत्ता का इस्तेमाल करते हुए राष्ट्रवादी विचारों के पीछे काम कर रही मान्यताओं की कलई खोल कर उसके वैचारिक ढाँचे को बेपर्दा करेंगे तो आपको निराशा ही होगी। उनका तर्क इसके बाद एक और ही दिशा में चला जाता है जिसे समझने के लिए सबाल्टर्न स्टडीज यानी निम्नवर्ग का इतिहास लिखने का दावा करनेवाले इतिहासकारों के साथ चल रही बहस पर उनके साथ कुछ दूर चल कर मदद मिल सकती है। उस

बहस के विस्तार में जाए बिना उनके तर्क के मूल आशयों को कम से कम जान लेना मुनासिब होगा। सरकार कहते हैं :

> राष्ट्रवादी इतिहास-लेखन जैसा सीधा रिश्ता न होते हुए भी हाल की कुछ अन्य प्रवृत्तियाँ भी उसी खामोशी को ज्यों का त्यों दोहराती हैं। ये प्रवृत्तियाँ इस काम को राष्ट्र-राज्य की एक ऐसी चमकदार आलोचना के जरिए अंजाम देती हैं जिसे कई लोग आज सबसे ज्यादा रेडिकल मानने लगे हैं—और शायद इसीलिए ये प्रवृत्तियाँ ज्यादा चिंताजनक भी हैं। इस क्रिटीक या आलोचना का केंद्र अब वर्ग या अभिजन की सत्ता नहीं बल्कि उत्तर-औपनिवेशिक राज्य का वो कथित स्वरूप है जिसकी जड़ें पश्चिमी ज्ञानोदय के युक्तिवाद में हैं और जिसे औपनिवेशिक सांस्कृतिक प्रभुत्व के चलते तीसरी दुनिया पर थोप दिया गया है। औपनिवेशिक कलाम को ले कर इस तरह के एकांत आग्रह की यह तार्किक परिणति हो जाती है कि सिर्फ उन्हीं आंदोलनों को या जीवन के उन्हीं पहलुओं को प्रामाणिक और ठेठ देसी प्रतिवादों का ओहदा दे दिया जाता है, जो जाहिरा तौर पर ऐसे पश्चिमी युक्तिवाद से कलंकित नहीं होते।[7]

औपनिवेशिक कलाम की आलोचना और प्रामाणिक देसी परंपराओं की खोज के बीच इस 'तार्किक परिणति' वाले रिश्ते को सरकार दर्शाते नहीं, महज उसका दावा करते हैं। मेरे ख्याल से उसके विपरीत यह दावा भी उतनी ही शिद्दत के साथ किया जा सकता है कि ये दोनों मसले तार्किक रूप से बिलकुल जुदा हैं : औपनिवेशिक कलाम की आलोचना का ज्ञातव्य उपनिवेशवाद है और समाज में चल रहे तमाम तरह के प्रतिवाद और आंदोलन एक बिलकुल दीगर इतिहास का ज्ञातव्य हैं—चाहे ये आंदोलन / प्रतिवाद युक्तिवाद से 'कलंकित' हों या न हों। लिहाजा यह कतई जरूरी नहीं कि इन आंदोलनों के इतिहास पर पहले इतिहास का कोई सीधा असर हो। खैर, सुमित बाबू के तर्क पर आगे बढ़ा जाए। वे फरमाते हैं कि इन दोनों के इस संबंध के फलस्वरूप न तो मार्क्सवादी वामपंथ का और न ही फुले और आंबेडकर जैसी शख्सियतों का किसी किस्म की हमदर्दी के साथ कोई अध्ययन मुमकिन हो पाता है—और न ऐसे अन्य आंदोलनों का जिन्होंने निचली जातियों और औरतों के हक के लिए लड़ाइयाँ लड़ीं। सुमित बाबू को ऐसा इसलिए लगता है क्योंकि बकौल उनके इन आंदोलनों ने तो इन्हीं पश्चिमी कलामों से कई तत्त्व लेते हुए—और अक्सर औपनिवेशिक राज्य की नीतियों के सहारे—ही ये लड़ाइयाँ लड़ी थीं। बकौल सरकार सबाल्टर्न स्टडीज के अधिकतर हिस्से में मौजूद यह 'जानलेवा खामोशी' दरअसल एक बड़ी और आम बीमारी का लक्षण है। शायद उनका आशय राष्ट्रवाद के सवर्ण चरित्र से है। ऐसा वे आगे एक अन्य जगह पर कहते भी हैं।

मगर जैसा कि सरकार के खुद के लेखन से जाहिर होता है, ये खामोशियाँ सिर्फ ठेठ राष्ट्रवादी इतिहास-लेखन की खासियत ही नहीं हैं जिन्हें औपनिवेशिक कलाम के प्रति अपने जुनून के चलते सबाल्टर्न स्टडीज केवल 'दोहराती' हैं। बात को और खोल कर कहने के लिए मैं उनकी किताब की एक पाद-टिप्पणी उद्धृत करना चाहूँगा :

मेरे खुद के लेखन में इसकी कई मिसालें मिल सकती हैं। औपनिवेशिक काल के आखिरी दौर पर लिखे गये अन्य सर्वेक्षणों की बनिस्बत **माडर्न इंडिया** (दिल्ली १९८३) में शायद जाति-आंदोलनों को कहीं ज्यादा जगह दी गयी थी। बहरहाल मुझे अब लगता है कि मैं लगातार उसमें 'जाति एकता की छद्म-चेतना' और 'निचले वर्गों की बेचैनी' जाहिर करने के 'आंशिक रूपों' की बात करता रहा—हालाँकि मैंने उसमें फुले के **सत्यशोधक समाज** के बारे में काफी हमदर्दी से लिखा था। हाल में बीसवीं सदी के शुरुआती दौर से संबंधित सामग्री पर मैं दोबारा नजर दौड़ा रहा था जिसे मैंने जरूर अपनी **स्वदेशी मूवमेंट इन बेंगाल** लिखते हुए पढ़ा होगा। ऐसा लगता है जैसे जाति का मुद्दा उसमें एक केंद्रीय मुद्दा था मगर मेरी थीसिस में और बाद के लेखन में वह काफी हद तक हाशिये पर ही रहा।[८]

सुमित बाबू की इस स्वीकारोक्ति से एक दिलचस्प बात सामने आती है। जाति के सवाल की उपेक्षा न सिर्फ राष्ट्रवादी इतिहास-लेखन में की गयी थी, बल्कि उसका एकमात्र विकल्प मार्क्सवादी इतिहास-लेखन भी इसका उतना ही गुनहगार था। जो जाति आज सरकार को उस जमाने की सामग्री में काफी केंद्रीय भूमिका में दिखाई देती है वह उनके पहले के काम में हाशिये पर थी—और बावजूद पूरी हमदर्दी के वे उसे एक 'आंशिक' और 'छद्म' चेतना ही मानते रहे। क्या इस नजरिए में जाति एक नाजायज श्रेणी बन कर नहीं रह जाती है? अगर इसके बावजूद गाहे-बगाहे जाति हमारे इतिहास-लेखन में दिखाई दे भी जाती है तो भी वह हमेशा हमारे लिए शर्मिंदगी का कारण ही बनी रहती है। लिहाजा जाति के संदर्भ में इतिहास-लेखन की जिस 'जानलेवा खामोशी' का जिक्र सरकार करते हैं उसकी शायद इतनी सरल-सपाट व्याख्या ठीक नहीं, जितनी कि वे देते हैं। क्या यह हो सकता है कि इस खामोशी की वजह सिर्फ हमारे राष्ट्रवाद का ब्राह्मणवादी चरित्र नहीं, कि उसके लिए उतनी ही जिम्मेदार शायद आधुनिकता की वह ख्वाहिश भी हो जो हमेशा एक सार्वभौम पहचान की तलाश में रहती है—'संकीर्ण' और 'आंशिक' पहचानों से बिलकुल आजाद।

मैं यहाँ इसकी सिर्फ दो मिसालें रखूँगा। जवाहरलाल नेहरू अपनी आत्मकथा में लिखते हैं कि जब पृथक मतदाता-मंडल की माँग को मंजूरी देते हुए रैमसे मैकाडॉनल्ड ने फैसला सुनाया और उसके खिलाफ गाँधीजी ने आमरण अनशन पर बैठने का एलान किया तो वे गाँधीजी से बेहद खफा हो गये क्योंकि :

उन्होंने अपने इस चरम बलिदान के लिए एक ऐसा गैरजरूरी सवाल चुना— महज मतदाता-मंडल का सवाल। इसका हमारी जंगे-आजादी पर क्या असर होगा? क्या इससे आंदोलन के बृहत्तर सवाल, कम से कम कुछ समय के लिए हाशिये पर नहीं चले जाएँगे? ....और उनका यह कदम क्या आंशिक तौर पर ही सही, कम्युनल अवार्ड की स्वीकृति नहीं है? ......इतनी कुर्बानियों और साहसपूर्ण कार्रवाइयों के बाद क्या हमारा आंदोलन इस तरह मात्र एक गैरजरूरी सवाल में फँस कर रह जाएगा?[९]

जाति के सवाल पर नेहरू की गहरी शर्मिंदगी उनके शब्दों के चयन से जाहिर

हो जाती है जब वे उसे या तो 'गैरजरूरी' मानते हैं या फिर इस मसले से जूझने के गाँधीजी के प्रयास मात्र को कम्युनल अवार्ड की स्वीकृति समझने लगते हैं। अपनी आत्मकथा में वे आगे बताते हैं कि गाँधीजी के फैसले ने उन्हें एक 'जज्बाती संकट' में डाल दिया और उन्हें लगातार 'गुस्से और मायूसी' के दौरे पड़ने लगे। एक राजनीतिक सवाल पर धार्मिक और जज्बाती रुख अपनाने के लिए उन्हें गाँधीजी पर गुस्सा आने लगा। नेहरू अपने बयान में शक की कोई गुंजाइश नहीं छोड़ते कि दरअसल जो बात उन्हें परेशान कर रही थी वह गाँधी की 'युक्तिहीनता' ही थी। आज हम जानते हैं कि दलित या पिछड़ी जातियों के नजरिए से गाँधी उस वक्त गलत जगह खड़े थे और कई मायनों में उनकी अड़ियल सनातनी 'पहचान' ही दलितों की अलहदा नुमाइंदगी की तलाश में आड़े आ रही थी। मगर यह भी सच है कि काँग्रेस के तमाम राष्ट्रवादी नेताओं में वे अकेले थे जो दलितों को उपनिवेशवादी आंदोलन में शामिल करने की कोशिश करते रहे—बेशक उनके तमाम कदम दलितों के भोगे हुए यथार्थ के बिलकुल खिलाफ जाते थे।

मेरी दूसरी मिसाल ई.एम.एस. नम्बूदिरीपाद हैं। अपनी रचना **हिस्ट्री ऑफ द इंडियन फ्रीडम स्ट्रगल** में वे पूना पैक्ट और उसके इर्द-गिर्द हुई गाँधी और आंबेडकर की भिड़ंत पर कुछ इस तरह तब्सरा करते हैं :

> बहरहाल, जंगे-आजादी के लिए यह एक बहुत बड़ा झटका था। क्योंकि इससे लोगों का ध्यान मुकम्मल आजादी के सवाल से हट कर हरिजन-उत्थान के बेहद मामूली काम की तरफ चला गया।[१०]

नेहरू और नम्बूदिरीपाद, दोनों में जो बात साफ-साफ दिखाई देती है वह यह है कि जाति की अवधारणा के प्रति इनमें खालिस आधुनिकतावादी शको-शुबहे मौजूद थे। उन जैसे लोगों के तमाम तर्क जैसा कि हम आगे देखेंगे, किसी ब्राह्मणवादी मुकाम से नहीं आ रहे थे बल्कि एक साम्राज्यवाद-विरोधी राष्ट्रवाद के तरकश से निकले हुए तीर थे।

II

अगर हम पिछले सालों में आये दलित उभार और इतिहास-लेखन पर पड़नेवाले उसके असर को समझने की कोशिश करें तो पाएँगे कि इन सालों में हमारी 'निगाह' ही कई मायनों में बुनियादी तौर पर बदल गयी है। गौर करें : वही सुमित सरकार हैं और वही सामग्री जो शायद बीस बरस पहले उन्होंने पढ़ी थी। मगर आज जब वे उसे दोबारा पढ़ते हैं तो उन्हें यह अहसास होता है कि उसमें जाति की काफी केंद्रीय भूमिका थी जो उस वक्त उन्हें नजर नहीं आयी थी। जाहिर है कि यह उस बदली हुई निगाह का नतीजा है जिसका हमने ऊपर जिक्र किया है वरना अर्थों का यह जबरदस्त फर्क क्यों और कैसे आता? अर्थ सामग्रियों या अभिलेखागारों में कैद नहीं रहते—पाठक और सामग्री के बीच के रिश्ते से अर्थ बनते-बिगड़ते हैं। और यह रिश्ता बाहरी दुनिया और मौजूदा हालात पर काफी हद तक निर्भर करता है।

अगर आज हमारी नजर बदल गयी है तो उसकी एक वजह पिछले सालों की वह परिघटना भी है जिसे हम 'छोटी पहचानों की बगावत' कह सकते हैं। पिछले सालों में यह बगावत हिंदुस्तान में और दुनिया के पैमाने में दिखाई दी है। इस बगावत के पीछे जो बात शायद सबसे ज्यादा समस्यापूर्ण बन कर उभरी है वह है उस सपाट और बेनिशाँ सार्वभौम नागरिक का ख्याल जो तमाम आधुनिक राजनीतिक चिंतन के केंद्र में था। यहाँ इसकी तफसील में जाना तो संभव नहीं, मगर इतना जरूर कहा जाना चाहिए कि पिछले समय में राष्ट्रवादी विचार का जो संकट देखने में आया है उसी का नतीजा है कि दलित आवाज आज स्वतंत्र और बुलंद रूप में सामने आ पायी है। अब 'दलित' महज वह ज्ञातव्य नहीं जिसका इतिहास 'हम' सेकुलर इतिहासकार लिख सकते हैं। अब वह एक नए इतिहास के कर्त्ता के रूप में हाजिर हुआ है, जिसका वह ज्ञाता भी है और ज्ञातव्य भी—जो अपना इतिहास खुद लिख रहा है।

हिंदुस्तान में पिछले वक्त में राष्ट्रवाद के ख्याल को चार अलग-अलग दिशाओं से चुनौती मिली है। पहली चुनौती उपराष्ट्रवादी किस्म के आंदोलनों की तरफ से है—जिनमें स्थानीय स्वायत्तता के आंदोलन तो शामिल हैं ही, तमाम अलगाववादी आंदोलन भी हैं, जो हिंदुस्तान के एक खास विचार को चुनौती देते हैं। दूसरे, इनमें वे आंदोलन भी शामिल हैं, जो लैंगिक प्रश्न के इर्द-गिर्द उभरे हैं और जिनके चलते परिवार से ले कर राज्य तक हर संस्था की तीखी आलोचना विकसित हुई है। तीसरी श्रेणी में वे तमाम आंदोलन रखे जा सकते हैं जिन्होंने भीमकाय विकास परियोजनाओं के कारण हुए विस्थापन को केंद्र में रख कर स्थानीय संपदाओं पर स्थानीय लोगों के हकों के सवाल उठाए हैं। चौथी श्रेणी के आंदोलन वे कहे जा सकते हैं जिन्होंने जाति-उत्पीड़न के सवाल को केंद्र में ला कर नागरिकता के अब तक उपेक्षित मसलों पर ध्यान खींचा है। यह मुमकिन है कि ये सभी आंदोलन सीधे-सीधे राष्ट्रवाद की अवधारणा को चुनौती न देते हों, मगर इनके निहितार्थ को अगर समझा जाए तो ऐसा लगता है कि अपनी 'छोटी पहचानों' को तरजीह दे कर वे दरअसल राष्ट्रवाद की पूरी तंजीम के खिलाफ ही अपनी आवाज दर्ज कराते हैं।

शायद इसीलिए दलित-बहुजन समाज की नजर से यह दौर अभूतपूर्व ढंग से बेड़ियाँ टूटने का दौर रहा है। १९८० का दशक इस मायने में एक खास जगह रखता है। उसके बाद १९९० यानी मंडल कमीशन के बाद का दौर और एक मील का पत्थर कहा जा सकता है। इससे पहले कि हम नए दलित लेखन और नयी दलित आलोचना पर गौर करें, एक बार इस संबंध में मौजूद सामान्य ज्ञान पर भी एक निगाह डालना जरूरी है। आज यह बात सब जानते हैं कि दलितों और आमतौर पर गैरब्राह्मण तबकों में आधुनिकता और उसके आजादीपसंद कलाम के प्रति एक खास आकर्षण है। पहली बार अगर दलितों को पुरानी व्यवस्था के टूटने और उसके फलस्वरूप समाज में सिर उठाने का मौका मिला था तो वह आधुनिक विकास का

ही नतीजा था। और जिस हद तक हमारे यहाँ आधुनिकता उपनिवेशवाद का परिणाम थी, उस हद तक आधुनिकता की यह सकारात्मक समझ उपनिवेशवाद पर भी लागू होती है। जैसा कि वी. गीता और एस.वी. राजादुरै कहते हैं कि ब्रिटिश शासन के चलते जो आधुनिक प्रक्रियाएँ चालू हुईं, उनकी बदौलत, और खास तौर पर पश्चिमी शिक्षा की वजह से एक तरफ हकों की भाषा का हासिल होना और दूसरी तरफ सार्वजनिक जगहों के 'सेकुलराइजेशन' ने वे बुनियादी शर्तें पैदा कीं जिनके कारण गैरब्राह्मणों और आदि-द्रविड़ों (अर्थात दलितों) का मुक्तिकामी संघर्ष शुरू हो पाया। मसलन गौर फरमाएँ :

> अगर कुछ जगहों को एलानिया तौर पर सार्वजनिक बनाए जाने ने उन्हें बेहैसियत और मातहत तबकों के लिए आजाद कर दिया तो पश्चिमी शिक्षा और राजनीतिक उदारतावाद से परिचय के फलस्वरूप हक की एक नयी भाषा भी वजूद में आई। इन्हीं की बदौलत बेहैसियत और सत्ताविहीन लोगों में बराबरी और इंसाफ की तमन्नाओं ने एक खास शक्ल अख्तियार की।[११]

इतना ही नहीं, दलितों के लिए ब्रिटिश हुकूमत के मायने इससे भी गहरे थे। गैरब्राह्मणवाद व दलित तबकों द्वारा वह एक किस्म के बोनापार्टिस्ट शासन की तरह देखा जा रहा था, जो विभिन्न तबकों के बीच आपसी अदावत के रिश्तों को काबू में रखे हुए था और इस तरह समाज में उनके लिए भी एक जगह बनाता था। १९१६ में प्रकाशित हुए **नॉनब्राह्मिन मैनिफेस्टो** में यह बात काफी जोर दे कर कही गयी थी कि सिर्फ अंग्रेज शासक ही थे जो 'अलग-अलग धर्मों और वर्गों के बीच संतुलन बना कर रख सकते थे और एक तरह का भाईचारा और एकता कायम कर सकते थे जिसके बिना हिंदुस्तान सिर्फ आपसी झगड़ों में मशगूल समूहों का देश रह जाएगा, जिनके बीच न तो एक साझा दिशा होगी, न कोई साझा देशप्रेम।'[१२]

आज भी उद्योगीकरण और आधुनिक शिक्षा को शोषित-दलित तबकों के बीच आजादी का दूत माना जाता है और शहर इस आजादी का सामाजिक मुकाम। चर्चित दलित बुद्धिजीवी चन्द्रभान प्रसाद भी अपने हाल के कई लेखों में इसी तर्ज पर ब्रिटेन के आगमन का आकलन करते हैं :

> हमारे यहाँ ब्रिटिश आगमन उस वक्त हुआ जब दुनिया-भर के समाज मध्ययुगीन समाज-व्यवस्थाओं से आजाद हो रहे थे। शहरी सभ्यता का उदय एक ऐसी महान परिघटना थी जिसने दुनिया के पैमाने पर मध्ययुगीन संस्थाओं को अप्रासंगिक बना दिया था। शहरी सभ्यताओं के उदय का आधुनिक औजारों के ईजाद और वैज्ञानिक आविष्कारों तथा आधुनिक शिक्षा के प्रसार के साथ यानी औद्योगिक क्रांति के साथ गहरा संबंध है। और इन सबके साथ गुँथे हुए हैं मुक्ति (लिबर्टी), आजादी (फ्रीडम) और जनतंत्र के विचार।[१३]

दलितों के मानस में गाँव के प्रति घृणा कितनी तेज है इसका अंदाजा शायद डी.आर.नागराज के उस विवरण से लगाया जा सकता है जिसमें वे कर्नाटक में वहाँ के जुझारू किसान आंदोलन और दलितों के बीच के तनाव का बयान करते हैं।

नागराज बताते हैं कि गाँव में दाखिल होने के रास्ते पर ही रैयत संघ का वह बोर्ड लगा है जिसमें यह एलान किया गया है कि कोई सरकारी अधिकारी बिना संघ की इजाजत के भीतर नहीं आ सकता। बकौल नागराज यह एक निहायत ही सांकेतिक कदम है मगर इसका यह अर्थ तो है ही कि किसान आंदोलन गाँव पर अपना प्रशासनिक नियंत्रण कायम करना चाहता है। 'दलित ऐसे कदमों को शक की निगाह से देखते हैं क्योंकि इनसे अतीत के हिन्दू आधिपत्य की बू आती है।'[१४]

इन तमाम बयानों में सभी सरोकार साफ-साफ दिखाई देते हैं। हकों की एक नयी जबान, आधुनिक शिक्षा का प्रसार, एक शहरी सेकुलर जगह का खुलना, मुक्ति, आजादी और बराबरी के ख्यालात का उभर कर सामने आना—ये सभी इस किस्से के लगातार उभरनेवाले मजमून हैं।

मगर आधुनिकता के इस जश्न में कहीं कुछ छूटा तो नहीं जा रहा है? अगर दलित और गैरब्राह्मणवाद द्वारा सियासत के केंद्र में मौजूद सपाट नागरिकता के लक्ष्य के खिलाफ बुलंद प्रतिरोध पर गौर करें जो कम्युनल प्रोपोर्शनल रिप्रजेंटेशन के नाम से लगातार लड़ी गयी तो एक अलग-सी तस्वीर उभरती है। इस मुद्दे पर जिंदगी और मौत जैसे संघर्ष हुए जिन्हें ले कर नेहरू और नम्बूदिरीपाद जैसे आधुनिकतावादी हमेशा परेशान रहे—और जिसे आखिरकार आजाद हिंदुस्तान के संविधान में भी जगह मिली। ये संघर्ष हमें दलितों और आधुनिकता के रिश्ते की फिर एक बार पड़ताल करने की दावत देते हैं। अगर दो सौ बरस के आधुनिक विकास और चार दशक की आजादी के बाद नए हालात में दलित संघर्ष को फिर एक बार शुरू होना पड़ा तो उसका आशय भी समझने की जरूरत है। इस निगाह से इस नयी आलोचना पर एक नजर डालना मुनासिब होगा। यहाँ हम उस आलोचना की एक मिसाल लेते हैं। मूलतः हम यहाँ कांचा ऐलय्या के 'टुवर्ड्स द दलिताइजेशन ऑफ द नेशन' शीर्षकवाले लेख तक ही अपनी चर्चा सीमित रखेंगे।[१५]

III

अपने इस लेख में कांचा ऐलय्या उपनिवेशवाद-विरोधी आंदोलन के तीन वैचारिक खेमों का जिक्र करते हैं। इसमें और एक अन्य लेख में वे इन धाराओं का विवरण इस तरह देते हैं : (1) दलित-बहुजन राष्ट्रवाद जिसकी नुमाइंदगी जोतिराव फुले, डा. आंबेडकर और पेरियार करते हैं। (2) हिन्दू राष्ट्रवाद जिसके नुमाइंदे तिलक और महात्मा गाँधी हैं; दूसरा लेख इस धारा में राममोहन राय, नेहरू, गोलवलकर और श्यामाप्रसाद मुखर्जी जैसी बिलकुल अलग-अलग शख्सियतों को भी शामिल करता है। (3) ब्राह्मणवादी कम्युनिस्ट राष्ट्रवाद जिसके नुमाइंदे पूरन चंद्र जोशी और श्रीपाद अमृत डांगे हैं और दूसरे लेख में जिनमें मानवेंद्र नाथ राय, रजनी पाम दत्त, तरमिला नागी रेड्डी और नम्बूदरीपाद को भी शामिल किया गया है। दूसरे लेख में इस तीसरी धारा को 'जाति के अंधे सेकुलर-समाजवादी राष्ट्रवाद' की संज्ञा दी गयी

है। इस लेख की एक पाद-टिप्पणी में इस सेकुलर-कम्युनिस्ट धारा के संबंध में कहा गया है कि 'वे सभी ऊँची जातियों से आते थे और उनके सारे लेखन में हिंदू धर्म और ब्राह्मणवाद की कभी कोई आलोचना नहीं की गयी।'[१६] राष्ट्रवाद को इस तरह विभाजित करना एक अहम कदम है क्योंकि इस तरह उसके कई अंदरूनी तनाव उजागर होते हैं—बेशक इसके जरिए राष्ट्रवाद को ऐलय्या एकनिष्ठ श्रेणी बना कर पेश करते हैं और दलित-बहुजन धारा को भी महज एक अन्य राष्ट्रवाद बना कर छोड़ देते हैं या मुसलमानों जैसी अन्य महत्त्वपूर्ण धाराओं को बिलकुल नजरंदाज कर देते हैं। बहरहाल, वे आगे कहते हैं कि आजादी के बाद :

> एक संसदीय संवैधानिक जनतांत्रिक गणराज्य का स्वरूप अख्तियार करने के फलस्वरूप दलित-बहुजनों को बराए नाम कुछ हक जरूर मिले। गाँधी के हिन्दू राष्ट्रवादी एजेंडे को नेहरू ने बड़े सूक्ष्म तरीके से अमली जामा पहनाया। उन्होंने राज्य के इदारों को चलाने के लिए ब्राह्मणवादी भद्रलोक तबकों से भर्ती करने के रुझान को और तेज किया।

इसी तर्ज पर बात को आगे बढ़ाते हुए वे और कहते हैं :

> गाँधी के 'हरिजनीकरण' की प्रक्रिया को राज्य के तामझाम के जरिए अमली शक्ल दी गयी। नेहरूवादी राज्य ने यह काम राज्य के ढाँचों के ब्राह्मणीकरण के जरिए संपन्न किया जिससे यह निश्चित किया जा सका कि यह कथित सेकुलर राज्य ब्राह्मणवादी जातियों की निजी संपत्ति बन कर ही न रह जाए। रिक्रूटमेंट बोर्डों, शैक्षणिक संस्थाओं, न्यायिक ढाँचों और पुलिस और फौजी एजेंसियों को सचेत ढंग से इन्हीं ताकतों के हवाले कर दिया गया। खुद सेकुलर दिखाई दें इस मंशा से चंद गैरजरूरी किस्म की संस्थाओं को चलाने की छूट कुछ इलीट मुसलमानों को जरूर दे दी गयी मगर उन्हें भी ब्राह्मणवादी वर्चस्व स्वीकार करने पर मजबूर किया गया। नेहरूवादी राज्य के ढाँचों ने आरक्षण के जरिए भी दलित-बहुजनों के दाखिले का विरोध ही किया क्योंकि उनके दाखिल होने को व्यवस्था के अधः पतन का पर्याय माना जाता था।

इस नजरिए की दिलचस्प बात यह है कि यह गाँधीवादी हिंदू धार्मिक कलाम का नेहरूवादी राज्य के गठन के साथ एक सीधा रिश्ता देखता है, भले ही खुद नेहरू को गाँधीवादी 'भावुकता और धार्मिकता' से कितनी ही शर्मिंदगी महसूस होती रही हो। यह भी दिलचस्प है कि ऐलय्या को यह नेहरूवादी सेकुलर राज्य 'ब्राह्मणवादी जातियों की निजी संपत्ति' बनता महसूस होता है और इसे वे उसका एक सचेत कर्म मानते हैं। उनकी मान्यता है कि राज्य पर काबिज अभिजन व्यवस्था में दलितों के दाखिले को उसका अधःपतन मानता था, यानी व्यवस्था में दलितों की भागीदारी को ले कर यह सेकुलर-आधुनिकतावादी अभिजन वर्ग हमेशा शर्मसार महसूस करता रहा। ऐलय्या की इस आलोचना को कैसे समझा जाए? इसका एक तरीका तो बिलकुल सीधा और सपाट हो सकता है जिसके अनुसार हमें या तो जाति की पहचान को एक ऐसी अपरिवर्तनशील चीज के रूप में समझना होगा जो मूलतः आधुनिकता द्वारा लाए गये तमाम महान बदलावों के बीच ज्यों की त्यों बनी

रही—गोया उसका कोई ऐसा 'सार' हो जो हर हाल में बना रहता हो। अर्थात इस तरह हमें एक 'सारवादी' (एसेंशियलिस्ट) नजरिए का सहारा लेना होगा। अन्यथा हमें यह मानना होगा कि इतिहास एक बड़ी साजिश है और खुद हमारी आधुनिकता और उत्तर-औपनिवेशिक राज्य का इतिहास किसी साजिश का ही नतीजा है। मसलन डी.आर. नागराज इस संदर्भ में यह कहते हैं कि यह स्थिति दरअसल 'आधुनिकता की ताकतों और जाति-व्यवस्था के बीच एक धोखाधड़ीपूर्ण सौदेबाजी' का नतीजा था। क्योंकि नागराज एक सधे हुए विचारक हैं इसलिए इस बात को वे कुछ अलग ही अंदाज में रखते हैं। वे इशारा करते हैं कि 'शूद्र विचारक पारंपरिक समाज द्वारा इस्तेमाल किए गये शोषण के तमाम तरीकों के बारे में एक पैनी समझ तो रखते थे मगर शायद आधुनिकता के प्रति कुछ ज्यादा ही आशावादी और उसके तौर-तरीकों को समझ पाने में बहुत भोले साबित हुए।'[१७] शूद्र विचारकों के भोलेपन के संदर्भ में उन्हें चाहिए था कि वे आधुनिकता के कलाम और उसकी प्रक्रियाओं की तहकीकात करते। मगर ऐसा न करके नागराज इसे महज ऊँची जातियों की साजिश के रूप में ही देखने लगते हैं।

खैर हम ऐलय्या की आलोचना पर लौटें। वे कहते हैं कि 'नेहरूवादी राज्य कोई सेकुलर एजेंसी नहीं थी, क्योंकि उसके रोजमर्रा के बर्ताव में ब्राह्मणों को ही अक्लमंद समझा जाता था—उन्हीं को हिंदुस्तान का मुक्तिदाता माना जाता था।'[१८] इस आलोचना के अगले कदम पर ऐलय्या उसे एक अद्‌भुत मोड़ दे देते हैं। वे दावा करते हैं कि हिंदुस्तान में दरअसल दो अलग आधुनिकताएँ देखी जा सकती हैं : एक हिन्दू राष्ट्रवादी-जिसे सरकारी भी कहा जा सकता है-और दूसरी यहाँ की 'देसी आधुनिकता' जिसे वे दलित-बहुजनों और औरतों के रोजमर्रा के उत्पादन से जुड़े 'विज्ञान सरीखे' उस कर्म में देखते हैं जहाँ लगातार नए प्रयोग होते रहते हैं। आधुनिकता को इस तरह चीर कर दो अलहदा हिस्सों में बाँटना—जिसमें एक 'ऊँची आधुनिकता' है तो एक अवाम की 'जमीनी' आधुनिकता है—निश्चित रूप से एक साहसपूर्ण कदम कहा जाना चाहिए। ऐसा इसलिए भी कि जिस आधुनिकता का प्रॉजेक्ट ही 'जमीनी संस्कृतियों' को मिटा कर हमवार और टकसाली किस्म की संस्कृतियाँ / ज्ञान पैदा करने का था उसे 'पिछड़ी परंपराओं' के बरक्स खड़ा करके वैकल्पिक मगर 'जमीनी' आधुनिकताओं के बरक्स देखना वाकई एक अद्‌भुत कदम है। इसके बाद ऐलय्या बयान करते हैं कि किस तरह यह ऊँची आधुनिकता सामंती ब्राह्मणों की कारगुजारियों के चलते परवान चढ़ी। ये ब्राह्मण देहातों में अपनी जमीनें बेच कर शहरी मध्यवर्ग के रूप में इस पर हावी हो गये। अंग्रेजी पर अपने कब्जे के चलते यह वर्ग राज्य के क्षेत्र पर जम कर बैठ गया और आखिरकार 'इन्हीं शहरों में द्विजों के बीच के गठजोड़ ने ठोस रूप लिया'। कहा जा सकता है कि इस तरह दलितों का शहर का वह सपना भी टूट गया जो आधुनिकता से उनके लगाव की बुनियाद थी।

राजनीतिक तौर पर एक चीज शायद उन्हें सबसे ज्यादा अखरती है। जैसे ही

हिंदुत्व की चुनौती सामने हाजिर हुई वैसे ही फिर एक बार एक नया 'विलोम' थोपने की शुरुआत हो गयी। यही कोशिश राष्ट्रीय आंदोलन के दौरान हुई थी। दलित-बहुजन सोच सेकुलरवाद बनाम सांप्रदायिकता के विरोध को शक की निगाह से देखा करता है क्योंकि ब्राह्मणवाद किसी सूरत में सेकुलर नहीं हो सकता है।[१९] ऐलय्या की इस बात से कई दलित-बहुजन बुद्धिजीवी सहमत होंगे और पिछले दिनों में उत्तर प्रदेश में बसपा और भाजपा के बीच बना गठजोड़ इस बात को दिखाता है कि इस तरह के नजरिए के ग्राहकों की संख्या काफी है। मगर जहाँ बहुत से बुद्धिजीवी उनकी इस बात से सहमत होंगे, वहीं शायद उनमें से कुछ उनके बताए कारणों से इत्तेफाक न रखते हों। मुझे नहीं लगता है कि उनका विरोध इस बात को ले कर होगा कि सेकुलर लोग दरअसल पर्याप्त मात्रा में सेकुलर नहीं हैं क्योंकि वे ब्राह्मण हैं। ज्यादा संभावना इस बात की है कि इस अंतर्विरोध को एक निरंकुश दर्जा दिये जाने को वे शक की निगाह से इसलिए देखेंगे क्योंकि इसे इस तरह खड़ा करते ही दलितों समेत बाकी सारी ख्वाहिशें अपनी वैधता खो बैठती हैं। एक बार इस अंतर्विरोध को केंद्रीय जगह दे दी जाए तो फिर किसी भी राजनीतिक मुद्रा का अर्थ इसी की रोशनी में समझा जा सकता है। इस नजरिए से देखें तो उत्तर प्रदेश के बसपा और भाजपा के गठजोड़ को मौकापरस्ती के सिवाय और किसी रूप में नहीं समझा जा सकेगा—बेशक देहातों में मूल संघर्ष दलितों और उन पिछड़ों के बीच क्यों न हो जो आज सेकुलरवाद की इस कतारबंदी के पीछे खड़े हैं। इसी बात को ऐलय्या इस तरह कहते हैं :

> तथाकथित सेकुलर ऊँची जातियों ने आज फिर एक बार मंडलीकरण की प्रक्रिया में बाधा डालने के इरादे से 'सेकुलरवाद बनाम सांप्रदायिकता' का एक कलाम चालू कर दिया है। इस काम को करने में तमाम तरह की विचारधाराओं के झंडे तले संगठित ऊँची जातियों ने बहुत सक्रिय भूमिका अपनाई भी है। इनमें समाजवादी भी शामिल हैं, कम्युनिस्ट भी और काँग्रेस मार्का उदार-जनवादी भी। नेतृत्वकारी भूमिका तो अलबत्ता ब्राह्मणवादी कम्युनिस्टों ने ही अदा की है।[२०]

यहाँ यह ध्यान रखना होगा कि ऐलय्या की यह मुद्रा अन्य दलितों ने भी अपना रखी है। चन्द्रभान प्रसाद के उपरोक्त लेख में भी यह सवाल कुछ इस तरह उठाया गया है:

> एक बार फिर जब सामाजिक बदलाव का सवाल उठ कर सामने आया है, तब हमसे कहा जा रहा है कि हमें सेकुलर ब्रिगेड में शामिल हो जाना चाहिए, ताकि सांप्रदायिक फासीवाद को परास्त किया जा सके। शायद उनका आशय यह है कि सामाजिक सवालों को तो 'बाद में' भी उठाया जा सकता है।

IV

ऊपर के इन बयानों को कैसे समझा जाए? आधुनिकता-विरोधी गाँधीवादी 'हिंदू धार्मिक राष्ट्रवाद' के साथ नेहरूवादी राज्य के इस रिश्ते को और दलित

बुद्धिजीवियों के इस बयान को कैसे समझा जाए? खास तौर पर अगर हम एक तरफ सारवाद से बचना चाहते हैं और दूसरी तरफ इतिहास को एक साजिश के रूप में देखने के रुझान से बचना चाहते हैं तो हमारे सामने क्या रास्ता बचता है? यहाँ ऐलय्या के बयान की एक समस्या से पहले रूबरू होना होगा।

उत्तर-औपनिवेशिक नेहरूवादी राज्य के बारे में वे जो कहते हैं वह दरअसल कई मायनों में एक औपनिवेशिक विरासत कही जा सकती है। अपनी एक महत्त्वपूर्ण रचना **वॉट द काँग्रेस एंड गाँधी हैव डन टु द अनटचेबिल्स** में डॉ. आंबेडकर उस जमाने के 'शासक वर्ग' की तफसील से चर्चा करते हैं। १९४५ में प्रकाशित इस रचना में वे साफ-साफ मानते हैं कि ब्राह्मण ही यह शासक वर्ग हैं। इस मान्यता के समर्थन में वे दो तरह के तर्क देते हैं। पहला उनके सांस्कृतिक और वैचारिक वर्चस्व से ताल्लुक रखता है, तो दूसरा 'प्रशासन पर उनके नियंत्रण' से। इस दूसरे के संदर्भ में वे १९४३ में मद्रास प्रेसिडेंसी के राजपत्रित पदों का सम्प्रदायवार ब्यौरा देते हुए दिखाते हैं कि किस तरह उनमें ऊँची जातियों की भरमार है, खास तौर पर ऊँची तनख्वाहोंवाली नौकरियों में। वे यह भी कहते हैं कि इसी तरह के आँकड़े और सूबों से भी पेश किए जा सकते हैं। वे १९३७ के चुनावों के काँग्रेसी विजेताओं के भी आँकड़े दे कर बताते हैं कि तकरीबन यही हाल सभी विधायिकाओं, काबीनाओं और संसदीय सचिवों के मामले में भी देखने को मिलता है। तमाम हिंदू सूबों में प्रधानमंत्री ब्राह्मण थे और जहाँ गैरहिंदुओं को इनसे बाहर रखा गया वहीं काबीनाओं में सिर्फ ब्राह्मणों को ही जगह दी गयी।

अपने जमाने की स्वदेशी गतिविधियों के खिलाफ इयोथी दास की तीखी आलोचनाओं में भी ऐसी ही चिंताएँ दिखाई देती हैं। 'उनके मुताबिक आधुनिक सेकुलर ब्राह्मणों की सत्ता का मूल आधार आम राय बनाने की उनकी कुव्वत में निहित था।' आंबेडकर की ही तरह ई.वी. रामस्वामी नायकर 'पेरियार' की चिंताओं का केंद्र आधुनिक सेकुलर जगत की वह ताकत थी जिस पर ब्राह्मण काबिज होते जा रहे थे। उनके लिए आधुनिक जमाने में ब्राह्मणों की नयी ताकत का सबसे बड़ा सूचक था अखबार। बकौल गीता और राजादुरै, वे इस बात को इतनी शिद्दत से महसूस करते थे कि उन्होंने खुद अपने अखबार निकालने शुरू कर दिये। पेरियार इस बात से अच्छी तरह वाकिफ थे कि ब्राह्मण दरअसल एक बेहद लचकदार जीव होता है जो जमाने के साथ तेजी से बदल जाता है। गौरतलब बात यह है कि पेरियार इस बदलते हुए ब्राह्मण की उस खूबी से भी बाखबर थे जिसका नजारा उन्हें राजाजी जैसे नेताओं के आचरण में भी दीख पड़ता था जो 'पंचमों' के साथ बैठ कर खाना खाने से भी परहेज नहीं करते थे। उन्हें इस बात का अहसास था कि ब्राह्मण बदल तो रहा है—आधुनिक तो बन रहा है मगर सेकुलर जगत में अपनी ताकत छोड़ने की कीमत पर वह ऐसा नहीं करेगा।

यहाँ यह भी जिक्र करना चाहिए कि यह एक ऐसा नुक्ता है जिसके आधार पर केम्ब्रिज स्कूल के कुछ इतिहासकारों ने गैरब्राह्मण आंदोलन के खिलाफ अपना

तर्क खड़ा किया है। मसलन डेविड वॉशब्रुक का मानना है कि :

> जस्टिस पार्टी के नेताओं का तर्क था कि वे ब्राह्मणों की उस हैसियत को चुनौती दे रहे थे जो उन्होंने सेकुलर राजनीतिक जगत में हासिल कर ली है। मगर एक बार जब ब्राह्मण से उसकी आध्यात्मिक भूमिका छीन ली गयी हो तो वह क्या किसी भी सार्थक मायने में ब्राह्मण रह जाता है? दरअसल जस्टिस पार्टी के नेताओं को जिस बात पर एतराज था वह उन चंद व्यक्तियों की राजनीतिक ताकत थी जो इत्तेफाक से ब्राह्मण थे।[२१]

इस उद्धरण में वॉशब्रुक कुछ नाजायज ढंग से ही सही मुद्दे की नब्ज पकड़ लेते हैं। वे सही फरमाते हैं कि संघर्ष दरअसल पुराने किस्म के 'आध्यात्मिक' ब्राह्मणवाद के खिलाफ नहीं बल्कि उसकी नयी सेकुलर सत्ता के खिलाफ था। मगर उसके बाद वे उससे जो नतीजा निकालते हैं वह था कि यह संघर्ष इसलिए पूर्णत: सेकुलर था और गैरब्राह्मण नेता दरअसल ऐसे चंद लोगों की सत्ता से परेशान थे जो बस संयोग से ब्राह्मण थे। मुझे ऐसा लगता है कि यहीं पर हमें अर्थों की उन परतों को खोलना होगा जो आधुनिक सेकुलर जगत में ब्राह्मण सत्ता में आयी तब्दीलियों को उजागर कर सकती हैं। वॉशब्रुक का सरल निष्कर्ष था कि अगर संघर्ष 'आध्यात्मिक ब्राह्मणवाद' के खिलाफ नहीं था तो फिर वह पूर्णत: सेकुलर ही रहा होगा। यह निष्कर्ष हमें उन खतरों से आगाह करता है जो इस तरह के द्वैतवादी सोच से पैदा हो सकते हैं। आधुनिक / गैरआधुनिक या आधुनिक / पारंपरिक जैसे द्वैत अक्सर उन प्रक्रियाओं की पेचीदगियों को समझने के रास्ते में दिक्कतें पैदा कर देते हैं जिनके चलते भिन्न तरीकों से पारंपरिक और आधुनिक के नए समीकरण कायम होते हैं। अगर इन परतों को खोलने की कोशिश करें तो पाएँगे कि शायद गाँधीवादी परंपरावाद और नेहरूवादी आधुनिकता के जिन सघन रिश्तों की कांचा ऐलय्या आलोचना करते हैं हमें उन्हें आधुनिकता और परंपरा के बीच बन रहे नए समीकरणों के रूप में देखना होगा। यह समझना जरूरी है कि इनमें से कोई भी न तो पूरी तरह पारंपरिक है और न ही पूरी तरह आधुनिक, बल्कि एक लाजमी तौर पर 'संकर आधुनिकता' के ही दो अलहदा रूप हैं। शायद यह बेहतर होगा कि हम पुरानी व्यवस्था के टूटने और नयी के भीतर उसके समा जाने को एक ही प्रक्रिया के दो 'लम्हों' की तरह देखें। ऐसा नहीं है कि उपनिवेशवाद की बदौलत हरकत में आयी आधुनिकता की प्रक्रियाएँ महज पुरानी जाति-प्रथा की बेड़ियों को तोड़ रही थीं और उसकी जगह आधुनिक विकास, उद्योगीकरण और हकों का एक नया निजाम स्थापित कर रही थीं। बल्कि पुराना तो हमेशा पहले से ही नए के अंदर मौजूद था, हालाँकि अब उसकी शक्ल जुदा थी। 'उपनिवेशवाद की दोहरी भूमिका' वाली तमाम व्याख्याएँ इसी द्वैतवाद में फँसी जान पड़ती हैं जिनका जिक्र हम ऊपर कर चुके हैं। इस तरह देखें तो जिस प्रक्रिया के चलते 'ब्राह्मण' एक राजनीतिक अवधारणा के रूप में हासिल होता है उसी की बदौलत ब्राह्मण-सत्ता नए सेकुलर जगत में स्थापित भी होती है। लिहाजा जिस वक्त ब्राह्मण के शोषण को चुनौती देने की

संभावनाएँ पैदा होती हैं उस वक्त तक ब्राह्मण एक नया अवतार ले चुका होता है।

इस बात को दो तरह से समझा जा सकता है। एक तरीका यह मानने का हो सकता है कि ब्राह्मणों ने बेहद लचकदार ढंग से खुद को नए जमाने की जरूरतों के अनुरूप ढाल लिया। इस समझ के मुताबिक यह माना जा सकता है कि इस नए ब्राह्मण ने इसी नए जमाने के पैदा किए सार्वजनिक और निजी के भेद को अपने मकसद के लिए इस्तेमाल करते हुए अपने सार्वजनिक आचरण को तो बदल डाला मगर अपनी ज़ाती जिन्दगी में वर्णाश्रम और जातिभेद में विश्वास कायम रखा। ज़ाती जिंदगी में वह छुआछूत भी मानता रहा मगर बाहरी आचरण को उसके अलग सेकुलर नियमों के हिसाब से संचालित करता रहा। ऐसा नहीं कि अचानक उसकी शख्सियत दोहरी हो गयी थी, मगर वह समझने जरूर लगा था कि इन दो हलकों के नियम-कायदे अलग हैं। उस हद तक वह ईमानदारी से आधुनिक बनने की कोशिश ही कर रहा था।

मगर इसे समझने का एक और जरिया हो सकता है जो ऊँची जातियों के एक बड़े तबके में देखने को मिलता है। यह है उसके राष्ट्रवादी चेहरे का जरिया। उसका राष्ट्रवाद एकदम आधुनिक तो था मगर वह सावरकर की तरह यह मानता था कि हिंदू समाज के अंदर सुधार के तमाम सवाल आजादी मिलने तक मुल्तवी कर दिये जाने चाहिए। ऐसा ही राष्ट्रवाद नेहरू और कम्युनिस्टों जैसे सेकुलर साम्राज्यवाद-विरोधी ब्राह्मणों और अन्य ऊँची जातियों का भी था, हालाँकि उनका राष्ट्रवाद सावरकर, तिलक या पटेल की तरह संकीर्ण नहीं था। ये आधुनिक राष्ट्रवादी तहे-दिल से जाति का उन्मूलन तो चाहते थे मगर उसे हमेशा आजादी हासिल करने के बाद का काम मानते रहे। जाहिर है कि इस तरह अपनी सदिच्छाओं के बावजूद ये राष्ट्रवाद पर कायम होते जा रहे ऊँची जातियों के वर्चस्व के प्रति लगातार अंधे बने रहे।

जाति की समाजशास्त्रीय अवधारणा की दिक्कत यह है कि वह महज जाति के नाम-भर को उसकी हकीकत मान लेती है और इस तरह उसकी बदली हुई भूमिका को समझ पाने में असमर्थ होती है। इस सवाल की तह तक पहुँचने के लिए एक निगाह 'ऊँची जाति' की अवधारणा पर डालना मुनासिब होगा। इसे हम उसके सबसे समस्यापूर्ण रूप 'ब्राह्मणवादी-मार्क्सवादी' के ख्याल की पड़ताल करके कर सकते हैं। कांशीराम के एक रंगारंग रूपक से इस पड़ताल की शुरुआत हो सकती है। कम्युनिस्टों के बारे में वे कहते हैं कि वे 'हरी घास में हरे साँप की तरह हैं'। यह रूपक सीधे हमें दलित आंदोलन की एक अहम धारा के कम्युनिस्ट-विरोध की तरफ ले जाता है जो आंबेडकर के जमाने से देखने को मिलती है। यह सवाल जरूर पूछा जाना चाहिए कि इस तरह का कम्युनिस्ट-विरोध भारतीय समाज के सबसे ज्यादा शोषित तबकों में क्यों इतना तेज हुआ? यह सवाल न तो मार्क्सवादियों ने उठाया है, न अन्य सेकुलर-रेडिकल किस्म की सियासत करने वालों ने। इस संदर्भ में दलितों की तरफ से भी कम्युनिस्टों के ब्राह्मणवादी चरित्र

की बातें जरूर की गयी हैं, मगर कुल मिला कर इसका इस्तेमाल उन्हीं सारवादी अर्थों में हुआ है जिसका हम जिक्र कर चुके हैं। अगर कांशीराम के रूपक के दूसरे हिस्से को देखें तो एक सुराग-सा मिलता है। वे कहते हैं कि गैरकम्युनिस्ट पार्टियों के ऊँची जातिवाले 'हरी घास में सफेद साँप की तरह हैं'। दूसरे शब्दों में ऊँची जाति के कम्युनिस्टों में और अन्य ऊँची जातियों में फर्क यह है कि कम्युनिस्टों का 'रंग' 'हमारे' करीब है यानी उनकी पहचान करना मुश्किल होता है। अपने-आप में यह बात परेशानीवाली नहीं होनी चाहिए। आखिर यह ऐन मुमकिन था कि अगर अपनी आजादी की संभावना वहाँ दिखाई देती तो समूचा दलित आंदोलन मार्क्सवाद की तरफ आकृष्ट हो कर कम्युनिस्ट आंदोलन में शामिल हो जाता। 'मगर ये हो न सका / और अब ये आलम है कि तू नहीं तेरी जुस्तजू भी नहीं'। ऐसा क्यों और कैसे हुआ?

ऐसा लगता है कि इस सदी के शुरुआती दौर में जब पहले-पहल दलित-बहुजन उभारों का ज्वार आना शुरू हुआ तो सबसे अहम जिस सवाल से इन्हें रूबरू होना पड़ा वह 'खुद' को परिभाषित करने का सवाल था—शायर इकबाल के शब्दों को थोड़ा बदल कर कहा जाए तो 'पहचाने-खुदी' का सवाल था। और यह 'खुदी' अपने ब्राह्मण 'गैर' के बरक्स ही परिभाषित हो सकती थी। दलित अपनी आपबीती कह पायें इसके लिए यह जरूरी था कि वह उसे ब्राह्मणवाद के संदर्भ में ही पेश करें। दूसरी ओर मार्क्सवाद सभी तरह के जुल्मो-सितम को वर्ग-संघर्ष की दास्तान में समेटे दे रहा था। उसकी उस दास्तान में भला दलित के लिए आपबीती कह सकने की गुंजाइश ही कहाँ थी? इसके अलावा दलित की यह 'पहचाने खुदी' एक और बात पर निर्भर थी : दलित-इतिहास की तलाश। मार्क्सवाद द्वारा इतिहास की व्याख्या और उसका यह दावा कि वही उसका असली और एकमात्र वाहक है निःसंदेह दलित नेताओं को बहुत नागवार गुजरा होगा। खास तौर पर जब वह हर अन्य संघर्ष को साम्राज्यवाद-विरोधी संघर्ष के अधीन करने पर आमादा था और वह जो कुछ कह रहा था वह वही सब था जो ब्राह्मणवादी हिंदू राष्ट्रवादी चाहते थे—बेशक उसकी जबान इनकी जबान से मिलती-जुलती-सी लगती थी। आंबेडकर का बौद्ध धर्म अपनाना और हिंदुस्तान के इतिहास की एक नयी दास्तान रचना अब तक के इतिहास को बौद्ध धर्म और ब्राह्मणवाद के बीच एक लंबे संघर्ष के रूप में दर्शाना था। यह एक महत्त्वपूर्ण घटना थी जिसके जरिए वे दलित जिंदगी के एक शून्य को भरने की कोशिश कर रहे थे : यह 'बेखुदी' के उस आलम से उबरने की एक नायाब कोशिश थी जो दलितों पर थोपी गयी थी। खोई हुई याददाश्त की खाली जगह एक नया ऐतिहासिक कलाम प्रतिष्ठित करने की यह एक ऐसी कोशिश थी जिसके जरिये दलित मानस अपनी पहचान कर सकता था। मगर ऐसा कर पाने के लिए उन्हें एक ठोस इतिहास चाहिए था। किसी अमूर्त्त सार्वभौमिक इतिहास के कलाम से यह काम हो पाना असंभव था। इस सूरत में यह मुमकिन है

कि आंबेडकर को शायद ऐसे अमूर्त्त सार्वभौमिक इतिहास में अतीत को याद करने का नहीं बल्कि उसे भूलने का नुस्खा दिखाई दिया हो। मुझे तो लगता है कि उस जमाने के कई ऊँची जाति के संपन्न तबकों के लोगों ने इस तरह के एक सार्वभौम और अमूर्त्त इतिहास की शरण इसीलिए ली क्योंकि इसमें उन्हें अपने शर्मनाक अतीत को भूलने का एक लाजवाब मौका मिला। आखिरकार इतिहास की इस व्याख्या के तहत वे बड़ी आसानी से यह मान सकते थे कि वर्गीय शोषण तो 'वहाँ भी था, और यहाँ भी' है—लिहाजा इसमें शर्मिंदा होने की कोई बात नहीं थी। मगर छुआछूत जैसी विरासत जो सिर्फ हमारी ही थी उससे जूझना इस उच्च वर्ण आधुनिक के लिए बहुत मुश्किल काम था।[२२]

हिंदुस्तानी मार्क्सवाद और मार्क्सवादियों के इतिहास से वाकिफ हर कोई जानता है कि नौजवानों की जो पीढ़ियाँ शुरुआती दौर में उनमें शामिल हुईं, वे पूरी तरह अपनी पारंपरिक पहचान छोड़ कर एक नयी पहचान की तलाश में आयी थीं। यह भी जानी हुई बात है कि इनमें ज्यादातर नौजवान ऊँची जातियोंवाले थे। मार्क्सवाद की तरफ उनका आना उनके लिए एक नयी पहचान को ग्रहण करना था। इसके बाद वे अपने समाज और उसे बदलने की लड़ाई के बारे में एक विशुद्ध आधुनिक जबान में बात कर सकते थे। उन पर अगर कोई यह इल्जाम लगाता कि वे अपनी इस नयी पहचान के बावजूद अपने सवर्ण संस्कार भी साथ ढोते हैं तो इसमें कोई शक नहीं कि उन्हें यह बात निहायत ही बेहूदा लगती। मार्क्सवाद उनके लिए अपने अतीत को भूलने का एक जरिया था--एक ऐसा जरिया जिसके चलते वे समूचे मानव-इतिहास को एक ही वर्ग-संघर्ष के इतिहास के रूप में समझ सकते थे। इस परिवर्तन के भीतर ही हमारी आधुनिक पहचान के रहस्य देखने को मिल सकते हैं। हम यह समझ सकते हैं कि हमारी यह आधुनिक 'खुदी' महज भेस बदल कर आयी पुरानी जाति-आधारित पहचान नहीं थी। यह पूरी तरह आधुनिक है और अपनी आत्म-चेतना में पूरी तरह अपने जाति-संस्कारों से मुक्त है। वह तहे-दिल से यह मानती है कि आधुनिक होने का सबसे बेहतर तरीका यही हो सकता है कि वह धर्म और जाति के हर ख्याल को अपने दिमाग से निकाल दे। यही वह सचमुच आजाद 'खुदी' है जो तमाम संकीर्णताओं से परे देखना चाहती है और उस प्रक्रिया में नए जमाने में नए तरीकों से प्रतिष्ठित हो रही उनकी नयी प्रासंगिकता को नजरंदाज कर जाती है। कई मायनों में वह उसी तरह सवर्ण होती है जैसे पश्चिम की यह आधुनिक पहचान हमेशा गोरे और ऊँचे वर्ग के मर्द की शक्ल में हाजिर होती है। अगर उसकी चेतना में कहीं उसकी इस खास हैसियत का कोई निशान मिलता भी है तो उसके लिए उसके पास हमेशा उसकी कोई तर्कसम्मत और आधुनिक व्याख्या मौजूद होती है।

मिसाल के तौर पर हम इसे ई.एम.एस. नंबूदिरीपाद की एक इबारत में बखूबी देख सकते हैं। अपनी किताब **नेशनल क्वेश्चन इन केरला** में नंबूदिरीपाद केरल के इतिहास की एक ऐतिहासिक भौतिकवादी व्याख्या पेश करते हैं। वे ब्राह्मणवाद

की ऐतिहासिक भूमिका को जाति-प्रथा के प्रतिष्ठित होने के संदर्भ में देखते हैं जो बकौल उनके एक बेहतर और ऊँचे स्तर के आर्थिक निजाम को वजूद में लाता है। दिलीप मेनन का दिलचस्प मगर परेशान करनेवाला अध्ययन उनकी किताब के पुराने मलयालम संस्करण से निम्नलिखित उद्धरण देता है :

> जाति-प्रथा का सबसे बड़ा फायदा यह था कि उसने एक बड़ी आर्थिक क्रांति का रास्ता खोल दिया। जमीन पर मालिकाना हक का उसे जोतने वालों और जंगलात साफ करने वालों के हाथ से निकल कर महज उसकी पैदावार पर बिना काम किए जीनेवाले तबकों के हाथ में चले जाना इस दौर का एक अहम कदम था। इसकी बदौलत निजी संपत्ति का एक नया ख्याल पैदा हुआ।[२३]

इस संदर्भ में ई.एम.एस. अपने वक्तव्य के पक्ष में सबसे आधुनिक तर्क जुटाते हैं। वे आगे कहते हैं :

> जाने-माने अमेरिकी मानवशास्त्री लुइस हेनरी मॉर्गन ने निर्णायक ढंग से दिखाया है कि पितृसत्तात्मक परिवार की तुलना में मातृसत्तात्मक परिवार एक निचले दर्जे का परिवार है। मार्क्सवादी इतिहासकारों ने भी दिखाया है (खुद एंगेल्स ने भी) कि मातृसत्ता से पितृसत्ता का संक्रमण उस दौर में होता है जब खेती के पैदावारी औजारों में गैती की जगह हल ले रहा होता है।[२४]

गौरतलब है कि इन उद्धरणों में जाति-प्रथा और पितृसत्ता की पैरवी कतई आधुनिक तर्कों के आधार पर की गयी है। इनमें कहीं दूर तक भी नंबूदिरीपाद की पुरानी ब्राह्मण पहचान की झलक देखने को नहीं मिलती। हम अपने तजुरबों से भी देख सकते हैं कि कई कम्युनिस्ट नेताओं और कर्मियों ने भरसक कोशिशें करके अपने ज़ाति-संस्कारों से खुद को आजाद किया था। फिर भी हकीकत यह है कि वे जातिगत विशेषाधिकारों के जाल में फँसे रहे—वैसे ही जैसे वे लिंगगत विशेषाधिकारों के सुख भोगते रहे—और इस तरह कहीं न कहीं उन पर आधारित भेदभावपूर्ण बर्ताव में शरीक भी रहे। इस सवाल को आधुनिकता की समस्या के रूप में समझने के मायने हैं खुद आधुनिकता के चलनों पर सवालिया निशान लगाना। उसके मायने हैं इस 'ऊँची जातिपन' की अनगिनत पेचीदगियों की तरफ ध्यान आकर्षित करना। इसीलिए मैं दिलीप मेनन के साथ इत्तेफाक नहीं रख पाता जो कई दलित-बहुजन बुद्धिजीवियों की तरह ही इसे सीधे-सीधे ई.एम.एस. की नंबूदिरी पहचान के दायरे में ही समझना पसंद करते हैं। इस सिलसिले में यह भी काबिले-गौर है कि आंबेडकर और पेरियार दोनों के सामने ही जाति के इस नए अवतार को समझने का सवाल आया था और दोनों ने अपने-अपने तरीके से उसकी समाजशास्त्रवादी सारवादी व्याख्या से कसरत की थी। मसलन आंबेडकर एक जगह साफ कहते हैं कि ब्राह्मणवाद से उनकी मुराद किसी समुदाय के विशेषाधिकारों की ताकत या हितों से नहीं है बल्कि 'ब्राह्मणवाद से मेरा मतलब मुक्ति, बराबरी और भाईचारे के आदर्शों के रौंदे जाने से है। इस अर्थ में वह समाज के हर वर्ग में फैला हुआ है।'[२५] वे आगे यह भी कहते हैं कि इस ब्राह्मणवाद का असर न सिर्फ सामाजिक क्षेत्र में दीख पड़ता है बल्कि आर्थिक जगत में भी यह दलितों के लिए

अवसरों पर पाबंदी की शक्ल में नजर आता है। पेरियार ने तो इस नए ब्राह्मणवाद के लिए एक शब्द भी गढ़ डाला था—वे इसे 'राजनीतिक ब्राह्मणवाद' कहते थे। आमफहम समाजशास्त्रीय तरीके से इस 'ऊँची जातिपन' को समझने का अर्थ यह है कि ये लोग अधूरे आधुनिक हैं। दूसरी तरफ अगर हम इसे अपनी आधुनिकता के खास संदर्भ में समझें तो हम इस आधुनिकता के विकास-क्रम को ही समस्याग्रस्त करते हुए उससे जिरह के रास्ते खोल सकते हैं। इससे हमें यह समझने में मदद मिलती है कि किस तरह एक सार्वभौम सेकुलर आधुनिकता अपने भीतर उन गैर-बराबरियों को समेटे रहती है जो पारंपरिक समाज से उसे विरासत में मिलती हैं। इस तरह हम उन खोई हुई आवाजों को फिर खोज निकाल सकते हैं जो आधुनिकता के इस विकास-क्रम में रौंद दी गयी हैं।

V

आंबेडकर, पेरियार और आधुनिकता

मुझे ऐसा लगता है कि आधुनिकता के इस समस्यापूर्ण पहलू को जिन चंद लोगों ने कुछ हद तक देख लिया था उनमें आंबेडकर एक थे—हालाँकि उन्होंने अपनी दिक्कत को ठीक इन शब्दों में नहीं रखा। इसकी वजह शायद यह हो सकती है कि उनकी दिक्कत उनके बेहैसियत सामाजिक दर्जे से निकलती है न कि उनके वैचारिक नजरिए से। गेल ऑम्वेट जिसे 'दाखिले की समस्या' कहती हैं उस समस्या के संदर्भ में आंबेडकर के इस दर्द को समझा जा सकता है। बकौल गेल ऑम्वेट यह 'दाखिले की समस्या' रोजगार और जमीन पर अख्तियार की समस्या है। दलित मजदूर तो जरूर थे, किसान भी जरूर थे, मगर हमेशा सबसे निचले स्तरों पर। मजदूरों की हैसियत से उन जगहों पर थे जहाँ सबसे अकुशल काम और सबसे कम तनख्वाह ही उनके हिस्से आती थी। बतौर किसान वे हमेशा भूमिहीन ही हुआ करते थे। जिस बात का आंबेडकर को सबसे ज्यादा दर्द था वह यही थी। और तो और, वे यह भी समझ रहे थे कि इसका सीधा नतीजा यह हो रहा था कि दलित मजदूर आंदोलनों की नेतृत्वकारी भूमिकाओं से भी बाहर कर दिये जा रहे थे। १९२८ की ऐतिहासिक सूत मिल हड़ताल के मौके पर उन्होंने साइमन कमीशन को बताया कि उन्होंने यह सवाल बार-बार यूनियन नेताओं के सामने उठाया और उनसे कहा कि अगर वे कमजोर वर्गों के हर महकमे में काम करने के अधिकार को स्वीकार नहीं करते तो वे उन वर्गों को हड़ताल में शिरकत करने के खिलाफ सलाह देंगे।[२६]

जैसा कि हम आगे देखेंगे, दो अहम अर्थों में आंबेडकर सार्वभौमिकता की मंशा का विरोध करते हैं। पहला, 'राष्ट्र', 'साम्राज्यवाद-विरोध' और 'वर्ग' जैसी श्रेणियों को जाति के ऊपर तरजीह देने से वे इंकार करते हैं और इस तरह वे इस ख्याल को चुनौती देते हैं कि कोई हिस्सा समग्र के भीतर ही सार्थक हो पाता है। दूसरे शब्दों में वे उस आमफहमी के खिलाफ अपनी आवाज दर्ज करते हैं जो यह मानती है कि समग्र की मुक्ति में ही हिस्से या अंश की मुक्ति संभव है। ये हिस्सा

यानी दलित वजूद न तो किसी समग्र का हिस्सा है और न ही उसके किसी सारतत्व में उसकी नुमाइंदगी संभव है। अंश के वजूद का यह आग्रह उसकी स्वायत्तता का एलान भी है। दूसरे, वे इस धारणा पर भी सवालिया निशान लगा रहे हैं कि मजदूर वर्ग कोई बनी-बनाई शै है। इस अर्थ में 'दाखिले की समस्या' दरअसल मजदूर वर्ग को गढ़ने की समस्या भी है। उनके लिए मजदूर वर्ग कोई ऐसी आध्यात्मिक चीज नहीं है जिसके इस अमूर्त इतिहास-कर्त्तावाले किरदार को दलित अपना भविष्य सौंप सकते थे। उनकी निगाह में मजदूर वर्ग एक जीता-जागता वर्ग था जो उनकी आँखों के सामने एक शक्ल अख्तियार कर रहा था और जिसे इस प्रक्रिया में हस्तक्षेप करके एक दूसरी शक्ल दी जा सकती थी। आंबेडकर के लिए 'मौजूदा' मजदूर वर्ग को संगठित करने से ज्यादा अहम वह काम था जो वजूद में आ रहे मजदूर वर्ग के स्वरूप को तय कर पाता। जिस रूप में वह उस वक्त शक्ल लेता दिखाई दे रहा था उस पर उनकी निगाह में पहले से ही ऊँची जातियाँ हावी थीं और वह दलित संवेदनाओं के प्रति अंधा था। यह बात भी गौरतलब है कि यह नजरिया उस जमाने के कई दलित नेताओं का था। इसकी एक और मिसाल हमें १९२१ में मद्रास शहर में हुई बकिंघम ऐंड कर्नाटक मिल्स की हड़ताल के संदर्भ में भी देखने को मिलती है। उस हड़ताल की तफसील में जाए बिना भी इतना जिक्र किया जाना चाहिए कि उसके एक हिस्से, बिन्नी मिल्स, में आदि-द्रविड़ यानि दलित मजदूर हड़ताल में शरीक नहीं हुए। तमाम तरह से उन्हें दलाल, आदि कह कर जलील किया गया जिसके जवाब में उनके एक अग्रणी नेता एम.सी. राजा को यह कहना पड़ा कि 'अपने हितों को सामने रख कर ही आदि-द्रविड़ों ने अपना श्रम देने या न देने के हक का इस्तेमाल किया है। पुराना तजुरबा आदि-द्रविड़ों को यह सिखाता है कि हड़तालों में शिरकत उनके लिए अक्सर बहुत महँगी पड़ी है, क्योंकि उन्हें अपने गहने और संपत्ति गिरवी रखने या बेचने तक को मजबूर होना पड़ा है।'

खुद आंबेडकर के जीवन में उनका उपरोक्त बयान कोई अलग-थलग-सा बयान नहीं बल्कि इस संबंध में उनकी लगातार चिंताओं की एक बानगी है। मजदूर वर्ग को गढ़ने की समस्या उन्हें लगातार परेशान करती रही। जब वे 'मौजूदा' मजदूर वर्ग को संगठित करने के काम में शिद्दत के साथ शामिल हुए तब भी वे इस सवाल को हमेशा अपने सरोकारों के केंद्र में रख कर चलते रहे। यह तो सभी जानते हैं कि उन्होंने सबसे पहले जिस पार्टी का निर्माण किया उसका नाम उन्होंने 'इंडिपेंडेंट लेबर पार्टी' रखा था। तब से ले कर क्रिप्स मिशन की सिफारिशें आने तक वे इसी पार्टी के जरिए मजदूर समस्याओं को ले कर काम करते रहे। इस दौरान उन्होंने कम्युनिस्टों के साथ मिल कर औद्योगिक विवाद बिल के खिलाफ जलसे-जुलूस और हड़तालें कीं। मगर तब भी वे अछूत मजदूरों की समस्याओं के हिसाब से उन्हें अलग से संगठित करते रहे और अपने आलोचकों से सवाल करते रहे कि वे मजदूर वर्ग की एकता कायम करने की बात कैसे सोच रहे हैं जब वे उन नाइंसाफियों को दूर करने की दिशा में कोई कदम नहीं उठाते हैं जो सिद्धांततः तो गलत हैं ही, भावी

एकता के लिए खतरनाक भी हैं।

जैसा मैंने जिक्र किया था, आंबेडकर न सिर्फ मजदूर वर्ग को बना-बनाया मानने से इंकार करते हैं, वे 'राष्ट्र' की कथित चिरंतनता को भी अस्वीकार करते हैं। वे खास तौर पर उस राष्ट्र को कबूल करने से इंकार करते हैं जिसका विचार काँग्रेसी नेतृत्व में गढ़ा जा रहा था। उनका कहना था :

> अगर अछूतों ने 'आजादी की लड़ाई' से खुद को दूर रखा है तो वह इसलिए नहीं है कि वे बरतानवी साम्राज्यवाद के पिट्ठू हैं बल्कि इसलिए कि उन्हें डर है कि हिंदुस्तान की आजादी हिंदू राज कायम कर देगी जिसके फलस्वरूप उनके लिए जिन्दगी, आजादी और खुशी के तमाम रास्ते हमेशा के लिए बंद हो जाएँगे। दूसरी तरफ काँग्रेस के लिए भारतीय राष्ट्रवाद के मायने सिर्फ बरतानवी साम्राज्यवाद से आजादी है।[२७]

यह भी गौरतलब है कि आंबेडकर ने राष्ट्र के काँग्रेसी तसव्वुर का विरोध तो किया ही, साथ ही इस अवधारणा पर भी सवाल उठाए। उपरोक्त लेख में ही वे 'विदेशियों' (पश्चिमी) से मुखातिब होते हैं क्योंकि उनके मुताबिक वे भी काँग्रेसी मार्का राष्ट्रवाद के बहकावे में आ रहे हैं और इसकी वजह राष्ट्रवाद की उनकी धारणा है: 'समाज, राष्ट्र और देश जैसे शब्द बहुत ही अस्पष्ट और धुँधले शब्द हैं। कहने की जरूरत नहीं कि 'राष्ट्र' एक शब्द जरूर है मगर अपने भीतर कई वर्गों को समेटे रहता है। दार्शनिक तौर पर भले ही आप राष्ट्र को एक शै मान लें मगर समाजशास्त्रीय स्तर पर उसके अंदर मौजूद कई वर्गों पर तो ध्यान देना ही होगा।' बकौल उनके विदेशी लोग काँग्रेस के बहकावे में इसलिए आ जाते हैं क्योंकि पश्चिम में मौजूद स्वशासन और जनतंत्र की धारणाएँ ही गलत हैं। वे आगे कहते हैं कि:

> जनतंत्र पर लिखनेवाले पश्चिमी लेखक मानते हैं कि जनतंत्र के आदर्श को हासिल करने के लिए, अर्थात जनता की, जनता द्वारा और जनता के लिए, सरकार का आदर्श हासिल करने के लिए सिर्फ सार्विक बालिग मताधिकार लागू कर देना काफी है। कुछ अन्य तजवीजें भी सुझायी गयी हैं जैसे वापसी का अधिकार, रायशुमारी और लघु संसद ... मगर मुझे यह कहने में कोई झिझक नहीं महसूस होती कि ये दोनों ही अवधारणाएँ सरासर गलत और बहका देनेवाली हैं।[२८]

इसके बाद आंबेडकर कहते हैं कि जनतंत्र और स्वशासन हर जगह नाकाम रहे हैं क्योंकि वे वर्गों की समस्या से नहीं निबट पाये और इस नाकामी के लिए वे जिस बात को सबसे ज्यादा गुनहगार मानते हैं वह है 'सपाट नागरिक' की धारणा। उनका कहना है कि कई देशों में शासक वर्ग की इतनी गहरी पैठ हो सकती है कि शोषित तबकों को अन्य सुरक्षाओं की जरूरत पड़ सकती है।[२९]

यहाँ की ठोस परिस्थितियों को समझ पाने में यह नाकामी उन्हें लगातार परेशान करती है क्योंकि उसकी गिरफ्त में उन्हें कई प्रगतिशील बुद्धिजीवी भी फँसे दिखाई देते हैं जिनमें लास्की, किंग्स्ली मार्टिन और ब्रेल्सफोर्ड जैसे ब्रिटेन के रेडिकल और वामपंथी नेता भी शामिल थे। मेरी समझ से उदारतावादी जनतंत्र की

राजनीतिक श्रेणियों से जूझने की आंबेडकर की इस बेकरारी और बेचैनी को उनके सामाजिक मुकाम के परिप्रेक्ष्य में समझना चाहिए। ऐसा लगता है जैसे उनके समूचे जीवन कर्म में एक सतत तनाव मौजूद है जो एक तरफ एक बेनिशान सार्वभौमिक मुकाम की उनकी तलाश और दूसरी तरफ राजनीतिक प्रक्रियाओं के चलते उस मुकाम से बार-बार बेदखल किए जाने में दिखाई देता है। वे एक आधुनिक की तरह ही अमल करते हैं मगर साथ ही वे आधुनिकता और उसकी सैद्धांतिक और राजनीतिक श्रेणियों को स्वयंसिद्ध मानने से इंकार करते हैं। साथ ही इस प्रक्रिया में वे पारंपरिक ढाँचों के साथ बन रहे उसके नए संबंधों का प्रतिरोध भी करते हैं।

इसी तरह राष्ट्र को नियत मानने से इंकार दलितों / गैरब्राह्मणों के ज्यादातर नेताओं के लेखन में बार-बार देखने को मिलता है। इयोथी दास का हम पहले ही जिक्र कर चुके हैं। पेरियार भी लगातार राष्ट्र के राष्ट्रवादी विचार से जिरह जारी रखते हैं। जैसा कि एम.एस.एस. पांडियन ने दिखाया है, पेरियार की राष्ट्र की धारणा किसी पुराने क्लासिकी भारतीय या तमिल अतीत को अपना आधार बनाने की बजाय उसे पूरी तरह एक आगामी समाज के ख्याल में ढूँढ़ती है।[३०] पेरियार की जीवन-यात्रा दिलचस्प है क्योंकि एक अरसे तक वे एक प्रतिबद्ध गाँधीवादी और काँग्रेसी रहे। इस मायने में उनका सफर आंबेडकर से काफी अलग था। अपने काँग्रेसी दौर में वे जबरदस्त किस्म के राष्ट्रवादी थे और आहिस्ता-आहिस्ता काँग्रेस से मोहभंग होने के बाद ही उन्होंने ब्रिटिश हुकूमत का पुनर्मूल्यांकन शुरू किया। तभी वे इस नतीजे पर पहुँचे कि अगर हम उत्तर भारत वालों के गुलाम रहते तो हम अब भी 'सूदन', 'असुरन', 'राक्षसन', आदि रह गये होते। काँग्रेस से उनका अंतिम विच्छेद तमिलनाडु काँग्रेस के कांचीपुरम अधिवेशन के बाद हुआ जब 'कम्युनल रिप्रेजेंटेशन' से मुतल्लिक उनके दो प्रस्ताव नामंजूर कर दिये गये। इस कांचीपुरम अधिवेशन में उन्होंने बिना किसी लाग-लपेट के कहा कि : हमारी मौजूदा हालत में बहुत लोगों को डर है कि इस तरह स्वराज का अर्थ प्रकारांतर से ब्राह्मणराज ही हो सकता है। अगर अंग्रेजी शासन के इन दिनों में भी यह मुमकिन है कि कुछ लोग औरों को खास सड़कों पर चलने से रोक सकते हैं, गाँवों के कुओं और तालाबों से पानी लेने पर पाबंदी लगा सकते हैं तो सत्ता पर काबिज होने की सूरत में वे क्या कुछ नहीं करेंगे, क्या-क्या कहर नहीं ढाएँगे?[३१] इस तरह पेरियार राष्ट्रवाद की लगातार आलोचनाएँ पेश करते चलते हैं और आखिरकार संविधान तक को खारिज कर देते हैं—बावजूद इसके कि आंबेडकर की इस प्रक्रिया में एक अहम भूमिका रही थी।

आंबेडकर से पेरियार एक मायने में अलग थे। वे हमेशा समाजवाद की जोरदार वकालत करते रहे और सोवियत यूनियन के प्रशंसक भी थे। धर्म के भी वे समझौताहीन-विरोधी थे और विज्ञान, तर्कशास्त्र और प्रगति के जबरदस्त वकील थे। मगर फिर भी उनका 'कर्त्ता' न तो औद्योगिक सर्वहारा वर्ग था और न ही वह सपाट बेनिशान नागरिक, जिसका हम पहले जिक्र कर चुके हैं। सार्वभौमिक

इतिहास के कलाम के बीच पैदा होनेवाले इन कर्त्ताओं से बिलकुल जुदा, 'खुदी' की उनकी तलाश उन्हें इतिहास की एक ऐसी व्याख्या की तरफ ले जाती है जहाँ वे उसे जालिम आर्यों और सताये गये द्रविड़ों के चिरंतन संघर्ष के रूप में देखने लगते हैं। लिहाजा उनका कर्त्ता वह उत्पीड़ित द्रविड़ है जिसमें अक्सर वे उत्तर भारत के शूद्रों और अतिशूद्रों को शामिल कर लेते हैं। जाहिर है कि यह करतब उस इतिहास के तौर-तरीकों से तो मेल नहीं खाता जिसकी दुहाई दे कर यह लड़ाई लड़ी जा रही थी। मगर शायद असली बात तो यही है: इतिहास की इस लड़ाई में अतीत की कोई वैज्ञानिक और वस्तुगत व्याख्या नहीं थी। यहाँ भी उसका वही किरदार था जो हमेशा से रहा है : वह तो अतीत का एक ऐसा किस्सा था जो पहले ही से वर्तमान की जरूरतों की पैदाइश था और इसलिए उसकी राजनीतिक जरूरतों के अधीन भी था। अक्सर यह इतिहास कोई 'याददाश्त' न हो कर याददाश्त के अभाव को भरने का एक जरिया था—दलितों के लिए अब तक वर्जित अतीत के किवाड़ खोलने का जरिया, जो दरअसल अब उस अतीत तक पहुँच वर्तमान के जरिए ही करा सकता था।

इस बहस को समेटते हुए यह कहा जा सकता है कि उपनिवेशवाद-विरोधी संघर्ष के जमाने में भी और आज के दौर में भी दलित सियासत का वजूद-भर राष्ट्रवाद / साम्राज्यवाद और सेकुलरवाद / सांप्रदायिकता के विलोमों को चुनौती देता है और दोनों में से किसी एक में शामिल होने से इंकार करता है। उसका वजूद-भर विलोमों के दोनों पक्षों के बीच की उस मिली-भगत को भी बेपर्दा करता है जो इसके उभर कर सामने आने में दीवार बन कर खड़ी होती है। जैसा कि हमारी बहस दिखाती है जब-जब दलित ने अपनी आवाज पायी तब-तब राजनीति का यह अंदाज उसके सामने एक बाधा के रूप में सामने आया। दलित को जो बात लगातार सियासत के इस अंदाज के खिलाफ ठेलती है वह उसकी बेहैसियती का तजुरबा है—जिसकी बदौलत वह आधुनिकता को एक तरफ मुक्तिदाता के रूप में अनुभव करता है तो दूसरी तरफ उसकी आवाज को दबा देनेवाली प्रक्रिया के रूप में । इसी सबके चलते लेखन और बौद्धिक कर्म में 'तजुरबे' की श्रेणी को केंद्रीय भूमिका दी जाती है। कुछ-कुछ कबीरदास के अंदाज में यह लेखन दावा करता-सा लगता है कि 'जाको याँहि फाटे बिबाई, ऊ का जाने पीर पराई।' इसीलिए दलित इतिहास-लेखन अपनी स्वायत्तता का एलान करते हुए यह कहता हुआ मालूम होता है कि दलित ही दलित-इतिहास लिख सकता या सकती है।

जाति और राजनीतिक समाज

इस मुकाम पर पहुँच कर एक बात साफ कर देनी चाहिए। अब तक हमारी बहस आधुनिक समाज में जाति के सिर्फ एक पहलू से संबंधित रही है। इस पहलू की सबसे उम्दा मिसाल हमने देखी हमारी आधुनिक पहचान के उस रूप में जो एक

सेकुलर या मार्क्सवादी सवर्ण में विराजती है। इसे समझने के लिए हमने 'ब्राह्मणवादी मार्क्सवादी' की उस धारणा की पड़ताल की जो दलित–बहुजन कलाम में बार–बार सामने आती है। यह काबिले–गौर है कि यह आधुनिक शख्सियत हिंदुस्तान में आधुनिकता की उस जमीन पर रहती है जिसे नागरिक समाज या सिविल सोसाइटी कहते हैं। इस जमीन पर नागरिकता की अवधारणाएँ नियंत्रक भूमिका का पालन करती हैं जहाँ लोगों की खुली आवाजाही होती है, जहाँ तमाम संस्थाओं–इदारों के नियम–कायदे कांट्रेक्ट के आधार पर तय होते हैं। इस जमीन की खासियत यह भी है कि यहाँ तमाम इदारों और उनके अमल की जड़ में बराबरी, खुदमुख्तारी या स्वायत्तता और बहस–मुबाहिसे के मूल्य विराजते हैं।

इसके बरक्स दूसरी तरफ जिंदगी का एक बड़ा हिस्सा ऐसा है जो नागरिकता के इस हलके से कमोबेश बाहर रह गया है। हिंदुस्तान में और शायद कई उत्तर–औपनिवेशिक समाजों में आधुनिक 'खुदी' के सफर की दास्तान की यह खासियत समझी जानी चाहिए कि यहाँ समाज का एक बड़ा हिस्सा इस हलके में पूरी तरह शामिल नहीं हो पाया है। वह जिस जमीन पर जीता है वहाँ कई किस्म की विरोधी प्रक्रियाएँ काम करती मिलती हैं। आधुनिकता के आगमन ने कुल मिला कर उस पूरे संदर्भ को बदल डाला है और एक नया संस्थागत तामझाम तैयार किया है जिसके भीतर रह कर तथाकथित पारंपरिक समाज को रोजाना आधुनिकता के तौर–तरीकों से जूझना पड़ता है। आधुनिक और पारंपरिक तौर–तरीकों के बीच इस रोजाना चलनेवाली सौदेबाजी की इस जमीन पर हम जाति–धर्म संबंधी आचरण के सारे चलनों को नए जनवादी राजतंत्र की नयी जबानों और अमलों के साथ जूझते हुए देख सकते हैं। पार्थ चटर्जी ने उत्तर–औपनिवेशिक समाजों की इस जमीन को 'राजनीतिक समाज' की संज्ञा दी है। जिस आधुनिक मानस की हम पहले चर्चा कर चुके हैं वह मूलतः नागरिक समाज के दायरे में रहनेवाले एक छोटे से—मगर बेहद महत्त्वपूर्ण—तबके की कहानी है। उसके बरक्स इस दूसरे विशाल दायरे में हमारा सबका ऐसे लोगों से हो सकता है जो कई अर्थों में खाँटी जातिवादी कहे जा सकते हैं। अगर हम इस हलके की रोजाना कलामों पर गौर करें तो पाएँगे कि दलितों का यह आरोप कि तमाम सार्वजनिक इदारों को ब्राह्मणवादी ताकतों ने हड़प लिया है, बेहद दमदार साबित होगा। उनका यह आरोप कि समूचे सार्वजनिक दायरे पर उन्होंने कब्जा जमा लिया है, सचमुच सही मालूम होगा। मगर यह भी गौर करने लायक बात है कि यह हलका भी न तो पूरी तरह आधुनिक है न पूरी तरह पारंपरिक। इन हलकों में हम अस्तित्व के वे आयाम देख सकते हैं जिनमें नए और पुराने के बीच चल रही लगातार कशमकश का नजारा होता है, जिसमें राजनीतिक आधुनिकता की नयी जुबानें एक खास पारंपरिक जायका लिये दिखाई देती हैं।

इसे थोड़ा और गहराई में समझने के लिए 'जाति सभाओं' की एक मिसाल ही काफी होगी। १९६० के दशक उत्तरार्द्ध में लॉयड व सूजैन रुडोल्फ ने इन जाति–सभाओं को 'परंपरा की आधुनिकता' कह कर विश्लेषित किया था। अपने समय

में नयी जमीन तोड़नेवाले उनके अध्ययन ने इन जाति सभाओं के बारे में कहा था कि ये सभाएँ दरअसल 'पैरा-कम्युनिटीज' या 'उपसम्प्रदाय' बन गयी हैं।[३२] इनके जरिए जाति-विशेष के सदस्यों को सामाजिक आवाजाही में सहूलियत मिलती है। सत्ता और आर्थिक सुविधाओं तक उनकी पहुँच बनती है। उनका यह भी कहना था कि ये उपसम्प्रदाय कई मायनों में यूरोप और अमेरिका में मौजूद स्वैच्छिक सभाओं व हित समूहों जैसे हैं। उन्होंने खास तौर पर इस बात की तरफ ध्यान आकर्षित किया कि इन सभाओं में सदस्यता खालिस जन्मना नहीं है और जाति में जन्म होना इनकी सदस्यता की जरूरी शर्त तो है मगर काफी नहीं है। उन्होंने यह भी दिखाया था कि इन सभाओं की शुरुआत तो अपनी जाति-विशेष की सामाजिक हैसियत बढ़ाने की माँगों से हुई मगर आहिस्ता-आहिस्ता वे पूरी तरह सत्ता से जुड़ी 'सेकुलर' माँगों को ले कर काम करने लगीं। आधुनिक जनतांत्रिक राजतंत्र में काम करते हुए उनकी सारी कोशिशें यह सुनिश्चित करने में लग गयीं कि उनकी बिरादरी के लोगों को चुनावों में नामजद किया जाये, उन्हें विधायिकाओं व मंत्रिमंडलों में पर्याप्त स्थान मिले। इस सबसे भी ज्यादा जिस बात को इन दो विद्वानों ने रेखांकित किया वह थी इन सभाओं की 'शैक्षणिक' भूमिका। उनका कहना था कि ये सभाएँ एक अनपढ़ और जाहिल आबादी को चुनावी तौर-तरीकों में शिक्षित और संगठित करने का काम कर रही थीं।[३३]

पिछले दो दशकों में हुआ इतिहास-लेखन का काफी काम दिखाता है कि दरअसल अपने वजूद के पहले दौर में भी ये सभाएँ जातिगत पहचान के जिन सवालों को ले कर अपनी सामाजिक हैसियत के दावे कर रही थीं वे भी विशुद्ध 'पारंपरिक' नहीं थे बल्कि उनके पीछे औपनिवेशिक शासनतंत्र के कई ऐसे अमल काम कर रहे थे जिनके चलते खास किस्म की पहचानें बननी शुरू हुई थीं। मगर फिलहाल उस पेचीदा सवाल में जाना मुमकिन नहीं है। ज्यादा दिलचस्प यह बात है कि ये सभाएँ दरअसल उपसम्प्रदायों की शक्ल अख्तियार कर चुकी थीं। इसके मायने हुए कि ये सभाएँ पुराने कर्मकांडी श्रेणीबद्ध ढाँचे से टूट कर बाहर आ गयी थीं और अब वे महज जातियाँ नहीं बल्कि अन्य संप्रदायों की तरह की संप्रदाय बनने लगी थीं। रुडोल्फों का यह कहना सोलह आने सही है कि इन जाति-सभाओं का नेतृत्व अब पुश्तैनी ढंग से तय नहीं हो सकता है। अब इन सभाओं के नेतृत्व का काम सिर्फ वे लोग ही सँभाल सकते हैं जो आधुनिक प्रशासन और नए जनतांत्रिक ढाँचे के तौर-तरीकों के जानकार हैं। इस स्थिति में सभा का ढाँचा ही आधुनिक स्वैच्छिक संस्थाओं के ढाँचे-जैसा बनने लगता है।

इस प्रक्रिया में जातियाँ अपने-आप को नए सिरे से परिभाषित करती हैं और नए समीकरण पैदा होते हैं। मिसाल के तौर पर १९६५ में रजनी कोठारी और ऋषिकेश मारू के एक अध्ययन में भी इस बात के संकेत मिलते हैं। गुजरात की क्षत्रिय सभा का उनका अध्ययन दिखाता है कि किस तरह इस प्रक्रिया में एक भूमिहीन जाति और भीलों को मिला कर द्विज राजपूतों के नेतृत्व में एक नयी क्षत्रिय

पहचान गढ़ी जाती है। वे बताते हैं कि इस प्रक्रिया में जाति–चेतना एक भूमिका तो जरूर अदा करती है मगर जाति को बचाने के लिए नहीं बल्कि राजनीतिक सत्ता के जरिए उसे तब्दील करने की खातिर। मायरन वीनर के उसी समय के एक अध्ययन से भी पता चलता है कि जाति का किस तरह एक नया सेकुलर रूप उभर कर सामने आ रहा है। वीनर को उनके शोध के दौरान एक सज्जन ने बताया कि दरअसल राजपूत होना खून का नहीं बल्कि चरित्र का सवाल है। एक अन्य सज्जन ने उन्हें बताया कि क्षत्रिय असल में एक वर्ग हैं, जाति नहीं।

ऐसे कई उदाहरण दिये जा सकते हैं। मगर इससे अगर हम यह नतीजा निकालें कि जाति पूरी तरह सेकुलर और आधुनिक चीज बन गयी है तो यह गलत होगा। ऐसा लगता है कि आधुनिक और पारंपरिक के बीच इस कशमकश में दरअसल लोग उससे जूझने के कुछ नायाब रास्ते निकाल लेते हैं। लखनऊ के रिक्शावालों के एक अध्ययन के दौरान अमेरिकी राजनीतिशास्त्री हैरल्ड गोल्ड ने पाया कि उन्होंने जिससे भी बात की उसी ने यह कहा कि वे अपनी ज़ाती–जिंदगी में जाति के तमाम नियमों का पालन करते हैं। रोटी और बेटी के रिश्ते पूरी तरह जाति के आधार पर तय होते हैं। लेकिन अपने काम के दौरान वे जाति–नियमों का लगातार उल्लंघन करते हैं। मजे की बात यह है कि इन लोगों को अपने आचरण में कोई अंतर्विरोध नहीं दिखता क्योंकि उनकी निगाह में काम और घरेलू जिंदगी दो अलग दायरे हैं जिनमें अलग–अलग नियम लागू होते हैं। ऐसा लगता है कि 'अंदर' और 'बाहर' की दुनिया का यह विभाजन एक ऐसा भेद है जिसके जरिए राजनीतिक समाज की यह दूसरी पहचान आधुनिकता की प्रक्रियाओं के साथ सौदेबाजी करती है। कुछ हद तक जिस तरह पश्चिम में यह आधुनिक मन बाहर की दुनिया में सेकुलर बन कर अपने धार्मिक आचरण का निजीकरण कर लेता है, वैसे ही हमारे यहाँ वह जाति धर्म के मुद्दों को अंदर की जिंदगी में सुरक्षित रखता है।

संदर्भ और टिप्पणियाँ

१. यहाँ 'हक' शब्द का इस्तेमाल अंग्रेजी के 'राइट' के अर्थ में किया जा रहा है। यह बात शायद पिछले कई दशकों के शोध से तो साफ हो ही गयी है कि बराबरी और हक की अवधारणाएँ मूलत: हमारे यहाँ यूरोप के ज्ञानोदय या एनलाइनटेमेंट के जरिए ही आयीं। लिहाजा हम यहाँ इस मामले के विस्तार में नहीं जाएँगे।

२. 'कलाम' शब्द यहाँ अंग्रेजी के 'डिस्कोर्स' के अर्थ में प्रयोग किया जा रहा है। वैसे हिन्दी में इधर 'विमर्श' शब्द का ही चलन है मगर चूँकि हमारी भाषा अभी कई प्रयोगों के दौर से गुजर रही है इसलिए इसे भी एक प्रयोग समझा जाना चाहिए। इस लेख में ऐसे कई प्रयोग मिलेंगे जिनका वास्ता भाषा को सरल बनाने से ज्यादा इस बात से भी है कि हिन्दी जब उर्दू बोलने वालों से भी मुखातिब होती है तो उसे ऐसे प्रयोग करते रहना चाहिए, जिससे वह अपनी साझा विरासत के उन पहलुओं को भी टटोल सके जिनमें एक जमाने में गंभीर चिंतन होता आया है। 'कलाम' सूफी फलसफे में प्रवचन के अर्थ में तो इस्तेमाल हुआ ही है , उसका इस्तेमाल

'कलामे-गालिब' जैसे संदर्भों में भी होता रहा है। या फिर 'हमकलाम होना' आपसी बातचीत के लिए इस्तेमाल होता है। ऐसे ही तमाम अर्थों का समावेश 'डिस्कोर्स' शब्द में भी है। आगे यह पाठकों पर छोड़ दिया जाना चाहिए कि वे कौन-से शब्द चुनते हैं।

३. ऐसा नहीं है कि विलोम युगलों के सहारे सोचने का चलन बिल्कुल नया है। इंसान हमेशा से अपने सोचने के ढंग को व्यवस्थित करने के लिए अलग-अलग परिघटनाओं में फर्क करता आया है और इस प्रक्रिया में वह विलोमों का इस्तेमाल करनेवाली अवधारणाओं का निर्माण करता है। कुछ हद तक ऐसे विलोम हमारी पुरानी दार्शनिक परंपराओं में देखने को मिलते हैं जहाँ 'अच्छे' और 'बुरे' का, 'जाति' और 'व्यक्ति' का, 'अक्ल' और 'नफ्स' का अंतर किया जाता है। मगर एक बड़ा फर्क शायद यह है कि आधुनिक विलोम अवधारणाओं की तरह ये श्रेणियाँ इतनी सर्वग्रासी नहीं होतीं कि उनमें तमाम दरमियानी जगहें ही गायब हो जायें।

४. यह फिकरा वरनॉन फैन डाइक ने अपने एक महत्त्वपूर्ण लेख में इस्तेमाल किया था। देखें विल किमलिका (सं.), द *राइट्स ऑफ माइनॉरिटी कल्चर्स,* ऑक्सफोर्ड यूनिवर्सिटी प्रेस, ऑक्सफोर्ड, १९९७

५. देखें, *उपरोक्त।*

६. सुमित सरकार, *राइटिंग सोशल हिस्टरी,* ऑक्सफोर्ड यूनिवर्सिटी प्रेस, दिल्ली, १९९७, पृष्ठ ३५८

७. सुमित सरकार, 'इंडियन नेशनलिज्म एंड द पॉलिटिक्स ऑफ हिंदुत्व,' डेविड लडन (सं.), *रिलीजन, कम्युनिटी एंड द पॉलिटिक्स ऑफ डेमोक्रेसी इन इंडिया,* यूनिवर्सिटी ऑफ पेनसिलवेनिया प्रेस, फिलाडेलफिया, १९९६, पृष्ठ २४२

८. सरकार, (१९९७), पृष्ठ ३५९ की पाद-टिप्पणी।

९. जवाहरलाल नेहरू, *ऐन ऑटोबायोग्राफी,* जवाहरलाल नेहरू मेमोरियल फंड और ऑक्सफोर्ड यूनिवर्सिटी प्रेस, १९३६ / ९८, पृष्ठ ३७०

१०. गेल ऑम्वेट, *दलित्स एंड डेमौक्रैटिक रिवोल्यूशन— डॉ. आम्बेड कर एंड द दलित मूवमेंट इन कॉलोनियल इंडिया,* सेज, नयी दिल्ली और लंदन, १९९४, पृष्ठ १७७

११. वी. गीता और एस.बी. राजादुरै, *टुवर्ड्स ए नॉन ब्रहमिन मिलेनियम : फ्रॉम इयोथी दास टु पेरियार,* साम्य, कलकत्ता, १९९८, पृष्ठ ५६।

१२. *उपरोक्त,* पृष्ठ २-३।

१३. चन्द्रभान प्रसाद, 'सोशल फासिज्म इज रीअल : कम्युनल फासिज्म इज अ मिश्चीवस कन्स्ट्रक्ट', *पायनियर,* सितंबर ५-११, १९९९

१४. डी.आर. नागराज, द *फ्लेमिंग फीट : ए स्टडी ऑव द दलित मूवमेंट,* साउथ फोरम प्रेस ऐंड इंस्टीट्यूट फॉर कल्चरल रिसर्च ऐंड ऐक्शन, बंगलूर, १९९३

१५. कांचा ऐलय्या, 'दलितिज्म वर्सिस ब्रहमिनिज्म : दि एपिस्टेमोलॉजिकल कांफ्लिट इन हिस्टरी', आशीष घोष (सं.), *दलित्स एंड पीजेंट्स : दि इमर्जिंग कास्ट-क्लास डायनामिक्स,* ज्ञान सागर पब्लिकेशंस, दिल्ली, १९९९

१६. कांचा ऐलय्या, 'टुवर्ड्स ए दलिताइजेशन ऑव दि नेशन', संकलित : पार्थ चटर्जी (सं.), *वेजेज ऑव फ्रीडम,* ऑक्सफोर्ड, १९९८

१७. नागराज, (१९९३), पृष्ठ ५६

१८. ऐलय्या, *उपरोक्त,* पृष्ठ २७५, १९९८

१९. *उपरोक्त,* पृष्ठ २८३

२०. *उपरोक्त,* पृष्ठ २८५

२१. एम.एस.एस. पांडियन, इबियांड कॉलोनियल कॉम्ब्स : केम्ब्रिज स्कूल आइडेंटिटी पॉलिटिक्स

एंड द्रविड़ियन मूवमेंटल, *इकॉनॉमिक एंड पॉलिटिकल वीकली,* १८-२५ फरवरी, पृष्ठ ३८७

२२. *दलित जन-उभार* (सं. कंवल भारती वगैरह), वी.एम. प्रकाशन, लखनऊ। इसके कई टीकाकारों का मानना है कि वर्ग-संघर्ष के समर्थकों की नजर में जाति एक बिना वजह का बवाल समझी जाती रही है जिसे नजरंदाज करके आगे बढ़ना वे उचित समझते थे। खास तौर पर देखें रेणु राठौड़ और अविराम का लेख 'दक्खिन टोले का सवाल', पृष्ठ २८४

२३. दिलीप मेनन, 'बीइंग ए ब्रहमिन द मार्क्सिस्ट वे : ई.एम.एस. नंबूदिरीपाद ऐंड द पास्ट्स ऑव केरला', संकलित : दाऊद अली (सं.), *इन्वोकिंग द पास्ट : द यूजेस ऑफ हिस्टरी इन साउथ एशिया,* ऑक्सफोर्ड, नयी दिल्ली, १९९०, पृष्ठ ७६

२४. ई.एम.एस. नंबूदिरीपाद, द *नेशनल क्वेश्चन इन केरला,* पीपल्स पब्लिशिंग हाउस, बम्बई, १९५२, पृष्ठ ७

2५. धनंजय कीर, *डॉ. आंबेडकर : लाइफ ऐंड मिशन,* पापुलर प्रकाशन, बम्बई, १९५४, पृष्ठ ३१

2६. गेल ऑम्वेट, *उपरोक्त,* पृष्ठ १५४

२७. गीता और राजादुरै, *उपरोक्त,* पृष्ठ १६८-६९

२८. वसंत मून (सं.), *डा. बाबासाहेब आम्बेड कर : राइटिंग्स ऐंड स्पीचेज,* खंड-9, शिक्षा विभाग, महाराष्ट्र सरकार, १९९१, पृष्ठ २०२-२०३

२८. *उपरोक्त,* पृष्ठ २०२-३

२९. *उपरोक्त,* पृष्ठ २०४

३०. एम.एस.एस. पांडियन, 'डीनेशनलाइजिंग द पास्ट : नेशन इन ई.वी. रामास्वामीज पॉलिटिकल डिस्कोर्स', *इकॉनॉमिक एंड पॉलिटिकल वीकली,* अक्टूबर 16, १९९३, पृष्ठ २२८२.

३१. गीता व राजदुरैई, *उपरोक्त,* पृष्ठ २९१

३२. देखें लॉयड व सुजेन रुडोल्फ, *द मॉडर्निटी ऑफ ट्रैडिशन : पॉलिटिकल डिवेलपमेंट इन इंडिया,* यूनिवर्सिटी ऑफ शिकागो प्रेस और लंदन, १९६७, पृष्ठ २९

३३. *उपरोक्त,* पृष्ठ ३२, ३३

वैज्ञानिक और निरपेक्ष दृष्टि की समस्या

जातिवाद-विरोध और प्रगतिशीलता का दावा करनेवाले गैरदलित आज भी दलित समस्या को कमोबेश पुराने परिप्रेक्ष्य में रख कर ही पेश कर रहे हैं। इसके पीछे एक जाना-बूझा रवैया है जो कथित आधुनिक, वैज्ञानिक व निरपेक्ष दृष्टि की आड़ में दलितों की समाज में सांस्कृतिक भागीदारी रोक देता है। जैसे ही दलित मंच के नीचे से खड़े हो कर अपनी बात कहता है वैसे ही मंच पर बैठे गैरदलित 'व्यवस्था का प्रश्न' उठाने लगते हैं। दरअसल, कल की कर्मकांडीयता और आज की आधुनिकता दलित प्रश्न पर गठजोड़ में चली जाती है। परिणामस्वरूप दलित समस्या के निरूपण और समाधान की दो अलग-अलग दृष्टियों, आधारों और शब्दावलियों की रचना हो रही है। दोनों पक्ष अपना अलग-अलग राग अलाप रहे हैं। जरूरत इस बात की है कि दोनों रवैयों के बीच एक रागात्मक संवाद हो, दोनों परस्पर तादात्म्य स्थापित करें। ध्यान रहे कि जो समस्या सत्ता और वर्चस्व की अन्योन्यक्रिया द्वारा सुलझने से इंकार कर देती है उसे हल करने का एकमात्र तरीका आपसी संवाद ही रह जाता है।

गैरदलितों की नजर में दलित

धीरूभाई शेठ

आजादी के बाद से अब तक हमारी कई समस्याओं के रूप में आमूल परिवर्तन आ चुका है लेकिन उनका समाधान अभी भी पुराने परिप्रेक्ष्य में ही ढूँढ़ा जा रहा है। वैसे भी सामाजिक-सांस्कृतिक समस्याओं का संपूर्ण समाधान तकरीबन नामुमकिन ही होता है। इसका कारण यह है कि समाधान की दिशा कभी एक सीधी रेखा में आगे नहीं बढ़ती। वह दूसरी समस्याओं के समाधानों के साथ उलझी रहती है। हम सीधी रेखा में समाधान ढूँढ़ते रहते हैं और उधर समग्र सामाजिक-सांस्कृतिक परिप्रेक्ष्य बदल जाता है। लेकिन समस्या के मूल निरूपण और उसकी विचार-श्रेणियाँ पुरानी और शिथिल मालूम पड़ने के बावजूद पुराना राग अलापा जाता रहता है।

दलित समस्या भी इसी हालत से गुजर रही है। हमारे समाज में आधुनिकीकरण, उद्योगीकरण और शहरीकरण का कम से कम इतना प्रसार तो हो ही चुका है कि पचास के दशक के मुकाबले न केवल आँकड़ों की भाषा में ये

प्रक्रियाएँ समाज-परिवर्तनकारी आयाम ग्रहण कर चुकी हैं बल्कि सर्वभारतीय पैमाने पर इनका असर देखा जा सकता है, बावजूद इसके कि लोग गाँव में ज्यादा हैं, शहरों में कम और कृषि और उससे संबंधित व्यवसायों की अपेक्षा उद्योगों से जुड़े लोगों की संख्या कम है।

बदला हुआ गाँव

दरअसल, गाँव आज पुराने अर्थ में गाँव नहीं रह गया है। अंतर्व्यावसायिक संबंध बदल चुके हैं। एक श्रेणीबद्ध समाज-व्यवस्था का प्रतीक समझा जानेवाला गाँव आज प्राथमिक रूप से आर्थिक संबंधों पर आधारित स्थानिक समुदाय का रूप प्राप्त कर रहा है। अंतर्समूह संबंध जो नीचे से ऊपर और ऊपर से नीचे की श्रेणियों में अवरुद्ध थे, अब क्षैतिज प्रसार की तरफ जा रहे हैं। इन्हीं संरचनागत परिवर्तनों के कारण दलित समेत गैरद्विज जातियाँ ग्रामीण क्षेत्र में अपने अधिकारों का दावा कर पा रही हैं। उन्होंने अपने ऊपर परंपरा द्वारा थोपी गयी आर्थिक-सामाजिक भूमिकाओं को ठुकरा दिया है। आज के जाति-संघर्ष इसी बदले हुए गाँव का सूचक हैं।

इस बदले हुए गाँव पर किसकी सत्ता चलेगी और इस सत्ता के सर्वमान्य आधार क्या होंगे, यह प्रश्न केवल विवाद के स्तर पर नहीं रह गया है। यह अब संघर्ष की प्रक्रिया में आ चुका है। एक जाति द्वारा पुराने ढंग से दबाव डाल कर दूसरी जाति पर सत्तासीन होना अथवा उससे मनमाना काम लेना संभव नहीं रह गया है। दूसरी जातियों को सत्ता की यह अभिव्यक्ति मंजूर नहीं है। दरअसल, इस प्रक्रिया के दौरान जातियों के अंतर्संबध और खास कर दलितों के साथ अन्य जातियों के समीकरण बुनियादी तौर पर बदल चुके हैं। इससे सवाल उठता है कि आज की दलित समस्या के केंद्र में अस्पृश्यता है या कोई और मसला। कहीं यह गाँव पर नयी सत्ता कायम करने की प्रक्रिया से उत्पन्न व्यापक समस्या तो नहीं है?

नए समीकरणों में आज दलित कहाँ और किसके साथ रह कर संघर्ष करेंगे? वे किन राजकीय, सामाजिक एवं सांस्कृतिक साधनों का उपयोग करेंगे? गाँव में उनकी सुरक्षा एवं उनकी आजीविका के साधन बने रहेंगे या उनके लिए शहरों की तरफ पलायन ही अकेला उपाय रह जाएगा? क्या उनके सामने असुरक्षा के माहौल में गाँव में रहना या अनाम किस्म का शहरी जीवन व्यतीत करना ही विकल्प रह गया है? ऐसे कई सवाल आज हमारे सामने खड़े हैं। ये सवाल कल मौजूद नहीं थे।

दूसरी ओर बृहद समाज के परिवर्तन का प्रवाह अविरत आधुनिकीकरण की ओर है। व्यापक बहुजन समाज (कांशीराम की भाषा में नहीं) की जीवन-दृष्टि और शैली, रहन-सहन और मनोरंजन के साधन समेत कई बातों में परिवर्तन हो चुका है। एक लिहाज से आशा-आकांक्षा और उन्हें हासिल करने के स्तर पर लोगों में आज एक खास तरह की समानता दिखायी देती है। एक तरह की 'मास सोसाइटी' और 'मास कल्चर' जिसे सही अर्थ में बहुजन समाज कह सकते हैं, उभर रहा है।

इस बदले हुए परिप्रेक्ष्य में दलित-समस्या का पुनः निरूपण आवश्यक है। इससे यह नहीं समझ लेना चाहिए कि पुरानी दलित-समस्या अब नहीं रही या उसकी जगह बिलकुल नयी समस्या ने ले ली है। 'दलित-समस्या' जितनी नयी है, उतनी ही वह पुरानी भी है। पुरानी समस्या के कुछ पहलू आज भोथरे हो गये हैं, पर कुछ दूसरे पुराने पहलू अभी भी उतने ही धारदार हैं। ज्यादा महत्त्वपूर्ण यह है कि इस समस्या के कई बिलकुल नए पहलू उभर आए हैं। आज जिसे हम दलित-समस्या के तौर पर निरूपित करते हैं, वह कल हरिजनोद्धार का प्रश्न माना जाता था। उससे भी पहले अस्पृश्यता का प्रश्न इस समस्या के केंद्र में दिखाई देता था। आज अस्पृश्यता घटी है पर दलित-समस्या और बढ़ गयी है। इसका अर्थ यह नहीं है कि अस्पृश्यता आज की दलित-समस्या का पहलू नहीं रह गयी है। पर इस बात में व्यवहार से अधिक रवैये का महत्त्व है। आज दलित समस्या के समाधान के लिए मंदिर-प्रवेश अथवा समूह-भोज जैसे उपाय इतने कारगर नहीं हैं जितने पचास वर्ष पहले लगते थे। ऐसे कदम आज दलितों को उत्साहित कर पाने में असमर्थ हैं।

बहुध्रुवीय समाज

दलित संबंधी गैरदलित समझ, चिंतन-प्रक्रिया और निराकरण के सुझावों से हमें दलित-समस्या की बहुत कम जानकारी मिल पाती है। हम यह जरूर पता लगा पाते हैं कि दलित-समस्या गैरदलितों को कैसे-कैसे और कहाँ-कहाँ बेचैन करती है। इससे यह मतलब नहीं निकाल लेना चाहिए कि दलित-समस्या को गैरदलित समझ ही नहीं सकते और न ही मैं दलित-गैरदलित ध्रुवीकरण का तर्क दे रहा हूँ। दलितों को ऐसा लग सकता है कि गैरदलित उन्हें नहीं समझ रहे हैं पर उसका कारण कोई 'ध्रुवीकरण' तो हरगिज नहीं है। इसका मुख्य कारण यह है कि गैरदलित दलित-समस्या को एक खास तरह के पूर्वनिर्धारित दृष्टिकोण से देखते हैं।

जहाँ तक ध्रुवीकरण का सवाल है, भारतीय समाज में इतने अधिक और विविध द्वंद्व और ध्रुव हैं कि इनमें से किसी को प्राथमिक मान लेना कठिन होगा। किसी विचारधारा के प्रभाव में किसी एक ध्रुवीकरण को मुख्य माना जा सकता है पर वह दावा वास्तविकता से परे ही होगा। किसी भी ध्रुवीकरण को टटोलिए, उसका कोई न कोई सिरा किसी दूसरे ध्रुवीकरण से जुड़ता दिखाई देगा। कई ध्रुवों के गायब होने और कुछ नये ध्रुवों के उभरने का क्रम दिखायी देगा। ऐसे बहुध्रुवीय समाज में ध्रुवीकरण की कोशिश किसी सार्थक विश्लेषण और संश्लेषण तक नहीं पहुँचा सकती। ध्रुवीकरण की विचारधाराएँ काफी प्रयास करने के बाद भी अपने मकसद में नाकाम रहती हैं। धार्मिक हो, जातीय हो, जातिवादी हो या वर्ग-आधारित हो, एक सीमा के बाद इन विचारधाराओं की व्यावहारिक राजनीति परवान नहीं चढ़ पाती। खासकर दलित-समस्या के संदर्भ में ध्रुवीकरण की चर्चा मुझे और भी अप्रासंगिक लगती है। मैं जब दलित-गैरदलित दृष्टि-भेद की चर्चा करता हूँ तो मेरा उद्देश्य ध्रुवीकरण के बजाय इस समस्या को समझने के गैरदलित नजरिए, उसके

आधार और शब्दावली की छानबीन करके दोनों पक्षों के बीच संवाद स्थापित करने की संभावनाएँ और पद्धति की शिनाख्त करने का होता है।

समस्या के दो पहलू

दलितों की समस्या के दो स्रोत हैं : गैरदलितों का दलित-संबंधी चिंतन एवं दलितों का अपना चिंतन। साफ तौर से कहें तो दलित-समस्या का आकलन आज दो अलग-अलग परिप्रेक्ष्यों में किया जा रहा है। गैरदलितों द्वारा किया गया निरूपण, उसकी शब्दावली; और स्वयं दलितों द्वारा दलित-समस्या का निरूपण, उसे व्यक्त करनेवाली शब्दावली और दलितों द्वारा किया गया बृहद समाज का आकलन। ये दो प्रवाह आज समानांतर चल रहे हैं। इन्हें अगर जोड़ा जा सके अथवा एक बृहद (व्यापक) समस्या के दो पहलुओं की तरह परखा जा सके तो शायद समाधान की नयी दिशा स्पष्ट हो सकेगी।

स्वाभाविक है कि गैरदलित-समस्या को अपनी जमीन पर खड़े हो कर देखते हैं। उन्हें इतिहास ने एक विशिष्ट सामाजिक और कर्मकांड-आधारित हैसियत प्रदान की है जिसके आधार आज वैध नहीं रह गये हैं। लेकिन इसी हैसियत की बिना पर उन्हें आधुनिकीकरण और पश्चिमीकरण में अगाऊ भूमिका भी मिली है। यह स्थिति उन्हें दलितों के बारे में एक खास तरह की समझ और शब्दावली रचने की तरफ ले जाती है। वे दलितों को 'अन्य' के रूप में देखते हैं और अपनी दृष्टि को 'वैज्ञानिक' एवं 'निरपेक्ष' मानते हैं।

दूसरों के लिए संवेदनशील होना अथवा उनके लिए अपनेपन का एहसास रखना इस आधुनिकतावादी दृष्टि के तहत अवैज्ञानिक नजरिया माना जाता है। इस प्रवृत्ति के जड़ जमाने के पीछे समाजशास्त्र के प्रचलित विचारधारात्मक आग्रहों की भी उल्लेखनीय भूमिका है। होता यह है कि गैरदलित इरादतन या अनजाने में दलितों को इस कदर वस्तुनिष्ठ नजरिये से देखने लगते हैं कि उनकी निगाह में इस पूरे समुदाय का पदार्थीकरण हो जाता है। नतीजतन दलितों के प्रति उन्हें अपनत्व भाव अपनाने की जरूरत नहीं रह जाती। दूसरी तरफ गैरदलित अपनी समस्या को आत्मगत दृष्टिकोण से देखते हैं जिसमें उनके लिए अपनी भावनाएँ ही प्रधान हो जाती हैं। कर्मकांडीय दृष्टि में जिन्हें 'अंत्यज' अथवा 'इतर वर्ग' माना जाता था, उन्हें आज वैज्ञानिक-निरपेक्ष दृष्टि के तहत 'अनुसूचित जाति' या 'पिछड़े वर्ग' की शब्दावली में परिभाषित करना बेहतर माना जाता है।

इस रवैये के तहत गैरदलित अपने विचार और व्यवहार को मुख्यधारा घोषित कर देते हैं। 'अन्य' अर्थात दलितों की सोच-समझ को उपधारा करार दे दिया जाता है। ऐसा क्यों होता है? या तो इन लोगों की समस्या के समाधान में कोई दिलचस्पी नहीं है या उनकी नीयत में कोई खोट है। दरअसल, उनकी चिंता अपनी पुरानी कर्मकांडीय हैसियत बचाए रखने की उतनी नहीं है, जितनी बेचैनी अपने परंपरा-प्रदत्त रंग-रुतबे का इस्तेमाल करके 'मास सोसायटी' पर कब्जा करने और अपने

उपभोग के अधिकार को बनाए रखने की है। वर्चस्व की इस होड़ में वे चाहते हैं कि 'अन्य' अर्थात दलितों को उनकी सस्ती मजदूरी भी मिलती रहे और आधुनिक समाज में कुछ-कुछ जाति-समाज भी बना रहे ताकि वे अपना 'स्वाभाविक' अग्रिम स्थान बनाए रख सकें और उस अग्रगम्यता के फायदे उठाते रहें। यह कहना मुश्किल ही है कि जातिबंधन से मुक्त होने के दावे के साथ 'जाति पूर्वग्रह नहीं है' की घोषणा करनेवाले गैरदलित प्रगतिशील आज अपने वर्गीय हित के प्रच्छन्न प्रवाह से भी मुक्त है। अगर यह हित सुरक्षित रहे तो वे ऊँची आवाज में दलित-कल्याण की बात करते रह सकते हैं। अपनी अग्रगामिता का एहसास करते रहने के लिए भी वह आवश्यक है।

इस दृष्टि से देखने पर 'शुद्धता' और 'छुआछूत' के दो पुराने छोर आज भी नए सेकुलर रूप में सक्रिय हैं। समाज के भीतर दलितों के समावेशन और पृथक्करण की प्रक्रिया आर्थिक, सामाजिक एवं सांस्कृतिक भेदों के रूप में व्यक्त हो रही है। हमारे समाज में दलितों की सांस्कृतिक भागीदारी पहले तो निषिद्ध थी ही, वह आज भी निषिद्ध है। यह जरूर है कि इस निषेध ने दूसरा रूप ले लिया है। मास सोसाइटी के नए आयाम बने हैं, फिर भी दलित आज के मध्यवर्गीय सांस्कृतिक दायरे से बहिष्कृत हैं। जो कभी जाति-प्रथा के बाहर थे, वे आज के विकसित होते हुए व्यापक मध्यवर्गीय जन-समाज के हाशिये पर हैं। उनमें से कुछ डॉक्टर, वकील, शिक्षक व सरकारी अफसर भले ही बन गये हैं, पर हमारी मध्यवर्गीय संस्कृति में (जो मुख्यत: सवर्ण संस्कृति है) उनकी भागीदारी न के बराबर है। हाँ, हमारी अग्रगामिता की भावना को पुष्ट करनेवाले कुछ दलित नेता-कार्यकर्ता अगर हमारी चौधराहट में चल रहे दलित आंदोलनों में आते हैं तो शायद हमारे मध्यवर्गीय-सवर्ण सांस्कृतिक दायरे में उनका प्रवेश हो सकता है। पर केवल डॉक्टर, वकील-भर बन जाने से उनको सांस्कृतिक भागीदारी का हक अपने-आप नहीं मिलता। अगर हम अपने आधुनिक मध्यवर्गीय सांस्कृतिक संगठनों, संगीत, नाटक, साहित्य, विचारगोष्ठियों या अध्ययन-मंडलों का सर्वेक्षण करें और देखें कि जिन संगठनों के साथ 'दलित कार्यक्रम' नहीं जुड़ा है वहाँ कितने दलित हैं, तो मेरे इस दावे का प्रमाण मिल जाएगा।

आत्मलक्षी या तुलनात्मक?

इस विमर्श का दूसरा महत्त्वपूर्ण पहलू यह देखना है कि गैरदलित बुद्धिजीवियों और सामाजिक कार्यकर्ताओं (जिनमें मैं भी शामिल हूँ) की मौजूदा दलित संबंधी समझ कैसे बनती है। सहजता से समझें तो यह समस्या ऐतिहासिक रूप से गैरदलितों द्वारा संरचित एवं संवर्धित समस्या है। इस तथ्य को समझ कर यदि गैरदलित अपने गिरेबान में झाँक कर देखें तो उनकी समझ में आ जाएगा कि दलित-समस्या बुनियादी तौर पर उन्हीं का उत्पाद है। शायद गाँधीजी ने इस समस्या को ऐसी

आत्मलक्षी दृष्टि से देखने की कोशिश की थी। पर इस नजरिए में एक दोष है। इस इकतरफा आत्मलक्षी रवैए को अपनाने में शायद हम भूल सकते हैं कि दलितों का अपना भी कोई आत्मलक्षी नजरिया हो सकता है। बल्कि ऐसा होना भी चाहिए। यह बात गाँधीजी बहुत देर में समझ सके थे। आंबेडकर के साथ सतत संघर्ष में उलझने के बाद उन्होंने वर्ण-व्यवस्था के बारे में अपने पहले के विचारों में परिवर्तन किया। उन्होंने अंतर्जातीय विवाह की हिमायत की। नतीजतन, दलित-समस्या के प्रति गाँधीजी का नजरिया दलित-गैरदलित की दो आत्मलक्षी दृष्टियों को पहचानने एवं उनमें समन्वय लाने का बन गया।

वास्तव में हम वैज्ञानिक दृष्टिकोण अपनाते हुए भी लगातार इस कोशिश में लगे रहे कि दलित-समस्या की अपनी जिम्मेदारी से कैसे बचे रहें। निरपेक्ष मीमांसक की भूमिका अपना कर हम फौरन भूल गये कि एक सवर्ण की हैसियत से इस समस्या को जन्म देने में एवं उसे टिकाने में परोक्ष रूप से हमारी ही भूमिका रही है। लेकिन उससे संबंधित कोई भी दोष हम अपने पर टिकने नहीं देना चाहते। लगता है कि कथित वस्तुनिष्ठता के जरिये हम अपने ही अपराध-बोध से मुक्त हो जाते हैं। शायद इसी वजह से आत्मलक्षी नजरिए के मुकाबले तुलनात्मक नजरिया हमें इन समस्याओं को समझने के लिए ज्यादा उपयुक्त लगता है। हम दलित-समस्या की कभी दास-प्रथा से तुलना करते हैं, कभी दक्षिण अफ्रीका के रंगभेद से तो कभी अमेरिका के कालों की समस्या के साथ। हम अगर मार्क्सवादी हैं तो दलित और सर्वहारा हमें एक से लगते हैं। अगर हम उदारतावादी हैं तो दलित हमारे लिए अन्य अल्पसंख्यकों की तरह एक राजनीतिक प्रश्न बन कर रह जाते हैं। संक्षेप में दलित-समस्या का हमारा निरूपण उधार की शब्दावली में और हमारी अग्रगामिता को सुरक्षित रखने के संदर्भ में ही होता है। ऐसा तुलनात्मक रवैया हमें वैज्ञानिक एवं निरपेक्ष होने का संतोष भी देता है, साथ-साथ इस समस्या के निर्माण और प्रसार में हमारे हाथ की बात भी ढँकी रहती है। इसीलिए इस समस्या के पीड़ितों की अपनी दृष्टि, उनका आक्रोश एवं बृहद समाज का आकलन हमें आत्मगत और भावुक लगता है। आज के समाज में दलितों की अपनी आकांक्षाएँ एवं डर हमारी आधुनिक 'निरपेक्ष' मीमांसा में कभी व्यक्त नहीं हो पाते। उलटे 'निरपेक्षता' का दावा करने के बावजूद गैरदलितों का डर और दबा हुआ गुस्सा हमारे पृथक्करण और टिप्पणियों में उभर आता है। अगर हम चार-पाँच समकालीन विवादों का जायजा लें और उनमें गैरदलित बौद्धिकों की भूमिका जाँचें तो मेरी बात को समझना आसान हो जाएगा :

गाँधी बनाम आंबेडकर विवाद : गाँधीजी के समय में उनसे त्रस्त और आज उनका जल्द से जल्द विस्मरण करने की इच्छा रखनेवाले सवर्ण आज कुछ दलित नेताओं द्वारा गाँधी-निंदा से इतने उद्विग्न क्यों हो जाते हैं? गाँधी और आंबेडकर के विवाद को हिंदू गाँधी और दलित आंबेडकर के विवाद की तरह देखने के बजाय दो प्रतिमानों के विवाद के रूप में क्यों नहीं देखा जाता?

दलित-धर्मांतरण का प्रश्न : ऐसे कितने अध्ययन हुए हैं जिनसे हमें तथ्यात्मक जानकारी मिल सके कि धर्मांतरित दलित एवं हिंदू दलित में आर्थिक एवं सामाजिक स्थिति, रहन-सहन, सांस्कृतिक भागीदारी, आत्मगौरव की भावना, इत्यादि में क्या अंतर है? ऐसे अध्ययन अगर नहीं हुए तो क्यों नहीं हुए? कहीं हमारी ऐसी मंशा तो नहीं है कि दलितों को हमेशा 'साँप-छछूंदर' जैसी स्थिति में ही रहना चाहिए। वैसे तो हम खुद को धर्म के मुद्दों से परे और सेकुलर मानते हैं पर जब मीनाक्षीपुरम् से ले कर बोधगया तक की घटनाएँ घटती हैं तब मीडिया में एक खास तरह की बेचैनी प्रकट हो जाती है। दलित-समस्या पर हमारे नजरिए के बारे में इससे क्या जानकारी मिलती है? सेकुलर होने की हैसियत से अथवा 'हिंदू' के रूप में धर्मांतरण की समस्या के बारे में हमारा क्या रुख है?

दलितों में जातिभेद : इस विषय पर हम टिप्पणियाँ कुछ इस भाँति करते हैं जैसे कि शेष भारतीय समाज से जातिप्रथा मिट चुकी हो और केवल दलितों में ही बाकी रह गयी हो। ये टिप्पणियाँ कुछ ऐसा जताने की कोशिश करती हैं कि जैसे दलितों में जातिगत विभेदों का गैरदलितों की जातिप्रथा (जिसकी वह उपज है) के साथ कोई संबंध ही न हो। ऐसी टिप्पणियाँ क्यों होती रहती हैं?

दलितों में उभरता हुआ अभिजात वर्ग : यह स्थिति गैरदलितों को सबसे अधिक परेशान करती है। हम एक ऐसी पूर्वधारणा से बात करते हैं कि दलितों में यह वर्ग बनना ही नहीं चाहिए। जैसे ही दलित मध्यवर्ग की रचना में प्रवेश करने लगते हैं, वैसे ही हमारी यह चिंता बढ़ने लगती है। हम आगे बढ़े हुए दलितों को अपने समुदाय के पीछे रह गये हिस्से के लिए काम करने की कसौटी पर कसने लगते हैं। ज्यादा से ज्यादा दलित मध्यवर्ग के दायरे में प्रवेश करें, ऐसा सोचने के बजाय हम चाहने लगते हैं कि उन्हें अपने दायरे में ही सिमट कर रहना चाहिए। दलित पढ़ा-लिखा हो तो उसे दलित-आंदोलन और दलितों की समस्या के बारे में ही बात और चिंता करते रहना चाहिए। वह अगर पर्यावरण के प्रश्न में अथवा निशस्त्रीकरण के प्रश्न में रुचि दिखाए तो हमें आश्चर्य होने लगता है। सवाल यह है कि हम गैरदलित दलितों को केवल दलितों और उनकी समस्याओं तक ही सीमित क्यों रखना चाहते हैं?

दलित आक्रोश को प्रकट करनेवाले आंदोलनों और राजनीति के बारे में गैरदलितों का प्रतिभाव : यह संभव है कि आक्रोश का राजनीतिकरण दलितों के लिए लंबे अरसे तक नुकसानदेह सिद्ध हो पर हम निरपेक्षता का दावा करनेवाले क्या कभी ऐसा सोचते हैं कि इस आक्रोश के पीछे हमारे बिछाए हुए जाल में फँसे लोगों की तड़पड़ाहट भी हो सकती है? इस जाल को तोड़ने और नष्ट करने के लिए कौन-से ठोस कदम हमने सोचे हैं? दलितों पर होनेवाले अत्याचारों के कितने मामलों का निपटारा हुआ है? कितने दोषियों को सजा मिली है, अत्याचार की इन घटनाओं का कारण क्या था और उनके दोषियों को बच निकलने का मौका कैसे मिला? ऐसे अध्ययन हमने कितने किए हैं?

ध्यान रहे गाँधी को दलित बनने और उसके साथ एकरूप होने में काफी हद तक कामयाबी मिली थी और इस लिहाज से वे गैरदलित नहीं माने जा सकते। अपना मैला साफ करने से ले कर अगले जन्म में हरिजन महिला के रूप में पैदा होने की उनकी इच्छा इसका एक प्रमाण है। लेकिन गाँधी की यह अनूठी सफलता किसी व्यापक राजनीति को जन्म नहीं दे पायी। एकरूपीकरण के इस प्रयोग की राजनीतिक सीमाएँ उनके बाद साफ होने लगीं। हरिजनोद्धार के लिए प्रतिबद्ध गाँधीवादी संस्थाओं पर द्विज नेतृत्व हावी रहा और कोई दलित नेतृत्व नहीं उभर सका। इससे स्पष्ट होता है कि गैरदलित दलितों की पीड़ा और समस्या को समझ तो सकते हैं पर एक सीमा के बाद अपनी समझ विकसित करने के लिए उन्हें दलित बनने की जरूरत पड़ती है। इसी जगह उनके लिए आंबेडकर और दलित आंदोलन का महत्त्व उभरता है। इसीलिए गैरदलित बेहतर से बेहतर इरादा रखते हुए भी उन मुद्दों और प्रश्नों को नहीं उठा सकते जिन्हें दलित नेतृत्व स्वाभाविक रूप से उठा देता है। इसी जगह एक सतर्कता बरतना जरूरी है। 'अन्य' के वस्तुकरण और खुद के आत्मगत होने की यह प्रक्रिया दलितों के साथ भी चलती है। सिर्फ अपनी भावनाओं को तरजीह देते हुए दलित भी गैरदलितों का दृष्टिकोण समझने से इंकार कर देते हैं। कुछ ऐसा लगता है कि वे उत्पीड़ित होने के बाद भी उत्पीड़ित की श्रेणी से नहीं निकलना चाहते और उत्पीड़ित की आत्मगत स्थिति में बने रहना ही उनका मनोवैज्ञानिक और कभी-कभी भौतिक स्वार्थ बन जाता है। यही है वह तर्क जिसके आधार पर मैं आत्मलक्षीकरण और वस्तुकरण की पद्धतियों की आलोचना और दलित-गैरदलित पक्षों के बीच रागात्मक संवाद की आवश्यकता महसूस करता हूँ।

संक्षेप में इस समय स्थिति यह है कि दलित-समस्या के विश्लेषण की अपेक्षा गैरदलितों के 'डर' और उनके लिए 'अन्यत्व बोध' को ही अभिव्यक्ति मिल रही है। समस्या को कहीं तो वस्तुकरण की शब्दावली में पेश किया जा रहा है या कहीं दलित और गैरदलितों के अलग-अलग आत्मसंवादों का कोलाहल हो रहा है। अगर उचित आख्यान-मीमांसा की जाए तो दिख जायेगा कि समस्या के निरूपण और समाधान के दो अलग-अलग आधारों और शब्दावलियों का निर्माण किया जा रहा है जबकि आवश्यकता है समस्या के परस्पर और परिपक्व आत्मलक्षीकरण की और आत्मलक्षी नजरियों के आपसी समन्वय की। इन अन्योन्यक्रिया में दलितों की क्या भूमिका होगी, यह दलितों को स्वयं तय करना होगा। पर गैरदलितों को दलित आक्रोश से निकलते यातना के स्वरों अथवा उनकी राजनीति से उपजी आशा, आकांक्षा एवं डर की अभिव्यक्ति को दिल और कान खोल कर सुनना होगा।

गैरदलितों के बीच अपने अनुकूल निरूपण एवं समाधान खोजने की प्रवृत्ति कब से जारी है, पर अब ज्यादा देर नहीं चल सकती। हम मंच की शोभा बढ़ाने और नीचे बैठे हुए लोगों को अपनी बात सुनाने के आदी हो गये हैं। जब ये लोग खड़े हो कर अपनी बात कहते हैं तब हमें 'व्यवस्था का प्रश्न' सूझने लगता है। संक्षेप में, हमने सुनना तो कब से बंद कर दिया है। शायद हमारी श्रवण इंद्रिय बेकार

हो गयी है। हमारे समाधान दलितों को या तो यथास्थिति में रखने का बौद्धिक व्यायाम जैसे लगते हैं अथवा हमारे सुझावों को वे कुछ ज्यादा ही उग्र समझ लेते हैं। जब हमारे सुझाव का स्वागत दलितों द्वारा नहीं होता या तत्काल स्वीकार करने के बाद वे उन्हें छोड़ देते हैं तब हम क्रोध और निराशा में हाथ झाड़ कर अलग हो जाते हैं। हम कहते हैं कि हमारी अब कोई जिम्मेदारी नहीं है, क्योंकि वे तो हमारे सुझाव और उपायों को अपना ही नहीं रहे हैं। इससे दलितों-गैरदलितों के बीच का अंतर घटने के बजाय बढ़ता है। वैसे यह परिस्थिति केवल दलित-गैरदलित के बीच की ही नहीं है। मंच पर बैठे सुनने से अधिक सुनाने के आदी दलित नेताओं और आम दलितों के बीच भी यही परिस्थिति है। बधिरता चारों ओर जम-सी गयी है। सभी को कुछ कहना है, पर जो कहा जाता है उसे सुनने की किसी को फुरसत नहीं है। समस्या का उचित निरूपण और उसे हल करने के प्रभावशाली उपाय एक-दूसरे को सुने बगैर संभव नहीं है। सुनेंगे तो समझ में आएगा कि समस्याएँ बदल चुकी हैं और पुराने उपायों ने ही आज समस्या का रूप धारण कर लिया है।

हिंदू-अछूत, हरिजन या दलित?

व्यापक हिंदू समाज के साथ दलित कहाँ तक जुड़े हुए हैं और कहाँ तक अलग हैं? क्या उन्होंने नयी जुझारू अस्मिता हासिल करने की प्रक्रिया में अपनी पुरानी परंपरा-प्रदत्त अस्मिता से मुक्ति प्राप्त कर ली है? क्या उनके बीच अस्मिताओं का सहअस्तित्व दलित समाज के आंतरिक विभेदों और आधुनिक रूपों की तरफ ध्यान नहीं खींचता। धर्मांतरण का रास्ता अपनाने अर्थात गैरहिंदू अस्मिता स्वीकार कर लेने के बावजूद दलित समुदायों के भीतर समता और एकजुटता के नये संबंधों और भावनाओं का जन्म नहीं हुआ है। अश्वेत आंदोलन की तर्ज पर दलितों ने प्रति-विचारधारा के सूत्रों को भी अपनाया है जिसकी अभिव्यक्ति अधिकांशत: दलित साहित्य और दलित पेंथर आंदोलन में हुई है। अछूतों के लिए दलित होना नयी अस्मिता का प्रमाण जरूर है लेकिन उन्होंने अभी तक अपनी पुरानी परंपरागत अस्मिता पूरी तरह छोड़ी नहीं है। वे दोनों अस्मिताओं के सहअस्तित्व में जीवित हैं।

अस्मिताओं का सहअस्तित्व

घनश्याम शाह

देश-भर में किसी एकीकृत दलित आंदोलन का वजूद न तो कभी था और न ही आज है। कई किस्म के दलित आंदोलन तरह-तरह के दलित संबंधी मुद्दे उठाते हुए नाना प्रकार की विचारधाराओं के आधार पर गोलबंद होते रहते हैं। लेकिन इन सभी प्रयासों में एक बात समान है। विचारधारा और मुद्दे अलग-अलग होने के बावजूद सभी आंदोलन एक दलित पहचान अथवा अस्मिता का दावा जरूर करते हैं, हालाँकि इस पहचान का स्वरूप सभी के लिए एक जैसा और सुपरिभाषित नहीं है। किसी भी समुदाय की पहचान उसकी अपनी ही निगाह में उसके महत्त्व और उसकी आत्म-छवि से निकलती है। इस आत्म-छवि में यथार्थ भी हो सकता है और कल्पना भी। जब कोई समुदाय अपने अस्तित्व और भूमिका को समझने की समस्याओं से जूझता हुआ अपने-आपसे सवाल करता है कि 'हम कौन हैं और दूसरे समुदायों के मुकाबले हमारी समाज में क्या हैसियत है' या 'हम किस तरह दूसरों से संबंधित हैं' तो उसकी पहचान बनने की प्रक्रिया शुरू होती है। बहरहाल

दलित आंदोलनों की प्रकृति और पहचान के मायनों के बारे में मतभेदों के बावजूद सभी तरह के दलित आंदोलन अपने लिए समतामूलक, आत्मसम्मानयुक्त और छुआछूत रहित समाज बनाने के लिए प्रतिबद्ध होते हैं।

दलित का तात्पर्य

दलित मराठी, गुजराती, हिंदी और अन्य भारतीय भाषाओं का एक प्रचलित शब्द है जिसका अर्थ है गरीब और उत्पीड़ित। लेकिन सामाजिक, साहित्यिक और राजनीतिक संदर्भों में दलित शब्द को एक भिन्न सांस्कृतिक अर्थ मिल जाता है। आंदोलन और साहित्य के साथ दलित शब्द जोड़ने से फौरन एक भिन्न समझ का संप्रेषण होता है। इस विशिष्ट संदर्भ में सबसे पहले इस शब्द का इस्तेमाल सत्तर के दशक की शुरुआत में बाबासाहेब आंबेडकर के नवबौद्ध अनुयायियों ने किया था। इस दलित शब्द में अंतर्निहित था कि :

> जिसे तोड़ दिया गया है और जिसे उसके सामाजिक दर्जे से ऊपर बैठे लोगों ने जान-बूझ कर नियोजित रूप से कुचल डाला है। इस शब्द में छुआछूत, कर्म सिद्धांत और जातिगत श्रेणीक्रम का नकार निहित है।[1]

दलित शब्द की लोकप्रियता का इतिहास बीस साल पुराना है। शुरू से ही यह आंदोलन पूर्व-अछूतों में सीमित रहा है। अपने-आपको हरिजन कहने से गुरेज न करनेवाले लोग खुद को दलित कहना भी पसंद करते हैं लेकिन दूसरी तरफ यह भी सच है कि सभी अछूत खुद को हरिजन कहलाना पसंद नहीं करते।

कानून और संविधान की भाषा में पूर्व-अछूतों को अनुसूचित जातियों का दर्जा मिला हुआ है। लेकिन संविधान की इस अनुसूची में दर्ज जातियों में वे दलित शामिल नहीं हैं जो धर्म-परिवर्तन करके मुसलमान या ईसाई बन गये हैं। अतीत में इन जातियों को चातुर्वर्ण्य पर आधारित समाज-व्यवस्था के बाहर स्थित अति-शूद्र या अवर्ण या अछूत कहा जाता था। समझा जाता था कि उनका स्पर्श मात्र और कभी-कभी तो उनकी छाया और आवाज तक ऊँची जाति के हिंदुओं को अपवित्र कर सकती है। कानूनी रूप से यह पंचम वर्ण अब अछूत नहीं है लेकिन व्यावहारिक रूप से उसे छुआछूत और जाति-आधारित पक्षपात का सामना करना पड़ता है।

भारत की आबादी में करीब १६ फीसद अनुसूचित जातियाँ हैं और उनमें से करीब ३६ फीसद श्रमिक हैं जिनका ४८ फीसद हिस्सा खेतिहर मजदूरी करता है। भूमि के मालिकाने के हिसाब से करीब सत्तर फीसद दलित छोटे और सीमांत किसान हैं जिन्हें अपनी गुजर-बसर के लिए दूसरों के यहाँ भी काम करना पड़ता है। अनुसूचित जातियों का बहुत छोटा-सा करीब पाँच फीसद हिस्सा बड़े और धनी किसानों की श्रेणी में माना जा सकता है। श्रमिक और खेत मजदूरों के रूप में काम करनेवाले बहुत से दलित अतीत की जजमानी प्रथा से निकले खाल उतारने और मैला ढोने जैसे पारंपरिक जातिगत पेशों से बँधे हुए नहीं हैं। अनुसूचित जातियाँ किन्हीं खास जिलों और इलाकों में केंद्रित न हो कर सारे देश में बिखरी हुई हैं।

शहरों में कुछ छोटे-छोटे हिस्से उनकी आबादी के जरूर होते हैं। दलित समाज अपने अंदर भी कई जातिगत विभाजनों का शिकार है। दलितों का अपना आंतरिक श्रेणीक्रम, आर्थिक खुशहाली के आधार पर होनेवाला विभेद और बिखरी हुई आबादी भी विभिन्न दलित आंदोलनों की ताकत और कमजोरी को प्रभावित करती है।

प्रमुख विचारधारा और भक्त की अस्मिता

देश के विभिन्न भागों में स्थानीय और क्षेत्रीय स्तर पर चले कल और आज के प्रमुख दलित आंदोलन कमोबेश जाति-प्रथा के विचारधारात्मक दायरे में ही सक्रिय रहे हैं। इन आंदोलनों ने बड़े पैमाने पर दलितों को सामूहिक कार्रवाई के लिए गोलबंद करने में कामयाबी हासिल की है। प्रचलित संस्कृति और उसके परिवेश के साथ-साथ ठहरे हुए आर्थिक विकास से उपजी परिस्थितियों ने भी दलितों के आंदोलन के लिए जमीन तैयार करने में अपनी भूमिका निभायी है।

सांस्कृतिक सहमति

समाज-विज्ञानियों के एक प्रभावशाली हिस्से की मान्यता है कि श्रेणीक्रम के शीर्ष पर ब्राह्मणों और सबसे नीचे अति-शूद्र जातियों के होने के बावजूद ये तमाम जातियाँ एक-दूसरे से पृथक और स्वतंत्र नहीं हैं। सिद्धांत की दुनिया में ये सभी जातियाँ एक समान विश्व-दृष्टि की हामी हैं। शीर्ष से तले तक इनमें एक तरह की सांस्कृतिक 'सहमति' रहती है। अछूत भी पवित्रता-अपवित्रता के सिद्धांतों में सहभागी समझे जाने चाहिए, हालाँकि द्विजों के मुकाबले उनमें ये तत्त्व कुछ अलग तरीके से विद्यमान रहते हैं। ब्राह्मणों और अन्य हिंदुओं की तरह उनके भी देवता और ग्राम-देवता होते हैं। इसी संबंध में मिशेल मोफाँ की दलील दृष्टव्य है :

> जाति-प्रथा में अपनी निचली हैसियत के परिणामस्वरूप अछूतों को अनिवार्यतः एकदम भिन्न सामाजिक और सांस्कृतिक स्वरूप का नहीं मान लेना चाहिए। उनकी कोई पृथक उपसंस्कृति नहीं होती। उनमें व्यवस्था को सही ठहरानेवाले आधारभूत तर्क के प्रति परायेपन की अनुभूति नहीं होती। अछूत सघन विन्यासवाली उस संस्कृति के धारक ही नहीं वरन् उसके साथ अंतःक्रिया में संलग्न भी होते हैं जिसकी बुनियादी परिभाषाएँ और मूल्यवत्ता भारतीय ग्रामीण संस्कृति के कहीं अधिक वैश्विक रूप जैसी ही होती हैं। जाति श्रेणीक्रम के 'तले से उपजनेवाले विचार' उन्हीं सिद्धांतों और मूल्यांकनों पर आधारित होते हैं जो 'मध्य' अथवा 'शीर्ष से उपजनेवाले विचारों' की बुनियाद में होते हैं। भारतीय अछूतों का सांस्कृतिक विन्यास समाज-व्यवस्था के प्रधान पहलुओं पर साफ तौर पर सवाल उठाने या उनके पुनर्मूल्यांकन करने में दिलचस्पी नहीं रखता। वह तो स्वयं अछूतों के बीच इस विराट व्यवस्था के लघु रूप की निरंतर रचना करता रहता है।[२]

इस सांस्कृतिक सहमति को सिर्फ एक विचारधारात्मक निर्मिति ही नहीं मान

लेना चाहिए। कई देशों के इतिहास में इस प्रकार की सहमति की जड़ें मिलती हैं और उनका भौतिक आधार प्राक्-पूँजीवादी खेतिहर अर्थव्यवस्था में मिलता है। पारंपरिक ग्रामीण समाज में दलित केवल जमींदार के खेत में काम करनेवाला खेत मजदूर ही नहीं होता बल्कि वह अपनी जाति के सदस्य के रूप में पूरे ग्राम समुदाय की सेवा कर रहा होता है। बदले में उसे खाद्य पदार्थों और अन्य वस्तुओं के रूप में मेहनताना मिलता है। उसकी पहली भूमिका अपना जीवन चलाने के लिए जरूरी है और दूसरी भूमिका के जरिये वह अपना धर्म निभाता है। दोनों ही भूमिकाएँ गाँव की सामाजिक संरचना से उद्भूत होती हैं और उन पर प्रभुत्वशाली भूमिधर जातियों की निगरानी और नियंत्रण रहता है। धार्मिक कर्मकांड दलित की अधीनस्थ स्थिति की पुष्टि करते हैं और व्यवस्था को उन्हीं से मान्यता मिलती है। लेकिन यह भी एक तथ्य है कि इस तरह के संरचनागत विन्यास, सांस्कृतिक सहमति और कर्मकांडों के जरिये वैचारिक पट्टी पढ़ाये जाने के बावजूद दलित अपने ऊपर हावी वर्गों के खिलाफ जब-तब विद्रोह का झंडा बुलंद करते रहे हैं। आर्थिक शोषण के खिलाफ उनके संघर्षों पर अभी तक अनुसंधान नहीं किया गया है। जो भी अध्ययन हुए हैं उनमें वैचारिक मुद्दों पर ही रोशनी डाली गयी है। इस विचार के मुताबिक दलितों का मुख्य विद्रोह उनके पूजा करने पर लगी धार्मिक पाबंदियों के खिलाफ रहा है।

भक्ति आंदोलन

दसवीं से तेरहवीं सदी के बीच पूरे भारतीय उपमहाद्वीप में भक्ति आंदोलन के प्रसार से हिंदू धर्म को बड़ा बल मिला। उत्तर में रामानंद और रैदास, पूर्व में चैतन्य और चंडीदास, पश्चिम में चोखामेला, तुकाराम और नरसिंह मेहता और दक्षिण में निंबारका और बसव इस आंदोलन के प्रमुख हस्ताक्षर थे। ये संत द्विज जातियों से भी आये थे और दलित जातियों से भी। इन सभी ने जातिगत भेदभाव का विरोध करते हुए ईश्वर की निगाह में सभी के समान होने का दावा किया। इन संतों द्वारा रचे गये भजनों ने निचली जातियों और अछूतों को मोक्ष का भक्ति-मार्ग दिखाया। यह माना गया कि जाति-प्रथा में अपनी गिरी हुई हैसियत और खराब आर्थिक हालत के कारण गैरद्विज जातियों में विनम्रता और त्याग के वे गुण स्वाभाविक रूप से विद्यमान होंगे जो भक्ति मार्ग के लिए आवश्यक होते हैं। यह आंदोलन शूद्रों और अति-शूद्रों के बीच लोकप्रिय होता चला गया। चौदहवीं सदी में महाराष्ट्र के दलित भक्त चोखामेला ने अपनी दमित हैसियत को हाथों की रेखाओं के रूप में देखा। चोखामेला ने कभी तो इसके खिलाफ विद्रोह किया और कभी कर्मों के परिणाम के रूप में स्वीकार किया :

जीवन अगर यही देना था—
देने की क्या थी जरूरत भला?
जनम दिया कि बला टाली; निठुरता दिखा दी!
कहाँ चल दिये थे जनम की घड़ी?

किस बैरी की सुध तुम्हें खींच कर ले गयी थी?
चोखा की विनय सुनो केशव, जाने मत दो।

एक और भजन में चोखामेला अपने अछूत होने को पिछले जन्म का फल बताते हैं :

उस एक नाम की निर्मल चोखामेला को है लगन लगी।
मैं तो महार, कहाँ मेरी कोई है जात?
पिछले जनम के करम होंगे जो
नील की तरह जनमा महार—
नील जिसने कृष्ण से
पिछले जनम में कभी
बेअदबी की थी?

(जिलियट के अंग्रेजी अनुवाद से हिंदी रूपांतरण)

अंग्रेजों का प्रभाव और बदलाव

लेकिन सभी दलित कर्म-सिद्धांत से सहमत नहीं हैं।[३] अंग्रेजों के जमाने में हुए आर्थिक-राजनीतिक परिवर्तनों और उदारतावादी मूल्यों के प्रसार से कर्म-सिद्धांत की जकड़ और ढीली हुई। दलितों ने ऊँची जातियों के प्राधिकार पर सवाल उठाने शुरू कर दिये। उनके संघर्ष और प्रतिरोध में बढ़ोतरी हुई। मलयालम का एक लोकगीत ऊँची जाति की ताबेदारी मानने से इंकार करनेवाले उस अछूत की कहानी कहता है जिसने सवाल उठाया था कि ऊँची जाति में पैदा होने-भर से किसी को रास्ते पर चलने का अधिकार कैसे मिल जाता है :

> अछूत पोट्टन को देख कर ऊँची जाति का चोवर चिल्लाया, 'ए पुलया (अछूत के लिए संबोधन), रास्ते से हट!' पोट्टन ने जवाब दिया : मेरी गोद में बच्चा है ... मेरे एक तरफ काँटेदार झाड़ी है और दूसरी तरफ जंगल। कैसे रास्ता छोड़ूँ? भले ही तुम हाथी पर सवार हो और हम भैंसे पर, लेकिन इस कारण जाति और जन्म का झगड़ा करने की क्या तुक है? तुम्हारे गले में कमलों की माला है तो हमारे गले में भी फूलों का हार है। तुम भी तो चावल पकाते हो? वही न जो हम भी उबालते हैं? फिर जाति और धर्म पर यह कैसा विवाद? हमारा दिया नारियल ही तो तुम तोड़ते हो? क्या उसमें से पानी नहीं निकलता? तुम्हारा चाकू तेज है तो हमारा भी तेज है। तुम्हारे घाव से भी खून ही तो निकलता है? फिर जाति और जन्म पर कैसा झगड़ा? हमारे पिछवाड़े उगे पेड़ों पर उगे फलों को ही तो तुम अपने देवता पर चढ़ाते हो, हमारे दरवाजे पर उगी तुलसियों से ही तो तुम पूजा करते हो। हे चोवर, फिर ये भेदभाव और पक्षपात क्यों? ... अगर दूर के किनारे से एक नाव आती है तो इस किनारे से एक नाव जाती है। उसी नाव में तुम जाते हो और उसी नाव में हम जाते हैं। ... भवसागर को पार करके उस छोर पर हम परम आनंद के सृष्टा में लीन हो जाते हैं ...। (अब्राहम द्वारा उद्धृत)

महाराष्ट्र के दलित कवि किसन फागू बनसोड की मार्मिक प्रार्थना दृष्टव्य है :

प्रभुजी, बना देना चिरई चुनमुन, जनावर
बनाना नहीं फिर महार

बनसोड अपनी एक अन्य कविता 'संघर्ष बिना मुक्ति नहीं' में अछूतों से अपील करते हैं कि वे सामाजिक समानता के लिए सतत संघर्ष चलायें।[४] दूसरी तरफ आर्य समाज के नव-वेदांत, कुछ अन्य हिंदू सुधारकों और गाँधी ने भी अछूतों को प्रभावित किया। इन लोगों ने आश्वासन दिया कि अछूत होने के कलंक से मुक्त हो कर भी दलित अपनी परंपरागत हिंदू पहचान कायम रख सकते हैं और चमार, वणकर या मलिग्गा बने रह सकते हैं। कुछ नयी व्याख्याओं के जरिये छुआछूत की समस्या को जातिवाद से अलग करके दिखाया गया। इन लोगों ने दावा किया कि छुआछूत हिंदू धर्म का अनिवार्य अंग नहीं है और इस प्रकार उसका जातिवाद से कोई ताल्लुक नहीं है। कहा गया कि छुआछूत तो हिंदू धर्म की मूल भावना के उल्लंघन का परिणाम है। आर्य समाज के संस्थापक दयानंद सरस्वती ने दलील दी कि जाति-प्रथा तो एक राजनीतिक संस्था थी जिसके नियम 'प्राकृतिक अथवा धार्मिक रूप से विशिष्ट न हो कर पूरे समाज के समान हित के लिए' बनाये गये थे। गाँधी ने दावा किया कि वर्णाश्रम धर्म का उद्देश्य तो आत्मविकास और सामाजिक समरसता की रक्षा करना था। उन्होंने छुआछूत की बुराई पर लगातार प्रहार किये और स्वयं एक दलित लड़की को अपनी बेटी के रूप में गोद ले लिया। उन्होंने अछूतों के साथ रहने का निर्णय लिया ताकि उनके साथ एकाकार हो सकें। उन्होंने प्रतीकात्मक रूप से अछूतों को हरिजन के नाम से बुलाया और हरिजन सेवक संघ की स्थापना करके अस्पृश्यता के उन्मूलन का कार्यक्रम चलाया। गाँधी ने अछूतों की आर्थिक स्थिति सुधारने की कोशिश भी की।

गाँधी के रवैये और गतिविधियों का अछूतों के ऊपर गहरा प्रभाव पड़ा। उनके बीच में हरिजन संबोधन चल निकला और अछूतों की नयी पहचान बन गया। जब डॉ. आंबेडकर ने धर्मांतरण की पेशकश की तो उनकी अपील ने अछूतों के एक बड़े हिस्से को आकर्षित नहीं किया। इसकी वजह यह नहीं थी कि वे हिंदू धर्म के कर्म सिद्धांत से बँधे हुए थे और अपनी हालत में सुधार नहीं चाहते थे। दरअसल, वे धर्मांतरण के कारण अपनी जड़ों को छोड़ने के लिए तैयार नहीं थे। आंबेडकर के आह्वान के जवाब में गुजरात के एक हरिजन नेता ने अपने जाति भाइयों से यह अपील की थी :

> तुम हिंदू हो। तुम्हारे पूर्वज हिंदू थे। तुम्हें यह साफ समझ लेना चाहिए कि दूसरा धर्म अपना कर भी तुम हिंदू ही रहोगे। तुम्हें ध्यान रखना चाहिए कि सभी हिंदू कट्टरपंथी नहीं होते हैं। महर्षि दयानंद, राजा राममोहन राय, रामकृष्ण परमहंस, श्रीमंत महाराज सैयाजी राव, महात्मा गाँधी, लाला लाजपत राय, स्वामी श्रद्धानंद, पंडित मालवीय और ऐसे ही कई लोग हिंदू ही थे जिन्होंने अछूतों की हालत सुधारने में दिलचस्पी दिखाई ... बहरहाल, हिंदू धर्म के प्रति तुम्हारा असंतोष समझा जा सकता है लेकिन क्या हिंदू धर्म छोड़ने के लिए यह कारण काफी है? क्या हम हिंदू धर्म को धारण करने का अपने पूर्वजों का अधिकार छोड़ देंगे? हिंदू धर्म पर तुम्हारा भी उतना ही अधिकार है जितना सवर्णों का है ... अपने पूर्वजों

की उस विरासत को छोड़ देना कायरता होगी जिसे उन्होंने संकट में भी कायम रखा था। इस धरती पर ऐसी कोई जगह नहीं है जहाँ कायरों को खुशी और शांति नसीब हो सके? इसलिए तुम्हें अपना धर्म छोड़ने का विचार त्याग देना चाहिए। तुम्हें अपने धर्म का मर्म समझने की कोशिश करनी चाहिए ...

आंबेडकर के एक सहयोगी भीमसेन करडक ने भी इन्हीं आधारों पर धर्मांतरण के खिलाफ दलील दी :

> ... हालाँकि मैं खुद को आंबेडकर का अनुयायी समझता हूँ लेकिन मुझे स्वीकार करना चाहिए कि मैं उनकी धर्मांतरण की अपील से सहमत नहीं हूँ। देखो, हमारे पितामह और पूर्वज हिंदुओं की तरह ही जिये और मरे, लेकिन उन्होंने धर्म कभी नहीं छोड़ा। अपने पूर्वजों के धर्म को छोड़ कर किसी विजातीय धर्म को अपनाने की क्या तुक है? हिंदू बने रहने और समता के लिए संघर्ष चलाते रहने में क्या गलत है? कल न सही, एक न एक दिन हमें हमारे अधिकार मिल कर रहेंगे ... हमें अपना सामाजिक आंदोलन चलाते रहना चाहिए और ऊँची जाति के हिंदुओं के साथ मिल कर अपने मानवाधिकारों के लिए संघर्ष करते रहना चाहिए।[५]

दलितों में विभेद

आजादी के आंदोलन और आजादी मिलने के बाद हिंदू धर्म और भारतीय राष्ट्रवाद एक-दूसरे में इस कदर घुल-मिल गये थे कि उन्हें एक-दूसरे का पर्याय समझा जाने लगा था। गैरहिंदुओं को विदेशी समझ कर संदेह की दृष्टि से देखा जाता था। यह एक उल्लेखनीय तथ्य है कि आंबेडकर ने भी बुद्ध धर्म को एक 'स्वदेशी धर्म' होने के नाते ही प्राथमिकता दी थी। भारतीय संविधान ने भी अस्पृश्यता को एक हिंदू परिघटना मान कर सिखों के अलावा गैरहिंदू अछूतों को आरक्षण के लाभों से वंचित रखा था। बाद में जून १९९० में नवबौद्धों के लिए आरक्षण का प्रावधान किया गया। जाहिर है कि संविधान-प्रदत्त सुविधाओं का लाभ लेने के लिए पूर्व-अछूतों का हिंदू बने रहना जरूरी है। द्विजों के वर्चस्ववाले राजनीतिक दलों ने अनुसूचित जातियों की भर्ती के लिए हरिजन प्रकोष्ठ बनाये हैं। वे चुनावी राजनीति के लिए अनुसूचित जाति के नेताओं को अपनी ओर आकर्षित करने का यत्न करते हैं। कुल मिला कर हालत यह है कि पार्टियाँ, सरकार और हिंदू प्रभुत्ववाली सेकुलर संस्थाएँ केवल जुबानी जमा-खर्च में ही दलितों का खयाल रखते हैं।

दलितों के बीच ऐसे कई सम्प्रदाय सक्रिय हैं जो भक्ति का प्रचार करते हैं। मैत्री का संदेश देनेवाले इनमें से कई सम्प्रदायों की शुरुआत हिंदू धर्म के दायरे के बाहर हुई थी लेकिन इनके पास आस्था के हिंदुओं से पृथक आधार नहीं हैं। इस सिलसिले में मध्य प्रदेश के छत्तीसगढ़ क्षेत्र के सतनामियों का उदाहरण दिया जा सकता है। लॉरेंस बैब के अनुसार :

> ... सतनामी धार्मिक जीवन का सार छत्तीसगढ़ के ग्रामीणों के बीच प्रचलित हिंदू धर्म की ग्रामीण किस्म के अलावा कुछ नहीं है। यहाँ तक कि अधिकतर सतनामी हिंदू देवी-देवताओं की ही पूजा करते हैं। सतनामियों और उस इलाके की अन्य जातियों में अंतर यह है कि सतनामी अपने संगठन के संकीर्ण दायरे में ही हिंदू

धर्म की एक भिन्न आचरण-पद्धति का पालन करते हैं। उनके अपने पुरोहित, अपने पवित्र स्थल और अपने प्रमुख त्योहारों का अलग कैलेंडर होता है। ये बातें उन्हें अपने हिंदू पड़ोसियों से अलग कर देती हैं। इस भिन्नता को प्रतीक के रूप में दर्शानेवाला सफेद झंडा हर सतनामी बस्ती में प्रमुखता से फहराता हुआ देखा जा सकता है। ऐसे तरीकों से सतनामी अपनी अलग पहचान हासिल करते हैं और यह पहचान स्थानीय सीमाओं से परे चली जाती है। सतनामी एक 'जाति' भी हैं और एक क्षेत्रीय धार्मिक समुदाय के रूप में उनकी पहचान भी है।[६]

सतनामी जाति श्रेणीक्रम के शीर्ष पर स्थान पाने का दावा करते हैं लेकिन उनके अलावा बाकी सभी उन्हें सबसे नीचे मानते हैं। ऊँची जातियों के प्रभुत्ववाले गाँवों में उन्हें अभी भी भेदभाव का सामना करना पड़ता है।

नये आर्थिक अवसरों की उपलब्धि के कारण भी अनुसूचित जातियों के बीच आंतरिक विभेद बढ़े हैं। लेकिन इस तरह के उदाहरण सीमित और विरल ही हैं। गाँव की जजमानी प्रथा के तहत आनेवाली जिन जातियों ने अंग्रेजों के जमाने में अपनी आर्थिक हैसियत बेहतर कर ली थी उन्होंने जाति-क्रम में बेहतर दर्जा पाने के लिए आंदोलनों की शुरुआत की। इन जातियों ने अपने कर्मकांडों और जीवन-शैली में बदलाव किया। तमिलनाडु के नाडर और केरल के एडवा अपने दर्जे को सुधारने में कामयाब रहे। लेकिन आगरा के जाटवों को यह सफलता नहीं मिली। इस समुदाय ने माँग की थी कि उन्हें बाकी अनुसूचित जातियों से अलग जाति के रूप में मान्यता दी जानी चाहिए। अनुसूचित जातियों के कई शिक्षित सफेदपोश नौकरियाँ करनेवाले कर्मचारी अपनी जाति छिपाने की कोशिश करते देखे जा सकते हैं। वे अपने निजी और वंश-नामों को बदल कर अपने ऊँची जाति के सहकर्मियों की जीवन-शैली अपना लेते हैं। लेकिन उनकी यह कोशिश ज्यादा टिकती नहीं क्योंकि उन पर अनुसूचित जाति का स्थायी ठप्पा लग चुका होता है। कर्मचारी के तौर पर उनकी शिकायतों पर उनकी ट्रेड यूनियनें भी ध्यान नहीं देतीं क्योंकि इन संगठनों पर भी ऊँची जातियों का वर्चस्व होता है। यही वजह है कि अपनी दलित पहचान को और मजबूत करते हुए उन्हें अलग यूनियनें बनानी पड़ती हैं जिनके जरिये उन्हें एक मध्यवर्गीय अस्मिता का विकास करने का मौका मिलता है। वे आरक्षण के लाभों को बचाने के लिए सामूहिक संघर्ष में उतरते हैं और अपने गुस्से और आकांक्षाओं की अभिव्यक्ति के लिए आवेशपूर्ण कविताओं, कहानियों और उपन्यासों की रचना करते हैं। वे मंदिर-प्रवेश के लिए और हरिजनों से होनेवाले भेदभाव के खिलाफ आंदोलन करते हैं। किसी भी हरिजन के लिए गरीबी मुख्य समस्या होती है। उसे लगता है कि उसका शिक्षित और सरकारी रोजगारशुदा रिश्तेदार दूसरी जाति वालों के साथ एक ही छत के नीचे काम करता है और उसे अपेक्षाकृत कम अवमानना का सामना करना पड़ता है। गाँव के एक हरिजन ने मुझे बताया कि 'अगर आमदनी, शिक्षा, घर और हैसियत ठीक है तो जाति और धर्म का महत्त्व घट जाता है।' इस तरह की मान्यतावाले हरिजन प्रकृति से जुझारू होते हैं। वे गरीबों के लिए ज्यादा से ज्यादा कल्याणकारी कार्यक्रमों की माँग करते हैं।

आज जिस दलित की भोर राम और कृष्ण के भजन गा कर होती है, जो शाम को 'रामायण' और 'महाभारत' का पाठ करता है, जो एकादशी को उपवास रखता है, तीर्थ-यात्राएँ करता है और देवताओं की दूर से ही पूजा कर लेता है, वह भी कर्म सिद्धांत में यकीन नहीं करता। मौका मिलने पर वह समान हैसियत का दावा पेश करता है और उसके नतीजे भुगतने के लिए भी तैयार रहता है, भले ही उसे जान-माल और व्यवसाय का नुकसान ही क्यों न झेलना पड़े। हुआ यह है कि आध्यात्मिक दायरे में भक्ति के जरिये ईश्वर के समक्ष समानता का दावा अब अपनी जड़ों और धर्मप्राण हिंदू की अस्मिता त्यागे बिना सामाजिक और आर्थिक दायरे में न्याय और समता के दावे तक विकसित हो गया है। यह एक विरोधाभासी स्थिति है जिसकी अंतर्निहित विडंबना हमें चकित कर देती है कि ऐसे दलित को कहाँ तक कामयाबी मिलेगी।

वैचारिक होड़ और गैरहिंदू अस्मिता

कुछ दार्शनिकों, समाज-विज्ञानियों और कार्यकर्ताओं की दृष्टि में छुआछूत एक धार्मिक परिघटना है। इस मत के अनुसार धार्मिक विचारधारा न केवल चिंतन पर हावी हो जाती है वरन् सामाजिक-आर्थिक संरचनाओं को निर्धारित करनेवाली सामाजिक संस्कृति पर भी उसी का वर्चस्व रहता है। अर्थात हिंदू विचारधारा छुआछूत का मूल कारण है क्योंकि वह विषमतामूलक समाज-व्यवस्था को पालती पोसती है। इसलिए अछूतों को चाहिए कि वे अपना धर्म त्याग कर समतामूलक धर्म अपना लें।

इस लिहाज से इस्लाम, ईसाइयत और बुद्ध धर्म उनके लिए मुक्तिकारी विकल्पों के रूप में उभरते हैं। तेरहवीं और चौदहवीं सदी से ही इस देश में लोग धर्म बदल कर मुसलमान और ईसाई बनते रहे हैं। धर्मांतरण की यह प्रक्रिया केवल अछूतों तक ही सीमित नहीं रही है। दलितों के लिए धर्मांतरण की मुख्य चालक शक्ति आर्थिक और विचारधारात्मक रही है। धर्मांतरण बहुत से दलितों के लिए उनके स्थानीय माहौल के दमघोंटू हालात और समाज के ऊपर हावी वर्गों के शिकंजे से निकल कर एक अलग पहचान के जरिये ताजा हवा में साँस लेने के अवसर की तरह आया। दलितों का मुसलमान और ईसाई बनना आम तौर पर स्थानीय किस्म की घटनाओं तक ही सीमित रहा है। इस प्रकार के धर्मांतरण ने किसी आंदोलनात्मक मुहिम का रूप नहीं लिया है।

दलित ईसाई

ईसाइयों के एक तबके ने अब खुद को दलित-ईसाई के रूप में पेश करना शुरू कर दिया है। हालाँकि अभी उनके आंदोलन का ज्यादा विस्तार नहीं हुआ है लेकिन उन्होंने हिंदू अनुसूचित जातियों जैसे आरक्षण के लाभों की माँग शुरू कर दी है। ईसाई धार्मिक आधार पर मुक्ति का कार्यक्रम देनेवाली विचारधारा ईसाई और

गैरईसाई दलितों को जमींदार वर्ग के आतंक और अपने मानवाधिकारों के लिए संगठित करने लगी है।

असलियत यह है कि ईसाई बन गये दलित हों या मुसलमान बन गये दलित हों, छुआछूत ने धर्म-परिवर्तन के बावजूद उनका पीछा नहीं छोड़ा है। जब दो सामाजिक समूहों के बीच आर्थिक विभेद जारी रहते हैं तो धार्मिक और अन्य सामाजिक मसलों में जातिगत विभेद उभर ही आते हैं। केरल के सीरियन ईसाइयों और पुलयाओं से ईसाई बने अछूतों के मतभेद इसकी मिसाल हैं। करीब साठ साल पहले पुलयाओं के एक हिस्से ने ईसाइयत की शरण ली थी। लेकिन उनकी आर्थिक हालत में कोई खास परिवर्तन नहीं हुआ। उनमें से ज्यादातर आज भी खेतिहर मजदूर और अशिक्षित हैं जबकि सीरियन ईसाई भूमिधर और व्यापारी वर्ग से ताल्लुक रखते हैं। ऊँची शिक्षा हासिल करके ऐसे कई ईसाइयों ने सफेदपोश नौकरियाँ प्राप्त कर ली हैं। ये सीरियन ईसाई पुलया ईसाइयों को आज भी अछूत ही मानते हैं। धर्मांतरण करनेवाले अछूतों को चर्च में भेदभाव का सामना करना पड़ता है और कुछ सम्मिलनों और रीति-रिवाजों में उनकी भागीदारी पर पाबंदी है। इस परिस्थिति ने धर्मांतरण करने वालों को दुविधा में डाल दिया है। ऐसे ही एक धर्मांतरित दलित के. विल्सन का कहना है :

> गाँव के एक ईसाई परिवार के बच्चे, एक दुखी ग्रामीण पादरी के बेटे, धर्मशास्त्र पढ़ानेवाले स्कूल के एक छात्र, एक उपदेशक, एक पादरी और धर्मशास्त्र के प्रोफेसर के रूप में मैं दुहरे परायेपन का शिकार रहा हूँ। एक भारतीय के रूप में मैंने पारंपरिक हिंदू समाज-व्यवस्था की उत्पीड़क और सामंती प्रकृति को झेला है। मैंने पारंपरिक ईसाई आध्यात्मिक दृष्टि की मनोबल गिराने और अधीनस्थ करनेवाली प्रवृत्तियों को भी बर्दाश्त किया है। अब धार्मिक व्यवस्थाओं के अमानवीय रवैये के परे जानेवाले मानवतावादी सांस्कृतिक अतीत का आसरा लेने के अलावा मेरे सामने कोई चारा ही नहीं बचा है। आज मेरा यही मुकाम है।[७]

दलित बौद्ध

जाति-प्रथा की जकड़बंदी से बचने के लिए दलितों ने बौद्ध धर्म को भी एक विकल्प के रूप में इस्तेमाल किया है। पचास के दशक के मध्य में महाराष्ट्र के महारों ने बाबासाहेब आंबेडकर के नेतृत्व में हिंदू धर्म छोड़ कर बौद्ध धर्म अपनाने की शुरुआत की थी। आंबेडकर को यकीन हो चला था कि हिंदू धर्म के दायरे में रह कर दलितों की मुक्ति संभव ही नहीं है। आंबेडकर यह भी मानते थे कि धर्म सत्ता का एक स्रोत है। १९५६ में बौद्ध धर्म अपनाते समय उन्होंने दलील दी थी कि 'गरीब और परेशान हाल लोगों के लिए धर्म एक जरूरत है। गरीब उम्मीद पर कायम रहता है। यही उम्मीद जीवन का स्रोत है। अगर यह उम्मीद ही खत्म हो गयी तो जीवन कैसे आगे चलेगा?'

आंबेडकर ने बौद्ध धर्म को अन्य धर्मों के ऊपर प्राथमिकता केवल इसलिए नहीं दी कि वह एक स्वदेशी धर्म था और समता का उपदेश देता था बल्कि उसका

एक कारण यह भी था कि 'बुद्ध धर्म में ईश्वर की कोई जगह नहीं है।' प्रमुख महार-बौद्ध बुद्धिजीवी शंकर राव खरात के अनुसार :

> मैंने बुद्ध का धम्म स्वीकार कर लिया है। अब मैं बौद्ध बन चुका हूँ। न मैं महार हूँ, न अछूत और न ही हिंदू। मैं मनुष्य बन चुका हूँ। अब मैं ऊँची जाति के हिंदुओं के समकक्ष हूँ। मैं सबके बराबर हूँ। न मैं जन्म से नीच हूँ और न हीन ... बौद्ध बनते ही मेरी अस्पृश्यता का विलोप हो गया है। अस्पृश्यता की जिन जंजीरों में जकड़ा हुआ था वे टूट गयी हैं। अब मैं दूसरों की ही तरह एक मनुष्य हूँ ... अब मैं मुक्त हूँ। मैं आजाद भारत का स्वतंत्र नागरिक बन गया हूँ।[८]

बाबासाहेब के नेतृत्व में चले आंदोलन में दलितों के लिए बेहतर भविष्य की उम्मीद थी। उन्होंने बुद्ध को मुक्तिदाता के नये अवतार के रूप में देखा। नामदेव ढसाल की कविता 'बुद्ध' इस नयी भूमिका को इस तरह पेश करती है :

मैं तो तुम्हें कभी भी
जेता के बाग में नहीं देखता—
ध्यानमग्न-आँखें मूँदे बैठे पद्मासन में,
या फिर गुफाओं में
अजंता-एलोरा की—
पत्थर के होंठ सिर—
सोये हुए अंतिन नींद!
तुम्हें देखता हूँ मैं बतियाते, चलते-फिरते,
धीरे-धीरे साँसें लेते
निर्धन-निर्बल लोगों के दुख पर,
जाते हुए—उनका एक झोपड़ी से
दूसरी झोपड़ी तक—
जीवन को तहस-नहस करते अँधेरे में
एक मशाल लिये,
किसी छूत के रोग की तरह
खून चूसनेवाले
दुख को
देते हुए
एक नयी अर्थवत्ता!

(जिलियट और कर्वे द्वारा किये गये अंग्रेजी अनुवाद से हिंदी रूपांतरण)

समाज में अपनी वाजिब हैसियत हासिल करने की लड़ाई के लिए नवबौद्धों का जुझारूपन और बढ़ा है। उनका मुखर हिस्सा मानता है कि उन्हें वह नया रास्ता मिल गया है जिससे उन्हें समता की उपलब्धि हो जायेगी। उन्हें गरिमा की उपलब्धि न करा सकनेवाले हिंदू धर्म और उसके देवताओं को वे गुस्से से ठुकराते हैं। हरीश बारीसोड की कविता 'तुम्ही बाम्बला आटा' इसी पीड़ा, आक्रोश और उम्मीद की अभिव्यक्ति है :

मंदिर की सीढ़ियों पर हमने
गुजारा है सारा जीवन—

भक्ति के गीत दहाड़ते हुए,
गाते-रोते
हमने मीलों का किया है सफर तय
पंढारपुर तक।
*****
तुम्हारे दरवाजे पर हमने
गुजारा है सारा जीवन,
पर हम मिले हैं कहाँ?
बाहर हम, भीतर तुम—
हम सीढ़ियों पर तुम मंदिर में,
क्योंकि तुमने हमको समझा अछूत!

लेकिन अब बीत गये वे दिन,

हमने है शुरू किया जीवन नया,
अपने नये देवालय ढूँढ़ कर
खोया विश्वास पा लिया—
वहीं हैं हमारे देवता जहाँ हम हैं
सब हैं यहाँ बराबर ...

विश्वास यह भेदेगा
दुनिया का हर कोना
अब तुम चिल्ला सकते हो, चिल्लाना।

हाय यह कैसा अध:पतन!
भ्रष्ट हुआ ब्राह्मण धरम!
जलाओ चिता अपनी
और करोगे भी क्या?

(गौरी देशपांडे के अंग्रेजी अनुवाद से हिंदी रूपांतर)

नवबौद्धों का एक छोटा-सा हिस्सा ऐसा भी है जो सभी उत्पीड़ित वर्गों को अपने में समाहित करनेवाली दलित की अवधारणा को स्वीकार नहीं करता। उन्हें लगता है कि यह अवधारणा न केवल ज्यादा ही विस्तृत है बल्कि इसमें अवमानना की चुभन भी है। राजा ढाले पूछते हैं, 'व्यावहारिक दृष्टि अपनाते हुए अपने समुदाय के लिए एक सीमित और साध्य लक्ष्य क्यों न निर्धारित किया जाये और फिर उसकी प्राप्ति के लिए कोशिश की जाये?' ये नवबौद्ध कहते हैं कि उनकी लड़ाई तो दलित्व यानी दलितपन अर्थात अस्पृश्यता और अन्य सामाजिक विवशताओं के खिलाफ है। ये लोग खुद को बौद्ध कहलाना पसंद करते हैं और उनके द्वारा रचित साहित्य दलित न हो कर बौद्ध साहित्य के नाम से जाना जाता है। इन लोगों का आरोप है कि दलित शब्द का इस्तेमाल करनेवाले लोग इस साहित्यिक आंदोलन के जरिये जातिवाद और वर्गवाद को बढ़ावा दे रहे हैं।[९]

लेकिन दलित-बौद्ध साहित्यकारों की बड़ी संख्या इस तरह के सोच से सहमत नहीं है। इनमें से कुछ चाहते हैं कि दलित शब्द केवल आंबेडकरवादी बौद्धों के लिए ही इस्तेमाल किया जाना चाहिए। इसके विपरीत अधिकतर साहित्यकारों की मान्यता है कि दलित शब्द के अर्थ का विस्तार केवल बौद्ध तक सीमित न रख कर सभी तरह के सामाजिक रूप से उत्पीड़ित और खास कर अछूतों तक किया जाना चाहिए। दलित वह है जो सामाजिक धर्मविधियों के दायरे से बहिष्कृत होता है। इस चिंतनधारा से जुड़े साहित्यकारों ने दलित साहित्य का सृजन करते हुए दलित अस्मिता का विकास किया है। १९५९ में बौद्ध लेखकों ने महाराष्ट्र दलित साहित्य सम्मेलन आयोजित किया। दस साल बाद १९६९ में दलित साहित्य के मुखपत्र के रूप में **अस्मितादर्श** का प्रकाशन प्रारंभ हुआ जिसने दलित साहित्य के विकास में अगाऊ भूमिका निभायी। अब साहित्य की यह शाखा सिर्फ नवबौद्धों तक ही सीमित नहीं रह गयी है। दलित-बौद्ध काफी जुझारू होते हैं और कई जगहों पर उन्होंने गरीब दलितों को संगठित भी किया है। सत्तर के दशक में मराठवाड़ा विश्वविद्यालय के नामांतर के लिए चलाए गये आंदोलन और बंबई के वर्ली इलाके में हुए दंगों में उन्होंने प्रमुख भूमिका का निर्वाह किया था।

आंबेडकर द्वारा स्थापित बुद्धिस्ट सोसाइटी ऑव इंडिया की महाराष्ट्र में और उससे बाहर कई शहरों और जिलों में शाखाएँ हैं। नये विहारों और मंदिरों का निर्माण करके नये प्रतीकों और नये पर्वों की संकल्पना के माध्यम से उनकी बौद्ध पहचान को स्थापित करने की कोशिश की गयी है। बुद्धचर्या कराने वालों का एक नया तबका बन गया है जो शादियों और अन्य समारोहों को संपन्न कराता है अन्यथा ऐसे मौकों पर कथित हिंदू धर्मविधियों को ही अपनाया जाता है (फिस्क १९७२)। दलितों के बीच आंतरिक ऊँच-नीच अभी जारी है। नवबौद्ध महार उन अनुसूचित जातियों को नीची निगाह से देखते हैं जिन्होंने अभी तक बौद्ध धर्म नहीं अपनाया है। महारों और माँगों के बीच का टकराव जारी है। जयश्री गोखले (१९८८ :३४) के अनुसार :

> धर्मांतरण से दलित समुदायों के अंदर समता और एकजुटता के नये संबंधों और भावनाओं का जन्म नहीं हुआ, हालाँकि विचारधारा का उद्देश्य समता और सामुदायिकता को धरती पर उतारना था।[१०]

यह जरूर है कि अछूतों के एक बड़े हिस्से ने बुद्ध धर्म को नहीं अपनाया लेकिन नवबौद्ध आंदोलन का अनुसूचित जातियों पर जबर्दस्त असर पड़ा। बहुत से हरिजनों ने अन्य हिंदू देवी-देवताओं के साथ बुद्ध को भी दलितों के भगवान के रूप में स्वीकार करना शुरू कर दिया। कई हिंदू और ईसाई दलितों के घरों में गणेश, कृष्ण और दुर्गा अथवा ईसा मसीह की तस्वीरों के साथ बुद्ध के (और गाँधी के भी) चित्र दिखाई देने लगे। धर्म कोई भी हो लेकिन समता और मुक्ति के ईश्वर के रूप में बुद्ध का यह पुनर्जीवन दलितों के लिए नयी अस्मिता का वाहक साबित हुआ।

प्रति-विचारधारा और दलित अस्मिता

साठ के दशक के जन-आंदोलनों पर नक्सलवादियों और भूमि पर कब्जा करने का कार्यक्रम देनेवाले संगठन छाये रहे। भूमिहीन खेतिहर मजदूरों और गरीब किसानों के रूप में दलितों ने बड़े पैमाने पर इन आंदोलनों में भागीदारी की। आंध्र प्रदेश में कवियों और गायकों के एक समूह दिगंबर कवालू के साथ भी कुछ दलित जुड़े। इन दिगंबर कवियों और गायकों का उद्देश्य बिना किसी झिझक के समाज के नग्न सत्य का पर्दाफाश करना था। बंगाल में भूखी पीढ़ी के नाम से उत्पीड़ितों के कष्टों, शिकायतों और भावनाओं को वाणी देने के लिए साहित्यकारों का समूह सक्रिय हुआ। महाराष्ट्र में लघु पत्रिका आंदोलन उभरा जिसने साहित्य के क्षेत्र में स्थापित हिंदू लेखकों की वैचारिक इजारेदारी को चुनौती दी। ठीक इसी समय अमेरिका में मेलकम एक्स के जुझारू नेतृत्व में कालों का आंदोलन विकसित हो रहा था। इस आंदोलन ने भी दलितों को काफी प्रभावित किया। यह 'अश्वेत कविता', 'अश्वेत रंगमंच', 'अश्वेत संगीत' और 'अश्वेत संवाद' का जमाना था। नये प्रतीक, नये मुहावरे और नये मूल्य कला के विभिन्न रूपों में स्वयं को व्यक्त कर रहे थे। साठ के दशक में ही 'अश्वेत शक्ति' की अवधारणा लोगों की जुबान पर चढ़ गयी। इस तरह अश्वेत लोगों ने 'गोरों के उत्पीड़न से' संपूर्ण मुक्ति का दावा पेश किया और एलान किया कि वे इसके लिए आवश्यकता के अनुसार साधन अपनाने के लिए स्वतंत्र हैं। 'फ्रीडम नाउ' जैसा नारा लोकप्रिय हो गया। जाहिर था कि 'गुलाम' लोग मौत का सामना करने के लिए तैयार थे। उन्होंने 'अपने शारीरिक वजूद से भी ज्यादा इन अधिकारों को महत्त्व देने की ठान ली थी' और इसीलिए वे 'कुछ ऐसे मूल्यों के नाम पर कार्रवाई कर रहे थे जो ... उनके और सभी मनुष्यों के लिए समान रूप से महत्त्वपूर्ण थे'।[११]

साठ के दशक में भी दलितों को लगातार अत्याचारों का सामना करना पड़ा। शिव सेना जैसे हिंदू उग्रवादी संगठन की लोकप्रियता ऊँची जातियों के बीच तेजी से बढ़ रही थी। यह संगठन पिछड़ी जातियों से भरे मजदूर वर्ग के बीच भी पैठ बनाता जा रहा था। दूसरी तरफ गरीबी हटाओ नारे से दरिद्रों को काफी उम्मीदें हो चली थीं। इसी दौर में जुझारू बौद्ध आंदोलन और दलित साहित्य आंदोलन ने महाराष्ट्र में जोर पकड़ा। इसने दलितों के ऊपर अत्याचारों के खिलाफ गुस्सा और विरोध व्यक्त करना शुरू किया। सत्तर के दशक की शुरुआत में महाराष्ट्र के कुछ साहित्यकारों ने एक पर्चा निकाल कर सरकार को चेतावनी दी कि अगर दलितों के खिलाफ जुल्म रोकने के लिए कड़े कदम न उठाये गये तो वे कानून अपने हाथ में ले लेंगे और हथियारबंद क्रांति करने की योजना बनाने की हद तक जा सकते हैं। १९७२ में दो दलित कार्यकर्ताओं नामदेव ढसाल और जे.वी. पवार ने बंबई में दलित पेंथर का गठन कर डाला। यह नाम अमेरिका के ब्लेक पेंथर आंदोलन से उधार लिया गया था। वे खुद को पेंथर इसलिए कहते थे क्योंकि 'उन्हें अपने अधिकारों के लिए पेंथरों की तरह लड़ना है न कि अपने उत्पीड़कों की ताकत के नीचे हमेशा के

लिए दबे रहना है।' अगस्त १९७२ में राजा ढाले ने एक लेख 'काला स्वातंत्र्य दिवस' शीर्षक से लिखा जो काफी विवादास्पद हुआ। इस लेख से दलितों में सनसनी फैल गयी और इसी के साथ दलित शब्द प्रचलित हो गया। पेंथरों और दलित लेखकों की रचनाओं ने युवा दलित बौद्धों और गैरबौद्धों को आकर्षित किया। स्थानीय स्तर पर दलित पेंथर की स्थानीय शाखाएँ गठित होने लगीं। सत्तर के दशक में दलित पेंथरों और द्विज जातियों के बीच कई बार खुले टकराव हुए। १९७४ में वर्ली के दंगे और १९७८ में औरंगाबाद के दंगे इस परिघटना के जाने-माने उदाहरण हैं।

दलित शब्द की पुनर्व्याख्या करके उसके दायरे को और बढ़ाया गया ताकि वह समाज के सभी उत्पीड़ित तबकों का प्रतिनिधित्व कर सके। १९७३ में दलित पेंथरों के घोषणापत्र में दलित की व्याख्या इस तरह की गयी कि 'राजसत्ता, धर्म, संपत्ति और सामाजिक हैसियत के आधार पर होनेवाली सभी नाइंसाफियों के खिलाफ संघर्ष के लिए प्रतिबद्ध अनुसूचित जातियाँ और जनजातियाँ, भूमिहीन मजदूर, छोटे किसान और घुमंतू जनजातियाँ' दलित मानी जायेंगी (मुटाटकर १९८८)। कुछ कार्यकर्ताओं ने इस श्रेणी में महिलाओं, अफ्रीकी और अमेरिकी अश्वेतों एवं अन्य उत्पीड़ित राष्ट्रीयताओं को भी जोड़ लिया। १९८१ में शुरू हुई दलित साहित्य अकादमी की पत्रिका 'दलित वॉयस' ने पूर्व-अछूतों, सभी 'सताये गये अल्पसंख्यकों' और अन्य पिछड़े वर्गों को भी दलित मानने की घोषणा कर दी। साथ में यह सतर्कता जरूर बरती गयी कि पूर्वअछूतों द्वारा झेले गये सामाजिक उत्पीड़न पर विशेष जोर दिया गया ताकि उनमें और अन्य दलितों में फर्क किया जा सके।

दलितों के एक छोटे से हिस्से ने महाराष्ट्र, गुजरात और कर्नाटक में अश्वेत साहित्य की तर्ज पर दलित साहित्य का विकास किया। अपनी अलग दलित अस्मिता को उभारनेवाले ये साहित्यकार शिक्षित तो थे पर सभी को ऊँची शिक्षा प्राप्त नहीं थी। कविता, उपन्यास और साहित्य की अन्य विधाओं के जरिये उन्होंने अपनी संवेदनाओं और व्यथाओं को अभिव्यक्त किया। उन्होंने वर्तमान और भविष्य के बारे में अपने विचार सूत्रबद्ध किये, इतिहास की पुनर्रचना की, अपनी आकांक्षाओं को पेश किया और नये प्रतीकों और मुहावरों का विकास किया। इस साहित्य ने दलितों को ब्राह्मणवादी साहित्य के खिलाफ विद्रोह करने के लिए नयी शक्ति और ऊर्जा प्रदान की।[१२] अस्मिता की तलाश के लिए साहित्य एक महत्त्वपूर्ण माध्यम बन गया। बाबूराव बागुल ने कहा भी है :

> चूँकि मैं इस देश में पैदा हुआ हूँ इसलिए मेरी एक जाति है। लेकिन जब से मैंने पुरुषों (और स्त्रियों) के बारे में लिखना और सोचना शुरू किया है तभी से मैं इस देश और समूचे विश्व के उपेक्षित और वंचित लोगों यानी दलितों का अंग बन गया हूँ।

किसी भी अस्मिता की रचना के एक समान संस्कृति में भागीदारी की अनुभूति के साथ-साथ दूसरी संस्कृतियों से भिन्नता पर जोर देना जरूरी होता है। अस्मिता-

रचना की यह प्रक्रिया वास्तव में एक राजनीतिक उपकरण ही होती है जिसका इस्तेमाल एकता मजबूत करने और संगठन के विकास के लिए किया जाता है। बीसवीं सदी की शुरुआत में अछूत नेताओं ने ऊँची जाति के हिंदुओं के मुकाबले अपनी पृथक अस्मिता गढ़ने के लिए कोशिशें की थीं। उन्होंने दावा किया था कि अछूत मुसलमानों, हिंदुओं और सिखों की तरह अलग धर्म और संस्कृति रखनेवाली भिन्न कौम है। पंजाब के आदधर्म आंदोलन के नेता माँगू राम और अन्य नेताओं की दलील थी :

> हम ही इस देश के मूल वासी हैं और हमारा धर्म आदधर्म है। हिंदू कौम ने बाहर से आ कर हमें गुलाम बनाया है। हमारा बिगुल बजते ही सभी चमार, चूड़े, सैनी, भांजरे, भील यानी सभी अछूत अपनी समस्याएँ बताने के लिए एकजुट हो जाते हैं। भाइयो, हम सात करोड़ हैं और हमें हिंदुओं के रूप में सूचीबद्ध किया गया है। हमें अलग और आजाद किया जाना चाहिए। हमने हिंदुओं पर भरोसा किया लेकिन वे विश्वासघाती निकले। भाइयो, वक्त आ गया है, जागो, सरकार हमारी पुकार सुन रही है। सदियाँ गुजर गयीं लेकिन हम सोये हुए हैं। भाइयो, मनु की लिखी पंक्तियाँ देखो, लेकिन वह तो हत्यारा था। कोई समय था जब हम भारत पर राज करते थे। यह धरती हमारी होती थी ... उन्होंने हमारा इतिहास नष्ट कर दिया ... बेहतर जिंदगी गुजारने के लिए आओ एकजुट हो जायें।[१३]

डॉ. आंबेडकर ने १९४८ में यही दलील दी थी। उनका कहना था कि अछूत प्राचीन काल के मूल बौद्धों के वंशज हैं। ब्राह्मणों ने उन्हें गोमांस खाने पर मजबूर किया और उन्हें अछूत बना दिया ताकि वे 'टूटे हुए, अपवित्र, भूमिहीन और भद्र समाज की परिधि से दूर पड़े रहें।'

पचास के दशक में कुछ समाज–विज्ञानियों ने दावा किया था कि अछूत ब्राह्मणों की तरह परलोक के सिद्धांत में यकीन नहीं करते और न ही वे इहलोक के संबंधों को उस तरह स्वीकार करते हैं। कैथलीन गफ ने दक्षिण भारत के अछूतों के बारे में अपने विश्लेषण में ब्राह्मणों की निषेधात्मक 'संस्कृति' और अछूतों की खुली 'प्रकृति' के बीच मौन विरोध दिखाया है। गफ के अनुसार दोनों यौनिकता, आक्रामकता, अग्रजों और समवयस्कों के प्रति रवैये के मामले में भिन्न दृष्टि रखते हैं :

> शारीरिक परिश्रम के जरिये जीविकोपार्जन के व्यावहारिक काम में लगे होने के कारण निचली जातियों के लोग इहलोक में स्वास्थ्य और समृद्धि के लिए अधिक चिंतित रहते हैं।[१४]

इसी तरह जोआन मेंचर का खयाल है कि अछूत समाज–व्यवस्था के शीर्ष पर बैठे लोगों के मुकाबले उसे अधिक 'प्रकट भौतिकवादी' दृष्टि से देखते हैं।

> अगर ऊँची जातियों के नजरिये से देखें तो व्यवस्था को तर्क प्रदान करने के लिहाज से धर्म और कर्म की धारणाएँ ज्यादा उपयोगी लगती हैं। हो सकता है कि अछूत इन्हें एक सीमा तक स्वीकार करते हों, लेकिन इन मूल्यों की खुली स्वीकारोक्ति और अपने दायरे से बाहर के लोगों के सामने व्यक्त न किये जा सकनेवाली कुछ अन्य मूल्यों में आस्था के बीच फर्क किया जाना चाहिए।[१५]

जेराल्ड बेरमेन की भी दलील थी कि अछूत व्यवस्था का अनुपालन इसलिए नहीं करते कि उसे मानते हैं बल्कि इसलिए क्योंकि वे ऐसा करने के लिए मजबूर हैं।[१६]

पृथक संस्कृति के इस सिद्धांत पर पहले अनुसंधान नहीं किया गया लेकिन आजकल इस विषय में खोजबीन की जा रही है। खास तौर से ऐसे कार्यकर्ता इस काम में लगे हैं जिनके लिए दलितों की गरीबी इतनी महत्त्वपूर्ण नहीं है जितने उनके उत्पीड़न और अस्मिता के सवाल। वी.टी. राजशेखर का दावा है, 'बिना जड़ों के वृक्ष की भाँति इतिहास अथवा सांस्कृतिक जड़ों से विहीन लोग भी मर जाते हैं।' कई अन्य दलित व्याख्याताओं की भाँति राजशेखर ने भी हरिजन संबोधन को ठुकरा दिया क्योंकि यह शब्द उन्हें हिंदू समाज का अंग बना कर व्यक्तित्वहीन और अस्मिताहीन बना देता है। राजशेखर यह भी दावा करते हैं कि अतीत में दलितों की भाषाएँ भी अलग थीं और वे 'भिन्न संस्कृति' के थे। वे अपने भाइयों से अपील करते हैं :

> दलित होने, इस प्राचीन धरती के मूल वासी होने में गर्व महसूस करो। आओ सिर ऊँचा करके चलें। दलित संस्कृति पर गर्व करें। जो काला है वह सुंदर है।[१७]

किसी भी मध्यवर्गीय दलित के लिए गरीबी और शोषण की समस्याओं के मुकाबले स्थानीय अथवा धरतीपुत्र की अस्मिता का सवाल या बौद्ध, ईसाई, हिंदू या नास्तिक होने या आरक्षण से जुड़े सवाल ज्यादा महत्त्वपूर्ण हैं। वे साहित्य, समाचार माध्यमों, सेमिनारों और चुनावी राजनीति के माध्यम से अपना संघर्ष चलाते हैं। वे आरक्षण की नीति और संबंधित मसलों को प्रभावित करने के लिए दबाव गुटों का निर्माण करते हैं। लेकिन छोटे और सीमांत किसानों, भूमिहीन खेतिहर मजदूरों, कारीगरों और शहरी असंगठित क्षेत्रों में कार्यरत कुलियों के रूप में गरीब दलित की मुख्य समस्या नयी अस्मिता की तलाश नहीं बल्कि दरिद्रता और शोषण ही है। आजादी के बाद उन्होंने कई बार बेहतर मजदूरी और भूमि के वितरण के लिए और जमींदार वर्ग के जालिमाना रवैये के खिलाफ आवाज उठाई है, हालाँकि उनके ये आंदोलन बिखरे हुए और स्वतःस्फूर्त किस्म के थे। उत्तर प्रदेश, बिहार, आंध्र प्रदेश, तमिलनाडु, महाराष्ट्र और गुजरात में दलित भूमिहीन मजदूरों और जमींदारों के बीच टकराव की घटनाएँ आम हैं। अपने कई प्रदर्शनों में इन खेतिहर मजदूरों ने आर्थिक शोषण और छुआछूत से संबंधित माँगें की हैं। दक्षिण भारत में कुछ गैरपार्टी मार्क्सवादी समूहों ने दलित भूमिहीन मजदूरों को संगठित करके उनकी चेतना में वृद्धि करने के प्रयास किये हैं। ये समूह चाहते हैं कि दलित उस आर्थिक-सामाजिक ढाँचे और सांस्कृतिक यथार्थ के प्रति जागरूक हों जिसकी वजह से वे अधीनस्थता की स्थिति में फँसे हुए हैं। वामपंथी दल लंबे अरसे से छुआछूत की समस्या की उपेक्षा करते रहे हैं लेकिन अब उन्होंने भी इस मुद्दे पर संघर्ष छेड़ने शुरू कर दिए हैं। भाकपा (माले) के सांस्कृतिक संगठन जन नाट्य मंडली अपने गीतों में दलितों का राजसत्ता पर कब्जा करने के लिए आह्वान करता है। इस मंडली का नेतृत्व गद्दर के नाम से विख्यात दलित नर्तक और गायक जी. विट्ठल राव के हाथ में है। वे अपने गीतों में आंध्र की मल्ला और मडिगा जैसी अनुसूचित जातियों के

दर्द और प्रतिदिन होनेवाली अवमानना को बड़ी प्रखरता से अभिव्यक्त करते हुए उनसे मेहनतकशों के संघर्ष में कूद पड़ने की अपील करते हैं। गद्दर के कार्यक्रमों को देखने के लिए दलित और गैरदलित खेतिहर मजदूर और गरीब किसान बड़ी संख्या में उमड़ पड़ते हैं। बिहार में दलित खेतिहर मजदूर भाकपा (लिबरेशन), पार्टी यूनिटी और माओवादी कम्युनिस्ट केंद्र जैसी नक्सलवादी जमातों की कोशिशों से न्यूनतम मजदूरी और इज्जत की लड़ाई जैसे नारों के आसपास गोलबंद हुए हैं। ये दलित खुद को मजदूर अथवा श्रमिक मानते हैं। यह उनकी एक नयी और निर्माणाधीन अस्मिता है।

उपसंहार

जाहिर है कि समकालीन भारत में दलित आंदोलन नाना प्रकार के झंडों के तले विभिन्न रास्तों पर चल रहा है। इस आंदोलन का प्रत्येक हिस्सा ऐसा कोई न कोई मुद्दा जरूर उठाता है जिसका असर समूचे दलित समुदाय या उसके इस या उस तबके पर पड़ता है। इस प्रक्रिया में वह एक दलित अस्मिता का निर्माण भी करता चलता है और यह नयी अस्मिता द्विजों से भिन्न है। कुछ ऐसे समूह भी हैं जो आर्थिक और सामाजिक मुद्दों या पारंपरिक और नयी अस्मिता के द्विभाजन में यकीन नहीं रखते। उनकी नयी अस्मिता दलित होना यानी उत्पीड़ित और शोषित होना है। अपनी इस बनती हुई अस्मिता के लिए वे अपनी पारंपरिक अस्मिता को मिटाने के लिए तैयार नहीं हैं। उनके लिए दोनों अस्मिताओं का सहअस्तित्व है। बुद्ध और आंबेडकर उनके पैगंबर और नायक जरूर हैं लेकिन उनके मन में गाँधी के लिए भी श्रद्धा है। उनका धर्म कोई भी हो, वे समता हासिल करने और छुआछूत मिटाने के लिएं संघर्ष से प्रतिबद्ध हैं।

संदर्भ और टिप्पणियाँ

१. इलियनर जिलियट, 'दलित न्यू कल्चरल कंटेक्स्ट फॉर ऐन ओल्ड मराठी वर्ल्ड', *कंट्रीब्यूशन टु एशियन स्टडीज,* ११, १९७८, पृष्ठ ७७

२. मिशेल मोफाँ, ऐन *अनटचेबिल कम्युनिटी इन साउथ इंडिया,* प्रिंसटन यूनिवर्सिटी प्रेस, १९७९, पृष्ठ ३

३. मार्क जुरगेंसमेयर, *रिलीजन एज सोशल विजन : दि मूवमेंट अगेंस्ट अनटचेबिलिटी इन दि ट्वेंटियथ सेंचुरी पंजाब,* बर्कले, यूनिवर्सिटी ऑव केलिफोर्निया प्रेस, १९८२, पृष्ठ ९८

४. जे.एम. वाघमारे, सेंटर फॉर सोशल स्टडीज के दलित साहित्य पर हुए सेमिनार में पढ़ा गया आलेख : 'दलित लिटरेचर : रिवोल्ट ऑर रेनासाँ', १९८८

५. जयश्री गोखले, *कास्ट, क्लास एंड डामिनेंस : पेटर्न्स ऑव पॉलिटिको-इकॉनॉमिक चेंज इन मॉडर्न इंडिया* विषय पर फिलाडेल्फिया में हुए सेमिनार में पढ़ा गया आलेख : 'दि एवोलूशन ऑव ए काउंटर आइडियॉलाजी : दलित कांशसनेस इन महाराष्ट्र', १९८४

६. लारेंस बैब, 'दि सतनामीज : पॉलिटिकल इन्वाल्वमेंट ऑव ए रिलीजस मूवमेंट', संकलित : महार मिशेल (सं.), *अनटचेबिल्स इन कंटम्परेरी इंडिया,* ट्यूस्कन, दि यूनिवर्सिटी ऑव

अरिजोना प्रेस, १९७२, पृष्ठ १४६

७. के. विल्सन, *दि ट्वायस एलिनेटिड : कल्चर ऑव दलित क्रिश्चियंस,* हैदराबाद, बुकलिंक्स कार्पोरेशन, १९८२, पृष्ठ १

८. गोखले, १९८४, *उपरोक्त।*

९. लता मुटाटकर, सेंटर फॉर सोशल स्टडीज के दलित साहित्य पर हुए सेमिनार में पढ़ा गया आलेख : 'दलित लिटरेरी मूवमेंट इन महाराष्ट्र एंड दलित मूवमेंट', १९८८

१०. गोखले, १९८४, *उपरोक्त।*

११. जेम्स एच. कॉन, *ब्लेक थियॉलाजी एंड ब्लेक पॉवर,* न्यूयॉर्क, दि सीबरी प्रेस, १९६९, पृष्ठ ७

१२. शरद पाटिल, 'ब्राह्मण, मार्क्सिस्ट एंड दलित : थ्री ट्रेंड्स इन लिटरेचर', *दलित वॉयस,* खंड-७, अंक-२०, सितंबर १-१५, १९८८

१३. जुरगेंसमेयर, *उपरोक्त,* पृष्ठ ४५-४६

१४. केथलीन गफ, 'ब्राह्मन किनशिप इन ए तमिल विलेज', अमेरिकन एंथ्रोपोलोजिस्ट, ५८, १९५६, पृष्ठ ८४६

१५. जोआन मेंचर, 'कास्ट सिस्टम अपसाइड डाउन ऑर नाट सो मिस्टीरियस ईस्ट', *करेंट एंथ्रोपोलोजी,* १५, १९७४, पृष्ठ ४७६

१६. जेराल्ड बेरमन, 'दि ब्राह्मनीकल व्यू ऑव कास्ट', *कंट्रीब्यूशन टु इंडियन सोशियोलाजी,* ५, १९७१

१७. वी.टी. राजशेखर, 'ए नेम दैट डिस्ट्रॉयड दलित आइडेंटिटी', *दलित वॉयस,* खंड-८, अंक-२, दिसंबर १-१५, १९८८ और 'वाट इज दलित एंड दलितिज्म', *दलित वॉयस,* खंड-८, अंक १६, जून १-१५, १९८८

'निजी' मोक्ष से 'सामुदायिक' मोक्ष की ओर

समाज के अन्य अभिजनों के मुकाबले ये दलितों के अभिजन नाममात्र के ही अभिजन हैं और इस हालत में पहुँचने के लिए उन्हें जिस पीड़ा और संघर्ष से गुजरना पड़ा है उसका शतांश भी समाज के अन्य हिस्सों को नहीं झेलना पड़ता। आजमगढ़ जिले के दलित-अभिजनों की तीन पीढ़ियों के तुलनात्मक अध्ययन से निकला यह यथार्थ बताता है कि उन्हें बाकायदा अभिजन बनने में काफी समय लगेगा। आधुनिकीकरण और शहरीकरण की प्रक्रिया से लाभान्वित होनेवाले ये अभिजन अपने समुदाय के मित्र, चिंतक और मार्गदर्शक की भूमिका निभा रहे हैं। जाति-प्रथा की विषम अभिव्यक्तियों के खिलाफ उनमें आक्रोश की कमी नहीं है लेकिन जब तक उनके पास बहुजन समाज पार्टी जैसा संगठित राजनीतिक माध्यम नहीं आता तब तक उनका 'मोक्ष' निजी से 'सामुदायिक' नहीं हो पाता।

दलितों के अभिजन

विजय बहादुर सिंह

पिछले पचास वर्ष के दौरान दलितों को शिक्षा और नौकरियों में संविधान द्वारा दिये गये आरक्षण लोकतांत्रिक राजनीति की प्रक्रियाओं के साथ मिल कर भारतीय समाज के इस सर्वाधिक वंचित, दमित और शोषित हिस्से में एक खास तरह के अभिजात वर्ग की रचना की है। राजनीतिक रूप से जागरूक, आर्थिक रूप से अपने अन्य जाति भाइयों के मुकाबले कुछ अधिक समृद्ध, अपने अधिकारों और समता के दावे के संबंध में काफी मुखर यह तबका आधुनिकीकरण के हाथों पारंपरिक समाज-व्यवस्था की वैधता के क्षय से बनी आधार-भूमि पर खड़ा है। दलितों का यह अभिजात वर्ग अपने सामाजिक दायरे में नाना प्रकार के विभेदों और देश-भर में बिखरी हुई आबादी के कारण प्रभावी राजनीतिक कार्रवाई करने में असमर्थ है। दूसरी ओर जैसे ही वह अपने समाज को राजनीतिक रूप से संगठित करता है, वैसे ही उसे ऊँची जातियों से जुड़े सामाजिक-राजनीतिक हितों पर चौधराहट जमाये बैठे निहित स्वार्थों की तीखी प्रतिक्रिया का सामना करना पड़ता है। परिणामस्वरूप उनकी सामाजिक-आर्थिक ऊर्ध्वगामिता गतिरोध का शिकार हो जाती है। अनुसूचित जातियाँ इस तरह एक सतत दुविधा के फेर में फँस जाती हैं जिसके एक सिरे पर विद्रोह होता है और दूसरे सिरे पर चुप्पी। इस आलेख का मकसद दलित समाज की इसी दुविधा का अध्ययन करना है। दलित समाज के मनोजगत में झाँक कर

देखने की यह कोशिश उत्तर प्रदेश के आजमगढ़ जिले के दलित वासियों में से छाँटे गये अभिजन समझे जा सकनेवाले ५५ दलितों से की गयी बातचीत पर आधारित है। अस्सी के दशक में किये गये इस अध्ययन के बाद आमतौर पर उत्तर प्रदेश और खास तौर पर आजमगढ़ जिले की राजनीतिक परिस्थिति में भारी अंतर आ गया है। बहुजन समाज पार्टी उन दिनों बनी ही थी लेकिन आज वह दलितों के राजनीतिक हितों की नुमाइंदगी करनेवाली प्रमुख राजनीतिक ताकत बन चुकी है। जाहिर है कि दलित मनों में चिंतन के कई समीकरण अब बदल गये होंगे, लेकिन मेरी मान्यता है कि वे आज भी उन्हीं बुनियादी समस्याओं से जूझ रहे हैं और उसी तरह की दुविधा के शिकार हैं जो उन्हें अस्सी के दशक में झेलनी पड़ रही थी।

यह लेख तीन हिस्सों में बाँटा गया है। पहले हिस्से में यह दिखाया गया है कि कोई दलित अपने समाज का अभिजन कैसे बनता है। और उसके अभिजन होने की तथ्यात्मक कसौटियाँ क्या हैं। दूसरे हिस्से में बातचीत के जरिये इन अभिजनों के मनोजगत का खाका खींचा गया है और तीसरे हिस्से में निष्कर्ष निकाले गये हैं।

दलित अभिजन : एक परिचय

आजमगढ़ के दलित अभिजात तबके में से नमूना चुनते समय कोशिश की गयी कि वे ५५ दलित अपने समाज के हर हिस्से और धारा की नुमाइंदगी करते हों। इसके लिए जीवन के पारंपरिक ही नहीं आधुनिक क्षेत्रों को और औपचारिक के साथ-साथ अनौपचारिक क्षेत्रों को भी टटोला गया। सरकारी दफ्तरों में कार्यरत और अन्य सार्वजनिक संस्थानों में कार्यरत लोगों में से भी लोगों को चुना गया। ५५ दलित अभिजनों के इस नमूने में कुछ लोग राजनीति से संबंधित थे। कुछ लोग अपनी-अपनी जातियों में जातिगत नेता की प्रतिष्ठा प्राप्त कर चुके थे। कुछ लोग नौकरशाही के सदस्य थे। कुछ डॉक्टर या इंजीनियर थे। कुछ लोग वकालत कर रहे थे। कुछ अध्यापक थे और कुछ व्यापार में लगे हुए थे। इन लोगों की संख्या जरूर ५५ थी लेकिन वे दलित समाज में अपनी संख्या में ज्यादा यानी ७५ हैसियतों का प्रतिनिधित्व करते थे। इसके कारणों को स्पष्ट कर देना जरूरी है। मसलन, अगर एक दलित अभिजन वकील है तो वह साथ में एक राजनीतिक दल का पदाधिकारी और अपनी जाति के किसी संगठन का मुखिया भी है। अध्ययन के लिए चुने नमूने में एक लोकसभा का तत्कालीन सदस्य, एक पूर्व सदस्य, विधानसभा के दो वर्तमान और एक पूर्व सदस्य, पाँच जिला स्तर के पार्टी पदाधिकारी और छह विभिन्न खंड विकास समितियों के सदस्य थे। जातिगत संगठनों के नेताओं में से चुने गये लोग शिवनारायण पंथ, आंबेडकर संघर्ष समिति, रविदास समिति, हरिजन सेवा मंडल और जन आंदोलन नामक संस्थाओं से जुड़े थे। नौकरशाहों में एक जिला बिक्रीकर अधिकारी, एक जिला अस्पताल का प्रशासनिक अफसर, एक आईपीएस अफसर, एक न्यायिक मजिस्ट्रेट, एक खंड विकास अधिकारी, एक हरिजन कल्याण के लिए नियुक्त सहायक जिला विकास अफसर और बाकी सार्वजनिक कामों के लिए बनाये गये पदों पर तैनात थे। चार डॉक्टर और दो इंजीनियर थे।

हालाँकि अध्ययन के समय आजमगढ़ की कुल आबादी का ९.२ प्रतिशत ही शहरों में निवास करता था, लेकिन बातचीत के लिए चुने गये दलितों में से २८ शहरी क्षेत्र में रहते थे। इनमें से केवल तीन का जन्म शहर में हुआ था, बाकी गाँव की पैदाइश थे जो समय के साथ विभिन्न परिस्थितियोंवश शहर में रहने चले आये थे। शहर में रहनेवाले ये दलित अभिजन गाँव से अपने संपर्क सूत्रों को लगातार जीवंत बनाये हुए थे। जाति के लिहाज से इनमें से ४४ अभिजन चमार, छह धोबी, तीन खटीक और दो पासी थे। हमारे अभिजन नमूने में जातियों की यह हिस्सेदारी तकरीबन वही थी जो अनुसूचित जातियों की कुल आबादी में होती है। पूरे प्रदेश और आजमगढ़ में चमार संख्याबल में सबसे आगे हैं और परिणामस्वरूप अभिजनों में भी उनकी संख्या सबसे ज्यादा है। उन्होंने राजनीतिक लोकतंत्र का फायदा सबसे ज्यादा उठाया है। दलितों को नेतृत्व देने में वे ही सबसे आगे हैं। संख्यात्मक दृष्टि से धोबियों का नंबर खटीकों के बाद आता है पर वे दलितों में सर्वाधिक स्वच्छ माने जाते हैं और आर्थिक-सामाजिक रूप से थोड़े बेहतर हैं। सरकारी नौकरियों में भी उनका हिस्सा बेहतर है और केवल इसी जाति को गाँव के मुख्य हिस्से में बसने की इजाजत है। पारंपरिक जजमानी प्रथा के दायरे में सक्रिय धोबियों का ऊँची जातियों से बेहतर संबंध है, इसलिए उन्हें अन्य हरिजन जातियों के मुकाबले आधुनिक अवसरों का दोहन करने का ज्यादा मौका मिला है। इसीलिए हमारे नमूने में उनका हिस्सा उनकी आबादी के प्रतिशत से अधिक है।

उम्र के लिहाज से इन ५५ दलित अभिजनों में २८ दलित यानी ५०.९ प्रतिशत चालीस या उससे कम आयु के थे। २३.८ प्रतिशत अभिजन पचास से ऊपर के और बाकी २५.३ प्रतिशत ४१ से ५० उम्र के पेटे में थे। अध्यापक सबसे युवा और फिर वकीलों की उम्र आती थी। जातिगत और राजनीतिक नेता अपेक्षाकृत अधिक आयु के थे क्योंकि उन्हें अपनी तत्कालीन हैसियत प्राप्त करने के लिए लंबे तजुर्बे की दरकार थी। हालाँकि नमूना चुनने में पढ़े-लिखे अभिजनों को चुनने पर जोर दिया गया था लेकिन इनमें ११ लोग केवल हाईस्कूल तक ही शिक्षा प्राप्त कर सके थे। इनमें से ज्यादातर आगे चल कर नेता बने। २२ लोग व्यावसायिक अथवा तकनीकी डिग्रियों से लैस थे। ५५ में से ३९ की प्राथमिक शिक्षा और ३७ की मिडिल स्कूल तक पढ़ाई गाँव में हुई थी। लेकिन हाईस्कूल तक पहुँचते-पहुँचते इनमें से ३१ लोग शहरी केंद्रों के संपर्कों में आ चुके थे। जाहिर था कि बेहतर जीवन-स्थितियों के लिए उन्होंने सचेत रूप से गाँव छोड़ कर शहरों में आना स्वीकार किया होगा। आमदनी के लिहाज से ५५ में से केवल दस की आय चार हजार रुपए मासिक थी, १६ की आय डेढ़ हजार या उससे कम थी और उन्हें खासे बड़े परिवार का पेट भरना पड़ता था। नमूने के सदस्यों में परिवार की सदस्य-संख्या के लिहाज से औसत बारह का बैठता था। बेहतर आमदनीवाले हिस्से में बहुमत डॉक्टरों और इंजीनियरों का था। भारतीय ग्रामों में जमीन की मालिकाने की कसौटी पर दलित सबसे ज्यादा वंचित समूह हैं।

इस नजरिये से दलित अभिजनों के इस नमूने के सदस्य वास्तव में अपने

समाज के अभिजन समझे जाने चाहिए। ५५ में से केवल तीन यानी ५.४ प्रतिशत ही भूमिहीन थे और ये तीनों शहरी होने के साथ-साथ खासे अच्छे घरों के मालिक भी थे। बाकी अभिजनों में से नौ लोग सीमांत किसान की हैसियत में आते थे, दस छोटे किसान और बाकी ठीक-ठाक जोतों यानी पाँच एकड़ से ज्यादा जमीन के मालिक थे। पता लगाने पर जानकारी मिली कि पिछले दस वर्ष में ५५ में से ३२ उत्तरदाताओं ने आर्थिक संकट के कारण न जमीन बेची और न ही अतिरिक्त आमदनी के कारण खरीदी। केवल एक दलित अभिजन ने अपनी जमीन बेची लेकिन इसके बाद एक दूसरी जमीन खरीद ली। २२ अभिजनों ने बताया कि उन्होंने पिछले दस साल में जमीन खरीदी है। जमीन के मालिकाने से जुड़े इस सम्मान से स्पष्ट है कि छोटे अथवा सीमांत किसान होने के बावजूद दलित अभिजन अपनी जमीन बेच कर भूमिहीन होने के खतरे से बचने में कामयाब रहे।

अतीत बनाम वर्तमान

दलित समाज की वंचित और अधिकारहीन स्थिति के बावजूद इन ५५ दलित पुत्रों को अभिजन बनने के लिए कितना प्रयास करना पड़ा होगा—इसका अंदाजा लगाने के लिए जरूरी है कि उनके पिताओं और बाबाओं (दादा या पितामह) यानी पिछली दो पीढ़ियों की शैक्षणिक स्थिति पर एक नजर डाली जाए। ५५ में से केवल नौ लोग ऐसे थे जिनके बाबाओं की पीढ़ी को थोड़ी-बहुत शिक्षा मिली थी। वे मुश्किल से लिख-पढ़ सकते थे। २४ अभिजनों के पिता पूरी तरह अशिक्षित थे। बीस के पिताओं को साक्षर माना जा सकता था। और छह मिडिल स्कूल तक पढ़े हुए थे। दो हाई स्कूल तक पढ़े थे और तीन को कालेज शिक्षा प्राप्त थी। अभिजनों के नमूने में कम से कम १५ लोग ऐसे थे जिनके जीवन में शिक्षित पारिवारिक माहौल की कोई भूमिका नहीं थी। पिछली दो पीढ़ियों की निहायत कमजोर शैक्षणिक पृष्ठभूमि के बावजूद इन दलित अभिजनों में से केवल सात ऐसे थे जो हाईस्कूल से आगे नहीं पढ़ पाये। बाकी सभी कालेज स्तर से आगे की पढ़ाई करने में कामयाब रहे। यह तथ्य दलित अभिजनों की दृढ़ता और अध्यवसाय की क्षमता का ज्वलंत प्रमाण है।

पेशे के लिहाज से भी ये अभिजन अपनी पूर्ववर्ती पीढ़ियों से काफी बेहतर हैसियत हासिल करने में सफल रहे। ५५ में से केवल तीन अभिजन ऐसे थे जो मोची के पारंपरिक पेशे में लगे हुए थे। बाकी सभी ने अपने दादा का वह पेशा छोड़ दिया था जो उनकी निचली जाति होने के नाते उन पर थोपा गया था। १३ लोगों के बाबा खेतिहर मजदूर थे। आठ के अन्य शारीरिक श्रम करनेवाले मजदूर थे और सात के दादा कारीगर थे। अगर इनमें भूमिधर किसानी में लगे लोगों को भी जोड़ लिया जाए तो ५५ में ५१ के दादा किसी न किसी रूप में खेती से जुड़े थे, लेकिन एक अन्य पेशे में और केवल तीन सामाजिक-राजनीतिक गतिविधियों में संलग्न थे।

केवल २३ के पास थोड़ी-बहुत जमीन थी। दादा से पिता की पीढ़ी तक आते-आते अभिजनों के अतीत में पेशों की विविधता का समावेश होता दिखाई दिया। अगर दादा की पीढ़ी के २८ लोग निचले स्तर का खेतिहर काम-काज करने के लिए अभिशप्त थे तो पिता की पीढ़ी में उनकी संख्या घट कर १८ रह गयी थी। दादा के जमाने में भूमिधर किसान केवल २३ थे तो पिता की पीढ़ी में उसमें तीन और जुड़ते दिखायी देते हैं। तीसरी पीढ़ी यानी वर्तमान तक आते-आते बड़े पैमाने पर खेती और उससे जुड़े पेशों पर निर्भरता घटती दिखायी देती है। ५५ दलित अभिजनों में केवल चार ही ऐसे थे जो सिर्फ खेती पर निर्भर थे और चारों के पास जमीन थी। कोई भी अभिजन किसी भी तरह की मजदूरी करनेवाला नहीं था। कारीगरों की संख्या भी दादा की पीढ़ी में अगर सात थी तो वह तीसरी पीढ़ी में तीन रह गयी थी। पाँच लोग व्यापार में लगे हुए थे जबकि पहली पीढ़ी में ऐसा कोई भी नहीं था और दूसरी पीढ़ी में केवल दो ऐसे लोग थे। ५५ में से 33 लोगों का पेशागत, प्रबंधकीय और लिखाई-पढ़ाई के कामों में लगा होना इस बात का सबूत था कि पहली पीढ़ी के मुकाबले इस पीढ़ी ने खासी उन्नति की है। पिछले दस वर्ष में २२ अभिजनों द्वारा जमीन खरीदे जाने का तथ्य बताता था कि उनकी आर्थिक प्रगति कितनी हुई है। हाँ, इस ऊर्ध्वगामिता से इन अभिजनों की सामाजिक हैसियत में शायद ही कोई विशेष बढ़ोत्तरी हुई हो पर उनके जीवन की आर्थिक निर्भरता और अनिश्चितता में जरूर कमी आयी थी। इस आधार पर खड़े हो कर वे जीवन में और अधिक अवसरों का संधान कर सकते थे।

परंपरा और धर्मशास्त्रों द्वारा थोपी गयी अत्यंत विषम परिस्थितियों को लाँघने के लिए ये हरिजन अभिजन सबसे ज्यादा आधुनिक शिक्षा के उपकरण का इस्तेमाल करते दिखाई दिये। दूसरा रास्ता उनके सामने गाँव छोड़ कर शहर जाना था लेकिन उसमें भी खतरे थे। हो सकता था कि शहर आ कर वे फिर तकरीबन उसी तरह के माहौल में फँस जाते। इसलिए उनके लिए उन्नति का सबसे बड़ा रास्ता शिक्षित होना ही था। अशिक्षित परिवार में पैदा होना और बेहद गरीबी के कारण संसाधनहीनता शिक्षा ग्रहण करने में बड़ी बाधा थी। जाहिर है कि शिक्षित होने के लिए दलित अभिजनों को जबर्दस्त संघर्ष करना पड़ा होगा। ५५ में से सिर्फ आठ अभिजन ही ऐसे थे जिन्होंने कहा कि उन्हें किसी समस्या का सामना नहीं करना पड़ा। २६ अभिजन अक्सर भूखे रह-रह कर पढ़े। वे अपनी उन जीवन-दशाओं का वर्णन करते हुए बेहद भावुक हो गये और कुछ तो रो तक पड़े। एक इंजीनियर अभिजन ने आँसू पोंछते हुए बताया कि परिवार के छह सदस्यों का पेट भरने के लिए उसके पिता को चोरी तक करनी पड़ती थी। आज इंजीनियर के परिवार के पास पर्याप्त जमीन है और उसका दावा है कि ऊँची जाति के हिंदू भी उससे मदद माँगने आते हैं। २१ अभिजनों को छुआछूत की अवमानना का लगातार सामना करना पड़ा। ज्यादा उम्र के प्राय: सभी अभिजनों ने बताया कि स्कूल में उन्हें अलग बैठाया जाता था। उनकी कापियाँ और स्लेटें अध्यापक छूते तक नहीं थे। उन्हें दंडित करने के

लिए कुछ कम अनुदार अध्यापक लातों से उनकी पिटाई करते थे। अन्य अध्यापक उन्हें ठोकरों से पीटने के बजाय दूसरे छात्रों से पिटवाते थे। इस सबके बावजूद पढ़ाई छोड़ने से इंकार करनेवाले दलित छात्रों को ऊँची जाति के सहपाठियों द्वारा अक्सर मार-पीट भी झेलनी पड़ती थी। इन द्विज छात्रों का तर्क होता था कि अगर तुम पढ़ोगे तो हमारे खेतों में काम कौन करेगा। इस तरह की चेतावनियाँ अध्यापकों की ओर से भी मिलती थीं।

इस अपमान के विपरीत एक दलित अभिजन ने अपवादस्वरूप यह भी बताया कि परीक्षा में अच्छे अंक प्राप्त करने पर उसके ब्राह्मण अध्यापक ने उसे गोद में उठा कर शाबासी दी और उसे कक्षा का मॉनीटर बना दिया। दूसरे ने बताया कि जब वह हाईस्कूल में प्रथम आया तो गाँव के जमींदार उसे शाबासी देने खुद उसके घर आये। उन्होंने आगे पढ़ने के लिए उसे आर्थिक सहायता भी दी।

दलित अभिजनों की मित्र-मंडली के बारे में पता लगाने पर जानकारी मिली कि ५५ में से सात का कोई निजी दोस्त ही नहीं था। बाकी में से १३ अभिजनों के दोस्त उनके अपने समुदाय में से ही थे। २७ अभिजनों के दोस्तों में उनके अपने समुदाय के साथ-साथ दूसरे समुदायों के लोग भी शामिल थे, केवल सात अभिजन ऐसे थे जिनके मित्र सिर्फ दूसरे समुदायों के सदस्य रहे। इससे एक बात स्पष्ट होती है कि शैक्षणिक और व्यवसायगत उपलब्धियाँ दलितों की शेष समाज में स्वीकार्यता को बढ़ावा देती हैं। कुल मिला कर अपनी तीन पीढ़ियों में फैले हुए अतीत से वर्तमान की यात्रा ने दलित अभिजनों को इस स्थिति में पहुँचा दिया है कि वे अपनी बिरादरी और समुदाय के मनोजगत को प्रभावित कर सकें। ये अभिजन दलित समुदाय के लिए एक मिसाल की तरह हैं कि आत्मविश्वास, गरिमा और आत्मसम्मान को हासिल किया जा सकता है। और यह कि समाज के हाशिये से समाज की मुख्यधारा में आना दलितों के लिए असंभव नहीं है।

एक और नजरिये से दलित अभिजनों को देखा जाना जरूरी है कि उनकी ऊर्ध्वगामिता का उनके परिजनों और समुदाय के अन्य सदस्यों पर क्या असर पड़ा। यह जाँच करने पर पता चला कि ये अभिजन शिक्षा द्वारा प्राप्त लाभ का विस्तार करने के लिए कटिबद्ध हैं। वे अपनी अपेक्षाकृत कम साधन-संपन्नता के बावजूद अपने बच्चों को पब्लिक स्कूलों में भेजना चाहते हैं, क्योंकि सरकारी स्कूलों का स्तर गिर गया है। दलित अभिजन इस मामले में पूरे समुदाय की मदद करने में भी दिलचस्पी रखते हैं। ५५ में से दो अभिजन ऐसे थे जो इस काम में लगे हुए थे। अभिजनों को डर है कि अपने समुदाय से कटी हुई प्रगति के कारण वे कहीं अन्य दलित समाज से अलग-थलग न पड़ जायें इसलिए भी वे सामुदायिक चिंताओं से ग्रस्त देखे गये।

दलित अभिजनों के ५५ परिवारों के कुल २७८ रोजगार करने लायक सदस्यों में सिर्फ २७ बेरोजगार निकले जिनमें १८ पुरुष और ९ महिलाएँ थीं। इन परिवारों में मजदूरी करने वालों की संख्या केवल चार थी यानी न के बराबर। कारीगरी के काम में सिर्फ १६ लोग लगे हुए थे। किसानी में ५० लोग और नौकरियों में ४८ लोग थे। १२० महिलाएँ गृहकार्य में लिप्त पायी गयीं। ४ कार्यरत महिलाओं में से

८ महिलाएँ नौकरी पेशा निकलीं। इन आँकड़ों से साबित होता है कि दलित अभिजनों के परिजन भी जजमानी प्रथा या अन्य परंपरागत सामाजिक संरचनाओं की सीमाओं से निकल कर आधुनिकीकरण से उपजे पेशों से जुड़ चुके हैं।

दलित अभिजनों का यह नमूना बताता है कि यह दलितों की पहली पीढ़ी है जिसने सामाजिक-राजनीतिक-आर्थिक प्रगति का स्वाद चखा है। उनके सामने चुनौती यह है कि वे खुद को दोबारा उसी गर्हित अतीत में पतित होने से कैसे रोक पाएँगे। इस चुनौती को इन अभिजनों ने काफी गंभीरता से लिया है। अब उनके समुदाय में बाल-विवाह की घटनाएँ काफी कम हो गयी हैं, जबकि किसी जमाने में उनकी भरमार थी। देखा गया कि १६ से २० साल की ७४ संतानों में से केवल १९ की ही शादी हुई है। दलित बहुजन समझ गये हैं कि जल्दी शादी कर लेना प्रगति में बाधक होता है।

दलित अभिजनों का मनोजगत

अपने समाज में अपेक्षाकृत कहीं बेहतर स्थिति में होने के कारण दलित अभिजन दलित समुदाय के 'मित्र, चिंतक और मार्गदर्शक' की भूमिका में आ जाते हैं। इसलिए यह जानना जरूरी हो जाता है कि आखिर अनुसूचित जातियों की विविध समस्याओं को वे किस नजरिये से देखते हैं। अक्सर इन अभिजनों के पास दलित समुदाय के लोग अपनी समस्याएँ ले कर आते हैं। इनमें अधिकतर अनुसूचित जातियों पर अत्याचारों की शिकायतें होती हैं, लेकिन दलित-कल्याण की योजनाओं के लालफीताशाही के शिंकजे में फँस जाने और सरकारी दफ्तरों में दलितों के काम रुक जाने से संबंधित समस्याएँ भी काफी संख्या में होती हैं। दलितों को उम्मीद होती है कि जन-प्रतिनिधि के रूप में अथवा सरकारी कारकुनों के रूप में उन्हीं के समुदाय से उठे लोग तो उनकी मदद करेंगे ही। ५५ दलित अभिजनों में से २१ ने बातचीत में स्वीकार किया कि उनके समुदाय को उनसे इस तरह की आशा है, क्योंकि लोग उनके पास ये समस्याएँ ले कर आते हैं।

दलित अभिजनों का चिंतन इस संबंध में दो धरातलों पर चलता है। एक तरफ वे राष्ट्रीय और अन्य व्यापक समस्याओं पर गौर करते हैं और दूसरी तरफ दलितों की समस्याओं के बारे में भी उनकी अलग प्राथमिकताएँ होती हैं। जिस अवधि में दलित अभिजनों के बीच यह सर्वेक्षण किया गया था, उस समय पंजाब और असम की समस्या राष्ट्रीय एकता के लिए खतरे का कारण बनी हुई थी। बातचीत में पाया गया कि ये अभिजन न केवल इन घरेलू समस्याओं के कारण एकता-अखंडता को पहुँच सकनेवाले नुकसान के प्रति चिंतित हैं, वरन् उन्हें बाहरी खतरे की चिंता भी है। इन अभिजनों के मन में व्यापक और कभी न खत्म होनेवाली गरीबी और बेतहाशा बेरोजगारी जैसी समस्याओं के कारण भी खासी बेचैनी देखने को मिली। अपने समुदाय की प्रमुख समस्याओं में वे गरीबी और भूख को प्रमुखता देते नजर आये। उनका मानना था कि बहुत से दलित परिवार आज भी खाली पेट सोने के लिए विवश हैं। उन्हें दो जून खाने का इंतजाम करने में ही सारी शक्ति खर्च कर

देनी पड़ती है। इसलिए वे अपने विकास और प्रगति के शिक्षा जैसे अवसरों को इस्तेमाल करने की स्थिति में ही नहीं आ पाते। गरीबी उनके बीच एक ऐसी संस्कृति को बढ़ावा देती है जो उनकी बाह्य जगत के प्रति चेतना को मंद कर देती है और समाज में उनकी भागीदारी शून्य हो जाती है। भूमि के स्वामित्व से वंचित होने के कारण उन्हें देहातों में या तो खेतिहर मजदूरों की तरह रहना पड़ता है या शहर जा कर दूसरी तरह का शारीरिक श्रम करना पड़ता है। भयानक गरीबी के साथ निरंतर अवमानना और अत्याचारों का सिलसिला न केवल व्यक्ति बल्कि पूरे समुदाय की हिम्मत को तोड़ देता है। कई दलित अभिजनों ने कहा कि उनका समुदाय निम्नता के एहसास की ग्रंथि से पीड़ित है। गरीबी और जुल्म-ज्यादतियों ने मिल कर दलितों को आत्महीनता के गर्त में धकेल दिया है। दलित अभिजनों का यह भी कहना था कि कानूनी रूप से प्रतिबंधित होते हुए भी छुआछूत जारी है। यह जरूर है कि नौ अभिजनों के अनुसार केवल कम शिक्षित, निरक्षर और कर्मकांडों की भींच में फँसे लोग ही छुआछूत को ज्यादा मानते हैं। चूँकि अछूत रंग-रूप के लिहाज से अन्य भारतवासियों की ही तरह लगते हैं और अमेरिका की तरह उन्हें चमड़ी के आधार पर फौरन नहीं पहचाना जा सकता इसलिए सार्वजनिक स्थलों पर उन्हें उस समय तक उन्हें छुआछूत का सामना नहीं करना पड़ता जब तक उनकी शिनाख्त न खुल जाये। कई दलित अभिजनों ने माना कि बसों, डाकघरों और रेलगाड़ियों में उनके साथ छुआछूत का व्यवहार नहीं किया गया, लेकिन जैसे ही उनकी जाति का पता लगा वैसे ही इस तरह के सार्वजनिक स्थलों पर भी ऊँची जाति के लोगों ने दलितों के स्पर्श से बचने की कोशिश की। २६ अभिजनों ने बताया कि रेस्तराँओं में भी छुआछूत का सामना करना पड़ा। मंदिरों में चालीस अभिजनों को यह अपमान झेलना पड़ा। एक अभिजन ने तो गुस्से में कहा कि लोग कुत्ते के साथ बैठ कर खाना खा सकते हैं लेकिन चमार के साथ भोजन करने पर उनका धर्म भ्रष्ट हो जाता है। उसने यह भी कहा कि पहले चमार मरे हुए जानवरों का मांस खाते थे और गंदे रहते थे। अब न तो वे ऐसा खाना खाते हैं और न गंदे रहते हैं। कुछ चमार तो कई ऊँची जातियों के लोगों से भी ज्यादा साफ-सुथरे होते हैं, फिर भी उन्हें अछूत माना जाता है।

एक अभिजन ने, जो सरकारी अफसर था, बताया कि जब मैं किसी अजनबी से मिलता हूँ तो वह मुझसे ठीक व्यवहार करता है, लेकिन जैसे ही उसे मेरी जाति का पता चलता है उसका सलूक बदल जाता है और वह दूर से बात करने लगता है। लगभग सभी अभिजनों ने कहा कि उन्हें छुआछूत का सर्वाधिक अपमान-बोध भात-भोजों के दौरान होता है। उन्हें निमंत्रित तो किया जाता है पर अलग बैठा कर खाना परोसा जाता है। उनमें से कई ने तो अब इस तरह के भोजों में जाना ही बंद कर दिया है।

गाँवों में अस्पृश्यता की प्रथा के कारण दलितों की बस्तियों को ऊँची जातियों की बसावट से दूर और आम तौर पर उत्तर या दक्षिण में ही रखा जाता है। उन्हें शायद ही कभी पूर्व या पश्चिम में अपनी बस्ती बनाने की इजाजत दी जाती हो।

इसके पीछे धारणा यह है कि उत्तरी या दक्षिणी हवा तो चलती नहीं, पुरवाई या पछुआ हवा ही अक्सर चलती है। अगर इन दिशाओं में दलित बस्तियाँ हुईं तो हवा भी अपवित्र हो कर ऊँची जातियों के पास पहुँचेगी। गाँवों में दलित बस्तियों की स्थानिकता का दलित अभिजनों को गहरा एहसास था। ३५ का कहना था कि उनकी बस्तियाँ केवल उत्तर या दक्षिण में हैं। पाँच ने माना कि कुछ गाँवों में बस्तियाँ पूर्व और पश्चिम में भी हैं। १२ की मान्यता थी कि दिशा कोई भी हो, बस्तियाँ मुख्य गाँव से दूर ही रखी जाती हैं। केवल चार अभिजनों ने कहा कि अनुसूचित जातियों के लिए कोई अलग बस्ती है ही नहीं और ये चारों धोबी जाति के थे जिन्हें ऊँची जातियों ने अपने कपड़े धोने के लिए अपने साथ ही रहने की इजाजत दे दी थी।

क्या नये जमाने के साथ परिस्थिति बदल रही है? इस सवाल के जवाब में २८ अभिजनों ने कहा कि अब दलित बस्तियों के मामले में पहले की तरह पाबंदियों का कड़ाई से पालन नहीं होता। स्थान की उपलब्धता ही निर्णायक हो जाती है। ऊँची जाति के लोग भी खेतों के पास घर बनाने लगे हैं और इस तरह खुद उन्होंने ही उन पाबंदियों का उल्लंघन शुरू कर दिया है। लेकिन २७ अभिजनों का ख्याल था कि हालात अभी भी वैसे ही हैं।

दलितों के अत्याचारों के संबंध में पूछे जाने पर २३ अभिजनों ने दावा किया कि नये जमाने के बावजूद उत्पीड़न में वृद्धि हुई है। छह का मानना था कि हालात पहले जैसे ही हैं और तीन के ख्याल से अत्याचारों में कमी आयी है पर उनकी तीव्रता और भयानकता बढ़ गयी है। अर्थात ५५ अभिजनों में से 32 यह मानते हुए मिले कि दलितों पर किए जानेवाले जुल्मों में कमी नहीं आयी है। इनमें दस इसका कारण ऊँची जातियों द्वारा दबदबा कायम रखने की जिद को ही समझते थे। आठ का कहना था कि दलितों की प्रगति से ईर्ष्या के कारण ये अत्याचार होते हैं। इन अभिजनों का विचार था कि अगर कोई दलित मजदूर बेहतर मेहनताने के आधार पर अपना जीवन-स्तर सुधार लेता है तो द्विज जातियाँ मन ही मन खिसिया जाती हैं। कुछ द्विजों की अपनी आर्थिक स्थिति में गिरावट भी उन्हें दलितों के घर जलाने और उनकी पिटाई करने की तरफ ले जाती है, जबकि दरअसल दलितों का इसमें कोई दोष नहीं होता। दलितों द्वारा इज्जत के साथ जीने का अधिकार माँगने की नयी प्रवृत्ति भी अत्याचारों का कारण बनी है। एक दलित अभिजन का कहना था कि कानून-व्यवस्था कायम करनेवाली संस्थाओं में द्विजों की बहुतायत भी दलितों पर अत्याचारों की वजह है। दो अभिजनों ने दलित समुदाय के युवकों द्वारा टकराव की मुद्रा अपनाने को भी जिम्मेदार ठहराया। ये दोनों अभिजन मानते थे कि समाज को रातोंरात नहीं बदला जा सकता। परिवर्तन की गति धीमी ही होगी।

अभिजनों के दलितों पर अत्याचारों के लिए ग्रामीण समाज की स्थितियाँ भी जिम्मेदार लगती हैं। वे मानते हैं कि शहर की भाँति गाँव में दलित का जाति-स्रोत नहीं छिप पाता इसलिए उन्हें उस माहौल में ज्यादा तकलीफें उठानी पड़ती हैं। तीन को छोड़ कर सभी अभिजनों का विचार था कि गाँव के मुकाबले शहर में दलितों

की स्थिति बेहतर है। लेकिन इन ५२ में से ४७ दलित अभिजन सभी अछूतों को गाँवों से ला कर शहरों में बसा देने के पक्ष में नहीं थे। उनका कहना था कि न केवल यह प्रस्ताव अव्यावहारिक है बल्कि इसे इसलिए भी नहीं माना जा सकता कि दलितों को गाँव की मिट्टी से भी लगाव होता है। अभिजनों को सरकार के इरादों पर भी शक था। वे मानते थे कि जब गाँव में दलितों की गरीबी दूर करके उन्हें प्रगति के अवसर उपलब्ध नहीं कराये जा सकते तो क्या गारंटी है कि शहरों में यह काम किया जा सकेगा। अभिजनों का विचार था कि अछूतों के पास जमीन पर मेहनत करने के विविध अनुभव होते हैं। अगर सरकार पैदावार बढ़ाना चाहती है तो वह उनके इस अनुभव का सदुपयोग क्यों नहीं करती? इससे खाद्य-उत्पादन भी बढ़ेगा और अछूतों की गरीबी भी दूर होगी।

इस पूरी पूछताछ में दो बातें उभर कर सामने आयीं। अभिजनों के ख्याल से दलितों को गरीबी और छुआछूत की दो मुख्य समस्याओं का सामना करना पड़ता है। इन दोनों में प्राथमिकता के लिहाज से कौन-सी पहली है, ५५ में ३५ ने गरीबी को पहला स्थान दिया, दस ने छुआछूत को और बाकी ने दोनों को बराबर महत्त्व का माना। छुआछूत को मुख्य माननेवाले दस अभिजनों ने गरिमा और आत्मसम्मान के साथ रहने पर जोर दिया। उनके अनुसार आर्थिक तकलीफों पर पार पाया जा सकता है, लेकिन अवमानना के संस्थागत रूपों को मिटाना बहुत मुश्किल है। ५५ में ३५ अभिजनों ने भ्रष्ट नौकरशाही और प्रशासन में फैले भ्रष्टाचार को अछूतों की गरीबी का उत्तरदायी ठहराया। उनके अनुसार विकास के लिए आनेवाला काफी धन अफसर डकार जाते हैं। दूसरे, दलितों से सरकारी कर्ज वसूलने में बरती जानेवाली सख्ती ने भी अछूतों को सरकारी प्रयासों के प्रति शंकित कर दिया है। अभिजनों ने सरकार की गलत नीतियों की ओर भी इशारा किया और नीति-निर्माताओं की आलोचना की। नौ अभिजनों ने कहा कि दलितों के उत्थान की धीमी गति नीति-निर्माताओं और नियोजकों के गलत इरादों का परिणाम है। उन्होंने आरोप लगाया कि निर्णय-प्रक्रिया के सूत्रों पर कब्जा किये बैठे लोग दरअसल दलितों की हालत सुधारने में कम, उनके वोट हड़पने में ज्यादा रुचि रखते हैं। उन्होंने दलितों की बुनियादी समस्याएँ हल करने की कोशिश कभी नहीं की। इस आरोप के प्रमाण के रूप में उन्होंने आधे-अधूरे भूमि-सुधारों का उदाहरण दिया। तेरह अभिजनों का विचार था कि विकास कार्यक्रमों का लाभ न उठा पाने के कारण अछूतों में जागरूकता और शिक्षा का अभाव है। चार अभिजनों ने अपने ही समाज के अपेक्षाकृत साधनसम्पन्न हो चुके हिस्से पर आरोप लगाया कि वे सभी फायदे अपने लिए हड़प जाते हैं।

आरक्षण के प्रश्न पर दलित अभिजनों की प्रतिक्रियाएँ काफी दिलचस्प साबित हुईं। ५५ में 35 अभिजन चाहते हैं कि आरक्षण की मौजूदा व्यवस्था इसी तरह जारी रहनी चाहिए, लेकिन बचे हुए बीस में से १७ इसमें परिवर्तन चाहते थे। तीन ने साफ कहा कि आरक्षण के जरिये मिली रियायतों को दलितों के असंतोष को काबू में रखने के लिए इस्तेमाल किया जाता है। ये अभिजन मानते थे कि अगर आरक्षण

न होता तो दलित क्रांति पर उतर आते। आरक्षण की इस नीति में परिवर्तन चाहनेवाले अभिजनों में से पाँच आरक्षण की अवधि इस तरह निर्धारित करने के पक्ष में थे कि आरक्षण के लाभ केवल तीन-चार पीढ़ियों तक ही दिये जाने चाहिए। चार की राय थी कि आरक्षण केवल बेहद गरीब दलितों को ही दिया जाना श्रेयस्कर होगा। बाकी चार की मान्यता थी कि सभी जातियों के गरीबों को आरक्षण मिलना चाहिए अर्थात ये चार अभिजन आरक्षण के आर्थिक आधार के समर्थक थे। चार अभिजनों का सुझाव था कि शुरुआत में निर्धारित आरक्षण का अनुपात अब पुराना पड़ चुका है। इसे वंचित समूहों की मौजूदा आबादी के हिसाब से बदला जाना चाहिए। इस बातचीत में अंतिम चार को छोड़ कर बाकी अभिजनों ने आरक्षण की योजना की खामियों पर साफ तौर पर उँगली रखी।

जब दलित अभिजनों से पूछा गया कि क्या आरक्षण से अधिकतर दलितों को फायदा हुआ या केवल कुछ ही लोगों ने इस योजना का लाभ उठाया, तो ५५ में से ३५ यानी ६४ प्रतिशत उत्तरदाताओं ने कहा कि अनुसूचित जाति और जनजातियों के कुछ ही लोगों को इसके जरिये आगे बढ़ने का मौका मिल सका है। बाकी लोग सिर्फ उम्मीद पर जिंदा हैं। इन समुदायों के आगे बढ़े हुए हिस्सों ने सारे अवसर हड़प लिये हैं। हम देख चुके हैं कि केवल तीन अभिजनों ने आरक्षण खत्म करने का सुझाव दिया था और १७ उसे जारी रखते हुए उसमें परिवर्तन चाहते थे। इससे जाहिर है कि अभिजनों का बड़ा बहुमत इस नीति के पक्ष में था। लेकिन जब उनके सामने सवाल रखा गया कि क्या आरक्षण का आधार बदल कर जाति या धर्म के बजाय गरीबी नहीं कर देना चाहिए तो ५२ में से २४ उत्तरदाताओं ने सहमति व्यक्त की। आठ ऐसे उत्तरदाता भी थे जो इस पक्ष में तो थे लेकिन उन्हें वास्तविक गरीबों की शिनाख्त करने के मामले में सरकार की क्षमताओं पर संदेह था। उनका कहना था कि गरीब होने की सनद के भी नीलाम होने की नौबत आ जाएगी। अपेक्षाकृत समृद्ध लोग ही गरीब होने का प्रमाणपत्र हड़प लेंगे। इस सवाल-जवाब में खास बात यह थी कि कुछ अभिजन जाति के आधार को निरस्त न करते हुए भी चाहते थे कि गरीबी को भी आरक्षण के आधार की तरह मान्यता मिलनी चाहिए। शैक्षिक पिछड़ेपन और नीच किस्म के पेशों को आधार बनाने के सुझाव पर तो दस अभिजनों ने साफ कहा कि सरकार इस तरह के सामाजिक-आर्थिक पिछड़ेपन का निर्धारण करने में कतई सक्षम नहीं है, इसलिए यह आधार अव्यावहारिक होगा। ३८ अभिजनों ने इसकी तरफदारी की और चार ने कुछ परिवर्तनों के साथ इसका पक्ष लिया। २४ अभिजन इस ख्याल के खिलाफ थे कि आरक्षण की कोई निश्चित अवधि होनी चाहिए। १४ अभिजनों ने आरक्षण को सीमित अवधि तक ही देने के पक्ष में मजबूत तर्क दिये और १२ ने सिर्फ सहमति व्यक्त की। दो अभिजनों ने स्पष्ट रूप से कहा कि अनुसूचित जातियों और जनजातियों में केवल गरीबों को ही आरक्षण मिले, न कि खाते-पीते लोगों को।

लेकिन जब दलित अभिजनों के सामने सवाल रखा गया कि क्या इसी तर्क के आधार पर अन्य जातियों के गरीबों के लिए आरक्षण का प्रावधान नहीं होना

चाहिए तो उनकी राय बँटी हुई मिली। २७ अभिजनों को इस प्रस्ताव पर आपत्ति नहीं थी, लेकिन २५ को थी। ४१ अभिजन चुनावी आरक्षण खत्म करने के खिलाफ निकले। उनकी स्पष्ट राय थी कि अगर मौका मिलेगा तो कोई भी पार्टी अनुसूचित जाति के उम्मीदवार को टिकट नहीं देगी। उन्होंने यह भी कहा कि पार्टी संगठनों में आरक्षण नहीं है, इसलिए किसी भी प्रमुख दल के संगठन में बड़े पद अनुसूचित जाति के पास नहीं हैं। इस मसले पर हुए जवाब-सवालों से उभर कर आया कि कई दलित अनुसूचित जातियों और जन-जातियों के लिए पृथक निर्वाचन क्षेत्रों से उत्पीड़ित समुदायों में नेतृत्व के विकास पर विपरीत असर पड़ता है। जो नेता निकलते हैं वे गैर दलित मतदाताओं के बीच अपनी छवि ठीक रखने के लिए ज्यादा से ज्यादा 'राजनीतिक हलवाहे' की भूमिका निबाहते नजर आते हैं। दलित अभिजन इस मामले में गाँधी की भूमिका के कठोर आलोचक साबित हुए। उन्होंने आंबेडकर की तारीफ करते हुए उनकी दृष्टि को दूरगामी ठहराया। उन्होंने कहा कि अगर १९३२ में पूना पैक्ट पर दस्तखत न हुए होते तो आज दलित नेतृत्व भिन्न किस्म का होता। अभिजनों ने चुनावी आरक्षण की खामियाँ भी बतायीं। उनके अनुसार पंचायतों में कोई दलित सरपंच के पद पर इसलिए निर्वाचित नहीं हो पाता क्योंकि उन्हें पंचायतों में आबादी के अनुपात में ही प्रतिनिधित्व मिलने का प्रावधान है। खंड विकास समितियों और जिला परिषदों (अब जिला पंचायतें) में भी यही स्थिति है। (संविधान के ७३वें संशोधन बिल से यह स्थिति आज बदल गयी है।)

दलित अभिजनों से बात करने पर अनुसूचित जातियों में आंतरिक विभेदों की भी पुष्टि हुई। किसी एक सामाजिक, राजनीतिक या जातीय अस्मिता में संगठित करनेवाला संगठन उनके बीच नामौजूद निकला। जातिगत संगठनों में २२ अभिजन सक्रिय जरूर थे लेकिन उन्हें इन संगठनों की व्यर्थता का भान भी था। अपने ही समुदाय से अभिजनों के संबंधों के विषय में जाँच करने पर पता चला कि ५५ में से ४६ अभिजन अपने समुदाय के व्यापक हित के लिए कुछ करने की इच्छा रखते थे और केवल ४७ ऐसे अभिजन निकले जिन्होंने अतीत में अपने समुदाय के लिए काम किया था। अर्थात अभिजनों का करीब सातवाँ हिस्सा अपने समुदाय से पूरी तरह कटा हुआ था। ३२ अभिजनों की बातचीत से लगा कि बेहतर दर्जा प्राप्त कर लेने के बाद उनमें दलित समुदाय से कटने की प्रवृत्ति आ जाती है। बाकी २३ में से सात उत्तरदाता इस तथ्य से कुछ-कुछ ही सहमत थे। उन्होंने माना कि कुछ अभिजन ऐसे जरूर हैं जो अपनी जड़ों से फासला बनाये रखते हैं। १६ अभिजनों ने इस आरोप से इंकार किया।

अपने समुदाय के नेताओं के बारे में ४५ दलित अभिजनों का विचार था कि वे नेतृत्व देने में असफल रहे हैं। चार अभिजनों का कहना था कि केवल कुछ नेता ही नाकाम रहे हैं। छह उत्तरदाता इन नेताओं के कामकाज से संतुष्ट निकले। ३३ अभिजनों ने इन नेताओं पर पैसा बनाने का आरोप भी लगाया। आंबेडकर और गाँधी के बारे में पूछे जाने पर सभी अभिजनों ने आंबेडकर को दलित हितों के लिए संघर्ष करनेवाला नेता बताया। इनमें ५२ ने तो बाबासाहेब का नाम स्वतः लिया और बाकी

तीन ने याद दिलाने पर कुछ-कुछ क्षमाप्रार्थी हो कर उनका योगदान स्वीकार किया। गाँधी को अपने हितों का प्रवक्ता बताने के मामले में केवल २७ अभिजन स्वतः आगे आये और दस ने याद दिलाने पर उनका नाम लिया। बीस अभिजनों ने कहा कि ऊँची जाति में पैदा होने के बावजूद गाँधी ने छुआछूत की निंदा की और अछूतों को हिंदू समाज का अंग बनाने की कोशिश की। चार अभिजनों ने आधे मन से माना कि गाँधी ने आंबेडकर के कुछ विचारों पर अमल का प्रयास किया था। ३१ अभिजनों ने गाँधी पर आरोप लगाया कि उन्होंने दलितों को अपना राजनीतिक मतलब सिद्ध करने के लिए इस्तेमाल किया। ज्यादातर अभिजन मानते थे कि गाँधी एक धूर्त नेता थे जो 'हरिजन' और 'भंगी बस्ती' के नाम पर नाटक किया करते थे। वर्ण-व्यवस्था में गाँधी की दृढ़ आस्था और दलितों को अपना जातिगत व्यवसाय छोड़ने के खिलाफ राय देने की सर्वाधिक आलोचना हुई। गाँधी के मुकाबले दलित अभिजनों ने आंबेडकर के एक-एक कार्यक्रम और अभियान की सराहना की। जगजीवन राम को छोड़ कर अन्य दलित नेताओं का नाम न के बराबर लिया गया। २२ अभिजनों ने जगजीवन राम के योगदान को स्वीकारा। एक-एक अभिजन ने रामधन, वीपी मौर्य, रामविलास पासवान और कांशीराम के नाम का भी उल्लेख किया।

अपने समुदाय के स्तर की बेहतरी के लिए दलित अभिजनों ने पहला स्थान शिक्षा के उपकरण को दिया। दलितों की गरीबी को देखते हुए उनका आग्रह था कि उनके समुदाय के छात्रों को दी जानेवाली शिक्षा निःशुल्क होनी चाहिए। दलितों के लिए रोजगार के बेहतर अवसर मुहैया कराने के लिए उन्होंने लघु उद्योगों, सहकारिता के आधार पर चलनेवाले उद्योगों और दलितों के लिए अलग शॉपिंग काम्प्लेक्सों की स्थापना पर जोर दिया। दलित अभिजनों की मान्यता थी कि दलित कल्याण के लिए बनायी जानेवाली योजनाओं पर कड़ाई से अमल हो और सभी स्तरों पर आरक्षित स्थानों को भरा जाये। दलित अभिजन सच्चे समतामूलक भूमि-सुधार के पक्ष में काफी मुखर थे। दलित अभिजनों ने छुआछूत मिटाने के सवाल पर अलग-अलग विचार व्यक्त किए। २४ अभिजन इस पक्ष में थे कि जातिसूचक उपनामों के इस्तेमाल पर पाबंदी लगनी चाहिए ताकि कोई भी व्यक्ति अपनी जाति से न पहचाना जा सके। शिक्षा के अधिक से अधिक प्रसार को १८ अभिजनों ने छुआछूत मिटाने का एक कारगर जरिया बताया। उनका कहना था कि जिन इलाकों में साक्षरता की दर ऊँची है वहाँ छुआछूत की बुराई कम है। १७ अभिजनों का ख्याल था कि जब तक अनुसूचित जातियों का पर्याप्त आर्थिक उत्थान नहीं होगा तब तक छुआछूत की प्रथा नहीं मिट सकती। १३ अभिजनों ने सुझाव दिया कि बुद्धिजीवियों को आगे आ कर छुआछूत के प्रति लोगों के रवैये को बदलने का यत्न करना चाहिए। दस का मानना था कि अंतर्जातीय विवाहों को बढ़ावा देने और पुरस्कृत करने से छुआछूत के खिलाफ माहौल बनेगा। सात अभिजन इस मत के थे कि जाति-आधारित व्यवसायों को खत्म कर दिया जाना चाहिए और अन्य सात मानते थे कि अनुसूचित जातियों के रहन-सहन में साफ-सुथरेपन के समावेश से

छुआछूत की प्रथा के उन्मूलन में मदद मिलेगी।

निष्कर्ष

आजमगढ़ जिले के ५५ दलित अभिजनों से हुई बातचीत के कई निष्कर्ष अपने-आप में स्पष्ट हैं। अगर इन अभिजनों को अपने समाज का प्रतिनिधि माना जाये तो साफ लगता है कि अस्सी के दशक के मध्य में दलित समुदाय अपने असहनीय अतीत और दुविधा भरे वर्तमान के बीच खड़ा हुआ था। वह न विद्रोह करने की स्थिति में था और न चुप रहने की। अन्य हिंदू समाज की तरह दलित समाज भी विभेदीकृत है। वह अनगिनत जातियों और उनके अलग-अलग हित-आग्रहों में विभाजित है। उसकी पहली जरूरत यह रही है कि दलित समाज के आंतरिक विभाजन से परे जाते हुए उसे राजनीतिक एकता के सूत्र में बाँधा जाए ताकि एकजुट कार्रवाई के माध्यम से उनकी माँगों का झंडा बुलंद किया जा सके। चूँकि ऐसा नहीं हो पा रहा था इसलिए दलित बहुजन 'सामूहिक मोक्ष' के बजाय 'व्यक्तिगत मोक्ष' का रास्ता अपनाते दिखे। वे बेहतर नौकरियों और सत्ता के ढाँचे में पदों को हासिल करके अपनी और अपने परिवार की ऊर्ध्वगामिता में ज्यादा दिलचस्पी रखनेवाले निकले। इसके लिए वे दो तरह की रणनीतियों पर चलते हुए दिखे हैं। एक तरफ वे अपनी माली हालत सुधारने के लिए हित-आधारिंत संघर्ष चला रहे थे और दूसरी तरफ ऊँची जातियों के साथ सीधे टकराव से बचने के लिए तालमेल और बीच का रास्ता अख्तियार करने में उनकी दिलचस्पी थी। ऐसा लग रहा था कि आजाद भारत के सर्वाधिक शोषित-दमित समुदाय के इन प्रगतिकांक्षी प्रतिनिधियों के भविष्य पटल पर लंबे अरसे तक प्रतीक्षा, धैर्य और कुंठा ही दर्ज है।

लेकिन १९८४ के इस सर्वेक्षण के बाद भारतीय राजनीति में ऐसी कई घटनाएँ घटीं जिन्होंने दलित समुदाय की राजनीतिक, सामाजिक स्थिति में ऐसा परिवर्तन अंजाम दिया जो परिमाणात्मक और गुणात्मक दोनों ही था। उनमें सबसे महत्त्वपूर्ण घटना बहुजन समाज पार्टी का गठन था। बसपा की स्थापना सर्वेक्षण के वर्ष में ही हुई थी लेकिन राजनीति पर इसका प्रत्यक्ष असर उत्तर प्रदेश में १९८९ के लोकसभा और विधानसभा चुनावों में देखने को मिला। इसने लोकसभा की दो और विधानसभा की तेरह सीटें जीतीं और लगभग दस प्रतिशत वोट प्राप्त किये। प्रदेश में इसका समर्थन-आधार बीस प्रतिशत के ऊपर पहुँच चुका है। वह भारतीय जनता पार्टी और समाजवादी पार्टी के साथ प्रदेश की तीन प्रमुख पार्टियों में से एक है। १९९३ से १९९७ के बीच इसे तीन बार प्रदेश सरकार में भागीदारी भी मिल चुकी है जिनमें दो बार बसपा की नेता मायावती मुख्यमंत्री भी रह चुकी हैं।

दूसरी घटना संविधान का ७३वाँ संशोधन बिल है जिसके माध्यम से पंचायती राज संस्थाओं में अन्य पिछड़े वर्गों के साथ दलितों को सुनिश्चित भागीदारी मिली। तीसरी और अंतिम घटना विश्वनाथ प्रताप सिंह द्वारा मंडल आयोग की सिफारिशों को लागू किया जाना और व्यावहारिक राजनीति के एजेंडे पर सामाजिक न्याय की जद्दोजहद का आ जाना है।

इन घटनाओं से दलित-चेतना को एक नया बल मिला है, दलितों में आत्मसम्मान की भावना जागी है और उनका आत्मविश्वास बढ़ा है। दलितों की एकजुट हो कर कुछ कर सकने की क्षमता बढ़ गयी है जिसका नमूना हम गाँव और नगरों में जगह-जगह सार्वजनिक भूखण्डों पर आंबेडकर की मूर्ति-स्थापना के रूप में देख सकते हैं। नये जिलों का गठन और उनके नामकरण को भी इसी प्रक्रिया का अंग समझना चाहिए।

निःसंदेह इस नवचेतना और शक्ति-प्रदर्शन से दलित अभिजन की सोच भी प्रभावित हुई है। जिन अहम मुद्दों पर १९८४ में हमने दलित अभिजनों से बातचीत की थी यदि उन्हीं मुद्दों पर वही सवाल इनसे आज पूछे जाते तो उनका जवाब यकीनन बदला हुआ होता। उन जवाबों में लाचारी और अनिश्चितता की जगह दृढ़ता झलकती। इसका श्रेय बसपा और इसके नेताओं, खास कर मायावती और कांशीराम को जाता है। सर्वेक्षण बताता है कि दलित अभिजन कई खेमों में बँटा हुआ है और घुमा-फिरा कर काँग्रेस को ही ज्यादातर लोग दलित हितैषी पार्टी मान रहे थे, लेकिन आज वह इस तरह की दुविधा में नहीं है। बसपा ने उन्हें एक अपना कहा जानेवाला मंच प्रदान कर दिया है। १९८९ के लोकसभा चुनाव में उप्र से दो बसपा सांसद चुने गये थे और उनमें से एक आजमगढ़ से ही था। उसके बाद १९९१ का लोकसभा चुनाव छोड़ कर अब तक के सभी चुनावों में आजमगढ़ की दो लोकसभा सीटों में से एक बसपा ने ही जीती है। यदि आज हम उनसे पूछते कि दलितों के हितों की रक्षा कौन-सी पार्टी कर सकती है तो यकीनन बहुमत बसपा के पक्ष में जाता, जबकि उस समय ५५ में से १९ ने काँग्रेस का नाम लिया था। २६ ने कहा था कि 'कोई नहीं' और केवल एक ने बसपा का नाम लिया था क्योंकि बसपा उसी समय बनी थी और तब तक उसने उत्तर प्रदेश में कोई चुनाव भी नहीं लड़ा था। इसी तरह का कुछ जवाब, क्या दलितों को अपनी अलग पार्टी बनानी चाहिए? प्रश्न के लिए भी होता। उस समय तीस लोगों ने इस विचार को ठुकरा दिया था और केवल २५ ने कहा था कि हाँ बनानी चाहिए। आज उनका बहुमत बनाने के पक्ष में होता क्योंकि उस समय उन्हें डर था कि यदि दलित अपनी अलग पार्टी बनाएँगे तो दूसरे वर्गों के लोग उससे कट जाएँगे। आज बसपा की दलित नेतृत्व में की जानेवाली कमोबेश बहुजन राजनीति ने उन्हें इस अंदेशे से मुक्त कर दिया है।

तीसरा अहम सवाल दलितों के हित के लिए लड़ाई लड़नेवाले नेताओं के बारे में पूछा गया था जिसके उत्तर में प्रायः सभी ने स्वतः आंबेडकर का नाम लिया था जबकि अपने-आप गांधी का नाम लेनेवाले मात्र २७ थे और दस ने याद दिलाने पर उनका नाम लिया जबकि १८ ने उन्हें बिल्कुल ही नकार दिया था। गाँधी के योगदान को स्वीकारने के पीछे भी उनका छुआछूत-विरोधी कार्यक्रम था जबकि आंबेडकर की सराहना हर नजरिये से की गयी थी। यदि यही सवाल हम आज पूछते तो गाँधी-समर्थक उत्तरों में और भी कमी आ जाती।

उस वक्त के मौजूदा नेताओं के बारे में जब पूछा गया था कि कौन-सा नेता दलितों का हित-रक्षक है तो ५५ में से २२ ने जगजीवन राम का नाम लिया और

२६ ने स्पष्ट रूप से नकार दिया कि आज की पीढ़ी में सभी स्वार्थी हैं और दलित हित की चिंता किसी को नहीं है। उस समय मात्र एक ने कांशीराम का नाम लिया था। आज यदि हम यही सवाल उनसे पूछते तो यकीनन उनका उत्तर कांशीराम के पक्ष में होता और दूसरा नाम संभवत: मायावती का ही होता।

दलित-अभिजनों के भाव-जगत में बसपा की इस प्रथम प्राथमिकता का सबसे बड़ा कारण तो यह है कि बसपा के संचालन में लगे लोग भी इन्हीं आयोजनों की कतारों में से आये हैं। बसपा सरकारी कर्मचारियों द्वारा संचालित ऐसा संगठन है जिसमें ग्रामीण दलितों को राजनीतिक रूप में गोलबंद करने में कामयाबी हासिल कर ली है। इस तरह दलित-अभिजनों ने कम से कम एक दृष्टि से अपने व्यापक समाज के प्रति जिम्मेदारी का निर्वाह करना शुरू कर दिया है। इससे दलित दायरों में अभिजन और समुदाय के रिश्तों को नया आयाम प्राप्त हुआ है।

दलित महिलाएँ : दुहरा शोषण, दुहरा संघर्ष

दलित समाज जहाँ एक ओर अपने अंदर एक मध्यवर्ग के उदय से जुड़ी समस्याओं से जूझ रहा है वहीं उसे दलित-आंदोलन के भीतर एक और आंदोलन की आहटें भी सुननी पड़ रही हैं। यह है दलित महिलाओं का आंदोलन जो समग्र महिला समुदाय के मुक्ति आंदोलन का हिस्सा होने के साथ-साथ दलित समाज में पितृसत्ता का प्रश्न उठाता है। दलित महिलाओं की त्रासदी यह है कि उन्हें एक गाल पर ब्राह्मणवाद का तो दूसरे गाल पर पितृसत्ता का थप्पड़ खाना पड़ता है। साहित्य, इतिहास, राजनीति और समाजशास्त्रीय स्रोतों को खँगालने से दलित महिलाओं के संदर्भ में मुक्तिकामी भीमस्मृति और दासता की प्रतीक मनुस्मृति के सहअस्तित्व के तथ्य सामने आ सकते हैं।

दोनों गालों पर थप्पड़

मोहनदास नैमिशराय

अस्पृश्यता को नकारनेवाली भीमस्मृति और अस्पृश्यता का पालन करनेवाली मनुस्मृति एक ही सभागृह में और एक ही घर में साथ-साथ राज करती हैं। यानी देश एक ही समय में दो स्मृतियों, दो सत्ताओं और दो जीवन-पद्धतियों में जीता है।

—बाबूराव बागुल

बाबासाहेब आंबेडकर की मान्यता थी कि सामाजिक क्रांति में नारी को भी पुरुष वर्ग की सहयोगी बनना चाहिए।[१] बाबा साहेब ने दलितोद्धार मुहिम की शुरुआत २० जुलाई, १९२४ को बंबई में बहिष्कृत हितकारिणी सभा की स्थापना से की।[२] इस सभा का उद्देश्य अस्पृश्यता निवारण आंदोलन को आगे बढ़ाते हुए दलित बस्तियों में स्कूलों तथा छात्रालयों की स्थापना करना था। इस सभा के कार्यक्रमों में महिलाओं की हिस्सेदारी भी होती थी। इस समय तक दलित महिलाएँ साहस बटोर कर मंच से अपनी पीड़ा सुनाने लगी थीं। इनमें वेणुबाई भटकर तथा रंगूबाई शुभकर आदि के नाम विशेष रूप से उल्लेखनीय हैं। बाबासाहेब के अनेक कार्यक्रमों में ये महिलाएँ स्वागत गीत भी गाती थीं।

मंदिर-प्रवेश के लिए अमरावती में १३ नवंबर, १९२७ को सम्मेलन हुआ।

इसमें महिलाओं की हिस्सेदारी काफी थी। चावदार तालाब से पानी लेने के लिए किए गये महाड़ सत्याग्रह में महिलाएँ भी शामिल हुई थीं। दलितों द्वारा समाज-परिवर्तन के लिए संघर्ष के इतिहास में यह एक महत्त्वपूर्ण घटना थी। गाँधी के दांडी मार्च का राजनीतिक दृष्टि से जो महत्त्व रहा है, वही सामाजिक दृष्टि से डॉ. आंबेडकर के तालाब मार्च का था। बाबासाहेब चाहते थे कि महिलाएँ स्वयं अपने पैरों पर खड़ी हों। वे किसी पर आश्रित न रहें। इसके लिए उन्होंने कई तरह के प्रयास किए। बहुत कम लोगों को मालूम है कि जनवरी, १९२८ में बंबई में महिला मंडल की स्थापना हुई थी जिसकी अध्यक्ष स्वयं डॉ. आंबेडकर की पत्नी रमाबाई थीं। १९३० में नागपुर में 'डिप्रेस्ड क्लासेस सम्मेलन'[३] के कार्यक्रम में भी बहुत-सी महिलाएँ आयी थीं।

बाद में बाबासाहेब ने धर्म परिवर्तन के समर्थन में १६ जून, १९३६ को देवदास ठक्कर से हाल, बंबई में वेश्याओं की एक सभा को संबोधित किया। इस सभा में देवदासी पत्राजे, भूते, आराधी एवं जोगति पंथ के स्त्री-पुरुषों ने भारी संख्या में भाग लिया था। इस अवसर पर बंबई की वेश्याओं को सलाह देते हुए बाबासाहेब ने कहा था, 'आप हमारे साथ धर्म परिवर्तन करें अथवा न करें, यह मेरे लिए अधिक महत्त्व की बात नहीं है। परंतु मैं आग्रह करता हूँ यदि आप हमारे साथ आना चाहती हैं तो आपको अपना यह अपमानजनक जीवन त्यागना होगा। कमाठीपुरा की महार स्त्री जाति के लिए यह कलंक है। जब तक तुम अपना रास्ता बदलने को तैयार नहीं होगी, हम तुम्हारे लिए कुछ नहीं कर पाएँगे।'[४] एक अन्य अवसर पर उन्होंने कहा था, 'आप मुझसे पूछेंगी कि जीविका कैसे चलेगी? मैं आपको यह नहीं बताना चाहता। इसके लिए सैकड़ों रास्ते हैं, लेकिन मैं आग्रह करता हूँ कि आपको इस अपमानित जीवन को त्यागना चाहिए। आपको चाहिए कि अन्य महिलाओं की तरह शादी कर सामान्य जीवन बिताएँ।'[५] बाबासाहेब के आग्रह का बंबई की वेश्याओं पर तत्काल असर पड़ा। उनमें से कई इस पेशे को छोड़ कर सामाजिक संघर्ष में उतरीं। उस समय उनके बीच एक संगठन की भी स्थापना की गयी जिसका मूल उद्देश्य ऐसी महिलाओं को वेश्यावृत्ति से निकालना था।[६]

जुलाई १९४२ में नागपुर में आल इंडिया शेड्यूल्ड कास्ट्स फेडरेशन की स्थापना के समय ही अखिल भारतीय दलित महिला सम्मेलन भी आयोजित हुआ जिसमें लगभग दस हजार महिलाओं ने भाग लिया। कार्यक्रम की अध्यक्ष थीं सुलोचना डोगरे। स्वागत अध्यक्ष कीर्ति पटेल तथा मुख्य सचिव इंदिरा पाटिल थीं। महिलाओं की यह परिषद बहुत सफल रही।

छः जनवरी, १९४५ को बंबई में तीसरा भारतीय अस्पृश्य महिला सम्मेलन हुआ, जिसमें बड़ी संख्या में दलित और पिछड़ी जाति की महिलाएँ आईं। सभा की अध्यक्षा तत्कालीन मद्रास प्रांत की प्रमुख कार्यकर्ता मीनांबल शिवराम ने की थी। उनके पति शेड्यूल्ड कास्ट्स फेडरेशन के अध्यक्ष थे।

सामाजिक आंदोलन के साथ शिक्षा पर भी जोर दिया गया। ऐसी बहुत-सी

महिलाओं के विवरण मिल जाएँगे, जिन्होंने गृहस्थी के कामों को निपटाने के साथ-साथ पति के संघर्ष में सहयोग दिया। १९२४ में जायबाई चौधरी ने नागपुर में चोखामेला कन्या पाठशाला आरंभ की। शुरू में उसमें चार लड़कियाँ ही पढ़ती थीं। धीरे-धीरे संख्या बढ़ी। बाद में वही स्कूल जायबाई चौधरी ज्ञानपीठ[७] में रूपांतरित हुआ। इसी तरह से एक अन्य दलित महिला तुलसीबाई बनसोडे ने पति के साथ 'चोखामेला' नामक पत्र के प्रकाशन तथा प्रचार-प्रसार में महत्त्वपूर्ण भूमिका निभायी। मुक्ता सर्वगौड़[८] का नाम कौन नहीं जानता। उनकी आत्मकथा 'मिटलेली कवाड़े' बहुचर्चित रही। बाद में उनकी बेटी राजश्री सर्वगौड़[९] ने बाबासाहेब के जीवन-संघर्ष पर तीन घंटे की फिल्म भी बनाई। शांताबाई दाणी ने भी शरणार्थियों के बीच अभूतपूर्व कार्य किया। आजकल वे नासिक में स्कूल चलाती हैं। यही नहीं, दलित महिलाओं ने 'समता सैनिक दल' में भी भूमिका निभाई।[१०] बाबा साहेब के आंदोलन से प्रेरित हो कर सैकड़ों महिलाओं ने संघर्ष में भाग लिया जिसका पूर्ण विवरण मीनाक्षी मून ने अपने शोध 'आम्हीही इतिहास घडवला'[११] में दिया।

दुहरा शोषण और दमन

बाबासाहेब के कृतित्व के अनुशीलन से स्पष्ट हो जाता है कि वे दलित समाज में महिलाओं की स्थिति को ले कर बेहद चिंतित थे। वैसे तो पूरे भारतीय समाज की स्त्रियाँ पितृसत्ता के बोझ के नीचे कराह रही थीं लेकिन दलित स्त्रियों को न केवल अपने समाज की पितृसत्ता को झेलना पड़ता था बल्कि सवर्ण समाज की पितृसत्ता भी उनका शोषण और दमन करती थी। इतिहास पर एक नजर डालने से यह तथ्य प्रमाणित हो जाता है।

रेवरेंड डब्ल्यू जानसन के अनुसार केरल की पुलिया जाति के पुरुष और महिला दोनों ही घास के बनाए कपड़े पहनते थे।[१२] ट्रावनकोर के पूर्वी जिलों में दलितों की स्थिति और भी खराब थी। उन्हें सड़कों पर आने-जाने की मनाही थी। बाजार में प्रवेश निषेध था।[१३] कहीं-कहीं महिलाओं को ऊपरी वस्त्र पहनने की इजाजत नहीं थी। पुरुष लगभग अर्धनग्न रहते थे। वे बेहद गरीब और अभावग्रस्त होते थे। स्त्रियों पर सामाजिक बंधन थे। हटन ने रामनाड जिले की एक प्रभु जाति कल्लर और दलितों के बीच संघर्ष का वर्णन किया है।[१४] दिसंबर, १९३० में रामनाड में कल्लरों ने आठ निषेध घोषित किए, जिनका उल्लंघन करने पर वे दलितों के साथ मारपीट करते थे। उनकी झोंपड़ियाँ जला दी जाती थी। उनमें से दो निषेध[१५] महिलाओं के लिए भी थे : दलित स्त्रियाँ अपने शरीर का ऊपरी भाग कपड़ों से खुकई (ब्लाउज) या तावीण (चोगे की तरह पहने जानेवाला वस्त्र) से नहीं ढँकेगी और वे फूल या केसर का लेप नहीं लगाएँगी। दरअसल ऐसे निषेध उस समय देश-भर में लागू थे। कहीं थोड़े उदार, तो कहीं अनुदार। केरल में ही दलित समाज की महिलाओं को अपने वक्ष ढँकने की इजाजत नहीं थी। इस निषेध का उल्लंघन करने पर उनकी छातियाँ काट डाली जाती थीं। ऐसा केरल के दलित

समाज सुधारक आयंकाली[१६] (१८६३-१९४१) के समय में कई बार हुआ।

राजस्थान में भी दलितों पर कड़े नियम थे। अधिकांश दलित महिलाएँ दासियाँ और रखैलों की स्थिति में थीं। हिंदी क्षेत्र के अन्य राज्यों में दलित महिलाओं को विवाह की पहली रात किसी नवाब, जमींदार, पटेल के साथक गुजारने पर विवश होना पड़ता था। इस प्रथा को नकारने या न मानने वालों को दंड दिया जाता था।

विक्रम सिंह राठौड़ के मुताबिक निम्न वर्ग की नारी की विडम्बना यह रहती थी कि उसका शोषण उस वर्ग तक ही सीमित नहीं था। उच्च व मध्यम वर्ग के लोग भी इसमें पीछे न रहते थे।[१७] चौरासी मिलक का मालिक जबरन एक डोम की पत्नी से खुलेआम रमण करता था। पत्नी के साथ स्वयं सारी रात सोता और पति से सारी रात गायन करवाता। गाने के लिए न आने पर उसकी पिटाई की जाती थी।[१८] राठौड़ एक ओर निम्न वर्ग की स्त्रियों को जहाँ सामाजिक स्तर पर समानता व बराबरी के अधिकार की बात कहते हैं वहीं दूसरी तरफ उनका यह भी मानना है कि उन्हें जातिगत रीति-रिवाजों और बंधनों में ही रखने या रहने के लिए विवश किया जाता था। उनका नाता या पुनर्विवाह अपनी ही जाति में करना उचित एवं सम्मानजनक माना जाता था। अंतर्वर्गीय या अंतर्जातीय संबंधों को अच्छा नहीं माना जाता था। ऐसे वर्जित प्रयासों को रोकने के लिए जातिगत न्यातें सक्रिय रहती थीं।[१९] फिर भी उसकाल में यहाँ अनुलोम विवाह की कई घटनाएँ मिलती हैं। जहाँ तक दलित समाज में विवाह संस्था के चरित्र और स्वभाव की बात है, वह सवर्ण समाज या जातियों से थोड़ा बेहतर था। पर कुछ दलित महिलाओं का विवाह तो हो ही नहीं पाता था। इसका कारण था उन पर किसी द्विज पुरुष की नजर पड़ जाना। दलित महिलाएँ सस्ती और आम समझी जाती थीं।

बलात्कार और दलित महिला

अक्सर यह सवाल उठाया जाता है कि क्या दलित और औरत के बीच कोई समानता हो सकती है। संसद में पेश किये गये आँकड़े साबित करते हैं कि आतताइयों की नजर में औरत और दलित एकसमान हैं। जिन राज्यों में औरतों के साथ अत्याचार नहीं होता वहाँ दलित अधिक सुरक्षित हैं। जिन राज्यों में औरत का सम्मान नहीं है वहाँ दलितों की भी दुर्दशा हो रही है। जिन राज्यों में दलित और स्त्री सुरक्षित नहीं हैं, वहीं सांप्रदायिक दंगे भी होते हैं। डकैती और हत्या जैसे अपराध भी उन्हीं राज्यों में अधिक हैं। लेकिन यह एक अधूरी सच्चाई ही है। असल में सवर्ण आतताइयों की नजर में औरत और दलित एकसमान नहीं हैं। अखबार की खबरें हमें बताती हैं कि बलात्कार करने या किसी भी औरत को नंगा करने या उसे जान से मारने से पूर्व पुरुष को या तो पहले से ही संभावित शिकार (स्त्री) के बारे में मालूम होता है या वह पूछ कर उससे अभद्र व्यवहार करता है। यह सवाल दलित पेंथर के नेता राजा ढाले ने भी उठाया था और स्वयं जवाब भी दिया था कि 'क्यों नहीं किसी गाँव में किसी ब्राह्मण महिला की साड़ी उतारी जाती।' राजा ढाले के इस कथन पर

पूरे महाराष्ट्र में रोषपूर्ण पत्र छपे थे और उन्हें जेल में डालने के प्रस्ताव सवर्ण समाज के बुद्धिजीवियों और सनातनियों द्वारा दिये गये थे।

पिछले दिनों सर्वोच्च न्यायालय के फैसले की प्रतिक्रिया में **मानुषी**[२०] की टिप्पणी देखें, 'क्या यह कहना सुप्रीम कोर्ट की विमूढ़ता नहीं है कि दलित औरतें असंख्य बार अपने घरों में अपने असहाय भाई, पिता और पति की आँखों के सामने उच्च वर्ग के जमींदार और पुलिसवालों की निर्दयी भोगवासना का शिकार बनी हैं ... क्या हमें सुप्रीम कोर्ट को बेलछी, पंतनगर, मराठवाड़ा की याद दिलानी होगी?' दलित महिलाओं के सामने चुनौतियों के संदर्भ में स्वयं दलित समाज की और इंदिरा गाँधी खुला विश्वविद्यालय में प्रवक्ता के पद पर कार्यरत विमल थोरत लिखती हैं कि अधिकांश दलित समाज की महिलाएँ खेतिहर मजदूर हैं, जो बहुत कम मजदूरी पर कार्य करती हैं। उन्हें हर रोज बेरोजगारी का सामना भी करना पड़ता है। नीची जाति से संबंधित होने के कारण आर्थिक रूप से उच्च जाति के अमीर लोगों पर आश्रित होने से उन्हें बलात्कार और सब तरह की हिंसा का शिकार होना पड़ता है।[२१] पिछली शताब्दी में मैंने प्रमिला दंडवते से एक साक्षात्कार[२२] लिया था जिसमें उन्होंने कहा था कि भारत में हर साल बीस लाख महिलाओं के साथ बलात्कार किया जाता है। इस शताब्दी में तो यह संख्या बढ़ कर लगभग एक करोड़ तो हो ही गयी होगी। हालाँकि सरकारी आँकड़े इस कड़वे और घिनौने यथार्थ को छुपाते हैं। संभावना तो व्यक्त की जाती है कि बलात्कार झेलनेवाली महिलाओं की संख्या दो-तीन करोड़ से भी ऊपर पहुँच गयी है। पर इस तरह के आँकड़े अब तथाकथित बुद्धिजीवियों को भी नहीं चौंकाते। आम पाठकों की तो बात ही अलग है। बावजूद इसके कि १९७५ में संयुक्त राष्ट्र संघ द्वारा 'नारी दशक' की घोषणा से नारी मुक्ति आंदोलन का देश-विदेश में तीव्र गति से प्रचार-प्रसार हुआ था।[२३] और अगस्त १९८५ में संयुक्त राष्ट्र की महिला दशक के समापन समारोह में एक भारतीय प्रतिनिधि ने दुनिया-भर की औरतों से पुरुषों को सहवास से दूर रखने की अपील की थी।[२४]

जाति और वर्ग के आधार पर अप्रत्यक्ष रूप में बनी महिला संस्थाओं के बीच संवाद न होने के और बहुत से कारण हैं। उनमें सबसे महत्त्वपूर्ण कारण है कि अधिकांश बलात्कार की घटनाएँ दलित महिलाओं पर ही होती हैं। सवर्ण महिलाएँ इस खौफनाक दर्द से एक सीमा तक अभी दूर हैं। उनके सवाल अलग हैं इसलिए जवाब भी अलग ही होते हैं। देखा जाए तो महिला आयोग में दलित महिलाओं का प्रतिनिधित्व भी नहीं है। इस बारे में कुसुम मेघवाल[२५] का कहना है कि 'दलित वर्ग की महिलाओं के उत्थान, कल्याण एवं उनकी समस्याओं को निपटाने के लिए राष्ट्रीय स्तर पर अलग से दलित महिला आयोग, दलित महिला कोष की स्थापना की जाए, जो पूर्ण रूप से इस वर्ग की महिलाओं के लिए कार्य करे।'

भँवरी बाई की कहानी

'भारतीय समाज-संरचना में जाति एक बहुत बड़ा फैक्टर है। विद्वेष और वैमनस्यता के विकास में इसने प्रभावपूर्ण भूमिका निभाई है। इसी कारण विशेष रूप में राजस्थान में दलित उत्पीड़न की घटनाएँ बढ़ी हैं।' डा. प्रकाश लुईस और कमलकांत जब यह लिखते हैं तो भँवरी बाई का संदर्भ ताजा हो जाता है जो मर्दवाद और वर्णवाद दोनों का शिकार रही। दलित महिलाओं पर हुए अत्याचारों की घटनाओं में भँवरी बाई की घटना ऐसी है, जिसे राजस्थान के जाति-अहंकार के इतिहास में दर्ज किया जा सकता है। राजस्थान के जाति-अहंकार को समझने के लिए स्वयं भँवरी बाई की आपबीती पढ़ना जरूरी है :

> 'मैं भँवरी बाई[28] जाति नट, अपने पिता की इकलौती पुत्री। पिताजी कवि थे और राजाओं की कविता करते थे। साथ ही वे धर्म पर विश्वास करते थे। पक्के मर्दवादी थे। छोटी-छोटी बातों पर माँ को मारते-पीटते थे। मुझे भी पीटते थे। मेरे बाद चार भाई हुए और जन्मते ही उनकी मृत्यु हो गयी। मुझे अवसगुनि कहते थे। कहते थे—तेरी वजह से चार भाइयों की मौत हो गयी और सात वर्ष की आयु में मेरी शादी कर दी। और शादी के एक वर्ष बाद मेरे पति की मौत हो गयी। अब और ज्यादा अवसगुनि कहने लगे। पिताजी को गीता-रामायण सुनने का बहुत शौक था। और अंत समय में अपने मोक्ष के लिए मुझे पाँचवीं कक्षा तक पढ़ाया। १५ वर्ष की आयु में मेरा नाता कर दिया दूसरे से। मेरा पति शराबी था। गाँव में ढोल बजाता था और माँग कर खाता था। मैं किसी के घर माँगने नहीं जाती थी। मुझे शुरू से ही माँगने से नफरत थी। गाँव के ऊँची जाति के लोग मुझसे जलते थे। मैं छोटी-मोटी सिलाई करना जानती थी और गाँव में प्रौढ़-शिक्षा केंद्र चलाती थी। आँगनबाड़ी भी चलाती थी।
>
> 'बाद में मेरा ईसाई मिशनरी सिस्टर से सम्पर्क हुआ। उन्होंने छुआछूत की वजह से गाँव में आंबेडकर जयंती मनाने का प्रस्ताव रखा। मैं तन-मन से बच्चों को पढ़ाती थी। मेरी मेहनत से लोगों ने मेरी बात मान कर अपने बच्चों को पढ़ने भेजा। इसी बारे में राज्य सरकार से मुझे पाँच हजार रुपये का इनाम मिला। जब १४ अप्रैल, १९८४ को आंबेडकर जयंती मनाने लगे तो गाँव में हल्ला मच गया। सवर्ण जाति के लोग भड़क गये। अतिथियों पर पत्थर बरसाये और बैनर फाड़ डाले। गाली-गलौज की। इस पत्थरबाजी में मेरी लड़की का सिर फट गया और थोड़ी देर बाद मेरे घर आ कर मेरे साथ भी मारपीट की। शाम को गाँव में मीटिंग बैठी, जिसमें हमारे घर पर पाबंदी लगा दी। गाँव में पानी भरना, किसी से बात करना, आदि पर रोक लग गयी।'[२६]

पर भँवरी जैसे किन्हीं प्रथाओं, परंपराओं और नियमों की बंदी नहीं बनना चाहती थी। वह तो मुक्ति के लिए संघर्ष कर रही थी। गाँव-भर की रोक के बावजूद वह पानी के बर्तन उठाए अकेली पानी लेने गयी। उस समय नये कपड़े पहन कर अपनी एक चुंदड़ी को अपना कफन बना कर घर वालों को देते हुए उसने कहा था कि मरने के बाद मुझे यह चुंदड़ी ओढ़ा देना— यह कह कर वह पानी लेने चली गयी। गाँव में वह एक ऐसी महिला थी, जिसने ऊँची जाति के कुएँ से पानी भर

कर गाँव वालों की पाबंदी तोड़ी।

इस बारे में यह बताना जरूरी है कि गाँव में ही बैरवा जाति (दलित) के १५ घर थे, उन्होंने भी भँवरी का साथ नहीं दिया। भँवरी तथा उसका पति बार-बार पुलिस के चक्कर काटते थे, फिर भी न्याय नहीं मिला। बार-बार भँवरी के पति की पिटाई होती थी।[२७]

मणिमाला, जो दलितों के सवालों, समस्याओं पर बेबाकी से लिखती रही हैं, गाँव में रिपोर्टिंग के दौरान बतलाती हैं कि भँवरीबाई ने साहस करके कहा था, 'मुझे भी गंगाजल दो। मैं गंगाजली ले कर कसम खाऊँगी। मैं जो भी कह रही हूँ, सच कह रही हूँ।' उसने गंगाजल लेने के लिए हाथ बढ़ाया। पुलिस ने तब कहा, 'तेरा हाथ लगा तो गंगाजल भी अपवित्र हो जाएगा।'

यह थी उच्चवर्णीय मानसिकता। जल, जंगल, जमीन, जिनमें दलितों का जीवन रचा-बसा है, उन्हीं से उन्हें बेदखल करने का षड्यंत्र। बावजूद इसके दलित महिलाओं ने संघर्ष किया है। भँवरी बाई ने भी अपने अधिकारों के लिए संघर्ष किया। उस पर दोहरी मार पड़ी। एक स्वयं अपने समाज की, दूसरे सवर्ण जातियों के लोगों की। मणिमाला लिखती हैं कि औरत जब सच बोलने का साहस करती है तो उसे कुलटा कहा जाता है। एक अन्य दलित महिला बसमतिया के साथ उसके मालिक ने बलात्कार किया। उसी के पास वह बंधुआ मजदूर थी। विधवा थी। बलात्कार से गर्भ ठहर गया था। वह चाहती थी कि मालिक उसे अपना नाम दे। मालिक ने इनकार कर दिया। उसने गुहार लगाई। पंचायत बैठी। फैसला हुआ कि बसमतिया पतित हो गयी है।[२८]

देखा जाए तो यहाँ अकेली भँवरी बाई या बसमतिया नहीं हैं। गाँव-गाँव में न जाने कितनी भँवरी बाई और बसमतिया हैं। उनमें कुछ संघर्ष भी करती हैं, जैसा भँवरी बाई ने किया। वह गाँव की साथिन बन गयी। गाँव छोड़ कर नहीं गयी। साथिन का मतलब होता है 'राजस्थान महिला विकास कार्यक्रम' की सबसे निचली पायदान पर काम करनेवाली कर्मचारी जिसे सिर्फ दो सौ रुपये हर माह मानदेय मिलता है। लेकिन जब आठ सौ साथिनों ने राजस्थान के आठ सौ गाँवों में अपना परचम लहराया तो कई राज्य सरकारों को समझ में आया कि एक औरत जब 'साथिन' बन जाती है तब वह कितनी ताकतवर बन जाती है।[२९]

राजस्थान के 'महिला विकास कार्यक्रम' की तर्ज पर मध्य प्रदेश में भी 'महिला समाख्या कार्यक्रम' शुरू किया गया। नये प्रदेश में नयी महिलाएँ जुड़ीं। यह थी दलित महिलाओं के आत्मविश्वास और संघर्ष की कथा। इसे उनकी उपलब्धि भी कहा जा सकता है। जाहिर है कि इनमें अधिकांश महिलाएँ दलित समाज की रही होंगी जिनकी चीत्कार के साथ संघर्ष की गूँज भी गाँव-गाँव फैली होगी। यह भी जाहिर है कि अधिकांश दलित महिलाओं का साथ उनके पति, पिता तथा बेटों ने नहीं दिया होगा, पर ऐसी तमाम महिलाओं ने अपने बलबूते पर संघर्ष किया और सफलता पाई।

दलित साहित्य : पितृसत्ता का पर्दाफाश

पिछले कुछ दिनों से हिंदू संस्कृति और परंपराओं पर हिंदी दलित साहित्य की लगातार दस्तक की प्रक्रिया से कई तरह के सवाल उठ रहे हैं।[३०] लेकिन हिंदी दलित साहित्य आंदोलन में महिलाओं की क्या भूमिका है या हो सकती है, इस पर अब तक पर्याप्त विचार नहीं हुआ है। मोटे तौर पर इसके दो-तीन कारण गिनाए जा सकते हैं। पहला, इस आंदोलन में स्त्रियों की सक्रिय उपस्थिति इतनी कम है कि यह मुद्दा किसी का ध्यान नहीं खींचता। दूसरा, हर स्थिति के लिए प्रतिपक्षी को जिम्मेदार ठहराने की प्रवृत्ति इतनी हावी है कि अन्य पहलुओं की तरफ ध्यान ही नहीं जाता और तीसरा, असुविधाजनक आंतरिक सवालों से कतराने की नवजागरणकालीन प्रविधि का इस्तेमाल इस वक्त भी हो रहा है, क्योंकि स्त्रियों की स्थिति पर बात करना खुद दलित पुरुषों के लिए सहूलियत-भरा मामला नहीं है इसलिए इसका विमर्श के केंद्र में न आ पाना स्वाभाविक है। पर बावजूद इन सब परिस्थितियों के दलित साहित्य ने ही दलित महिला को जीने का आशय भी बतलाया है। उसने सजग हो कर जीना शुरू किया है। वह विचारबिंदु नहीं विचारप्रवाह बनी है। वरिष्ठ कथाकार राजेंद्र यादव ने एक गोष्ठी में कहा था कि हमारे समाज में नैतिकता के सारे मानदंड स्त्री-शरीर से तय होते हैं और उनका निर्वाह केवल स्त्री को ही करना पड़ता है। सेक्स के मामले में स्त्री का जो शोषण होता है उस अनुभव को केवल स्त्री ही जानती है। उम्मीद है दलित स्त्रियाँ उस अनुभव को लिखेंगी।[३१]

सच कहा जाए तो दलित साहित्य ने उन्हें अपनी आपबीती कहने तथा लिखने की ताकत दी है। यही नहीं, वे साहित्यिक और सामाजिक आंदोलन की शृंखला से जुड़ने लगी हैं। दलित साहित्य में स्वयं दलित महिलाओं ने दस्तक दी है। दलित महिला लेखन में हमें दोनों तरह के चित्र मिलते हैं। पहला तो उसने अपने पिता, पति, भाई या बहिन और अन्य साथी के अनुभव के साथ-साथ स्वयं के अनुभव से जो सीखा; दूसरा, केवल अपने अनुभव से जो संत्रास पाया, कुंठा और आक्रोश मिला एक पत्नी के रूप में। उसने जहाँ ब्राह्मणवादी परंपरा पर चोट की वहीं अपने ही समाज के पितृसत्तात्मक चरित्र पर भी आघात करते हुए लिखा। इसलिए उसके लेखन में दुहरी तिलमिलाहट पायी जाती है। दलित समाज के ताने-बाने के बीच उसे अपने वजूद की तलाश रही। उसी कोशिश में वह लेखिका के साथ समाज-सेविका और राजनीतिज्ञ भी बनी।

कौसल्या बैसंत्री की आत्मकथा **दोहरा अभिशाप** के शब्दों की आँच के साथ एक दलित महिला के भीतर से उभरते आक्रोश और अस्मिता को भी महसूस किया जा सकता है। अपनी इसी आत्मकथा की भूमिका में वे लिखती हैं :

> मेरे उच्च शिक्षित पति, लेखक और भारत सरकार में उच्च पद पर सेवारत रहे। उन्हें ताम्रपत्र भी मिला है और स्वतंत्रता सेनानी की पेंशन भी। पति ने कभी मेरी कदर ही नहीं की, बल्कि रोज-रोज के झगड़े, गालियों से मुझे मजबूरन घर झोड़ना पड़ा और कोर्ट केस करना पड़ा। उस घर में मैं चालीस वर्ष रही। घर छोड़ने के बिखरे दिनों में मेरी लड़की सुजाता ने मुझे सहारा दिया। बेटी के घर

रहत-रहते ही मुझे लिखने की सुविधाएँ और नैतिक बल मिला।[३२]

हिंदी में दलित महिलाओं के आत्मकथा साहित्य का अभाव रहा। जिसकी शुरुआत में हिस्सेदारी निभाई स्वयं कौसल्या बैसंत्री ने। भूमिका के अंतिम अध्याय में वे बेबाकी से लिखती हैं :

> पुरुषप्रधान समाज औरतों का खुलापन बरदाश्त नहीं करता। पति तो इस ताक में रहता है कि पत्नी पर अपने पक्ष को उजागर करने के लिए चरित्रहीनता का ठप्पा लगा दे। पुत्र, भाई, पति सब मुझ पर नाराज हो सकते हैं, परंतु मुझे भी तो स्वतंत्रता चाहिए कि मैं अपनी बात समाज के सामने रख सकूँ। मेरे जैसे अनुभव और भी महिलाओं को हुए होंगे, परंतु वे समाज और परिवार के भय से अपने अनुभव समाज के सामने उजागर करने से डरती और जीवन-भर घुटन में जीती हैं। समाज की आँखें खोलने के लिए ऐसे अनुभव सामने आने की जरूरत है।[३३]

इसी आत्मकथा में उन्होंने लिखा है :

> मेरी और देवेंद्र कुमार की नहीं बनी। देवेंद्र कुमार सिर्फ अपने ही घेरे में रहनेवाला आदमी है। गर्म मिजाज और जिद्दी। अपने मुँह से कहता है कि मैं बहुत शैतान आदमी हूँ। उसने मेरी इच्छा, भावना, खुशी की कभी कद्र नहीं की। बात-बात पर गाली, वह भी गंदी-गंदी और हाथ उठाना। मारता भी बहुत क्रूर तरीके से। उसकी बहनों ने मुझे बताया था कि वह माँ-बाप, पहली पत्नी को भी पीटता था। ... देवेंद्र कुमार को पत्नी सिर्फ खाना बनाने और उसकी शारीरिक भूख मिटाने के लिए चाहिए थी। दफ्तर के काम और लिखना यही उसकी चिंता थी। ... पैसे वह अपनी आलमारी में ताले में बंद रखता और रोज दूध और सब्जी के पैसे देता था गिनकर। कभी-कभी देना भूल जाता था। उसे याद दिलानी पड़ती थी।[३४]
>
> बहुत अत्याचार होने पर मैंने कोर्ट में देवेंद्र कुमार पर केस दायर किया। आज दस वर्ष से कोर्ट में केस अटका पड़ा है। मुझे हर माह ५०० रुपये मेंटेनेंस के मिलते हैं। देवेंद्र कुमार इसे देने में भी देर लगाता है, चार-चार महीने नहीं भेजता। न्यायपालिका भी लगता है स्त्री के लिए ज्यादा फिक्र नहीं करती। मैं अपने छोटे लड़के के पास रह रही हूँ।[३५]

दलित स्त्री का शाप[३६] लेख में रजत रानी मीनू लिखती हैं कि ऐसा नहीं है कि वे निरी घरेलू महिला रही हैं। वे अपनी ७० साल की उम्र में भी दलित महिलाओं को संगठित होने, दलित पुरुषों के साथ कंधे से कंधा मिला कर सामाजिक आंदोलन चलाने को प्रेरित करती रही हैं।

मराठी दलित साहित्य में इस तरह के आक्रोशमय स्वर बहुत पहले उभर चुके थे। उनमें कुमुद पाँवडे से ले कर मीनाक्षी मून तक हैं। बेबी कांबले की आत्मकथा पिछले दिनों मराठी से अनुवाद हो कर हिंदी में आयी है। प्रसिद्ध मराठी दलित कथाकार नामदेव ढसाल की पत्नी मल्लिका अमरशेख की आपबीती **मैं खाक में मिल जाना चाहती हूँ**[४०] पढ़ने पर हैरतअंगेज सच उभर कर आता है। हालाँकि मलिका ने दलित समाज में जन्म नहीं लिया, लेकिन दलित जीवन से रू-ब-रू हुए बिना वे न रह सकीं :

> फरवरी १९७४ में दलित पेंथर नामक नवोदित राजनीतिक संगठन की सभा थी।

चुनावों का बाजार भी गर्म था। नामदेव ढसाल जीजाजी (अनिल बर्वे) का अच्छा दोस्त था। दलित पेंथर नामक संगठन उसी के दिमाग की उपज था। गले में मणिमालाएँ पहन कर वह दर-दर की खाक छानता था। उसकी पेंट में चार-छः रंगों के पैबंद लगे होते थे। इसकी प्रेरणा उसे अमरीका से मिली थी। उन दिनों अमरीका में नीग्रो कृष्णवर्णियों के 'ब्लैक पेंथर' का काफी बोलबाला था। धीरे-धीरे गर्म खून के और भी कई दलित युवक उसके संगठन में शामिल हुए और संगठन की गतिविधियाँ बढ़ती गयीं।

नामदेव ढसाल खुरदरा, साँवला, छरहरा किंतु लंबा-तगड़ा, उद्दंड, खुद्दार और हरफनमौला शख्स था। उसकी आँखों से प्यार झरता था तथा व्यवहार से ऐंठन और रौब-दाब। उस दिन उसे देखा भर, और उसने मुझे प्रभावित किया। उसका काव्य-संग्रह 'गोलपीठा' भी पढ़ा।[३७]

बाद का दौर अधिक भयानक था। क्लिष्टता के बावजूद उसकी हर कविता में मानो एक खूँखार पशु घात लगा कर बैठा था और अनायास खरोंच मार रहा था। उन दिनों बंबई में 'उषा किरण' ही सबसे ऊँची बिल्डिंग थी। इसी की तलहटी में बसी झोंपड़ी में रहनेवाला नामदेव वेश्याओं की बस्ती की खाक छानने लगा। रेडलाइट एरिया की जिंदगी को जहर की तरह पी कर उसने हजम कर लिया था। बस, वही जिंदगी उसकी कविताओं में बसती रही।

दिन बीतते रहे। नामदेव शादी के लिए आतुर था। अब तक कई मुलाकातें हो चुकी थीं। एक दिन वह घर आया। आते ही पूछा, 'विवाह से पहले मैं शारीरिक फासलों को खत्म कर देना चाहता हूँ। तुम क्या सोचती हो?'[३८]

मैं तो सिर्फ उसे देखती रही। मेरी हाँ या न का इंतजार किये बिना उसने पहल की और मुझे बाँहों में भर लिया। बाद में विवाह भी हो गया। हम दोनों के बीच का स्वप्निल संसार जैसे ध्वस्त हो गया था। रह गया था कोरा यथार्थ।

उसकी राजनीति मुझे रास नहीं आती थी और मैं उसके विचारों से और आचरण से कुछ दूरी बनाये हुए थी। फिर भी घर के लोगों की धारणा यही थी कि उसकी पत्नी होने के नाते मैं पूर्णत: उसके साथ हूँ। मुझे यही बात अधिक सालती थी। पति के अलावा भी पत्नी का कोई अस्तित्व होता है, उसका अलग व्यक्तित्व होता है—इस तथ्य को कोई स्वीकार नहीं करता।

किसी एक नामदेव ढसाल के लिए मेरी समूची जिंदगी नहीं हो सकती। हर सफल मर्द की जड़ में एक औरत होती है— इस धारणा को मैं पूरी शिद्दत के साथ झुठलाना चाहती हूँ। मर्द-औरत प्रवृत्ति के दो रूप हैं— अपूर्ण फिर भी समर्थ। अलग दिमाग, अलग मन और अलग मेधा होने के बावजूद पुरुष प्रधानता को भला औरत क्यों स्वीकार करे?[३९]

रंजना[४०] के भीतर कसक है न केवल पूर्व पतियों के प्रति, बल्कि दलित आंदोलन के सूत्रधारों के खिलाफ भी अच्छा-खासा आक्रोश है। उसने कई पतियों से वह सब झेला। वह स्वयं अपने-आपसे सवाल दर सवाल करती है कि आखिर मैं ही क्यों यह सब झेलती रही, क्या इसलिए कि वह सिर्फ औरत है? कई बार वह दलित आंदोलन के प्रणेता और पूर्व सांसद प्रो. जोगेंद्र कवाड़े से भी मिल चुकी है। पर निराशा के अलावा कुछ नहीं मिला। पर इन सबके बावजूद उसने टूट कर बिखरना नहीं सीखा। अपने-आपको सँजो कर अपनी दोनों बेटियों को पालने, उन्हें

अच्छी शिक्षा दिलाने के लिए नहीं रही। डॉ. आंबेडकर पर पुस्तकें पढ़ने के साथ आंदोलन में भी शामिल रही। पर इन सबके बीच शिद्दत से महसूस किया कि पुरुष सत्तात्मक दलित समाज में औरत का अपना स्वतंत्र अस्तित्व बनाना अगर मुश्किल नहीं तो आसान भी कहाँ है।

इसके इतर कुछ दलित महिला लेखिकाओं की रचनाधर्मिता सकारात्मक रूप में भी रही। उन्होंने बाबासाहेब डॉ. आंबेडकर के संदेश को आम महिला तक पहुँचाने के साथ बच्चों की अच्छी परवरिश तथा शिक्षा की तरफ ध्यान दिया। अपने लेखन से उन्हें भले ही प्रसिद्धि प्राप्त न हुई हो, पर दलित समाज में चेतना जगाने के हरसंभव प्रयास उनकी तरफ से हुए। उनमें कुसुम मेघवाल (राजस्थान), मीनाक्षी मून (महाराष्ट्र), वीणा हजारिया (कानपुर), जमना बारुपाल (राजस्थान से सांसद), सुलेखा कुमारे (नागपुर से विधायक तथा महाराष्ट्र सरकार में मंत्री), रजनी और हीरा निमगड़े (दिल्ली), मधुमाया जयंत (आगरा), आदि रही हैं।

बकौल चल्लापल्ली स्वरूप रानी[४१] दलित नारी के हाथ में अस्त्र बन रहा है अक्षर। सेंट्रल यूनिवर्सिटी के छात्रों द्वारा प्रकाशित 'गुंडे डप्पु' कदिल की डफलीज में पहली बार दलित स्त्री-कवियों की दो कविताएँ संकलित की गयीं।

तेलुगू दलित नारीवादी कविता में जाति, लिंग और वर्ग-दमन के विरोध में शक्तिशाली अभिव्यक्ति दिखाई देती है। दलित स्त्री पर उच्च जाति के लोगों से ले कर स्वयं उनके पति तक, सब किसी न किसी रूप में अधिकार जताते हैं। इसी का वर्णन 'दलितरालु' (दलित स्त्री) में इस प्रकार हुआ है :

कहते हैं कोई
मुझे बना कर पीढ़ा
खींच-खींच कर बैठेंगे
डाल कर नकेल
मुझे हाँकेंगे-नचाएँगे

—शशि निर्मला

दलित स्त्री दैनंदिन जीवन में अनेक प्रकार से दमन की शिकार हो रही है। लड़की के रूप में पैदा होने के कारण घर में, अस्पृश्य जाति में बड़े होने के कारण गली में, वह कदम-कदम पर अपमानित होती है।[४२]

अरे हाँ ... अपनी जिंदगी को मैंने जिया कब?
घर में पुरुषाहंकार एक गाल पर थप्पड़
मारता है तो
गली में वर्ण आधिपत्य दूसरे गाल पर चोट करता है।

—स्वरूप रानी

साधारणत: हम उच्च जाति की स्त्रियों के साथ दलित पुरुषों को विवाह करते देखते हैं, लेकिन दलित स्त्री के साथ सवर्ण पुरुष के विवाह करने से 'सांस्कृतिक रूप से पिछड़ी' होने के पत्नी को ताने मिलते हैं। 'पंचायती' कविता देखिये :[४३]

क्या अब पता चला कि मैं चमारिन हूँ,

मुझे राम-कीर्तन न आने पर
कहता है मुझसे अच्छी भैंस है
संस्कृत में गाली देता है
मैं नीची जात की हूँ।

—विजयश्री

कवयित्री मानती है कि 'ऐम' और 'ओम' ही दलित स्त्री के नामवाचक सर्वनाम हैं।[४४] खेतों और घरों में दलित स्त्री पर होनेवाले अत्याचारों का विरोध करते हुए कई कविताएँ लिखी गयी हैं। निश्चित ही ऐसी कविताएँ आंदोलन बन करके जन-जन में फैली हैं जिससे अँधेरे से उजाले की ओर दलित महिलाओं के कदम बढ़े हैं।

मराठी के यशस्वी दलित कथाकार बाबूराव बागुल की लेख के शुरू में दी गयी उक्ति भारतीय समाज में न सिर्फ द्विज पर बल्कि दलित समाज के सतही आंबेडकरवादियों पर भी सटीक बैठती है। ये आंबेडकरवादी एक तरफ नारेबाजी के बीच मनुस्मृति का दहन करने के साथ हिंदू देवी-देवताओं को गालियाँ देते हैं, दूसरी तरफ अपने ही घर में अपनी ही पत्नियों के साथ और अपने ही श्रद्धा पुरुष आंबेडकर के चित्र की छाया में मनु की आचार-संहिता का पूरा-पूरा पालन करते हैं। दलित नारी अभी भी ऐसे कथित दलित क्रांतिकारियों के बीच पिस रही है। लंबे समय तक दलित महिलाओं को एकजुट करने के प्रयास में लगी राजस्थान की कुसुम मेघवाल की मान्यता है कि कोई हमारा मसीहा बन कर आनेवाला नहीं है जाकै पैर ना फटी बिवाई वो क्या जाने पीर पराई। इसलिए कमजोर वर्ग की महिलाओं को ही अपने उत्थान के लिए स्वयं आगे आना होगा। दलित महिलाओं के भविष्य के लिए आशा रखते हुए वे लिखती हैं कि 'आज उनमें विश्वास जागा है। वे अपनी सहायता स्वयं करने में विश्वास करने लगी हैं। वे भाग्य और भगवान के भरोसे नहीं हैं।'[४५] दलित आंदोलन की एक और हमसफर रमणिका गुप्ता का एक कथन भी उल्लेखनीय है, 'इस बात का जिक्र करना चाहूँगी कि दलित मुक्ति के झंडाबरदारों को अधिक उदार और सहनशील होना होगा और अपनी कमियों को स्वीकारना होगा।... अन्यथा वे भी ब्राह्मणवादी परंपरा के अनुयायी बन कर गार्गी द्वारा सवाल पूछे जाने पर उसका सिर धड़ से अलग करने की धमकी दे कर अपने आंदोलन को संकुचित कर लेंगे। कौन नहीं जानता कि भारत तो क्या, विश्व-भर में औरत के प्रति पुरुषों का रुख पुरुष-दंभ से ओत-प्रोत होता है यानी मेल शावनिस्ट। वे सवर्ण हों या अवर्ण, गोरे हों या काले, ब्राह्मण हों या शूद्र, औरत के मामले में कुछ अपवादों के साथ लगभग सभी दृष्टिकोण और व्यवहार में समान होते हैं।[४६]

इसी संदर्भ में सुशीला टाकभौरे की चिंता यह है कि 'दलित आंदोलन से जुड़ी महिलाओं के समक्ष यह बहुत बड़ा प्रश्न है कि 'समाज में महिलाओं के प्रति मानसिकता को कैसे बदला जाए, क्योंकि समाज की इसी मानसिकता के कारण

संपूर्ण दलित महिलाएँ नारी-मुक्ति आंदोलनों से जुड़ नहीं पाती हैं। आज भी वे अपने घर के पुरुषों की अनुमति के बिना नारी विकास सम्बन्धी कार्यक्रमों में जा नहीं पातीं।'[४९] उनका कहना है कि नारी के प्रति पुरुषों की मानसिकता बदली जाए तभी दलित महिलाओं के प्रश्नों और समस्याओं का समाधान हो सकेगा।

यूँ दलित आंदोलन से जुड़ी महिलाओं के पारिवारिक सवाल भी अनेक हैं। पुरुषप्रधान समाज में परिवार का मुखिया पुरुष होता है, लेकिन परिवार की संपूर्ण जिम्मेवारी स्त्रियों पर होती है। उनका अपना विकास इसलिए नहीं हो पाता क्योंकि सभी के विकास करने का उत्तरदायित्व उनका होता है। सुशीला टाकभौरे ने इसे नैतिक दबाव की संज्ञा दी है। दलित महिलाओं में स्वावलंबी न होने की समस्या भी है। हालाँकि जो स्वावलंबी हैं, उनके ऊपर नयी आर्थिक नीति का भी प्रभाव पड़ा है। नयी आर्थिक नीति का मतलब निजी क्षेत्रों का विस्तार और सार्वजनिक क्षेत्रों का संकुचन।[५०]

शहरों में दलित औरतें असंगठित क्षेत्रों में जुटी हैं, जैसे अखबार, धूपबत्ती, कपड़े-लत्ते की फेरी कर बिक्री करना, कबाड़ चुनना, कागज बीनना, कोयला, लोहा बीनना, चौका-बर्तन साफ करना जैसे असंगठित और उत्पादन क्षेत्र हैं, जो अस्वच्छ और न्यूनतम मूल्य तथा कठोर परिश्रम पर आधारित हैं। दूसरा निर्माण-कार्य, सड़क बनाना, ईंट-भट्टों पर कार्य करना, बीड़ी या खिलौने बनाना सभी कड़ी मेहनत के कार्य हैं। वहाँ भी मशीनीकरण होने से छँटनी होती है। इसलिए दलित महिलाओं को अधिक भागदौड़, अधिक मेहनत करनी पड़ती है। उनके लिए रोटी-रोजी जुटाना पहाड़ खोदने से कम नहीं है। ऊपर से यौन शोषण की समस्या अलग। ऐसी विपरीत परिस्थितियों में वे आंदोलन से जुड़ नहीं पातीं।[५१]

चल्लापल्ली स्वरूपा रानी इस बात पर असंतोष प्रकट करते हुए लिखती हैं, 'उच्च जाति की स्त्रियों द्वारा चलाये जानेवाले आंदोलन को मिलनेवाली पब्लिसिटी में और दलित स्त्रियों द्वारा चलाये जानेवाले आंदोलन को मिलनेवाली पब्लिसिटी में अंतर है। जो पब्लिसिटी मेधा पाटकर द्वारा चलाये गये पर्यावरण आंदोलन को मिली वैसी पब्लिसिटी आन्ध्र में साधारण स्त्रियों द्वारा चलाये गये शराब-विरोधी आंदोलन को नहीं मिली।'[५२]

उनका यह भी मानना रहा है कि अब तक नारीवादी आंदोलनों ने और नारीवादी साहित्य ने उच्च जाति की स्त्रियों की समस्याओं का ही प्रतिनिधित्व किया है। दलित कवयित्रियों को यह शिकायत है कि दलित स्त्रियों की समस्याओं के प्रति किसी ने ध्यान नहीं दिया।

संदर्भ और टिप्पणियाँ

१. *बाबासाहेब ने कहा था,* आनंद साहित्य सदन, अलीगढ़, पाँचवाँ संस्करण, २००१, पृष्ठ ५९
२. *डॉ. आंबेडकर जन्म शताब्दी स्मारिका,* १९९२, झाँसी, पृष्ठ ७७
३. *स्मारिका,* उपरोक्त, पृष्ठ ७८

४. *बाबासाहेब ने कहा था,* पृष्ठ ६२
५. *दस स्पोक आंबेडकर,* खंड-३, संपादन : भगवान दास (१९७९), नयी दिल्ली
६. *स्मारिका,* १९९२, पृष्ठ ७८
७. *स्मारिका,* पृष्ठ ७९
८. वे आदर्श समाज-सेविका मानी जाती हैं और बाबा आम्टे के कुष्टधाम में काम करती हैं।
९. माहिम स्थित (बंबई) उनके निवास पर हुई बातचीत के आधार पर।
१०. *स्मारिका,* १९९२, पृष्ठ ७९
११. मीनाक्षी मून, *आम्हीही इतिहास धडवला,* स्त्री-उवाच ७-८, बंबई, १९८९
१२. नेटिव लाइफ इन ट्रावनकोर, पृष्ठ ३६
१३. ट्रावनकोर डिस्ट्रिक्ट गजट, अप्रैल १८८२
१४. एम.एन. श्रीनिवास, आधुनिक भारत में सामाजिक परिवर्तन, राजकमल प्रकाशन, नयी दिल्ली, १९९६ (पुनर्मुद्रित), पृष्ठ २८
१५. उपरोक्त, पृष्ठ २९
१६. दलित मूवमेंट इन इण्डिया एण्ड इट्स लीडर्स, पृष्ठ १७०
१७. डा. विक्रम सिंह राठौड़, राजस्थान की संस्कृति में नारी, राजस्थानी ग्रंथागार, जोधपुर, १९९४, पृष्ठ ५५
१८. मुंहता नैरासी दी ख्यात, भाग-१, पृष्ठ ८०
१९. मारवाड़ के ताऊसर गाँव के माली ने ढेढ़ जाति की स्त्री को अपने घर में डाल लिया, इस कारण न्यान (पंचायत) द्वारा उस पर जुर्माना लगाया गया। (जोधपुर सनद परवाना बही नं. ३, वि. सं. १८२२, पृष्ठ ३२ रा. रा. अभि., बीकानेर, भैरुन्दा गाँव के बढ़ई ने जब ढेढ़ जाति की स्त्री को अपने घर डाला तो जातीय पंचायत द्वारा उस पर न्यात-भोजन का दंड लगाया गया। जोधपुर सनद परवाना बही न. १३, वि. स. १८३०, पृष्ठ ३६, रा. रा. अ. बीकानेर)
२०. बलात्कार : हम ही शिकार, हम ही दोषी? मानुषी, नयी दिल्ली १९८०, पृष्ठ ४२
२१. 'प्रगति के अंतिम छोर पर खड़ी दलित महिला', *आम्ही मैतरणी,* मराठी मासिकी, बंबई, अप्रैल-सितंबर १९९८, पृष्ठ ४०
२२. मीना बाग (नयी दिल्ली) स्थित प्रमिलाजी निवास पर १९९१ में लिए गये साक्षात्कार के आधार पर।
२३. *संडे मेल,* हिंदी साप्ताहिक, नयी दिल्ली, १७-२३ मई, १९९२
२४. 'औरतों के भी दो संसार हैं', *जनसत्ता,* नयी दिल्ली, २० अक्तूबर, १९९५
२५. 'दलित महिलाओं का उत्थान : एक विश्लेषण', *दलित साहित्य २०००,* नयी दिल्ली, पृष्ठ १६६
२६. राजस्थान के दलितों का मुक्ति संघर्ष, भारतीय सामाजिक संस्थान, नयी दिल्ली, २००१, पृष्ठ १६२
२७. 'दलितों को मालूम नहीं कि उनके अधिकार क्या हैं?', *हम दलित,* नवंबर १९९९, नयी दिल्ली
२८. *उपरोक्त,* पृष्ठ १६३
२९. मणिमाला, 'एक सफर : बसमतिया से भँवरीबाई तक', *हंस,* नयी दिल्ली, नवंबर-दिसंबर, १९९४, पृष्ठ १७५
३०. *उपरोक्त,* पृष्ठ १७९
३१. बजरंग बिहारी तिवारी, 'तिहरा अभिशाप अर्थात दलित-अस्मिता विमर्श में स्त्री', *हंस,* नयी दिल्ली, जुलाई, २०००, पृष्ठ ८९
३२. कौशल्या बैसंत्री, 'दलित महिला की पहली आत्मकथा : दोहरा अभिशाप', *हंस,* नयी दिल्ली, १९९९, पृष्ठ ८४

३३. *दोहरा अभिशाप*, परमेश्वरी प्रकाशन, दिल्ली, १९९९, पृष्ठ ७
३४. *उपरोक्त*, पृष्ठ ८
३५. *उपरोक्त*, पृष्ठ १०४
३६. *उपरोक्त*, पृष्ठ १०५
३७. *दलित साहित्य*, १९९९, दिल्ली, १९९९, पृष्ठ ३१९
३८. *औरत : उत्तरकथा, हंस*, नवंबर-दिसंबर, १९९४, पृष्ठ १०३
३९. *उपरोक्त*, पृष्ठ १०४
४०. *उपरोक्त*, पृष्ठ १०५
४१. *उपरोक्त*, पृष्ठ १०८
४२. एक कामकाजी दलित महिला, मंगोलपुरी स्थित निवास पर बातचीत के आधार पर
४३. *तेलुगू साहित्य में दलित दस्तक*, संपा. रमणिका गुप्ता और डॉ. वी. कृष्ण, नवलेखन प्रकाशन, हजारीबाग, २००१, पृष्ठ १६५
४४. *उपरोक्त*, पृष्ठ १६६
४५. *उपरोक्त*, पृष्ठ १६७
४६. *उपरोक्त*, पृष्ठ १६८
४७. *दलित साहित्य २०००*, दिल्ली, पृष्ठ १६६
४८. *युद्धरत आम आदमी (दलित-चेतना अंक)*, नवलेखन प्रकाशन, मेन रोड, हजारीबाग, अप्रैल-सितंबर १९९६, पृष्ठ ९
४९. *दलित साहित्य १९९९*, नयी दिल्ली, पृष्ठ ११४
५०. *उपरोक्त*, पृष्ठ ११५
५१. रजनी, 'नयी आर्थिक नीति और दलित महिला', *दलित साहित्य २००१*, नयी दिल्ली, पृष्ठ २३५
५२. *तेलुगू साहित्य में दलित दस्तक*, उपरोक्त, पृष्ठ १६८

... राजनीतिकरण ... राजसत्ता
... वोट ... बहुजन ...
नक्सलवाद ...

जातियों के राजनीतिकरण का एक और पहलू

जाति से जुड़ी राजनीतिक-चेतना पर द्विज जातियों की इजारेदारी चली आ रही थी और अब जाति-प्रथा से पीड़ित लोग जातिगत पहचान और उससे जुड़े दावों को पेश कर रहे हैं। इस दलित उभार ने वामपंथी, गाँधीवादी, उदारतावादी और नये सामाजिक आंदोलनों की पहल करनेवाले स्वयंसेवी संगठनों की सामाजिक-राजनीतिक विफलताओं और सीमाओं को बेनकाब कर दिया है। बहुलवाद का पारंपरिक उदारतावादी नजरिया अपनी रेडिकल व्याख्या के बरक्स खड़ा है। एक बार फिर साबित हुआ है कि जाति राजनीतिक प्रक्रिया के सेकुलर उपादान की तरह काम कर सकती है। दलित उभार उन सामाजिक-सांस्कृतिक नायकों को सामने ला सकता है जो काँग्रेस और गाँधी की प्रमुखता वाले राष्ट्रीय आंदोलन के कारण पृष्ठभूमि में चले गये थे। लेकिन ब्राह्मणवाद के दबावों का सामना करनेवाली इस दलित परिघटना को 'एकला चलो रे' की प्रवृत्ति त्याग कर वामपंथी रुझान कायम रखते हुए समाज-परिवर्तन के नये हरावल की रचना करनी होगी।

दलित उभार के मायने

रजनी कोठारी

जाति के मुद्दे पर एक बार फिर बहस शुरू हो चुकी है। लेकिन इस बार जमाना काफी-कुछ बदला हुआ है। राष्ट्रीय ही नहीं, दुनिया के पैमाने पर हालात में ऐतिहासिक परिवर्तन आ चुका है। राष्ट्रों के भीतर हो या उनके बीच, इंसानी गैरबराबरी बढ़ती जा रही है और सामाजिक खाइयाँ चौड़ी होती जा रही हैं। इन बदले हुए हालात का एक खास पहलू यह है कि समाज के गरीब और अधिकार-वंचित तबकों के दमन के खिलाफ और उनकी आजादी और गरिमा की रक्षा के लिए तत्पर नाना प्रकार की विचारधाराओं की अपर्याप्तता का ही नहीं बल्कि कमोबेश अप्रासंगिक होने का अहसास भी सताने लगा है। यही विचारधाराएँ इन तबकों के मानवीय और सामुदायिक अस्तित्व के लिए संघर्षरत रहती थीं। ऊपर से आर्थिक विकास संबंधी दृष्टि पर हावी नयी समझ से भी इस परिस्थिति की गंभीरता में बढ़ोतरी हुई है।

जैसे-जैसे दलित और अन्य निचले वर्ग अपने अधिकारों के प्रति सचेत हो

कर उनकी दावेदारी करने लगे हैं वैसे-वैसे उनके ऊपर होनेवाली ज्यादतियों में क्रूरता और आतंक की मात्रा बढ़ती जा रही है। दमित वर्गों के पूरे के पूरे समुदाय गहरे विक्षोभ से गुजर रहे हैं। उन्हें निरंतर अपमानजनक हालात का सामना करना पड़ रहा है। राष्ट्र, राज्य और नागरिक समाज के अंग के रूप में उनकी पहचान और उनके अस्तित्व का निरंतर क्षय हो रहा है। देश के किसी-न-किसी हिस्से में उनके ऊपर ढाये जानेवाले जुल्मों की दिल हिला देनेवाली कहानियाँ सुनने में आती रहती हैं। घटनास्थलों पर पुलिस, संबंधित प्रशासनिक अधिकारी और राजनीतिक पार्टियों के प्रतिनिधि हमेशा देर से ही पहुँचते हैं। फिर संवाददाताओं, फोटोग्राफरों, वकीलों और मानवाधिकार कार्यकर्ताओं की लाइन लगती है। मंत्री और मुख्यमंत्री का आगमन और भी देर से होता है। राजनीतिक फायदा उठाने के लिए प्रधानमंत्री महोदय हेलीकाप्टर से मौके का मुआयना करने पहुँचते हैं। फटाफट एक जाँच आयोग बैठा दिया जाता है। मृतकों के परिजनों के लिए मुआवजा घोषित कर दिया जाता है। इन सरकारी कदमों का व्यापक प्रचार करने के बाद हमें बताया जाता है कि यह तो 'असामाजिक तत्त्वों', विपक्षी दलों और गुटों की कारस्तानी थी। यह घटनाक्रम गरीबों और दबे-पिसों के साथ भारतीय राज्य-तंत्र की मुख्यधारा के संबंधों का स्थायी भाव बन चुका है।

यह मान्यता लंबे अरसे से चली आ रही थी कि राष्ट्र-निर्माण की परियोजना में प्रगति के साथ ही जनता को लोकतांत्रिक अधिकारों का अवदान भी मिलेगा। ज्यादा से ज्यादा लोगों और समुदायों को इससे फायदा पहुँचेगा। गरीबी, बेरोजगारी और मानवीय दुर्दशा के सभी कारणों का उन्मूलन हो जाएगा। इतिहास की द्वंद्वात्मकता जैसे-जैसे गति पकड़ेगी और उत्पादक शक्तियों का जैसे-जैसे विकास होगा वैसे-वैसे जाति, समुदाय, जनजाति और विभिन्न सामंती अवशेषों की संकीर्ण संरचनाएँ अनावश्यक हो जाएँगी। अर्थात लोग नए किस्म के सेकुलर और राजनीतिक संबंधों को स्वीकार करते चले जाएँगे।

आज ये अनुमान गलत साबित हो चुके हैं। व्यवस्था और उस पर हावी विकासवादी विचारधारा से मिले आश्वासनों पर कभी गरीबों और उत्पीड़ित जनता ने यकीन किया था। लेकिन आज इन वायदों पर पीछे मुड़ कर एक नजर डालने पर हम देखते हैं कि निहित स्वार्थों ने पूरी प्रणाली को किसी और ही दिशा में मोड़ दिया है और इस दुरभिसंधि के मुकाबले हम हैरतअंगेज ढंग से कितने बेबस हैं। मेरे ख्याल से इस परिघटना के दो कारण हैं : पहला तो यह कि लोकतांत्रिक राष्ट्र-निर्माण और समाज-परिवर्तन की कार्यसूची पर पूरी तरह अमल किया ही नहीं गया। दूसरा कारण यह लगता है कि भारतीय यथार्थ अपनी अंतर्निहित जटिलता, तरह-तरह के विभाजनों और विरोधाभासों के कारण सामान्य विश्लेषणों और विचारधारात्मक व्याख्याओं के पारंपरिक ढाँचे में फिट होने के लिए तैयार नहीं है। लंबे अरसे तक धीरज और सहनशीलता दिखाने के बाद लोगों का यकीन डगमगाने

लगा है और वे इस नतीजे पर पहुँचते जा रहे हैं कि अब शायद उन्हें अपना ख्याल खुद ही रखने के लिए तैयार हो जाना चाहिए। वैसे यह ठीक ही है क्योंकि राज्य और राजनीतिक दलों का अनंतकाल तक मुखापेक्षी हुए बिना आखिरकार जनता को अपने हित से जुड़े मामले अपने हाथ में ले ही लेने चाहिए। यही तो लोकतांत्रिक प्रक्रिया का सारतत्त्व है।

जातिगत पहचान और जाति-चेतना के नए विस्फोट को इसी पृष्ठभूमि में देखा जाना चाहिए। न जाने कब से जातिगत-चेतना पर ब्राह्मणवादी ऊँची जातियों की इजारेदारी चली आ रही थी। आज कुछ और ही घटित हो रहा है। जाति-प्रथा समेत व्यवस्था से पीड़ित लोग जातिगत पहचान और उससे संबंधित दावों को पेश कर रहे हैं। दरअसल, जिन लोगों से श्रेणीक्रम पर आधारित जातिगत विभाजनों और विषमताओं को खत्म करने की कोशिश करने की उम्मीद की जाती थी उन्होंने ही इनका सबसे ज्यादा इस्तेमाल करना शुरू कर दिया है, हालाँकि उन्हें अभी भी उम्मीद है कि समाज-व्यवस्था में बुनियादी परिवर्तन के जरिए ऊँच-नीच और उत्पीड़न को खत्म किया जा सकता है। जनता के इन तबकों ने जातिगत विभाजनों का इस्तेमाल करके सांप्रदायिकता और फासीवाद की ताकतों को परास्त किया है और इस तरह शोषण, दमन और तिरस्कार-विहीन समाज की तरफ बढ़ने के उस कार्यभार की पूर्ति की है जिसे व्यापक सेकुलर व्यवस्था द्वारा अंजाम दिया जाना चाहिए था। जनता के इन तबकों का दावा मजबूत होने के साथ ही ऊँची जातियाँ और साधनसंपन्न लोग इसके खिलाफ गोलबंद होते जा रहे हैं। ऐसे लोगों के लिए यह जन-उभार असहनीय है क्योंकि उनके जीवनकाल और इतिहास में ऐसा कभी हुआ ही नहीं। इसी कारण से इस जन-उभार को विभाजित और भ्रमित करने के साथ-साथ बदलाव की ताकतों को फुसला कर अपने पक्ष में करने की कोशिशें चल रही हैं। इन नए संघर्षों को दिशा देने के लिए कोई स्पष्ट और सुचिंतित विचारधारात्मक संरचना उपलब्ध न होने के कारण भी व्यवस्था पर हावी वर्ग और पार्टियों को फुसलाने, खरीदने और बाँट कर हुकूमत करने में कामयाबी मिल रही है। जाहिर है कि विषमता और शोषण के अंत की संभावनाएँ अभी दूर-दूर तक भी नहीं हैं लेकिन ऐसे कई संकेत अवश्य हैं जिनसे लगता है कि यह प्रक्रिया शुरू हो चुकी है। इसे नया आवेग और नयी बौद्धिक समझ प्रदान करने का वक्त आ गया है। यह समझ वंचित और दमित सामाजिक तबकों का गठजोड़ बनाने के नए मॉडलों पर आधारित राजनीतिक कार्यक्रम की बुनियाद पर खड़ी होगी।

जाति के नए उभार का ऐतिहासिक संदर्भ

समस्या का जायजा लेने के बाद अब मैं जाति संबंधी समूची बहस और समाज-परिवर्तन में इसकी भूमिका से जुड़े सैद्धांतिक और राजनीतिक मुद्दों पर विस्तार से विचार करूँगा। हुआ यह है कि बेहद विविध किस्म के बहुलतावादी हितों और

अस्मिताओं के एकरूपीकरण की अंधाधुंध कोशिश ने भारतीय यथार्थ को व्यथित कर दिया है। इसके साथ ही राष्ट्रीय आत्मनिर्भरता और संप्रभुता के आग्रह की जगह विश्व-बाजार के साथ जुड़ने की जिद के कारण संपूर्ण सामाजिक और सांस्कृतिक जमीन उथल-पुथल से भर गयी है। नतीजे के तौर पर पारंपरिक नागरिक समाज और आधुनिक राज्य के बीच संतुलन गड़बड़ा गया है। पहले सामाजिक विविधता और लोकतांत्रिक संस्थाओं के बीच एक तरह का तालमेल चलता रहता था।[१] आज यह तालमेल धर्म-आधारित होने का दावा करनेवाले काल्पनिक समुदाय के बहुमतवादी आग्रहों में निहित आक्रामकता की बलि चढ़ता जा रहा है। जो राजनीतिक-प्रणाली बहु-केंद्रीय, बहु-जातीय और जातिगत बहुलतावाले यथार्थ के लिए बनाई गयी थी, उसका संचालन करना टेढ़ी खीर बन गया है। इस प्रक्रिया में राज्य एक बार फिर अधिक केंद्रीकृत और अधिक दमनकारी हो गया है। राज्य की इस प्रवृत्ति का नुकसान सबसे ज्यादा हाशिये पर पड़े उत्पीड़ित तबकों को झेलना पड़ रहा है। इनमें वे लोग भी शामिल हैं जो परंपरा के कारण ही नहीं बल्कि नयी अर्थनीतियों के कारण भी हाशिये पर धकेल दिये गये हैं।

लेकिन इसी अवधि, खासतौर से पिछले कुछ वर्षों में गरीबों और हाशिये पर पड़े इन तबकों ने अपने संख्याबल और अस्मिताओं को आधार बना कर अपने भविष्य को बनाने की कोशिशें शुरू कर दी हैं। ये तबके अपने कल्याण के लिए भारतीय राज्य पर काफी कुछ निर्भर थे और एक तरह से आज भी निर्भर हैं लेकिन अब उनकी निराशा उन्हें नए-नए रास्ते खोजने पर मजबूर कर रही है। वे जाति, उपजाति, जनजाति, जातीय-क्षेत्रीय और इसी तरह की अन्य अस्मिताओं पर आधारित गोलबंदी की तरफ जा रहे हैं। धार्मिक अल्पसंख्यकों तक में भी उपजातियों पर आधारित ऐसी गोलबंदी के उदाहरण देखे जा सकते हैं।

जाति और जाति जैसी अस्मिताओं के आधार पर हो रहे सामाजिक आलोड़न के प्रति आमतौर पर बौद्धिक और राजनीतिक मुख्यधारा का रवैया द्वैध से ले कर शत्रुता और तिरस्कार के बीच कहीं न कहीं स्थित रहता है। जाति एक तथ्य है जो गैरभारतीय ही नहीं, भारतीय प्रेक्षकों को भी लगातार चकित करता रहता है। एक सामाजिक परिघटना के रूप में इस देश के वासियों को भी 'जाति-प्रथा' अजीबोगरीब और पहेली जैसी लगती है क्योंकि उनके लिए जाति की लंबी वंशबेलि अस्मिताओं की ही नहीं बल्कि टकराव की स्रोत भी है। उनके लिए जाति आपसी गठजोड़ों का अवसर तो प्रदान करती ही है साथ ही वह ऊँच-नीच के आधार पर होनेवाले शोषण और दमन की प्रतीक भी है। अगर व्यापक जनता की नहीं तो सुशिक्षित मध्यवर्ग की जाति संबंधी समझ तो ऐसी ही है। हुकूमत करनेवाले अभिजन भी जाति को इसी दृष्टि से देखते हैं। चूँकि इस वर्ग को शासन करना है इसलिए अपने सामाजिक प्रभुत्व के क्षेत्र को समझना और उसके यथार्थ को स्वीकार करना उसकी जिम्मेदारी होनी चाहिए। लेकिन यह पूरी तरह से भ्रमित दिखाई देता

है। इन अभिजनों को अर्थविषयक और विचारधारात्मक रूप से 'जाति-प्रथा' को सांप्रदायिकता की कोटि में रख कर तो देखने का अभ्यास हो गया (हिंदुत्ववादी राजनीति के सांप्रदायिक रुझानों के प्रति आकर्षित होनेवाले कई तत्त्व जातिगत गोलबंदी पर आधारित नए या पुराने दावों के विरोधी हैं[२])। जाति का तेजी से राजनीतिकरण होता जा रहा है। साथ ही जातिगत अस्मिताओं के आधार पर की जानेवाली माँगों और दावों की प्राथमिकता भी बदल रही है। पहले इन माँगों में आर्थिक प्रगति की आकांक्षाएँ ही मुख्य होती थीं, फिर इनमें सामाजिक हैसियत का दावा भी जुड़ गया और अब वे राजनीतिक सत्ता को अपना केंद्र बनाने लगी हैं। इसने जाति के विरोधियों की बेचैनी को और बढ़ा दिया है। वैसे तो बहुलवाद हमेशा से ही भारतीय सामाजिक जीवन के आधार के रूप में स्वीकृत रहा है लेकिन अब इसकी अभिव्यक्ति समता और सामाजिक न्याय के पक्ष में ऐसे उभार के तौर पर हो रही है जिसे सरकारी नीतियों के माध्यम से नहीं वरन् राजसत्ता को अधिग्रहीत करने के जरिये हासिल किया जाना है। जाहिर है कि बहुलवाद के पारंपरिक उदारतावादी नजरिए को अपनी अधिक रेडिकल व्याख्या का सामना करना पड़ रहा है।

जाति और उत्पीड़न के खिलाफ संघर्ष

सामाजिक न्याय के इस संघर्ष ने वर्ग-संघर्ष या समाजवाद के लिए किए जानेवाले संघर्ष के परे जा कर नए आयाम ग्रहण कर लिये हैं जिसके कारण वामपंथी राजनीति के साथ-साथ 'नए सामाजिक आंदोलनों' के नाम से प्रचलित राजनीति के सामने भी चुनौती खड़ी हो गयी है। इस संघर्ष ने उस नेहरूवादी परिप्रेक्ष्य को भी चुनौती दी है जो आजादी के बाद से भारतीय अभिजनों के चिंतन को निर्देशित करता रहा है। इसी परिप्रेक्ष्य के तहत समाज-परिवर्तन, आर्थिक विकास, आधुनिकीकरण, सेकुलरवाद, आधुनिक शिक्षा और चुनावी लोकतंत्र को देखा जाता रहा है। इसी परिप्रेक्ष्य के तहत माना जाता रहा है कि ये प्रक्रियाएँ देश को अंततः एक प्रगतिशील, अखंड और श्रेणीगत विभाजनों से मुक्त 'खुले समाज' के निर्माण की ओर ले जाएँगी। जाति-आधारित संघर्षों की इस चुनौती ने राष्ट्र-निर्माण की परियोजना और 'धर्मनिरपेक्ष' समाज बनाने में व्यस्त बहुत से व्यक्तियों और संस्थाओं को रक्षात्मक स्थिति में डाल दिया है। इनमें से ज्यादातर जाति को आधुनिक भारत के एक पुरावशेष से ज्यादा महत्त्व नहीं देते। ये लोग मानने के लिए तैयार ही नहीं हैं कि कुछ खास परिस्थितियों में जाति और जातिगत पहचान राजनीतिक प्रक्रिया का एक सेकुलर उपादान भी साबित हो सकती है जिसके जरिए सांप्रदायिक पार्टियों और विचारधाराओं का प्रतिकार भी किया जा सकता है। राष्ट्रीय मोर्चा सरकार द्वारा मंडल आयोग की सिफारिशों पर अमल के बाद मेरी इस दलील पर देश के प्रमुख समाज-विज्ञानियों ने कड़ी असहमति दर्ज कराई थी।[३] लेकिन मैं आज तक अपने

विचार पर कायम हूँ क्योंकि जाति मुझे उत्पीड़नकारी ही नहीं लगती बल्कि उत्पीड़न के खिलाफ संघर्ष का आधार भी मुहैया कराती दिखती है। यह एक साथ परंपरा में भी बाँधती है और आधुनिकीकरण का वाहक भी हो सकती है। इसमें दो तरह के प्रभाव डालने की संभावना है : इसके जरिए सामूहिक पहचान तो उपलब्ध हो ही सकती है, यह उस पहचान के स्रोत अर्थात श्रेणीक्रमवाली व्यवस्था को खत्म करने का माध्यम भी हो सकती है। इससे भी आगे जा कर जातिगत गोलबंदी के कुछ तरीकों से धार्मिक संकीर्णतावादी सांप्रदायिकता का मुकाबला भी किया जा सकता है। इसी दृष्टि से मैंने जाति के राजनीतिक उभार को सेकुलर उभार की संज्ञा दी थी जो प्रमुख समाज-विज्ञानियों को हजम नहीं हुई।

दरअसल, ऐसा होना लोकतांत्रिक प्रक्रिया को जड़ीभूत, समतल और प्रगतिविरोधी बनाने के बजाय अधिक सक्रिय और गहन बनाने पर निर्भर है। एम.एन. श्रीनिवास और कुछ अन्य समाज-विज्ञानियों ने काफी पहले मान्यता व्यक्त की थी कि लोकतंत्र जाति को पुनर्जीवन प्रदान कर देगा। आज इस धारणा को और भी जोरदारी से दोहराया जा रहा है। वस्तुस्थिति यह है कि लोकतांत्रिक प्रक्रिया के परिणामस्वरूप जाति का पुन: प्रकटीकरण तो होता है लेकिन इस चक्कर में जाति अपने-आप में परिवर्तित हो जाती है। मैं बेहिचक कहना चाहता हूँ कि 'राजनीति में जातिवाद' के जरिये जाति-प्रथा का रूपांतरण मुमकिन है। मैं अपने इस दृष्टिकोण को सत्तर के दशक में प्रकाशित एक रचना में विस्तार से प्रतिपादित कर चुका हूँ।[४] मेरा निष्कर्ष था कि 'राजनीति में जातिवाद असल में जातियों के राजनीतिकरण के अलावा और कुछ नहीं है' जिसका परिणाम जाति-प्रथा के संरचनागत और विचारधारात्मक रूपांतरण में निकलता है। राजनीति के कारण जाति की सामाजिक संरचना के दायरे में तरह-तरह के गठजोड़ करने पड़ते हैं जिससे इस प्रथा की कठोरता और अनम्यता का उल्लंघन होता है। धर्म-जाति निरपेक्ष राजनीतिक उद्देश्यों से जाति का टूटना और जातियों का आपस में जुड़ना उन्हें विभिन्न पार्टियों के साथ सौदेबाजी की स्थिति में ले जाता है और राजनीति की माँगों को पूरा करने के लिए जातियों को आवश्यकतानुसार उपयुक्त सांगठनिक रूप ग्रहण करने पड़ते हैं।[५] विचारधारात्मक लिहाज से इस प्रक्रिया में जाति श्रेणीगत से बहुलतावादी होने के बुनियादी परिवर्तन से गुजरती है। वह दैवी सामाजिक दर्जे की वाहक न रह कर राजनीतिक प्रयास के जरिए हासिल की जानेवाली सत्ता का स्रोत हो जाती है। इस तरह जातिगत भूमिकाएँ कर्मकांडीय न रह कर नागरिक और राजनीतिक दायरों में परिभाषित होने लगती हैं।

यह एक तथ्य है कि आजादी के बाद की अवधि में जाति की सामाजिक शक्ति को घटाने और धीर-धीरे उसकी सक्रियता का उन्मूलन करने के कई प्रयास हुए थे। ये प्रयास नाकाम रहे। इन कोशिशों के पीछे कुछ लोगों का विचार यह था कि सेकुलरवाद के विकास के साथ-साथ सांप्रदायिक और धार्मिक अस्मिताएँ ही

नहीं, जातिगत पहचानों का विलोपन भी होता चला जाएगा। कुछ दूसरी तरह के लोग मानते थे कि वर्ग-चेतना के बढ़ने के साथ ही जाति-चेतना घटती चली जाएगी। इन दोनों मान्यताओं के अनुसार अवसरों की सुलभता और समानता मिलने पर लोग जाति, पंथ और अन्य ऐसी ही पारंपरिक पहचान के दायरे से निकल कर आधुनिक दायरे में आएँगे। आधुनिक शिक्षा उन्हें एक समरूप मध्यवर्ग का अंग बना देगी और इस तरह एकता-आधारित राष्ट्रीय पहचान की नयी अवधारणा उभर आयेगी। इस विकास-क्रम में धार्मिक दावे पर आधारित सांप्रदायिकता और जाति या वर्ण के दावे पर आधारित परंपरागत अस्मिताएँ महत्त्वहीन हो जाएँगी।

'जाति' और 'सांप्रदायिकता' को एक श्रेणी मानने से सबसे ज्यादा गलतफहमी फैलती है। इसमें होता यह है कि धार्मिक आधार पर ध्रुवीकरण की कोशिशों और बहुलतावादी अस्मिताओं के राजनीतिक दावों को एकसमान समझा जाने लगता है। ध्यान रहे कि 'सांप्रदायिक पहचान' के दो परस्पर विपरीत असर पड़ सकते हैं : एक ओर वह सर्वभारतीय सांप्रदायिक अस्मिता की रचना करती है और दूसरी ओर पहले से जारी छोटी-छोटी अस्मिताओं का क्षय करते हुए उन्हें अधीनस्थ बना कर उनका उन्मूलन कर देती है। इसी तरह 'समुदाय' के भी दो अलग-अलग अर्थ हो सकते हैं। इसका मतलब सर्वभारतीय पैमाने पर समुदायों का ध्रुवीकरण करके एक समुदाय बनाने की कोशिश के रूप में भी निकाला जा सकता है (इस अर्थ का महत्त्व हाल ही में बढ़ा है) और छोटे दायरे में समुदायों के बहुलीकरण के रूप में भी इसे देखा जा सकता है (ग्रामीण भारत में यह प्रवृत्ति हमेशा से मौजूद रही है)। लोकतांत्रिक राजनीतिक प्रक्रिया के प्रभाव के कारण बहुलवाद को बढ़ावा देनेवाले लघु और स्थानीय परिप्रेक्ष्य ने बड़े पैमाने पर ध्रुवीकरण में यकीन करनेवाले सर्वभारतीय परिप्रेक्ष्य के ऊपर प्रमुखता प्राप्त कर ली। सर्वभारतीय ध्रुवीकरण की यह समझ विभाजन से पहले की राजनीति की देन है। इस दौरान हुआ यह कि छोटे पैमाने पर होनेवाली नाना प्रकार की राजनीतिक प्रक्रियाओं ने समाज और राजनीति के बीच अन्योन्यक्रिया का एक दूसरा सर्वभारतीय परिप्रेक्ष्य रच दिया। इस माहौल में तब्दीली तब आयी जब मंडल परिघटना की चुनौती के जवाब में ध्रुवीकरणवाले सर्वभारतीय नजरिए ने एक धमाके के साथ राष्ट्रीय मंच पर खुद को पेश कर दिया।[६]

लेकिन १९९३ के राज्य विधानसभा चुनावों में लगे धक्के से सांप्रदायिक शैली के ध्रुवीकरण की इन कोशिशों को ठेस लगी और सेकुलर पार्टियों और बुद्धिजीवियों को राहत की साँस लेने का मौका मिला। ऐसा लगा कि भारतीय राज्यतंत्र में ध्रुवीकरण और अतिवादी प्रवृत्तियों को सीमित करने की अंतर्निहित क्षमता है और वह संपूर्ण विनाश के खड्ड में गिरने से इंकार कर देता है। लेकिन इन चुनाव नतीजों से यह पूरी तरह साफ नहीं हो पाया कि हिंदुत्व की ताकतें अंतिम तौर पर पीछे धकेल दी गयी हैं या नहीं। न ही यह समझ में आया कि उनकी जगह कौन लेगा। ध्यान रखने की बात यह है कि पार्टियों और बुद्धिजीवियों के कारण नहीं बल्कि

चेतना और दावेदारी के संदर्भ में दलित जनता के जबर्दस्त उभार और उत्तर प्रदेश में मुसलमानों के मध्यवर्ती नेतृत्व की कोशिशों के कारण ऐसा हो पाया। उस समय तक यह भी साफ नहीं था कि हिंदुत्व की इस पराजय का असली फायदा कौन उठाएगा। डर यह था कि कहीं एक बार फिर पुरानी यथास्थितिवादी काँग्रेस प्रतिकार के आंदोलनों, जमीनी संगठनों, स्वयंसेवी संगठनों और विपक्ष के एक हिस्से द्वारा किए हुए सांगठनिक काम का फायदा उठा कर अपनी प्रमुख प्रतिद्वंद्वी भाजपा को ही नहीं बल्कि दलितों और निचली जातियों से पैदा हुई नयी सामाजिक शक्तियों को भी हाशिये पर डालने में कामयाब न हो जाए। उप्र की नयी सरकार काँग्रेस के समर्थन पर निर्भर जो थी।

बहरहाल, पिछले कुछ वर्षों के राजनीतिक घटनाक्रम से लगता है कि बेहद जटिल और उथल-पुथल भरी यह प्रक्रिया अभी जारी है और इसमें कुछ नए सामाजिक पहलुओं का समावेश हुआ है। निस्संदेह सांप्रदायिकता और जाति-प्रथा लोकतांत्रिक प्रक्रिया के लिए खतरा हैं लेकिन सकारात्मक दृष्टि की माँग है कि दोनों को एक-दूसरे से अलग करके देखा जाए क्योंकि जाति को सेकुलरीकरण और लोकतंत्रीकरण के आंदोलनों के समर्थन में इस्तेमाल किया जा सकता है। नकारात्मक लिहाज से जाति और सांप्रदायिकता मिल कर लोकतंत्र को काफी नुकसान पहुँचा सकते हैं। सांप्रदायिकता समाज की बहुलता-विविधता और उसकी बुनियादी लोकतांत्रिक दृष्टि को क्षति पहुँचा सकती है और जाति-प्रथा उस ब्राह्मणवादी समाज-व्यवस्था को नवजीवन दे सकती है जिसमें मेहनतकश वर्गों और खास कर अत्यंत दुष्कर और नीच किस्म के श्रम के लिए तिरस्कार के अलावा और कुछ नहीं है। इस व्यवस्था का अंतिम तर्क छुआछूत की परिघटना के रूप में निकला है जिसके पीछे सभी तरह के ज्ञान का अवदान करनेवाले ब्राह्मण और सभी तरह के श्रम और सेवा की जिम्मेदारी का वहन करनेवाले शूद्र का बुनियादी द्विभाजन मौजूद है। दूसरी तरफ जाति-प्रथा से निकलनेवाले बहुलवाद की अंतर्निहित सीमाओं को भी नजरंदाज नहीं किया जाना चाहिए। बहुलवाद सुधारक ही नहीं, शोषणकारी भूमिका भी निभा सकता है। बहुलता को भी श्रेणीक्रम में आबद्ध करके विद्वेष और नृशंसता से भरा जा सकता है। ऐसी बहुलता आर्थिक अभाव और सामाजिक छुआछूत के परंपरागत रवैयों से मिल कर कारपोरेट पूँजीवाद और नौकरशाहाना चौधराहट के प्रभाव को और मजबूत कर सकती है। इस प्रक्रिया से करोड़ों लोग को गैरजरूरी मान कर अपने दायरे से बाहर फेंक देनेवाली दुनिया का जन्म हो सकता है।[७] इस दुनिया में दलित और प्रगतिकांक्षी लगनेवाली जातियाँ हाशिये पर जा सकती हैं। ऐसे में खतरा यह है कि सुविधासम्पन्न ऊँची जातियों से नीचे की सम्पूर्ण सामाजिक जमीन सर्वहाराकरण, दरिद्रीकरण और यहाँ तक कि दलितीकरण की भी शिकार हो सकती है।

आज यह कहना मुश्किल है कि जाति की परिघटना भारतीय समाज को किस

दिशा में ले जाएगी। काफी कुछ इस बात पर निर्भर है कि लोकतांत्रिक प्रक्रिया जीवनी-शक्ति का प्रदर्शन करती है या उसका क्षय होता है। बुद्धिजीवीगण विकास प्रक्रिया में सामाजिक तात्पर्य का समावेश कर पाते हैं या नहीं। यह इस बात पर भी निर्भर है कि निजीकरण और भूमंडलीकरण की ताकतों और धर्म-आधारित राज्य बनाने की परियोजना की साँठगाँठ के खिलाफ कितना संघर्ष किया जा सकता है। नतीजा जो भी निकले, आनेवाले दशकों में सामाजिक प्रक्रिया के लिए जाति के महत्त्व से इंकार नहीं किया जा सकता।

सामाजिक प्रक्रिया के लिए जाति का महत्त्व

उदारतावादी हों या रेडिकल, किसी भी तरह की सेकुलर ताकतें जाति और जातिगत अस्मिता को परिवर्तनकारी प्रक्रिया का अंग मानने के लिए तैयार नहीं हैं। दूसरी तरफ कभी-कभी जाति-वर्ग के दायरे में परिभाषित होने वाली जाति-चेतना का नया उभार समाज-परिवर्तन की प्रचलित सेकुलर दृष्टि को अपर्याप्त मानता है। इस चेतना की निगाह में यह दृष्टि वंचित सामाजिक तबकों, खासकर दलितों और अन्य पिछड़े वर्गों को राजसत्ता के दायरे से बाहर कर देती है। यह चेतना तर्क देती है कि दलित और पिछड़ी जातियों के दावों के आधार पर रेडिकल विचारधारा का एक नया रूप अपनाया जाना चाहिए। सेकुलर शक्तियों की तीन धाराएँ हैं : पहली किस्म की अभिव्यक्ति संसदीय लोकतंत्र और संविधान के उस कानूनी ढाँचे के माध्यम से होती है जिसमें लोगों के अधिकारों का प्रावधान किया गया है। संविधान में समता और जाति अथवा मत के आधार पर कोई भेदभाव न करने का आश्वासन तो है लेकिन इस आदर्श को हासिल करने के लिए न किसी संस्थागत संरचना की व्यवस्था की गयी है और न ही औपचारिक राजनीतिक-वैधानिक प्रावधानों के मुकाबले कोई स्पष्ट सामाजिक बंदोबस्त ही किया गया है। सेकुलरवाद की दूसरी अभिव्यक्ति उन सामाजिक आंदोलनों के जरिए होती है जो इन अधिकारों की उपलब्धि के लिए संघर्ष तो करते हैं लेकिन अपने बिखरे हुए चरित्र के कारण रूपांतरणकारी भूमिका नहीं निभा पाते। समाजशास्त्रीय शब्दावली में इन्हें नए सामाजिक आंदोलनों के नाम से भी जाना जाता है। तीसरी अभिव्यक्ति वामपंथियों के रूप में होती है जिनमें बुद्धिजीवियों से ले कर मार्क्सवादी और लेनिनवादी-माओवादी किस्म की पार्टियाँ भी शामिल हैं। इन जत्थेबंदियों के पास भी किसी स्पष्ट सामाजिक कार्यसूची का अभाव है। वे अक्सर एक अत्यंत जटिल सामाजिक यथार्थ को सरलीकृत किस्म के पूँजीवादी-निम्नपूँजीवादी-कुलक-सर्वहारा समीकरणों के माध्यम से व्यक्त करने में फँसे रहते हैं। ये पार्टियाँ दलितों, पिछड़े वर्गों और उत्पीड़ित तबकों को अपनी सांगठनिक संरचना में जगह देने में नाकाम रही हैं। मैं उदारतावादी लोकतांत्रिक-प्रणाली की संबंधित असफलताओं के बारे में बता ही चुका हूँ और वैसे भी इसके बारे में काफी जानकारी उपलब्ध है। अब मैं

सामाजिक आंदोलनों और विचारधारा-आधारित वामपंथियों द्वारा किए जानेवाले सेकुलर प्रयासों की चर्चा करूँगा।

मेरे विचार से सभी तरह के नए सामाजिक आंदोलन कुछ खास किस्म की व्याधियों का इलाज करने के मकसद से सामने आये हैं। ये समस्याएँ पर्यावरण के क्षय, स्त्री-अधिकारों के हनन, जनजातीय संस्कृतियों के विनाश और मानवाधिकारों के उल्लंघन की देन हैं। लेकिन समस्या यह है कि इनमें से कोई भी आंदोलन अपने-आप में समाज के रूपांतरण की भूमिका निभाने की शक्ति नहीं रखता। इस लिहाज से ये आंदोलन अतीत की क्रांतिकारी विचारधाराओं से भिन्न हैं। लेकिन उनकी बुनियादी कमजोरी उनके बेहद विखंडित चरित्र की देन है। यही दिक्कत समाज-परिवर्तन के पहले किए जा चुके प्रयासों के साथ थी और यही समस्या मौजूदा दलगत राजनीति के साथ है। भारतीय समाज में भी यह खास बात है कि वह पूरी तरह तो कभी नहीं बिखरता लेकिन कुछ-कुछ टूटा-बिखरा जरूर रहता है। यह सही है कि भारतीय समाज अपने अंतर्निहित बहुलवाद के कारण विखंडित हो कर नष्ट होने से बचा रहता है लेकिन यह भी सही है कि इसके कारण समूची सामाजिक प्रक्रिया में एक दुर्बलता आ जाती है। तीखे ध्रुवीकरण के कारण विभाजित हुए राष्ट्रों को हिंसा और युद्ध को हाहाकारी दौर से गुजरना पड़ा लेकिन जब वे उससे उबरे तो उनकी हालत कोई बहुत खराब नहीं थी। कम से कम वे उन देशों से तो बेहतर हालत में थे जिन्हें निरंतर हिंसा और छोटे पैमाने पर चल रहे अलगाववादी आंदोलनों के कारण धीरे-धीरे होनेवाले क्षय से गुजरना पड़ता है। अगर विखंडन की इस स्थिति से जनता के बहुत बड़े हिस्से में व्याप्त निष्क्रियता, चुप्पी और विवेकहीन सहमति के संस्कारों को जोड़ दिया जाए तो अनुर्वरता और उदासीनता की ऐसी सामाजिक स्थिति बन जाती है जिसमें गहरे तनाव, व्यथा और बहुध्रुवीयता की विकृतियाँ भी रहती हैं। नए सामाजिक आंदोलन जिस दायरे में सक्रिय हैं उसका बड़ा हिस्सा इस तरह की विभिन्न खामियों से पीड़ित है। इन्हीं के कारण ये आंदोलन जनता के ठोस एकीकृत आंदोलन के रूप में उत्पीड़ितों और गरीबों के लिए प्रासंगिक नहीं बन पाते। ये आंदोलन विखंडित, प्रतिक्रिया-आधारित और अस्थायित्व की प्रवृत्तियों के शिकार होते हैं। इनके पास बुनियादी समाज-परिवर्तन का कोई विस्तृत ढाँचा मौजूद नहीं होता। पश्चिम-विरोधी, पूँजीवाद-विरोधी या विकास-विरोधी होने या ऐसे ही दावे करते रहने मात्र से न उनमें सुसंगति आ पाती है और न ही वे उत्पीड़ितों और हाशिए पर पड़े समुदायों के संघर्ष को आगे बढ़ा पाने में सक्षम हो पाते हैं।

नया 'दलित' आंदोलन

विभिन्न सामाजिक आंदोलनों की अप्रासंगिकता बढ़ने की इस पृष्ठभूमि में नए 'दलित' आंदोलन के उभरने या ऐसा प्रतीत होने की प्रक्रिया को देखा जाना चाहिए।

दलित-चेतना केवल अनुसूचित जातियों तक ही सीमित नहीं है। इसने उत्पीड़ितों और अभी तक अलग-थलग पड़े वर्गों के कहीं ज्यादा व्यापक दायरों को वाणी देनी शुरू कर दी है। यह चेतना जनता के गरीब और नाइंसाफी के शिकार तबकों को एकजुट करने की कोशिशों पर आधारित है। इस एकता का सपना अभी तक पूरा नहीं हो पाया है। लंबे अरसे से इस तरह की कोशिशें कुंठित की जाती रही हैं, इन तबकों के नेतृत्व को विभाजित करके खरीदा जाता रहा है और उसे जनता से काट कर मुख्यधारा में, व्यवस्था की संरचनाओं में जगह दे कर और विभिन्न पदों पर बैठा कर समाहित किया जाता रहा है। अगर देहाती क्षेत्र में ऊँची जातियों ने दलितों पर लगातार हमले न किए होते, अगर भाजपा जैसी ब्राह्मणवादी पार्टी के उदय से उपजे जबर्दस्त राजनीतिक डर ने न सताया होता और उसकी उग्र सांस्कृतिक अभिव्यक्तियों ने ज्यादातर अल्पसंख्यकों, खासतौर पर मुसलमानों को शंकित न किया होता तो यह दलित परिघटना इतनी शक्ति और विश्वास के साथ सामने न आती। यह परिघटना उस समय तक कमजोर बनी रहेगी जब तक इसका जोर नागरिक समाज का रूपांतरण करने और इस प्रक्रिया में राज्य का चरित्र बदलने का कार्यभार उठाने के बजाय मुख्यत: राज्य से नौकरियों और पदों की माँग करने पर रहेगा। इस आंदोलन की एक समस्या दलितों के बीच विभाजनों और उनके पिछड़े वर्गों के साथ जारी मतभेदों की है। साथ ही यह आंदोलन कुछ खास शख्सियतों के करिश्मे पर कुछ ज्यादा ही निर्भर है जबकि इनमें से ज्यादातर भरोसे लायक नहीं दिखाई पड़तीं। लेकिन इन दिक्कतों के बावजूद पुनरुत्थानवाद और फासीवाद के मिले-जुले खतरे को पीछे धकेलने में दलित आंदोलन की भूमिका ऐतिहासिक समझी जानी चाहिए।

कई प्रमुख मुद्दों पर दलित आंदोलन नए सामाजिक आंदोलनों अथवा 'वैकल्पिक आंदोलनों' के मुकाबले भिन्न किस्म का है। खासतौर से प्रभुत्वशाली शक्तियों के खिलाफ संघर्ष के मामले में इसका यह फर्क साफ उभर कर आता है। दलित आंदोलन सवाल उठाता है कि जोर पश्चिमी देशों के साम्राज्यवादी वर्चस्व के खिलाफ संघर्ष पर होना चाहिए या देश के अंदर जातिगत उत्पीड़न के खिलाफ लड़ाई पर? दलित आंदोलन की इस बहस से आजादी की लड़ाई में उठे इस विवाद की याद ताजा हो जाती है कि राजनीतिक स्वायत्तता अधिक महत्त्वपूर्ण है या सामाजिक मुक्ति और किसी समुदाय की स्वायत्तता (और आंदोलनकारी राजनीति) पर जोर दिया जाना चाहिए अथवा अंतर्राष्ट्रीय व्यवस्था में राष्ट्र की स्वायत्तता पर? अगर दोनों ही जरूरी हैं तो दोनों पर समान जोर देते हुए कैसे आगे बढ़ा जाए? जाहिर है कि दलित आंदोलन द्वारा उठाए गये इन प्रश्नों में आंबेडकर और गाँधी के बीच हुई बहस का परिदृश्य सामने आ जाता है। इसी तरह दलित आंदोलन आधुनिकता और पश्चिमी सभ्यता की आलोचना को भी विवादित कर देता है

जिससे नए सामाजिक आंदोलनों और वैकल्पिक आंदोलनों पर प्रश्नचिह्न लग जाता है क्योंकि यह आलोचना ही इनकी वैचारिक भित्ति का निर्माण करती है। दलित आकांक्षाएँ और रणनीति मुख्य तौर पर शिक्षा, रोजगार और विशेषाधिकारों के संदर्भ में ऊँची जातियों के वर्चस्व को चुनौती देती लगती हैं। अर्थात दलितों की प्राथमिकता व्यवस्था के खिलाफ संघर्ष करते हुए उसे अंदर से चुनौती देना है। साम्राज्यवाद के खिलाफ संघर्ष जैसे कार्यभारों का महत्त्व उनके लिए गौण प्रतीत होता है। अपनी इसी प्राथमिकता को कुछ दलित प्रवक्ता इस तरह भी कहते हैं कि साम्राज्यवाद की प्रकृति को अनिवार्य तौर पर अंतर्राष्ट्रीय और स्थानीय संदर्भों के अनुसार सामाजिक परिप्रेक्ष्य में पुनः व्याख्यायित किया जाना चाहिए।

इसी तरह इस परिप्रेक्ष्य को जैसे-जैसे आगे ले जाया जाएगा और सामाजिक प्रश्न प्रमुखता प्राप्त करेगा वैसे-वैसे आंबेडकर, फुले और पेरियार जैसे अलग किस्म के आलोचकों, सुधारकों और क्रांतिकारियों की वापसी होना शुरू हो जाएगी। इन विचारकों का महत्त्व काँग्रेस आंदोलन और गाँधी के प्रभाव के कारण पृष्ठभूमि में चला गया था। यह परिप्रेक्ष्य विभिन्न जातियों और समुदायों के लिए श्रद्धा के पात्र भक्ति आंदोलन के संत कवियों समेत कई क्षेत्रीय नायकों और 'संतों' को एक बार फिर प्रकाश में ले आयेगा। इस परिप्रेक्ष्य के प्रभाव में एम.एन. राय, राजा राममोहन राय और हिंदू समाज की बुराइयों को मिटाने के लिए प्रतिबद्ध कई उदारतावादी चिंतकों के काम फिर प्रासंगिक लगने लगेंगे। गाँधी के आगमन ने इन लोगों और राष्ट्रीय मुक्ति के संपूर्ण सामाजिक आयाम को नेपथ्य में धकेल दिया था।[८] जाहिर है कि दलित आंदोलन के दूरगामी नतीजों का हमें अभी तक पूरा अंदाजा नहीं हो पाया है। अपनी जड़ें जमाने के बाद यह आंदोलन मौजूदा विचारधाराओं को नए मुद्दों से आवेशित करना शुरू कर देगा और इस प्रक्रिया में सामाजिक सिद्धांत का स्वदेशीकरण हो जाएगा।

उत्पीड़ितों द्वारा गाँधीवाद की आलोचना

एक लंबे अरसे से गाँधी और गाँधीवाद के जरिये भारत और एक हद तक दुनिया-भर में स्वदेशी और वैकल्पिक चिंतन के लिए महत्त्वपूर्ण सामग्री मिलती रही है। पश्चिम की विचार-दृष्टि और परिप्रेक्ष्य को बेहद मौलिक चुनौती देने के कारण गाँधी प्रासंगिक बने रहेंगे। लेकिन हो सकता है कि भारत के अंदर उनके विचारों की लोकप्रियता घट जाए। इस समय दलितों की कतारों से एक ऐसी आलोचना उभर रही है जो उन संकटों से निपटने की गाँधीवादी योजना को आड़े हाथों लेती है जिनका सामना इस समय भारत कर रहा है। यहाँ पर हमें एक विचित्र विरोधाभास दिखाई पड़ता है। गाँधी में भारतीय समाज को बाँटने और उसकी एकता की संभावनाओं को खत्म करनेवाली दो समस्याओं को पहचानने की अनूठी क्षमता थी। इनमें एक थी दलितों का उत्पीड़न और दूसरी थी मुसलमानों का समाज में अलग-

थलग पड़ जाना। हालाँकि गाँधी की ज्यादातर शक्ति ब्रिटिश शासन की ताकत के खिलाफ प्रतिरोध की अपनी विलक्षण तकनीक के इस्तेमाल में खर्च होती रही लेकिन भारतीय राष्ट्र और सभ्यता में दरार डाल कर उसे दुर्बल बना सकनेवाले ये दोनों मसले उनकी चिंताओं के केंद्र में हमेशा रहे। अंतिम विश्लेषण में गाँधी इन दोनों समस्याओं का समाधान करने में नाकाम रहे। न वे देश का विभाजन रोक सके और न ही वे हिंदू धर्म का मानवीकरण कर सके। हालाँकि अपनी लंबी पदयात्रा और नोआखाली में आमरण अनशन के जरिए उन्होंने सांप्रदायिकता के ज्वार को रोकने की शानदार कोशिश की और अंत में मुस्लिम हितों की रक्षा के लिए अपने प्राणों की बलि भी दे दी लेकिन वे अपने 'हरिजनों' की तरफदारी करते हुए द्विज हिंदुओं से टक्कर लेने के लिए समय नहीं निकाल पाए।

भारत के भविष्य की पुनर्रचना करने के लिए गाँधी द्वारा सुझाये गये मॉडल में भी कुछ खामी थी। उन्होंने केवल ग्रामीण अर्थव्यवस्था पर जोर दिया और राज्य तंत्र के विकेंद्रीकरण का आग्रह किया जो अपने-आप में नाकाफी था। वे सामाजिक सत्ता के उस ढाँचे की ओर पूरा ध्यान देने में नाकाम रहे जो हर सामाजिक और राजकीय संस्था पर हावी था। आज गाँधी के इस मॉडल पर ठीक ही सवाल उठाए जा रहे हैं। कम से कम मुझे तो इस आलोचना में कुछ भी आपत्तिजनक नहीं लगता। जितनी जल्दी उदार पूँजीवादी, मार्क्सवादी और गाँधीवादी मॉडल दलित उभार द्वारा प्रदत्त नयी समझ की रोशनी में अपने-आपको परखेंगे उतनी ही जल्दी वे नयी परिस्थिति के हिसाब से अपने कार्यक्रम की पुनर्रचना कर सकेंगे। १९४८ में गाँधी का देहांत होने के बाद से उनके विचार के तहत कोई नया चिंतन नहीं हुआ है। भारतीय समाज के बड़े हिस्सों के लिए वे या तो पुराने पड़ चुके हैं या अप्रासंगिक हो चुके हैं। उन्हें लगता है कि गाँधी का नजरिया कुछ ज्यादा ही संरक्षणात्मक होने के कारण अपनाया जाना मुश्किल है। दरअसल गाँधी को अमरत्व प्रदान करने की कोई जरूरत ही नहीं है। भारत में वैसे भी इतिहास में से नायकों को निकालने की परंपरा नहीं रही है। यहाँ तो पूजा योग्य देवी-देवताओं की रचना करके उन्हें बहुलवादी लोक-परंपरा में समाहित करने का चलन है। ये देवी-देवता जनता की दैनंदिन-चेतना और भावजगत में कुछ इस प्रकार समाहित हो जाते हैं कि किसी एक संस्कृति और किसी एक राजनीति द्वारा उन्हें अपने स्वार्थ में इस्तेमाल करना नामुमकिन हो जाता है। दूसरी तरफ यही बहुलता जनता की तकलीफों और साधनहीनता को सघन बनने से रोकती है और सत्ता के क्षेत्र में लोग एकजुट होने के बजाय बिखरे रहते हैं। ज्यादा से ज्यादा छिटपुट विरोध की कुछ विखंडित चीखें जरूर सुनाई पड़ती हैं। बदले में उन्हें प्रभु वर्ग की ओर से दया और संरक्षण की सौगात मिलती है। जाने-अनजाने गाँधी भी इसी परंपरा के शिकार बन गये हैं। गाँधी की विरासत को मिली यह दलित चुनौती अधीनस्थ वर्ग की चेतना में नयी करवट की सूचक भी है। यह नयी चेतना किसी की मेहरबानी पर रहने से इंकार करते हुए

सामाजिक सत्ता के ढाँचे में अपने न्यायपूर्ण हिस्से का दावा करती है।

दलितों, अन्य उत्पीड़ितों और सताए गये तबकों की राजनीति के इस परिवर्तनकारी उभार का दूसरा और समस्यामूलक पहलू यह है कि रेडिकल राजनीति का प्रतिनिधित्व करने और स्थापित विचारधारात्मक रुझानों को चुनौती देने के बावजूद अभी तक इस आधार पर 'राजनीतिक शक्तियों का कोई नया गठजोड़' साफ तौर पर नहीं उभर सका है। साथ ही 'जाति-प्रथा' की समूची संरचना में नीचे से ऊपर तक बढ़ते हुए तीखे टकराव जैसे हालात के बाद भी निचली जातियों की एकजुटता की कोई वास्तविक परिघटना नहीं उभर पाई है। जाति को वर्ग जैसा मानने की धारणा भी हमें कहीं नहीं ले जाती और न ही जाति और वर्ग को मिली-जुली इकाई के रूप में देखने की कोशिश के सकारात्मक नतीजे निकलते हैं। अगर जाति में वर्ग-चेतना का समावेश हो गया होता तो अभी तक जाति को एक नयी सबाल्टर्न अथवा निम्नवर्गीय पहचान मिल गयी होती।

निश्चित रूप से दलित और उत्पीड़ित जातियों के बीच ऊपरी, मँझोले और निचले स्तर पर विचारधारात्मक के साथ-साथ हित-आधारित एकता के सूत्र देखे जा सकते हैं लेकिन उनके बीच की दरारें भी उतनी ही स्पष्ट और गहरी दिखाई देती हैं। इन मतभेदों और विभाजनों का दोहन करनेवाले 'शासक वर्ग' पर ब्राह्मणवादी ऊँची जातियों का राजनीतिक नियंत्रण है। नौकरशाही और बुद्धिजीवियों के स्तर पर तो इन विभाजनों का दोहन और भी जम कर किया जाता है। उपनिवेशवादी मानस के सलाहकारों का पूरा तबका न केवल अब भी बचा हुआ है बल्कि आजकल तो इसमें नयी जान पड़ गयी है। इनके साथ जुड़ कर पूँजीवाद के पक्ष में धक्काशाही करनेवाले और ऊँची हैसियतों पर बैठे विशेषज्ञों ने हर स्तर पर इन मतभेदों का इस्तेमाल करने में कोई कसर नहीं छोड़ी है। शासक वर्ग ने बड़ी कुशलता से अन्य पिछड़े वर्गों और दलितों के उभरते हुए हिस्सों के बीच मौजूद विवादों का भी उनकी एकता को तोड़ने के लिए इस्तेमाल किया है। दूसरी तरफ इन्हीं उभरते हुए तबकों में ही रेडिकल परिवर्तन की संभावना निहित है। इन्हीं में से नयी पीढ़ी के नेता निकल रहे हैं जिनमें एक नया आत्मविश्वास है जिसका आधार मतदाताओं की नयी गोलबंदी के साथ-साथ अपने लिए नया भविष्य बनाने के अधिक बुनियादी भरोसे के साथ जुड़ा हुआ है। रेडिकल परिवर्तन लाने के इस विश्वास के पीछे जाति का आधार होने का कोई अंतर्निहित कारण नहीं है। दरअसल, जातिगत गोलबंदी तो इसका आधार इसलिए बन गयी कि समाज-परिवर्तन के अन्य मॉडल नाकाम हो गये। न उदार लोकतंत्र ही समाज-परिवर्तन की प्रक्रिया को अंजाम दे पाया, न ही नए सामाजिक आंदोलन उसे आगे बढ़ाने में वांछित भूमिका निभा पाए और न ही वामपंथी यह जिम्मेदारी निभा सके। उत्पीड़ित सामाजिक वर्ग और अल्पसंख्यक लंबे अरसे तक परिवर्तन के इन तीनों में से किसी न किसी मॉडल पर भरोसा करते रहे हैं। उनकी अपेक्षाएँ पूरी न होने की स्थिति में

जाति–आधारित गोलबंदी की परिघटना उभरी या इस तथ्य को यूँ भी कहा जा सकता है कि राजनीतिक गोलबंदी का यह आधार पुनः प्रासंगिक हो गया है।

वामपंथी आंदोलन की नाकामी

जाति–धर्मनिरपेक्ष राजनीति की तीसरी धारा के रूप में वामपंथी आंदोलन पर विचार करने से पता चलता है कि यह धारा भी उदार–लोकतांत्रिक और नए सामाजिक आंदोलनों की धाराओं की भाँति वास्तविक सामाजिक परिवर्तन के लिए आधार प्रदान करने में असफल रही। इसके कई कारण हैं। पहला कारण तो यह है कि वामपंथी आंदोलन बहुत पहले से ही अपना आंदोलनकारी चरित्र खो चुका है। पहले माना जाता था कि वामपंथी राजनीति ऐसे जनांदोलनों पर आधारित होगी जो व्यवस्था के संस्थागत ढाँचे में मौजूद गुंजाइशों का इस्तेमाल करेंगे। लेकिन व्यवहार में ऐसा हुआ नहीं। जो हुआ वह उल्टा था। विधायिकाओं और निर्वाचन की प्रक्रिया से मिली गुंजाइशों ने जनांदोलनों का इस्तेमाल करके उनसे फायदा उठा लिया। वामपंथी कतारों में आंदोलनकारी वेग एक हद तक बना रहा और विचारधारात्मक मसले उनका सरोकार बने रहे लेकिन ये पार्टियाँ राजनीतिक व्यवहार के ऐसे दायरे नहीं बना पाई जिनमें सामाजिक रूप से उत्पीड़ित लोगों को प्रतिनिधित्व मिल सकता। वामपंथी आंदोलन एक तरफ तो सांगठनिक रूप से विखंडित रहा और दूसरी तरफ लोकतांत्रिक केंद्रवाद के नाम पर उसमें शिला जैसी एकाश्मिता रही। कई हिस्सों में टूटने के बावजूद उसका चरित्र बहुलवादी नहीं हो पाया। उसकी सांगठनिक संरचना में कभी किसी जीवंत लोकतांत्रिक प्रक्रिया का समावेश नहीं हो सका। लंबे अरसे से और आज भी इस आंदोलन के नेतृत्व पर ऊँची जातियाँ हावी रही हैं। न केवल शैली बल्कि बौद्धिक पकड़ में भी यह नेतृत्व ब्राह्मणवादी रहा है। यह आज भी राष्ट्रवादी सेकुलर मतवाद का विकल्प देने के बजाय उससे चिपका हुआ है। वैकासिक प्रतिमान के संदर्भ में भी वामपंथी लोग प्रगतिवाद और प्रौद्योगिकीवाद की खिचड़ी पकाते हुए दिखते हैं। जनांदोलनों से अपनी वैधता ग्रहण करने के बजाय वे संसदीय लोकतंत्र और राष्ट्रवादी–धर्मनिरपेक्ष ढाँचे के अंदर अपनी गतिविधियाँ चला कर संतुष्ट हैं जिसके कारण वे इस व्यवस्था का कोई विकल्प देने में असमर्थ रहे हैं। हालत इतनी खराब है कि भाकपा और माकपा जैसी उनकी पार्टियाँ आपातकाल के कड़वे तजुर्बे के बावजूद काँग्रेस–कम्युनिस्ट संसर्ग की व्यूह–रचना से नहीं उबर पाई हैं जिसके निर्माण में मार्क्सवादी बुद्धिजीवियों और पार्टी के सिद्धांतकारों ने प्रमुख भूमिका निभाई है। ये बुद्धिजीवी पदों और रंग–रुतबे का प्रलोभन नहीं ठुकरा सके। काँग्रेस से पूरी तरह मोहभंग हो जाने के बाद भी दक्षिणपंथी चुनौती का सामना करते ही इनमें से ज्यादातर काँग्रेस के साथ अवसरवादी तालमेल बनाने में लग जाते हैं। किसी महत्त्वपूर्ण क्रांतिकारी विकल्प बनाने का प्रयास तो छोड़ ही दीजिए, व्यवस्था के दायरे में किसी दीर्घकालीन और

कारगर वामपंथी विकल्प बनाना भी उनकी प्राथमिकताओं के दायरे में नहीं आता।

नक्सलवादी संगठनों में भी ग्रामीण और क्षेत्रीय स्तर पर एक अरसे तक शानदार संघर्ष चलाने के बाद थकान के लक्षण दिखने लगे हैं और उन्होंने चुनाव के मैदान में कदम रख दिये हैं। इन संगठनों ने ज्यादातर द्विज और पिछड़ी जातियों में से ही अपने उम्मीदवार छाँटे हैं। वर्ग-शत्रु के सफाए की कार्यदिशा के प्रति प्रतिबद्ध अतिवादी किस्म के माओवादी गुटों पर भी ब्राह्मणों और ब्राह्मणवादी लोगों के वर्चस्व के कारण जातिगत कलह हावी है। मार्क्सवादी-लेनिनवादी धारा के कुछ व्यक्तियों और समूहों ने आत्मनिर्णय के लिए चलाए गये क्षेत्रीय आंदोलनों और संघवादी आधार पर चल रहे कुछ जातीयतावादी आंदोलनों में भागीदारी शुरू कर दी है। इनमें पंजाब, कश्मीर, असम और उत्तर-पूर्व में चल रहे आंदोलन शामिल हैं। दो किस्म की जुझारू राजनीति के मिलन के बावजूद ये तत्त्व ज्वलंत सामाजिक मुद्दों से रूबरू होने में नाकाम रहे हैं। वास्तव में उत्पीड़ित और समाज से बहिष्कृत सामाजिक समूहों की तो इन ताकतों ने उपेक्षा की ही है। इसकी एक मिसाल पंजाब में देखी जा सकती है जहाँ अनुसूचित जातियों और मजहबी सिखों का समर्थन अभी भी काँग्रेस को ही मिलता है।

वामपंथी धारा में संभवत: एकमात्र अपवाद जाति-वर्ग में सामंजस्य का दावा करनेवाली सत्यशोधक विचारधारा ही है। लेकिन इसकी पहली समस्या तो यह है कि इसका प्रभाव केवल महाराष्ट्र के कुछ जिलों तक ही रह गया है और वहाँ भी यह ताकत महारों और अन्य अनुसूचित जाति-समूहों के बीच कारगर गठजोड़ निकालने में नाकाम रही है। सत्यशोधकों की दूसरी समस्या यह है कि वे माकपा से अपना पुराना हिसाब-किताब चुकता करने में ज्यादा फँसे रहते हैं। माकपा असंतोष के ऐसे किसी रेडिकल स्वर को सहन करने के लिए तैयार नहीं है जिसमें जाति और जातिगत-चेतना को राजनीतिक गोलबंदी के वैध तरीके के रूप में स्वीकार करने का आग्रह किया गया हो। माकपा निचली और उत्पीड़ित जातियों में भी इस आधार पर राजनीति करने से बेचैनी महसूस करने लगती है। इसीलिए माकपा के पास सत्यशोधकों के लिए तिरस्कार और उपहास के अलावा कुछ नहीं है। कुछ इलाकों में सत्यशोधकों ने शासक वर्ग, यहाँ तक कि पुलिस के साथ हेल-मेल का अवांछित कदम भी उठाया है। कुल मिला कर मार्क्सवादी विचारधारा में सत्यशोधक किस्म के सुधारवादी प्रयास और शेतकरी संगठना सरीखी जमीनी और प्रामाणिक पहलकदमियाँ दक्षिणपंथी प्रतिक्रियावाद और स्थापित वामपंथी ताकतों के दोहरे दबाव के बीच पिसी जा रही हैं।

इन हालात का नतीजा यह निकला है कि दलितों और अन्य उत्पीड़ित समूहों में जनचेतना के ज्वार से तेज हुई राजनीतिक प्रक्रिया के निश्चित वामपंथी रुझान के बावजूद वामपंथी आंदोलन इन सामाजिक तबकों में जड़ें जमाने और उनके जरिए व्यापक राजनीतिक दायरे में अपना वर्चस्व कायम करने में नाकाम रहा है।

दरअसल, उनकी बजाय टिकैत, शरद जोशी और नाजुंदास्वामी जैसी पूरी तरह गैरवामपंथी और सामाजिक रूप से द्विजों के बीच से आयी ताकतों ने अपनी घुसपैठ कर ली है। दलितों के साथ गहरी हमदर्दी रखनेवाले कुछ संवेदनशील बुद्धिजीवियों और कार्यकर्ताओं ने भी इन लोगों का दामन थाम लिया है। इस संबंध में गेल ऑम्वेट का उदाहरण दृष्टव्य है। आज तक वामपंथी आंदोलन अर्थवाद का शिकार बना हुआ है और उसकी दुनिया में सामाजिक पहलुओं को जान-बूझ कर नजरंदाज किया जाना जारी है जबकि असलियत यह है कि देश आजकल जिस राजनीतिक संकट का सामना कर रहा है उसके केंद्र में सामाजिक संकट ही है और इस सामाजिक संकट का मर्म है जाति-प्रथा का संकट। यही कारण है कि हवाएँ एक नए विचारधारात्मक आह्वान से गूँज रही हैं जो गाँधी, नेहरू, मार्क्स, लेनिन अथवा माओ के नाम से नहीं बल्कि आंबेडकरवाद के नाम से पहचाना जा रहा है।

दुर्भाग्य से आंबेडकरवादी अपील भी भ्रम और फूट की शिकार है। ऊपर से इसे ब्राह्मणवादी दशानन भी हवा दे रहा है। आम समझ के विपरीत ब्राह्मणवाद कोई जड़सूत्रीय वैचारिक संरचना नहीं है बल्कि यह बड़े लचीले ढंग से सक्रिय होते हुए नित नए दायरों पर वर्चस्व स्थापित करने की परियोजनाओं में व्यस्त रहता है। यह नयी उदीयमान ताकतों पर पलट कर हमला करता है। इसका उदाहरण १९९३-९४ के दौरान उप्र में दलित-विरोधी हिंसा के उफान में देखा जा सकता है। दूसरी ओर यह विचारधारात्मक प्रवृत्ति मँझोली और निचली जातियों को अपने दायरे में समेटने की कोशिश भी चलाती रहती है। ब्राह्मणवाद के प्रभाव से पिछड़ों और दलितों के वे उच्च शिक्षित और प्रभावशाली तबके भी अछूते नहीं रह पाते हैं जो नीच समझे जानेवाले कामों और मेहनतकश जनता के हताशाजनक हालात से छुटकारा पा कर उत्पीड़ितों के आंदोलन का नेतृत्व करने की स्थिति में आ गये हैं। ब्राह्मणवाद 'संस्कृतिकरण' की प्रक्रिया के जरिए विद्रोही चेतना को कुंद कर देता है। आंबेडकरवादी आंदोलन भी ब्राह्मणवाद द्वारा किए जानेवाले इस आत्मसातीकरण के लाइलाज मर्ज का शिकार रहा है। शेड्यूल्ड कास्ट फेडरेशन से ले कर रिपब्लिकन पार्टी तक आत्मसातीकरण के इस इतिहास को देखा जा सकता है। दलित पेंथरों और विभिन्न आरक्षण समर्थक आंदोलनों से ले कर आंबेडकर के नाम पर बड़े पैमाने पर तेजी से उभरे संगठन तक इस समस्या का सामना कर रहे हैं। चूँकि आंबेडकरवाद के इस प्रसार के पीछे दलित आईएएस अफसरों की मुख्य भूमिका है और उन्हीं को इसका सबसे ज्यादा फायदा भी मिला है इसलिए यह आंदोलन आरक्षण पर कुछ ज्यादा ही जोर देता है।[१] दूसरी तरफ ऊँची जातियाँ दलितों के उभार और मध्यवर्गीय व्यवसायों में उनके धीरे-धीरे प्रवेश से डर गई हैं। उन्होंने समाचार माध्यमों पर अपनी पकड़ और ग्रामीण राजनीति में अपनी चालबाजियों का सहारा ले कर इस समूची परिघटना को जबर्दस्त जातिवादी उछाल के रूप में चित्रित करना शुरू कर दिया है। टकराव और हिंसा की स्थानीय घटनाओं

को ये जातियाँ जाति-युद्ध फूट पड़ने के रूप में दिखाती हैं।

दलित-बहुजन गठजोड़

प्रतिक्रिया और हताशा के इन अफसोसनाक अनुभवों के मुकाबले एक ऐसी रेडिकल धारा ने जन्म लिया है जो वामपंथी नहीं है। इसे अनुसूचित जातियों और अन्य पिछड़े वर्गों के दलित-बहुजन गठजोड़ के नाम से जाना जाता है। यह संरचना मंडल नारे की पैदाइश है लेकिन यह केवल सामाजिक न्याय की धारणा तक ही सीमित नहीं है। सामाजिक न्याय का अर्थ है मौजूदा राज्य और उसके सत्ताधारियों को निचले सामाजिक तबके की माँगों के प्रति अधिक न्यायोचित और अनुकूल बनाना। लेकिन दलित-बहुजन गठजोड़ इस सीमा को लाँघ कर अपने लिए राजसत्ता का दावा करता है। लेकिन इस गठजोड़ की भी कुछ समस्याएँ हैं। पहली बात तो यह है कि दलित और पिछड़े वर्गों के बीच सामाजिक और सांगठनिक रूप से बहुत कम समानताएँ हैं। अनुसूचित जातियाँ संरचनागत रूप से अपेक्षाकृत समरूप हैं। पिछड़े वर्ग आंतरिक रूप से बेहद अलग-अलग और असम हैं। देहाती इलाकों में कई पिछड़ी जातियाँ दलितों पर आतंक बरपाती हुई देखी जाती हैं। दूसरे, ब्राह्मणवाद द्वारा आत्मसातीकरण की लंबे अरसे से चल रही मुहिम के प्रतिक्रियास्वरूप दलितों में एक स्वायत्त किस्म की पृथक पहचान और सदस्यता पर अत्यधिक जोर देने की प्रवृत्ति पैदा हो गयी है जिसके कारण वे ऐसे आंदोलनों, बुद्धिजीवियों और राजनीतिक कार्यकर्ताओं से भी कटे रहते हैं जो दूसरी जातियों के होते हुए भी उनके तरफदार हैं। बसपा की नेता मायावती द्वारा गाँधीवादी, लोहियावादी और वामपंथी ताकतों के खिलाफ हमलावर तेवर अपनाने को इसी संदर्भ में देखा जाना चाहिए। दलित हितों की सेवा करने के लिए अपनाई गयी इस रणनीति का लाभ शासक वर्ग और उसकी काँग्रेस व भाजपा जैसी पार्टियों को मिल सकता है। दलितों को अपनी कतारों में भर्ती करके वे स्वयं को उनके हितों का रक्षक बताती हैं और फिर कई तरह की रियायतों के जरिये उनके आत्मसातीकरण और उन्हें भ्रष्ट करने की योजना पर अमल करती हैं।

जनता के बीच संघर्ष और पहचान से जुड़े इस अलगाववादी रवैये की व्याप्ति इतनी ज्यादा है कि दलित उभार वामपंथ के जुझारू आंदोलनों से कट गया है जिसके कारण इन दोनों के आमूलवादी सामाजिक-आर्थिक आग्रहों के ऊपर विपरीत असर पड़ा है। इसी वजह से शासक वर्ग और मुख्यधारा में उनके वामपंथी पार्टियों समेत आत्मसातीकरण की परिस्थितियाँ पैदा कर देता है।[१०] इसके कारण वामपंथी और रेडिकल राजनीति के लिए नया संकट पैदा हो गया है। वामपंथी आंदोलन दुनिया के पैमाने पर पहले से ही भारी संकट का शिकार है। एक राजनीतिक व्यवस्था के रूप में समाजवाद ध्वस्त हो चुका है। मार्क्सवादी विचारधारा पर ही नहीं, निजी तौर पर मार्क्स और लेनिन के ऊपर भी तीखे सवाल उठाए जा रहे हैं। ऐसे हालात में

दलितों द्वारा अपनाया गया आक्रामक रवैया वामपंथ को और भी रक्षात्मक मुद्रा अपनाने के लिए मजबूर कर देगा। लेकिन इससे दलित संघर्ष को भी इतिहास की उत्प्रेरक शक्ति बनने लायक आवश्यक राजनीतिक आधार नहीं मिल पा रहा है। ध्यान रखना होगा कि एक तरफ पूँजीवादी और साम्राज्यवादी साजिशें हैं जो अंतर्राष्ट्रीय स्तर पर कार्यरत हैं। दूसरी तरफ कट्टरपंथी और फासीवादी ताकतें हैं जिन्हें दलितों और मुसलमानों ने उप्र में भाजपा को पराजित करके कुछ पीछे जरूर धकेला है। जब तक रेडिकल रूपांतरण के लिए प्रतिबद्ध नयी चेतना खुद को इन दोनों नकारात्मक शक्तियों के उफान के खिलाफ चल रहे व्यापक सामाजिक और अंतर्राष्ट्रीय आंदोलन के अंग के रूप में नहीं देखेगी तब तक वह ब्राह्मणवाद के पलट कर किए गये हमले के साथ-साथ शासक वर्ग द्वारा आत्मसातीकरण के दोहरे दबाव का सामना करने के लिए अभिशप्त रहेगी। दलित आंदोलन को एक सच्चे मुक्तिकामी आंदोलन के रूप में उभरना होगा और इसके लिए उसे ऐसे तमाम संघर्षशील सामाजिक समूहों से जुड़ना होगा जो समाज-परिवर्तन की राजनीति में लगे हुए हैं। ब्राह्मणवादी समाज-व्यवस्था की अंतिम पराजय के लिए दलित आंदोलन को इन सभी समूहों को गोलबंद करने की जिम्मेदारी निभानी होगी। समाज-परिवर्तन की धारणा पर हावी अर्थवादी परिभाषाओं को बदलने के लिए दलित आंदोलन को बुनियादी तौर पर इसकी सामाजिक पुनर्परिभाषा करने की कोशिश करनी होगी। साम्राज्यवाद और 'नयी विश्व-व्यवस्था' के खिलाफ किए जानेवाले संघर्ष में भी राष्ट्रों के अंदर और उनके बीच सामाजिक आयाम का प्रवेश करना होगा। लेकिन जातिगत पहचान के रूप में या किसी अन्य सामाजिक श्रेणी के संदर्भ में दलितों को अलगाववाद का शिकार होने से बचना होगा। अपने संघर्ष का आधार व्यापक बनाने की प्रक्रिया में न तो झुकने या पीछे हटने की जरूरत है और न ही किसी भय अथवा असुरक्षा की ग्रंथि से पीड़ित रहने की आवश्यकता है।

दलित आंदोलन के लिए परिप्रेक्ष्य

विभिन्न जातियों और वर्गों में संवेदनशील और परिवर्तन के लिए प्रतिबद्ध लोगों की कोई कमी नहीं है। ये लोग देश-भर में अपने-अपने क्षेत्रों में नया समाज बनाने के लिए अपने ढंग से काम में लगे हुए हैं। इन्हीं के प्रयासों के कारण व्यथित कर देनेवाले नाटक और फिल्मों की रचना होती है, सामाजिक उत्पीड़न और सरकारी आतंकवाद की जानकारी दे कर बेचैन कर देनेवाली रपटें प्रकाशित होती हैं, साहित्यिक और मानवतावादी कोशिशें हमारी आत्मा को झिंझोड़ देती हैं ('सहमत' के तत्वावधान में ६ दिसंबर १९९२ के बाद कलाकारों, संस्कृतिकर्मियों और साहित्यकारों द्वारा चलायी गयी मुहिम इसकी एक मिसाल है)। दलित कविता का आवेग, नारीवादियों द्वारा पितृसत्ता के खिलाफ संघर्ष, दमन, अत्याचार, हमलों और बलात्कार के खिलाफ प्रतिरोध का जन्म भी इसी दायरे से होता है। अपनी जमीन,

जंगल, पूर्वजों की विरासत और अपनी सर्वांग विश्व-दृष्टि को बचाने और समृद्ध करने के लिए चलाए जानेवाले छोटे-छोटे आंदोलनों के प्रेरक ब्योरे भी इन्हीं लोगों की प्रतिबद्धता के परिणाम होते हैं। दलित आंदोलन को चाहिए कि वह इन सभी को अपने आगोश में समेट कर समाज-परिवर्तन के नए हरावल की रचना करे। इस प्रक्रिया में दलित आंदोलन का आधार तो व्यापक होगा ही, उसकी सामाजिक और सांस्कृतिक जमीन भी अधिक पुख्ता और बेहतर बनेगी।

लेकिन इस प्रकार की समेकित दृष्टि को धरती पर उतारना आसान नहीं है। यह केवल विचारों की दुनिया में किए जानेवाले अकादमीय व्यायाम से संभव नहीं हो सकता। दरअसल ऐसी घटना तो किसी के कल्पना-जगत में भी अभी तक घटित नहीं हुई है। मानवता को सुसंगत भविष्य की तरफ बढ़ा सकनेवाली ऐसी कोई समेकित दृष्टि विचारों के इतिहास में अभी तक नहीं उभरी है जिसे यथार्थ के धरातल पर लागू किया जा सका हो और जिसके जरिए आशा और संकल्प का संयोग उपलब्ध किया जा सका हो। मानवीय उद्यम की लंबी प्रसव-पीड़ा के विभिन्न मोड़ों पर चलाए गये आदर्शवादी और उद्‌भावक आंदोलन सामाजिक यथास्थिति में ऐसा हस्तक्षेप करने में नाकाम रहे हैं जिनका असर उनके दायरों के बाहर भी पड़ा हो। यूरोपीय ज्ञानोदय की बौद्धिक बुनियाद रखने की कोशिश करनेवाले फ्रांस के विश्वकोषवादियों के प्रयासों का भी कोई नतीजा नहीं निकल सका है। ऊपर की गयी चर्चा में हम देख चुके हैं कि इस विचार-श्रेणी की लोकतांत्रिक उदारतावादी किस्म और कुछ अधिक रेडिकल मार्क्सवादी किस्म भी इस दायित्व का निर्वाह नहीं कर सकी है। ये दोनों ही उद्यम सामाजिक रूप से उत्पीड़ित लोगों और समुदायों की वैचारिक और व्यावहारिक जरूरतों को पूरा नहीं कर सके हैं। आध्यात्मिक और नैतिक दायरे पर नजर डालने पर दिखता है कि गाँधी और उनकी शिष्य-मंडली की पहुँच भी समाज के इस तबके तक नहीं हो सकी है। श्रीअरविंद और रमण महर्षि की दार्शनिक शिक्षाओं की पहुँच तो और भी कम साबित हुई है। उनकी बातें ज्यादा से ज्यादा मंच से किए जानेवाले उपदेशों तक ही सीमित रह गयी हैं। लेकिन मौजूदा वैचारिक धाराओं की अपर्याप्तताओं के कारण निष्क्रिय हो कर बैठ जाने के बजाय हमें प्रासंगिक सूत्रों को उठा कर नयी शुरुआत करने में जुट जाना चाहिए। उम्मीद और सतत संघर्ष के सहारे मानवीय उद्यम के गर्भ से निकले विविध मंथनों में से ही सकारात्मक भविष्य अपना आकार ग्रहण करेगा। भारत के दलित आंदोलन को इसी विराट मंथन के अंग की तरह समझा जाना चाहिए।

संदर्भ और टिप्पणियाँ

१. देखें *स्टेट अगेंस्ट डेमोक्रेसी : इन सर्च ऑव ह्यूमन गवर्नेन्स*, नयी दिल्ली, अजंता, १९८८ में प्रकाशित मेरा आलेख 'वाई हैज इंडिया बीन डेमोक्रैटिक'।

२. हिंदुत्ववादी मुहिम की एक व्याख्या यह भी है कि पिछड़े वर्गों, दलितों और मुसलमानों के

गठजोड़ के प्रतिक्रियास्वरूप यह परवान चढ़ी और अंत में यही गठजोड़ इसके उभार में बाधक बन गया। १९९३ में उप्र विधानसभा चुनाव में सपा-बसपा के हाथों अपनी हार के बाद से भाजपा इस राज्य में आज तक बहुमत हासिल नहीं कर पाई है। देखें २६ जनवरी १९९३ के *पायनियर* में छपा मेरा लेख 'एन ऑल आउट ब्राह्मनिक ऑफेंसिव अगेंस्ट मासिज़'।

३. इस विवाद के लिए देखें २८ सितंबर १९९० के *द टाइम्स ऑव इंडिया* में प्रकाशित मेरा लेख 'कास्ट एंड पॉलिटिक्स : द ग्रेट सेकुलर अपसर्ज'। इसके बाद १७ अक्तूबर १९९० को इसके जवाब में इसी अखबार में एम.एन. श्रीनिवास, ए.एम. शाह और बी.एस. बाविस्कर का लेख 'कोठारीज़ इल्यूजन ऑव सेकुलर अपसर्ज' छपा।

४. *कास्ट इन इंडियन पॉलिटिक्स,* ओरियेंट लौंगमेन, नयी दिल्ली, १९७०

५. देखें : रजनी कोठारी और ऋषिकेश मारू, 'कास्ट एंड सेकुलरिज्म इन इंडिया : केस स्टडी ऑव ए कास्ट फेडरेशन', नवंबर १९६५ में प्रकाशित जरनल ऑव एशियन स्टडीज़, २५(१) में संकलित। लॉयड और सूज़न रूडोल्फ की रचना 'कास्ट एसोसिएशंस इन इंडिया', *द मॉडर्निटी ऑव ट्रेडीशंस,* यूनिवर्सिटी ऑव शिकागो प्रेस, शिकागो, १९६७

६. देखें : १९-२६ दिसंबर १९९२ के *इकॉनॉमिक एंड पॉलिटिकल वीकली* में प्रकाशित मेरा आलेख 'प्लूरलिज्म एंड सेकुलरिज्म : लेसंस ऑव अयोध्या'।

७. करोड़ों लोगों को गैरजरूरी मान कर व्यवस्था के दायरे से बाहर फेंकने के पीछे बाकायदा एक सिद्धांत काम करता है। इसके लिए ऊपर उद्धृत *स्टेट अगेंस्ट डेमोक्रेसी* में संकलित मेरे लेख 'ऑव ह्यमन गवर्नेन्स' और 'द फिनोमिनन ऑव टू इंडियाज़' भी देखें।

८. गाँधी राजनीतिक संघर्ष और समाज-सुधार के काम को अलग-अलग देखने के लिए तैयार नहीं थे। इसी तरह वे काँग्रेस में नरमपंथियों और गरमपंथियों के विभाजन को मान्यता भी नहीं देते थे। उन्होंने कोशिश की कि वे राजनीतिक और सामाजिक-आर्थिक मोर्चे पर अपने 'रचनात्मक कार्यक्रम' के जरिये एक साथ पहलकदमी लें। इसके तहत वे छुआछूत और जनजातियों की जीवन दशाओं से ले कर शिक्षा, स्वास्थ्य और सफाई के संपूर्ण सामाजिक कार्यक्रम पर अमल कर सकते थे। साथ ही वे इसी के जरिए खादी, ग्रामोद्योग और लघु उद्योगों की वकालत भी कर सकते थे। इस तरह से गाँधी असहयोग आंदोलन के विभिन्न चरणों के लिए गोलबंद किए गये विशाल समूहों और कार्यकर्ता पंक्तियों को व्यस्त रख पाते थे। लेकिन उनकी इस पूरी दृष्टि और कार्यनीति में एक खामी भी दिख सकती है कि उनकी प्राथमिकता हमेशा सामाजिक रूपांतरण न हो कर ब्रिटिश विरोधी संघर्ष ही रहता था। यहाँ गाँधी की खूबी यह थी कि इस तरीके से राष्ट्रीय मुक्ति के लिए कोई कार्यकर्ता-आधारित पार्टी खड़ी किए बिना उन्होंने साम्राज्यवाद विरोधी अहिंसक संघर्ष के मॉडल को सफल बनाया। लेकिन दूसरी तरफ वे एक सामाजिक मुक्तिदाता के रूप में नाकाम रहे।

९. मैं आरक्षण का जोरदार समर्थन करता रहा हूँ लेकिन इसके पीछे मेरा मुख्य तात्पर्य उत्पीड़ित समूहों के सामाजिक और संख्यामूलक आधार को इस तरह बढ़ाना है कि वे स्थापित अथवा नयी संस्थाओं में अपनी प्रभावी उपस्थिति दर्ज कर सकें। ऐसा किए बिना पंचायती राज संस्थाएँ वास्तविक जन-प्रतिनिधित्व से लैस नहीं हो सकतीं और उन पर देहात की ऊँची जातियाँ और उनके माफिया गिरोह हावी बने रहेंगे। लेकिन आरक्षण से पूरी होनेवाली केवल इसी जरूरत के आधार पर संघर्षशील समूहों की कोई जीवंत सामाजिक अस्मिता नहीं उभर सकती। न ही किसी नयी और प्रासंगिक विचारधारा की शुरुआत हो सकती है।

१०. यह समस्या मैंने आंध्र प्रदेश के अत्यंत प्रतिबद्ध राजनीतिक आंदोलनों में भी देखी। इनमें एक स्तर पर आंध्र प्रदेश सिविल लिबर्टी कमेटी (एपीसीएल) और दूसरे स्तर पर पीपुल्स वार जैसे संगठन भी शामिल हैं।

दलितों के हाथ में राजसत्ता

कांशीराम और मायावती द्वारा संचालित दलित राजनीति आंबेडकरवादी राजनीति से भिन्न है। यह उत्तर-आंबेडकर राजनीति का प्रतिनिधित्व करती है। सवाल यह है कि आरक्षण के गर्भ से निकली दलित सरकारी कर्मचारियों की विशाल बिरादरी की अनूठी राजनीतिक परियोजना के रूप में बहुजन समाज पार्टी दलितों को एक विशाल राजनीतिक समुदाय में बाँधने के लक्ष्य में कहाँ तक कामयाब हो पायेगी, बसपा के प्रयोग में समग्र भारतीय राजनीति की सफाई करने की क्या-क्या संभावनाएँ थीं और किसी परिवर्तनकारी आर्थिक कार्यक्रम के बिना दलित-अस्मिता स्थापित करने के एकांत प्रयासों का क्या नतीजा निकल सकता है?

बहुजन समाज पार्टी और 'गुरु किल्ली'

अभय कुमार दुबे

रतन राम इमारती काम में ईंटों की चिनाई करनेवाले एक राज-मजदूर का बेटा है। अपने घर में पढ़ाई-लिखाई करनेवाला वह पहला व्यक्ति था। स्थानीय सरकारी स्कूल से निकलने के बाद उसने व्यावसायिक प्रशिक्षण प्राप्त किया और एक सरकारी संस्था में क्लर्क की नौकरी करने लगा। रतन राम और उसके पिता के सोच में फर्क यह था कि पिता को ईंटों की चिनाई करके रोजी-रोटी कमा कर तसल्ली हो जाती थी, लेकिन शैक्षणिक अवसरों और बेहतर नौकरी के बावजूद रतन राम के दिल में आग लगी रहती थी। जब मैं १९९७ में उससे मिली तो उसने नौकरी के दौरान घटे कई प्रकरण सुनाए, जिनमें उसे 'मेरिट' की कमी के कारण अपने साथियों के कटाक्ष झेलने पड़े थे या एक खास जाति का होने के कारण उसे पदोन्नतियों से वंचित किया गया था।

*१९७८ में रतन राम के हाथ **ऑप्रेस्ड इंडियन** नामक पत्रिका लगी जिसे कांशीराम सरकारी कर्मचारियों के लिए निकालते थे। उसे लगा कि पत्रिका उसी की भावनाओं का प्रतिनिधित्व करती है इसलिए उसने पत्रिका के दफ्तर से संपर्क किया। साल-भर बाद रतन राम ने एक 'कार्यकर्ता शिविर' में हिस्सा लिया जहाँ उसे कांशीराम ने प्रशिक्षण दिया। इस तरह वह **बामसेफ** का सदस्य हो गया और होशियारपुर (पंजाब) में **बहुजन समाज पार्टी** की स्थापना करनेवाले शुरुआती कार्यकर्त्ताओं में से एक बना।*[१]

भीमराव आंबेडकर ने कभी सोचा भी नहीं होगा कि अनुसूचित जातियों को नौकरियों में मिले आरक्षण के गर्भ से दलितों के लिए किसी राजनीतिक परियोजना का जन्म हो सकता है। आरक्षण के प्रावधान की परिकल्पना तो दलितों पर वर्ण-व्यवस्था द्वारा सदियों से आरोपित सामाजिक और शैक्षणिक पिछड़ेपन के प्रभाव को मंद करने के लिए की गयी थी। उस समय आंबेडकर के लिए भविष्य में झाँक कर यह देख लेना शायद नामुमकिन था कि आजादी के चालीस साल बाद दलित सरकारी कर्मचारी एक ऐसे राजनीतिक दल को जन्म देंगे जो उन्हें प्रतीक के रूप में अवश्य अपनायेगा, लेकिन उसे न तो उनके वैचारिक मर्म में दिलचस्पी होगी और न ही उनकी राजनीतिक-सांगठनिक विरासत में।

कभी पूना में किर्की स्थित एक्सक्लोसिव रिसर्च एंड डिवेलपमेंट लेबोरेटरी में अनुसंधान सहायक की नौकरी करनेवाले जिन कांशीराम को बहुजन समाज पार्टी का संस्थापक और सर्वेसर्वा माना जाता है, उन्होंने अपनी विचारयात्रा पूना में हुए १९३५ के गाँधी-आंबेडकर समझौते की कटु आलोचना से शुरू की थी। कांशीराम ने किसी वाग्जाल का सहारा लिये बिना दावा किया था कि पूना समझौते ने दलित नेताओं के नाम पर सिर्फ चमचों को ही जन्म दिया। कांशीराम ने अपनी एकमात्र पुस्तक 'चमचा युग' शीर्षक से इसी विषय पर लिखी।[२] दरअसल, यह पतली-सी किताब आंबेडकरयुगीन दलित राजनीति की व्यर्थता को आक्रामक शैली में पेश करने के अलावा कुछ नहीं है। इसीलिए कांशीराम ने जब १९७८ में नागपुर में कुछ अन्य दलित नेताओं के साथ **आल इंडिया बेकवर्ड एंड माइनारिटी कम्युनिटीज इम्पलाईज फेडरेशन** (बामसेफ) का गठन किया तो उनका इरादा धीरे-धीरे एक ऐसी पार्टी के निर्माण की तरफ बढ़ना था जिसे मंदिर-प्रवेश से ले कर मनुस्मृति जलाने और धर्मांतरण तक दलितों द्वारा अपनायी गयी अतीत की किसी भी आंबेडकरवादी सामाजिक मुहिम में कोई रुचि नहीं हो सकती थी। उसे रिपब्लिकन पार्टी और दलित पैंथरों द्वारा चलाए गये नामांतर सरीखे आंदोलनों में अपना समय खराब नहीं करना था। अछूतों के सामाजिक और जातीय स्रोत के बारे में आंबेडकर की वैचारिक और मानवशास्त्रीय स्थापनाओं को दरकिनार करते हुए इस पार्टी को अपनी विचारधारात्मक भित्ति **आर्य बनाम अनार्य** की ज्योतिबा फुले द्वारा प्रवर्तित अवधारणा का दावा करनेवाली बहुजन थीसिस उत्तर भारत में प्रचलित नहीं थी। आर्य बनाम अनार्य के इस नस्ली सिद्धांत को ठुकरानेवाले आंबेडकर ने मनु को जातिवाद का संस्थापक मानने से भी इंकार कर दिया था। लेकिन बहुजन समाज पार्टी के माध्यम से देश की राजनीति में **मनुवाद** नामक राजनीतिक अभिव्यक्ति लोकप्रिय होनी थी जिसे न केवल ब्राह्मणवाद का नया नाम बन जाना था वरन् जिसके माध्यम से ब्राह्मणवाद के स्रोत की आधुनिकतावादी सीमाओं का प्राचीन भारतीय अतीत तक विस्तार भी हो जाना था। बहुजन समाज पार्टी को एक ऐसा राजनीतिक दल बनना था जिसे आंबेडकर की भाँति दलितों को आधुनिक अर्थों में मजदूर वर्ग के अंग के रूप में देखने का प्रयोग करने की फुर्सत नहीं मिल सकती

थी और न ही ग्रामीण समाज में खेतिहर मजदूरों के रूप में दलितों की राजनीतिक गोलबंदी का कोई कार्यक्रम उसके एजेंडे पर होना था। जाहिर है कि आर्थिक शोषण की बजाय इस पार्टी का जोर आत्मसम्मान और अस्मिता के प्रश्नों पर होना था। इस पार्टी को तो चुनावी राजनीति और निर्मम जोड़-तोड़ के जरिये सिर्फ 'चाबियों की चाबी' की सीधी तलाश में व्यस्त रहना था। उसे अगर किसी पहलू से आंबेडकर का अनुयायी बनना था, तो वह केवल यही था। आंबेडकर ने दलितों के लिए राजसत्ता को चाबियों की चाबी अर्थात 'मास्टर की' करार दिया था और जिसे कांशीराम ने अपनी पंजाबी जुबान में **गुरु किल्ली** कहा था।[३]

बामसेफ की स्थापना के ठीक तीन साल बाद प्रचारात्मक उद्देश्यों से **दलित शोषित समाज संघर्ष समिति** (डीएस-फोर) का गठन हुआ और फिर उसके तीन साल बाद **बहुजन समाज पार्टी** बनी। बामसेफ कर्मचारियों का संगठन होने के बावजूद ट्रेड यूनियन की तरह पंजीकृत नहीं था और डीएस-फोर भी फुटकर चुनाव तो लड़ता था लेकिन चुनाव आयोग में रजिस्टर्ड नहीं था। लेकिन बसपा को शुरू से ही आयोग में पंजीकृत कराया गया। उसके शुरुआती चुनावी अनुभव काफी उत्साहवर्धक रहे। तथ्य बताते हैं कि बामसेफ के बुनियादी और डीएस-फोर के प्रचारात्मक काम ने एक स्तर की बहुजन एकता की पृष्ठभूमि तैयार कर दी थी। खास बात यह थी कि इस एकता के शीर्ष पर दलित राजनीतिक हित थे। बसपा को अपने प्रभाववाले इलाकों में दलित समाज के उन हिस्सों का निर्विवाद समर्थन मिला जो आरक्षण और सरकारी नौकरियों के माध्यम से अपेक्षाकृत साधनसंपन्न हो गये थे। बसपा ने पिछड़े वर्गों में अतिपिछड़ी जातियों का उल्लेखनीय समर्थन जीतने में कामयाबी हासिल की और मुसलमानों में भी उसके प्रति पर्याप्त आकर्षण देखा गया। सिर्फ बहुजन समाज के एक हिस्से आदिवासियों तक बसपा की पहुँच के प्रमाण अभी तक नहीं मिले हैं। बसपा के उभार ने दलित मतदाताओं को काँग्रेस के वोट बैंक की मातहत हैसियत से निकाल कर एक स्वतंत्र राजनीतिक शक्ति के रूप में स्थापित कर दिया। बसपा ने दलितों को यकीन दिला दिया कि काँग्रेस उनका वोट तो लेती है, लेकिन बदले में उन्हें संगठन और सत्ता में आनुपातिक नुमाइंदगी नहीं देती। बसपा ने दावा किया कि केवल वही दलितों को सत्ता के नजदीक पहुँचा सकती है। अपनी राजनीतिक गतिविधियों से उसने साबित किया कि बसपा के जरिये दलित समाज किसी एक पार्टी को बहुमत न मिलने की सूरत में सत्ता में अपनी वास्तविक शक्ति से ज्यादा हिस्सेदारी की माँग कर सकता है और यदा-कदा अनुकूल परिस्थितियाँ होने पर अल्पकाल के लिए ही सही, पर सत्ता प्राप्त कर सकता है।

अपने गठन के दस वर्ष के अंदर-अंदर बसपा ने उत्तर प्रदेश में समाजवादी पार्टी के साथ मिली-जुली सरकार बनायी और फिर इस गठजोड़ को तोड़ कर भारतीय जनता पार्टी की मदद से दो बार फिर सरकार बनाने में सफलता हासिल की। बसपा को चुनाव आयोग से १९९९ में राष्ट्रीय पार्टी की मान्यता मिली। राष्ट्रीय मतदान में बसपा का हिस्सा १९९६ में चार, १९९८ में ४.७ और १९९९ में ४.३

प्रतिशत रहा, जबकि १९९१ में उसे केवल १.६ प्रतिशत वोट ही मिले थे। संसद में भले ही बसपा के पास उल्लेखनीय सीटें न हों लेकिन वोटों के लिहाज से वह कॉंग्रेस, भाजपा और मार्क्सवादी कम्युनिस्ट पार्टी के बाद देश की चौथे नंबर की पार्टी बन चुकी है।[४]

इस पार्टी पर विस्तृत अनुसंधान करनेवाले विद्वानों और स्वयं बसपा का भी दावा है कि वह सिर्फ दलितों की नहीं बल्कि बहुजनों की पार्टी है।[५] इस दावे के मुताबिक बसपा कोशिश करती है कि चुनाव के लिए उम्मीदवार बनाते समय बहुजन समीकरण का ध्यान रखा जाए। १९९६ के उप्र विधानसभा चुनाव में उसने तीस प्रतिशत टिकट पिछड़े वर्गों (जिनमें से आधे से ज्यादा टिकट अतिपिछड़ों को मिले), २९ प्रतिशत अनुसूचित जातियों और सोलह प्रतिशत टिकट मुसलमानों को दिये थे। उपरोक्त आँकड़ों और तथ्यों के आधार पर मोटे तौर पर बसपा को एक सफल राजनीतिक दल कहा जा सकता है। उसका विकास-क्रम काफी तेज रहा है। उसके नेताओं (कांशीराम और मायावती) ने गठजोड़-राजनीति पर खासी महारत हासिल कर रखी है। वे फटाफट गठजोड़ तोड़ने और बनाने में यकीन रखते हैं और उन्हें अधिकतम अस्थिरता से चुनावी लाभ के अवसरों की उम्मीद रहती है। अपनी इस रणनीति को उन्हें 'अवसरवादी' कहने में कोई झिझक नहीं होती। कहा जा सकता है कि आंबेडकर द्वारा बनायी गयी इंडियन लेबर पार्टी, शेड्यूल्ड कास्ट फेडरेशन और रिपब्लिकन पार्टी को कभी इस तरह की राजनीतिक सफलता नहीं मिली।

लेकिन बसपा की इस जोरदार सफलता का एक दूसरा पहलू भी है जो पिछले दो-तीन वर्षों से उभर कर सामने आ रहा है। १९९६ और ९८ के चुनावी आँकड़े बताते हैं कि बसपा ने हरियाणा, पंजाब, उप्र और मप्र में सात से ले कर बीस प्रतिशत वोट हासिल किये हैं। जाहिर है कि बहुजन दायरे में टिकट वितरण करके और करीब सोलह प्रतिशत टिकट ऊँची जातियों के बीच बाँट कर भी बसपा प्रादेशिक और राष्ट्रीय स्तर पर गुरु किल्ली प्राप्त करने के निकट नहीं दिखती। चूँकि वह कई प्रांतों में चुनाव लड़ती है और हर जगह उसके उम्मीदवार बहुजन व्यूह-रचना के कारण कुछ न कुछ वोट हासिल कर ही लेते हैं, इसलिए उसे राष्ट्रीय मान्यता लायक वोटों का प्रतिशत तो उपलब्ध हो जाता है, लेकिन माकपा, भाजपा या कॉंग्रेस की तरह या उत्तर प्रदेश की समाजवादी पार्टी की तरह वह किसी भी प्रदेश में नंबर एक की पार्टी बनने में नाकाम रहती है। संसद में उसकी उपस्थिति काफी कम है और उत्तर प्रदेश विधानसभा में उसके विधायकों की संख्या कभी सत्तर तक नहीं पहुँची। मतदाताओं और समर्थन आधार के झुकावों के कई अध्ययन बताते हैं कि बसपा दलित मतदाताओं की प्रमुख लेकिन एकमात्र पसंदीदा पार्टी नहीं है। दक्षिण भारत, उत्तर-पूर्व और महाराष्ट्र के दलितों के बीच प्रयास करने के बावजूद उसका वजूद जड़ नहीं जमा पाया है। पिछड़े वर्गों के ऊपरी हिस्से के मतदाता बसपा के बजाय उप्र में समाजवादी पार्टी और बिहार में राष्ट्रीय जनता दल जैसी पार्टियों को पसंद करते हैं और अतिपिछड़े तबकों में वह ज्यादा से ज्यादा हिस्सा ही बँटा पाती है।

उत्तर प्रदेश के पिछड़े वर्गों में उसकी पहुँच फिलहाल समाजवादी पार्टी और भाजपा के मुकाबले कम है। मुसलमान मतदाताओं की पहली प्राथमिकता उत्तर प्रदेश में मुलायम सिंह यादव का नेतृत्व है न कि बसपा।

सवाल यह है कि बसपा की यह सीमा बहुजन-आधारित चुनावी व्यूहरचना का परिणाम है या उस रणनीति पर अमल न कर पाने का नतीजा है? एक प्रश्न यह भी है कि क्या चुनावी राजनीति के हिस्सा-बाँट के माध्यम से बहुजन समाज को एक राजनीतिकृत और एकताबद्ध समुदाय के रूप में उपलब्ध किया जा सकता है? सामाजिक-आर्थिक रूप से उत्पीड़ित और शोषित तबकों के लिए राजसत्ता उपलब्ध कराने का दावा करनेवाली एक संभावनाशील पार्टी के रूप में बसपा के अतीत, वर्तमान और भविष्य का यह अध्ययन दलित-बहुजन राजनीति के उन पहलुओं की शिनाख्त करने का प्रयास करेगा जिनके कारण बसपा की प्रकट सफलताएँ अपने अंतर्जगत में कई तरह की सीमाओं से ग्रस्त लगती हैं। इस अध्ययन में वर्णन-प्रधान शैली को अपनाया गया है। इसके पीछे मुख्य भावना यह है कि बसपा के बारे में आमतौर पर तथ्य उपलब्ध नहीं हैं। यह एक ऐसी पार्टी है जो अपने राजनीतिक और सामाजिक महत्त्व के अनुपात में समाज-विज्ञानियों का ध्यान अपनी ओर नहीं खींच पायी है। इस पार्टी के संगठन, विचारधारा, नेतृत्व और रणनीति का बहुत कम अध्ययन हुआ है।

बसपा के राजनीतिक और सांगठनिक जीवन का यह अध्ययन बताता है कि उसके संस्थापक कांशीराम की निगाह में बामसेफ और डीएस-फोर की गतिविधियों के केंद्र में बहुजन समाज की एकता के प्रयास थे और जब उन्हें लगा कि अब इस एकता को चुनावी समीकरण में बदला जा सकता है तो उन्होंने एलान कर दिया कि उनकी दिलचस्पी किसी रिपब्लिकन या नामांतर मूवमेंट में न हो कर सिर्फ 'पावर मूवमेंट' में है।[६] इससे स्पष्ट होता है कि बसपा के बनने से पहले का दौर राजनीतिक कम और सामाजिक आंदोलन का ज्यादा था। दूसरे शब्दों में वह राजनीतिक उद्देश्यों से किया गया सामाजिक कर्म था। बसपा के गठन के बाद स्थिति बदल गयी और यह मुहिम पूरी तरह बहुजन एकता के सीधे राजनीतिकरण के माध्यम से एक राजनीतिक समुदाय बनाने की कोशिशों में रूपांतरित हो गयी। और भी ठोस रूप से देखें तो लगता है कि बसपा एक स्तर पर दलितों के आंतरिक विभेदों से परे जाते हुए पूरे दलित समाज के आर-पार एक तरह की एकीकृत दलित राजनीतिक एकता की रचना करना चाहती है और फिर इस एकता के नेतृत्व में पिछड़ी, अतिपिछड़ी जातियों, अल्पसंख्यकों और आदिवासियों का चुनावी मोर्चा बनाना चाहती है। इसके लिए उसने **सौ प्रतिशत राजनीति** का १५ वर्षीय सिलसिला चलाया है और तकरीबन मान लिया है कि सामाजिक आंदोलन का चरण पूरा हो गया है और अब सत्ता में ज्यादा से ज्यादा हिस्सेदारी हासिल करके दलित अस्मिता के सवालों पर केंद्र करते हुए यह प्रक्रिया काफी दूर तक चलायी जा सकती है। सवाल यह है कि क्या बसपा की यह मुहिम पूर्ववर्ती दलित आंदोलन की

उपलब्धियों को सुरक्षित रखते हुए उनमें कोई योगदान कर पायी है? दूसरा सवाल यह है कि नौकरशाही के दलित हिस्से के बुनियादी प्रयास से बनी इस पार्टी को राजसत्ता मिलने पर बहुजन समाज की चुनावी एकता के उन प्रयासों पर क्या असर पड़ा? क्या इस तरह की चुनावी एकता किसी स्थायी अथवा कुछ हद तक टिकाऊ राजनीतिक समुदाय के निर्माण का आधार बन सकती है? एक महत्त्वपूर्ण आकलन का विषय यह है कि दलित-बहुजन नेताओं ने 'चाबियों की चाबी' को कैसे इस्तेमाल किया? इन सवालों का जवाब पाने के लिए इस अध्ययन को तीन हिस्सों में बाँटा गया है। पहले हिस्से में बहुजन एकता के प्रयासों का लेखा-जोखा है और दूसरे में राजसत्ता मिलने के बाद बनी परिस्थिति के ब्यौरे हैं। तीसरे हिस्से में उन समस्याओं, सीमाओं और संभावनाओं का विश्लेषण है जिनके बीच कांशीराम के नेतृत्व में दलित नौकरशाही द्वारा चलायी गयी यह परियोजना आजकल डूब-उतरा रही है।

I
बहुजन एकता की तलाश

रतन राम का उदाहरण साफ करता है कि बसपा की विचारधारा, सांगठनिक व्यूह-रचना और समर्थन-आधार की तुलना देश के किसी भी राजनीतिक संगठन से नहीं की जा सकती। इस पार्टी के पास न कोई लिखित घोषणापत्र है और न ही कोई सुसंगत आर्थिक-राजनीतिक नीति वक्तव्य। यह एकमात्र पार्टी है जिसका आर्थिक दर्शन न किसी को पता है और न ही इसके नेता या नेताओं ने उसे पेश करने की कभी जहमत उठाई है। उसकी विचारधारा न तो पूँजीवाद के किसी खाने में फिट होती है और न समाजवाद के खाने में। उसे उदारतावादी दायरे की पार्टी बताने वालों को भी ऐसा करने के लिए काफी जोखिम उठाने पड़ सकते हैं क्योंकि बसपा अक्सर हित-आधारित लोकतांत्रिक राजनीति की स्थापित परंपराओं का उल्लंघन करती रहती है। बसपा के इस अनूठेपन के कारण उसके बारे में जानकारी पाने के सिर्फ दो व्यावहारिक स्रोत रह जाते हैं—इनमें पहला है उसके नेता कांशीराम का विकट जीवन, छिट-पुट रचनाएँ, भाषणों और वक्तव्यों का लंबा सिलसिला, और दूसरा है इससे निकलनेवाले निष्कर्षों की पुष्टि करने के लिए रतन राम सरीखे कांशीराम द्वारा प्रशिक्षित किये गये कार्यकर्त्ताओं के जीवन का राजनीतिक पाठ। कांशीराम और उनके शिष्य रतन राम के उदाहरण बताते हैं कि बसपा आरक्षण के माध्यम से सरकारी नौकरी प्राप्त करनेवाले उन सरकारी कर्मचारियों की राजनीतिक परियोजना का परिणाम है जो सरकारी दफ्तरों में सामाजिक-प्रशासनिक भेदभाव के शिकार होते रहे हैं और जिन्हें सामान्य कर्मचारी ट्रेड यूनियन राजनीति के माध्यम से कभी न्याय नहीं मिला। इसलिए इन कर्मचारियों को अपना अलग संघ बनाना पड़ा। चूँकि यह संघ सरकारी कर्मचारियों का था इसलिए इसकी राजनीति जनांदोलनकारी प्रवृत्तियों से कतरानेवाली ही होनी थी। कांशीराम को उनके निजी तजुर्बों ने सिखाया

था कि कानूनी माध्यमों में अपनी माँगें मनवाने लायक गुंजाइशें हैं और कानून तोड़ने की कोई जरूरत नहीं है।[७] यह अलग कर्मचारी संघ सीधे किसी राजनीतिक दल से जुड़ने के लिए तैयार नहीं था क्योंकि उसका मकसद आगे चल कर स्वयं एक राजनीतिक दल को जन्म देना था। संभवत: यही कारण था कि बामसेफ को संगठन के रूप में कहीं पंजीकृत नहीं कराया गया। उसका ढाँचा भी अनौपचारिक ही रहा।

बैकवर्ड एंड माइनारिटी कम्युनिटीज इम्प्लाइज फेडरेशन (बामसेफ)

देश के किसी भी क्षेत्र में बसपा के उदय की परिघटना का अध्ययन किया जाये तो उसके पीछे बामसेफ की छाया-उपस्थिति नजर आती है। सामने आये बिना बामसेफ के सदस्य प्रशासन में अपनी हैसियत का कुशलतापूर्वक इस्तेमाल करते हुए बसपा के लिए बीज डालने का काम करते हैं और संसाधन जुटाते हैं। बामसेफ अपने-आप में एकदम नये तरह का विचार था। शुरू में बड़े दलित अफसरों ने हमदर्दी होते हुए भी इस संगठन से सुरक्षित दूरी बनाये रखी। सवर्ण अफसरों की जातिवादी ज्यादतियों के खिलाफ संघर्ष चलाते मँझोले और निचले दलित कर्मचारियों के बीच इसके पैर जम गये लेकिन इसकी मंजिल कर्मचारियों की यूनियन के रूप में सीमित हो जाना नहीं थी। कांशीराम चाहते थे कि यह शिक्षित कर्मचारियों का संगठन तो बने लेकिन शिक्षित कर्मचारियों के लिए ही काम न करता रहे। इस संगठन के शिक्षित कर्मचारियों से उम्मीद की जाती थी कि वे उत्पीड़ित समाज के अन्य सदस्यों की मदद करेंगे और इस तरह बहुजन समाज आंदोलन के लिए 'ब्रेन बैंक', 'टैलेंट बैंक' और 'फाइनेंशियल बैंक' बन जाएँगे। बसपा के समर्थकों का दावा है कि स्थापना के थोड़े दिन बाद ही बामसेफ से पाँच सौ पीएचडी, तीन हजार एमबीबीएस / एमएस / एमडी, पंद्रह हजार वैज्ञानिक और सात हजार अन्य स्नातक और स्नातकोत्तर डिग्रीधारी कर्मचारी जुड़ गये। अधिकांश सदस्य महाराष्ट्र और उत्तर प्रदेश के थे और अनुसूचित जाति के थे। इस संगठन में पिछड़े वर्ग के कर्मचारियों की संख्या सबसे ज्यादा उप्र से थी।[८]

कर्मचारियों की अपनी सरकारी श्रेणी (ओहदा) बामसेफ में आ कर खत्म हो जाती थी। वहाँ सभी सदस्य बराबर होते थे। बामसेफ के सदस्य छह से बारह रुपये तक सदस्यता शुल्क देते थे और समय पड़ने पर आंदोलनों के लिए धन जमा करना उनके कार्यभारों में महत्त्वपूर्ण स्थान रखता था। हर सरकारी दफ्तर में बामसेफ का खजांची होता था जिसके पास धन जमा होता था। यह स्थायी नहीं बल्कि बदलता रहता था। जिले या मंडल का संयोजक इसकी नियुक्ति करता था। खजांची जमा धन जिले के संयोजक के हवाले कर देता था । संयोजक इसे कांशीराम तक पहुँचा देता था। इस संयोजक की नियुक्ति कांशीराम के हाथों में होती थी। वे कार्य-कुशलता और निष्ठा को ध्यान में रखते हुए उसका चयन करते थे। संयोजक पैसे की व्यवस्था के अलावा नए सदस्य भी बनाता था, कांशीराम के निर्देशों को संगठन में पहुँचाता था और हर महीने के अंतिम रविवार को जिले-भर के बामसेफ

कार्यकर्त्ताओं की बैठक आयोजित करता था।

मंडल स्तर और प्रांत स्तर पर भी कांशीराम संयोजक नियुक्त करते थे। मंडल संयोजक प्रांत और जिले के बीच कड़ी का काम करता था। प्रांत संयोजक सभी संयोजकों के बीच तालमेल रखता था। कांशीराम ने बामसेफ सदस्यों को चुनाव प्रचार में भाग लेने के लिए कभी उत्साहित नहीं किया। और न ही बामसेफ का सदस्य होने के लिए बसपा को वोट देना जरूरी माना—लेकिन बामसेफ के गठन का अंतर्निहित तर्क था ही ऐसा कि उसके सदस्य बसपा के राजनैतिक उपादान बने बिना नहीं रह सकते थे। बामसेफ ने बसपा के विकास में भारी योगदान किया। पार्टी का खर्च निकालना और प्रतिभाशाली कार्यकर्त्ता सप्लाई करते रहना कोई छोटी-मोटी जिम्मेदारी नहीं थी। कांशीराम ने बामसेफ के पीछे अपनी अवधारणा की व्याख्या इन शब्दों में की :

> बामसेफ के पीछे धारणा है 'समाज को वापस देना।' अतएव यह बसपा के लिए दिमाग, प्रतिभा और कोष जुटाता है। लेकिन १९८५ में मैंने इसे छाया संगठन में बदल दिया। अब इसका सार तत्त्व केवल मेरी निगाह में है और केवल मैं ही इसका पदाधिकारी और सदस्य रह गया हूँ। देश के करीब चार सौ सर्वोच्च सिविल सर्वेंट बसपा के ब्रेन बैंक हैं। बामसेफ के २६ लाख अनुसूचित जाति-जनजाति के कर्मचारी कार्यकर्त्ता सारे देश में फैले हुए हैं। उनकी शुद्ध आय दस हजार करोड़ सालाना है। वे बसपा को कोष सप्लायी करते हैं। आखिरकार बसपा का मासिक खर्चा एक करोड़ रुपए है।[९]

कांशीराम के इस कथन से दो बातों का अंदाजा लगता है—उनके आंदोलन में आरक्षण के जरिए नौकरी पाए कर्मचारियों का महत्त्व कितना ज्यादा है और उन कर्मचारियों पर कांशीराम की व्यक्तिगत पकड़ कितनी मजबूत है। १९८४ में बसपा के निर्माण के बाद कांशीराम ने बामसेफ को पूरी तरह पृष्ठभूमि में धकेल दिया। यह संगठन लगभग आँखों से ओझल हो गया लेकिन इसका वजूद नहीं मिटा। घुमा-फिरा कर बामसेफ के लोग बसपा से जुड़ गये। मायावती और राजबहादुर जैसे नेतृत्वकारी कार्यकर्ता बामसेफ से ही निकले। बसपा के चुनाव दफ्तरों का संचालन हो या चुनाव में खर्च होनेवाले पैसे का लेखा-जोखा हो, बामसेफ के लोग ही इन चीजों पर नियंत्रण करने लगे। स्थानीय परिस्थितियों के अनुसार चुनावी व्यूह-रचना करने का काम भी बामसेफ के अदृश्य हाथ में चला गया।

बसपा के गठन के समय कांशीराम को बामसेफ में असंतोष की कुछ सुगबुगाहट सुनाई भी दी। इसकी बुनियाद में बामसेफ के उद्देश्यों की समझ को ले कर कुछ नेताओं के कांशीराम के साथ मतभेद थे। बामसेफ के कई संस्थापक सदस्य बसपा के जरिए अपनी बढ़ती हुई राजनीतिक भूमिका से रोमांचित तो हुए लेकिन कुछ के मन में शंकाएँ भी पनपीं। दूसरी ओर सीधे-सीधे बसपा में आये पूर्णत: राजनीतिकृत नेताओं और कार्यकर्त्ताओं ने इस अपंजीकृत छाया संगठन की पार्टी पर चौधराहट को नाराजगी से देखा। इस तरह बामसेफ वालों और बसपा के

बीच एक तरफ तो गर्भनाल का संबंध रहा और दूसरी तरफ अंतर्विरोध की बुनियाद भी पड़ी। शुरू में ये अंतर्विरोध मित्रतापूर्ण रहे लेकिन बाद में उन्होंने नुकसानदेह स्वरूप भी अख्तियार करना शुरू कर दिया। बसपा वालों का आरोप था कि बामसेफ वालों को फील्ड का अनुभव नहीं होता और जब उन्हें इस बारे में जानकारी दी जाती है तो भी वे इस पर ध्यान नहीं देते। बसपा वालों ने कई बार शिकायत की कि कांशीराम बामसेफ के मशविरों पर ज्यादा ही ध्यान देते हैं। बसपा का और ज्यादा विकास होने पर नब्बे का दशक आते-आते बामसेफ की भूमिका उत्तरोत्तर अदृश्य-सी होती चली गयी। इस परिस्थिति ने बामसेफ के अंदर उसकी अपनी भूमिका पर भी बहस पैदा कर दी। इसके कुछ संस्थापक सदस्यों की राय थी कि उत्पीड़ित वर्ग को ऐसे बौद्धिकों की जरूरत है जो उन्हें सामाजिक-आर्थिक न्याय दिला सके। इस लक्ष्य की पूर्ति बामसेफ से जुड़े अधिकारी वर्ग द्वारा ही संभव है। जबकि कांशीराम यह जिम्मेदारी बसपा की ओर स्थानांतरित कर देना चाहते थे। इस बहस के कारण बामसेफ में कांशीराम का नेतृत्व कुछ विवादास्पद हो गया। किसी जमाने में बामसेफ के पदाधिकारियों के बीच होनेवाले विवादों के निपटारे के लिए कांशीराम पंच का काम करते थे, लेकिन इस बार वे खुद ही इस विवाद में फँस गये। कुछ संस्थापक सदस्यों ने एक बैठक बुला कर कांशीराम को अध्यक्ष पद से हटाने की घोषणा की। इस तरह दो बामसेफ बन गये। एक कांशीराम का बामसेफ और दूसरा उनका विरोधी। कांशीरामवाले बामसेफ ने नए बामसेफ पर आरोप लगाया कि उन्होंने पैसे के हिसाब-किताब में गोलमाल किया है, लेकिन यह इलजाम एक तरह का हथकंडा था। असली विवाद संगठन की भूमिका को ले कर ही था। बहरहाल, नया बामसेफ पुराने बामसेफ को कोई विशेष चुनौती नहीं दे सका। उसने मुसलमानों के अयोध्या मार्च में भाग जरूर लिया लेकिन उसका आधार पश्चिमी उत्तर प्रदेश के कुछ जिलों तक ही सीमित रह गया।

दलित शोषित समाज संघर्ष समिति (डीएस-फोर)

जाहिर है कि बामसेफ को एक छाया-संगठन या अर्धभूमिगत संगठन की तरह ही कल्पित किया गया था। इसका नाम स्वयं में एक आवरण था जिसमें बैकवर्ड और माइनॉरिटी शब्द तो मौजूद थे लेकिन दलित, हरिजन या अनुसूचित जाति जैसे शब्द नहीं थे, जबकि व्यवहार में इसका संचालन दलित कर्मचारियों के हाथ में ही था। बामसेफ की गतिविधियाँ जैसे-जैसे सुदृढ़ होती गयीं वैसे-वैसे यह राजनीतिक परियोजना अगले चरण की ओर बढ़ी। बामसेफवाले सरकारी नौकरी में होने के कारण आंदोलनों में या राजनीतिक प्रचार में भागीदारी नहीं कर सकते थे। इसलिए कांशीराम ने ६ दिसंबर, १९८१ को डीएस-फोर नामक संगठन बनाया। इसके नाम में एक 'डी' और चार 'एस' थे—दलित शोषित समाज संघर्ष समिति। यह भी बाक़ायदा राजनीतिक दल नहीं था, लेकिन इसकी गतिविधियाँ काफी कुछ वैसी ही थीं। डीएस-फोर ने उत्तर प्रदेश, बिहार और हरियाणा के किसान नेताओं का ध्यान

भी अपनी ओर आकर्षित किया। चरण सिंह, देवीलाल और कर्पूरी ठाकुर को इस संगठन में संभावनाएँ लगीं। येवगेनिया युरलोवा ने दावा किया है कि डीएस-फोर को शुरू में चरण सिंह ने राजनीति में पैर जमाने में मदद की।[१०] युरलोवा का यह कथन ज्यादा सही नहीं लगता, क्योंकि डीएस-फोर जिन ताकतों का प्रतिनिधित्व कर रही थी, उनका चरण सिंह के अनुयायियों से सामाजिक स्तर पर टकराव था। डीएस-फोर फुटकर ढंग से चुनाव लड़ती थी, इसलिए सामाजिक टकराव होते हुए भी राजनीतिक तालमेल होना मुमकिन नहीं था। चरण सिंह राजनीति में उभरते हुए उस मजबूत किसान वर्ग की नुमाइंदगी करते थे जो सवर्णों की तरह व्यवहार करता था। वह रंग-रुतबे के मामले में सवर्णों से होड़ कर रहा था और दलितों को कुचलने में वह कई-कई जगह तो सवर्णों से भी आगे था।

डीएस-फोर का सदस्यता शुल्क तीन रुपए वार्षिक था। इसमें और बामसेफ में बुनियादी फर्क था कि बामसेफ का कोई सदस्य सरकारी कर्मचारी राजनीतिक प्रचार में भाग नहीं ले सकता था। लेकिन डीएस-फोर को इसी मकसद से बनाया गया था। डीएस-फोर में कई विंग्स (मोर्चे) बनाये गये। आर.के. सिंह बताते हैं कि आंदोलन के संचालन के लिए कांशीराम ने इसमें दस विंग्स बनाने की योजना बनाई। पहले तीन विंग्स जागृति विंग, महिला विंग और छात्र विंग बनाए गये। जागृति मोर्चा काफी सक्रिय हुआ। उसने भाषण, गीत-संगीत और नुक्कड़ नाटकों के जरिए उत्पीड़ितों में चेतना पैदा करने का काम किया। महिला विंग की संयोजक मायावती को बनाया गया। डीएस-फोर ने ग्रामीण और शहरी इलाकों में व्यापक कार्यक्रम किए और दलित व पिछड़ों में कांशीराम के विचारों का प्रचार किया। साइकिल प्रचार यात्राएँ निकालीं और जनसभाएँ आयोजित कीं।[११]

डीएस-फोर का सबसे बड़ा कार्यक्रम दक्षिण में कन्याकुमारी से शुरू किया गया साइकिल मार्च था। इसी के साथ उसने उत्तर-पूर्व में कोहिमा से, पश्चिम में पोरबंदर से और पूर्व में पुरी से साइकिल यात्राएँ कीं। ये चारों यात्राएँ सौ दिन तक चलीं। ६ दिसंबर ८२ से शुरू हो कर यह कार्यक्रम १५ मार्च १९८३ तक चलता रहा। फिर दिल्ली पहुँच कर करीब तीन लाख लोगों की एक विशाल रैली हुई।[१२]

डीएस-फोर ने उत्तर प्रदेश में शराब-विरोधी कार्यक्रम भी किया। उसके स्वयंसेवक राज्य-भर में साइकिलों से घूमे और दलित व पिछड़े समुदायों की बस्तियों में शराब की दुकानें खोलने का विरोध किया। बामसेफ के सदस्यों ने डीएस-फोर के पीछे रहते हुए उसके कार्यक्रमों को आगे बढ़ाया। डीएस-फोर के माध्यम से कांशीराम ने बसपा बनाने से पहले ही चुनाव की मशीनरी की रूपरेखा बना ली। कांशीराम का कहना था कि उन्होंने डीएस-फोर का निर्माण कल की लड़ाई के लिए कमजोरों को तैयार करने के लिए किया है। उन्होंने कहा, 'मैं अपने प्रतिद्वंद्वियों को पूरी आजादी देता हूँ कि वे बहुजन समाज को जितना बाँट सकें, बाँटें। लेकिन यह मेरा अधिकार है कि मैं उन्हें उनका हक दिलाने के लिए संगठित करूँ।'[१३]

१९८३ की दिल्ली में हुई रैली ने उनके सामने बहुजन समाज आंदोलन के लिए एक राजनीतिक दल की जरूरत को साफ कर दिया। इस तरह अपनी योजना के तीसरे चरण में आंबेडकर के जन्म दिन १४ अप्रैल, १९८४ को दिल्ली में बहुजन समाज पार्टी के गठन की घोषणा की गयी। २२,२३ और २४ जून को पार्टी का पहला राष्ट्रीय सम्मेलन लाल किले के मैदान में हुआ। पार्टी को चुनाव आयोग में पंजीकृत कराया गया। इस तरह बसपा के माध्यम से कांशीराम ने **गुरु किल्ली** की खोज शुरू की।

II

'गुरु किल्ली' की ओर

जिन दिनों कांशीराम बामसेफ और डीएस-फोर के दौर से गुजर रहे थे, अर्थात उनके शब्दों में पाँच हजार जातियों में बँटे 'बहुजन समाज में एकता पैदा करने का अभियान' चला रहे थे, उनकी तरफ बहुत कम लोगों ने ध्यान दिया। बामसेफ की प्रभावकारिता और संगठन शैली स्वतः स्पष्ट थी लेकिन उसके पीछे की दूरंदेशी को कोई नहीं पकड़ पाया। बामसेफ के बाद डीएस-फोर फिर बसपा के निर्माण का यह क्रम उन्हें नियोजित और गहरे उद्देश्योंवाला नहीं लगा। शायद ही किसी प्रमुख बुद्धिजीवी या समाजविज्ञानी ने कांशीराम को गंभीरता से लिया हो। दलितों में काम करनेवाली वामपंथी शक्तियाँ उस जमाने में कुछ-कुछ व्यंग्य के साथ ही साइकिल पर घूमते रहनेवाले कांशीराम के बारे में चर्चा करती थीं। समाचार पत्रों में भी डीएस-फोर की साइकिल यात्राएँ खबरों के हाशियों पर ही रह गयीं। पत्रकार और अन्य प्रेक्षक कांशीराम की बढ़ती हुई लोकप्रियता और 'जय भीम' के अभिवादन का नया मर्म नहीं समझ पाए।

परंपरागत शैली के दलित बुद्धिजीवियों ने भी नयी पार्टी पर ध्यान नहीं दिया। स्तंभकार ए.एस. अब्राहम के अनुसार बामसेफ और डीएस-फोर पत्रकारों के लिए सिर्फ शाब्दिक फार्मूले-भर थे। उन्होंने पत्रकारों को केवल मनोविनोद की सामग्री प्रदान की और बदले में पत्रकारों ने इन शब्दों को उपहासपूर्ण सहिष्णुता के साथ ग्रहण कर लिया। बसपा अपनी रचना के बाद जब चुनावों में तुरंत कोई उल्लेखनीय जीत हासिल नहीं कर पाई तो उसे एक और जातिवादी जमावड़ा कह कर खारिज कर दिया गया जो 'उतनी ही जल्दी तिरोहित हो जाएगा जितनी जल्दी उसका फैलाव हुआ है।' काँग्रेस ने उसे राजनीतिक शरारत करार दिया और 'मौसमी पार्टी' कह कर उसकी अल्पजीविता की भविष्यवाणी कर दी।

ऊपर से देखने में बसपा और उसके पूर्ववर्ती संगठनों के पास कोई राजनीतिक ताम-झाम था भी नहीं। बामसेफ और डीएस-फोर के पास दफ्तर के नाम पर लखनऊ के उदयगंज इलाके में एक कुरील महोदय की कोठरी थी। दिल्ली में कांशीराम रैगरपुरा की घनी बस्ती के एक मामूली से कमरे को अपना केंद्र बनाए हुए थे। बसपा के पास प्रचार का मुख्य साधन साइकिल थी और कांशीराम की

अपने कार्यकर्त्ताओं को सलाह थी कि बीस किमी तक पैदल चलो और इसके बाद साइकिल का इस्तेमाल करो। ऐसी साधनहीन पार्टी को वे राजनीतिक ताकतें क्यों मुँह लगातीं जो जीपों और कारों के काफिलों के साथ जनता के बीच में जाती थीं। दूसरे, कांशीराम ने रणनीति भी ऐसी ही बनाई थी कि चुपचाप तैयारी करो और चुनाव के समय उभर कर खड़े हो जाओ।

बसपा ने गठन होते ही १९८४ का संसदीय निर्वाचन लड़ा और सारे देश में १०.०५ लाख वोट हासिल किए। पंजाब के विधानसभा चुनाव में उसने खास करामात दिखाई और काँग्रेस की झोली से २.२ प्रतिशत वोट निकाल लिये। ये वे दलित वोट थे जिनके मिलने से काँग्रेस अकालियों को हरा सकती थी। दिसंबर १९८५ में हुए बिजनौर उपचुनाव में बसपा ने मायावती को चुनाव में उतारा। मायावती के सामने बाबू जगजीवन राम की पुत्री काँग्रेस की मीरा कुमार थीं जो भारतीय विदेश सेवा छोड़ कर राजनीति में आयी थीं। बिजनौर के इस चुनाव से बहुत कुछ तय होना था। बाबूजी को राजनीति में किसी दलित द्वारा प्राप्त सफलता का अंतिम पर्याय माना जाता था। आखिरकार उस समय तक बाबूजी ही एकमात्र दलित थे जिनका नाम प्रधानमंत्री पद के लिए चला था। मायावती के जरिये बसपा ने बिजनौर की लड़ाई में साबित किया कि काँग्रेसी दलित नेताओं का जमाना लद चुका है। अब उत्पीड़ित वर्ग उनके साथ नहीं है। मायावती चुनाव जरूर हार गयीं पर परिणाम चौंका देनेवाले निकले। मायावती ने ६१,००० वोट हासिल किए और मीरा कुमार की जीत का अंतर पीछे घसीट कर केवल पाँच हजार कर दिया। काँग्रेस उम्मीदवार साल-भर पहले ही इस क्षेत्र से ९५,००० वोटों से जीता था।

बसपा ने चुनाव के मैदान में तीसरा प्रयोग हरिद्वार में किया। १९८७ में मायावती ही यहाँ से लड़ीं। इस बार उनके मुकाबले जनता दल के दलित नेता रामविलास पासवान थे। पासवान बिहार से चुनाव जीतने का विश्व रिकार्ड बना चुके थे और उन्हें जगजीवन राम द्वारा छोड़े गये शून्य को भरने लायक नेता माना जा रहा था। हरिद्वार में मायावती ने पासवान को ध्वस्त कर दिया। बसपा को १,३५,२२५ वोट नसीब हुए। जीत काँग्रेस उम्मीदवार की हुई लेकिन केवल १४-१५ हजार वोटों से। लोकदल और भाजपा के उम्मीदवारों का तो पता ही नहीं चला। बोफोर्स मसले पर काँग्रेस छोड़ कर विपक्ष के साथ मिल गये विश्वनाथ प्रताप सिंह इलाहाबाद उपचुनाव में काँग्रेस के अनिल शास्त्री के मुकाबले उतरे। यह चुनाव राष्ट्रीय राजनीति में एक महत्त्वपूर्ण मोड़ था। यह काँग्रेस की सरकारी ताकत और संयुक्त विपक्ष (२३ पार्टियाँ) की एकजुट ताकत का टकराव था। इसके परिणामों का १९८९ में होनेवाले आम चुनाव की राजनीति पर असर पड़नेवाला था। बसपा ने काँग्रेस और संयुक्त विपक्ष के इस संघर्ष में दलितों का स्वतंत्र दावा किया ताकि वे स्वयं की तीसरी धारा के रूप में शिनाख्त करा सकें। यह आसान काम नहीं था। बसपा उम्मीदवार को सम्मानजनक वोट मिलने ही चाहिए थे तभी दलित खुद को समान स्तर की राजनीतिक ताकत सिद्ध कर सकते थे। काफी कुछ दाँव पर था।

इसलिए बसपा प्रमुख कांशीराम ने किसी और को न लड़ा कर स्वयं को उम्मीदवार के रूप में पेश किया। इस चुनाव की पूर्वपीठिका के रूप में बहुजन समाज पार्टी साल-भर से अपना सोशल एक्शन कार्यक्रम चला रही थी। १५ अगस्त १९८७ से प्रदेश-भर में छुआछूत, अमानवीयता, अन्याय, असुरक्षा और असमानता के खिलाफ बसपा के धरने और साइकिल यात्राएँ जारी थीं।[१४]

खुला पत्र

बसपा ने इस इलाहाबाद चुनाव को अपने प्रचार के स्वर्ण अवसर के रूप में देखा। कांशीराम ने एक खुला पत्र तैयार किया। पहली बार लोगों के सामने बसपा का उद्देश्य कमोबेश एक आधिकारिक दस्तावेज के रूप में आया।

कांशीराम के कथन में मान्यता झलक रही थी कि जाति-चेतना का राजनीतिकरण किए बिना न तो जाति के परंपरागत रूप टूट सकते हैं और न ही जाति की बीमारी का इलाज हो सकता है। यद्यपि उनके बहुजन समाज में दलित, आदिवासी, पिछड़े और धार्मिक अल्पसंख्यक शामिल थे, लेकिन प्राथमिकता के लिहाज से उनका पहला जोर दलितों पर, दूसरा पिछड़ों पर और तीसरा धर्म परिवर्तन किए हुए अल्पसंख्यकों पर दिखाई देता था। आंबेडकर ने भी अपनी जनवादी क्रांति की प्राथमिकताएँ इसी प्रकार निर्धारित की थीं। इस पर्चे से लगता था कि राजनीति में बसपा के प्रवेश के समय उन्होंने इसके लिए तीन प्रमुख कार्यभार निर्धारित किए थे—दलितों और पिछड़ों के लिए संविधान में आंबेडकर द्वारा प्रदत्त विशेष सुविधाओं को वास्तव में लागू करने के लिए संघर्ष; चुनाव सुधारों के लिए दबाव बनाना ताकि कमजोर वर्ग के लिए मतदान करने लायक माहौल की गारंटी हो सके : नमूने के तौर पर कम कीमत में चुनाव लड़ने की जनाधारित शैली विकसित करना; और मौजूदा शासक वर्ग की राष्ट्रभक्ति पर प्रश्नचिह्न लगाना और बसपा को ज्यादा राष्ट्रभक्त दिखाना।[१५]

इलाहाबाद के चुनाव को देश-भर में बेहद प्रचार मिला। अंतर्राष्ट्रीय मीडिया ने भी इस पर ध्यान दिया। हवा पूरी तरह वीपी सिंह के पक्ष में थी। उनके साथ केरल, कर्नाटक, आंध्र प्रदेश, पश्चिम बंगाल और हरियाणा के मुख्यमंत्री थे। संसाधनों के ढेर लगे हुए थे। चुनाव में काँग्रेस उम्मीदवार को केवल ९० हजार वोट और वीपी सिंह को २,०३,००० वोट मिले। कांशीराम ने साइकिल और उस पर लगे माइक के दम पर चुनाव लड़ा। उन्हें ७१,५८६ वोट मिले। यह एक भारी नैतिक विजय थी। कांशीराम इन वोटों की मदद से संसदीय राजनीति में एक स्थायी तत्त्व के रूप में जम गये। साइकिल पर लगा हुआ हाथी के निशानवाला बसपा का नीला झंडा उनका और उनके आंदोलन का प्रतीक बन गया।

सांगठनिक ढाँचा और प्रचार की विधि

इस चुनावी कामयाबी के पीछे कांशीराम का कठोर परिश्रम और अपने जनाधार के सतत संपर्क में रहने की खूबियाँ मुख्य थीं। उन्होंने निरंतर प्रचार-यात्राएँ कीं और आंदोलनकारी कार्यक्रम किए। बहुजन समाज पार्टी की संगठन शैली उन्होंने अपने आंदोलन की व्यावहारिक जरूरतों के आधार पर निर्धारित की, न कि पार्टी बनाने की किसी पूर्वस्थापित शैली के आधार पर।

बसपा का गठन करने हेतु पूरे देश को सौ डिवीजनों में बाँटा गया। सारे देश में साढ़े तीन हजार से ज्यादा बसपा दफ्तर खोले गये। पार्टी का मुख्यालय दिल्ली में रहा और कांशीराम उसके निर्विवाद प्रमुख बने। शुरू में कोई और पदाधिकारी था ही नहीं। न कोई मंत्री, न कोई महामंत्री। सभी पार्टी के कार्यकर्त्ता थे। तकनीकी रूप से अध्यक्ष सही, पर कांशीराम स्वयं को भी कार्यकर्त्ता कहना पसंद करते थे। प्रांतीय और स्थानीय स्तर पर पार्टी के प्रमुख कार्यकर्त्ता को संयोजक कहा जाता था। आज भी इसे कांशीराम मनोनीत करते हैं। इसे अक्सर अध्यक्ष के नाम से भी बुलाया जाता है। शुरू में प्रांतीय कार्यालय नहीं खोले गये थे लेकिन बाद में उप्र जैसे राज्यों में और अन्य कुछ राज्यों में प्रांतीय कार्यालय स्थापित हुए। बसपा में अभी तक आंतरिक चुनाव होते नहीं देखे गये हैं। न ही उसका कोई घोषणा-पत्र अथवा नीति-वक्तव्य है। किसी आर्थिक कार्यक्रम का भी कोई अता-पता नहीं है। कांशीराम के बयान, उनके द्वारा लिखित पर्चों, आंदोलनों के दौरान की गयी घोषणाओं, विभिन्न राष्ट्रीय समस्याओं पर की गयी उनकी टिप्पणियों से ही इन आवश्यकताओं की थोड़ी-बहुत भरपायी हो पाती है। पूरी पार्टी पर कांशीराम का कठोर नियंत्रण रहता है।

कांशीराम हर मंडल को एक मंडलीय संयोजक के आधीन रखते हैं। इसकी नियुक्ति करते समय कांशीराम साफ कर देते हैं कि संयोजक की जवाबदेही सीधे उनके प्रति होगी। उसे बामसेफ वालों की मदद से अपना काम करना होता है। जिला इकाई का संयोजक भी कांशीराम नियुक्त करते हैं। वह भी सीधे उन्हीं के प्रति जवाबदेह रहता है और बामसेफ वालों की मदद से बसपा के लिए नए सदस्य भर्ती करता है। तहसील और ब्लाक स्तर पर भी दफ्तर खोले गये हैं। तहसील संयोजक की नियुक्ति करते समय कांशीराम जिला और मंडलीय संयोजक से परामर्श लेते हैं। ब्लाक संयोजक नियुक्त करने का अधिकार मंडलीय और जिला संयोजक के पास रहता है।

बसपा की एक अनुसंधान शाखा भी है। कांशीराम इसमें अपनी पसंद के बुद्धिजीवियों को रखते हैं। इसके सदस्य कुछ स्थायी और अस्थायी रहते हैं। जरूरत पड़ने पर इसकी उपकमेटियाँ भी बनाई जाती हैं। यह नीतिगत निर्णय लेने या अनुमोदन करने के अलावा जातीय इतिहास की खोज, मिथकों का निर्माण एवं इतिहास की व्याख्या और बसपा के साहित्य का निर्माण करती है। इसी प्रकार मंडल या जिला स्तर पर भी रिसर्च विंग होते हैं, जो राष्ट्रीय शाखा के अनुरूप ही कार्य करते हैं। इसमें सदस्यों की नियुक्तियाँ मंडलीय संयोजक द्वारा की जाती हैं। बसपा

के पास अपना एक खुफिया विभाग भी है। यह सूचनाएँ प्राप्त कर पार्टी अध्यक्ष के पास पहुँचाता है। सूचनाएँ जमा करने की मुख्य भूमिका बामसेफ के सदस्य अदा करते हैं। स्वयं कांशीराम कहते हैं कि चौबीस घंटे के भीतर अन्य पार्टियाँ या सरकार क्या करती हैं, हमें इसकी सूचना मिल जाती है। हमारे आदमी हर विभाग में हैं, जो हमें सूचनाएँ देते रहते हैं। पार्टी के पास अपने सुरक्षा गार्ड हैं। पार्टी सम्मेलनों में इसी सुरक्षा गार्ड को तैनात किया जाता है। पुलिस विभाग की सहायता नहीं ली जाती। पुलिस यदि सुरक्षा की दृष्टि से सम्मेलन के परिसर के अंदर प्रवेश कर जाती है तो उससे पार्टी स्वयंसेवक अनुरोध करते हैं कि वह सम्मेलन क्षेत्र से बाहर चली जाए, क्योंकि हम अपनी सुरक्षा खुद कर लेंगे। सुरक्षा गार्ड गारंटी देते हैं कि कोई किसी प्रकार से कानून-व्यवस्था भंग नहीं करेगा। पुलिस की सहायता न लेने के पीछे एक मनोवैज्ञानिक कारण है। पुलिस की सहायता न ले कर बसपा यह सिद्ध करती है कि उत्पीड़ित वर्ग में साहस है, क्षमता है, और वह आत्मरक्षा कर सकता है।

सुरक्षा गार्ड की स्थापना के पीछे एक उद्देश्य द्विजों की हिंसक कार्रवाइयों का उत्तर देना भी है। सुरक्षा गार्ड का सदस्य बनने की कोई निश्चित योग्यता नहीं है फिर भी शारीरिक रूप से पुष्ट तथा साहसपूर्ण व्यक्ति को, मंडल या जिला संयोजक इसमें नियुक्त करता है। जिला स्तर पर इस विंग का एक प्रमुख होता है, जिसकी नियुक्ति सीधे कांशीराम द्वारा की जाती है। गार्डों को दिये गये निर्देशों में कहा जाता है कि आप लोग ईंट का जवाब पत्थर से दें। सुरक्षा गार्ड नीले रंग का पैंट तथा सफेद शर्ट पहनते हैं। उनके हाथ में लाठी होती है। बंदूक किसी सुरक्षा गार्ड के पास नहीं होती। सुरक्षा गार्ड सम्मेलन के चारों तरफ होते हैं तथा मंच के आस-पास घेरा बनाए रहते हैं। कांशीराम के सम्मेलन क्षेत्र में आते-जाते समय सुरक्षा गार्ड मुख्य द्वार से मंच तक पंक्तिबद्ध ढंग से दोनों किनारों पर खड़े हो जाते हैं। कांशीराम उनके बीच आते-जाते हैं।

बसपा का सदस्य बनने के लिए पहले समाज या क्षेत्र में काम करना पड़ता है। आवेदक की योग्यता और निष्ठा का परीक्षण किया जाता है। सदस्य बनने के लिए किसी एक बसपा सदस्य के औपचारिक अनुमोदन की आवश्यकता होती है। औपचारिक रूप में सदस्यता जाति-निरपेक्ष है, परंतु प्रारंभ में व्यवहारतः ऊँची जातियों को पार्टी का सदस्य नहीं बनाया जाता था। बसपा वालों को उनसे किसी प्रकार का संबंध रखने की अनुमति नहीं थी। कांशीराम कहते थे कि उच्च जाति के लोग पार्टी में शामिल हो सकते हैं, लेकिन वे नेतृत्व ग्रहण नहीं कर सकते। नेतृत्व दलितों के हाथ में ही रहेगा, 'उच्च जाति के लोग हमसे कहते हैं, कि हमको क्यों नहीं लेते। मैं कहता हूँ कि आप सभी पार्टियों में नेतृत्व कर रहे हैं। यदि आप हमारी पार्टी में सम्मिलित होते हैं, तो यहाँ आप परिवर्तन को रोक देंगे। उच्च जाति के लोगों को पार्टी में लेने में मुझे भय है। वे यथास्थितिवादी होते हैं तथा सदा नेतृत्व ग्रहण करने की कोशिश में रहते हैं। इससे वे हमारी व्यवस्था-परिवर्तन की प्रक्रिया को रोक देंगे। जब भय दूर हो जाएगा, तो उन्हें भी पार्टी में ले लूँगा।'[१६]

१५ अगस्त १९८८ से १५ अगस्त १९८९ के बीच कांशीराम ने पाँचसूत्रीय सामाजिक रूपांतरण आंदोलन चलाया। ये पाँच सूत्र थे : आत्मसम्मान के लिए संघर्ष, मुक्ति के लिए संघर्ष, समता के लिए संघर्ष, जाति उन्मूलन के लिए संघर्ष और विभाजित समाज को भाई-चारे से जोड़ने के लिए संघर्ष एवं ८५ प्रतिशत भारतीय जनता के ऊपर अस्पृश्यता, अन्याय, अत्याचार और आतंक थोपने के खिलाफ संघर्ष। कांशीराम ने इसके लिए साइकिल-यात्राओं की अनूठी विधि निकाली और देश के पाँच क्षेत्रों से पाँच साइकिल-यात्राएँ निकालीं। १७ सितंबर १९८८ को कन्याकुमारी से ईवी रामस्वामी नायकर पेरियार के जन्मदिन पर पहली यात्रा शुरू हुई। दूसरी यात्रा कोहिमा से चली। तीसरी कारगिल से। चौथी पुरी से और पाँचवीं पोरबंदर से चली। ये सभी यात्राएँ २७ मार्च, १९८९ को दिल्ली पहुँच कर आपस में जुड़ गयीं। कांशीराम ने १९८९ में पूरे देश में घूम-घूम कर छह सम्मेलन किए। १० सितंबर को मुरादाबाद में पहला सम्मेलन हुआ जिसके केंद्र में मुसलमान थे। १३ को दिल्ली में अनुसूचित जातियों का सम्मेलन हुआ। एक अक्टूबर को कानपुर में पिछड़े वर्गों का सम्मेलन आयोजित किया गया। ८ अक्टूबर को लुधियाना में सिखों का सम्मेलन हुआ। १५ अक्टूबर को बिलासपुर में अनुसूचित जनजातियों को केंद्र करके सम्मेलन हुआ और फिर बंगलूर में बसपा ने ईसाइयों का सम्मेलन किया। इन सम्मेलनों का मुख्य संदेश था कि मुसलमान, दलित, सिख पिछड़े, ईसाई और आदिवासी केवल बसपा के साथ जुड़ कर ही सुरक्षा प्राप्त कर सकते हैं।[१७]

१९८९ के लोकसभा और विधानसभा चुनावों में बसपा ने स्वतंत्र रूप से उम्मीदवार लड़ाए और तीन सांसदों (दो उप्र और एक पंजाब से)और १५ विधायकों को उप्र और मप्र से जिताने में सफलता प्राप्त की। कांशीराम ने दावा किया कि उनके उम्मीदवारों ने ३१ निर्वाचन क्षेत्रों में नंबर दो पर रहने का श्रेय प्राप्त किया है, इसलिए उसकी जीती हुई तीन सीटों के आधार पर ही उनकी ताकत का आकलन नहीं किया जाना चाहिए। इस चुनाव में कांशीराम ने एक और दिलचस्प प्रयोग किया। वे अमेठी निर्वाचन क्षेत्र में राजीव गाँधी के खिलाफ खड़े हो गये। विपक्ष ने राजीव का मुकाबला करने के लिए महात्मा गाँधी के पोते राजमोहन गाँधी को उतारा। एक बड़े समाचार पत्र समूह के मालिक ने राजमोहन गाँधी के चुनाव अभियान को चलाने में विशेष योगदान किया। इलाहाबाद उपचुनाव के बाद यह दूसरा मौका था जब कांशीराम अपनी विशिष्ट ताकत को राष्ट्रीय राजनीतिक मंच पर पेश कर सकते थे। विपक्ष ने इस चुनाव में बहुत जोर बाँधा और समाचार माध्यमों ने जो छवि पेश की, उससे लगा कि राजीव गाँधी के हारने की संभावना भी है। इस बिंदु पर पहुँच कर कांशीराम ने महसूस किया कि अगर राजीव हार गये तो विपक्ष को इसका बहुत ज्यादा लाभ होगा और देश में सत्ता का शक्ति संतुलन गड़बड़ा जाएगा, जिसका नुकसान भविष्य में बसपा जैसी ताकतों को हो सकता है। उनकी मान्यता थी कि काँग्रेस और विपक्ष में जितना नजदीकी संघर्ष होगा उतना ही

बसपा को लाभ होगा। ऐसे में कांशीराम ने नया पैंतरा लिया और अमेठी में अपनी उम्मीदवारी पर जोर डालना बंद कर दिया। एक तरह से उन्होंने राजीव गाँधी को जीतने में मदद की। उन पर काँग्रेस से साँठगाँठ का आरोप भी लगा, लेकिन अपनी रणनीति का खुलासा करते हुए उन्होंने सफाई दी, 'मैंने अपना पक्ष उभारने के लिए राजीव गाँधी के खिलाफ चुनाव लड़ा लेकिन मैं उन्हें चुनाव हराना नहीं चाहता था। क्योंकि उससे तो विपक्ष को बहुत ज्यादा फायदा हो जाता।'[१८] इलाहाबाद और अमेठी के चुनावों में बसपा की भूमिका के बारे में कहा जा सकता है कि भारतीय राजनीति के उस संक्रमणकाल में उसने पहले काँग्रेस को हरवाने में और फिर विपक्ष की बढ़त रोकने में भूमिका निभाई। इलाहाबाद से वी.पी. सिंह की जीत भी प्रतीकात्मक थी और अमेठी में राजमोहन गाँधी की उम्मीदवारी भी। इन दो प्रतीक संघर्षों को चुन कर बसपा ने बहुजन समाज को संदेश दिया कि वह भविष्य में किस तरह की राजनीति करने जा रही है। यह शक्ति-संतुलन की राजनीति की आहट थी जो यह बताती थी कि उत्पीड़ित वर्ग का वोट अब पहले की तरह इस या उस पक्ष में नहीं पड़ता वरन भविष्य की समझी-बूझी आयोजना के मुताबिक ऊँची जातियों का प्रतिनिधित्व करनेवाली पार्टियों के आपसी संतुलन से भी खेलता है।

१९९० में बसपा ने आंबेडकर जन्म शताब्दी मनाने के लिए १३० दिन लंबी प्रचार यात्रा आयोजित करने का निश्चय किया। यह यात्रा १३ प्रमुख राज्यों से गुजरती थी। इसमें कांशीराम जहाँ-जहाँ गये, दलित और अतिपिछड़ों की भीड़ उनके चारों ओर उमड़ पड़ी। ६ दिसंबर १९९० को आंबेडकर की पुण्य तिथि के अवसर पर कांशीराम 'सामाजिक रूपांतरण वाहन' में सवार हुए। स्थान था भारत का दक्षिणी सिरा कन्याकुमारी। इस वाहन में एक स्वागत कक्ष, एक शयन कक्ष, एक शौचालय और एक स्नानघर था। इसमें एक जेनेरेटर, प्रकाश-प्रणाली और माइक्रोफोन सिस्टम भी फिट था। तमिलनाडु, केरल, कर्नाटक, आंध्र प्रदेश, महाराष्ट्र, मध्य प्रदेश, उत्तर प्रदेश, हरियाणा, पंजाब, हिमाचल प्रदेश, जम्मू और कश्मीर व चंडीगढ़ होते हुए यह प्रचार यात्रा आंबेडकर के जन्म स्थान पर पहुँची। कांशीराम ने १३० दिन लंबे इस दौरे का निर्देशन स्वयं किया। १५ मार्च १९९१ को जब यह प्रचार-यात्रा नयी दिल्ली के बोट क्लब मैदान पर पहुँची तो उसके स्वागत में जबर्दस्त रैली हुई।

बसपा कार्यकर्त्ता अपने आंदोलन की सफलता से अतिउत्साह में थे। तभी एक ऐसी घटना हुई जिसने तीखे विवाद को जन्म दे दिया। इसी दिन आंबेडकर जिंदाबाद करते हुए कुछ लोग राजघाट स्थित गाँधी समाधि पर गये और वहाँ हंगामा कर दिया। वे जूते पहन कर समाधि पर चढ़ गये, गाँधी-विरोधी नारेबाजी की और कुछ तोड़फोड़ भी की। काँग्रेस और विपक्ष ने इस बेहूदा घटना के लिए बसपा को जिम्मेदार माना। कांशीराम की तरफ से खंडन जरूर आया पर कुछ देर से। बहरहाल, जब बसपा पर जिम्मेदारी डालने का सिलसिला बंद नहीं हुआ तो कांशीराम ने प्रत्यारोपों की शुरुआत की। उन्होंने कहा कि 'बसपा को बदनाम करने

के लिए' कुछ तत्त्वों ने भीड़ की आड़ ले कर यह कांड किया। कांशीराम ने 'हिंदुस्तान टाइम्स' के महेंद्र वेद को बताया कि वे इस सिलसिले में प्रधानमंत्री चंद्रशेखर से ले कर विश्वनाथ प्रताप सिंह और राजीव गाँधी से मिले हैं और इनमें हर एक इस कांड के लिए दूसरे की तरफ इशारा कर रहा है।[१९]

पूना पैक्ट को दलितों की राजनीतिक मुसीबत की जड़ माननेवाले कांशीराम ने राजघाट की घटना को बसपा से अलग करके कोई रक्षात्मक कदम नहीं उठाया था। जाहिर है कि जिन्होंने गाँधी समाधि पर तांडव किया था, वे भले ही कांशीराम के निर्देश से वहाँ गये हों या नहीं, पर वे डॉ. आंबेडकर के अनुयायी जरूर थे। चूँकि कांशीराम बसपा कार्यकर्त्ताओं को इस तरह के विवादों में पड़ने, मसलन—धर्मग्रंथ जलाने या मूर्तियों पर हमला करने, आदि से बचने की सलाह दे चुके थे, इसलिए स्वाभाविक था कि वे इस कार्रवाई को मान्यता न देते। गाँधी के प्रति अन्य आंबेडकरवादियों की तरह कांशीराम का नकार उतना ही उग्र था जितना पूना पैक्ट के कारण होना चाहिए था। दो साल बाद गाँधी-विरोधी वक्तव्यों के लंबे सिलसिले में यह नकार फूटा भी।

२३० दिन में ५० हजार किलोमीटर की यात्रा करके प्रति दिन २० जनसभाएँ करते हुए कांशीराम १४ अप्रैल १९९१ को मध्य प्रदेश के मऊ में पहुँचे जहाँ सौ साल पहले आंबेडकर का जन्म हुआ था। कांशीराम ने मऊ में एक प्रचण्ड रैली की। बहुजन समाज रैली में उमड़ पड़ा। यह एक बहुत बड़ी कामयाबी थी।

विचारधारा

कांशीराम ने पार्टी साहित्य प्रकाशित करने पर काफी जोर दिया। पहले वे **आप्रेस्ड इंडियन** नामक अखबार निकालते थे। बाद में उन्होंने **बहुजन संगठक** साप्ताहिक निकालना शुरू किया। यह हिंदी और अंग्रेजी दोनों में निकलता है। प्रकाशन शाखा बसपा का एक मुख्य अंग है। इसका मुख्य कार्यालय दिल्ली में है जहाँ से अंग्रेजी और हिंदी में प्रकाशन होता है। अन्य भाषाओं के प्रकाशन का दायित्व प्राय: भाषावार प्रांतों की शाखाओं के पास है। बुद्धिजीवी सक्रिय कार्यकर्त्ताओं, कम से कम स्नातक योग्यतावाले कार्यकर्त्ताओं और प्राय: एक से अधिक भाषाओं का ज्ञान रखनेवाले कार्यकर्त्ताओं को प्रकाशन ब्रांच से जोड़ा गया है। मुख्य संपादक कांशीराम हैं। एक संपादकीय मंडल है, जो संपादकीय लिखने के साथ विषय-वस्तु का निर्धारण भी करता है। क्षेत्रों में समाचारों के संकलन के लिए इसके अपने पत्रकार और छायाकार हैं। आमतौर पर ये समाचार कांशीराम के भाषण, बसपा तथा उसके अन्य संगठनों से संबंधों, तथ्यों, बैठकों, इत्यादि तथा दलित वर्ग की उपलब्धियों तथा उसके उत्पीड़न से संबंधित होते हैं। इस पत्र को मंडल कार्यालयों तथा जिला कार्यालयों पर भेजा जाता है। वहाँ से अन्य स्थानों को वितरण होता है। पत्र डाक द्वारा सीधे मँगाया जा सकता है। आंदोलन से संबंधित वे ही सदस्य पत्र प्राप्त करने के अधिकारी होते हैं जिन्होंने पत्र सदस्यता शुल्क जमा किया होता है। पत्र आम

बाजार के लिए वितरित नहीं किया जाता है।

बहुजन संगठक अपने बारे में ये बातें कहता है : यह अनुसूचित जाति, जनजाति, अन्य पिछड़ा वर्ग एवं अल्पसंख्यक समुदाय की समस्याओं को उजागर करता तथा समाधान बताता है, यह समता, स्वतंत्रता, बन्धुत्व एवं न्याय पर आधारित सामाजिक व्यवस्था के निर्माण में व्यस्त है, इतिहास एवं खोजपूर्ण तथ्यों द्वारा दलित-शोषित समाज में निर्भीकतापूर्वक समता, साहस, स्वाभिमान, साहचर्य सद्‌गुण एवं सद्‌भाव रहता है, दलित-शोषित समाज को उनके अधिकारों एवं कर्तव्यों के प्रति सचेत कर राजनीतिक चेतना पैदा करता है, बहुजन समाज के प्रति रचे जानेवाले षड्‌यंत्रों का भंडाफोड़ और बचाव का उपाय बताता है, दलित-शोषित समाज को मुक्ति दिलानेवाले संतों, महात्माओं और महापुरुषों के संस्मरण छाप कर उनकी कृतियों का स्मरण करता है, बहुजन समाज का सम्पूर्ण पथ-प्रदर्शन करता है, रूढ़ियों एवं पाखंडों, छल, दंभ, द्वेषों का छिद्रान्वेषण तथा यथास्थिति का घोर विरोध एवं प्रगतिशील विचारों का प्रतिपादन करता है। लोकतंत्र का प्रचारक है, सेकुलरवाद का प्रबल प्रतिपादन करता है, यह समाचार-पत्र नहीं, विचार-पत्र है, बहरे-गूँगों की आवाज है, महिला-मुक्ति का उद्‌घोषक है, वर्तमान आर्य-अनार्य संघर्ष में अनार्यों का शक्तिशाली अस्त्र है, मान्यवर कांशीराम का संदेशवाहक और आंबेडकर विचार का प्रचारक, प्रसारक, प्रशिक्षक और अनुपालक है।

बहुजन संगठक में दलितों के सामाजिक इतिहास, ब्राह्मण धर्म से संबंधित अन्यायपूर्ण तथ्यों तथा दलितों की दलित स्थिति का, कविता, लेख, कहानी, नाटक के माध्यम से चित्रण भी होता है। यह अपने-आप में एक साहित्य है। ऐसा साहित्य, जिसमें वर्तमान के अनुभव के साथ भूत का इतिहास तथा भविष्य का आकलन सम्मिलित है, जिसमें ब्राह्मणवाद और गाँधीवाद की कटु आलोचना है, दासता का चित्रण और विद्रोह की अपील है, आत्मगौरव और अस्मिता पर बल है, साथ ही इसमें भौतिकवाद और मानवतावाद की प्रधानता है। **बहुजन संगठक** में छपनेवाले विषय इस प्रकार हैं—ब्राह्मणवादी व्यवस्था में बहुजनों की हानिकारक स्थिति तथा इस व्यवस्था से संघर्ष करनेवाले फुले, शाहू महाराज, पेरियार तथा आंबेडकर के विचारों तथा आंदोलनों का वर्णन, कांशीराम के विचारों, भाषणों का वर्णन और उनके आंदोलन संबंधी जानकारी, दलित-शोषितों के उत्पीड़न का वर्णन अथवा सवर्णों के अत्याचार संबंधी समाचार। बहुजन समाज की विभिन्न जातियों एवं वर्गों का गौरवमय इतिहास।

इस चित्रण में अधिकांश मिथक होता है : आर्य-अनार्य संघर्ष का वर्णन, अनार्यों की सभ्यता का वर्णन तथा मूल निवासियों की एकता पर बल। इस सामग्री में व्यक्तिगत व्यथा ही अभिव्यक्त नहीं होती, बल्कि समाज-व्यवस्था के प्रति आक्रोश भी व्यक्त होता है। इसे पढ़ कर लगता है कि दलित मन को समाज के स्वरूप और परिवर्तन संबंधी सैद्धांतिक विवेचन और विश्लेषण की चाह नहीं है। अपने आस-पास के समाज के लोग किस प्रकार जीवन भुगतते हैं, इसका असली

चित्रण वह चाहता है। **बहुजन संगठक** में उसके लिए दलित जातियों की वर्तमान सामाजिक-आर्थिक स्थिति उनकी सामाजिक रूढ़ियाँ और रहन-सहन, जाति-प्रथा और जातीय कट्टरता एवं उत्पीड़न, उनकी प्रगति में बाधक ब्राह्मणवाद के बारे में उनका दृष्टिकोण अथवा ब्राह्मणों, उच्च वर्णों अथवा आर्यों का षड्यंत्र, दलित महिलाओं की स्थिति, शासन-प्रशासन में दलितों की स्थिति का तथ्यात्मक, यथार्थ या अतिरंजित वर्णन पेश किया जाता है। कविताओं और कहानियों की मूल प्रवृत्ति विद्रोह की होती है। भाषा में घृणा एवं तिरस्कार के भाव प्रबल रहते हैं। कांशीराम का मसीहा के रूप में चित्रण भी होता है। कहानियों में सामाजिक और राजनीतिक प्रश्न अधिक होते हैं। जीवन के आलेख की अपेक्षा वर्तमान जीवन के संघर्ष का अंकन अधिक होता है। **बहुजन संगठक** की भाषा नकार की भाषा है। वह आक्रोश की परिणति में दलितों को अस्मिताबोध भी कराती है। उसका लक्ष्य है कि अस्मिता की खोज दूसरों द्वारा नहीं, अपनी पहचान अपने-आप होनी चाहिए। इस साहित्य से स्पष्ट है कि दलित-समस्या केवल आर्थिक समस्या नहीं है, अपितु वह सामाजिक-सांस्कृतिक समस्या अधिक है। **बहुजन संगठक** कहता है कि 'सम्पूर्ण साहित्य पर थोड़े से ब्राह्मण और क्षत्रियों का अधिकार रहा है। शेष बहुजन समाज को इससे वंचित रखा गया है। शिक्षा देना और पाना इन्हीं दोनों का अधिकार था। इसलिए स्वभावत: उन्हीं वर्गों का साहित्य पर एकाधिकार रहा। यहाँ के साहित्य में देवी-देवताओं के चमत्कार, राजाओं की अय्याशियों और ऐश्वर्य की गाथाएँ तथा पंडे-पुजारियों का ही गुणगान किया गया है। जनसाधारण का उसमें कोई स्थान नहीं रहा। बहुत बड़े समुदाय को उन साहित्यिक मूल्यों को मान्यता देने के लिए विवश किया गया जो कि असमानता और शूद्रों के प्रति अन्याय पर आधारित थे। यह तब तक चलता रहा, जब तक अन्य समूह अपनी सांस्कृतिक चेतना के प्रति सजग नहीं हो पाए। इसलिए जहाँ एक ओर बहुजन साहित्य को सामाजिक परिवर्तन के लिए अपने-आपको तैयार करना है वहीं दलित-शोषित समाज में सांस्कृतिक चेतना जागृत कर उसे एक सांस्कृतिक आंदोलन के लिए भी तैयार करना है। आज दलित-शोषित समुदाय के लोग अपनी उस सांस्कृतिक विरासत से पूर्ण रूप से अनभिज्ञ हैं जिसने उन्हें हजारों वर्ष पूर्व एकता के सूत्र में बाँध कर मोहनजोदड़ो-हड़प्पा की संस्कृति का निर्माण करने में महत्त्वपूर्ण भूमिका अदा की थी। समाज के सम्पूर्ण विकास करने के लिए केवल यही आवश्यक नहीं है कि आर्थिक, सामाजिक व राजनीतिक संगठन शक्तिशाली हों, सांस्कृतिक चेतना के बिना ऊँचाई पर चढ़ने की भावना जागृत नहीं हो सकती। इस प्रकार बसपा ब्राह्मण साहित्य के साथ उसके नायकों को भी नकार देती है। प्राचीन काल में जिन्हें खलनायक या राक्षस कहा जाता था उनके खलनायकत्व और राक्षसत्व को बसपा के साहित्य में बदल दिया गया है। बसपा की दृष्टि में प्राचीन काल का इतिहास यक्ष संस्कृति (आर्य संस्कृति) एवं रक्ष संस्कृति (अनार्य संस्कृति) के संघर्ष का इतिहास है। वाल्मीकि रामायण में यक्ष संस्कृति एवं रक्ष संस्कृति के बीच संघर्ष का उल्लेख मिलता है। रक्ष संस्कृति

के लोग भारत के मूल निवासी थे, जो कमजोरों की रक्षा करना अपना कर्तव्य समझते थे, वे आर्यों के यज्ञ का विरोध करते थे। यज्ञ में नष्ट होनेवाले, अन्न, घी व जीवों की बलि का विरोध करते थे। वर्ण-व्यवस्था के रक्षक क्षत्रियों एवं राक्षसों में भयानक संघर्ष हुए। राक्षस का शाब्दिक अर्थ है--वे महाबली जो भारत के मूल निवासी थे। महाराष्ट्र के दलित साहित्य और इसमें एक मूल अंतर यह है कि इसके लेखन में प्रधानतः दलित-शोषितों को राजनीतिक व्यवस्था में अल्पसहभागी समुदाय के रूप में चित्रित किया जाता है और अपनी परिस्थिति में परिवर्तन व उत्थान के लिए राजनीतिक शक्ति पर नियंत्रण की अपील की जाती है ताकि जातिनिष्ठ समाज-व्यवस्था को समाप्त किया जा सके जबकि महाराष्ट्र का दलित साहित्य इस लक्ष्य को कला और साहित्य से प्राप्त करना चाहता है। वहाँ सामाजिक परिवर्तन मानसिक परिवर्तन हो जाता है।[२०]

गठजोड़ों का दशक

१९९१ के चुनावों से ठीक पहले कांशीराम ने बसपा के कार्यक्षेत्र को इस प्रकार परिभाषित किया कि वे 'उप्र और बिहार व मध्य प्रदेश के सीमाई इलाकों में सक्रिय हैं। ... ... पंजाब अपने-आप विकसित हुआ और उसका असर लगे हुए हरियाणा के इलाकों पर पड़ा। हमने दिल्ली और उसके आस-पास सौ किमी के दायरे को जान-बूझ कर नीची प्राथमिकता दी। हम दिल्ली-आधारित पार्टी नहीं बनना चाहते थे। अगर हम दिल्ली को केंद्र करेंगे तो बजाय इसके कि हम लोगों के पास जाएँ, जनता हमारे पास आने लगेगी। १९८८ के बाद ही हमने दिल्ली के क्षेत्र में कदम रखा। ... दिल्ली से सौ किमी दूर बिजनौर हमारा गढ़ है।'[२१] उस समय बसपा राजनीतिक रणनीति को तीन भागों में बाँटा जा सकता था : राजनीति में ऊपर से हस्तक्षेप करने के लिए प्रधानमंत्री स्तर के नेताओं के खिलाफ प्रतीकात्मक ढंग से चुनाव में उतरना और इस तरह एक राष्ट्रीय छवि का निर्माण करना; अपने आधार-क्षेत्र, (जिनमें मुख्यतः दलित, कुछ-कुछ अति पिछड़े और गरीब मुसलमान शामिल थे) के साथ निरंतर संपर्क में रहना। उन्हें राजनीतिक रूप से सचेत और सक्रिय बनाए रखने के लिए निरंतर प्रचार-यात्राएँ, धरने और प्रदर्शन इत्यादि चलाते रहना; और किसी भी तरह के खुले गठजोड़ अथवा सीटों के तालमेल से इंकार करना और इस तरह बसपा के आंदोलन की स्वतंत्र और आत्मनिर्भर शक्ति को विकसित करते रहना।

इस दौरान विश्वनाथ प्रताप सिंह द्वारा जनता दल से गठजोड़ करने का प्रस्ताव मानने से बसपा ने इंकार कर दिया। एक चुनावी मुद्दे के रूप में बसपा जनता दल को मंडल आयोग का राजनीतिक फायदा उठाने से रोकना चाहती थी। बसपा नेतृत्व की यह भी चिंता थी कि स्थापित दलों से गठजोड़ करने के चक्कर में फँसने से कहीं उसके कार्यकर्त्ताओं की कार्य-संस्कृति दूषित असर की शिकार न हो जाए। कांशीराम नहीं चाहते थे कि 'बसपा कार्यकर्त्ता लक्ष्य के कहीं भी करीब पहुँचने से

पहले ही दूसरी पार्टियों जैसी आदतें डालने लगें।'

बहरहाल, बसपा नेतृत्व अंदर से खुद को जनता दल से तोड़ कर अलग हो जानेवाले देवीलाल और मुलायम सिंह यादव से गठजोड़ के लिए तैयार कर रहा था। इसका पता उस बहस से चलता है जो उन दिनों बसपा के वरिष्ठ कार्यकर्त्ताओं के बीच चल रही थी। इन लोगों को शक था कि यादवों और जाटों से गठजोड़ करके दलितों को ताकतवर मध्य जातियों की मातहती में चले जाना पड़ेगा। उस समय तक बसपा राजनीति में अपने स्थान के प्रति उतनी आश्वस्त नहीं थी, जितनी आश्वस्त कोई पार्टी ज्यादा ताकतवर पार्टी के साथ तालमेल करते समय होने की अपेक्षा रखती है। दलित नेताओं को यकीन नहीं था कि ताकतवर मध्य जातियों के वोट उनके उम्मीदवारों को मिल सकते हैं। इसी कारण कांशीराम के सहयोगी और पार्टी मुखपत्र के संपादक राम समुझ और बसपा के वरिष्ठ नेता और उप्र के संयोजक कुंदनलाल गठजोड़ के विरोध में उठ खड़े हुए। ये दोनों नेता तथा पार्टी के १३ विधायकों में से कम से कम पाँच इस पक्ष में थे कि बसपा न तो किसी के साथ तालमेल करे और न ही किसी सरकार का समर्थन करे। खुद कांशीराम अभी तक समझौते के खिलाफ बोलते रहे थे। लेकिन मंदिर और मंडल परिघटना के बाद राष्ट्रीय राजनीतिक परिस्थिति बदल गयी थी और उसी के लिहाज से व्यूहरचना भी बदलनी चाहिए थी। इन नेताओं की बात जब कांशीराम ने नहीं मानी तो आरोप-प्रत्यारोपों का सिलसिला शुरू हो गया। आरोप लगा कि कांशीराम ने बसपा को पाँच करोड़ में बेच दिया है और उनकी कार्य-शैली पूरी तरह निरंकुश है। इस बगावत की खबरें अखबारों में आने के चार-पाँच दिन बाद ही कांशीराम ने बयान दिया कि उनके समर्थन के बदले मुख्यमंत्री मुलायम सिंह कोई भी कीमत चुकाने के लिए तैयार हैं। लेकिन वे नकद में नहीं बल्कि संसाधनों की शक्ल में भुगतान करना चाहते हैं। इस स्वीकारोक्ति ने राम समुझ वगैरह के आरोप को हल्की विश्वसनीयता भी प्रदान कर दी।[२२]

बहरहाल, इन घटनाओं ने बसपा को तुरंत खुला समझौता करने से रोका। नए दुश्मन जनता दल और पुराने दुश्मन काँग्रेस का कबाड़ा करने के लिए उसने मुलायम की पार्टी समाजवादी जनता पार्टी (उस समय केंद्रीय स्तर पर इस पार्टी के नेता चंद्रशेखर थे) से एक खुफिया समझौता कर लिया। उसे लग रहा था कि भाजपा हिंदुत्व की लहर के कारण अपना वोट प्रतिशत काफी बढ़ा लेगी। इसलिए उसकी रणनीति यह बनी कि जनता दल के पिछड़े और मुसलमान वोट एवं काँग्रेस के दलित व मुसलमान वोट बसपा व सजपा के ध्रुव पर जमा हो जाएँ, भले ही भाजपा जीत जाए। बसपा अपने इस मकसद में कमोबेश सफल ही हो गयी होती अगर काँग्रेस को राजीव गाँधी की हत्या के कारण उपजी हमदर्दी की लहर का लाभ न मिल गया होता। लेकिन, उत्तर प्रदेश की राजनीति में उसका यह अनुमान एकदम ठीक निकला और भाजपा सत्ता में आ गयी। १९९१ के चुनावों से बसपा ने एक और बात साबित की कि राम-लहर में भी उसका वोट प्रतिशत उत्तर प्रदेश में नहीं

गिरा। १२ सीटों के साथ बसपा ने अपना दस प्रतिशत का वोट बैंक कायम रखा। अब बसपा के सामने एक तरफ खुशगवार कामयाबी थी और दूसरी तरफ चुनावी गठजोड़ों की जरूरत मुँह फाड़े खड़ी थी, जिसके कारण पार्टी में फूट की शुरुआत हो चुकी थी।

१९९२ की शुरुआत में कांशीराम को यह साबित करने का मौका मिला कि उनकी पार्टी किसी दल से कम देशभक्त नहीं है और राष्ट्रीय एकता-अखंडता में विश्वास करती है। नरसिंह राव सरकार ने आतंकवाद पीड़ित पंजाब में बहुप्रतीक्षित चुनाव घोषित किए जिसका अकालियों के सभी धड़ों (काबुल धड़े को छोड़कर) ने यह कह कर बायकाट किया कि अभी स्थिति चुनाव के लायक नहीं है। बसपा ने पंजाब चुनाव में हिस्सा लेने का निर्णय किया। परिस्थितियाँ निश्चित रूप से अनुकूल नहीं थीं। सिख आतंकवादियों का मुख्य आधार ताकतवर जाट किसान थे और बसपा का आधार मजहबी सिख थे। मजहबी सिख पंजाब की आर्थिक-सामाजिक परिस्थिति में इतने दबे रहते थे कि जाट सिखों के सामने सिर उठाना उनके लिए मुश्किल था। १९९१ खत्म होते-होते आतंकवाद के शिकारों और पुलिस द्वारा मारे गये लोगों की संख्या बढ़ कर ३५,००० तक पहुँच चुकी थी। इसमें करीब पाँच हजार लोगों की जान १९९१ में ही गयी थी। अपहरण का बाजार गर्म था। आतंकवादियों ने रूमानिया के राजनयिक लिवियू राडू तक को अगवा करके अपनी ताकत दिखा दी थी। गाँवों में सामूहिक डकैतियाँ १९९१ के आखिरी दो महीनों में बहुत बढ़ गयी थीं। राज्य-भर में छात्रों, किसानों, सरकारी कर्मचारियों और अध्यापकों के संगठन लकवाग्रस्त हालत में पड़े हुए थे। लोकतांत्रिक राजनीति के लिए गुंजाइशें न के बराबर थीं। वामपंथियों में आम तौर पर निष्क्रियता थी। काँग्रेस का दलितों, किसानों और व्यापारियों में आधार था। भाजपा केवल शहर-केंद्रित पार्टी थी।

इन हालात में चुनाव लड़ कर कांशीराम दो काम कर सकते थे : मजहबी सिखों को जाट सिखों की धौंस से अलग किया जा सकता था और इन वोटों को काँग्रेस में जाने से रोका जा सकता था। इस प्रक्रिया में बसपा को पंजाब में अपना आधार और मजबूत करने का मौका तो मिल ही सकता था, साथ ही वह अच्छे राष्ट्रवादी चाल-चलन की सनद भी हासिल कर सकती थी। मुश्किलें दो थीं : पहली, अकाली धड़ों ने बसपा से अकाल तख्त के जरिये अपील की कि वह पंजाब चुनाव में भागीदारी न करे और दूसरी, सिख आतंकवादियों ने धमकी दी थी कि वोट डालने जा रहे लोगों को उनकी गोलियों का सामना करना पड़ेगा। कांशीराम और उनके समर्थकों ने दोनों हालतों का दृढ़ता से मुकाबला किया। उन्होंने अकालियों की अपील ठुकरा दी। बसपा कार्यकर्त्ताओं ने निर्भयता से चुनाव प्रचार अभियान चलाया। केवल बसपा ही ऐसी पार्टी थी जिसका चुनाव अभियान पंजाब के तत्कालीन हालात से प्रभावित नहीं लग रहा था। बसपा के नीले झंडे और सफेद रंग के बड़े-बड़े पोस्टर कांशीराम और चुनाव-चिन्ह हाथी की तस्वीर के साथ

गाँव-गाँव में दिखाई दे रहे थे। कांशीराम ने स्वयं पंजाब का जमकर दौरा किया। शहरों की भीड़-भरी सड़कों से ले कर गाँवों की गलियों तक कांशी राम हर जगह दिखे। इस समय पंजाब के हर संसदीय निर्वाचन क्षेत्र में बसपा के दफ्तर सक्रिय थे। केवल बसपा ने ही खुली जनसभाएँ कीं। काँग्रेस और भाजपा की ज्यादातर जन-सभाएँ घरों के अहातों के अंदर हो रही थीं। कई जगह तो लग रहा था कि बसपा के अलावा कोई पार्टी मैदान में है ही नहीं।

चुनाव से ठीक पहले आतंकवादियों की तरफ से धमकी आयी कि मतदान केंद्र पर पहुँचनेवाले पहले पाँच मतदाताओं के हाथ काट दिये जाएँगे। लेकिन बसपा कार्यकर्त्ताओं ने निश्चय किया कि वे सबसे पहले अपने समर्थकों को ही वोट डलवाने ले जाएँगे।

मतदान के दिन जाट सिख वोट डालने नहीं निकले। हिंदुओं ने अधिकांशत: काँग्रेस को वोट दिया। बसपा को मजहबी सिखों के वोट मिले। उसने नौ विधानसभाई और एक संसदीय सीट जीती। बसपा को पूरे पंजाब में पड़े मतों का १५.४४ प्रतिशत मिला। ३४ विधानसभा क्षेत्रों में बसपा निकटतम प्रतिद्वंद्वी रही। ३९ क्षेत्रों में वह तीसरे नंबर पर रही। बसपा के पाँच उम्मीदवारों को पड़े मतों का ४० से ५० प्रतिशत तक मिला। १८ क्षेत्रों में यही आँकड़ा तीस से चालीस प्रतिशत था। यद्यपि, पंजाब में चुनाव विभिन्न अकाली धड़ों के बहिष्कार के कारण किसी भी तरह से समुचित प्रतिनिधित्ववाले चुनाव नहीं कहे जा सकते थे, लेकिन उनका राजनीतिक महत्त्व था। बसपा विधानसभा में मुख्य विपक्षी दल बन गयी थी। इस राजनीतिक सफलता की कीमत कई बसपा समर्थकों को अपनी जान दे कर चुकानी पड़ी। अगर मुख्य तौर पर बसपा और गौण रूप से माकपा, भाकपा, आईपीएफ और अकाली दल (काबुल) न होते तो आतंकवादी पंजाब चुनाव को पूरी तरह मजाक और जनता से कटा हुआ करार दे सकते थे। इसलिए उन्होंने अपनी नाराजगी बसपा पर ही उतारी। चुनाव के तुरंत बाद १२ बसपा समर्थक उनकी गोलियों का निशाना बने। कांशीराम का ख्याल था कि इन हत्याओं में बसपा के विरोध से खुंदक खाई काँग्रेस की शक्तियों का भी हाथ था। उन्होंने आरोप लगाया कि यह चुनाव काँग्रेस द्वारा बड़े पैमाने पर की गयी धाँधली का शिकार हुआ है और इसके लिए काँग्रेस ने बीएसएफ और सीआरपीएफ सरीखे अर्धसैनिक बलों का जम कर इस्तेमाल किया है। बसपा ने चुनाव को 'बीएसपी बनाम बीएसएफ' कह कर परिभाषित किया। वोटरों को उग्रवादियों की हिंसा से बचाने की खातिर उँगली पर लगाई जानेवाली अमिट स्याही का इस्तेमाल न करने के निर्णय के कारण भी काँग्रेस को मतपत्रों पर मुहर ठोकने की सुविधा हुई। फिल्लौर लोकसभा सीट तो बसपा ने जीत ही ली होती अगर 'आतंकवादियों के वेश में काँग्रेसी गुंडों' ने बसपा कार्यकर्त्ताओं की हत्याएँ न की होतीं। बहरहाल, पंजाब में आतंकवाद से निपटने की जिम्मेदारी किसी लोकप्रिय सरकार को देने के तरफदार मीडिया ने बसपा कार्यकर्त्ताओं की शहादत की प्रशंसा की। आतंकवाद की धमकियों के आगे नीले

झंडे और हाथी की निर्भयता ने सारे देश का ध्यान आकर्षित किया।[२३]

१९९२ के नवंबर में इटावा संसदीय सीट पर उपचुनाव हुआ। कांशीराम ने बसपा उम्मीदवार के रूप में वहाँ से परचा भरा। मुलायम सिंह यादव ने अपने घरेलू क्षेत्र से निवर्तमान सांसद राम सिंह शाक्य को खड़ा किया। काँग्रेस और भाजपा के उम्मीदवार भी मैदान में उतरे। अब गेंद मुलायम सिंह के पाले में थी। कांशीराम को अपने गढ़ से जिता कर संसद में भेजने की जिम्मेदारी उनकी थी। जाहिर था कि अगर मुलायम सिंह की सहमति न होती तो कांशीराम इटावा से नामांकन क्यों दाखिल करते। पर मुलायम सिंह की समस्या यह थी कि उन्हें बरसों के प्रयास से बनाई गयी मध्य जातियों की वह एकता कांशीराम के लिए तोड़नी थी जिसके चलते वे इटावा में बेखटके अपने उम्मीदवारों को जिताते रहे थे। काछी (शाक्य), लोधी, यादव और गड़रिया मतदाताओं को मुलायम विभिन्न ढंग से सत्ता में भागीदारी दे कर अपनी ओर कर चुके थे। पर इस बार मुलायम सिंह ने शाक्य मतदाताओं को नाराज करने का जोखिम उठाया और उनके समर्थकों ने ऐन मौके पर पिछड़े वर्ग के वोट कांशीराम की तरफ स्थानांतरित कर दिये। इस तरह दलित (मुख्यतः जाटव) और यादव वोटों की एकता पहली बार बनी। मुसलमान भी उसके साथ जुड़े। प्रतिक्रिया में भाजपा और काँग्रेस अंदर ही अंदर एकताबद्ध हो गयीं। कड़ा संघर्ष हुआ लेकिन कांशीराम १९ हजार वोटों से जीत कर संसद में पहुँच गये।

इटावा का यह संसदीय चुनाव कई दृष्टियों से मील का पत्थर साबित हुआ। कांशीराम के लिए आसानी हो गयी और वे अपने पार्टीजनों को खुले गठजोड़ के प्रति आश्वस्त कर सके। मुलायम सिंह ने परख लिया कि बसपा के साथ उनके और मुसलमानों के वोट मिल जाने से जो ताकत बनती है उसमें चुनाव जीतने की क्षमता है। इटावा का चुनाव इस मायने में नमूना बन गया कि पिछड़े और दलित वोट एक-दूसरे के उम्मीदवारों को जिताने के लिए गोलबंद हो सकते हैं।

ऐतिहासिक गठजोड़

१९९३ में हुआ समाजवादी पार्टी और बसपा का गठजोड़ कई मायनों में ऐतिहासिक था। इसका फौरी और चुनावी उद्देश्य हिंदुत्व की तेजी से उभरती हुई बढ़त रोकने से संबंधित था। भाजपा के नेता कल्याण सिंह बार-बार घोषित कर रहे थे कि १९९१ के चुनाव में जीती गयी एक भी सीट अगर हाथ से निकली तो उसे हम अपनी हार मानेंगे। कल्याण सिंह ने इस चुनाव को अयोध्या कांड पर जनमत-संग्रह की संज्ञा दे डाली थी। खास बात यह थी कि केवल भाजपा ही सपा-बसपा गठजोड़ के विरोध में नहीं थी, काँग्रेस, जनता दल और कम्युनिस्ट पार्टियाँ भी इसका विरोध कर रही थीं। कम्युनिस्टों की कोशिश यह थी कि मुलायम सिंह की समाजवादी पार्टी बसपा से जुड़ने के बजाय जनता दल से जुड़े और साम्यवादियों से मिल कर सेकुलर मोर्चा बनाए। माकपा और भाकपा ने इसके लिए मुलायम सिंह पर जम कर दबाव डाला। लेकिन मुलायम सिंह का विचार था कि जनता दल उप्र के संदर्भ में

गिरती हुई ताकत है और काँग्रेस अपने स्थायी मतदाता खो चुकी है। मुसलमान मस्जिद गिरा दिये जाने के बाद मुलायम के पीछे थे, अछूत बसपा के पीछे थे और सवर्ण भाजपा के साथ थे। समीकरण साफ था। भाजपा बनाम सपा-बसपा का ध्रुवीकरण हो सकता था। कम्युनिस्टों की उप्र में कोई ताकत नहीं थी और इस समीकरण में काँग्रेस और जनता दल का दखल ध्रुवीकरण को केवल बिगाड़ ही सकता था।

जनता दल और कम्युनिस्ट समर्थक मीडिया ने आरोप लगाया कि कांशीराम सांप्रदायिकता-विरोधी ताकतों को एकजुट होने से रोक रहे हैं। दरअसल, कांशीराम देख रहे थे कि किस प्रकार भाजपा, वीपी सिंह तथा अन्य राजनीतिक ताकतों द्वारा उत्तर प्रदेश में बसपा के समांतर दलित ताकत तैयार करने की कोशिशें चल रही हैं। भाजपा पहले से ही अयोध्या में राम मंदिर का शिलान्यास एक दलित के हाथों करवाने के बाद दलितों और सवर्णों के सामूहिक भोज के कार्यक्रम कर रही थी। वीपी सिंह ने भी रामविलास पासवान के नेतृत्व में दलित सेना की शुरुआत करवा दी थी और दलित शिक्षा आंदोलन का समर्थन करते हुए आंबेडकर महासभा की गतिविधियों के साथ खुद को जोड़ लिया था। इंडियन पीपुल्स फ्रंट ने उप्र-आधारित संगठन दलित महासभा का गठन कर लिया था। इसलिए न केवल मुलायम सिंह के लिए वरन् कांशीराम के लिए भी जरूरी था कि वे अपने जनाधार को इन प्रयासों से अलग रहने और दलितों को स्वतंत्र राजनीतिक पहचान कायम करने का संदेश दें।

इस पूरे राज़नीतिक कार्य-व्यापार में सर्वाधिक सकारात्मक पहलू इटावा चुनाव के नतीजों से निकला। मुलायम और कांशीराम का यह विश्वास था कि पिछड़े (अधिकांशत: यादव) और दलित (अधिकांशत: जाटव) वोट एक-दूसरे के उम्मीदवारों की तरफ खिसकाये जा सकते हैं। मुसलमान वोट मजबूती से मुलायम सिंह के साथ थे ही। चुनाव जीतने का समीकरण दिखाई दे रहा था। ऐसे में दोनों नेताओं ने होशियारी दिखाई और काँग्रेस व भाजपा-विरोधी विपक्ष के प्रस्तावों को टालते रहे। माकपा के दबाव से बचने के लिए मुलायम कहते रहे कि कांशीराम तैयार नहीं हैं और कांशीराम कहते रहे कि मुलायम तैयार नहीं हैं।

कांशीराम और मुलायम सिंह ने उप्र में जोरदार चुनावी मुहिम चलायी। शुरुआत में ही मुलायम ने दिल्ली की जामा मस्जिद के इमाम मौलाना अब्दुल्ला बुखारी को नसीहत दी कि वे धार्मिक काम-काज तक सीमित रहें और राजनीति में दखल न दें। मुलायम के इस कदम ने सपा-बसपा गठजोड़ की सच्ची सेकुलर छवि बनाने में मदद की। उनका यह कदम वैचारिक रूप से कांशीराम के अनुकूल भी बैठता था क्योंकि कांशीराम का मुख्य कार्य-भार धर्म-परिवर्तन करके अल्पसंख्यक बने दलितों को गोलबंद करना था, न कि शेख, सैयद, मुगल और पठान की श्रेणी में खुद को रख कर गरीब मुसलमानों का शोषण करनेवाले 'ब्राह्मणों' जैसे रवैएवाले मुसलमानों को।

चुनाव नतीजे ने भाजपा के लखनऊ के जरिए दिल्ली के सिंहासन पर कब्जा

करने के सपने चकनाचूर कर दिये। साथ ही काँग्रेस और जनता दल की उत्तर प्रदेश में वास्तविक ताकत को भी सामने ला दिया। भाजपा की सीटें २२१ से घट कर १७७ रह गयीं। काँग्रेस की ४६ से घट कर २८ रह गयीं और जनता दल ९२ से २७ पर आ गया। सपा-बसपा गठजोड़ ने १७८ सीटें जीतीं (१०९ सपा और ६९ बसपा) को मिलीं। यह संख्या पिछली विधानसभा में दोनों की मिला कर जीती गयी ४६ सीटों की चार गुना थीं। गठजोड़ ने ७५ सीटें भाजपा से छीनीं, ३७ जनता दल से और १८ काँग्रेस से। अगर पश्चिमी उत्तर प्रदेश में अजित सिंह के नेतृत्ववाला जनता दल भाजपा का मुकाबला कर पाया होता तो भाजपा १७७ से भी काफी कम सीटें जीतती।

सरकार बनी। मुलायम सिंह मुख्यमंत्री बने। कांशीराम की उनके साथ बाँहों में बाँहें डाले तस्वीरें खिंचीं। *दूरदर्शन पर बसपा प्रमुख ने संभवत: पहली बार आम दर्शकों को अपनी शैली के दर्शन कराए। उन्होंने जेब में से अपना पेन निकाला और उसे लंबवत खड़ा करके बताया कि यह है ब्राह्मणवादी समाज-व्यवस्था। फिर नाटकीय ढंग से उन्होंने पेन को क्षैतिज करके दावा किया कि वे समाज-व्यवस्था को ऐसा करने में लगे हुए हैं।* बसपा को सरकार में दर्जन-भर जगहें मिलीं—जिनमें कांशीराम के पुराने लेफ्टिनेंट राजबहादुर, युवा नेता दीनानाथ भास्कर, फैजाबाद से जीते डा. मसूद अहमद और कुर्मी नेता रामलखन वर्मा प्रमुख थे। कांशीराम ने अपने वक्तव्यों में मंत्रिपद मिलने को ज्यादा महत्त्वपूर्ण नहीं माना। उनका कहना था कि मंत्रिपद मिले या न मिले, वे तो जिलों में जिलाधिकारी और पुलिस प्रमुख को अपने माफिक तैनाती करने पर जोर देंगे।

चुनाव नतीजों का बारीक अध्ययन, चुनाव के बाद कांशीराम और बसपा का रवैया, अगले साल और मई में हुए मंझनपुर उपचुनाव ने दलित राजनीति में कुछ खास प्रवृत्तियों का सुराग दिया जो निकट भविष्य में और सुदृढ़ होनेवाली थीं :

★ १९९३ का चुनाव पिछले किसी भी चुनाव की अपेक्षा अधिक ध्रुवीकृत था। बसपा को जाटवों और पासियों के वोट मिले थे—साथ ही मुसलमानों का एक छोटा-सा प्रतिशत भी उसे मिला था। ध्रुवीकरण में अगर कोई कमी रह गयी थी तो सिर्फ इतनी कि काँग्रेस ने अनुसूचित जातियों के २२ प्रतिशत वोट बेकार कर दिये थे और भाजपा पिछड़े वर्गों के २२ प्रतिशत वोट ले गयी थी। अर्थात मुसलमान और ऊँची जातियों का ध्रुवीकरण तो ५५ और ६५ प्रतिशत वोटों के रूप में जबरदस्त था, लेकिन दलित तथा पिछड़े वोट थोड़ा कम ध्रुवीकृत हुए थे। संभावना यह थी कि आगे जैसे-जैसे ऊँची जाति के वोट भाजपा के पक्ष में ध्रुवीकृत होंगे, वैसे-वैसे दलित वोट बसपा के पक्ष में झुकेंगे। मई १९९४ को हुए मंझनपुर (इलाहाबाद) उपचुनाव में यह रुझान देखने को मिला।

★ मुसलमान मतदाता पूरी तरह एक राजनीतिक समुदाय के रूप में उभर आये। उन्होंने मौलाना बुखारी के फतवे की बहुत कम परवाह की और भाजपा के मुख्य-विरोधी सपा-बसपा गठजोड़ को ही वोट दिया। गठजोड़ में कांशीराम और

मुलायम सिंह में से उनकी प्राथमिकता मुलायम सिंह को ही मिली।

★ पिछड़ों में अतिपिछड़ों तथा मजबूत पिछड़ों में लोधी तथा कुर्मी वोटों के अच्छे-खासे हिस्से ने भाजपा को भी पसंद किया। यद्यपि बसपा ने कुर्मियों को पटाने के लिए उप्र में अपनी पार्टी के अध्यक्ष और महासचिव का पद दो कुर्मी नेताओं (जंग बहादुर पटेल और सोने लाल पटेल) को दे दिया, फिर भी कुर्मी वोटों में भाजपा की सेंध बनी रही। लोधी वोट तो कल्याण सिंह के नेतृत्व के कारण भाजपा के साथ थे ही।

★ मंझनपुर उपचुनाव और उससे पहले कानपुर में मुसलमानों के सम्मेलन से यह भी जाहिर हुआ कि चुनाव लड़ने और जनसंपर्क की बसपा की शैली बदल रही है। यह चुनाव साइकिल पर नीला झंडा लगा कर घूमनेवाले समर्पित बसपा कार्यकर्त्ताओं की दम पर न लड़ा जा कर पूरे सरकारी तामझाम की शैली से लड़ा गया।

★ कांशीराम ने अफसरों की तैनाती पर विशेष ध्यान दिया। मंत्रिमंडल बनाने में उन्होंने मुलायम सिंह को अपनी घोषणा के अनुसार पूरी छूट दी, पर वे मुलायम सिंह पर दबाव डाल कर आईएएस और आईपीएस अफसरों को इधर-उधर करवाते रहे। संभवत: उनका ख्याल था कि उप्र में कार्यरत अनुसूचित जाति जनजाति के ११२ नौकरशाहों के जरिए वे प्रदेश पर ज्यादा अच्छा नियंत्रण स्थापित कर लेंगे। इस काम के लिए उन्होंने मायावती को तैनात किया। मायावती की कार्यशैली से केवल मुलायम सिंह ही असंतुष्ट नहीं हुए वरन् बसपा के अंदर भी कांशीराम द्वारा उन्हें मिल रही प्राथमिकता से सुगबुगाहट शुरू हो गयी।

सपा-बसपा सरकार ने शुरुआत अच्छे ढंग से की। सत्ता में आते ही उसने परीक्षाओं में नकल रोकने के लिए लाया गया दंडात्मक कानून वायदे के मुताबिक रद्द कर दिया। सरकार ने एलान किया कि वह किसानों और मजदूरों के कल्याण को प्राथमिकता देगी। गाँव और खेती का विकास किया जाएगा। खास तौर से दलितों को शोषण के शिकंजे से मुक्त करने पर खास जोर दिया जाएगा। सरकार ने यह भी वायदा किया कि वह किसी तरह का जातिवादी अभियान नहीं चलाएगी और विधानसभा में सभी पार्टियों की राय ले कर विकास-कार्यक्रम आगे बढ़ाए जाएँगे। मुख्यमंत्री मुलायम सिंह यादव को उम्मीद थी कि गरीब तबकों की सरकार बनने के बाद अन्य पार्टियों के गरीब समर्थक तत्त्व भी अपने-अपने दलों में आवाज बुलंद कर पाएँगे।

उनका यह बयान एक तरह की राजनीतिक रणनीति का पूर्वाभास भी दे रहा था कि सपा-बसपा गठजोड़ अन्य पार्टियों को दलित-पिछड़ा-मुसलमान समर्थक लाइन लेने के लिए मजबूर कर सकता है। नौकरशाही में पिछड़े वर्ग के लोग न के बराबर थे। उसमें सवर्ण थे या अनुसूचित जाति के अफसर। सवर्ण अफसरों के ऊपर भाजपा के पाले में होने का शक किया जा रहा था इसलिए सपा-बसपा सरकार ने सक्षम प्रशासक समझे जानेवाले दलित अफसरों की महत्त्वपूर्ण स्थानों पर नियुक्तियाँ

शुरू कर दीं। यह सब एक नए तरह की सरकार के आगाज का द्योतक था।[२४]

मायावती का उभार

गठजोड़ के जरिये **गुरु किल्ली** अर्थात राजसत्ता मिलने के बाद बसपा ने एक दुतरफा रणनीति पर अमल करना शुरू किया। उत्तर प्रदेश सरकार में बसपा की हैसियत दोयम थी इसलिए उस पर कड़ा नियंत्रण रखना जरूरी समझा गया और दूसरी तरफ इस अभूतपूर्व चुनावी सफलता को राष्ट्रीय पैमाने पर भुनाने की योजना बनायी गयी। कांशीराम ने दक्षिण भारत के दौरों का कार्यक्रम बना लिया और उत्तर प्रदेश की बागडोर अपनी प्रमुख लेफ्टिनेंट मायावती को सौंप दी। सवाल यह है कि कांशीराम ने राजबहादुर जैसे वरिष्ठ साथी के होते हुए मायावती को क्यों चुना? चुनाव में मायावती के हाथ में पश्चिमी उप्र की बागडोर थी और राजबहादुर के पास पूर्वी उप्र की। राजबहादुर के सहयोगी मसूद अहमद थे जो पिछले दस साल से बसपा में कार्यरत थे। नतीजे बताते हैं कि बसपा ने राजबहादुर की देख-रेख में शानदार प्रदर्शन किया लेकिन पश्चिमी उप्र में उसे खास सफलता नहीं मिली। इसके बावजूद राजबहादुर की उपेक्षा की गयी। यह कांशीराम का निजी पसंद-नापसंद के आधार पर किया गया निर्णय था। वे पहले भी लोकसभा के उपचुनावों में हर जगह मायावती को खड़ा करते रहे थे। यहाँ तक कि बिजनौर और हरिद्वार ही नहीं बल्कि पंजाब से भी मायावती को उपचुनाव लड़वाया गया था। इससे समझा जा सकता है कि उनकी कोशिश शुरू से ही मायावती को अपनी विरासत सौंपने की थी।

कांशीराम दक्षिण भारत चले गये और मायावती ने 'मुलायम सिंह पर निगाह रखने' का एलान कर दिया। इसके बाद बसपा के संगठन में और उसकी भागीदारीवाली सरकार में उथल-पुथल का लंबा दौर शुरू हो गया। कांशीराम ने हर मौके पर मायावती का पक्ष लिया, जिससे स्पष्ट होता है कि वे उन राजनीतिक कदमों के पक्ष में थे जो मायावती उठा रही थीं। यही वह अवधि थी जब अपने गठन के दस-ग्यारह वर्षों में पहली बार बसपा मुख्य रूप से दलितों और आमतौर पर बहुजन समाज की पार्टी होने के बजाय केवल दलितों की पार्टी बनने के ढलान कर फिसलती हुई दिखाई दी। मायावती के उभार ने बसपा को कांशीराम के बाद एक और मशहूर नेता जरूर दिया, लेकिन एक नयी शख्सियत की रचना-प्रक्रिया ने बहुजन दायरे से धीरे-धीरे मुसलमानों और फिर कुर्मी जैसी मजबूत पिछड़ी जाति को छिटकाना शुरू कर दिया।

मायावती की कार्य-शैली कांशीराम से भिन्न थी। वे अफसरों के मनचाहे तबादले करवातीं, हो चुके तबादलों को रुकवातीं, पुलिस वालों को सजा दिलवातीं, बिना सूचना दिये या मुलाकात का वक्त लिये मुख्यमंत्री के दफ्तर में जा पहुँचतीं और अपने लखनऊ प्रवास के दौरान बसपा के सभी मंत्रियों द्वारा अपने दरबार में हाजिरी बजाने की अपेक्षा रखतीं। इस तरह बसपा की पार्टनर सपा के नाराज होने और साथ में बसपा के मंत्रियों के भी असंतुष्ट होने का अंदेशा पैदा हो गया।

मायावती कई मौकों पर मुलायम सिंह यादव से दबाव के जरिए अपने निर्देशों को मनवाने में सफल हुईं और इस तरह बसपा के राजनीतिक हितों की कुछ-कुछ रक्षा भी कर पायी। यहाँ तक कि मायावती ने अप्रैल में स्वीकार भी किया कि उनकी माँगें मानी जा रही हैं। इस प्रक्रिया में हुआ यह कि बसपा की सरकार में भागीदारी का मतलब मायावती ही हो गया और अन्य वरिष्ठ नेताओं और मंत्रियों का कोई महत्त्व नहीं रह गया। प्रदेश में पार्टी संगठन का चार्ज रामलखन वर्मा को दे दिया गया जो मायावती की ही पसंद थे। इस तरह पूरी बसपा मायावतीमय हो गयी। बसपा के अंदरूनी संघर्ष की झलक गाजीपुर के उपचुनाव में मिली जहाँ से राजबहादुर बसपा के उम्मीदवार थे। अखबारों में इस आशय की खबरें भी छपीं कि बसपा के आला कमान ने राजबहादुर को जिताने में दिलचस्पी नहीं दिखाई। अंदर ही अंदर कोशिश की गयी कि बाहर से बसपा कार्यकर्ता गाजीपुर जा कर चुनाव-प्रचार न करें। इस के विपरीत दीनानाथ भास्कर और मसूद अहमद ने गाजीपुर जा कर चुनाव प्रचार किया। और राजबहादुर को मुसलमान वोट मिलने की गारंटी करने के लिए स्वयं मुलायम सिंह यादव ने पहल की। धीरे-धीरे बसपा के अंदर मायावती को उप्र के इंचार्ज की हैसियत से बेदखल करने की माँग उठने लगी। असंतोष राजबहादुर और मसूद अहमद के आस-पास गोलबंद हुआ। प्रदेश अध्यक्ष राम लखन वर्मा को हटा कर राजबहादुर को उनकी जगह रखने की माँग की गयी।

उप्र से बाहर पूरे देश में दौरों में व्यस्त कांशीराम ने असंतुष्टों के प्रति हमदर्दीवाला रवैया नहीं अपनाया। उन्होंने मायावती का पक्ष लिया और मसूद अहमद पर हमला करके अन्य असंतुष्टों को सबक सिखाने की रणनीति बनाई। मसूद अहमद को सरकार से इस्तीफा देना पड़ा। मायावती के जोर डालने पर ही मसूद को रातों-रात सरकारी आवास से अपमानित करके निकाला गया। लेकिन मसूद के इस्तीफे और मायावती-विरोधी अभियान ने बसपा में विभाजन की स्थिति पैदा कर दी। लखनऊ में बसपा के बागियों ने एक बैठक आयोजित की जिसमें मायावती को पार्टी से निकालने की माँग की गयी। इस बैठक में बसपा के आठ विधायकों ने हिस्सा लिया, जिनमें तीन मुसलमान थे। टूट से बचने के लिए कांशीराम ने दस जुलाई को लखनऊ में एक बड़ी दल-बदल-विरोधी रैली की योजना बनाई। अब तक अंदरूनी संघर्ष में दोनों पक्षों के हथकंडे स्पष्ट हो चुके थे। असंतुष्टों का हमला सिर्फ मायावती पर था। वे कांशीराम को चुनौती नहीं दे रहे थे। राजबहादुर ने कहा, 'मुझे अभी भी कांशीराम में विश्वास है और मैं उनके नेतृत्व को स्वीकार करता हूँ ... वे (मायावती) पश्चिम उप्र की इंचार्ज थीं ... वहाँ हमें कुछ नहीं मिला ... लेकिन पूर्वी उप्र में हमने उम्मीदों से ज्यादा अच्छा प्रदर्शन किया।' असंतुष्टों ने कांशीराम को ज्ञापन भी दिया, 'बसपा की हालत के बारे में आपकी रहस्यमय लापरवाही कई तरह की अस्वीकार्य अटकलों को हवा दे रही है। हम नहीं समझ पा रहे हैं कि आडवाणी, रज्जू भैया और नरसिंह राव को कँपा देनेवाले हमारे महान नेता कांशीराम एक औरत के मुकाबले असहाय क्यों हो गये

हैं। आप उसके कुटिल जाल में फँस गये हैं। वह आपके घर, संपत्ति और फोन आदि पर कब्जा कर लेगी। वह हर किसी को अपना चमचा बना लेना चाहती है। ... वह ब्यूटी पार्लरों में जाती है और एअर कंडीशन कारों में घूमती है।' इसके जवाब में मायावती खेमे ने असंतुष्टों के तार सीधे-सीधे मुलायम सिंह यादव द्वारा बसपा को तोड़ने की कोशिशों से जुड़े होने का दावा किया। रैली में कांशीराम ने अपने पुराने लेफ्टिनेंट राजबहादुर पर आरोप लगाया कि वे मुलायम सिंह से साँठगाँठ करके बसपा में विभाजन की साजिश कर रहे हैं। कांशीराम ने मसूद अहमद पर भी जम कर हमले किए। कांशीराम के भाषण की सबसे उल्लेखनीय बात मुल्ला-मौलवियों पर ही नहीं, पढ़े-लिखे मुसलमानों के ऊपर भी अविश्वास की घोषणा थी। कांशीराम ने यह भी कहा कि उन्हें दलित-मुसलमान एकता की कोई जल्दी नहीं है।

मसूद अहमद प्रकरण दस जुलाई की रैली के बाद समाप्तप्राय: हो गया। उसके बाद से शायद ही किसी ने कांशीराम के इस पूर्व सहयोगी का नाम सुना हो। लेकिन इस प्रकरण से एक नयी प्रक्रिया शुरू हुई, जो बहुजन समाज के एक अनिवार्य घटक मुसलमानों के बसपा से धीरे-धीरे अलग होने से संबंधित थी। सरकार बनते ही कांशीराम ने उत्तर प्रदेश के मुसलमानों के बीच कई सभाएँ और अधिवेशन किए थे। सभी जगह मसूद अहमद को बसपा के मुसलमान चेहरे के रूप में पेश किया गया था। इन कार्यक्रमों में मुसलमानों की अच्छी उपस्थिति ने बसपा के साथ उनके और ज्यादा जुड़ने की संभावनाएँ जगाई थीं। लेकिन मायावती-मसूद अहमद विवाद ने कांशीराम के इन प्रयासों को सिफर में बदल दिया।

मसूद-मायावती विवाद की जड़ में बुनियादी तौर पर बसपा का सांगठनिक संकट ही था। कांशीराम ने बसपा को एक परंपरागत राजनीतिक दल के रूप में विकसित नहीं किया था और वे स्वयं भी किसी सांगठनिक मर्यादा को नहीं मानते थे, इसलिए उन्होंने मायावती को एक नया सत्ता-केंद्र बनाने के नतीजों को नजरअंदाज किया। मायावती ने निश्चित रूप से कुशल राजनेता होने का परिचय नहीं दिया, यद्यपि वे बिजनौर और हरिद्वार से लोकसभा चुनाव लड़ कर बसपा की पहचान बन चुकी थीं। दलितों, खास कर जाटवों, में मायावती की लोकप्रियता को राजनीतिक कुशलता का पर्याय समझ लेना एक भूल थी। इसी बीच एक और घटना हो चुकी थी। एक विवादास्पद पुस्तक के हिंदी अनुवाद के उप्र सरकार द्वारा प्रकाशन का मुसलमानों ने विरोध किया। रुड़की में दिये एक भाषण में मायावती ने इस विरोध से उत्तेजित हो कर मुसलमानों की कड़ी आलोचना की और उन्हें 'गद्दार' तक कह दिया। इसी भाषण का तीन मिनट का वीडियो मसूद ने कानपुर की सभा में दिखाया। मसूद के भाषण से बोर हो चुके श्रोताओं ने शायद इस सभा की अपील को बिल्कुल ही ठुकरा दिया होता, अगर मसूद ने अचानक मायावती का कैसेट न चला दिया होता। मुसलमान श्रोता मायावती का भाषण देख कर भड़क गये और मायावती-विरोधी नारेबाजी शुरू हो गयी।[२५]

सपा और बसपा में से सपा इस दौरान एक भी बार आंतरिक असंतोष की शिकार नहीं हुई। मुलायम सिंह ने अपने संगठन को सुदृढ़ करने पर ज्यादा ध्यान दिया। कांशीराम द्वारा दस जुलाई की रैली में आलोचना किए जाने को मुलायम ने नजरअंदाज कर दिया और सरकार बचाने को ज्यादा प्राथमिकता दी। उनकी निगाह अक्तूबर में होनेवाले पंचायत, टाउन एरिया और जिला परिषद चुनावों पर थी।

दिसंबर आते-आते कांशीराम को एहसास हो गया कि उन्होंने सार्वजनिक बयानबाजी में मुलायम सिंह पर बाजी भले ही मार ली हो, लेकिन उप्र में अपना आधार सुदृढ़ करने में सपा उनसे बहुत आगे निकल गयी है। इस अहसास की अभिव्यक्ति बसपा द्वारा उपमुख्यमंत्री पद की माँग में हुई। संभवतः पहली बार कांशीराम ने मंत्रिमंडल में किसी खास जगह की माँग की थी वरना इस दौरान उनका ज्यादातर समय मायावती-विरोधी बगावत को दबाने, अफसरों के तबादले करवाने-रुकवाने तथा देश के अन्य भागों में बसपा का प्रचार करने में बीता था। कांशीराम ने आरोप लगाया कि मुलायम सिंह यादव ने बसपा के उम्मीदवारों को चुनावों में नहीं टिकने दिया। उनके साथ यादवों ने गुंडागर्दी की और उन पंचायतों में भी बसपा के लोग नहीं जीत पाए जहाँ वह मजबूत थी।

बसपा की सरकार में भागीदारी के दौरान नौकरशाही की भूमिका की विवेचना भी आवश्यक है। सरकार बनते ही १९९१ में गठित दलित नौकरशाहों के संगठन **आंबेडकर महासभा** ने पर्चा जारी किया जिसमें दलितों के हितों के प्रति मुलायम सिंह के इरादों पर संदेह किया गया था, यद्यपि महासभा में सक्रिय अफसरों के प्रति १९८९ में मुलायम के मुख्यमंत्रित्व में सरकार हमदर्दी के साथ पेश आयी थी और उसी जमाने में अफसरों के इस गुट को प्रतिष्ठा और स्थायित्व मिला था, जिसके कारण वे दो साल बाद महासभा बना पाए और सरकार के ऊपर मनचाही नियुक्तियों और तबादलों के लिए दबाव डाल सके। बहरहाल, महासभा के पर्चे जारी होते ही मुलायम सिंह ने उसकी तरफ खास ध्यान दिया और महासभा के एक कार्यक्रम में दलित अफसरों को राजनीतिक खेल खेलने के लिए आड़े हाथों लिया। मायावती ने उप्र का चार्ज सँभालते ही मुलायम के इस रवैए का विरोध शुरू कर दिया और राजनीतिक आधार पर अफसरों के तबादलों का क्रम शुरू हो गया। सपा और बसपा के बीच मतभेदों का बीज यहीं से पड़ा और इसकी राजनीतिक अभिव्यक्ति बसपा के अंदरूनी संकट की जिम्मेदारी मुलायम के मत्थे मढ़ने में हुई, यद्यपि इस बात से इंकार नहीं किया जा सकता कि मसूद-राजबहादुर प्रकरण में बाह्य रूप से सपा की भूमिका थी। मसूद की कानपुरवाली सभा में मंच पर सपा के स्थानीय नेता विराजमान थे। सपा के प्रदेश स्तर के पदाधिकारियों द्वारा 'बसपा को तोड़ने का कोई प्रयास करने' का बार-बार खंडन करना भी सपा की भूमिका की चुगली खा रहा था।

फिर भी गठजोड़ में पड़ रही दरारों का मूल स्रोत सपा की गतिविधियों में निहित नहीं था। हम देख चुके हैं कि बसपा का संकट मायावती को संगठन पर थोपने और उसके खिलाफ कांशीराम के पुराने साथियों के असंतोष से पैदा हुआ

था। इस संकट का दूसरा पहलू नौकरशाही को राजनीतिक मोहरे की तरह इस्तेमाल करने में उभरा। यहाँ भी बसपा के अंदरूनी संकट ने भूमिका निभाई। उस समय के अखबारों में प्रचार इस तथ्य को ज्यादा मिला कि मायावती व कांशीराम मुख्य सचिव टीएसआर सुब्रह्मण्यम को हटाने के लिए दबाव डाल रहे हैं क्योंकि वे 'प्रतिबद्ध ब्राह्मण' हैं, लेकिन यह तथ्य छिप गया कि दलित अफसरों की नियुक्तियों और तबादलों के प्रश्न को ले कर भी सरकार के दोनों भागीदारों में खासा विवाद था। चूँकि राजबहादुर समाज कल्याण मंत्री थे और मायावती से नाराज थे, इसलिए उन्होंने मुलायम सिंह से आग्रह किया कि उनके विभागीय सचिव राय सिंह को हटा कर हरिश्चंद्र को तैनात किया जाए। राय सिंह काफी हद तक कांशीराम के आदमी माने जाते थे। खास बात यह है कि राय सिंह और हरिश्चंद्र, दोनों ही दलित अफसर थे। राय सिंह को हटाते ही मायावती ने विरोध किया। उन्होंने कहा कि हरिश्चंद्र ने एक सवर्ण बंगाली महिला से विवाह करके दलितों का विश्वास खो दिया है और वे आजमगढ़ के कांशीराम से कुछ असंतुष्ट तत्त्वों के समर्थक हैं। हरिश्चंद्र ने जब दोनों आरोपों का खंडन किया तो कांशीराम की टिप्पणी थी, 'राय सिंह को वहीं रखा जाएगा ताकि वे राजबहादुर पर निगाह रख सकें।'

दस जुलाई को रैली के बाद लखनऊ में कांशीराम ने भी स्वीकार किया कि मुलायम सिंह को मायावती की कार्यशैली से बहुत दिक्कत आ रही थी और वे हर तरह से मायावती से छुटकारा चाहते थे। राजबहादुर और मसूद के कार्यकलापों को सपा द्वारा दिया गया समर्थन मायावती का विरोध करने की तरफ ज्यादा केंद्रित था, न कि कांशीराम या बसपा का विरोध करने पर। संभवत: मसूद और राजबहादुर की तरह मुलायम सिंह बसपा में मायावती के पर कतरे जाने को अपने हित में मानते रहे होंगे। लेकिन, इन तमाम विवादों में कांशीराम ने मायावती का पक्ष लिया।[२६]

बहुजन या सर्वजन?

शुरुआत में राष्ट्रीय स्वयंसेवक संघ और भाजपा का रवैया बसपा के प्रति शत्रुतापूर्ण ही था और बसपा के नेता भी पुनरुत्थानवाद और धार्मिक कट्टरपंथ के खिलाफ बोलते थे। उन्होंने सपा से गठजोड़ करने का प्रमुख उद्देश्य ही भाजपा को रोकना बताया था। लेकिन बसपा के अंदरूनी संकट के दौरान जुलाई, १९९४ में भाजपा नेताओं ने कांशीराम के रवैए में मुसलमानों के प्रति एक खास परिवर्तन लक्षित किया। पहले मायावती का विवादास्पद रुड़कीवाला भाषण, फिर मसूद अहमद द्वारा बसपा में मुसलमानों को उचित नुमाइंदगी न दिये जाने का आरोप और अंत में दस जुलाई की दल-बदल-विरोधी रैली में कांशीराम द्वारा पढ़े-लिखे मुसलमानों की आलोचना ने संघ परिवार का ध्यान विशेष रूप से आकर्षित किया।

इन घटनाओं का उल्लेख करने का तात्पर्य यहाँ यह साबित करना है कि राजनीति की ऊपरी सतह के नीचे चलनेवाली अंतर्धाराएँ कितनी जटिल थीं। ऊपर-ऊपर दलित नेतृत्व का अनिवार्य प्रतीत होनेवाला सेकुलर चरित्र छाया हुआ था और

स्वयं मुलायम सिंह के लिए अकल्पनीय था कि बसपा कभी भाजपा से भी समझौता कर सकती है। उन्हें बसपा द्वारा गठजोड़ तोड़ देने का अंदेशा जरूर था और उसके लिए संभवत: वे दिमागी तौर पर तैयार भी थे। वे यह नहीं समझ पाए कि बसपा का नेतृत्व कितनी लंबी छलाँग भर सकता है। बसपा प्रमुख ने काफी चालाकी से काम लिया। एक तरफ वे कहते रहे कि सपा-बसपा सरकार गिरा कर वे भाजपा के मंसूबों को कामयाब नहीं होने देंगे और दूसरी ओर उन्होंने उद्योगपति जयंत मल्होत्रा के जरिए भाजपा नेताओं से खुफिया संपर्क भी साध लिये। आईएएस अफसर राय सिंह ने भी इस योजना में विशिष्ट भूमिका निभाई। उन्होंने मार्च के आखिरी हफ्ते में विधान परिषद में भाजपा नेता लालजी टंडन से कांशीराम की मुलाकात कराई। लालजी टंडन का बयान बताता है कि यह बैठक कितनी कामयाब रही, 'इस मुलाकात में कई आपसी संदेह और गलतफहमियाँ दूर हो गयीं। मैंने कांशीराम को काफी सुसंस्कृत और नरम पाया। हमारी राजनीतिक भाषा अलग-अलग हो सकती है और कार्यशैली भी, लेकिन निचले तबके के उत्थान का हमारा उद्देश्य समान है। कांशीराम ने भी दलितोत्थान के बारे में हमारे सरोकार की प्रशंसा की।'[२७] बदली हुई परिस्थिति में कांशीराम अपने खिसकते हुए आधार को किसी जोरदार रणनीति से रोक लेना चाहते थे और भाजपा किसी न किसी प्रकार दलित-मुसलमान-पिछड़े मतदाताओं की एकता तोड़ देना चाहती थी, इसलिए दोनों पक्ष अचानक एक-दूसरे में खूबियाँ देखने लगे। कांशीराम को 'मनुवादी' और 'साँपनाथ' भाजपा के सरोकार अच्छे लगने लगे और भाजपा 'विदेशी शक्तियों से साँठगाँठ करनेवाले' कांशीराम को सुसंस्कृत मानने लगी।

लखनऊ की बैठक के बाद दिल्ली में बसपा के राज्यसभा सदस्य और उद्योगपति जयंत मल्होत्रा ने मुरली मनोहर जोशी, अटल बिहारी वाजपेयी, लालकृष्ण आडवाणी और सुंदर सिंह भंडारी की बैठक मायावती और कांशीराम से कराई। भाजपा और बसपा नेताओं की खुफिया बैठकें अप्रैल और मई के महीनों में चलती रहीं। कांशीराम का स्वास्थ्य इन दिनों ठीक नहीं था। जब भाजपा ने लोक सभा के आसन्न चुनावों के ख्याल से बाहर से समर्थन दे कर मायावती को मुख्यमंत्री बनाना मान लिया तो उस समय वे अस्पताल में थे। दरअसल, भाजपा मुलायम सिंह के मुख्यमंत्रित्व और सपा-बसपा गठजोड़ के मुकाबले चुनाव जीतने में स्वयं को अक्षम पा रही थी। कांशीराम ने राज्यपाल मोतीलाल वोरा को पत्र लिख कर मुलायम सरकार से समर्थन वापस ले लिया। प्रदेश का राजनीतिक माहौल तनाव में डूब गया। मुलायम सिंह ने सदन में बहुमत साबित करने की इजाजत माँगी और उनके समर्थकों ने नौकरशाही के सहयोग से राज्य अतिथि गृह को लगभग सील कर दिया। मायावती इसी गेस्ट हाउस में बैठ कर राजनीतिक गतिविधियों का संचालन कर रही थीं। गेस्ट हाउस की बिजली काट दी गयी। मायावती ने आरोप लगाया कि उन्हें जान से मारने की कोशिश भी की गयी।

बहरहाल, मायावती मुख्यमंत्री बन गयीं। उत्तर प्रदेश की पहली दलित महिला

के मुख्यमंत्री बनने की इस घटना ने नाना प्रकार की प्रतिक्रियाओं को जन्म दिया। उत्तर प्रदेश के दलित युवकों (विशेष कर चमारों और जाटवों) में एक नए किस्म का उछाल आया और मायावती उनकी अस्मिता की प्रतीक के रूप में उनके मानस में जम गयीं। स्त्रीवादी संगठनों ने मायावती का अभिनंदन किया। लोकतंत्र की परिवर्तनकारी शक्तियों में आस्था रखने वालों ने मायावती के मुख्यमंत्रित्व को जनतंत्र की जीत करार दिया। लेकिन दलित बुद्धिजीवी खुश नहीं हुए। उन्होंने 'जय भीम' और 'जय श्रीराम' के अभिवादनों के विचारधारात्मक अंतर को और भी तीखे ढंग से रेखांकित किया। इन बुद्धिजीवियों का विचार था कि भाजपा से समझौता करना अवसरवाद की पराकाष्ठा है और इससे साबित होता है कि दलित आंदोलन के रास्ते से भटक गया है।

ऊँची जातियों की पार्टी समझी जानेवाली भाजपा की मदद से सरकार चलाने के लिए कांशीराम और मायावती को कोई तर्क तो खोजना ही था। इसलिए उन्होंने एलान किया कि उनकी सरकार बहुजनों की नहीं सर्वजनों की सरकार है। **गुरु किल्ली** की खोज करते-करते इस तरह पहली बार बसपा कांशीराम द्वारा लिखित 'खुले पत्र' में प्रतिपादित बहुजन थीसिस से अलग रहती दिखाई दी।

बसपा ने 'गुरु किल्ली' का क्या किया?

मुख्यमंत्री के रूप में मायावती एक के बाद एक विवाद में फँसती चली गयीं। लखनऊ में मुहर्रम के मौके पर हो सकनेवाले शिया-सुन्नी तनाव के मद्देनजर कानून-व्यवस्था की समीक्षा करते हुए उन्होंने अचानक पूरे राज्य में राजनीतिक रैलियों, सभाओं और जुलूसों पर प्रतिबंध लगा दिया।[२८] मुख्यमंत्री बनने के बाद उनके इस पहले प्रशासनिक निर्णय से सब लोग चौंक गये। बड़े पैमाने पर इसकी निंदा हुई और मायावती के इस तर्क को किसी ने नहीं माना कि कुछ लोग कानून-व्यवस्था की हालत खराब करने पर तुले हुए हैं। मायावती को दूसरे संकट का सामना तब करना पड़ा जब बसपा के कुर्मी नेताओं ने उनके खिलाफ बगावत का झंडा बुलंद कर दिया। पार्टी में सीधे-सीधे दो धड़े बन गये। एक तरफ चमार थे जो बसपा को स्वाभाविक रूप से अपनी पार्टी मानते थे और दूसरी तरफ यादवों और लोधियों के बाद प्रदेश की सबसे मजबूत पिछड़ी जाति कुर्मी थी जो बसपा में किसी सामाजिक क्रांति के नारे से प्रभावित हो कर नहीं बल्कि सत्ता में हिस्सेदारी की महत्त्वाकांक्षा पूरी करने ही आयी थी। सपा पर मुलायम सिंह की वजह से यादवों की चौधराहट थी और भाजपा कल्याण सिंह की वजह से लोधियों की पार्टी बन गयी थी इसलिए कुर्मियों ने बसपा को चुना था। उन्हें कांशीराम ने संगठन व पार्टी में अच्छे पद भी दिये थे। कुर्मियों की नाराजगी के दो बड़े कारण थे—मायावती द्वारा कुर्मी अफसरों को दरकिनार करना तथा निरंकुश व्यवहार करना।[२९] बाद में जंग बहादुर पटेल के नेतृत्व में कुर्मी नेता बसपा से अलग हो गये।

मायावती कई बार भाजपा के दबाव में आती दिखीं। अनुभवहीन और तुर्शमिजाज मुख्यमंत्री से अपना एजेंडा मनवाने के लिए लालजी टंडन ने उनसे राखी

बंधवा कर उन्हें मुँहबोली बहन बना लिया। भाजपा ने दिल्ली में अपने मुख्यमंत्रियों के सम्मेलन में मायावती को कुछ इस तरह निमंत्रित किया मानो वे भाजपा की ही हों। उन्हें पार्टी के अन्य मुख्यमंत्रियों और गैर-मुख्यमंत्री नेताओं के साथ मंच पर बैठाया गया। शुरू में कांशीराम को मंच पर निमंत्रित ही नहीं किया गया। भाजपा ने बहुत बाद में बसपा-प्रमुख को मंच पर बुलाया। जाहिर था कि भाजपा मायावती को कांशीराम से भी ज्यादा महत्त्व दे रही थी। इस घटना के बाद ही एक-एक करके भाजपा ने बसपा से अपनी बातें मनमानी शुरू कर दीं। मुसलमानों को आरक्षण देने के मामले में कांशीराम और मायावती एकमत थे लेकिन कल्याण सिंह ने विधानसभा में इस घोषणा को असाधारण हस्तक्षेप करके रुकवा दिया। मायावती लखनऊ में पेरियार मेला करने के सवाल पर भाजपा के दबाव में पूरी तरह आ गयीं। उन्होंने मान लिया कि मेला दिल्ली या कहीं और स्थानांतरित कर देना चाहिए। इसी बीच विश्व हिंदू परिषद ने कृष्ण जन्मभूमि विवाद उठाने की योजना बना डाली और अल्टीमेटम दे दिया। कांशीराम मुसलमानों को आरक्षणवाले मसले पर तो कुछ नहीं कर पाए लेकिन पेरियार मेले और मथुरावाले सवाल पर उन्होंने हस्तक्षेप किया और आग्रह करके मेला लखनऊ में ही करवाया। उन्होंने विश्वस्त जाटव अफसरों को मेले का इंतजाम सौंपा। मथुरावाले मसले पर भी उन्होंने कड़ा रवैया अपनाया और भाजपा के सामने झुकने से इंकार कर दिया। मायावती और कांशीराम में कुछ मसलों पर मतभेद भी पैदा हुए। यद्यपि दोनों नेताओं ने इन मतभेदों का खुल कर प्रदर्शन नहीं होने दिया। आईएएस अफसर राय सिंह के खिलाफ मायावती की कार्रवाई इनमें से एक महत्त्वपूर्ण मसला था। ध्यान रहे कि कांशीराम की लालजी टंडन से पहली मुलाकात राय सिंह ने ही करवाई थी।[३०]

मायावती ने सपा से अपना गठजोड़ तोड़ते समय तारा देवी नामक एक महिला का उल्लेख किया था। चालीसवर्षीय तारा देवी लखनऊ जिला पंचायत के लिए सरपंच की उम्मीदवार थीं। उनका आरोप था कि सपा उम्मीदवार पुष्पादेवी के पक्ष में बैठ जाने के लिए सपा कार्यकर्त्ताओं ने उन्हें मारा-पीटा और अभद्रता की। तारा देवी को उम्मीद थी कि उनकी आवाज मायावती के शासनकाल में तो अवश्य सुनी जाएगी। लेकिन मायावती शासन में भी तारा देवी उसी मुकाम पर खड़ी रहीं जिस पर वे साढ़े चार महीने पहले खड़ी हुई थीं। तारा देवी ही नहीं, मायावती सरकार ने अन्य दलितों के लिए भी कुछ नहीं किया। गाँधी ग्राम योजना की तर्ज पर प्रदेश-भर में जो पाँच हजार आंबेडकर ग्राम छाँटे गये थे, उन्हीं में से एक लखनऊ के पास का ही दासहोई गाँव इस क्षेत्र में मायावती सरकार की असफलता का उदाहरण बन गया था। यहाँ की प्राथमिक पाठशाला के प्रांगण में चरते हुए मवेशी, खुला हुआ सीवर, घूमते हुए सुअर, सँकरी-कच्ची सड़क, न बिजली, न स्वास्थ्य-सुविधा, जबकि घोषणा और योजना के अनुसार इस गाँव में होनी चाहिए थी बिजली, पेय जल सुविधा और बाकायदा एक स्कूल। विकास के नाम पर अक्तूबर महीने तक यहाँ केवल तीन हैंडपंप लगवाए गये थे। खुद बसपा सरकार के मंत्रियों ने सरकार

के साढ़े चार महीनों में अपने जनाधार के बीच बहुत कुछ खोया। लखनऊ के सफ़ाई मजदूरों के नेता रामविलास वाल्मीकि मायावती मंत्रिमंडल में राज्यमंत्री थे। जब वे लखनऊ नगर निगम का दौरा करने गये तो उनकी बिरादरीवालों ने उन्हें जम कर हूट किया। आंदोलनकारी सफाई मजदूर उन्हें अपनी शिकायतें सुनाना चाहते थे, लेकिन वाल्मीकि ने यह गवारा नहीं किया। वे सुरक्षाकर्मियों से घिरे हुए निकलते चले गये। सवाल इस बात का नहीं था कि साढ़े चार महीनों में मायावती सरकार क्या-क्या कर लेती। दरअसल गंभीरता और चिंता से उठाया गया एक कदम ही उसके इरादों का उद्‌घाटन कर देता। सरकार को दलितों के पक्ष में कुछ नीतिगत कदम उठाने चाहिए थे। प्रदेश के ८५ प्रतिशत दलित खेती में लगे हुए हैं। इनमें से एक-तिहाई भूमिहीन हैं। केवल पाँच प्रतिशत दलित ही आर्थिक रूप से खाते-पीते कहे जा सकते हैं। इन बहुसंख्यक दलित गरीबों का हित साधन करने के लिए मायावती सरकार को कृषि-उन्मुख नीतियाँ बनानी चाहिए थीं। लेकिन मायावती ने न तो कृषि पर जोर दिया, न सिंचाई पर और न ही विद्युत पर। समाजशास्त्री वीएन सेठ का मानना है कि दलितों द्वारा जबरन कब्जा की गयी जमीन उन्हें आबंटित करने के मायावती के फैसले से भी निचले तबके को कोई लाभ नहीं हुआ। असलियत यह थी कि सरकारी जमीन पर कब्जा करनेवाले दलित या तो पहले से ही भूमिधर और मजबूत स्थितिवाले थे या फिर वे सवर्ण जमींदारों के मोहरे थे। मुख्यमंत्री के रूप में मायावती ने यह जरूर किया कि दलितों पर अत्याचार रोकनेवाले कानून का सख्ती से पालन कराने की कोशिश की। उन्होंने हर देहाती पुलिस थाने में २५ प्रतिशत दलित नियुक्तियों पर जोर दिया। जिला प्रशासन में महत्त्वपूर्ण पदों पर दलित अफसरों की नियुक्तियाँ करने में उन्होंने खास रुचि दिखाई।

इन बुनियादी कामों के बजाय मायावती-कांशीराम ने विवादों, तबादलों और नियुक्तियों और कुछ प्रतीकात्मक कामों में ही पूरा समय गुजार दिया। इन कामों के सामाजिक महत्त्व से इंकार नहीं किया जा सकता और पेरियार मेले जैसे कार्यक्रम ने तो संघ परिवार के ब्राह्मणवादी चरित्र को उभार कर ही रख दिया था, पर समझने की बात है कि जब संघ परिवार ब्राह्मणवाद-विरोध की प्रतीकात्मक राजनीति ही बर्दाश्त नहीं कर पाया तो यह यथार्थ में दलित पक्षधरता के किसी भी बुनियादी कार्यक्रम को कैसे पचा पाता। अगर मायावती ऐसा कोई कार्यक्रम शुरू करके भाजपा से टक्कर लेतीं तो उनका नाम राजनीति के इतिहास में कुछ दूसरे ही अंदाज में दर्ज होता। तब वे एक ऐसी प्रथम महिला मुख्यमंत्री के रूप में जानी जातीं जिसकी सरकार ऊँची जातियों की राजनीति का दलितों के हक में इस्तेमाल करने की कोशिश में गिरा दी गयी। विडंबना यही रही कि जब भाजपा ने मायावती सरकार से समर्थन वापस लिया तो कल्याण सिंह ने दलित महिला मुख्यमंत्री के शासन में दलितों पर भयानक अत्याचारों के आँकड़े पेश किए। उन्होंने राज्यपाल को लिखे पत्र में कहा, 'एक जून से तीस सितंबर तक राज्य में १६४ दलितों की हत्या की जा चुकी थी,

१५२ दलित महिलाओं से बलात्कार हो चुका था और दलितों पर जुल्म के ४,४४१ मामले पुलिस में दर्ज किए जा चुके थे।'[३१] कल्याण सिंह द्वारा दिये गये इन आँकड़ों की पुष्टि बाद में **दलित लिबरेशन टुडे** नामक दलित पत्रिका ने भी की।

इन्हीं दिनों उत्तर प्रदेश में स्थानीय निकायों के चुनाव होने जा रहे थे। इनमें समाजवादी पार्टी, बहुजन समाज पार्टी व भाजपा को सीधे-सीधे भाग लेना था। ये चुनाव संसदीय निर्वाचन से पहले होनेवाले हल्के-फुल्के शक्ति-परीक्षण के रूप में देखे जा रहे थे। बसपा ने इन चुनावों पर ध्यान देने का निश्चय किया क्योंकि इसके अच्छे परिणामों की बदौलत ही वह गैरकाँग्रेस और गैरभाजपा विपक्ष से बेहतर सौदेबाजी कर सकती थी। प्रेक्षकों का ख्याल था कि मायावती सरकार गिरने के बाद बसपा काफी कमजोर हो गयी है। तथ्य भी इसी ओर इशारा कर रहे थे। राजबहादुर के नेतृत्व में एक धड़ा बसपा से पहले ही टूट कर अलग हो चुका था। सरकार के पतन के बाद जंग बहादुर पटेल और राम लखन वर्मा जैसे कुर्मी नेताओं ने बहुजन समाज दल बना कर मुलायम के समर्थन में जाने का निर्णय लिया था। इसके तुरंत बाद कुर्मी नेताओं का एक और धड़ा अपना दल बना कर बसपा से अलग हो गया। दूसरे, भाजपा से गठजोड़ ने बसपा को मुसलमान वोटरों की निगाह में संदिग्ध भी बना दिया था। सब मिला कर कोई अच्छी सांगठनिक स्थिति नहीं थी।

लेकिन जब स्थानीय निकाय चुनावों के नतीजे आये तो सभी को ताज्जुब हुआ। बसपा ने न केवल मेयर की एक सीट जीत ली वरन् विभिन्न नगर निगमों में दस प्रतिशत कॉरपोरेटर भी जिताए। मेरठ में मेयर का चुनाव जीतने के अलावा बसपा ने आगरा नगर निगम की ८० में से ३२ सीटें और अलीगढ़ की ६० में से ११ सीटें जीतीं। गाजियाबाद में भी उनके परिणाम बेहतर निकले। चुनाव परिणामों से स्पष्ट हो गया कि तीन-तीन बार पार्टी टूटने के बाद भी कांशीराम और मायावती के नेतृत्ववाली बसपा ही बहुजन समाज आंदोलन और दलित आंदोलन की मुख्यधारा बनी हुई है। यह भी साफ हुआ कि भले ही मायावती सरकार भाजपा की सांप्रदायिकता के खिलाफ कारगर संघर्ष न चला पाई हो, भले ही वह शासन का कोई वैकल्पिक मॉडल न दे पाई हो, लेकिन उसने प्रतीकात्मक रूप से दलित जनता में अपना स्थान जरूर बना लिया है। कांशीराम ने यह भी देखा कि अलीगढ़, बरेली, कानपुर, आगरा और इलाहाबाद में कई जगह भाजपा के मुकाबले बसपा उम्मीदवारों को मुसलमान वोट भी मिले, बावजूद इसके कि बसपा ने भाजपा के समर्थन से सरकार बनाई थी। यह इस बात का संकेत था कि बसपा अभी भी मुसलमान वोटों की उम्मीद कर सकती है। इस तरह लोकसभा चुनाव की तैयारी के लिए कांशीराम की रणनीति दो बातों पर आधारित थी— पहली राष्ट्रीय मोर्चा से गठजोड़ कर लेना लेकिन मुलायम सिंह से अलगाव की शर्त पर और मुसलमानों व उच्च वर्णों के एक हिस्से को टिकट दे कर जनाधार और व्यापक करना। कांशीराम की पहली रणनीति वामपंथी पार्टियों ने नाकाम कर दी। उन्होंने उत्तर प्रदेश में कांशीराम के बजाय मुलायम सिंह को ही चुना और जनता दल पर दबाव डलवा कर रामो-वामो का

समाजवादी पार्टी से समझौता करवा दिया। मजबूरन कांशीराम को अकेले चुनाव में उतरना पड़ा। हाँ, उन्होंने पंजाब में अकाली दल (बादल) से समझौता करने में कामयाबी जरूर हासिल की।

लोकसभा चुनाव परिणाम उतने अच्छे नहीं रहे जितने कांशीराम ने उम्मीद की थी। उन्हें केवल ११ सीटें मिलीं। १९९१ के चुनाव में बसपा ने तीन सीटें जीती थीं। इस आधार पर अवश्य कहा जा सकता था कि उसके वोट बैंक में वृद्धि हुई है। उत्तर प्रदेश में २० प्रतिशत से ज्यादा वोट पा कांशीराम ने एक बार फिर सबका ध्यान आकर्षित किया। उन्हें मप्र में आठ प्रतिशत से ज्यादा, पंजाब में नौ प्रतिशत से ज्यादा, हरियाणा में छह प्रतिशत से ज्यादा, कश्मीर में छह प्रतिशत के आस-पास और चंडीगढ़ में चार प्रतिशत से ज्यादा वोट मिले। बसपा राष्ट्रीय पार्टी की मान्यता प्राप्त करने की स्थिति में आ गयी। लेकिन इस चुनाव ने बसपा की राजनीति में कई बातों को प्रवेश करा दिया, जिनमें कुछ पहलू सकारात्मक थे तो कुछ नकारात्मक। सकारात्मक पहलुओं में सवर्णों को भी टिकट देना शामिल था यानी विभेदकारी राजनीति के दायरे को तोड़ने की कोशिश की गयी थी। नकारात्मक पहलुओं में सर्वप्रमुख था मुसलमानों और कुर्मियों द्वारा बसपा को ठुकरा देना। कांशीराम फूलपुर में अपने ही पूर्व चेले कुर्मी नेता जंग बहादुर पटेल से हार गये और मुसलमानों ने मुलायम सिंह को पसंद किया। यदि अकाली दल (बादल) से गठजोड़ न होता तो शायद कांशीराम को होशियारपुर (पंजाब) से भी जीतने में कठिनाई होती।

उत्तर प्रदेश की ८५ सीटों के लिए टिकटों का फैसला करते समय कांशीराम ने दो बातों पर विशेष ध्यान दिया। मुसलमानों को बड़े पैमाने पर टिकट देना और दूसरी पार्टियों से दल-बदल करके आये लोगों को टिकट देना। ये दलबदलू अधिकांशत: सवर्ण थे, जो कांशीराम के दलित वोट बैंक का फायदा उठाने की गरज से बसपा में घुस आये थे। इन्हें समायोजित करने के चक्कर में कांशीराम को कई महत्त्वपूर्ण दलित कार्यकर्त्ताओं की उपेक्षा करनी पड़ी।

उप्र में मिले बीस प्रतिशत से ज्यादा वोटों ने विधानसभा चुनाव के लिए कांशीराम की सौदेबाजी की ताकत काफी बढ़ा दी। अधिकांश पार्टियों के नेताओं को बीस के आँकड़े ने बेहद प्रभावित किया। राजनीतिक उपलब्धियों की जल्दबाजी में किसी ने बसपा के इस नवविकसित वोट बैंक की असली ताकत की थाह नहीं ली। उन्होंने ऊपरी तौर पर मान लिया कि बसपा के २०.६ प्रतिशत सपा के २१.८ प्रतिशत वोटों के लगभग बराबर ही हैं। सच्चाई यह थी कि सपा ने इतने वोट केवल ६५ सीटों पर चुनाव लड़ कर पाए थे, जबकि बसपा के वोट ८५ सीटों पर फैले हुए थे। सपा ने २१ प्रतिशत से ज्यादा वोटों के जरिए १४ सीटें जीती थीं, जबकि बसपा बीस प्रतिशत से ज्यादा वोटों से केवल छ: सीटें जीत पाई थी। बसपा वोटों से प्रभावित नेताओं में संयुक्त मोर्चे के नेतागण तो थे ही, काँग्रेस के अध्यक्ष पीवी नरसिंह राव और कोषाध्यक्ष सीताराम केसरी भी थे। केसरी लंबे अरसे से काँग्रेस के अंदर दलित-मुसलिम पिछड़ा समर्थन हासिल करने की लाइन चला रहे थे। नयी

परिस्थितियों में उनकी लाइन ने विजय हासिल की और संयुक्त मोर्चे द्वारा अंततः मुलायम सिंह का साथ पकड़ने के कारण काँग्रेस और बसपा में समझौता हो गया। यद्यपि प्रधानमंत्री एचडी देवगौड़ा ने अपने खास मंत्री चाँद महल इब्राहीम के जरिए कांशीराम से कई बार बातचीत चलायी लेकिन हर बार संयुक्त मोर्चे के मुलायम सिंह से संबंधों को ले कर मामला अटकता रहा। कांशीराम मुलायम के साथ किसी कीमत पर एक कदम चलने को तैयार नहीं थे।

काँग्रेस से समझौते ने बसपा के लिए कई राजनीतिक फायदों की उम्मीद पैदा कर दी। काँग्रेस ने उसकी मातहत पार्टी के रूप में काम करना मान लिया। उसने यह भी मान लिया कि अगर उनका गठबंधन जीता तो मुख्यमंत्री मायावती ही बनेंगी। काँग्रेस ने बसपा द्वारा दी गयी २५ सीटों पर ही संतोष कर लिया। बसपा ने न केवल अपने लिए, वरन् काँग्रेस के लिए भी चुनावी रणनीति निर्धारित की। उन्होंने सुझावात्मक निर्देश दिया कि काँग्रेस को ज्यादा से ज्यादा टिकट ब्राह्मणों को देना चाहिए। इस तरह बसपा पहली बार उत्तर प्रदेश में सत्ता के प्रमुख दावेदारों में से एक बन कर उभरी।

अपने भाजपा संपर्कों के कारण मुसलमानों में लोकप्रियता खोते जाने से चौकन्ने बसपा नेतृत्व को एहसास था कि काँग्रेस से समझौता इस संबंध में उनके लिए और भी नुकसानदेह होगा। मुसलमान काँग्रेस से भी कम नाराज नहीं थे। इस कमी की भरपाई के लिए बसपा ने दिल्ली की जामा मसजिद के शाही इमाम अब्दुल्ला बुखारी से गठजोड़ कर लिया। ये वही बुखारी थे जिनके फतवे को रौंदते हुए बसपा ने सपा के सहयोग से १९९३ की ऐतिहासिक जीत हासिल की थी। इमाम शुरू में बसपा का साथ देने में हिचके क्योंकि वे काँग्रेस के खिलाफ थे, लेकिन उत्तर प्रदेश के मुसलमानों में अपनी गिरती हुई साख को फिर से बनाने के लिए वे तैयार हो गये। दूसरे, उन्हें मुलायम सिंह से पुराना हिसाब भी चुकता करना था क्योंकि १९९३ में मुलायम ने उन्हें सलाह दी थी कि वे केवल धार्मिक मसलों से वास्ता रखें और राजनीति में दखलंदाजी न करें। इमाम ने उस समय जनता दल को समर्थन दिया था और उनकी अपील बेअसर साबित हुई थी।

इस तरह बसपा बड़े आश्वस्त भाव से चुनाव मैदान में उतरी। काँग्रेस के जरिए उसे कुछ-कुछ सवर्ण वोट मिलने की उम्मीद थी। इमाम के जरिए वे मुसलमान वोटों की उम्मीद लगाए बैठे थे। दलितों और अतिपिछड़ों के वोट वे अपने दम पर लोकसभा चुनाव में हासिल कर ही चुके थे। मायावती मुख्यमंत्री पद की घोषित उम्मीदवार थीं। चुनाव-प्रचार में उन्होंने हमलावर रवैया अपनाया और मुलायम के ऊपर मुख्य आक्रमण केंद्रित किया। लेकिन विधानसभा में चुनाव में बसपा के वोट नहीं बढ़े। लोकसभा के २०.६ प्रतिशत के मुकाबले उसे केवल १९.६ प्रतिशत वोट ही मिल सके। कुल ६७ सीटें मिलीं जो मायावती को मुख्यमंत्री बनवाने के लिए नाकाफी थीं। किसी पार्टी को बहुमत नहीं मिला था। इसलिए एक बार फिर जोड़-तोड़ का दौर चल निकला। विधानसभा स्थगित हो गयी और मुलायम सिंह यादव

को मुख्यमंत्री बनने से रोकने के लिए छह महीने बाद बसपा और भाजपा में एक अनूठा समझौता हुआ जिसमें आधे वर्ष तक मायावती को मुख्यमंत्री रहना था और उसके बाद बाकी छः महीने गद्दी भाजपा के पास रहनी थी। मंत्रिमंडल में भाजपा और बसपा को बराबर-बराबर पद मिलने थे। भाजपा ने विधानसभा अध्यक्ष और एडवोकेट जनरल के पद भी अपने पास रखने तय किये। सरकार के कामकाज पर निगरानी रखने के लिए एक संचालन समिति बनायी गयी। मायावती ने अपने मुख्यमंत्रित्व के छह महीने अपने पिछले कार्यकाल की ही तरह गुजारे। उनके शासन की यह अवधि अफसरों के रिकार्डतोड़ तबादलों, आंबेडकर के नाम पर पार्कों के निर्माण और गौतमबुद्ध व उनकी माँ महामाया के नाम पर दो नये जिलों के निर्माण के लिए जानी जाती है। उनका पूरा समय प्रतीकात्मक और छवि निर्माण के कार्यक्रमों में ही लग गया। एक अनुमान के अनुसार उन्होंने अपने कार्यकाल में करीब १५,००० आंबेडकर प्रतिमाएँ स्थापित करवा डालीं। उन्होंने अपनी सरकार की उपलब्धियाँ गिनवाते समय इन कामों का बखान भी किया। समझौते के अनुसार अपनी अवधि खत्म होने के बाद उन्होंने कल्याण सिंह के लिए गद्दी छोड़ी लेकिन थोड़े ही दिन बाद उन्होंने अपने समर्थन पर शर्तें रखनी शुरू कर दीं। वे समर्थन वापस लेने ही वाली थीं कि भाजपा ने अपने विधानसभा अध्यक्ष की मदद से बसपा विधायक दल को तोड़ दिया।

III
गुरु किल्ली बनाम बहुजन समाज

किसी राजनीतिक दल के जीवन में पंद्रह वर्ष कोई खास नहीं होते। क्षेत्रीय दलों को छोड़ कर राष्ट्रीय महत्त्वाकांक्षाओंवाली पार्टियाँ आम तौर पर इतनी छोटी अवधि में अपने पाँव जमाने के लिए ही संघर्ष करती रहती हैं। बसपा तो एक वैकल्पिक राजनीतिक समुदाय बनाने के इरादे से चली थी इसलिए उसकी खामियों-खूबियों का विश्लेषण एक दीर्घकालीन परिप्रेक्ष्य और उसके तात्कालिक परिस्थिति के साथ संबंध के आधार पर ही किया जाना चाहिए।

बसपा की बुनियाद डालनेवाले संगठन बामसेफ की परिकल्पना जिन दिनों की गयी थी, वे दलित राजनीति के लिए उतार के दिन थे। आंबेडकर १९५६ में अपनी मृत्यु के बाद धर्मांतरण, रिपब्लिकन पार्टी और संविधान द्वारा प्रदत्त आरक्षण की तीन विरासतें छोड़ गये थे। धर्मांतरण का सिलसिला शुरुआती उछाल के बाद मंद पड़ गया और धीरे-धीरे दलितों के नवबौद्धीकरण की प्रक्रिया थम गयी। रिपब्लिकन पार्टी साठ के दशक में महाराष्ट्र के काँग्रेसी सूबेदार यशवंतराव चव्हाण के राजनीतिक दाँव पर चढ़ गयी। आरडी भंडारे, दादा साहेब रूपवते और कांबले जैसे नेता काँग्रेस में चले गये। धीरे-धीरे यह पार्टी १२ घटकों में और उससे जुड़े जुझारू दलित पेंथर तरह-तरह के मतभेदों और गुटबाजी के कारण छह टुकड़ों में टूट गये। दलित पेंथर तो इस मुद्दे पर ही आपसी संघर्ष में उलझे रहे कि 'दलित'

शब्द की वास्तविक परिभाषा क्या होनी चाहिए। उत्तर भारत में बुद्धप्रिय मौर्य के नेतृत्व में रिपब्लिकन पार्टी ने शुरू में रंग दिखाया, लेकिन जल्दी ही उल्टे-सीधे गठजोड़ों और इंदिरा गाँधी की फर्जी रेडिकल राजनीति ने इस संभावना को भी निरस्त कर दिया। अब केवल संविधान प्रदत्त आरक्षण ही रह गया था। दलितों की मजदूर वर्ग के रूप में राजनीतिक गोलबंदी करने का आंबेडकर का प्रयास इंडियन लेबर पार्टी के रूप में बहुत पहले नाकाम हो चुका था, क्योंकि मजदूर वर्ग के स्थापित नेता मजदूर आंदोलन में दलित प्रश्न को बिखराव के स्रोत के अलावा कुछ और मानने के लिए तैयार नहीं थे। आंबेडकरवादी राजनीति की सीमाएँ स्पष्ट थीं। वह आंदोलन दलितों में शिक्षा और संगठन के लिए तड़प पैदा करने में सफल रहा था। साथ ही उसने धीरे-धीरे आरक्षण के जरिये अपेक्षाकृत अधिक साधनसंपन्न दलितों का एक बड़ा तबका भी तैयार कर दिया था। लेकिन आंबेडकर का दलित आंदोलन पूर्वअछूतों को उनके हितों की राजनीतिक नुमाइंदगी करनेवाली मजबूत पार्टी देने में नाकाम रहा था। उसने आंबेडकर के बाद ऐसे नेता भी पैदा नहीं किये जो काँग्रेस के प्रभाव-क्षेत्र के बाहर रह कर अपनी स्वतंत्र दावेदारी पेश कर सकें। जाहिर था कि दलित आंदोलन को नये प्रयोगों की जरूरत थी।

१९६४ में अपनी नौकरी छोड़ने के बाद रिपब्लिकन पार्टी के विभिन्न धड़ों में सक्रिय रहे कांशीराम ने जब दलित आंदोलन की तत्कालीन दुर्दशा से निराश हो कर बामसेफ का गठन किया तो उन्हें दलित कर्मचारियों के रूप में राजनीतिकरण के लिए मानसिक रूप से तैयार एक समुदाय मिला जिसकी मुख्य समस्या रतन राम की तरह आर्थिक विपन्नता न हो कर सामाजिक अवमानना थी। नागपुर में बामसेफ बनाने के बाद कांशीराम ने निजी तौर पर अपने काम के लिए उत्तर भारत चुना। संभवत: इसके पीछे दो कारण रहे होंगे कि कांशीराम स्वयं इसी इलाके के हैं और राजनीतिक प्रयोगों के लिहाज से इस क्षेत्र की स्लेट ज्यादा साफ थी। महाराष्ट्र आंबेडकर की कर्मस्थली थी जहाँ विभिन्न तरह के आंदोलनकारी प्रयासों की स्थापित परंपराएँ कांशीराम के कामों की प्रभावोत्पादकता को मंद कर सकती थीं। इसके अलावा अस्सी के दशक में उत्तर प्रदेश आर्थिक रूप से सकारात्मक करवट लेने जा रहा था। कृषि और उद्योग, दोनों में उसकी आर्थिक विकास दर राष्ट्रीय औसत से अधिक हो गयी थी। दलितों के बीच साक्षरता का प्रसार भी पहले से बेहतर देखा जा रहा था। शिक्षा और आरक्षण के कारण नब्बे के दशक तक धीरे-धीरे एक ऐसी स्थिति बन गयी थी जिसमें उप्र सरकार के बड़े अफसरों में चमार, कुरील और जाटव भी उतने ही गिने जा सकते थे जितने द्विज जातियों के अफसर। उत्तर प्रदेश में ब्राह्मणों का संख्यात्मक प्रभुत्व भी काफी प्रबल था इसलिए उसके खिलाफ उतनी ही प्रबल प्रतिक्रिया का भी एक तर्क बनता था। कांशीराम ने कहा भी था कि उत्तर प्रदेश ब्राह्मणवाद का पालना है। बसपा के वोटरों का एक विश्लेषण बताता है कि सरकारी कर्मचारियों द्वारा संचालित इस पार्टी ने शहर-आधारित अभिजनों के माध्यम से देहाती गरीबों को गोलबंद करने का अनूठा उदाहरण पेश

किया है। बसपा के अधिकांश मतदाता अकुशल मजदूर, खेती और उससे जुड़े धंधों में लगे मजदूर, कारीगर और छोटे और सीमांत किसान हैं। इनमें बेहतर आर्थिक स्थितिवाले मतदाता तो केवल २.६ (व्यवसायरत) और १.६ (नौकरीपेशा) प्रतिशत ही थे।[३२] कांशीराम ने जिस समय बसपा का गठन किया, उस समय के राजनीतिक हालात पर भी एक नजर डाल लेना विषयानुकूल होगा। वे काँग्रेसी वर्चस्व के आखिरी दिन थे और दलीय-प्रणाली लगातार एक पार्टी को बहुमत मिलने के बावजूद राजनीतिक स्थायित्व की गारंटी नहीं कर पा रही थी। आपातकाल की नसबंदी मुहिम और तुर्कमान गेट जैसे कांडों के साथ-साथ इंदिरा गाँधी के हिंदू कार्ड ने काँग्रेस के परंपरागत समर्थन-आधार के टूटने की परिस्थितियाँ पैदा कर दी थीं। १९८० और १९८४ के चुनावों में बहुमत हासिल करने के बावजूद काँग्रेस उत्तर भारत की दलित और अल्पसंख्यक जनता के बीच अपने सामाजिक आधार दोबारा हासिल करने में नाकाम ही नहीं रही, उसने इसकी कोई गंभीर कोशिश ही नहीं की। सांगठनिक रूप से इस पार्टी में द्विज नेताओं का ही वर्चस्व बना रहा। जगजीवन राम काँग्रेस छोड़ चुके थे और उसके पास नाममात्र के लिए भी कोई दलित नेता नहीं था। उत्तर प्रदेश के दलित हरिजन के रूप में परिभाषित होने के लिए तैयार नहीं थे। १९९१ में भारत सरकार ने एक कार्यकारी आदेश के जरिये इस अभिव्यक्ति को असंवैधानिक करार दे दिया जिससे काँग्रेस और हरिजन संबंधों के एक लंबे युग का औपचारिक पटाक्षेप हो गया। इस हालत में बामसेफ के बुनियादी काम और डीएस-फोर के प्रचारात्मक काम के आधार पर दलितों के स्वतंत्र हस्तक्षेप के लिए प्रतिबद्ध पार्टी की संभावनाएँ काफी थीं। सारे देश में ही दलितों के मतदान का प्रतिशत बढ़ रहा था जो १९९६ और १९९८ के संसदीय निर्वाचनों में राष्ट्रीय औसत और ऊँची जातियों के मतदान प्रतिशत से भी आगे निकल गया।[३३] बसपा को इस पृष्ठभूमि का काफी लाभ मिला। उसके बनने के कुछ समय बाद ही काँग्रेस में विभाजन हो गया और उसके बाद केंद्र में बाहरी समर्थन पर आधारित अल्पमतीय सरकारों और बार-बार चुनावों का आज तक जारी सिलसिला शुरू हुआ। ऐसा राजनीतिक माहौल हमेशा ही जोड़-तोड़ और संतुलन की राजनीति के जरिए सत्ता का अवसर प्रदान करता है। बसपा को **गुरु किल्ली** का पहला स्वाद दिलाने के पीछे गठजोड़ों की राजनीति के युग के रूप में जानी गयी इस अवधि की भी उल्लेखनीय भूमिका रही।

इस समय बसपा का विकास एक तरह के गतिरोध का सामना कर रहा है। इसके पीछे **गुरु किल्ली** के इस्तेमाल में दलित नेताओं की अनुभवहीनता तो है ही, यह उनके अंदर विचारधारात्मक सुसंगति के अभाव के कारण लोकतांत्रिक ढाँचे के तहत राजसत्ता से संबंधित दूरगामी लक्ष्यों की अस्पष्टता को भी साबित करता है। आर्य बनाम अनार्य की मिथकीय इतिहास-चेतना को बसपा के बुद्धिजीवी किसी आधुनिक वैचारिक खाँचे में पेश कर पाने में नाकाम रहे हैं। पार्टी के आर्थिक कार्यक्रम का अभी तक कोई पता नहीं है। दलितों की अवमानना को धुरी बना कर

बसपा जन गोलबंदी तो कर लेती है लेकिन सत्ता में आने के बाद वह अवमानना के विमर्श को छोड़ती नजर आती है। बहुजन के बजाय सर्वजन की सरकार बनाने का दावा इसका सबसे बड़ा प्रमाण है। कांशीराम ने शुरू के दिनों में एक बड़ा सेमिनार करके आम सहमति के जरिये विचारधारा और कार्यक्रम बनाने का वायदा किया था लेकिन वह नौबत आज तक नहीं आ पायी है। किसी भी विचारधारा में बँधे न होने से बसपा को जोड़-तोड़ करने का लचीलापन तो उपलब्ध हो जाता है पर स्थायित्व के मामले में वह दूरगामी नुकसानों के अंदेशों का शिकार हो जाती है। सबसे बड़ा नुकसान तो उस आदर्शवाद का क्षय होना है जो प्रारंभ में बसपा कार्यकर्ताओं में देखा जा सकता था। कम खर्चे में चुनाव लड़ना अब बसपा की विशेषता नहीं रही। इस तरह भारतीय राजनीति को प्रक्षालित करने की उसकी क्षमताओं को अब शक की निगाह से देखा जा सकता है। बसपा की सांगठनिक समस्याओं की जड़ में उसके अनौपचारिक चरित्र की भूमिका भी लगती है। कांशीराम जिस शैली में बामसेफ को चलाते थे, उन्होंने बसपा को भी उसी तरह खड़ा किया। उसका औपचारिक ढाँचा बहुत बाद में, मायावती के दो बार मुख्यमंत्री बनने के बाद बनाया गया। अधिकारी तंत्र के दलित हिस्से के बसपा के निर्माण में अभूतपूर्व योगदान के जरिये उन्होंने सत्ता और नौकरशाही की एक अनूठी धुरी तो बना डाली, लेकिन वे यह भी मान बैठे कि गैरसरकारी लोकतांत्रिक प्रक्रियाओं में जाए बिना वे सिर्फ दलित अधिकारियों के दम पर **गुरु किल्ली** का प्रयोग कर लेंगे। इसलिए उन्होंने संगठन को मजबूत करने या पंचायतों व स्थानीय निकायों के चुनावों पर न के बराबर ध्यान दिया।

पार्टी निर्माण की उनकी गैरपारंपरिक विधि के शुरू में अच्छे परिणाम निकले लेकिन जब मतभेद और संकट का सामना करना पड़ा तो उन्होंने अपने निर्णयों का विरोध करनेवाले नेताओं को उनके आधार से अलग करके निबटने के बजाय उनके पूरे समर्थन आधार और समुदाय को ही छिटका दिया। मसूद अहमद से पल्ला छुड़ाने के चक्कर में मुसलमानों पर अनावश्यक आक्रमण इसका प्रमाण है। इसका अर्थ यह कदापि नहीं लगाया जा सकता कि बसपा को भविष्य में मुसलमान या कुर्मी या अतिपिछड़े मतदाताओं का समर्थन नहीं मिलेगा। टिकट बाँटने के मौके पर बसपा हमेशा इन राजनीतिक ताकतों का पूरा ध्यान रखती है, लेकिन उनके हितों की वैसी चिंता वह **गुरु किल्ली** मिलने पर नहीं रख पाती। चुनावी राजनीति के जरिये बहुजन समाज की एकता बनाने की यह कोशिश उस समय मुँह के बल गिर जाती है जब चुनाव-पूर्व और सत्ता-अधिग्रहण के बाद की राजनीति एक-दूसरे के विरोधाभास में खड़ी हो जाती है। सत्ता पाने के लिए बहुजन हितों का और सत्ता पाने के बाद सर्वजन हितों का दावा तो कांशीराम द्वारा व्याख्यायित 'अवसरवाद' की सीमाओं से भी परे जा कर एक निहायत भदेस किस्म के अवसरवाद में पतित हो जाता है। जाहिर है कि बसपा को **गुरु किल्ली** के प्रयोग के बारे में एक सुचिंतित नीति सूत्रबद्ध करनी होगी, वरना उसके नेताओं की छवि कुर्सी के लिए किसी भी

राजनीतिक निहित स्वार्थ के हाथों इस्तेमाल हो जाने के लिए तैयार नेताओं जैसी बन जायेगी। बसपा की सत्ता के पिछले तीन तजुर्बों ने यह खतरा पैदा कर दिया है।

लोकतांत्रिक राजनीति में दलीय होड़ के जरिए बहुजन एकता का कमोबेश टिकाऊ लक्ष्य हासिल करने के लिए बसपा को चाहिए कि वह कुछ बुनियादी मसलों पर विचार करे। हरित क्रांति के बाद आर्थिक रूप से ताकतवर हुई भूमिधर पिछड़ी जातियाँ ६०-७० और ८० के दशक में दो तरह के सामाजिक-राजनीतिक अनुभवों से गुजरी थीं। एक तरफ उनमें नवब्राह्मणीकरण की प्रवृत्तियाँ मजबूत हुई थीं और दूसरी तरफ वे समाजवादियों के प्रभाव के कारण बाएँ बाजू की राजनीति के आसपास गोलबंद हुई थीं। नवब्राह्मणीकरण की प्रवृत्ति ने इन जातियों को सामाजिक और आर्थिक स्तर पर बेहद गरीब और कमजोर दलितों के अंतर्विरोध में खड़ा कर दिया लेकिन राजनीतिक स्तर पर उनकी दलितों से एकता के दुतरफा प्रयास होते रहे। सपा-बसपा गठजोड़ के रूप में राजनीतिक एकता हो जाने के बाद आर्थिक और सामाजिक अंतर्विरोधों को नरम करने के लिए स्पष्ट कार्यक्रम बनाए जाने की जरूरत थी। इसमें भूमि-सुधारों के जरिए दलित वर्गों की पिछड़ी जातियों के मुकाबले तुलनात्मक ताकत बढ़ाने से ले कर कृषि-आधारित उद्योग-धंधों के माध्यम से दलितों को आगे बढ़ाने के कार्यक्रम पर यादवों आदि को ज्यादा आपत्ति भी नहीं हो सकती थी। लेकिन सपा-बसपा गठजोड़ ने इस पहलू को पूरी तरह नजरअंदाज कर दिया। मुलायम सिंह ने तो इधर ध्यान दिया ही नहीं, कांशीराम ने भी अपने दलित आधार की खुशहाली के लिए आवश्यक इस मुद्दे को नहीं उठाया। यह सही है कि बसपा ने अपना आंदोलन आर्थिक शोषण के मुद्दे को केंद्र बना कर नहीं चलाया था, लेकिन सत्ता में आने के बाद उसे अपनी कार्यसूची में इसे फौरन जोड़ना चाहिए था।

जहाँ तक दलितों और मुसलमानों के आपसी रिश्तों का सवाल था—कांशीराम को दरअसल कुशलतापूर्वक उत्तर भारतीय दलितों के उस हिस्से की मुसलमान-विरोधी भावनाओं को सेकुलर स्पर्श देना चाहिए था जो आर्य समाज के प्रभाव में आ कर राजनीतिक हिंदुत्व का स्वाद चख चुका था। उत्तर भारत के चूड़े, हलालखोर, मेहतर और भंगी खुद को बाल्मीकि कहते हैं। आर्य समाज के प्रचारकों ने लंबे अरसे से उनके दिमाग में कूट-कूट कर भर रखा है कि उनकी मौजूदा हालत का जिम्मेदार मुसलमान शासन था। ये दलित जातियाँ बाल्मीकि की एक महर्षि के रूप में पूजा करती हैं। ४० के दशक में पंजाब के दौरे में आंबेडकर को इस समस्या की तीखी अनुभूति हुई थी और उन्होंने वाल्मीकि भक्ति के संप्रदाय की आलोचना करते हुए वाल्मीकि को 'राम राज्य की एक सदस्यीय विज्ञापन एजेंसी' करार दिया था। १९३६ में जात-पाँत तोड़क मंडल के लिए लिखे गये अपने भाषण में आंबेडकर ने संभवत: इसीलिए जान-बूझ कर राम द्वारा शंबूक (शूद्र) की हत्या का प्रकरण उठाया था। कांशीराम ने इस तथ्य का ध्यान रखना भी मुनासिब नहीं समझा कि कारसेवा के दौरान संघ परिवार ने बड़े पैमाने पर बाल्मीकियों को कारसेवक के

रूप में गोलबंद करने की कोशिश की थी। संघ परिवार ने इन बाल्मीकियों से राम मंदिर के साथ-साथ बाल्मीकि का मंदिर बनाने का वायदा भी कर दिया था।

तीसरा प्रश्न बहुजन गठजोड़ के फौरी दायरे के बाहर की उन शक्तियों से बसपा के संबंधों का है, जो इस गठजोड़ की राजनीतिक संभावनाओं की विचारधारात्मक समर्थक हैं। ये शक्तियाँ गैरदलित, गैरमुस्लिम और गैरपिछड़े स्रोतों की भी हो सकती हैं। ये शक्तियाँ वामपंथी, उदारतावादी, समाजवादी या मोटे तौर पर सेकुलर शक्तियाँ हो सकती हैं। इनमें बुद्धिजीवी, विभिन्न राजनीतिक पार्टियों से उकताए हुए कार्यकर्ता और नेता, लेखक, पत्रकार और साहित्यकार शामिल हैं। इन लोगों की सद्भावनाएँ जीत कर बसपा राष्ट्रीय स्तर पर एक जिम्मेदार और गंभीर पार्टी के रूप में अपनी छवि स्थापित कर सकती है। उप्र में सरकार बनने के बाद कांशीराम ने महाराष्ट्र, आंध्रप्रदेश और कर्नाटक जैसी जगहों पर इस तरह के सांगठनिक संपर्क स्थापित करने का यत्न भी किया था, लेकिन इन क्षेत्रों की भिन्न परिस्थितियों के कारण उन्हें खास सफलता नहीं मिली। यदि वे इन तत्त्वों को अपने सांगठनिक दायरे में लाने के बजाय उन्हें ह दों की एक कतार के रूप में देखते तो संभवतः उन्हें ज्यादा कामयाबी मिलती। इसके लिए उन्हें अपनी सरकार को कुशलतापूर्वक चलाने की तरफ ज्यादा ध्यान देना चाहिए था। यदि वे इस सरकार को दलित, पिछड़े और मुसलमान शासन का एक मॉडल बनाने में योगदान कर पाते तो एक टिकाऊ राजनीतिकृत बहुजन समाज के निर्माण की तरफ एक बड़ा कदम उठाया जा सकता था।

कांशीराम को यह श्रेय दिया जाना चाहिए कि उन्होंने पंजाब के रमदसिया चमारों का नेता बनने के आसान रास्ते को छोड़ कर राष्ट्रीय पैमाने पर प्रयास किया। लेकिन एक अन्य सीमा उनकी कोशिशों के आड़े आयी। आमतौर पर दलित आंदोलन अलग-अलग क्षेत्रों की उन जातियों में केंद्रित रहता रहा है जो संख्यात्मक दृष्टि से दलित समाज में ज्यादा ताकतवर हैं। बंगाल के नामशूद्रों में, आंध्र के पालाओं में, महाराष्ट्र के महारों में, तमिलनाडु के परइयनों में और उत्तर भारत के चमारों में दलित आंदोलन के केंद्र रहे हैं। महार और चमार जैसी जातियों को आरक्षण का लाभ भी सबसे ज्यादा मिला है, यानी ये जातियाँ उसी तरह दलित समाज की 'मलाईदार परत' हैं जिस तरह यादव जाति पिछड़े वर्गों की मलाईदार परत है। पंजाब और उत्तर प्रदेश दोनों जगहों पर बसपा जिस तर्क के आधार पर चमारों और जाटवों को काँग्रेस के दायरे से निकाल कर अपने साथ ला पायी, उसी तर्क के आधार पर उसे अन्य दलित जातियों को भी अपने साथ लाने की कोशिश करनी चाहिए थी। लेकिन व्यावहारिक रूप से उसे ऐसा करते हुए नहीं देखा गया। अन्य दलित जातियों को संगठन और टिकटों में उनका हिस्सा देने का कोई सुचिंतित प्रयास नहीं किया गया। फलस्वरूप ये जातियाँ आज भी कमोबेश काँग्रेस का वोट बैंक बनी हुई हैं। आँकड़े बताते हैं कि उप्र में बसपा ने दलित मतदाताओं के बहुलांश (तकरीबन साठ प्रतिशत) को काँग्रेस की झोली से निकाल लिया है लेकिन

पंजाब, हरियाणा और मप्र में उसकी सफलता (४४.४ प्रतिशत से २२.४ प्रतिशत तक) इस मामले में कुछ मँझोले स्तर की ही मानी जायेगी। बाकी सभी राज्यों में बसपा के हाथ कुछ खास नहीं लगा है। जिन राज्यों में अधिकतर दलित उसके साथ गये भी हैं वहाँ भी वह आंबेडकर कालीन बर्फ की कुछ परतों को अभी नहीं तोड़ पायी है। मसलन, पंजाब में बाल्मीकि वोट बसपा के साथ नहीं हैं और उप्र में भी दलितों के वे हिस्से उसके नेतृत्व में वैसा विश्वास व्यक्त करने के लिए तैयार नहीं हैं जो आरक्षण का लाभ उठाने में जाटवों और चमारों से काफी पीछे रह गये हैं। मोटे तौर पर कहा जा सकता है कि आरक्षण का लाभ उठानेवाली दलित बिरादरियों का वही समुदाय बसपा की सीमा बनता हुआ लगता है जिसने उसके शुरुआती केंद्र की रचना की थी। इस समुदाय के अंदर भी बसपा हर जगह दलित एकता उपलब्ध नहीं कर पायी है। पंजाब में बसपा की राजनीति ने दो तरह के चमारों को एकजुट कर दिया। आद-धर्मी और रमदसिया चमारों का ध्रुवीकरण हो गया लेकिन मप्र में छत्तीसगढ़ के सतनामियों का उसका समर्थन-आधार मालवा क्षेत्र के चमारों तक विस्तृत नहीं हो पाया।[३४]

सरकारी कर्मचारियों के जरिये राजनीति करने के लाभ तो बसपा को मिले, लेकिन उसके नुकसान भी उसे ही झेलने पड़े। पिछड़ी जातियाँ सरकारी नौकरियों में बहुत कम रही हैं, इसलिए बामसेफ के नाम में 'बैकवर्ड इम्प्लाइज' होने के बावजूद बसपा को दलितों की भाँति पिछड़े वोटों को आकर्षित करने के लिए कर्मचारियों के बीच में नए पिछड़े नेता और कार्यकर्त्ता नहीं मिल सके। दूसरे पिछड़ा वर्ग अपने स्वतंत्र नेतृत्व से वंचित नहीं था। उसके पास समाजवादी आंदोलन से निकले नेतृत्व की समृद्ध विरासत थी। वह इतनी आसानी से अपने राजनीतिक हितों पर दलित नेतृत्व को मान्यता नहीं दे सकता था। दलित नेतृत्व में दरअसल, बहुजन समाज की राजनीतिक एकता के सामने सबसे बड़ी समस्या और पिछड़े वर्गों का पहले से स्थापित नेतृत्व ही साबित हुआ है। बसपा ने अभी तक ऐसी कोई कार्यनीति अथवा कार्यक्रम सूत्रबद्ध नहीं किया है जो पिछड़े वर्गों के अधिक दरिद्र और वंचित हिस्से को वैसे स्थायित्व के साथ उससे जोड़ सके जिस तरह दलित जातियाँ उससे जुड़ी हुई हैं। पिछड़े वर्गों से उसकी अन्योन्यक्रिया में चुनावी समीकरण का पहलू ही प्रधान रहता है। दलित वोटों के लालच में पिछड़े नेता बसपा का टिकट माँगते हैं। यही मानसिकता मुसलमान टिकटार्थियों की होती है। लेकिन गैरपिछड़े और गैरमुसलमान बसपा उम्मीदवार को आमतौर पर पिछड़े और मुसलमान वोट उस उत्साह से नहीं मिलते।

बसपा के विकास में आया तात्कालिक ठहराव बताता है कि उसके नेतृत्व को पिछले पंद्रह वर्षों के और खासकर उप्र में अपनी तीन सरकारों के अनुभवों से सबक सीख कर उन कार्यनीतियों और रणनीतियों पर पुनर्विचार करना चाहिए जिनके कारण वह इस मुकाम तक पहुँची है और जिनके कारण ही वह इस मुकाम पर ठिठक गयी है। बसपा के नेतृत्व को यह भी देखना होगा कि गुरु किल्ली पाने के

लिए वह बहुजन समाज बनाने की परियोजना को किस सीमा तक छोड़ेगी और दलित बहुजनों के वोटों से राजसत्ता प्राप्त करेंगे या फिर गैरबहुजन दायरों के साथ चुनावी समीकरणों के जरिये, जिसे मायावती 'सर्वजन' कहती हैं?

संदर्भ और टिप्पणियाँ

१. कांचन चंद्रा, 'ट्रांसफॉर्मेशन ऑव इथनिक पॉलिटिक्स इन इंडिया : दि डिक्लाइन ऑव काँग्रेस एंड राइज ऑव बहुजन समाज पार्टी इन होशियारपुर', *दि जरनल ऑव एशियन स्टडीज* ५९, अंक-१, फरवरी २०००, पृष्ठ ३५-३६

२. कांशीराम, *चमचा युग : दि एरा ऑव स्टूजिस,* अनुवाद : रामगोपाल आजाद, समता प्रकाशन, नागपुर, १९९८

३. *इंडियन एक्सप्रेस,* १६ मार्च १९९१

४. राष्ट्रीय मतदान में बसपा की यह भागीदारी आशुतोष वार्ष्णेय के लेख 'इज इंडिया बिकमिंग मोर डेमौक्रैटिक?', *दि जरनल ऑव एशियन स्टडीज* ५९, अंक-१, फरवरी २०००, पृष्ठ ८-९ से।

५. देखें : गेल ऑम्वेट, 'दि बहुजन समाज पार्टी', *फ्रंटियर,* अंक ४४, खंड २५, १२ जून १९९३, पृष्ठ ३-९ और क्रिस्टोफ जफरलोट, 'दि बहुजन समाज पार्टी इन नॉर्थ इंडिया : नो लोंगर जस्ट ए दलित पार्टी?', *कम्परेटिव स्टडीज ऑव साउथ एशिया, अफ्रीका एंड दि मिडिल ईस्ट,* १८ (१), १९९८

६. *दैनिक भास्कर,* ८ जनवरी १९९०

७. पूना में नौकरी करते समय कांशीराम ने दीना भान नामक दलित कर्मचारी के उत्पीड़न के खिलाफ संघर्ष किया था। बुद्ध जयंती और आंबेडकर जयंती की रद्द छुट्टियाँ बहाल कराने के सवाल पर कानूनी रास्ते से जीत हासिल करने के उनके इस निजी अनुभव ने आगे चल कर बसपा की रणनीति और कार्यनीति बनाने में निर्णायक योगदान किया। इस दिलचस्प ब्योरे के लिए देखें : अभय कुमार दुबे, *कांशीराम : एक आलोचनात्मक अध्ययन,* राजकमल प्रकाशन, दिल्ली, १९९७, पृष्ठ ३२-३३; आंबेथ राजन, *माई बहुजन समाज पार्टी,* एबीसीडीई प्रकाशन, दिल्ली, १९९६, पृष्ठ २-३ और अभय कुमार दुबे, 'एनाटॉमी ऑव ए दलित पॉवर प्लेयर', घनश्याम शाह के संपादन में दलित राजनीति पर सेज, दिल्ली द्वारा सद्यःप्रकाशित संकलन।

८. आम्बेथ राजन, *उपरोक्त,* पृष्ठ ७

९. *संडे ऑब्जर्वर,* १२ अगस्त १९९०

१०. येवगेनिया युरलोवा, 'पॉलिटिकल इमर्जेंस ऑव शेड्यूल्ड कास्ट इथनो कम्युनिटी', *मेनस्ट्रीम,* १२ अक्टूबर १९९१

११. आर.के. सिंह, *कांशीराम और बीएसपी.* कुशवाहा बुक डिस्ट्रीब्यूटर, इलाहाबाद (उप्र), १९९६, पृष्ठ ९२-९३

१२. आम्बेथ राजन, उपरोक्त।

१३. आम्बेथ राजन, उपरोक्त, पृष्ठ ९

१४. ये तमाम जानकारियाँ *टाइम्स ऑव इंडिया, हिंदुस्तान टाइम्स, संडे, फाइनेंशियल एक्सप्रेस* और *दि वीक* में छपे लेखों और खबरों से ली गयी हैं।

१५. कांशीराम का खुला पत्र, संकलित : आर.के. सिंह, *उपरोक्त।*

१६. यह सांगठनिक विवरण आर.के. सिंह की पुस्तक से।

१७. आम्बेथ राजन, *उपरोक्त।*

१८. *पेट्रियट* और *इंडियन एक्सप्रेस* में छपी सामग्री के आधार पर।

१९. *हिंदुस्तान टाइम्स,* ६ अप्रैल १९९१

२०. *बहुजन संगठक* का यह वर्णन आर.के. सिंह की पुस्तक से।

२१. *हिंदुस्तान टाइम्स,* ६ अप्रैल १९९१

२२. देखें २३ अप्रैल १९९१ का *इंडियन एक्सप्रेस* और २९ अप्रैल १९९१ का *टाइम्स ऑव इंडिया।*

२३. अभय कुमार दुबे, *कांशीराम : एक आलोचनात्मक अध्ययन,* राजकमल, दिल्ली, १९९७, पृष्ठ ८२-८४

२४. अभय कुमार दुबे, *उपरोक्त,* पृष्ठ ८४-९३

२५. अभय कुमार दुबे, *उपरोक्त,* पृष्ठ ९७-९९

२६. अभय कुमार दुबे, *उपरोक्त,* पृष्ठ १००-१०३

२७. राधिका रामशेषन, 'बीजेपी लीडर्स रब हेंड इन ग्ली', *पायनियर,* १७ जुलाई १९९४

२८. *टाइम्स ऑव इंडिया,* ९ जून १९९५

२९. *फाइनेंशियल एक्सप्रेस,* ७ जुलाई १९९५

३०. वृंदा गोपीनाथ, 'डज दि फ्यूचर बेकंस कांशीराम', *पायनियर,* १९ नवंबर १९९५

३१. अभय कुमार दुबे, 'तो मायावती ने यह किया!', *समय चेतना,* दिल्ली, दिसंबर १९९५

३२. कांचन चंद्रा, *उपरोक्त।*

३३. पुष्पेंद्र, 'दलित एसर्शन थ्रू इलेक्टोरल पॉलिटिक्स', *ईपीडब्ल्यू,* ४ सितंबर १९९९, पृष्ठ २६०९-२६१८

३४. पुष्पेंद्र, *उपरोक्त।*

आंदोलन के भीतर आंदोलन

आत्मसम्मान और आर्थिक शोषण के प्रश्न पर दलितों की वर्ग संघर्ष-आधारित राजनीतिक गोलबंदी का प्रयोग पिछले चालीस साल से जारी है। कृषि-क्रांति की थीसिस के समर्थक के रूप में नक्सलवादियों का मुख्य योगदान यह है कि वे किसान आंदोलन पर भूमिहीनों का नेतृत्व स्थापित करने के पक्षधर हैं। नक्सलवादियों के विमर्श में खेत मजदूर देहाती सर्वहारा के रूप में उभरता है। चूँकि अधिकतर दलित खेत मजदूर हैं इसलिए वे इस सर्वहारा वर्ग का निर्माण करते हैं। सवाल यह है कि दलित नक्सलवादी राजनीति में क्यों आते हैं, अपनी सामाजिक-आर्थिक स्थिति सुधारने में इसके कारण उन्हें किस हद तक लाभ मिलता है, मार्क्सवाद-लेनिनवाद को उन्होंने किस हद तक आत्मसात किया है, इस संघर्ष में इज्जत की लड़ाई का आयाम कितना है और नक्सलवादी नेतृत्व ने जाति के प्रश्न के साथ क्या सुलूक किया है।

नक्सलवादी बनते दलित

बेला भाटिया

मेरे हृदय में हैं क्रोध की आँधियाँ, दुःख की कहानियाँ ... ...

—पाब्लो नेरुदा

मध्य बिहार में दलितों और नक्सलवादी आंदोलन के संबंधों का जिक्र होते ही मेरे कानों में दलित खेतिहर मजदूर परिवार में पैदा हुए नक्सली कार्यकर्ता और गीतकार मनोज का यह गीत गूँजने लगता है :

खून है अगर बदन में कोई पानी नहीं
तो गुलामी कोई जिंदगानी नहीं ...
न कोई शोषक, न कोई शोषित, सब समान हो जाएँ
न कोई ऊँचा, न कोई नीचा, सब मेहनत कर खाएँ
क्या बनती है ऐसी नयी कहानी नहीं?
गुलामी कोई जिंदगानी नहीं।

मनोज के गीतों में दर्द होता है और आँखों में नये समाज का सपना। उसकी ढोलक की थाप आज भी गूँजती है और आज भी शिद्दत-भरी आवाज में गाते समय

उसकी गर्दन की नसें फूल जाती हैं। १९९५-९६ में मध्य बिहार के एक गाँव से दूसरे में जाते हुए मुझे हर जगह गुलामी के बरक्स इंकलाब और इज्जत के साथ-साथ आजादी के ख्याल का यही संयोग देखने को मिला।[१] इस क्षेत्र में नक्सलवादी आंदोलन गरीबों की पार्टी के रूप में जाना जाता है और मुख्यधारा की राजनीतिक पार्टियाँ द्विज जातियों और संपन्न वर्गों की प्रतिनिधि मानी जाती हैं। नक्सलवादी साफतौर से गरीबों और दलितों के नुमाइंदे समझे जाते हैं।[२] प्रस्तुत निबंध में मैंने नक्सली आंदोलन में दलित भागीदारी के कुछ पहलुओं को समझने की कोशिश की है। मेरा विश्लेषण मूलत: इस इलाके की दलित जनता के साथ मेरे संपर्क, बातचीत, उसकी जीवन-स्थितियों के अध्ययन और उसकी चेतना के विकास की मेरी समझ पर आधारित है।

गाँव के स्तर पर दलित जनता नक्सलवादी आंदोलन के मुख्य जनाधार का निर्माण करती है। आंदोलन को उसके ज्यादातर कार्यकर्ता और समर्थक इन्हीं समुदायों से मिलते हैं। नक्सलवादी आंदोलन और ऐसे ही अन्य आंदोलनों को आमतौर पर 'जनता का आंदोलन' कहा जाता है लेकिन उनके भागीदारों के नजरिये से किये गये आंदोलनों के अध्ययनों का कतई अभाव है। अधिकतर अध्ययनों में आंदोलनों के नेताओं के लेखन के साथ-साथ समाचार-माध्यमों और सरकारी रपटों के द्वितीयक स्रोतों का इस्तेमाल तो किया गया है पर आंदोलनों के इस पहलू की उपेक्षा ही की गयी है। इसी कारण जनता की राजनीति के रूप में नक्सलवादी आंदोलन को विकसित करना जरूरी है। इस समझ के तहत आंदोलन के भागीदारों को केवल समर्थक के रूप में न देख कर ऐसे सक्रिय अभिनेता और चिंतकों के रूप में देखना होगा जो अंतत: आंदोलन की शक्ल-सूरत निर्धारित करते हैं। केवल इसी समझ के जरिये हमें पता लग सकता है कि आंदोलन के ये दलित भागीदार कौन हैं, वे क्या सोचते हैं, ऐसा सोचने की वजह क्या है और आंदोलन में उनकी सक्रियता के कारण क्या हैं। इन सवालों के जवाब पा कर ही हमें 'आंदोलन के भीतर चलते हुए आंदोलन' की जानकारी मिल पायेगी।

भूमि सुधार, दलित और नक्सलवाद

बिहार भारत का सबसे ज्यादा देहाती प्रांत है। इसकी ८७ फीसद आबादी गाँवों में रहती है।[३] बिहार की आबादी का पचपन फीसद हिस्सा या तो भूमिहीन है या कमोबेश भूमिहीन है यानी बिहार को देश का दूसरा सबसे ज्यादा भूमिहीन किसानोंवाला प्रदेश समझा जाना चाहिए।[४] १९९१ में बिहार की कुल जनसंख्या का १४.७ फीसद अंश अनुसूचित जाति अर्थात दलित जातियों से संबंधित था।[५] ये दलित भूमिहीन या लगभग भूमिहीन की श्रेणी में आते हैं। हालाँकि बिहार का प्रत्येक भूमिहीन दलित नहीं है लेकिन यह कहा जा सकता है कि संभवत: सभी दलित भूमिहीन जरूर हैं। इस प्रकार बिहार के दलित किसान आंदोलन के माध्यम

से राजनीतिक–सामाजिक परिवर्तन की राजनीति करनेवाले नक्सलवादी संगठनों के लिए भूमिहीन मजदूर अर्थात ग्रामीण सर्वहारा का पर्याय बन जाते हैं। कम्युनिस्ट पार्टियों, समाजवादी संगठनों और गैरपार्टी जुझारू संगठनों ने किसान आंदोलन संबंधी अपनी अलग-अलग नीतियों के अनुरूप विभिन्न वर्गों के किसानों को गोलबंद करने, उन्हें अपनी विचारधारा में दीक्षित करने और परिणामस्वरूप उनका राजनीतिकरण करने की कोशिशें की हैं। लेकिन भूमिहीन मजदूरों के रूप में दलितों को संगठित करने की जिम्मेदारी केवल नक्सलवादियों ने ही उठायी है।

बिहार ने १९४८ में ही किसी भी अन्य राज्य की अपेक्षा सबसे पहले भूमि सुधार के मकसद से जमींदारी उन्मूलन कानून पारित किया था लेकिन इसका दलित खेतिहर कामगारों को कोई लाभ नहीं हुआ क्योंकि इस कानून में भूमि के पुनर्वितरण का प्रावधान नहीं था। वह तो केवल बँटाईदारों को मालिकाना हक देने तक सीमित था। जमींदार भूमि सुधारों के इस स्तर को भी स्वीकारने के लिए तैयार नहीं थे, इसलिए उन्होंने अपने प्रति सरकारी हमदर्दी का फायदा उठा कर १९५२ तक इस कानून को अदालती लड़ाइयों में उलझाये रखा और बड़े पैमाने पर बँटाईदारों को उनकी काश्त से बेदखल करने का अभूतपूर्व सिलसिला चलाया। इस तरह भूमिहीनों की संख्या बढ़ती चली गयी। जाहिर था कि सर्वोच्च न्यायालय द्वारा बिहार भूमि सुधार कानून की पुष्टि कर दिए जाने तक जमींदारों ने अपने हित सुरक्षित कर लिये थे, इसलिए आजादी के बाद के दशकों में भी सामंती भूमि-संबंध बिहार के ग्रामीण समाज का मुख्य रूप बने रहे।[६]

जब आधे-अधूरे भूमि सुधारों का बँटाईदारों को ही लाभ नहीं मिल पाया तो पहले से भूमिहीन दलितों की स्थिति पर इसका कोई असर नहीं पड़ सकता था। भारत के लोकतांत्रिक गणराज्य बनने के बाद भी वे अमानवीय जीवन-स्थितियों और सामाजिक उत्पीड़न का सामना करते रहने के लिए अभिशप्त रहे। इन सामाजिक-आर्थिक मजबूरियों के गर्भ से कई जुझारू आंदोलन निकले जिनके कारण खेतिहर मजदूर पूर्व जमींदारों अथवा उनके कारिंदों या जमींदारी उन्मूलन के बाद उभरे नए जमींदारों के साथ टकराव की स्थिति में आये। इस प्रक्रिया में दलित भूमिहीन अन्य जातियों के भूमिहीनों के साथ एकताबद्ध हुए और उन्होंने अपने वर्गीय हितों की सिद्धि के लिए गरीब मध्यम किसानों से एकता के प्रयास किये। इन्हीं संघर्षों का एक अत्यंत सघन रूप मध्य बिहार का नक्सलवादी आंदोलन है जो १९६७ के वसंत में उत्तर बंगाल की तराई में आदिवासी किसानों के जोतदारों के खिलाफ हुए विद्रोह से प्रभावित हो कर शुरू हुआ था।[७] नक्सलवादी और अन्य राजनीतिक शक्तियों द्वारा किए गए किसान आंदोलनों में एक मुख्य अंतर यह रहा कि सिर्फ नक्सलवादी ही अपनी घोषित नीति के रूप में भूमिहीन किसानों को देहाती सर्वहारा के रूप में देखते हैं और किसान आंदोलन के लिए बनाये जानेवाले विभिन्न कृषक वर्गों के गठजोड़ में उनका लक्ष्य नेतृत्व के रूप में भूमिहीन हितों की प्रतिष्ठा करने पर रहता है। इस लिहाज से सिर्फ नक्सलवादी आंदोलन के दौरान ही

दलितों के सामने भूमिहीन किसान के बतौर वर्ग संगठित हो कर राजनीतिक प्रक्रिया का नेतृत्व करने की संभावना रहती है।

अगर बिहार कम शहरीकरण के मामले में देश-भर का सबसे अग्रणी प्रांत है तो बिहार के अंदर शहरीकरण के अनुपात में मध्य बिहार बाकी प्रदेश को पीछे छोड़ देता है।[८] पटना, भोजपुर, गया, जहानाबाद और औरंगाबाद जैसे प्रमुख जिलोंवाले इस इलाके में भूमिहारों और राजपूतों की गिनती सबसे मजबूत ऊँची जातियों के रूप में होती है। ब्राह्मण और कायस्थ भी हैं पर उनका इतिहास भूमिहारों और राजपूतों की तरह खेती योग्य जमीन पर नियंत्रण, स्थानीय स्तर पर राजनीतिक वर्चस्व और निचली जातियों के हिंसक उत्पीड़न जैसा नहीं है। जाति-क्रम में दूसरे नंबर पर यादव, कोइरी और कुर्मी आते हैं। इन बिरादरियों में कुछ भूमिहीन परिवार और छोटे गरीब किसान मिलते हैं, पर कुछ बड़े भूमिधर भी हैं। मध्यम किसान की श्रेणी में समझी जानेवाली इन तीनों जातियों का राजनीतिक दबदबा तेजी से बढ़ा है। इस प्रक्रिया का सबसे ज्यादा लाभ यादवों को मिला है जिनके पास सबसे बड़ा संख्या-बल भी है। १९३१ में ऊँची जातियाँ और तीन मध्य जातियाँ कुल आबादी का एक तिहाई थीं। बाकी दो तिहाई में ३२ फीसद निचली शूद्र जातियाँ या अतिपिछड़े थे। साढ़े बारह फीसद मुसलमान थे। १४.१ फीसद दलित और ९.१ फीसद आदिवासी थे।[९] मध्य बिहार के दलितों में भुइयाँ, मुसहर, चमार, दुसाध, डोम, आदि शामिल हैं।

दलित खेतिहर मजदूरों का दैनंदिन जीवन

मध्य बिहार से गुजरनेवाला कोई भी मुसाफिर वहाँ की हद दर्जे की बदहाली देख कर चकित हो जायेगा। पटना और आरा जैसे ऐतिहासिक शहरों के कुछ हिस्से तो ऐसे लगते हैं कि मानो उन पर बमबारी की गयी हो। गाँवों में, खास कर मुसहरों के दलित टोलों की हालत देख कर केवल यही कहा जा सकता है कि वे सामूहिक रूप से नितांत अमानवीय हालात में किसी तरह जिंदगी गुजार रहे हैं। बमबारी के ध्वंसावशेषों की तरह इन इलाकों में भी चौतरफा दरिद्रता, पतन और क्षय की तस्वीरें देखने को मिलती हैं।

खेतिहर मजदूरों को एक नजर में पहचाना जा सकता है। उनके चेहरे, हाथ, पैर, मुद्रा और भाव, सभी उनकी गरीबी का बयान करते हैं। उनके मिट्टी के घरों में किसी तरह का मामूली दरवाजा तक नहीं होता, मजबूत लकड़ी के द्वार की बात तो छोड़ ही दीजिये। घर के अंदर चीजों के नाम पर जो भी होता है वह भी मिट्टी से ही बनाया जाता है, चाहे वह खाना पकाने के लिए चूल्हा हो, अनाज जमा करने की कोठी हो या पानी रखने का मटका हो। अपने मेहमानों को बैठाने के लिए उन्हें या तो खटिया माँग कर लानी पड़ती है या फिर वे अथिति को बोरे पर बैठाते हैं। खटिया रखने की औकात कुछ घरों में ही होती है। दरअसल, दलित की खटिया

भी उसकी कमतर हैसियत का प्रमाण है। उनकी छोटी-सी खटिया के मुकाबले ऊँची जातियों की खटिया लंबाई और चौड़ाई में हमेशा बड़ी होती है।

दलित खेतिहर मजदूर जाड़ों की फसल के बाद चावल और गर्मियों में गेहूँ खा कर काम चलाते हैं। साथ में हरा साग, आलू, मिर्च और आम का अचार होता है। दाल खाने की औकात बहुत कम मजदूर परिवारों की होती है। सत्तू तरह-तरह के रूपों में खूब खाया जाता है। बारिश में नहर से छोटी-छोटी मछलियाँ पकड़ ली जाती हैं। दूध और मांस जैसी चीजें केवल त्योहारों के दौरान ही खाने को मिल पाती हैं। पोशाक के नाम पर फटे-पुराने, पैबंद लगे और धुल-धुल कर घिस चुके कपड़े अपने-आप में गरीबी का बयान हैं। अधिकतर औरतों के पास दो से ज्यादा साड़ियाँ नहीं हैं। बच्चे कम से कम कपड़ों या सिर्फ एक जाँघिये में देखे जा सकते हैं। स्कूली पोशाक पहन सकनेवाले बच्चों की संख्या बहुत ही कम है। जाड़ों में इक्का-दुक्का के पास ही स्वेटर या शाल होती है। ये लोग आमतौर पर नंगे पैर ही रहते हैं। चप्पल गाँव के बाहर जाने पर ही पहनी जाती है। ज्यादातर के पास तो चप्पल होती ही नहीं। औरतों के जीवन में रंग के नाम पर केवल काँच की कुछ चूड़ियाँ और सिंदूर ही होता है। देशी दारू और हुक्का पी कर ये लोग कभी-कभी अपना गम गलत कर लेते हैं।

खेतिहर मजदूरों के टोलों में हैजा हो जाने का मतलब है मौत। बच्चे बिना किसी टीके के पोलियो, टिटनस और डिप्थीरिया जैसी बीमारियों का शिकार होने के अंदेशे से ग्रस्त रहते हैं। कुपोषण और रक्ताल्पता की समस्या तो आम है। अगर आँखें कमजोर हैं तो वे न इलाज करा सकते हैं और न चश्मा बनवा सकते हैं। महिलाओं के नहाने और शौचादि के लिए कोई अलग व्यवस्था नहीं है। बच्चा पैदा करने में आयी कोई भी मुश्किल घातक साबित हो सकती है। गाँवों में किसी किस्म की स्वास्थ्य सेवा का पता तक नहीं है। बिजली लापता है और सड़कें पक्की केवल वे हैं जो गाँव को मुख्य कस्बे से जोड़ती हैं। आवागमन की सुविधाओं का पूरी तरह अभाव है। शहर जाने के लिए ज्यादातर गाँववालों को पैदल पक्की सड़क तक जा कर स्थानीय जमींदार और व्यापारियों द्वारा चलवाई जानेवाली बस का इंतजार करना पड़ता है। सार्वजनिक वितरण-प्रणाली केवल कुछ गाँवों में ही सक्रिय है और वहाँ भी उसका कामकाज संतोषजनक नहीं कहा जा सकता। गाँवों में स्कूल जरूर हैं लेकिन गरीबों के बच्चों को वे भी नसीब नहीं हो पाते क्योंकि उनकी झोंपड़ियों में न पढ़ने के हालात हैं और न ही जागरूकता के अभाव में उनके माँ-बाप को उन्हें पढ़ाने की चिंता है।

दलित-टोलों में बने सुविधाओं से वंचित कच्चे-पक्के बेतरतीब घरों के मुकाबले गाँवों के बेहतर हिस्सों में अगड़ी या अन्य दबंग जातियाँ रहती हैं। ये हिस्से आमतौर पर पक्के घरोंवाले, पक्की सड़कों और नालियोंवाले, स्कूल, डिस्पेंसरी, डाकघर या पोस्ट बॉक्स और बाजार से लैस होते हैं। भूमिधर मुख्य गाँव में रहते हैं और भूमिहीन टोलों में। कहार, धोबी, नाई, माली और कुछ चमार जाति के लोगों

को दबंग जातियाँ मुख्य गाँव के पास घर बनाने की इजाजत दे देती हैं क्योंकि उन्हें अपने रोजमर्रा के जीवन में इन जातियों के श्रम की आवश्यकता होती है। मुख्य गाँव बहुजातीय होता है जबकि टोले मूलतः एक जाति या समान हैसियत की जातियों की बसावट के होते हैं। दलित जातियों के टोले आमतौर पर गाँव के दक्षिण में स्थित होते हैं और इस दिशा को अशुभ माना जाता है। उनके अपने घरों की हालत सुअरों के लिए बनाये जानेवाले बाड़ों से खास बेहतर नहीं होती।

दलित जातियों में भी सबसे ज्यादा बुरी हालत भुइयाँ और मुसहर लोगों की है। आज भी अपने नाम के मुताबिक पेट भरने के लिए मुसहर चूहे पकड़ कर उन्हें खाते देखे जा सकते हैं। अनिवार्यतः भूमिहीन इन दोनों समुदायों को गाँव से बाहर भुटोली यानी भुइयाँ बस्ती अथवा मुस्टोली यानी मुसहर बस्ती में रहना पड़ता है। वे खेतों में मजदूरी करते हैं, सूअर पालते हैं या रिक्शा चला कर मुश्किल से गुजर-बसर कर पाते हैं।

आर्थिक शोषण और दमन

जी.ए. ग्रियर्सन की रचना **बिहार पीजेंट लाइफ** (१८८५) से पता लगता है कि बेगार और मनमाने टैक्सों की वसूली यानी अववाब के जरिये बिहार के सामंती जमींदारों ने किस तरह श्रम अनुबंधों के पूरे चरित्र को ही निहायत शोषणकारी बना डाला था। आजादी के पहले तक बिहार में अस्थायी खेतिहर मजदूर को ईस्ट इंडिया कंपनी के जमाने से ज्यादा मजदूरी नहीं मिलती थी। आजादी के बाद सत्तर के दशक तक बिहार के खेत मजदूरों के मेहनताने में या तो कोई बढ़ोत्तरी नहीं हुई या फिर कुछ इलाकों में उसमें गिरावट ही आई। अस्सी के दशक में कुछ प्रगति जरूर देखी गयी लेकिन आज भी बिहार में वास्तविक खेत-मजूरी काफ़ी निचले स्तर पर है।

वैसे तो १९४८ के न्यूनतम मजदूरी कानून के प्रावधान स्वयं में बेहद अपर्याप्त हैं, लेकिन बिहार में उनका भी पालन नहीं होता। इस समय मजदूरी की दर साढ़े तीस रुपये प्रतिदिन है, जिसे अक्सर नकदी में न दे कर खाद्य पदार्थों के रूप में दिया जाता है। नब्बे के दशक की शुरुआत में इस हिसाब से खेत मजदूरों को चार किलो धान, आधा किलो सत्तू अथवा चूड़ा (चिवड़ा) मिलना चाहिए था लेकिन वास्तव में अधिकतर इलाकों में उन्हें सिर्फ दो-ढाई किलो मोटा अनाज ही दिया जाता था। यह स्थिति उन इलाकों में खास तौर से बुरी थी जहाँ खेतिहर मजदूरों के बीच कोई राजनीतिक संगठन सक्रिय नहीं था। चमारों और मुसहरों को पशुओं की तरह एक छोटी-सी खुखाल में रहना पड़ता था। वे ज्यादा से ज्यादा तीन से पाँच रुपए रोज पाते थे और जानवरों को खिलाई जानेवाली खेसारी से पेट भरते थे। इस आहार के कारण उन्हें चर्मरोग और गठिया जैसी बीमारियाँ हो जाती थीं।

बिहार में दलित खेत-मजदूर बड़े पैमाने पर बँधुआ प्रथा की जंजीरों में बँधे रहे हैं। लेकिन मध्य बिहार में यह बँधुआ प्रथा पुश्त-दर-पुश्त चलनेवाली वह

पारंपरिक बँधुआ प्रथा नहीं है जो बिहार के कई अन्य इलाकों में अथवा देश के दूसरे क्षेत्रों में देखी जा सकती है। इसकी संरचना कुछ भिन्न है। मध्य बिहार में एक निश्चित अवधि के लिए खेतिहर काम करने के अनुबंध पर आधारित मजदूरी को बँधुआ की श्रेणी में रखा जा सकता है। ऐसे मजदूरों को हलवाहा कहा जाता है और उनका मुख्य काम वक्त पर खेत जोतना होता है। अस्थायी आधार पर लगाये गये मजदूरों को छुट्टा मजदूर माना जाता है। हलवाहों को मिलनेवाली मजदूरी हरवाही के नाम से और छुट्टों को मिलनेवाला मेहनताना रोज अथवा रोजीना के नाम से जाना जाता है। मजदूरी रोपनी और कटनी के मौसम में अलग-अलग होती है। आम तौर पर मजदूरी नकदी के बजाय खाद्य सामग्री के रूप में दी जाती है। पक्की मजदूरी यानी बाकायदा अधिकृत बाँटों से तौल कर दी जानेवाली मजदूरी और कच्ची अर्थात पत्थर के बाँटों से तौली जानेवाली मजदूरी। हलवाहों और छुट्टों को इस मजदूरी के भुगतान के लिए भी अक्सर लंबा इंतजार करना पड़ता था। कभी दो दिन बाद तो कभी दो हफ्ते, महीने-दो महीने बाद मजदूरी मिलती थी।

दलित खेत-मजदूरों को आर्थिक शोषण के साथ-साथ जघन्य सामंती उत्पीड़न का शिकार भी होना पड़ रहा था। सीधे तन कर चलना, साफ धोती पहनना और जमींदार के सामने खटिया पर बैठना नामुमकिन था। बीसवीं सदी की शुरुआत में ही शाहाबाद के इलाके (आज के भोजपुर और रोहतास जिले) में सामंतों ने 'डोला प्रथा' चला रखी थी जिसके तहत गरीब मजदूरों की नयी बहू को पहली रात जमींदार के साथ गुजारनी पड़ती थी। मजदूर महिलाओं के साथ राजपूत और भूमिहार जमींदारों, उनके कारिंदों और लठैतों द्वारा बलात्कार करना आम बात थी। नीची जाति की औरतों के इस यौन शोषण ने खेतिहर मजदूरी के आंदोलनों में इज्जत की लड़ाई का आयाम जोड़ा। खेतिहर मजदूरों को आत्मसम्मान और गरिमा के प्रश्न पर कई तरह की शिकायतें थीं। मालिक वर्ग द्वारा कभी उनका नाम ले कर नहीं बुलाया जाता। वह उन्हें 'अरे' कह कर संबोधित करता था और नाम अगर लेता भी था तो उसमें 'वा' लगा देता था, जैसे लखन का लखनवा। नाम के साथ गालियों की बौछार भी सुननी पड़ती थी। इस तरह खेतिहर मजदूर एक नामहीन और अस्तित्वहीन रूप में जीवित रहने के लिए मजबूर था। छुआछूत की प्रथा भी दबे-छिपे रूपों में जारी थी।

नक्सलवादी आंदोलन का उभार

मध्य बिहार का ऊपर वर्णित इतिहास और वर्तमान बताता है कि वहाँ नक्सलवादी आंदोलन के लिए उर्वर जमीन मौजूद थी:

> मेरा नाम प्रकाश है। मैं बीस साल का, जाति का पासवान और हिंदू हूँ। मेरी पढ़ाई दर्जा सात तक हुई। मेरे घर में नौ लोग हैं, पिता, भाई, तीन बेटियाँ, एक भतीजा, भतीजी, मेरी पत्नी और मैं। हमारे पास कोई जमीन नहीं है, हम पड़ोस के गाँवों में मजदूरी के लिए जाते हैं। जहाँ काम मिलता है वहीं कर लेते हैं। नियमित काम

> साल में केवल तीन महीने के लिए मिल पाता है। बाकी महीनों में हमें बेकार बैठना पड़ता है। हमारे गाँव के कई लोग काम के लिए पंजाब, गुजरात, महाराष्ट्र, दिल्ली और दूसरी जगहों पर चले गए हैं। जो रह गये हैं वे कर्ज ले कर गुजर कर रहे हैं। फसल के बाद हम कर्ज अदायगी करते हैं। जरूरत पड़ने पर हमें साहूकार या किसी और से फिर उधार लेना पड़ता है। वे पचास फीसद ब्याज लेते हैं। १९९५ में संगठन ने नामी सिंह की सौ बीघा जमीन पर कब्जा किया जिसमें से एक बीघा मेरे हिस्से में आयी। इससे मुझे काफी सहूलियत है।[१०]

प्रकाश की मिसाल को अगर एक प्रतीक की तरह लिया जाये तो अंदाजा लगाया जा सकता है कि बिहार के इस इलाके (पटना, भोजपुर, गया, जहानाबाद और औरंगाबाद) में भूमि सुधार करने में कानून और राज्य की असफलता, दलितों और भूमिहीन खेतिहर मजदूरों की समस्याओं पर ध्यान देने में आम राजनीतिक संगठनों की नाकामी, आधुनिकीकरण और शहरीकरण की बेहद कमी, आजादी के पहले और बाद में प्रतिरोध के लोकप्रिय आंदोलनों की समृद्ध परंपरा के चलते दलितों के बीच नक्सलवादी प्रचार-प्रसार की संभावनाएँ बनी हैं। संसदीय राजनीति करनेवाली कम्युनिस्ट पार्टियों के किसान आंदोलनों ने भूमिहीनों को संगठित करने में दिलचस्पी नहीं दिखायी। भारतीय कम्युनिस्ट पार्टी और १९२७ में बनी सहजानंद सरस्वती की बिहार प्रदेश किसान सभा ने खेतिहर प्रश्न को उठाया लेकिन उन्होंने खेतिहर मजदूरों में दिलचस्पी नहीं दिखायी। १९३० में गठित हुए यादवों, कोइरियों और कुर्मियों के त्रिवेणी संघ जैसी संस्थाएँ भी खाते-पीते किसानों के हितों तक ही सीमित रह गईं। राष्ट्रीय आंदोलन पर रंग-रुतबेवाली जातियों और वर्गों का कब्जा बना रहा। स्वामी सहजानंद सरस्वती को भी इस बात का अफसोस था कि किसान आंदोलन खेतिहर मजदूरों की समस्याओं की उपेक्षा कर रहा है :

> वे (मँझोले और बड़े किसान) किसान सभा को अपने फायदे के लिए इस्तेमाल कर रहे हैं जबकि हमने उन्हें सभा को मजबूत करने के लिए या तो इस्तेमाल किया है या इस्तेमाल करने की तब तक कोशिश करते रहेंगे जब तक निचले तबके के किसान अपने वास्तविक राजनीतिक और आर्थिक हितों और जरूरतों के प्रति सचेत हो कर वर्ग-चेतना से लैस नहीं हो जाते ... कतई भूमिहीन या थोड़ी-बहुत भूमि रखनेवाले ये अर्ध-सर्वहारा या खेतिहर मजदूर और छोटे किसान ही हमारे विचार में किसान हैं। ये लोग किसी तरह जमीन पर मेहनत करके दो जून की रोटी का जुगाड़ कर पाते हैं ... अंततः किसान सभा की रचना इन्हीं लोगों से होनी चाहिए।[११]

आजादी के बाद खेतिहर प्रश्न को सर्वोदय, गाँधीवादी समाजवाद और साम्यवादियों ने अपने-अपने तरीके से हल करने की कोशिश की। भूदान आंदोलन सर्वोदयी धारा का, बोधगया का छात्र-युवा संघर्ष वाहिनी का आंदोलन गाँधीवादी-समाजवादी धारा का और नक्सलवादी आंदोलन मार्क्सवादी धारा का प्रतिनिधि समझा जा सकता है। १९६७ के अकाल में सबसे ज्यादा तकलीफ भूमिहीन मजदूरों को हुई। वाहिनी और भाकपा के कुछ प्रयासों को छोड़ कर जब तक इस क्षेत्र में

कृषि-क्रांति का झंडा बुलंद करनेवाले नक्सलवादी सक्रिय नहीं हुए तब तक खेतिहर मजदूरों को जमींदारों के सामाजिक-आर्थिक शिकंजे से छुड़ाने की किसी संगठित कोशिश का दूर-दूर तक पता नहीं था। नक्सलवादियों ने सहजानंद की इच्छा को धरती पर उतार कर दिखाया और उनकी किसान सभा की विरासत को अपना लिया। उनके रूप में दलित खेत-मजदूरों को पहली बार आश्वासन मिला कि उनके द्वारा चलाये गये किसान आंदोलन पर उन्हीं के हितों की प्रधानता को कायम करनेवाला नेतृत्व स्थापित किया जाएगा।

खेत-मजदूरों की सामाजिक संरचना मुख्यत: दो तरह के जाति-समूहों से मिल कर बनी है। खेत-मजदूरों का एक बहुत बड़ा हिस्सा दलित हैं और बाकी अति-पिछड़ी जातियों के सदस्य हैं। मध्य जातियों में भी इक्का-दुक्का भूमिहीन हैं पर उन्हें बँटाईदारी मिल जाती है। कुल मिला कर यह कहा जा सकता है कि मध्य बिहार में दलित खेत-मजदूरों को उनकी आर्थिक माँगों के आधारों पर संगठित करके नक्सलवादियों ने उन्हें दूसरी जातियों के अपनी ही तरह शोषित और दमित समुदायों से जोड़ा और इस तरह जाति की सीमाओं से परे जा कर राजनीतिक दायरे में उनके वर्ग-रूपांतरण की संभावनाएँ पैदा कीं।

नक्सलबाड़ी से एकवारी तक

देश केअन्य हिस्सों की तरह मध्य बिहार के कम्युनिस्ट आंदोलन पर भी १९६७ के वसंत में पश्चिम बंगाल के तराई इलाके के आदिवासियों में हुए नक्सलवादी आंदोलन का असर पड़ा था।[१२] नक्सलबाड़ी के नमूने पर बिहार के कई इलाकों में किसानों के विद्रोह संगठित किए गए। बिहार में नक्सलवादी आंदोलन का विकास दो चरणों में हुआ। १९६७ से १९७७ की अवधि में आंदोलन शुरुआती दौर से निकल कर कई तरह के उतार-चढ़ाव का सामना करते हुए आपातकाल के दमन का सामना करता हुआ नये चरण में पहुँचा। आपातकाल के दौरान नक्सलवादी गतिविधियाँ सुस्त रहीं लेकिन १९७७ के बाद आंदोलन ने सफलतापूर्वक अपना पुनर्गठन कर लिया। १९९६ में बिहार में १७ नक्सलवादी संगठन सक्रिय थे।[१३] यह आंदोलन सांगठनिक रूप से इस क्षेत्र में तीन महत्त्वपूर्ण संगठनों की उपस्थिति का पर्याय रहा है। ये संगठन हैं—विनोद मिश्र के नेतृत्ववाली भारतीय कम्युनिस्ट पार्टी (मार्क्सवादी-लेनिनवादी) जो अपने मुखपत्र 'लिबरेशन' के नाम से लोकप्रिय हुई, भाकपा (माले) का एक अन्य धड़ा सेंट्रल आर्गनाइजिंग कमेटी जो अपने मुखपत्र 'पार्टी यूनिटी' के नाम से जाना गया और माओवादी कम्युनिस्ट केंद्र (एम.सी.सी.) जिसने शुरुआत से खुद को भाकपा (माले) के गठन से अलग रखा था।

लिबरेशन ने भोजपुर में काम शुरू करके पटना, जहानाबाद, नालंदा, गया और औरंगाबाद में अपने संगठन का प्रसार किया। इस संगठन ने सत्तर के दशक में मध्य बिहार में सघन सशस्त्र संघर्ष चलाया और भूमिहीन गरीब किसानों को (जिनमें ज्यादातर दलित थे) अपने प्रभाव में लेते हुए चीनी क्रांति के नमूने पर

पटना, भोजपुर, गया, नालंदा आदि में लाल आधार इलाका और किसान योद्धाओं की 'लाल सेना' बनाने की परियोजना पर अमल किया ताकि इस क्षेत्र को मुक्त क्षेत्र में बदला जा सके और फिर यहीं से शहरों को घेर कर देश में नवजनवादी क्रांति संपन्न की जा सके। किसानों की गोलबंदी के लिए लिबरेशन ने बिहार प्रदेश किसान सभा को पुनर्जीवित किया जिसे १९२८ में स्वामी सहजानंद सरस्वती ने स्थापित किया था। यह संगठन बहुत तेजी से भूमिहीन और गरीब किसानों में लोकप्रिय होता चला गया। हथियारबंद लड़ाई का प्रयोग करते-करते ही इस धड़े के नेताओं ने पाया कि वे एक पैर से ही दौड़ रहे हैं अर्थात लोकतांत्रिक संघर्ष के अन्य रूपों का इस्तेमाल नहीं कर रहे हैं। उन्होंने महसूस किया कि अगर वे मध्य बिहार के अपने संघर्ष के इलाकों की ताकत की बुनियाद पर खड़े हो कर दिल्ली तथा भारतीय राज्य के अन्य केंद्रों में भी अपनी राजनीतिक उपस्थिति दर्ज कराएँ तो उनके आंदोलन को ज्यादा फायदा हो सकता है। इस चिंतन के पीछे हथियारबंद आंदोलन की बेहद सीमित सफलताओं की भूमिका भी थी। किसान सभा द्वारा भूमिहीनों को वर्ग-संघर्ष में उतारने के साथ-साथ राष्ट्रीय राजनीति में हस्तक्षेप करने के लिए इस संगठन ने १९८२ में इंडियन पीपुल्स फ्रंट (आई.पी.एफ.) का गठन किया जिसके माध्यम से बिहार में भूमिहीनों के संघर्ष को राष्ट्रीय मंच पर पेश किया जा सका। बाद में १९९५ में इस पार्टी ने आई.पी.एफ. को भंग कर दिया और खुद ही भूमिगत से खुली राजनीति में आ गयी। लोकसभा और विधानसभा में चुनाव लड़नेवाली इस पार्टी का दावा राष्ट्रीय स्तर पर क्रांति करने की परियोजना चलाने का है लेकिन व्यवहार में इसका आधार मध्य बिहार के दलितों की बहुसंख्यावाले भूमिहीन गरीब किसान ही हैं। अपने शुरुआती दौर में दलित समर्थन के कारण इस संगठन को 'चमार पार्टी' के नाम से भी जाना जाता था।

पार्टी यूनिटी ने जहानाबाद जिले में १९८१ के बाद तेजी से अपने कदम बढ़ाये। इससे पहले उसकी कुछ समर्थक ताकतों ने पलामू जिले में आधार बनाने की कमोबेश असफल कोशिश की थी। लिबरेशन का गढ़ अगर भोजपुर रहा है तो पार्टी यूनिटी का गढ़ जहानाबाद जिला माना जाता है। इस संगठन ने गरीब जनता की गोलबंदी के लिए **मजदूर किसान संग्राम समिति** का गठन किया, जिसे उसकी लोकप्रियता से आतंकित हो कर प्रशासन ने १९८६ में प्रतिबंधित कर दिया। फिर पार्टी यूनिटी ने १९९४ में इसी संगठन को **मजदूर किसान संग्राम परिषद** के नये नाम से मैदान में उतारा। व्यावहारिक रूप से पार्टी यूनिटी और लिबरेशन के बीच फर्क यह रहा है कि पार्टी यूनिटी परिषद के जरिये कुछ-कुछ खुली लेकिन अधिकतर गोपनीय राजनीति ही करती है। वह लिबरेशन की भाँति पूरी तरह खुली राजनीति करने और चुनावों में भागीदारी करने को गैरक्रांतिकारी मानती है। नक्सलवाद की भाकपा (माले) धारा के संदर्भ में पार्टी यूनिटी एक खास प्रवृत्ति का प्रतिनिधित्व करती है। यह धारा शुरू से ही तरह-तरह के सांगठनिक विभाजनों से छिन्न-भिन्न होती रही है लेकिन पार्टी यूनिटी ने अपने नाम के मुताबिक विभिन्न धड़ों

के विलय की मुहिम चलाई है। पार्टी यूनिटी की कोशिश रहती है कि वह अपने भूमिगत संगठन को खुले मोर्चे की गतिविधियों से समायोजित कर सके। इस तरह वह राजनीतिक रूप से संसदीय राजनीति करनेवाले लिबरेशन गुट और अत्यंत कट्टरपंथी समझे जानेवाले माओवादी कम्युनिस्ट केंद्र के बीच में स्थित है।

माओवादी कम्युनिस्ट केंद्र मध्य बिहार के नक्सलवादी आंदोलन का सबसे कट्टरपंथी चेहरा है। पूरी तरह से प्रतिबंधित यह संगठन बीस अक्टूबर, १९६९ को अमूल्य सेन, कन्हाई चटर्जी और चंद्रशेखर दास द्वारा स्थापित किया गया था। इन तीनों ने भाकपा (माले) की स्थापना के समय चारु मजूमदार से मतभेद के कारण नयी पार्टी में शामिल होने से इंकार कर दिया था। इसलिए यह संगठन शुरू से ही भाकपा (माले) के समानांतर चलता रहा है। मध्य बिहार में एम.सी.सी. का सबसे मजबूत आधार गया में है। जहानाबाद, औरंगाबाद और पटना में उसकी उल्लेखनीय उपस्थिति मानी जा सकती है। एम.सी.सी. ने ऊँची जाति के जमींदारों की गुंडा वाहिनियों द्वारा किए नीची जाति के गरीब किसानों के सामूहिक नरसंहार का जवाब ऊँची जाति वालों के वैसे ही नरसंहार के माध्यम से दिया है। इस तरह यह संगठन निचली जातियों को वर्ग-चेतना से लैस करने के दावे के बावजूद उन्हें जाति-युद्ध की आग में झोंकने के लिए आलोचना का शिकार हुआ है। एम.सी.सी. की ऐसी गतिविधियों के लिए सामान्य राजनीतिक दलों ने ही नहीं अन्य नक्सलवादी धड़ों ने भी उसकी कड़ी आलोचना की है। एम.सी.सी. की जन-अदालतों में 'जन-शत्रुओं' को जघन्य और बर्बर किस्म की सजाएँ दी जाती हैं। विचित्र बात यह है कि इस संगठन ने जिस तरह के वामपंथी कट्टरपंथ का आरोप लगा कर चारु मजूमदार का विरोध किया था, उसी तरह के अतिवाद का वह आज खुद पर्याय बना हुआ है।

इन नक्सलवादी संगठनों को मध्य बिहार के दलित भूमिहीनों के बीच पैर जमाने में अतीत के प्रतिरोध आंदोलनों की पृष्ठभूमि के कारण कुछ आसानी जरूर हुई लेकिन यह ठीक-ठीक नहीं कहा जा सकता कि नक्सली आंदोलन के स्रोतों को गुजरे जमाने के जनांदोलनों से कितना जोड़ा जा सकता है। अतीत और वर्तमान के बीच कुछ नकारात्मक सूत्र जरूर मिलते हैं, जैसे : भूदान आंदोलन की असफलता क्रांतिकारी भूमि सुधारों को केंद्र में रख कर चलाये गये इस आंदोलन की एक अहम वजह हो सकती है। भूदान का गाँधीवादी रवैया जमीन को दान की दृष्टि से देखता था, लेकिन नक्सलवादियों ने भूमिहीनों को संदेश दिया कि जमीन उनके अधिकार का विषय है क्योंकि जो जोतता और बोता है, वही जमीन और उसकी फसल का मालिक होना चाहिए।

अतीत के आंदोलनों के साथ कई तरह की निरंतरताओं के बावजूद नक्सलवादियों का रवैया कई मायनों में उनसे भिन्न भी रहा है। पहली भिन्नता तो आंदोलन को वर्ग-संघर्ष के लक्ष्य पर केंद्रित करना ही रही है। उन्होंने पहली बार खेतिहर मजदूरों को राजनीतिक रूप से संगठित किया और उनके सरोकारों को प्रभावशाली ढंग से एक राजनीतिक कार्यसूची के तहत सूत्रबद्ध किया। जिस तरह

त्रिवेणी संघ मध्य जातियों को राजनीतिक रूप से सचेत करने का पहला प्रयास था सी तरह नक्सलवादी आंदोलन को दलितों की बहुसंख्यावाले खेतिहर मजदूर वर्ग का पहला राजनीतिक उभार कहा जा सकता है। गाँधीवादी परंपरा के ठीक विपरीत नक्सलियों ने सशस्त्र संघर्ष पर बेहिचक जोर दिया। इसके अलावा अन्य स्वातंत्र्योत्तर आंदोलनों की तरह नक्सलियों ने अपनी दृष्टि को भूमि के स्थानीय असमान बँटवारे तक ही सीमित नहीं रखा बल्कि उन्होंने भारतीय राज्य और उसके लोकतांत्रिक दावों को भी सीधी और उग्र चुनौती दी। नक्सली आंदोलन ने करिश्माई व्यक्तित्ववाले नेताओं पर निर्भर न रह कर संसदीय राजनीति की मुख्यधारा के बाहर एक स्थायी, एकजुट और अनुशासित पार्टी बनाने पर जोर दिया।

दलित नक्सलवादी क्यों बने?

सरकार और समाचार माध्यम नक्सलियों को हिंसाप्रेमी बंदूकबाज आतंकवादी या चे ग्वेवारा की भाँति क्रांति के रोमानी ख्याल में डूबे हुए नौजवानों की तरह पेश करते रहे हैं। पहली छवि जहाँ असलियत से परे है वहीं दूसरी छवि में सच्चाई का कुछ अंश है। लेकिन मैं इन छवियों के दायरों से परे जा कर जमीनी स्तर पर जाँच-पड़ताल द्वारा समझना चाहती थी कि असलियत क्या है। पार्टी यूनिटी और लिबरेशन के प्रभाववाले क्षेत्रों का सघन अध्ययन करने पर पता चलता है कि मध्य बिहार के दलित खेत-मजदूरों, सामंती दमन और शोषण की शिकार अन्य निचली जातियों और मध्य जातियों के बेहद गरीब किसानों के लिए नक्सलवाद और उसकी अपील असल में क्या मायने रखती है। यह आंदोलन हिंदू और मुसलमानों में कोई भेद नहीं करता और अपनी प्रगतिशील-रेडिकल विचारधारा के कारण ऊँची जातियों के आदर्शवादी हिस्सों को भी अपनी तरफ आकर्षित करता है। आंदोलन की नेतृत्वकारी शख्सियतों में इन जातियों की बड़ी संख्या है, लेकिन नेतृत्व की पूरी कोशिश होती है कि दलित और अन्य निचली जातियों के तत्त्व भी आगे बढ़ कर नेतृत्वकारी योग्यताओं का प्रदर्शन करें और बाकायदा नेतृत्व सँभालें। लिबरेशन गुट के विख्यात नेता रामनरेश राम एक ऐसे ही क्रांतिकारी कम्युनिस्ट नेता हैं जो एक दलित जाति के पुत्र हैं. नक्सली आंदोलन में भागीदारी करनेवाले कई किसानों से हुई बातचीत यहाँ शब्दशः प्रस्तुत है :

> दुश्मन वर्ग उनसे डर कर बात करता था। और लोग उन्हें ... अच्छे लोग मानते थे जो हमारे हक में हैं। ...
>
> लाइट मायने प्रकाश, है न? इसी लिए हम कहते हैं नक्शा-लाइट -हमारी लाइट से भारत का नया नक्शा बनाना ...
>
> नक्सलाइट माने नस काट कर (गर्दन के पीछे की नस दिखा कर) प्रकाश लाना ...
>
> जमींदार कहते हैं नक्सलाइट। हम कहते हैं नक्सलबाड़ी। हम नक्सलबाड़ी और उसके मकसद के समर्थक हैं। हम नक्सलबाड़ी की विचारधारा पर चल रहे हैं।

... जमींदार कहते हैं ... नक्सलाइट सवर्णों की नस काट कर सफाया चलाते हैं। वे कहते हैं कि नक्सलाइट अपनी राइफलों के बट की दम उन्हें काबू में रखना चाहते हैं। यह प्रचार किया जाता है ताकि लोग नक्सलाइटों से डरें और नफरत करें। ...

नहीं, हम नक्सलाइट नहीं हैं। हम बच्चों के लिए, अपने हक के लिए लड़ते हैं। हम तो मजदूरी तीन किलो माँगते हैं। ... नक्सलाइट है कौन? जो हमें सताते हैं और खून चूसते हैं या हम जो इन हालात को बदलने के लिए लड़ते हैं? ...

हम जमीन के लिए लड़ते हैं। जमींदार की फसल जला देते हैं ... उसका घर अपने हक के लिए छीनते हैं ... तब जमींदार और सरकार हमें नक्सलाइट कहती है। ...

हम नक्सलवादी हैं। सरकार हमें उग्रवादी कहती है। ... उग्रवादी तो वे हैं जो हमारा शोषण और दमन कर रहे हैं, जो ठग और लूट रहे हैं, जो दिन-रात औरतों से बलात्कार कर रहे हैं। ऐसे ही लोगों को उग्रवादी कहा जाना चाहिए। सरकार हमें आतंकवादी भी कहती है। जब पड़ोसी देश घुसपैठ करता है, आतंक फैलाता है और चला जाता है तो उन्हें कहा जाता है आतंकवादी। लेकिन शासक वर्ग और पूँजीपति कहते हैं कि ये हैं नक्सलाइट, उग्रवादी और आतंकवादी।

... अगर हक माँगनेवाला नक्सलवादी है तो हम भी नक्सलाइट हैं। हम अपना अधिकार माँगते हैं—आप हमें नक्सलाइट कहें या कुछ और।

नक्सलवादी आंदोलन में कूदने या न कूदने का फैसला करनेवाले लोगों ने नक्सली कार्यकर्त्ताओं से मिलने से पहले उनके बारे में किसी न किसी प्रकार सुन रखा था। देहातों में खबरें फैलाने में जुबानी जरिया काफी काम करता है। सामुदायिक सूत्र और कभी-कभी अखबार भी यह भूमिका अदा करते हैं। अफवाहों, तथ्यों और कल्पनाओं के मिले-जुले प्रभाव से लोग अपने-अपने नतीजे निकालते हैं। भले ही ये निष्कर्ष पूरी तरह तथ्यात्मक विश्लेषण पर आधारित न हों लेकिन इनके आधार पर ही लोगों का दिमाग बनता है। जहानाबाद में आंदोलन में शामिल होनेवाले कई लोगों ने पहले यह समझा था कि नक्सली मार-काट में यकीन करते हैं और 'छः इंच छोटा' कर देते हैं। संपर्क में आने के बाद उन्हें पता चला कि इस मार-काट का एक खास मकसद है जिसने उन्हें उनकी नजरों में अच्छा और भरोसे लायक बना दिया। उनमें से कई लोग संगठन में शामिल हो गये। संगठन में काम करने के राजनीतिक अनुभव ने उन्हें उसके उद्देश्यों के प्रति जागरूक बनाया। चूँकि यह आंदोलन जमींदारों के सफाये की लाइन (वर्ग शत्रु का सफाया वर्ग-संघर्ष की सर्वोच्च अभिव्यक्ति है) के कारण जाना गया था, इसलिए आम जनता के बीच उसकी पहली छवि मार-काटवाले आंदोलन के रूप में ही बनी। धीरे-धीरे आंदोलन ने अपना जोर बदल कर जनांदोलन पर ध्यान दिया, जिससे लोग भी मानने लगे कि नक्सलवाद उनके बुनियादी अधिकारों के संघर्ष का नाम है। क्रांति और पार्टी के संदर्भ में लोगों ने अपने विचार इस प्रकार व्यक्त किये :

सामंतवाद को जड़ से उखाड़ फेंकना है, वरना वह तुम्हें उखाड़ देगा। सामंतवाद

हर आदमी पर छाया हुआ है। जब तक सामंतवाद नष्ट नहीं होता क्रांति नहीं हो सकती।

... संगठन नहीं था तो हमें कुछ ज्ञान भी नहीं था। संगठन ने हमें मौजूदा व्यवस्था के बारे में शिक्षा दी और उसे पलटने की जरूरत बतायी। भारत अर्ध-सामंती और अर्ध-औपनिवेशिक देश है। हमारे देश में विदेशी पूँजी भी है। हमें यह विदेशी पूँजी खत्म करनी है और हमें अपनी पूँजी का इस्तेमाल करना है। ...

हमें मार्क्स, लेनिन और माओ के बारे में किताबें पढ़ने को मिलीं। इनसे हमें पता चला कि मार्क्स क्रांतिकारी थे और लेनिन तथा माओ भी। हमने तीनों के बारे में थोड़ा-थोड़ा पढ़ा है। ज्यादा तो नहीं पढ़ा लेकिन इतना समझते हैं कि मार्क्स और लेनिन इस सड़ी-गली व्यवस्था को नष्ट करना चाहते थे।

माओ त्से-तुंग की मौत के बाद ख्रुश्चेव लाल सेना का नेता बना। उसने एक जनसभा बुलाई। ख्रुश्चेव प्रतिक्रियावादियों का तरफदार था। वह माओ त्से-तुंग के संगठन में स्वार्थवश आया था। संगठन में आने के बाद उसने सोचा कि वह समाजवाद को खत्म कर देगा। उसने एक बड़ी जनसभा बुलाई। उसने सभा पर अंधाधुंध फायरिंग का हुक्म दिया। इस संशोधनवादी गुट ने समाजवाद को खत्म कर दिया। इस तरह सोवियत संघ बदल गया।

इन कथनों से जाहिर है कि आम लोगों का वास्ता क्रांति की किताबी समझ से नहीं है। वे अंतर्राष्ट्रीय कम्युनिस्ट आंदोलन की तथ्यात्मक जानकारी के बजाय मिथकीय समझ ही ज्यादा रखते हैं। आंदोलन के अंदर क्रांतिकारी होने का मतलब सब कुछ त्यागने के लिए तैयार रहनेवाला व्यक्ति बताया गया, और क्रांति को एक दीर्घकालीन प्रक्रिया के रूप में चित्रित किया गया जिसमें बहुत लोगों को अपनी कुर्बानी देनी होगी। क्रांतिकारी होने का एहसास कार्यकर्त्ता स्तर पर ज्यादा देखा गया। उसमें भी भूमिगत काम करने वालों में यह अनुभूति अधिक थी और खुले संगठन में सक्रिय लोगों में कम।

पर्याप्त राजनीतिक समझ की कमी के बावजूद दलित खेत मजदूर अपने लिए उपयुक्त संगठन का चुनाव करते हैं। उन्होंने जाति के आधार पर दलित हितों को बुलंद करने का दावा करनेवाले बहुजन समाज पार्टी जैसे दलों और पार्टी यूनिटी, लिबरेशन और एमसीसी जैसे वर्ग-आधारित राजनीति करनेवाले संगठनों में से किसी एक के पक्ष या विपक्ष में खड़े होने का फैसला करने के कारण बताये। यह भी देखा गया कि एक खेत मजदूर एक संगठन में शामिल होने के बाद उसकी सदस्यता छोड़ कर दूसरे में चला जाता है। पहले नक्सलवादी होने के बाद भी वह भिन्न तरह की राजनीति करने का फैसला करता है या फिर राजनीति से पूरी तरह अलग ही हो जाता है। ब्लाक और उससे ऊपर के स्तर पर सक्रिय कार्यकर्ताओं और नेताओं में मार्क्सवाद-लेनिनवाद की वैचारिक समझ के ठोस रूप ज्यादा देखने में आते हैं। ये लोग कम्युनिस्टों में होनेवाली विवादात्मक बहसों से भी कुछ वाकिफ हैं। ग्रामीण स्तर पर सक्रिय लोग विचारधारा और उसके अंतर्राष्ट्रीय स्वरूप की सिर्फ धुँधली-सी शिनाख्त ही कर पाते हैं। वे रूस या चीन अथवा माओ या ख्रुश्चेव

को कालक्रमानुसार न समझ कर आपस में मिला देते हैं। शायद विचारधारा में बाकायदा दीक्षित होना उनके लिए आंदोलन में आने की पूर्व शर्त नहीं होती।

अधिकतर लोग अपने वंचित जीवन पर छाये हुए अन्याय के शिकंजे से मुक्ति के लिए वर्ग-संघर्ष की अवधारणा से जुड़ते हैं। उन्हें लगता है कि नक्सलवाद उन्हें बेहतर मजदूरी, भूमि के पुनर्वितरण, दमन और बेगार से छुटकारे के साथ-साथ बलात्कार, धमकियों और रिश्तेदारों के साथ संपत्ति के विवादों से निजात दिलवा सकता है। जहानाबाद जिले के मखदमपुर ब्लाक में मजदूर किसान संग्राम परिषद के सामने लोगों द्वारा मई-जून, १९९५ में पेश की गयी अर्जियों पर एक नजर डालने से साफ हो जाता है कि दलित मजदूरों की नक्सलवादियों से क्या-क्या अपेक्षाएँ हैं। खास बात यह है कि इन अर्जियों की भाषा सरकार के सामने दी गयी अर्जियों से मिलती-जुलती है। यह इस बात का सबूत है कि बिहार के अन्य इलाकों की तरह मध्य बिहार में भी राज्य सरकार का कामकाज न के बराबर ही है। इस स्थिति में जनता नक्सलवादी आंदोलन से वही अपेक्षा करती है जो उसे किसी सरकार से करनी चाहिए। वह चाहती है कि उसके रोजमर्रा के प्रश्नों की सुनवाई हो और उसे न्याय मिले। दलितों के सामने नक्सली संगठनों से जुड़ने के पीछे एक बड़ा कारण स्थानीय स्तर पर बिहार के समाज की राजनीतिक संरचना है जिसमें ऊँची जातियों को काँग्रेस और भाजपा जैसे दलों की सुरक्षा प्राप्त है। गाँव में हालात ऐसे हैं कि कोई भी तटस्थ नहीं रह सकता। इसलिए बिना किसी राजनीतिक पक्ष में शामिल हुए दलित समुदाय खुद को असुरक्षित महसूस करते हैं और नक्सली संगठनों को छोड़ कर कोई और राजनीतिक संरचना दलित हितों को अपनाती हुई नहीं दिखाई देती।

नक्सलवाद का नतीजा

नक्सली आंदोलन की शुरुआत से पहले दलित मजदूरों के काम करने की अवधि तय नहीं थी। भोर होते ही नित्य कर्मों से निबट कर वे मालिक के खेतों में पहुँच जाते थे और सूरज डूबने तक काम करते रहते थे। बीच में केवल नाश्ता और खाना दिये जाने के वक्त उन्हें थोड़ा-सा सुस्ताने का मौका मिलता था। मजदूरी का भुगतान भी नियमित नहीं था। राजनीतिक रूप में संगठित होने पर बेहतर मजदूरी के लिए किए गए अनगिनत संघर्षों के कारण उनकी कार्यदशाओं में कुछ सुधार हुआ। उन्हें मजदूरी ज्यादातर नकदी के बजाय खाद्य पदार्थों के रूप में ही मिलती है, लेकिन दिये जाने वाले अनाज की क्वालिटी बेहतर हुई है। अब उन्हें खेसारी के बजाय चावल या गेहूँ का आटा मिलता है। मजदूरी की मात्रा किसी गाँव में कुछ है और किसी में कुछ। कहीं नाश्ता और खाना मिला कर और कहीं बिना उसके दो से साढ़े तीन किलो चावल दिया जाता है। नाश्ते में आमतौर पर गुड़ का शर्बत और निर्धारित संख्या में रोटियाँ होती हैं। खाने में ज्यादा से ज्यादा चार रोटियाँ या सत्तू, एक हरी मिर्च, प्याज के कुछ कतरे और कभी-कभी अचार का एक टुकड़ा मिलता है। खाना

अगर मिलता भी है तो आमतौर पर केवल पुरुष श्रमिकों को ही। काम करने के घंटे अब निर्धारित हैं और दोपहर में नियमित रूप से सुस्ताने का समय मिलता है। मजदूरी नियमित हो गयी है। अधिकतर गाँवों में महिलाओं और पुरुषों का मेहनताना समान है। पत्थर के बाँटों की जगह नियमित बाँटों ने ले ली है। मजदूरों पर अब पहले के मुताबिक कम कड़ी निगाह रखी जाती है। खेतों में यौन उत्पीड़न के मामले तकरीबन खत्म हो गये हैं। बेगार करने की प्रथा कमोबेश खत्म हो गयी है। हालत में इस सुधार के बावजूद जहानाबाद के जिला प्रशासन ने नब्बे के दशक की शुरुआत में स्वीकार किया था कि ९३४ गाँवों में से ७८५ में न्यूनतम मजदूरी (साढ़े तीस रुपया प्रतिदिन या चार किलो अनाज और आधा किलो सत्तू) नहीं दी जाती और ७८५ में से १५७ गाँवों में तो मजदूरी की स्थानीय रूप से स्वीकृत दरों का भी भुगतान नहीं होता। जाहिर है कि आंदोलन और हिंसा के डर के बावजूद न्यूनतम मजदूरी कानून का भी पालन पूरी तरह सुनिश्चित नहीं किया जा सका है। फिर भी दलितों के ऊपर हालात में हुए थोड़े-बहुत सुधार का असर भी देखा जा सकता है। कई ग्रामों में मजदूरों का कहना था कि अब उन्हें भूखा नहीं रहना पड़ता और अब वे पिछले वक्तों की बुरी हालत के मुकाबले कुछ 'खुशहाल' हैं।

भौतिक बेहतरी से भी चमारों, पासवानों, दुसाधों और माँझियों के लिए ज्यादा अहम यह तथ्य है कि राजनीतिक रूप से संगठित होने के कारण अब उनकी जीवन दशा का नियंत्रण पहले से कहीं अधिक सीमा तक उनके हाथ में है। न्यूनतम मजदूरी और बेहतर जीवन-दशाओं के लिए किया जानेवाला संघर्ष, जमींदारों की अतिरिक्त जमीन की जब्ती और उसके पुनर्वितरण का संघर्ष करते-करते दलितों में व्यवस्था-विरोधी भावनाएँ प्रखर होती गयी हैं। भूमि-संघर्षों के कारण उनके वर्गीय हित उन्हें दूसरी जाति के अपनी ही तरह शोषित-दमित तबकों के नजदीक ले गये हैं। वे अपने जीवन के अँधेरों को वामपंथी राजनीति के नक्सली रूप से निकली रोशनी से मिटाना चाहते हैं। इस संघर्ष ने दलितों को सिखा दिया है कि उनके दुश्मन कौन-कौन-से हैं। उनके सामने साफ है कि जमींदार, सरकार और पूँजीपति मिल कर शासक वर्ग का निर्माण करते हैं। वे खुद को एक ऐसे रास्ते को सचेत रूप से चुनते हुए देखते हैं जिस पर चलने में उन्हें इस शासक-वर्ग से टकराना ही पड़ेगा। अस्सी और नब्बे के दशकों में हर एक जमींदार तबके ने, चाहे वे ऊँची या मध्य जातियों के हों, हिंदू या मुसलमान हों, ने नक्सलवादी आंदोलन का मुकाबला करने के लिए निजी सेनाएँ बनायीं। इन सेनाओं ने अनेक जनसंहारों को अंजाम दिया जिनमें कई निर्दोष दलितों की बेहद क्रूरतापूर्वक हत्या की गयी। अब यह लगभग साबित हो चुका है कि इन सभी सेनाओं को राजनीतिक संरक्षण प्राप्त था।

दलितों को लगता है कि आजादी के बाद पहली बार मुसीबत में उनका साथ देने के लिए नक्सलियों के रूप में कोई मौजूद है। चाहे ऊँची जातियों के खिलाफ हो या सरकार की पुलिस के खिलाफ संघर्ष हो, नक्सली साथी उनके कंधे से कंधा मिलाने के लिए तैयार खड़े हैं। वे भाकपा (माले) को गरीबों की पार्टी मानते

हैं। इस पार्टी के आह्वान पर वे धरने, सड़क जाम, घेराव और हड़ताल करने के लिए तत्पर रहते हैं। अत्याचारी जमींदारों को झुकाने के लिए नक्सली उनकी आर्थिक नाकेबंदी कर देते हैं। उनकी जमीन परती पड़ी रहती है। उनकी बसें और ट्रक जला दिये जाते हैं और उनके परिवार के जालिम सदस्यों को नक्सली हथियारबंद दलों की गोलियों का निशाना बनना पड़ता है। इस तरह कई गाँवों में सामंतों के खिलाफ हुए कठोर संघर्षों के कारण उनके दबदबे को तोड़ा जा सका और दलित जमींदारों की मनोवैज्ञानिक पकड़ से एक हद तक मुक्त हो सके। प्रतिहिंसा से डरे हुए कुछ जमींदार नक्सलियों द्वारा लगायी जानेवाली लोक अदालत के सामने समर्पण भी कर देते हैं।

नक्सली दलों ने जमींदारों और उनकी पुलिस से ही लोहा नहीं लिया, वरन् उन्होंने निचली जातियों और अन्य गरीब किसानों को सतानेवाले अपराधी तत्त्वों का सफाया भी किया है। जमींदारों द्वारा नक्सलियों से लड़ने के लिए बनायी गयी विभिन्न निजी सेनाओं का हश्र भी ऐसा ही हुआ। भूमि सेना, ब्रह्मर्षि सेना, कुँअर सेना, लोरिक सेना, आदि के पराभव से मध्य बिहार में नक्सली प्रभुत्व स्थानीय रूप से पुष्ट हो चुका है, यद्यपि जमींदार १९९४ में बनी रणवीर सेना के जरिये उसे अपनी चुनौती देना जारी रखे हुए हैं। मध्य बिहार के नक्सल प्रभावित क्षेत्रों में यात्रा करते हुए अक्सर खेत के बीच में लगा हुआ लाल झंडा नजर आता है। इसका मतलब होता है कि यह भूखंड या तो कानूनी हदबंदी के अलावा है या फिर यह गैरमजरुआ भूमि है, जिसे जमींदार ने हड़प लिया था। अब नक्सली संगठन ने इस पर अपना झंडा गाड़ दिया है। जमींदार आमतौर पर इस दावे का विरोध करता है और लंबी लड़ाई छिड़ जाती है। हिंसा होती है। अगर नक्सलवादी जीतते हैं तो जमीन को खेती या घर बनाने के लिए गरीबों में बाँट दिया जाता है। माओवादी कम्युनिस्ट केंद्र इस तरह जब्त की गयी जमीन को निजी तौर पर वितरित नहीं करता। वह ग्राम स्तर पर क्रांतिकारी किसान कमेटी बना कर उसको नियंत्रण में रखता है। जबकि लिबरेशन और पार्टी यूनिटी अपने संगठन के भूमिहीनों को प्राथमिकता देते हुए वितरित करते हैं। कभी-कभी संगठन द्वारा जब्त की गयी जमीन को अपने संगठन के सदस्यों को बँटाई पर उठाने के मामले भी देखे गये हैं।

नक्सलवाद ने दलितों को सार्वजनिक संपत्ति के मालिकाने में समान हिस्सेदारी दिलाने की लड़ाई भी छेड़ी है। इस तरह दलितों को गाँव के समान हैसियत के वासी की तरह उभरने का मौका मिला है। गैरमजरुआ जमीन के लिए और गाँव के पोखर के इस्तेमाल के लिए संघर्ष इस प्रक्रिया के उदाहरण हैं। नक्सलवादी संगठन पोखर के पानी और उसकी मछलियों पर गरीबों का नियंत्रण स्थापित कर पाये हैं।

दलितों के लिए नक्सलवाद ने मध्य बिहार में इज्जत की लड़ाई छेड़ कर बेहद अहम सामाजिक स्वतंत्रता के अनिवार्य पहलुओं की उपलब्धि की है। निचली जातियों की औरतों के साथ बलात्कार की घटनाओं में काफी कमी आयी है। अब किसी दलित को मनमाने तरीके से नहीं मारा-पीटा जा सकता। दलित अपनी मेहनत

किसी भी जमींदार को न बेचने के लिए स्वतंत्र हैं। साफ कपड़े पहनने, खटिया पर बैठने और जमींदार की दखलंदाजी के बिना अपने मेहमानों की आवभगत करने के अधिकार ने उनके सामाजिक जीवन को काफी हद तक बेहतर किया है।

नक्सलवाद के कारण मध्य बिहार के दलित खेत मजदूरों की तरफ सारे देश का ध्यान गया है। वे एक ऐसे समूह के रूप में उभरे हैं जो अपने हक और आत्मसम्मान के लिए मारने और मरने के लिए तैयार हैं। मध्य बिहार के दलित नक्सलवाद के दिशा-निर्देशन में ग्रामीण सत्ता की संरचना को बदलना चाहते हैं। नक्सलवाद से पहले वे नहीं जानते थे कि वोट डालने का अधिकार क्या है। लेकिन अब ऐसा नहीं है। जमींदारों का दबदबा टूटने के कारण वे (आमतौर पर लिबरेशन गुट के) अपनी मर्जी के उम्मीदवार को वोट दे पाते हैं। जिन इलाकों में पार्टी यूनिटी या एम.सी.सी. चुनाव बहिष्कार की राजनीति करते हैं, वहाँ भी बूथ कब्जे या बूथ लूटने की घटनाएँ कम हुई हैं।

समस्याएँ और सीमाएँ

मध्य बिहार के नक्सलवादी आंदोलन ने कई उतार-चढ़ाव देखे हैं। ऐसे कुछ क्षेत्रों में आंदोलन ठंडा पड़ गया है जहाँ कभी वह काफी तेज था लेकिन उसका प्रसार नये क्षेत्रों में भी हुआ है। आंदोलन ने बिहार की प्रादेशिक राजनीति पर तो असर नहीं डाला लेकिन स्थानीय राजनीति और समाज पर उसकी स्थायी छाप देखी जा सकती है। दलितों को खेत मजदूरों और गरीब किसानों के एक वर्ग के रूप में संगठित करने का उनका प्रयास अनूठा है। उनकी उपलब्धियाँ अभूतपूर्व हैं, लेकिन संघर्ष की सीमाएँ और समस्याएँ भी विचारणीय हैं।

खेत मजदूरों और गरीब किसानों की वर्गीय एकता को कुचलने के लिए ऊँची जातियों के बड़े किसानों और जमींदारों ने भी अपनी निजी सेनाएँ बनायीं। टकराव की इस प्रक्रिया ने वर्ग ध्रुवीकरण के सिलसिले में बाधा डाली। निजी सेनाओं में ऊँची जातियों के गरीबों ने और मध्य जातियों के कुछ सदस्यों ने भी हिस्सा लिया। इस तरह यह संघर्ष वर्गीय आधार के साथ-साथ जातिगत आधार पर भी विकसित हुआ। जाति-चेतना के उन्मूलन में यह परिस्थिति आड़े आयी। एक नक्सली संगठन माओवादी कम्युनिस्ट केंद्र ने तो जातिगत संहारों का जवाब उसी तर्ज पर किये गये ऊँची जातियों के संहारों से देना शुरू कर दिया। इससे भी जाति-चेतना को पानी मिला। नक्सलवादियों द्वारा की गयी वर्गीय एकता और जमींदारों द्वारा की गयी वर्गीय एकता में दोनों तरफ जातिगत गोलबंदी का असर आसानी से देखा जा सकता है।

यह सही है कि भूमि-संघर्षों के आस-पास गोलबंदी के कारण आंदोलन जातिवाद के शिकंजे में फँसने से बचा रहा, लेकिन नक्सली संगठनों द्वारा जाति-प्रथा को चुनौती देने का ठोस प्रयास नहीं किया गया।[१४] जमींदारों की चौधराहट को अस्वीकार करने की प्रक्रिया में ऊँची जातियों के वर्चस्व को ठुकराया गया, लेकिन यह जाति-प्रथा को एक अप्रत्यक्ष चुनौती ही मानी जा सकती है। नक्सलवादियों को

ऊँची जातियों के विरोध में मुद्रा अख्तियार करनी पड़ी, लेकिन उनका यह रवैया जाति की संस्था और उसकी अवधारणा के खिलाफ संघर्ष की भित्ति नहीं खड़ी कर सका। संघर्ष के क्षेत्रों का अध्ययन करते समय देखा गया कि कुछ स्थानीय नेताओं ने अपना परिचय देते समय अपनी जाति का परिचय देना जरूरी समझा। नक्सलवादी संगठनों ने जातिगत अवमानना का मुद्दा उठा कर 'इज्जत की लड़ाई' को वर्ग-संघर्ष का अहम हिस्सा तो बना दिया, लेकिन उन्होंने अपनी विचारधारा के दायरे में जाति के प्रश्न का सूत्रीकरण करना जरूरी नहीं समझा। इसका सबसे बड़ा कारण तो यह था कि चालू मार्क्सवादी-लेनिनवादी सोच में जाति की अवधारणा शामिल नहीं है। दूसरे, कार्यकर्त्ताओं और नेताओं में जाति का प्रश्न उठाना क्रांति के बजाय समाज सुधार के 'दोयम दर्जे' के काम से जुड़ा माना जाता है। चुनावी राजनीति में उतरने के बाद नक्सलियों ने जाति और राजनीति के अंतर्संबंधों का उसी तरह इस्तेमाल किया जैसे अन्य पार्टियाँ करती हैं और उन्हें तकरीबन उसी तरह के फायदे-नुकसानों से दो-चार होना पड़ा। नक्सलवादी आंदोलन के शीर्ष नेतृत्व पर भी अन्य कम्युनिस्ट पार्टियों की भाँति ऊँची जाति की पृष्ठभूमि से आए कॉमरेडों का वर्चस्व बना रहा। इसका प्रमुख कारण यह था कि मार्क्सवाद-लेनिनवाद पर शास्त्रीय महारत हासिल करने और पार्टी के अंदर होनेवाले विचारधारात्मक विवादों में भाग लेने लायक योग्यता और शैक्षिक पृष्ठभूमि दलितों के पास हो ही नहीं सकती थी। इसलिए नक्सली संगठनों का नेतृत्व भी ऐसे तबकों और जाति-समूहों से ही आना था जो इस पारंपरिक रूप से बेहतर स्थितियों में रहे हैं।

जाति के साथ-साथ आंदोलन लैंगिक प्रश्न की उपेक्षा करता हुआ लगता है। सैद्धांतिक रूप से आंदोलन नारी के अधिकारों के पक्ष में है लेकिन व्यावहारिक रूप से महिलाओं के भूमि-संबंधी अधिकारों पर ध्यान देने के लिए तैयार नहीं है। आंदोलन के नेतृत्व पर पूरी तरह मर्दों का दबदबा है। महिलाएँ बड़े पैमाने पर आंदोलन की गतिविधियों में भाग लेती हैं। वे भूमिगत हथियारबंद दस्तों में भी भागीदार रहीं। लेकिन उनकी भूमिका को सीमित दृष्टि से ही देखा जाता है और उसे वह श्रेय नहीं मिलता जो मिलना चाहिए। राजनीतिक दृष्टि से खेत मजदूर महिलाओं के प्रति पार्टी का फार्मूला यह है कि वे उसके महिला संगठन की सदस्यता लें, जबकि उनके पतियों के लिए मजदूर-किसान मोर्चा होता है। यहीं सवाल उठता है कि क्या महिलाएँ मजदूर-किसान नहीं हैं? क्या उनका संबंध केवल 'नारी-मुक्ति' से ही है? क्या उनकी सभी मोर्चों पर सक्रिय और समान हैसियत से हिस्सेदारी ही नारी मुक्ति के कार्यक्रम को व्यापकता प्रदान नहीं कर देगी? मैं स्पष्ट करना चाहती हूँ कि मैं महिला संगठन की आवश्यकता को कम करके नहीं आँक रही हूँ। उन्हें अपने अलग संगठन में संगठित होना ही चाहिए लेकिन इस प्रक्रिया में समग्र आंदोलन में उनकी भूमिका सीमित नहीं होनी चाहिए। महिलाओं के लिए अलग संगठन बनाने की जरूरत उनके राजनीतिक दायरे को और बढ़ाने के लिए

हुई थी न कि घटाने के लिए।

दैनिक जीवन में देखा जा सकता है कि पूर्णकालिक पुरुष कार्यकर्ता आमतौर पर घरों से दूर रहते हैं और महिलाओं को अकेले ही पूरी गृहस्थी चलानी पड़ती है। ये महिलाएँ पार्टी के अन्य कामरेडों की भी देखभाल करती हैं और साथ ही वे संगठन की रैलियों में भी जाती हैं। जो कार्यकर्ता अपना कुछ समय घर में गुजारते भी हैं वे भी घर के कामों में भागीदारी करते हुए नजर नहीं आते। इन कार्यकर्ताओं की पत्नियाँ, माताएँ और बहिनें अपना अधिकांश समय घरेलू कामकाज में ही गुजारती हुई नजर आती हैं जैसे समाज की अन्य बहिनें। अतः आंदोलन से जुड़ी औरतों को राजनीतिक चेतना का वह अवदान नहीं मिल पाता जो पुरुषों को आसानी से उपलब्ध हो जाता है। कुल मिला कर नक्सलवादी आंदोलन में महिला-भागीदारी तकरीबन अदृश्य है और उनकी मुक्ति का कार्यभार प्राथमिकता हासिल नहीं कर पाता।

बिहार में औपचारिक शिक्षा की हालत वैसे भी खराब है, ऊपर से गैरद्विज जातियों और वर्गों में पढ़ाई लिखाई का स्तर तो न के बराबर ही है। नक्सलवादी आंदोलन के इलाकों में बच्चों की स्कूली शिक्षा सबसे पहले वर्ग-संघर्ष की भेंट चढ़ जाती है। असुरक्षा और हिंसा का माहौल स्कूलों के चलने में बाधा डालता है। भोजपुर के चाँदी हत्याकांड के बाद यह मुद्दा उभर कर सामने आया। इस हत्याकांड के बाद न केवल चाँदी में बल्कि पास के कई गाँवों में स्कूली शिक्षा का क्रम भंग हो गया। मेरे अध्ययन के इलाकों में नक्सलियों द्वारा स्कूल-प्रणाली के प्रभावी उपयोग के लिए संघर्ष के उदाहरण न के बराबर ही देखने में आये।[१५] समांतर स्कूली-प्रणाली बनाने की कोशिश का एक प्रमाण देखने को मिला पर उसकी समस्याएँ भी काफी स्पष्ट दिखीं। जहानाबाद में मजदूर किसान संग्राम परिषद द्वारा चलाये गये एक स्कूल में मैं गयी। मुझे यह भी पता चला कि गया जिले में माओवादी कम्युनिस्ट केंद्र ने भी एक स्कूल खोला है। लेकिन, पार्टी यूनिटी के एक कार्यकर्ता का कहना था कि मानवीय तथा अन्य संसाधनों की कमी के कारण इस तरह के प्रयासों की एक सीमा होती है। आंदोलन का चरित्र भी ऐसे कामों में बाधाएँ पैदा करता है। माओवादियों के स्कूल के साथ ऐसा ही हुआ। कुछ 'वांछित उग्रवादियों' को पकड़ने के चक्कर में पुलिस ने स्कूल पर सदल-बल हमला बोल दिया और स्कूल को बाकायदा उद्घाटन से पहले ही बंद करना पड़ा।

इन तमाम दिक्कतों के बावजूद लगता है कि नक्सली आंदोलन शिक्षा के मामले में और सृजनशीलता का प्रदर्शन कर सकता था। मध्य बिहार में कई दशकों की नक्सली गतिविधियों के बाद भी आंदोलन का जनाधार बड़े पैमाने पर निरक्षरता के शिकंजे में है। यहाँ तक कि आंदोलन की तीसरी पीढ़ी के बच्चे भी इसके शिकार हैं। लोगों को राजनीतिक रूप से शिक्षित करके उनकी राजनीतिक-चेतना उन्नत करने में लगे नक्सलियों को औपचारिक शिक्षा के महत्त्व की अनुभूति नहीं है। वे इसे वर्ग-संघर्ष का औजार बनाने पर कोई विचार करते हुए नहीं दिखाई देते। कक्षा

में वर्ग-संघर्ष की धारणा अभी उनके चिंतन का अंग नहीं बन सकी है। शिक्षा को वे क्रांति के बजाय सुधार का अंग समझते हैं। यह प्रवृत्ति क्रांतिकारी प्रक्रिया की इकतरफा समझ के अलावा कुछ नहीं है। वे राज्य के स्तर पर तो सत्ता के समीकरण बदलना चाहते हैं लेकिन शिक्षा के जरिये कमजोर वर्ग का सबलीकरण करना उनकी कार्यसूची का अंग नहीं है। ऐसा नहीं है कि नक्सलवादी आंदोलन के कारण व्यक्ति के तौर पर लोगों का सबलीकरण न हुआ हो पर नक्सली नेतृत्व ने ऐसे कई अवसरों की उपेक्षा की है। शायद मध्य बिहार के कम्युनिस्ट क्रांतिकारी लातीनी अपेरिका में कम्युनिस्टों द्वारा शिक्षा के जरिये लोकप्रिय गोलबंदी के उदाहरण देखने के लिए तैयार नहीं हैं। चीन और क्यूबा में भी जन-शिक्षा अभियान कम्युनिस्टों के कार्यक्रम का प्रमुख अंग रहा है।[१६]

वैसे तो नक्सलवादी बुनियादी मानवाधिकारों का झंडा बुलंद करते हैं लेकिन कई जगहों पर उनके ऊपर भी मानवाधिकारों के उल्लंघन का आरोप लगा है। वह चाहे ऊँची जातियों और वर्गों पर की गयी ज्यादतियाँ हों या फिर आंदोलन के अंदर की घटनाएँ हों। कई ज्यादतियाँ तो ऐसी हैं कि उन्हें क्रांतिकारी हिंसा की श्रेणी में रख कर देखना भी मुश्किल है। १९८७ में औरंगाबाद के दलेलचक और बघौरा गाँवों में ४२ राजपूतों का संहार और इसके बाद गया के बारा गाँव में ३६ भूमिहारों का संहार, ऐसी घटनाओं को चर्चित मिसालों के रूप में लिया जा सकता है। हालाँकि ये संहार ऊँची जातियों की सेनाओं द्वारा की गयी हत्याओं की प्रतिक्रिया में किये गये थे लेकिन इनकी बर्बरता और जघन्यता ने अन्य नक्सलवादी गुटों को भी ऐसी कार्रवाइयों की आलोचना करने पर विवश कर दिया।

हिंसा से परहेज न करनेवाले नक्सलवादी आंदोलन में भागीदारी ने मध्य बिहार के दलितों को एक तरह के हिंसा-चक्र में फँसा दिया है। कभी पुलिस टूट पड़ती है तो कभी जमींदारों की गुंडा वाहिनियों का सामना करना पड़ता है। दलित लगातार प्रतिरोध और दमन के ज्वार-भाटे से गुजरने के लिए मजबूर हैं। नक्सलवादी नेतृत्व इसे क्रांतिकारी संघर्ष का अपरिहार्य हिस्सा मानता है लेकिन इस जवाबी हिंसा का क्रांतिकारी मूल्य बहसतलब है। लोकप्रिय गोलबंदी के मामले में इस हिंसा का कुछ और ही असर पड़ता है। एक तरफ यह हिंसा गरीबों का संग्रामी संकल्प बढ़ाती है और उन्हें आंदोलन पर उत्तरोत्तर निर्भर बनाती हुई उससे संबंध तोड़ने की गुंजाइशों को सीमित कर देती है, दूसरी तरफ इसके कारण उनमें निष्क्रियता आती है और वे आंदोलन में यकीन खो कर निरंतर तनाव में रहने के कारण अंत में थक जाते हैं। हिंसा-चक्र क्रांतिकारी राजनीति को बदले की राजनीति में फँसा देता है और 'खून का बदला खून से लेंगे' जैसे नारे लोकप्रिय हो जाते हैं। पूरी क्रांतिकारी गतिविधि गुंडा वाहिनियों को उन्हीं की शैली में जवाब देने तक सीमित हो जाती है। इससे बननेवाले माहौल में नक्सलवादियों की विकृत छवि उभरती है जिसके कारण उनके आंदोलन के व्यापक लक्ष्य लोगों की निगाहों से ओझल हो जाते हैं। वर्षों से आतंक और चौकन्नेपन की हालत में रहनेवाले दलितों को रोज-ब-रोज प्रतिरक्षा या

आक्रमण का या तो सामना करना पड़ता है या उसमें भागीदारी करनी पड़ती है। नक्सलवादी नेताओं का कहना है कि हिंसा का कोई विकल्प नहीं है। लेकिन अगर उन्होंने लोकप्रिय जनगोलबंदी पर ज्यादा भरोसा किया होता तो क्रांतिकारी किसान आंदोलन से मिले लाभों को कुछ कम कीमत पर भी हासिल कर सकते थे।

संभावनाएँ

नक्सलवादी क्रांति करने में अभी तक सफल नहीं हो पाये हैं। अध्ययन से साफ होता है कि लोग अपनी जिंदगी और समाज में बदलाव तो चाहते हैं लेकिन उनकी इस भावना और इच्छा को क्रांति करने की इच्छा का पर्याय समझ लेना भूल होगी। उनके आंदोलन में शामिल होने का मतलब क्रांति के लिए हाँ करना नहीं होता। ऐसा मान जरूर लिया जाता है कि शुरू में नहीं तो बाद में राजनीतिक चेतना उन्नत होने पर वे क्रांति के विचार के प्रति समर्पित हो जाएँगे। असलियत यह है कि लोग क्रांति के दीर्घकालीन विचार के प्रति लगाव के कारण नहीं बल्कि अपनी जीवन-स्थितियों के कारण और आंदोलन के फौरी लक्ष्यों में अपने हित के कारण आंदोलन में शामिल होते हैं।

नक्सलवाद ने निर्विवाद रूप से मध्य बिहार के मजदूरों और दलितों का सबलीकरण किया है। हालाँकि सबलीकरण की प्रक्रिया अभी काफी दूर तक चलाये जाने की जरूरत है पर यह मानना पड़ेगा कि इस आंदोलन के कारण दलितों का आत्मविश्वास उल्लेखनीय रूप से बढ़ा है। आर्थिक रूप से उनकी हालत सुधरी है, सामाजिक रूप से वे जमींदारों के दमन को चुनौती देने में सफल हुए हैं और राजनीतिक रूप से इस आंदोलन ने उन्हें एक ताकत में बदल दिया है। इस परिवर्तन ने स्थानीय और क्षेत्रीय रूप से सत्ता के समीकरणों को प्रभावित किया है और अब इस इलाके के दलितों को कमजोर समझने की भूल कोई नहीं कर सकता। अगर आदर नहीं तो उनका निरादर या खुले आम उपहास भी नहीं किया जा सकता। कभी-कभी तो कल की दमनकारी शक्तियों को उनसे डरना भी पड़ता है।

बेहतर जीवन का मतलब यदि बेहतर भोजन, आवास, शिक्षा, रोजगार, डर और हिंसा से मुक्ति है तो यह कहना पड़ेगा कि नक्सलवादी आंदोलन का दलितों के जीवन पर मिला-जुला असर पड़ा है। आमोद-प्रमोद और हँसी अभी उनकी जिंदगी से दूर है। सबलीकरण के लिए उन्हें भारी कीमत चुकानी पड़ी है। पुराने डर जरूर खत्म हुए हैं लेकिन उनकी जगह नये डरों ने ले ली है। मजदूरी बढ़ी है, गैरमजरुआ जमीन पर घर बनाने के लिए और एक हद तक हदबंदी से बेशी जमीन पर खेती के लिए कब्जे मिले हैं लेकिन यह निजी अथवा सार्वजनिक विकास की कीमत पर हुआ है। नक्सली नेताओं ने गाँव या इलाका स्तर पर विकास में यह कह कर कोई रुचि नहीं ली है कि यह सुधार का काम है और इसे क्रांति के बाद किया जायेगा। उल्टे उन्होंने ठेकेदारों से टैक्स वसूल करके सड़क बनाने जैसे विकास के कामों में रुकावट ही डाली है। लब्बोलुवाब यह है कि आंदोलन की इस क्षेत्र के

विकास में दिलचस्पी नहीं है। कुछ नक्सली नेताओं का तो यह भी मानना है कि यह क्षेत्र जितना अविकसित रहेगा क्रांति की संभावनाएँ उतनी ही ज्यादा होंगी। वे विकास को क्रांति-चेतना का विरोधी मानते हैं। बिजली के अभाव में अँधेरी रातें और सड़कें न होने से गाँवों के अलग-थलग पड़े रहने में उन्हें सरकारी दमन से बचाव दिखता है।

कठोर हालात का मुकाबला करते-करते गरीब जनता और कार्यकर्ताओं में एक तरह की थकान के लक्षण दिखने लगे हैं। आंदोलन के कई पुराने समर्थन-आधारों में गतिरोध की स्थिति पैदा हो गयी है। राजनीतिक निष्क्रियता तो पैदा हुई ही है, साथ ही लोग अपेक्षाकृत आसान राजनीति के लिए अन्य पार्टियों में भी जाने लगे हैं। सबलीकरण की कीमत अपनी जिंदगी से चुकाने के बाद भी जब संघर्ष का कोई अंत न दिखे तो कदम पीछे रखने का तर्क समझा जा सकता है। उन्हें अपने जीवन में क्रांति होते हुए नहीं दिखती। 'दीर्घकालीन लोकयुद्ध' झेलना या उसमें टिके रहना सबके बस की बात नहीं होती।

नक्सलवादी आंदोलन की संभावनाओं और भविष्य की भूमिका के बारे में मेरा ख्याल है कि उसकी प्रासंगिकता बनी रहेगी। इस आंदोलन में काफी संभावनाएँ हैं। जब तक लोग गरीबी, निरक्षरता, शोषण और उससे संबंधित समस्याओं के शिकार रहेंगे तब तक उनके हितों को बुलंद करनेवाले ऐसे आंदोलन की जरूरत पड़ती रहेगी। 'गरीबी हटाओ' जैसे खोखले नारों पर एक बार वोट तो बटोरे जा सकते हैं लेकिन आम जनता जल्दी ही उनकी असलियत पहचान जाती है। मध्य बिहार के दलित जानते हैं कि वहाँ केवल नक्सलवादी आंदोलन ही गरीबों की पार्टी कहलाने का सच्चा हकदार है। लेकिन दूसरा पहलू यह है कि आंदोलन की जिजीविषा तभी तक कायम रहेगी जब तक लोगों को उसमें अपनी समस्याओं का समाधान दिखता रहेगा। जैसे-जैसे लोगों की जरूरतों और नक्सलवाद के विचार के बीच अंतराल बढ़ेगा वैसे-वैसे उसकी तीव्रता मंद होने के अंदेशे भी बढ़ते चले जाएँगे। इस समय आंदोलन अपने नेताओं द्वारा पाले गये माओवादी क्रांति के सपने और आम लोगों द्वारा व्यावहारिक बदलाव की आकांक्षा के बीच समझौते के दौर में है। जनता का, खास कर दलितों का सच्चा आंदोलन बनने के लिए आंदोलन के नेताओं को उनके सरोकारों की बेहतर परवाह करना सीखना और उनके साथ कदम से कदम मिला कर चलना सीखना होगा। आंदोलन ने जब भी ऐसा किया है, उसे बेइंतिहा लोकप्रियता मिली है। नक्सलवादी गुटों के खुले मोर्चे इसका उदाहरण हैं। लिबरेशन के **इंडियन पीपुल्स फ्रंट** और पार्टी यूनिटी की **मजदूर किसान संग्राम समिति** के साथ मध्य बिहार के दलित अपनापा महसूस करते रहे हैं। दरअसल, इन्हीं संगठनों के कार्यक्रमों में भागीदारी करके लोगों ने अपना राजनीतिकरण किया है। जब वे **हमारा पार्टी** का जिक्र करते हैं तो उसका मतलब यही संगठन होते हैं। ये खुले संगठन उनके प्रति जवाबदेह होते हैं जबकि भूमिगत पार्टी और जनता के बीच सोच के अंतर की समस्या पैदा होने का अंदेशा ज्यादा रहता है।

नक्सलवाद की एक बड़ी समस्या है इस आंदोलन की टूट, गुटबाजी और सतत चलता हुआ गृहयुद्ध। इस चक्कर में ये गुट उस जनता के हितों के ही खिलाफ चले जाते हैं जिसके पक्ष में खड़े होना उनका मकसद होता है। एक धड़े से संबंधित खेतिहर मजदूर दूसरे धड़े से जुड़े खेतिहर मजदूरों के खिलाफ हो जाते हैं। कई विचारधारात्मक और राजनीतिक मतभेदों के बावजूद नक्सलवादी धड़ों के बीच सहमति के बिंदु तलाशे जा सकते हैं और यदि नेतृत्व ने जल्दी ही ऐसा न किया तो आंदोलन का गतिरोध बढ़ता चला जायेगा। न्यूनतम मजदूरी, जमीन पर जबरिया कब्जे और सामाजिक उत्पीड़न जैसे मसलों को अपने-अपने इलाकों में उठाने के साथ ही नक्सलवादी धड़े इन्हीं समान मुद्दों पर आपसी एकता भी निकाल सकते हैं। वे चाहें तो भ्रष्टाचार, प्राथमिक शिक्षा, लैंगिक समता और मानवाधिकार जैसे सवालों पर संयुक्त कार्रवाई कर सकते हैं। नक्सलवादी आंदोलन की एकता का मध्य बिहार के दलितों को वाकई फायदा मिल सकता है। इस एकता का उन्हें इंतजार है।

संदर्भ और टिप्पणियाँ

(इस आलेख के तथ्य मेरे पी-एच.डी. के शोध प्रबंध से लिये गये हैं। यह लेख मूलतः अंग्रेजी में लिखा गया था जिसका भाषांतर अभय कुमार दुबे ने किया और महत्त्वपूर्ण संपादकीय टिप्पणियाँ कीं जिनके लिए मैं उनकी आभारी हूँ।)

१. इस अवधि में मैंने पाँच जिलों के ५१ गाँवों का दौरा किया : भोजपुर, पटना, गया, जहानाबाद और औरंगाबाद। झारखंड का अलग राज्य बन जाने के बाद मध्य बिहार के नाम से जाना गया यह इलाका दरअसल अब दक्षिण बिहार बन गया है।

२. मध्य बिहार के दलित खुद को हरिजन कहते हैं। इसका मतलब यह नहीं है कि वे अपने उत्पीड़न के प्रति सचेत नहीं हैं बल्कि शायद इसलिए कि बिहार के दलितों में न महाराष्ट्र जैसा कोई आंदोलन चला और न ही किसी आंदोलन में आंबेडकर की शिक्षाओं को केंद्र बनाया गया।

३. १९८१ की जनगणना के आँकड़े, *सेंसस एटलस (बिहार)*, शृंखला ४, भाग १३,डायरेक्टर ऑव सेंसस एप्लीकेशन, बिहार

४. एच. आर. शर्मा, 'डिस्ट्रीब्यूशन ऑव लेंड होल्डिंग्स इन रूरल इंडिया, १९५३-५४ से १९८१-८२ तक', *इकॉनॉमिक एंड पॉलिटिकल वीकली*, खंड २६, पृष्ठ ए-१२-२५, मार्च

५. गवर्नमेंट ऑव इंडिया, १९९३, *एजुकेशन फॉर आल : दि इंडियन सीन*, नयी दिल्ली, मानव संसाधन विकास मंत्रालय, शिक्षा विभाग

६. बिहार में जमींदारी उन्मूलन और भूमि सुधारों के लिए देखें : अरविंद नारायण दास, *एग्रेरियन अनरेस्ट एंड सोशियो-इकॉनॉमिक चेंज इन बिहार, १९००-८०*, मनोहर, दिल्ली, १९८३; गवर्नमेंट ऑव बिहार, कोई तारीख नहीं, *मेमोरेंडम ऑन लेंड टेन्योर सिस्टम इन बिहार एंड मेजर्स टेकिन इन दि स्टेट फॉर एबोलीशन ऑव जमींदार*, पटना, राजस्व विभाग और बी.एन. युगांधर और के. गोपाल अय्यर (सं.), *लेंड रिफार्म्स इन इंडिया : बिहार-इंस्टीट्यूशनल कंस्ट्रेंट्स* (खंड १), सेज, नयी दिल्ली

७. सुमंत बनर्जी, *इंडियाज सिमरिंग रिवोल्यूशन : दि नक्सलाइट अपराइजिंग*, सिलेक्ट बुक सर्विस

सिंडीकेट, नयी दिल्ली

८. अधिक विस्तृत जानकारी के लिए देखें : ए.आर. नंदा, *प्रोवीजनल पापुलेशन टोटल्स : रूरल अरबन डिस्ट्रीब्यूशन,* सेंसस ऑव इंडिया १९९१, शृंखला १, १९९१ का प्रपत्र दो, नयी दिल्ली, रजिस्ट्रार जनरल का कार्यालय

९. फ्रेंसाइन आर. फ्रेंकेल, 'कास्ट, लेंड एंड डामिनेंस इन बिहार : ब्रेकडाउन ऑव दि ब्राह्मनिकल सोशल आर्डर', संकलित : *डामिनेंस एंड स्टेट पावर इन माडर्न इंडिया,* संपादक : एफ.आर. फ्रेंकेल और एम.एस.ए. राव, ऑक्सफोर्ड, दिल्ली; मूलत: इन आँकड़ों के लिए देखें हैरी डब्ल्यू. ब्लेयर, कास्ट, *पॉलिटिक्स एंड डेमोक्रेसी इन बिहार स्टेट, इंडिया : दि इलेक्शन ऑव १९६७,* डी.फिल. के लिए शोध, राजनीतिशास्त्र विभाग, ग्रेजुएट स्कूल ऑव आर्ट्स एंड साइंस, ड्यूक विश्वविद्यालय; जातियों के बारे में जानकारी के लिए देखें दस वार्षिकी जनगणना की प्रश्नावली।

१०. प्रकाश जहानाबाद जिले के एक गाँव के रहनेवाले हैं। उनका यह कथन १९९५ में उनसे हुई बातचीत का हिस्सा है।

११. बेला भाटिया, *दि नक्सलाइट मूवमेंट इन सेंट्रल बिहार,* डी,फिल. के लिए शोध प्रबंध, फेकल्टी ऑव सोशल एंड पॉलिटिकल साइंसेज, केम्ब्रिज विश्वविद्यालय

१२. आदिवासियों में ज्यादातर संथाल थे और दिलचस्पी की बात यह है कि उनमें से ज्यादातर बिहार से उत्तर बंगाल गये थे।

१३. १९९६ के बाद से परिस्थिति में कई उल्लेखनीय परिवर्तन हुए हैं जिनमें पार्टी यूनिटी और आंध्र के पीपुल्स वार गुट का आपसी विलय उल्लेखनीय है।

१४. पार्टियों के साहित्य में जाति के मसले पर बहसों और अन्य चर्चाओं की कमी नहीं है पर व्यवहार में जाति के प्रश्न को अलग ढंग से निपटाया जाता है।

१५. बेला भाटिया, *'रिथिंकिंग रिवोल्यूशन इन बिहार', सेमिनार,* अप्रैल, १९९८, पृष्ठ २७-३१

१६. डी. आर्चर और पी. कॉस्टेलो, *लिटरेसी एंड पावर,* अर्थस्केन, लंदन, १९९०

पार्टियों पर कम, राजनीतिक व्यवस्था पर ज्यादा यकीन

दलित मतदाताओं ने काँग्रेस को उप्र और बिहार जैसे बड़े और महत्त्वपूर्ण प्रदेशों में जरूर छोड़ दिया है लेकिन जहाँ उनके पास बहुजन समाज पार्टी, रिपब्लिकन पार्टी, वामपंथी दलों और क्षेत्रीय दलों का विकल्प नहीं है वहाँ वे काँग्रेस को वोट देना जारी रखे हुए हैं। काँग्रेस को इस समय भी कुल मिला कर देश-भर में सबसे ज्यादा दलित वोट मिलते हैं लेकिन इसके बावजूद दलित उसके वोट बैंक नहीं माने जा सकते। दूसरा निष्कर्ष यह है कि दलित अब किसी पार्टी के वोट बैंक नहीं हैं। अब हर पार्टी को उनके वोट लेने के लिए उनके ठोस हितों पर ध्यान देना पड़ेगा। तीसरा निष्कर्ष यह है कि दलित मतदाताओं का रुझान आमतौर पर वामपंथी और सेकुलर है। चौथा निष्कर्ष यह है कि साधनसम्पन्न हो चुके दलितों का मतदान संबंधी व्यवहार द्विज जातियों के साधनसम्पन्न मतदाताओं जैसा ही हो जाता है।

वोट डालनेवाले दलित

पुष्पेंद्र

ग्यारहवीं लोकसभा के १९९६ में हुए चुनावों से भारतीय राजनीति में बहुत बड़े परिवर्तन की शुरुआत मानी जा सकती है। इस चुनाव के बाद से एक पार्टी के वर्चस्व की जगह गठजोड़ों की राजनीति के युग ने ले ली और काँग्रेस के रुतबे में धीरे-धीरे गिरावट आने लगी। भारतीय जनता पार्टी संसद में सीटों के मामले में सबसे आगे निकल गयी और उसका सारे देश में सांगठनिक रूप से विस्तार भी हुआ। कई राज्यों में क्षेत्रीय पार्टियों का राजनीतिक महत्त्व बढ़ गया और समाजवादी पार्टी, समता पार्टी, जनता दल, राष्ट्रीय जनता दल, बहुजन समाज पार्टी, जैसी छोटी-छोटी पार्टियों को मजबूती मिली। इन छोटी पार्टियों के पास अपने-अपने खास समुदायगत समर्थन-आधार थे और इनके प्रभाव-क्षेत्र का दायरा सीमित था। दलगत राजनीति में हुए इन परिवर्तनों के पीछे भारतीय समाज में हुए कहीं व्यापक परिवर्तनों की भूमिका थी। समाज के विभिन्न तबके राजनीति में अपनी दावेदारी पेश करने में लगे हुए थे और पार्टियों की सामाजिक संरचना और उनके द्वारा की जानेवाली समूह-हितों की अभिव्यक्ति भी तेजी से बदल रही थी। चूँकि राष्ट्रीय पार्टियाँ इन हितों की परवाह कर पाने में कामयाब नहीं हो पा रहीं थी इसलिए भी

हित–आधारित छोटी पार्टियों की संख्या बढ़ती जा रही थी। द्विज जातियों ने, खास तौर से उत्तर भारत में, काँग्रेस का दामन छोड़ दिया था और कमोबेश भाजपा के पीछे गोलबंद हो गयीं थीं। अपने आंतरिक विभेदों के बावजूद पिछड़ी जातियों को समाजवादी पार्टी, समता पार्टी, जनता दल, राष्ट्रीय जनता दल, क्षेत्रीय दलों और वामपंथी पार्टियों में अपने ताकतवर राजनीतिक प्रतिनिधित्व की उपलब्धि हो गयी थी। मुसलमान भी काँग्रेस का साथ छोड़ कर अन्य पार्टियों के साथ रणनीतिक गठजोड़ बनाने लगे थे ताकि भाजपा और काँग्रेस की पराजय सुनिश्चित की जा सके।

यही वह दौर था जब दलित राजनीति ने अपना बेहद मजबूत दावा पेश किया जिसके कारण अनुसूचित जातियों के मतदान संबंधी रुझानों का अध्ययन जरूरी हो गया। काँग्रेस का पल्लू छोड़ कर दलित मतदाता अपनी राजनीतिक चेतना के नये चरण का उद्घाटन करते दिखे और दलगत होड़ के जरिये उनकी नयी राजनीतिक अस्मिता बनती हुई प्रतीत हुई। इन वोटरों पर एक गहरी नजर डालने से पता चलता है कि उन्होंने अपनी दावेदारी के लिए चुनावी होड़ को क्यों चुना। राजनीतिक व्यवस्था की वैधता के बारे में उनकी राय के विश्लेषण से जानकारी मिलती है कि आमतौर से वाम और वामोन्मुख पार्टियों को पसंद करनेवाले दलित मतदाता लोकतांत्रिक संस्थाओं के बारे में क्या समझते हैं। दलितों के अंदरूनी विभेदों और उनकी पार्टी बहुजन समाज पार्टी के उभार के कारणों और प्रभाव का आकलन करते हुए इस अध्ययन में यह पता लगाने की कोशिश भी की गयी है कि इस परिघटना के समग्र भारतीय राजनीति के लिए क्या नतीजे निकलेंगे।

विकासशील समाज अध्ययन पीठ द्वारा १९९६ और १९९८ के निर्वाचनों के बाद जमा किये गये आँकड़ों पर आधारित यह विश्लेषण क्रमश: १,७९१ और १,३१२ दलित मतदाताओं से बातचीत के बाद किया गया है। सर्वेक्षण के दौरान यह भी स्पष्ट हुआ कि दलितों के भीतर विभिन्न कारणों से एक मध्यवर्ग, उच्च-मध्यवर्ग और एक अभिजन माना जा सकनेवाला तबका उभर चुका है। सर्वेक्षण में कुल ९,६१४ और ८,१३३ वोटरों से बात की गयी जिनमें दलितों की ऊपर दी गयी संख्या के अलावा द्विज मतदाताओं की संख्या क्रमश: ३,३५७ और २,०३९ थी।

आजादी के बाद किये गये कई अध्ययन बताते हैं कि दलित मतदाता वोट डालने में द्विज मतदाताओं से काफी पीछे रहे हैं। या तो ऊँची जातियों ने उन्हें वोट डालने से जबरन रोका या फिर वे स्वयं राजनीतिक चेतना की कमी या हिंसक प्रतिक्रिया के डर से अपने लोकतांत्रिक अधिकार का इस्तेमाल करने नहीं गये। १९९६ और १९९८ के चुनावों में यह परिस्थिति पहली बार बदलती हुई दिखाई दी। १९९६ में मतदान के राष्ट्रीय औसत ८७.३ प्रतिशत के मुकाबले द्विज जातियों के मतदान का प्रतिशत ८५.६ था। दलितों ने इस चुनाव में इन दोनों आँकड़ों को पार करते हुए ८९.२ का प्रतिशत दर्ज किया। १९९८ में भी यही रवैया जारी रहा और द्विज जातियों के ९१.९ प्रतिशत के मुकाबले दलितों ने ९३ प्रतिशत का आँकड़ा दर्ज

करते हुए बाजी मारी। ध्यान रहे कि १९७१ में दलितों के मतदान का प्रतिशत केवल ७८.८ था। पूछने पर १,७९१ दलित वोटरों में से केवल १६ वोटरों ने कहा कि उन्होंने लोकतांत्रिक अधिकारों के अज्ञान या हिंसा के डर से वोट नहीं डाला। आँकड़े यह भी बताते हैं कि द्विज जातियाँ अनुसूचित जातियों के लिए आरक्षित निर्वाचन क्षेत्रों में मतदान के प्रति उदासीन दिखायी देती हैं क्योंकि वहाँ उनके पास अपनी जाति के उम्मीदवारों को वोट देने का मौका नहीं होता। इसके उलट दलित जातियाँ वोट डालने की कार्रवाई के प्रति खासा उत्साह प्रदर्शित करते हुए लगती हैं और मतदान के लिए न्यूनतम आयु २१ से घटकर १८ वर्ष होने से भी दलितों को नये, अधिक मुखर और ऊर्जावान मतदाता मिले हैं। शिक्षा के बेहतर अवसरों और अधिकारों के प्रति बढ़ी हुई चेतना के कारण दलितों के लिए वोट डालना अब एक निष्क्रिय कार्रवाई के बजाय सामाजिक ऊर्ध्वगामिता का प्रतीक बन गया है। दलितों के मतदान का प्रतिशत इस तथ्य के बावजूद बढ़ा है कि चुनाव आयोग की पाबंदियों के कारण उम्मीदवारों के सभी वोटरों तक पहुँचने की संभावनाएँ कम हो गयी हैं। अंदेशा यह रहता है कि इसका सबसे खराब असर दलित मतदाताओं पर ही पड़ेगा क्योंकि संसाधनों में पिछड़े होने और भयानक गरीबी में रहने के कारण संचार के आधुनिक साधनों तक उनकी पहुँच सबसे कम होगी।

एक जमाने में दलित का मतलब ही माना जाता था कि वह काँग्रेस का वोट होगा। साठ के दशक में रिपब्लिकन पार्टी ने काँग्रेस के इस दावे को चुनौती देने की कोशिश की थी कि केवल वही अनुसूचित जातियों के उज्जवल भविष्य की गारंटी कर सकती है। लेकिन इस पार्टी का प्रभाव महाराष्ट्र और उत्तर प्रदेश के कुछ जिलों तक ही सीमित रह गया। दशक खत्म होते-होते विभिन्न राजनीतिक कारणों से इस पार्टी की रही-सही आभा भी धूमिल हो गयी। १९६७ और १९७७ के विपरीत हवावाले चुनावों में भी दलित वोटों ने काँग्रेस का साथ नहीं छोड़ा। १९६७ में काँग्रेस को मिले दलित वोटों का प्रतिशत ४५.२, १९७१ में ४७.८, १९७७ में ३५.७ और १९८० में ५२.८ था। केवल वामपंथी शासनवाले राज्यों में ही दलित काँग्रेस को कम पसंद करते थे। दलितों की पसंद में आये बदलाव का संकेत अस्सी और नब्बे के चुनाव परिणामों से मिलना शुरू होता है। १९९६ तक आते-आते दलितों ने उप्र और बिहार जैसे महत्त्वपूर्ण राज्यों समेत कई राज्यों में काँग्रेस को त्याग दिया। लोकसभा में पहली बार सबसे बड़ी पार्टी बनने में काँग्रेस की नाकामी का एक बड़ा कारण यह भी था। १९९८ में केवल कुछ राज्यों को छोड़ कर काँग्रेस दलितों की पहली पसंद नहीं रह गयी। आमतौर पर रुझान यह है कि दलित काँग्रेस के किसी भी मजबूत विकल्प को स्वीकार करने के लिए तैयार हैं। अक्सर बसपा उनकी पहली पसंद बनती है और उसकी अनुपस्थिति या प्रभावहीनता की स्थिति में वे वाम मोर्चे और क्षेत्रीय पार्टियों को वोट देना चाहते हैं। यह जरूर है कि अखिल भारतीय स्तर पर आकलन करने पर काँग्रेस आज भी सबसे ज्यादा दलित वोट पानेवाली पार्टी दिखती है। १९९६ में उसे सबसे ज्यादा कुल ३१.४ और १९९८ में

२९.९ प्रतिशत दलित वोट मिले। इसके मुकाबले कॉंग्रेस को मिले कुल वोटों में दलित वोटों का हिस्सा दोनों चुनावों में क्रमशः २१.६ और २२.८ प्रतिशत रहा जबकि १९७१ में कॉंग्रेस को मिले इन वोटों का प्रतिशत ४७.८ था। १९९६ और १९९८ में वामपंथी पार्टियों को ११.६ और १०.४ प्रतिशत दलित वोट मिले जबकि बसपा को १२.१ और १०.९ प्रतिशत दलित वोट मिले। १९९६ में बसपा दलित वोटों पर सबसे ज्यादा निर्भर पार्टी साबित हुई क्योंकि उसके कुल वोटों में इनकी संख्या ६७ प्रतिशत थी और १९९८ में यही संख्या ६०.६ प्रतिशत थी। बसपा के अलावा और कोई पार्टी दलित वोटों पर इस कदर निर्भर नहीं दिखाई देती। भाजपा को इन दोनों चुनावों में करीब १३-१३ प्रतिशत दलित वोट मिले जबकि उसे द्विज जातियों ने क्रमशः ४५.६ और ३८.४ प्रतिशत वोट दिये। भाजपा के अतिरिक्त वामपंथी और वामोन्मुख दलों को दलितों के ६०.७ और ५८.१ प्रतिशत वोट मिलने का आँकड़ा बताता है कि दलित वोटर आमतौर पर गैरदक्षिणपंथी रुझान रखते हैं।

उप्र में बसपा ने १९९६ में दलितों के ५९.५ प्रतिशत वोट बटोर कर खुद को दलितों की सबसे प्रिय पार्टी साबित कर दिया। कॉंग्रेस, भाजपा और समाजवादी पार्टी के साथ हुए जनता दल के गठजोड़ को क्रमशः केवल ९.४, १०.४ और १०.३ प्रतिशत वोट ही मिले। १९९८ में बसपा के दलित मत ९ प्रतिशत कम हो गये और भाजपा अपने दलित मत ८ प्रतिशत बढ़ाने में कामयाब रही। **पश्चिम बंगाल** में १९९६ के चुनाव में दलित मतों के मामले में वाम मोर्चा ६१.६ प्रतिशत वोटों के साथ कॉंग्रेस के २४.७ प्रतिशत के मुकाबले बहुत आगे रहा यानी कॉंग्रेस के दलित आधार में १०.७ प्रतिशत की भारी गिरावट देखी गयी। इसी तरह **केरल** में वाम-लोकतांत्रिक मोर्चे ने कॉंग्रेस के २०.५ के मुकाबले ६९.२ प्रतिशत दलित वोट हासिल करके बाजी मार ली। १९९८ में तो यह मोर्चा कॉंग्रेस से और भी आगे निकल गया। १९९६ में **तमिलनाडु** के दलित वोटरों ने द्रविड़ मुनेत्र कषगम और तमिल मानिला कॉंग्रेस के गठजोड़ को ६८.१ प्रतिशत वोट दे कर पसंद किया। कॉंग्रेस-अन्ना द्रमुक गठजोड़ को सिर्फ २१.३ प्रतिशत वोट ही मिल सके। १९९८ में द्रमुक-तमकां गठबंधन को कुछ कम यानी ४१.५ प्रतिशत वोट ही हासिल हो सके लेकिन कॉंग्रेस का समर्थन आधार और सिकुड़ गया।

१९९६ में बिहार, मध्य प्रदेश और महाराष्ट्र के बहुकोणीय संघर्ष में दलित मतदाता भी विभाजित हो गये। **बिहार** में जनता दल और उसके साथी दलों को २४.१ प्रतिशत, भाजपा-समता गठजोड़ को १८.४, कॉंग्रेस को १४.९ और भाकपा (माले) को १४.२ प्रतिशत दलित वोट प्राप्त हुए। आरा और औरंगाबाद संसदीय क्षेत्रों में भाकपा (माले) को ३७.३ प्रतिशत अर्थात अपने कुल वोटों के प्रतिशत से भी अधिक दलित समर्थन हासिल हुआ। **मध्य प्रदेश** में कॉंग्रेस को २८.१, भाजपा को ११.५ और बसपा को २२.९ प्रतिशत दलित वोट मिले। **महाराष्ट्र** में कमोबेश यही रुझान रहा। १९९८ में कॉंग्रेस दलित वोटों के लिहाज से मप्र और महाराष्ट्र में काफी फायदे में रही और उसे क्रमशः ४०.४ और ४६.९ प्रतिशत वोट मिले। मप्र में बसपा की

और बिहार में राष्ट्रीय जनता दल की स्थिति दलितों के बीच सुदृढ़ हुई।

कर्नाटक में १९९६ में जनता दल २५ प्रतिशत वोट पा कर सबसे आगे रहा। अन्य राज्यों में सबसे ज्यादा दलित वोट पानेवाली पार्टियाँ और गठजोड़ इस प्रकार थे : **आंध्र प्रदेश** में तेलुगु देशम और वाम पार्टियों का गठजोड़ ३७.३ प्रतिशत, **हरियाणा** में भाजपा-हरियाणा विकास पार्टी-समता गठजोड़ ३६.६ प्रतिशत, **दिल्ली** में भाजपा ३६.५ प्रतिशत और **पंजाब** में शिरोमणि अकाली दल २१.१ प्रतिशत। १९९८ में काँग्रेस ने कर्नाटक में ५८.९ प्रतिशत दलित वोट हासिल किये और भाजपा ने भी १४.४ प्रतिशत वोट प्राप्त करके इस क्षेत्र में अपना प्रदर्शन सुधारा। आंध्र के रुझान में कोई परिवर्तन नहीं हुआ। हरियाणा में काँग्रेस को अधिकतर भाजपा की कीमत पर ६७.९ प्रतिशत दलित वोट मिले। पंजाब में अकाली-भाजपा गठजोड़ और काँग्रेस दोनों के दलित वोटों में गिरावट आयी क्योंकि बसपा १८.२ प्रतिशत दलित वोट ले गयी। **गुजरात** में उपलब्ध आँकड़े बताते हैं कि १९९६ में भाजपा को ३७.८ और काँग्रेस को २१.६ प्रतिशत वोट मिले थे। १९९८ में काँग्रेस ने सुधार करके यह आँकड़ा ३९.१ प्रतिशत कर लिया पर भाजपा फिर भी ४१.३ प्रतिशत दलित वोट ले कर आगे बनी रही। हिमाचल प्रदेश में १९९६ में ७५ प्रतिशत दलित वोट काँग्रेस के खाते में गये।

इन तथ्यों से नतीजा निकाला जा सकता है कि काँग्रेस ने अपना दलित आधार अधिकतर वामपंथियों, बसपा या क्षेत्रीय पार्टियों के हाथों खोया है। भाजपा दलितों में कोई खास घुसपैठ नहीं कर पायी। क्षेत्रीय दलों का चुनाव करके दलित मतदाताओं ने अपने गैरकाँग्रेसी रुझान का ही परिचय दिया है। भले ही इन क्षेत्रीय पार्टियों ने १९९८ के चुनाव में भाजपा के नेतृत्ववाले राष्ट्रीय जनतांत्रिक गठजोड़ की सदस्यता ग्रहण कर ली हो लेकिन फिर भी इन पार्टियों को राजनीतिक प्रवृत्तियों के हिसाब से भाजपा की तरह सांप्रदायिक या दक्षिणपंथी नहीं कहा जा सकता। इनका बुनियादी चरित्र सेकुलर ही माना जायेगा।

जाहिर है कि दलित राजनीति एक संक्रमणकालीन दौर से गुजर रही है। दलित वोटर अपने मत का महत्त्व समझ गये हैं और उसकी सामूहिक ताकत के दम पर वे चुनावी सौदेबाजी की स्थिति में आना चाहते हैं। वामपंथी केवल अपने शासनवाले केरल और पश्चिम बंगाल में ही दलितों के बीच स्थायी समर्थन-आधार बना सके हैं। उप्र और बिहार के रुझान बताते हैं कि दलित वोटर अब पहले की तरह दलगत राजनीति के क्षेत्र में द्विजों की प्राथमिकता के हिसाब से मत नहीं डालते।

आयु, लिंग, स्थानिकता या शहरी बनाम ग्रामीण और वर्ग की दृष्टि से भी दलित मतदाताओं पर एक नजर डालनी चाहिए। काँग्रेस को समर्थन देनेवाले दलितों में इस आधार पर कोई फर्क नहीं दिखायी देता यानी कहा जा सकता है कि काँग्रेस को वोट देनेवाले दलितों में हर आयु, लिंग और वर्ग के लोग शामिल हैं। लेकिन दूसरी पार्टियों के साथ ऐसा नहीं है। जहाँ तक पार्टियों में पसंद-नापसंद का सवाल है दलित मतदाता आयु के आधार पर खास भेद करते हुए नहीं दिखते। २६ से ३५

साल के मतदाता समान रूप से मुख्य पार्टियों में बँटे हुए दिखते हैं। २५ साल तक के मतदाताओं के बीच बसपा और भाजपा को सबसे ज्यादा पसंद किया जाता है। इसके उलट वाम पार्टियों और जनता दल को पसंद करनेवाले मतदाताओं में ज्यादा उम्र के वोटरों की संख्या अधिक है। इसी तरह लैंगिक नजरिये से भी पार्टी संबंधी पसंद में ज्यादा फर्क नहीं पड़ता। केवल बसपा के मामले में लगता है कि महिलाओं के मुकाबले पुरुष मतदाता इस पार्टी को ज्यादा पसंद करते हैं। काँग्रेस एक ऐसी पार्टी निकलती है जिसे पसंद करने वालों में महिलाएँ पुरुषों से ज्यादा हैं। भाजपा को मिलनेवाले अधिकतर दलित वोट शहरी इलाकों से आते हैं। हालाँकि भाजपा ने देहाती दलितों में भी अपना आधार विस्तृत किया है लेकिन उसका समर्थन-आधार शहर केंद्रित ही बना हुआ है। इसके उलट वाम मोर्चे के ज्यादातर दलित वोट ग्रामीण समाज की देन हैं। इसी तरह बसपा का समर्थन आधार शहर के मुकाबले देहात में ज्यादा है। जनता दल और काँग्रेस का समर्थन-आधार शहर और गाँव दोनों जगहों पर देखा जा सकता है।

वर्ग-विभाजन एक ऐसा सूचकांक जरूर है जो मतदान के निर्णय को प्रभावित करता है। मध्यवर्गीय और धनी दलित भाजपा को काफी पसंद करते हुए दिखते हैं। बसपा, वामपंथी पार्टियाँ और जनता दल साफ तौर पर गरीब दलितों की पसंद हैं। इस मामले में काँग्रेस एक बार फिर सभी दलित वर्गों में समान रूप से फैली दिखती है। चूँकि दलितों में मध्य या धनी वर्ग की संख्या बहुत ही छोटी है इसलिए गरीब और वंचित दलितों की मतदान प्राथमिकताओं को ही दलित राजनीति की मुख्यधारा समझा जाना चाहिए।

भाजपा को मिलनेवाले दलित वोटों में दस प्रतिशत गरीबों के और २२.७५ प्रतिशत मध्य और धनी वित्तीय स्थिति के दलितों के वोट थे। इसके उलट बसपा को मिले वोटों में यही प्रतिशत क्रमशः ८५.३ और ७.२ था। अन्य दलों के भी ज्यादातर दलित वोट गरीबों के बीच से ही आये। खास बात यह है कि दलितों के धनी वर्ग का मतदान संबंधी रुझान द्विज जातियों के धनी वर्ग के रुझान से मिलता-जुलता है। द्विज जातियों के गरीबों में भाजपा के मुकाबले काँग्रेस, जनता दल और वामपंथी पार्टियों के लिए वोट करने की प्रवृत्ति पायी जाती है। जाति-वर्ग संबंधी विमर्श के लिए यह रुझान कुछ गंभीर प्रश्न पेश करता है। दलितों की आर्थिक उन्नति की प्रक्रिया तेज होने पर दलितों, आदिवासियों, गरीब मुसलमानों और अतिपिछड़ों के बहुजन गठजोड़ का भविष्य क्या होगा? क्या अस्मिता और आत्मसम्मान के प्रश्नों को आर्थिक प्रगति के जरिये हल किया जा सकता है? क्या इस प्रवृत्ति की व्याख्या अभिजनों का अनुकरण करने के सिद्धांत के जरिये की जा सकती है या फिर यह सिर्फ वर्ग द्वारा जाति पर छा जाने का मामला है?

दलित वोटों का यह विश्लेषण बसपा के उभार का अध्ययन किये बिना अधूरा ही रहेगा। १९९६ में बसपा के ६७.४ और १९९८ में ६०.६ प्रतिशत वोट दलितों में से आये थे। उप्र, हरियाणा, मध्य प्रदेश और पंजाब में इस पार्टी का प्रदर्शन काफी

अच्छा रहा था। १९९६ के अखिल भारतीय चुनाव आँकड़े दिखाते हैं कि बसपा ने कुल २०१ सीटों पर चुनाव लड़ा और ११ पर जीत हासिल करते हुए कुल वैध वोटों का ३.८ प्रतिशत प्राप्त किया। उसे उप्र में छः, पंजाब में तीन और मप्र में दो सीटें मिलीं। इनमें केवल तीन चुनाव क्षेत्र ही आरक्षित थे। इस पार्टी ने उप्र के कुल वोटों में से २०.१६ प्रतिशत वोट हासिल किये। प्रदेश की ५२ सीटों पर इस पार्टी को एक लाख से ज्यादा वोट मिले। वह १७ क्षेत्रों में दूसरे स्थान पर रही और ४६ क्षेत्रों में उसे कुल मतों का २० प्रतिशत हासिल हुआ। बसपा को १९८५ के विधानसभा चुनाव में केवल ४ प्रतिशत वोट ही मिले थे। १९८९ में यह प्रतिशत ९.४ हो गया। १९९१ के लोकसभा चुनाव में ९.९ और १९९३ के विधानसभा चुनाव में १०.८ प्रतिशत वोट लेने के बाद १९९८ के चुनाव में उसने अखिल भारतीय स्तर पर ४.६८ का कहीं बेहतर प्रतिशत प्राप्त किया लेकिन उसकी सीटें घट कर पाँच रह गयीं।

बसपा का आधार उप्र, पंजाब, हरियाणा और मप्र में माना जाता है। इन चारों राज्यों में उसके वोटों का प्रतिशत लगातार बढ़ा है। इन चारों राज्यों में दलितों की आबादी क्रमशः २१.०५, २८.३१, १९.७५ और १४.५ प्रतिशत यानी काफी ज्यादा है। देश-भर में दलित आबादी का औसत १६.४८ है। इस औसत से ज्यादा दलित आबादीवाले राज्य हिमाचल प्रदेश, राजस्थान, तमिलनाडु, पश्चिम बंगाल और दिल्ली हैं जिनमें यह प्रतिशत क्रमशः २५.३, १७.३, १९.२, २३.६ और १९.१ है। इनमें से किसी भी राज्य में बसपा की राजनीतिक हैसियत अभी तक नहीं बन पायी है। आंध्र, ओडीशा, त्रिपुरा और कर्नाटक में दलित आबादी राष्ट्रीय औसत के बराबर ही है पर वहाँ भी बसपा का खास वजूद नहीं है। लेकिन बसपा के पक्ष में उप्र के संदर्भ में एक सकारात्मक आयाम यह उभर कर आया है कि १९९८ के चुनाव में उसे पिछड़े वर्गों का उल्लेखनीय समर्थन मिला है। उसके दलित वोटों की संख्या कम जरूर हुई पर कुल वोट बढ़े और यह पिछड़े वर्ग के वोटों के कारण संभव हो पाया। बसपा के उम्मीदवारों में भी दलितों की संख्या घटी और पिछड़े उम्मीदवारों की संख्या बढ़ी है। बहुजन गठजोड़ की दृष्टि से यह स्वागतयोग्य तथ्य माना जा सकता है।

बसपा के समर्थन-आधार के बारे में यह एक गलतफहमी है कि उसकी अपील दलितों के शहरी शिक्षित मध्यवर्ग में ज्यादा है। हम देख चुके हैं कि बसपा को ज्यादातर देहाती दलितों ने अपने वोट दिये हैं। १९९६ का चुनाव बताता है कि बसपा के ६२.७ प्रतिशत दलित वोटर बिना पढ़े-लिखे थे जबकि सर्वेक्षण के लिए चुने गये मतदाताओं में ऐसे वोटर केवल ४४.८ प्रतिशत थे। बसपा को वोट देने वालों में इसके बाद उन दलितों का नंबर आता है जिन्हें माध्यमिक शिक्षा ही प्राप्त हुई है। ऐसे २७.४ प्रतिशत वोटरों के मुकाबले स्नातक स्तर तक पढ़ाई करनेवाले दलित वोटरों का प्रतिशत सिर्फ दो निकलता है जबकि भाजपा के लिए यही प्रतिशत ५१.३ तक पहुँच जाता है। पेशे के लिहाज से बसपा के वोटर अकुशल मजदूर,

खेतिहर और अन्य संबंधित कामों में लगे हुए मजदूर, कारीगर, छोटे और सीमांत किसान हैं। राष्ट्रीय ही नहीं उप्र के स्तर पर भी यही स्थिति है।

दलितों का प्रतिनिधित्व करने के मामले में महाराष्ट्र में रिपब्लिकन पार्टी आगे रही है। १९९६ में उसने कोई सीट तो नहीं जीती लेकिन जिन ११ निर्वाचन क्षेत्रों में उसने चुनाव लड़ा उनमें से पाँच में उसे कुल पड़े वोटों का बीस प्रतिशत और चार क्षेत्रों में दस से बीस प्रतिशत तक वोट मिले। अकोला निर्वाचन क्षेत्र में इस पार्टी ने ३३.१९ प्रतिशत वोट तक हासिल करके दिखाये। १९९८ में जैसे ही रिपब्लिकन गठजोड़ हुआ वैसे ही उसने अपनी चारों सीटें जीत लीं। इन क्षेत्रों में रिपब्लिकन पार्टी को ४७ से ५० प्रतिशत तक वोट मिले। महाराष्ट्र में दलितों की आबादी केवल ११.०९ प्रतिशत ही है इसलिए यहाँ दलित पार्टी के लिए गठजोड़ बनाना दूसरे राज्यों के मुकाबले अधिक जरूरी है।

राजनीतिक व्यवस्था की वैधता के बारे में किया गया अध्ययन बताता है कि अपने वोट की ताकत में यकीन के लिहाज से दलितों और द्विज जातियों का प्रतिशत एक-सा निकलता है। ६० प्रतिशत दलितों और ६२ प्रतिशत द्विजों को अपने वोट के प्रभावी होने पर विश्वास निकला। वर्ग के लिहाज से देखने से भी यह प्रतिशत तकरीबन बराबर था। चुनाव-प्रणाली की साख के बारे में पूछने पर १९९६ में ४५.४ प्रतिशत दलितों और ५१.३ प्रतिशत द्विजों ने चुनाव की उपयोगिता में यकीन जताया था। १९९८ में भी इस आँकड़े में परिवर्तन नहीं हुआ। राजनीतिक दलों की उपयोगिता के मामले में सिर्फ ४१.४ प्रतिशत दलितों ने सकारात्मक राय दी। द्विजों के बीच यही आँकड़ा ४६.९ था। यह रवैया १९९८ में भी जारी रहा। केवल १७ प्रतिशत दलित वोटरों ने बताया कि वे किसी राजनीतिक नेता से मिले हैं। केवल २० प्रतिशत ने माना कि वे किसी नेता को निजी तौर पर जानते हैं। इस संबंध में द्विज जातियों के आँकड़े कुछ-कुछ ऐसे ही थे। केवल १९९८ में २६.७ द्विजों ने दावा किया कि वे किसी न किसी नेता को निजी तौर पर जानते हैं। १९९६ में केवल २१.८ दलितों और १८.१ द्विजों ने माना कि उनके जाति-समूहों के हितों की नुमाइंदगी करनेवाली कोई पार्टी भी है। १९९८ में इन आँकड़ों में थोड़ी बढ़ोतरी हुई। जातिगत हितों की परवाह करनेवाली किसी पार्टी के न होने का समर्थन करनेवाले दलित मतदाताओं का प्रतिशत दलितों और द्विजों में ६५-६५ था। इस सर्वेक्षण से नतीजा निकाला जा सकता है कि दलित मतदाताओं के बीच में राजनीतिक दलों की साख कम लेकिन राजनीतिक व्यवस्था की साख ज्यादा है और इस मामले में प्रतिशत के लिहाज से उनकी और द्विजों की राय तकरीबन एक-सी है। जाहिर है कि पार्टियों में विश्वास का निचला स्तर दलित मतदाताओं को अपनी पसंद की पार्टी जल्दी-जल्दी बदलने की तरफ ले जा सकता है। यानी अब कोई पार्टी दलित मतदाताओं का समर्थन यूँ ही प्राप्त कर लेने की उम्मीद नहीं कर सकती। उसे उनका वोट पाने के लिए हर चुनाव में मेहनत तो करनी ही पड़ेगी, साथ ही उसे दो चुनावों के बीच भी अपने काम से दलितों को यकीन दिलाना पड़ेगा कि

वह उनके समर्थन के काबिल है।

सन १९७१ में विकासशील समाज अध्ययन पीठ ने कुछ चुनिंदा मतदाताओं के एक समूह से सवाल पूछा था कि अगर पार्टियाँ, विधायिकाएँ और चुनाव खत्म कर दिये जायें तो क्या इस देश का काम-काज बेहतर चलाया जा सकता है? उस समय ४३.३ प्रतिशत लोगों ने इसके खिलाफ मत व्यक्त किया था। लेकिन जब १९९६ में यही सवाल पूछा गया तो इसके खिलाफ राय देनेवाले लोगों का प्रतिशत बढ़ कर ६८.८ तक पहुँच चुका था। हालाँकि यह कहने का कोई सुनिश्चित आधार नहीं है पर यह मानने में गलती की गुंजाइशें बहुत कम हैं कि प्रतिशत में हुई यह बढ़ोतरी मुख्यत: समाज के कमजोर तबकों यानी दलितों, आदिवासियों और पिछड़े वर्गों के कारण हुई होगी। द्विजों में से ७४ प्रतिशत लोग इस व्यवस्था को मान्यता देते मिले जबकि दलितों में इस राय का प्रतिशत ६७.३ था। १९९८ में किये गये सर्वेक्षण में भी यह प्रतिशत नहीं बदला। ये नतीजे इस तथ्य का प्रमाण हैं कि व्यवस्था की मुख्य एजेंसियों से असंतुष्ट होने के बावजूद दलितों के पास बहुदलीय संसदीय लोकतंत्र का कोई विकल्प नहीं है। इसी कारण वे चुनाव के मैदान में एक विशिष्ट मतदाता मंडल की तरह पूरे उत्साह से अपने राजनीतिक हितों की रक्षा करने के लिए उतरते हैं। कुल मिला कर भारतीय राजनीतिक-प्रणाली की साख दलितों के बीच मँझोले स्तर की मानी जा सकती है। इस प्रणाली की अधिकतर साख उच्च और मध्यम वर्गों के बीच से आती रही है पर पिछले कुछ वर्षों से निचली जातियों के बीच इस साख में खासी बढ़ोतरी हुई है। शायद इसीलिए दलित जातियाँ मतदान केंद्रों पर लंबी-लंबी कतारें लगाये हुए देखी जा सकती हैं।

चुनाव और राजनीतिक सत्ता के जरिये अपने सामाजिक और आर्थिक अधिकारों को हासिल करने की दलितों द्वारा की जा रही इस कोशिश का वर्चस्वशाली वर्गों द्वारा विरोध होना स्वाभाविक ही है। भारतीय समाज है ही इसी तरह का। दलित इसका जवाब शिक्षित हो कर, संगठित हो कर, चुनावी और गैरचुनावी संघर्षों में उत्साह से भागीदारी करके दे रहे हैं। खास बात यह है कि पार्टियों को चुनने और छोड़ने का उनका पैमाना संकीर्ण न हो कर उनके जाति-धर्मनिरपेक्ष सरोकारों का प्रतीक है। काँग्रेस का दामन छोड़ कर और उसके बदले बेतुके ढंग से किसी पार्टी को समर्थन न दे कर उन्होंने बता दिया है कि वे अपने हितों की रोशनी में काफी सोच-समझ कर चुनावी निर्णय लेने लगे हैं।

राजनीति में दलितों के उभार का सबसे ज्यादा फायदा दलितों की अपनी पार्टी बहुजन समाज पार्टी, वामपंथी दलों और वामोन्मुख दलों को ही हुआ है। दलितों के अंदरूनी विभेदों की अभिव्यक्ति आमतौर से उनके बीच में बढ़ रहे वर्ग-विभेदों के रूप में हो रही है। पार्टियों के चुनाव की दृष्टि से दलितों के उच्च वर्ग और निम्न वर्ग बदलाव के दौर से गुजर रहे हैं। उनका बहुसंख्यक गरीब तबका वामपंथी रुझान रखता है और छोटा-सा अपेक्षाकृत समृद्ध हिस्सा भाजपा की तरफ झुकता हुआ दिखायी देता है। भारतीय लोकतंत्र की राजनीतिक संस्थाओं में दलितों को उम्मीद

लगती है लेकिन उसके राजनीतिक कारकुनों यानी नेताओं और पार्टियों से वे कुछ निराश हैं। जाहिर है कि इन नतीजों को एक चेतावनी की तरह लिया जाना चाहिए कि अगर नेताओं और पार्टियों ने दलित हितों के प्रति सच्चे सरोकार प्रदर्शित नहीं किये तो हो सकता है कि दलित समूह संसदीय के बजाय गैरसंसदीय संघर्षों में अपने हितों को ज्यादा देखने लगें।

दलीय-प्रणाली की दलित-समस्या

कोई आदर्शवादी दलित युवक दलितों की जातिगत गोलबंदी करने वाली पार्टी में न जा कर एक आम उदारतावादी-लोकतांत्रिक दल की सदस्यता ले कर नये समाज की स्थापना करना चाहे तो उसे कैसी दिक्कतों का सामना करना पड़ेगा? इस छोटे से विवरण में एक दलित युवक का यही गहन अनुभव दर्ज है। इस नौजवान की राजनीतिक चेतना बिहार आंदोलन की देन है और वह अपने लिए प्रतिपक्ष के दायरे में उपयुक्त दल की खोज करना चाहता है पर हर बार उसे गली का बंद सिरा ही मिलता है। यह नौजवान बहुजन समाज पार्टी में नहीं जाना चाहता क्योंकि उसे उल्टे जातिवाद में दलितों की समस्याओं का हल नजर नहीं आता। इस युवक के जीवनानुभव की बेचैनी के केंद्र में वे समस्याएँ हैं जो दलितपन के दायरे को तोड़ने का मौका तलाश करने वालों को झेलनी पड़ती हैं।

दल की तलाश में एक दलित

विजय प्रताप

प्रस्तुत है एक लोकतंत्रनिष्ठ दलित नौजवान की कहानी। यह बिहार आंदोलन से भावनात्मक रूप से जुड़े नौजवान कुलश्रेष्ठ की कहानी है। बिहारी समाज के राजनैतिक माहौल में इस आदर्शवादी नौजवान के मन में लोक-राजनीति करने की ललक पैदा होती है। वह विपक्ष में अपने लिए उपयुक्त दल की खोज करने लगता है। अपनी इस खोज में यह नौजवान हर बार गली के बंद सिरे पर जा पहुँचता है। कहानी के प्रतिनिधि होने का दावा तो नहीं है, लेकिन 'कुलश्रेष्ठ' की लोक-राजनीति करने की ललक और उसके लिए कोई रास्ता न खोज पाने की स्थिति बहुत से नौजवानों की मन:स्थिति का चित्रण है। दलित-मन की इस खोज के विभिन्न आयामों और नियति के बारे में हमें गहराई से सोचना और कुछ करना होगा। इस कहानी को अपने मित्र दायरे के अनुभवों के आधार पर ही लिखा गया है, आशा है परिचित पात्र क्षमा करेंगे।

कुलश्रेष्ठ की पढ़ाई अपने कस्बे के बृजकिशोर स्मृति विद्यालय में हुई थी। स्कूल की कई यादें उसके स्मृतिपटल पर आज भी जीती-जागती तस्वीर की तरह हैं। छठे दर्जे से आठवें तक गणित पढ़ानेवाले अध्यापक लाल सिंह की याद तो उसे रह-रह कर आती है। कितने कठोर दीखते थे पढ़ाते समय। रौब इतना कि चाहे

कुछ हो, उनके दिये हुए प्रश्नों को हल करके लाना कोई छात्र नहीं भूलता था। छठे-सातवें दर्जे में कुलश्रेष्ठ ने सुन रखा था कि लाल सिंहजी आठवें दर्जे के छात्रों को बाबा साहब आंबेडकर के जन्मदिन पर अपने गाँव में 'भोज' पर बुलाते हैं और उसी दिन जाति तोड़ो सम्मेलन करते हैं।

एक दिन कुलश्रेष्ठ भी आठवीं में पहुँचा और बाबा साहब का जन्मदिन भी आ गया। कुलश्रेष्ठ गुरुजी के गाँव पहुँचा, स्कूल के साथियों के अतिरिक्त वहाँ उसे गाँव के अन्य युवक भी मिले, युवतियाँ लगभग नगण्य थीं, गुरुजी की बड़ी बेटी और उसकी कुछ सहेलियाँ। सब लोग छोटे-छोटे समूहों में गप कर रहे थे। कुलश्रेष्ठ भी अपने से बड़ी उम्र के नौजवानों की एक टोली की बातचीत चुपचाप खड़ा हो कर सुनने लगा। एक युवक कह रहा था, बाबा साहब न होते तो आज हमारी क्या हालत होती? दूसरा बोला 'इस बात को गा-गा कर नाचो, अभी कितना कुछ करने को बाकी है, उसके बारे में तो कुछ सोचो।' चौथे ने कहा 'सोचें क्या खाक, मुझे अभी तो नौकरी और बहिन की शादी की चिंता सता रही है, पिता जी को जब से टी.बी. हुई है कोई काम नहीं कर पा रहे हैं।'

कुलश्रेष्ठ धीरे से दूसरी टोली की ओर बढ़ गया, क्योंकि वहाँ गर्मा-गर्म बहस हो रही थी। एक पक्ष कह रहा था कि जातिवाद पर प्रभावी हमला बाबा साहब का ही था, बाकी लोग खास कर गाँधीजी से तो उसमें रोड़े अटकाते थे। दूसरे समूह का दावा था कि गाँधीजी बगैर मानवता का इतना बड़ा कलंक बिना हिंसा इस हद तक धुल पाता, इसकी कल्पना असंभव है। ऐसा थोड़े है कि इससे पहले जातिवादी मानस के खिलाफ संघर्ष नहीं हुए, पूरा भक्तिकाल इस संघर्ष की ही कहानी है, लेकिन गाँधीजी ने तथाकथित सवर्ण जातियों की इंसानियत को जिस हद तक जगाया, वहशीपन को जितना कम किया उतना किसी से नहीं। दूसरा चिल्ला कर बोला—बिल्कुल नहीं। बिल्कुल नहीं। पूरी साजिश सवर्णों की हैसियत बनाए रखने की थी, नाम दे दिया हरिजन और काम किया हमारे गुस्से को कुंद करने का। तीसरा बोला, 'ठीक है भाई, लेकिन सवर्णों में अस्पृश्यता के खिलाफ गुस्सा और उसे खत्म करने की छटपटाहट भी तो पैदा की। मोक्ष के जीवन का महान लक्ष्य मानने वालों को यह भी तो समझाया कि 'दरिद्रनारायण' की सेवा से ही मोक्ष मिलेगा। जीवन के व्यवहार में सही-गलत को जाँचने के लिए 'अचूक ताबीज' के केंद्र में 'आखिरी आदमी' को ही रखा।' कुलश्रेष्ठ को बहस रोचक तो लगी पर जिस जोर-शोर से की जा रही थी, वह उसे अच्छा न लगा। प्रत्येक के तर्क सुन कर उसे लगा कि दो अलग इंसान थे, इसलिए उन्होंने अपने-अपने ढंग से अच्छा काम किया—अस्पृश्यता मिटाने और इंसान की गरिमा को पुनः प्रतिष्ठित करने के लिए।

कुलश्रेष्ठ अभी इस बहस को पचा ही रहा था कि खाने की घंटी बज गयी। वह भी पाँत में जा कर बैठ गया। चुपचाप अकेले अपना काम करते जाने की उसकी आदत शुरू से ही थी। आज भी वह अपने सहपाठियों से बहुत घुल-मिल नहीं रहा था। लेकिन उसके बगल में रशीद बैठा था। बहुत मजाकिया स्वभाव है उसका। पढ़ने में तेज। रशीद लगा कुलश्रेष्ठ से भी मजाक करने। कुलश्रेष्ठ भी आज अपने

स्वभाव के विपरीत खुल कर हँसने-मजाक करने लगा और खाना खाने के दौरान ही दोनों के बीच इस प्रकार बातें होने लगीं मानो बरसों से एक-दूसरे के दोस्त हों। खाना हुआ। करीब आधे घंटे बाद पूरे माहौल में एक अजीब-सा दबा-दबा शोर हुआ और सभी लोग गोष्ठी के लिए बनाए पंडाल में जमा होने लगे। जाने पर पता चला कि बिहार के भूतपूर्व मुख्यमंत्री कर्पूरी ठाकुर बिन-बुलाए वहाँ चले आये थे। पंडाल में एक बादामी कुर्ता और पीली-सी हो रही सफेद धोती पहने एक आदमी कह रहा था, 'बगल से गुजर रहा था, पता चला जाति तोड़ो सम्मेलन हो रहा है, सोचा होता चलूँ।' ये कर्पूरी ठाकुर थे, बिहार के जन-नेता। कुलश्रेष्ठ के मन में उनकी बात सुनने की इच्छा और तीव्र हुई। पंडाल का जमावड़ा अब सभा की शक्ल ले रहा था। कर्पूरी जी को लोगों ने मंच पर बिठाया। गाँव के स्वतंत्रता सेनानी दलपत राम ने सभा की शुरुआत की। गुरुजी ने इस सहभोज और गोष्ठी के उद्देश्यों पर प्रकाश डालते हुए पिछले तेरह बरस से निरंतर चल रहे इस सिलसिले की कुछ 'यादों' को सभा के सामने रखा। खैर, कर्पूरी जी का नंबर आया। छोटा ही भाषण दिया, लेकिन पता नहीं कैसा जादुई असर हुआ कुलश्रेष्ठ पर उसका। आज भी उसके स्मृति-पटल पर उन्होंने जो कहा उसकी याद कुछ इस प्रकार है :

> हमारे जातिवादी मानस का अहंकार देखते ही बनता है। जड़ और चेतन को ब्रह्म का हिस्सा माननेवाले लोग इंसान और इंसान के बीच भेदभाव करते हैं। भारतीय समाज अपने संकल्प और संघर्ष से यदि समता-मूलक समाज नहीं बनाएगा तो विश्व बिरादरी में हमारा स्थान शूद्र का ही बना रहेगा। यू.एन.ओ. में 'वीटो' का अधिकार प्राप्त सवर्ण हैं, शेष सब शूद्र। हमारे देश से तथाकथित ऊँची जाति का छात्र विदेश पढ़ने जाता है तो गोरों के होटल में जूठे बर्तन भी धो लेता है, अपना खर्च चलाने को और अपने ही देश में श्रम से भागने की हर संभव कोशिश करता है। नये हिन्दुस्तान में कमेरों और लुटेरों की दो जातियाँ नहीं होंगी। नया हिन्दुस्तान पूरी दुनिया में जहाँ भी समता के लिए, अन्याय के खिलाफ संघर्ष चल रहे हैं, उनसे जुड़ेगा, उनकी यथाशक्ति मदद करेगा।

गोष्ठी के समापन के बाद वह घर लौट आया, रशीद के घर से होते हुए। लगता है गहरी दोस्ती की बुनियाद पड़ गयी थी दोनों में। समय बीतता गया। जून १९७७ में बिहार विधानसभा के चुनावों के बाद कर्पूरीजी बिहार के मुख्यमंत्री हुए। कुलश्रेष्ठ अब कालेज के दूसरे बरस में पढ़ रहा था कि एक दिन उसने सुना कि उसके स्कूल में गणित के अध्यापक लाल सिंह की किसी ने हत्या कर दी। सुनने में आया कि उनकी अपनी ही जाति के गुंडों ने उनकी हत्या कर दी, क्योंकि बिहार में अगड़े-पिछड़ों के बीच हो रहे संघर्षों में वे अपने ही लोगों को समझाने-बुझाने और निंदा-आलोचना के काम में लगे हुए थे। कुलश्रेष्ठ खबर मिलते ही रशीद को लेता हुआ, गुरुजी के गाँव गया। उनका अंतिम संस्कार दो दिन पहले हो चुका था। लौटते समय कुलश्रेष्ठ ने रशीद को बताया कि उसके मन में जातिवाद के खिलाफ आंदोलन में अपना जीवन लगाने की इच्छा है, लेकिन तीन छोटे भाइयों की पढ़ाई में मदद के लिए उसका कमाना भी जरूरी है। इसी बातचीत में रशीद और कुलश्रेष्ठ

में करार हो गया कि रशीद दरियाँ और खेस बनाने के लिए खड्डियाँ लगायेगा और कुलश्रेष्ठ आस-पास के गाँवों और मंडियों में उनकी बिक्री का काम देखेगा और साथ ही उन्हीं क्षेत्रों में जाति-तोड़ो मंच बनाने की कोशिश करेगा।

आखिर कुलश्रेष्ठ की पढ़ाई खत्म हुई। रशीद और कुलश्रेष्ठ ने स्वरोजगार योजना के तहत कर्ज ले कर काम शुरू किया। दो वर्ष में ही जिले के हर प्रमुख हाट में, बाजार में उनकी दरियाँ और खेस बिकने लगे। समय बीतता गया। कुलश्रेष्ठ के दो भाइयों ने पढ़ाई पूरी की। एक भाई को क्लर्क और एक को असिस्टेंट की नौकरी मिल गयी। अब उसने शादी भी कर ली।

तीसरा भाई होम्योपैथी का डाक्टर बन कर अभी लौटा था, कुलश्रेष्ठ उसके लिए दुकान खरीदने की सोच रहा था कि अचानक सरकार की नयी कपड़ा नीति से उनकी खड्डी बंद होने की नौबत आने लगी। मिल के बने सूत पर कुछ ही मिलों के एकाधिकार और मिलीभगत की वजह से खेस-दरी बनाना अब घाटे का सौदा होने लगा था। कुलश्रेष्ठ का जिला बिहार के सबसे गरीब जिलों में एक था। उत्पादित माल के दाम बहुत ज्यादा नहीं बढ़ाये जा सकते थे।

इस बीच कुलश्रेष्ठ की पहल पर बने जाति-तोड़ो मंच पूरे जिले में फैल गये। आसपास से आमंत्रण आने लगे। पिछले वर्ष तो वैशाली जिले के सोनपुर मेले में कबीर-लोहिया विचार मंच ने पाखंड मिटाओ प्रदर्शनी के उद्‌घाटन के लिए युवा कुलश्रेष्ठ को आमंत्रित किया था। वहीं उसका श्रीपत से परिचय हुआ। श्रीपत छात्र युवा संघर्ष वाहिनी से जुड़ा है और बोधगया में कार्यरत नौजवान है। सोनपुर मेले की गोष्ठी में उसने मठ से भूमिहीनों के संघर्ष की कहानी सुनाई। कुलश्रेष्ठ सुन कर रोमांचित-सा हो गया।

कुलश्रेष्ठ का मन अब पूरे समय इसी प्रकार के कामों में लगाने का बन रहा था। उसने अपने दोनों छोटे भाइयों से बात की। कुलश्रेष्ठ को सुखद आश्चर्य हुआ कि दोनों ने कहा कि 'हम तो खुद ही सोच रहे थे कि अब आप समाज को ही अपना परिवार मानें, इस छोटे से परिवार की आर्थिक जिम्मेदारी हम उठा लेंगे।' कुलश्रेष्ठ की जिन्दगी में यह बहुत बड़ी घटना थी, अब उसने अपने सामाजिक काम के बारे में नये सिरे से सोचना शुरू किया, उसे लगता था कि उसके काम में कुछ अधूरापन है। लोग जाति तोड़ो मंच की गोष्ठियों, प्रभात-फेरियों और प्रदर्शनियों में हिस्सा तो लेते हैं, लेकिन बात कुछ आगे नहीं बढ़ रही।

अखबारों में कभी-कभी संपूर्ण क्रांति मंच की खबरें छपती थीं। एक दिन कुलश्रेष्ठ के कस्बे में मंच के युवा नेता रिपुदमन को आना था। रिपुदमन ने लोकतंत्र के महत्त्व पर भाषण दिया। उसने राजनीति में लोक-भागीदारी को लोकतंत्र का प्राण बताया। उसने कहा कि किस प्रकार आजादी के संघर्ष में काँग्रेस एक सामाजिक-सांस्कृतिक आंदोलन की जमात थी और राजनैतिक आजादी उसके बहुत से प्रमुख लक्ष्यों में से एक प्रमुख लक्ष्य था। आज राजनीति पर पूरी तरह धनशक्ति काबिज हो गयी है, दल अब लोक-आकांक्षाओं का आईना न हो कर सत्ता-संघर्ष के गिरोहों से ज्यादा मेल खाने लगे हैं। हमें लोक-भागीदारी के लिए कोई राजनैतिक औजार

गढ़ना होगा, चुनावों में भ्रष्टाचार, बूथ कैप्चर तथा जातिवाद और सांप्रदायिक विद्वेष फैलाने वालों के खिलाफ संगठित होना होगा, नहीं तो लोकतंत्र नहीं बचेगा।

रिपुदमन की बातों से कुलश्रेष्ठ के दिमाग में बिजली-सी कौंध गयी। ऐसे कई सवाल जिन पर उसने आज तक सोचा न था, उसे परेशान करने लगे। यदि दल नहीं रहेंगे, वोट देने की प्रणाली नहीं होगी तो देश में आम आदमी की आवाज तो दब जाएगी। हम लोगों का क्या होगा? उसे सोनपुर मेले में राजस्थान के प्रतिनिधि राजेंद्र द्वारा सुनाया गया किस्सा याद आया। राजेंद्र ने बताया कि १९७७ में जनता पार्टी के राज में कुछ इलाकों में गाँव के जमींदार समझ बैठे थे कि हमारी जागीरदारी लौट आयी है, और इक्का-दुक्का गाँवों में तो हरिजनों के लिए अलग प्याऊ बनाने की कोशिश की गयी थी। १९८० में वहाँ जनता पार्टी को हरिजनों ने वोट नहीं दिया। हालाँकि उन्हें जनता पार्टी के अन्त्योदय कार्यक्रम से बहुत लाभ हुआ था। किंतु इज्जत नहीं तो आर्थिक लाभ किस काम का।'

'यदि दल और वोट की प्रणाली खत्म हो गयी तो क्या होगा?' यह सवाल कुलश्रेष्ठ को परेशान किये था। वह दो रात सो नहीं सका। तीसरे दिन उसने संकल्प किया कि वह आजादी के संघर्ष के दिनों जैसी काँग्रेस बनाने के लिए किसी विपक्षी दल का सदस्य बनेगा और उस दल का चेहरा बदलने में अपनी पूरी ताकत लगा देगा।

'दल' में शामिल होने का मन बनाने में कुलश्रेष्ठ ने बहुत लंबा-चौड़ा नक्शा नहीं बनाया है। कुछ मोटी बातें हैं जैसे दलित इज्जत से इंसानी जिंदगी जी पायें इसके लिए जरूरी है कि समाज में जातिवादी मानस कमजोर हो। कौन कद्दावर नेता और दल इस मामूली-सी अपेक्षा को आज पूरा कर रहा है? जातिवादी मानस के खिलाफ संघर्ष की बात जाने दें, कौन बड़ा नेता है जो 'जातिवाद' के प्रत्यक्ष या परोक्ष इस्तेमाल से अपने को बचा पा रहा है। हर भारतीय चाहे तो अंदाजा लगा सकता है कि पिछले दिनों अजगर (अहीर, जाट, गूजर और रैदास) सम्मेलनों की जो होड़ लगी थी, उससे युवा कुलश्रेष्ठ के दलित मन पर क्या बीती होगी। लेकिन कुलश्रेष्ठ लोकतंत्र को पुष्ट करने के सक्रिय कर्म में आज 'दल' को ही महत्त्वपूर्ण माध्यम मानने लगा है। इसलिए उसकी उपयुक्त दल की तलाश जारी है। उसकी पृष्ठभूमि दलित की जरूर है, लेकिन उसके मन में जातिवादी भेदभाव के कारण शेष समाज के प्रति कोई कटुता, चिढ़ या हिकारत नहीं है। मानवता पर लगे जातिवादी-अस्पृश्यतावादी कलंक की जड़ें कहाँ से आयीं, कौन इसके लिए जिम्मेदार है, इस पर शायद उसने बहुत सोचा नहीं है। फिर वह इसे सामाजिक कलंक मानता है, कई निजी कड़वे अनुभव भी हैं उसके। रोज अखबार में हरिजनों के जलाये जाने, ठीक वैसे ही जैसे औरतों के जलाये जाने पर शेष समाज की तफरीहवाली गप के दौरान गलती से अभिव्यक्त हो जानेवाली चिंता से भी वह वाकिफ है। ऐसी स्थिति और खबरें उसको अब केवल उदास नहीं करतीं, बल्कि नये समाज के उसके चित्र में जाति-विरोधी रंग को गहरा करती हैं, उसके संकल्प को मजबूत करती हैं। किसी भी प्रकार के जातिवाद से न जुड़ने के उसके इरादे को

पक्का करती हैं ऐसी खबरें।

इतनी पृष्ठभूमि बताने के बाद तो आप यह प्रश्न नहीं करेंगे कि आजकल तो बहुजन समाज पार्टी का बहुत हल्ला है, यदि कुलश्रेष्ठ दलित है तो क्यों नहीं ...। कुलश्रेष्ठ नाराज हो जायेगा आपके सवाल से। क्या दलित नौजवान इस हार से ही राजनीति शुरू करे कि जातिवाद को मिटाने के लिए उल्टे किस्म का जातिवाद जरूरी है, उसका नेता सिद्धांत-कार्यक्रम के मुताबिक अन्य दलों को अपना दोस्त या विरोधी मानने, करने की बजाय सौदेबाजीवाली शैली में अपने सभी विकल्प खुले रखे? नहीं, कुलश्रेष्ठ को यह कबूल नहीं।

पूरे समाज को अपना मान, उसका नेता बनने का सपना लिये अब कुलश्रेष्ठ छोटे-बड़े दलित सगंठनों के बारे में व्यापक सामाजिक-सांस्कृतिक आंदोलन के संदर्भ में तो सोचता है, लेकिन लोकतांत्रिक राजनीति को पुष्ट करने के औजार के बतौर नहीं। क्योंकि इनमें से अधिकांश समूह किसी एक व्यक्ति या छोटी मित्र-मंडली की मेहनत-लगन आदि के भरोसे जिंदा है, न कि आम दलितों की भागीदारी के भरोसे। कई बार तो लगता है कि इनके पीछे कोई सपना और संकल्प नहीं है, यह तो केवल संभ्रांत दलितों के अच्छी बात करनेवाले क्लब जैसे हैं।

कुछ मित्रों ने कुलश्रेष्ठ को राय दी कि सामाजिक विकास की गति पर असर डालने की दृष्टि से सांस्कृतिक सवाल भी कम महत्त्वपूर्ण नहीं। मीनाक्षीपुरम की धर्म-परिवर्तन की घटनाओं के बाद विश्व हिंदू परिषद एवं अनेक हिंदू संस्थाओं ने बहुत पैसा इकट्ठा किया था, दलितों के बीच काम करने के लिए और तुम अभी भी हिंदू मानते हो अपने-आपको, क्यों नहीं हिंदुओं में जातिवाद मिटाने के लिए इन संगठनों में कुछ काम करते। संघ परिवार के किसी संगठन में शामिल हो जाओ, उससे सांस्कृतिक मोर्चे पर काम भी चलता रहेगा और भारतीय जनता पार्टी में भी भागीदारी कर सकेंगे।

मायूस कुलश्रेष्ठ अभी दुविधा में ही था। दुविधा का कारण उसकी बचपन की कुछ यादें थीं। दादा बताया करते थे कि किस प्रकार उसका एक चाचा जो राम भक्त हो गया था और गाँव के राम-मंदिर में पूजा की हठ करने लगा था, आज तक लापता है। कस्बे के ऊँची जाति के लोगों ने चाचा को उसकी इस हिमाकत के लिए बहुत पीटा था। उसके दादा कस्बे में संतनुमा जीवन बितानेवाले एक बहुत ही सज्जन रामप्रकाश के पास शिकायत ले कर गये। दादा की बात से अब समझ आता है कि यह आदमी संघ का प्रचारक था और हिंदू संगठन, हिंदू एकता की बात करता था। लेकिन रामप्रकाशजी ने इस मामले में धैर्य से काम लेने की सलाह दी थी। बाद में दादा को पता चला कि पिटाई करवाने में कस्बे के जिस 'प्रतिष्ठित' सेठ का हाथ था वह तो संघ आयोजित समारोहों की अध्यक्षता किया करता था। लेकिन कुलश्रेष्ठ इस किस्से को बहुत तूल नहीं देना चाहता था, क्योंकि मित्रों ने बताया था कि संघ अब बहुत बदल गया है।

कुलश्रेष्ठ को संघ की भीतरी संरचना और एकचालिकानुवृतत्त्व के गैर लोकतांत्रिक संगठन सिद्धांत का पता न था, न ही उसने संगठन के भीतरी लोकतंत्र

के सवाल पर बहुत मनन किया था। वह अपने मन को संघ और भाजपा के माध्यम से दलितों तथा शेष समाज के बीच काम करने को तैयार करने की कोशिश कर ही रहा था कि राम-जन्मभूमि का ताला खोलने की इजाजत कोर्ट ने दे दी। उसके बाद से तो कुलश्रेष्ठ एकदम हतप्रभ है संघ की रामभक्ति का तेवर देखकर, उनकी देशभक्ति का तेवर देख कर। देश के बहुसंख्यक समुदाय के नेता होने का दावा करनेवाले लोग अपने ही देश की अदालत को नकार रहे हैं, उसकी न्यायप्रक्रिया में उन्हें भरोसा नहीं। जिस गाँव से 'रामशिला' ले कर आ रहे हैं उस गाँव के हिंदुओं के बीच फँसे अहंकार, मिथ्याचार, भ्रष्टाचार और सबसे बढ़ कर इंसान की गरिमा में अनास्था की संघ को चिंता नहीं। केवल अपने संभावित फायदे के लिए अपने ही भाइयों के खिलाफ घृणा के संस्कार गहरे बैठाना और सांप्रदायिक हिंसा को भड़कानेवाली कार्यवाहियों में बढ़-चढ़ कर हिस्सा लेना! क्या इस आग मिट्टी से गढ़ा गया संघ देश में लोकतंत्र चलने देगा? कुलश्रेष्ठ का दिमाग साफ है। जो लोकतंत्र का दुश्मन है वह देश का, गरीब का, दलित का, बहुसंख्यक और अल्पसंख्यक सभी का दुश्मन है। कुलश्रेष्ठ समझ नहीं पा रहा कि रामभक्त होने का दावा करनेवाली जमात इतना तोड़क काम कैसे कर सकती है। यह इंदिरा गाँधी द्वारा खालिस्तानी जगजीत सिंह चौहान को भारत आने की इजाजत देने या भिंडरावाला जैसे लोगों को शह देने या राजीव गाँधी द्वारा बोफोर्स दलालों को बचाने की कार्यवाहियों से कैसे फर्क है या राष्ट्र को कम नुकसान पहुँचानेवाला है, उसकी समझ में यह नहीं आ रहा था। खैर संघ से मोहभंग की वजह से भाजपा का विकल्प भी उसके सामने न था।

अब कुलश्रेष्ठ क्या करे। उसने फैसला किया कि अब वह ऐसे दल की तलाश छोड़ देगा जो उसके मन मुताबिक हो। एक दल जो इंदिरा काँग्रेस की नीतियों का प्रभावी विरोध करते हुए स्पष्ट विकल्प देता हुआ नजर आये, वैसे दल आज नहीं हैं, वह बात कुलश्रेष्ठ की समझ में आ गयी। कुलश्रेष्ठ को एक मित्र ने राय दी कि उसे जनता दल में शामिल होना चाहिए। जनता दल के अध्यक्ष अक्सर व्यवस्था परिवर्तन की राजनीति की बात करते रहते हैं। इस दल में बिहार आंदोलन की आग में तपे कई युवा हैं, पुराने समाजवादी हैं, दलित नेता अरुण कांबले हाल ही में इसमें शामिल हुए हैं, आदि-आदि। कुलश्रेष्ठ ने जनता दल में शामिल होने के सुझाव पर सोचना शुरू किया। उसके दिमाग में अनेक शक उठते थे—पार्टी के भीतर लोकहित के सवालों को उठाने की कितनी छूट होगी, धन-कुबेरों की पार्टीतंत्र पर कितनी पकड़ होगी। दल-निर्माण में रुचि रखने वालों के मन में काँग्रेस संस्कृति से भिन्न कुछ है क्या? मेरे परिवार और निकट मित्रों, रिश्तेदारों में तो कोई इतना पैसेवाला भी नहीं है कि पार्टी के क्रियाकलापों के लिए मुझे बड़ा चंदा दे सके, काँग्रेस में तो ब्लाक यूथ काँग्रेस का अध्यक्ष बिना शोर के छींक दे तो आप उसके स्तुतिगान के पोस्टर अगले दिन ही दीवारों पर देखेंगे मय फोटो के। जनता दल भी ऐसा ही तो नहीं होगा! इन सवालों पर मंथन चल ही रहा था, उसे अच्छा लगा यह जान कि वरिष्ठ सर्वोदय विचारक और नेता आचार्य राममूर्ति को दल की राष्ट्रीय कार्यकारिणी

और संचालन समिति में लिया गया है, फिर उन्हें केन्द्रीय संसदीय बोर्ड में भी लिया गया। बाद में बिहार में रामसुन्दर दास को अध्यक्ष तथा आचार्य जी को बिहार संसदीय बोर्ड का अध्यक्ष बनाया जाना भी कुलश्रेष्ठ के मन को छू रहा था। उसे दल के अध्यक्ष का यह बयान बखूबी याद था जिसमें उन्होंने सत्ता परिवर्तन और सरकार चलाने से ज्यादा दल निर्माण, दल चलाने के काम को महत्त्वपूर्ण बताया था।

लेकिन कुलश्रेष्ठ लोकतंत्र के लिए 'दल' के माध्यम से काम करने का फैसला फिलहाल शायद ही कर पाये। आखिर क्यों? उसने जाना है कि इसी मन:स्थिति का दावा कर दल में शामिल होनेवाले बिहार आंदोलन की पृष्ठभूमिवाले साथियों में पदों को ले कर काफी खींचतान है। कम से कम बाहर से देखने पर कार्यक्रम एवं मुद्दों पर कोई गुटबाजी या झगड़ा नजर नहीं आता, फिर भी हर आदमी एक अलग गुट जैसा ही दिखता है। और फिर १४ जुलाई, १९८९ को लखनऊ में उत्तर प्रदेश इकाई के देरी से बनने की सफाई देते हुए श्री विश्वनाथ प्रताप सिंह ने भी कह दिया है कि 'संगठन जनता को तैयार करने के लिए बनता है। यहाँ जनता तैयार है फिर संगठन की क्या जरूरत? फिर भी काँग्रेस को हटाने-भर को संगठन बन गया है।' कुलश्रेष्ठ इससे थोड़ा अलग सोचता है। उसकी मोटी समझ के मुताबिक समाज में लोकतांत्रिक नेतृत्व-निर्माण और धारावाहिकता के लिए संगठन पहली शर्त है। आज लोकतंत्र के सामने उपयुक्त दल और नेतृत्व के अभाव का संकट इसलिए खड़ा है क्योंकि इंदिराजी ने काँग्रेस सहित सभी विपक्षी दलों को बार-बार अपने कौशल से तोड़ने में कामयाबी पाई थी। कुलश्रेष्ठ के लिए दूसरी उम्मीद दल के युवा लोग हो सकते थे, उनकी गुटबाजी का जिक्र तो हमने किया ही। तीसरी उम्मीद जद में आचार्य जी जैसे लोगों का होना उसे लगता था—पर यह उम्मीद भी आचार्य राममूर्ति का एक विस्तृत आलेख पढ़ने के बाद टूट गयी, उन्होंने कहा है कि दल और उसके रोजमर्रा की संचालन की जिम्मेदारी से वह नहीं जुड़े हैं।

कुलश्रेष्ठ ने जद के एक कार्यकर्त्ता के माध्यम से सुरेन्द्र मोहनजी से बात की। उन्होंने लोगों के बीच काम कर रहे अनेक लोगों के प्रेरक किस्से सुनाकर, कुलश्रेष्ठ को उसके काम के बारे में कई उपयोगी एवं ठोस सुझाव दिये। लेकिन उन्होंने सीधे दल में काम करने का कोई रास्ता नहीं बताया। पहली मुलाकात में कुलश्रेष्ठ को सीधे यह कहने की हिम्मत नहीं हुई कि वह दल में काम करना चाहता है। कुलश्रेष्ठ जिन साथियों के साथ समय-समय पर विभिन्न सामाजिक कामों में हिस्सा लेता रहा है उनमें से उसने रशीद और श्रीपत से ही बात की, लेकिन दोनों के जवाब से वह निराश हुआ। रशीद बोला, भाई मैंने तो अपने को जितना मुसलमान माना है, शायद उससे ज्यादा हिंदुस्तानी माना है और कोशिश रही है कि मेरा मुसलमान होना, मेरा हिन्दुस्तानी होना मेरे और बाकी इंसानों के बीच दीवार न बने, लेकिन जद के अध्यक्ष को तो सेकुलरवाद का सर्टिफिकेट भी उस सैयद शाहबुद्दीन से चाहिए जिस ने मुसलमानों को बाकी हिंदुस्तानी अवाम से अलग-थलग कर देने की ठान ली है।

श्रीपत का जवाब भी उदास करनेवाला था। वह बोला, भाई मैं पूर्णकालिक

कार्यकर्त्ता हूँ, दोस्तों की मदद से अपना सार्वजनिक काम और परिवार चलाता हूँ। मैंने पाया है कि मेरे मित्रों को पूर्णकालिक कार्यकर्त्ताओं की मदद करके वैसा ही आनंद प्राप्त होता है जैसे किसी युवा दम्पति को अपने माँ-बाप की मदद करने में या मां-बाप को अपने बच्चों के पालन-पोषण में जैसा सुख मिलता है। और 'दल' में क्या होगा? बंधुआ मजदूर का तो शरीर ही बंधक होता है, 'दल' में तो सुना है कार्यकर्त्ता नेताओं की मदद से राजनीति करते हैं और उन्हें शरीर नहीं आत्मा गिरवी रखनी पड़ती है। इतने करीबी मित्रों ने भी कुलश्रेष्ठ के 'दल' में शामिल होने के प्रस्ताव पर टका-सा जवाब दे दिया।

आज कुलश्रेष्ठ की समझ में यह नहीं आ रहा कि वह राज और लोक के बीच के सबसे महत्त्वपूर्ण मध्यस्थ तंत्र (दल) में क्या और कैसा काम कर सकता है। ध्यान रहे, कुलश्रेष्ठ नये समाज बनाने की छटपटाहट लिये हुए एक दलित युवक है, और वह सामान्य जन और राज्यतंत्र के बीच दल रूपी सेतु को बनाने और पुष्ट करने के काम में आपकी मदद चाहता है। क्योंकि अब उसकी पक्की राय हो गयी है कि लोक का संगठन और दलों के पीछे संगठित लोक ही लोकतंत्र की गारंटी है।

... बहस ... नस्ल

... जाति ... भूमंडलीकरण ...

बहस : नया दलित विमर्श और मुक्ति का नया सिद्धांत

दलित-प्रश्न मंडलवादी राजनीति के परिप्रेक्ष्य से आगे विकसित किया जाना चाहिए। उसे केवल मानवाधिकारों के दायरे में देखे जाने की प्रवृत्ति से भी परे जाने की जरूरत है। डरबन के बहाने और दलित-प्रश्न के भूमंडलीकरण की कोशिशों से पैदा हुए माहौल में एक नये दलित-विमर्श की रचना की जा सकती है जिसके आधार में मुक्ति का नया सिद्धांत होना चाहिए। दलित मुद्दे का अंतर्राष्ट्रीयकरण करने वालों को अपनी मुहिम का औचित्य राष्ट्रभक्ति के दायरे में सिद्ध करना होगा। क्या भविष्य का दलित आंदोलन अंतर्राष्ट्रीय संस्थाओं द्वारा दी जानेवाली दान-दक्षिणा के आधार पर अपनी दिशा तय करेगा? अगर ऐसा हुआ तो उसकी स्वायत्तता का क्या होगा?

दलित-स्पर्श से डरता समाजशास्त्र

शिव विश्वनाथन

भारतीय समाजशास्त्र कुछ-कुछ एंटीसेप्टिक किस्म का है। वह अपने क्षेत्र में दक्षता हासिल करने की कोशिश करता हुआ तो दिखाई पड़ता है और उसमें तथ्यों के प्रति वफादारी की प्रवृत्ति भी है लेकिन उसने भारतीय परिस्थिति में निहित जटिलता की गहरी समझ विकसित नहीं कर पायी है। हमारे विद्वान एक साझा सहमति के आधार पर क्लर्कों की तरह समाजशास्त्र रचने में जुटे रहते हैं और हालात में हुए परिवर्तनों को नापने के लिए अपर्याप्त पैमानों का इस्तेमाल करके अपना काम चला लेते हैं। भारतीय समाजशास्त्र के पिछले बीस साल के इतिहास पर एक नजर डालते ही लगेगा कि शायद मंडल, नर्मदा, भोपाल और पंजाब के आतंकवाद जैसे प्रकरणों का अभी तक हमारे सामाजिक सरोकारों की दुनिया में प्रवेश ही नहीं हुआ है। यह एक तथ्य है कि जब मंडल आयोग की रपट ने हमारे शीर्ष समाजशास्त्रियों को झकझोर कर दसियों साल लंबी नींद से जगाया तो उन्हें एहसास हुआ कि दुनिया बदल चुकी है। जब ज्ञान-प्रणाली पर हावी साझा सहमति को चुनौती मिली तभी पहली बार ये विद्वज्जन कुछ-कुछ युद्ध की मुद्रा में आये। केवल तभी दुमों और श्रीनिवास के भद्रतापूर्ण समाजशास्त्र ने खुद को समस्याग्रस्त महसूस किया। केवल

को ये जातियाँ जाति-युद्ध फूट पड़ने के रूप में दिखाती हैं।

दलित-बहुजन गठजोड़

प्रतिक्रिया और हताशा के इन अफसोसनाक अनुभवों के मुकाबले एक ऐसी रेडिकल धारा ने जन्म लिया है जो वामपंथी नहीं है। इसे अनुसूचित जातियों और अन्य पिछड़े वर्गों के दलित-बहुजन गठजोड़ के नाम से जाना जाता है। यह संरचना मंडल नारे की पैदाइश है लेकिन यह केवल सामाजिक न्याय की धारणा तक ही सीमित नहीं है। सामाजिक न्याय का अर्थ है मौजूदा राज्य और उसके सत्ताधारियों को निचले सामाजिक तबके की माँगों के प्रति अधिक न्यायोचित और अनुकूल बनाना। लेकिन दलित-बहुजन गठजोड़ इस सीमा को लाँघ कर अपने लिए राजसत्ता का दावा करता है। लेकिन इस गठजोड़ की भी कुछ समस्याएँ हैं। पहली बात तो यह है कि दलित और पिछड़े वर्गों के बीच सामाजिक और सांगठनिक रूप से बहुत कम समानताएँ हैं। अनुसूचित जातियाँ संरचनागत रूप से अपेक्षाकृत समरूप हैं। पिछड़े वर्ग आंतरिक रूप से बेहद अलग-अलग और असम हैं। देहाती इलाकों में कई पिछड़ी जातियाँ दलितों पर आतंक बरपाती हुई देखी जाती हैं। दूसरे, ब्राह्मणवाद द्वारा आत्मसातीकरण की लंबे अरसे से चल रही मुहिम के प्रतिक्रियास्वरूप दलितों में एक स्वायत्त किस्म की पृथक पहचान और सदस्यता पर अत्यधिक जोर देने की प्रवृत्ति पैदा हो गयी है जिसके कारण वे ऐसे आंदोलनों, बुद्धिजीवियों और राजनीतिक कार्यकर्ताओं से भी कटे रहते हैं जो दूसरी जातियों के होते हुए भी उनके तरफदार हैं। बसपा की नेता मायावती द्वारा गाँधीवादी, लोहियावादी और वामपंथी ताकतों के खिलाफ हमलावर तेवर अपनाने को इसी संदर्भ में देखा जाना चाहिए। दलित हितों की सेवा करने के लिए अपनाई गयी इस रणनीति का लाभ शासक वर्ग और उसकी काँग्रेस व भाजपा जैसी पार्टियों को मिल सकता है। दलितों को अपनी कतारों में भर्ती करके वे स्वयं को उनके हितों का रक्षक बताती हैं और फिर कई तरह की रियायतों के जरिये उनके आत्मसातीकरण और उन्हें भ्रष्ट करने की योजना पर अमल करती हैं।

जनता के बीच संघर्ष और पहचान से जुड़े इस अलगाववादी रवैये की व्याप्ति इतनी ज्यादा है कि दलित उभार वामपंथ के जुझारू आंदोलनों से कट गया है जिसके कारण इन दोनों के आमूलवादी सामाजिक-आर्थिक आग्रहों के ऊपर विपरीत असर पड़ा है। इसी वजह से शासक वर्ग और मुख्यधारा में उनके वामपंथी पार्टियों समेत आत्मसातीकरण की परिस्थितियाँ पैदा कर देता है।[१०] इसके कारण वामपंथी और रेडिकल राजनीति के लिए नया संकट पैदा हो गया है। वामपंथी आंदोलन दुनिया के पैमाने पर पहले से ही भारी संकट का शिकार है। एक राजनीतिक व्यवस्था के रूप में समाजवाद ध्वस्त हो चुका है। मार्क्सवादी विचारधारा पर ही नहीं, निजी तौर पर मार्क्स और लेनिन के ऊपर भी तीखे सवाल उठाए जा रहे हैं। ऐसे हालात में

दूसरी तरफ जाति को लुई दुमों की तर्ज पर एक मोहक विचारधारा के रूप में समझते हुए उसे पश्चिमी व्यक्तिवाद की समतामूलकता के बरक्स भी रखा जा सकता है। एम.एन. श्रीनिवास या मेकिम मैरियट की तरह जाति के बारे में बात करते समय जातियों की अन्योन्यक्रिया, संस्कृतीकरण की प्रक्रिया और छुआछूत से संबंधित शब्दावली भी इस्तेमाल की जा सकती है। या धीरूभाई शेठ की तरह जाति को कुछ अधिक आक्रामक और रचनात्मक शैली में मंडल-आधारित चुनावी समाजशास्त्र की तरह भी पढ़ा जा सकता है जिसमें जातियों की संरचना को ऊपर से नीचे के बजाय दाएँ से बाएँ फैले हुए संगठनों की तरह देखते हुए न केवल सजातीय विवाह करनेवाली इकाइयों के रूप में बल्कि राजनीतिक गठजोड़ों के आधार की तरह भी देखा जाता है। समस्या यह है कि जाति के इन तमाम पाठों में से किसी में भी हताशा, संत्रास और घृणा जैसे मनोभावों का समाजशास्त्रीय श्रेणी के रूप में वजूद नहीं मिलता। जाहिर है कि दलित समाजशास्त्र के लिए क्रोध का केंद्रीय महत्त्व है। अगर समाजशास्त्र परानुभूति को ग्रहण करने का विज्ञान है तो निश्चित रूप से इस प्रकार की समझदारी उसके लिए निर्णायक साबित हो सकती है।

झारखंड के मुद्दे पर अपने गहन लेखन से ध्यान आकर्षित करनेवाले प्रकाश लुइस ने अपनी रचना 'दलित और डरबन का विमर्श'[२] में डरबन सम्मेलन में एक खास तरह के दलित-विमर्श की स्थापना की जोरदार वकालत की है। मेरे विचार से यहाँ स्थान के रूप में 'डरबन' और 'विमर्श' के दलित होने के आग्रह का एक खास मतलब निकलता है। डरबन रंगभेदी दक्षिण अफ्रीका की याद दिला देता है। डरबन दक्षिण अफ्रीका में भारतीय उपस्थिति को बतानेवाला नाम है। ऐतिहासिक रूप से डरबन नस्लवाद के खिलाफ गाँधी के संघर्षों का प्रतिनिधित्व भी करता है। जाहिर है कि डरबन को बार-बार शुरू हो जानेवाले विवादों और व्याख्याओं के पुराने रंगमंच के रूप में देखा जा सकता है। आज वही डरबन अफ्रीका के उत्तर-रंगभेदीय युग में एक ऐसे स्थल के रूप में उभर चुका है जहाँ जाति के मसले को एक 'भूमंडलीय' परिघटना के रूप में देखने पर बहस का सबसे ताजा अध्याय रचा गया है।

डरबन की ही तरह 'दलित-विमर्श' जैसी अभिव्यक्ति भी महत्त्वपूर्ण है। इसके तहत भिन्न-भिन्न तरह के संबंधित मतों अथवा उधार लिये हुए सिद्धांतों को नहीं बल्कि दुनिया को दलित नजरिये से देखने और व्यक्त करनेवाली एक स्वायत्त भाषा को रचने पर जोर दिया जाता है। यह विमर्श न तो अकादमीय समाजशास्त्र की भाषा में और न ही किन्हीं पश्चिमी विचार-सरणियों के संदर्भ में दलितों को देखने के लिए तैयार है। वह तो दलित आँखों से देखी गयी दलितों की दुनिया की नुमायंदगी करना चाहता है। अर्थात दलित-विमर्श को पाठ्य-पुस्तकों में वर्णित श्रेणियों में रुचि न हो कर दलित उत्पीड़न के वास्तविक यथार्थ से दो-चार होने में दिलचस्पी है। वह सेमोर मार्टिन लिपसेट की भाँति जाति, वर्ग और नस्ल के बीच कहीं स्थित नहीं है और न ही वह इस उधार के समाजशास्त्र के दम पर काम चलाने

का इच्छुक है। दलित-विमर्श का समाजशास्त्र तो अपने चेतना-जगत की भित्ति भावनाओं और अनुभूतियों के माध्यम से बनाना चाहता है। वह तो एक ऐसे समाजशास्त्र का प्रतिनिधि है जिसने आक्रोश के गर्भ से जन्म लिया है।

आइये अब प्रकाश लुइस द्वारा दिये गये इन उदाहरणों पर गौर करें :

> आगरा जिले के नेगला गाँव में रंग-रुतबेवाली ऊँची जाति के दो लोगों ने एक दलित महिला को पहले नंगा किया और फिर पीट-पीट कर मार डाला। इस बेचारी की गलती केवल इतनी थी कि उसने खाली घड़ा लिये हुए वीरेंद्र पाल और विजय पाल का रास्ता काटने की जुर्रत की थी। उत्तर प्रदेश की राजधानी लखनऊ से केवल २२ किमी. दूर बाराबंकी में दलित समुदाय के छः लोगों पर २४ अक्टूबर २००० को बेरहमी से तेजाब फेंका गया। यह बर्बर हमला उस इलाके की सबसे ताकतवर ठाकुर जाति द्वारा किया गया था। ठाकुर इसलिए नाराज थे क्योंकि उन्हें पास के तालाब में मछली पकड़ने का ठेका नहीं मिल सका था। इसलिए ठाकुरों की चौधराहट और इजारेदारी को चुनौती देने की हिम्मत करनेवाले दलितों को 'ऐतिहासिक सबक' सिखा दिया गया। इसी तरह वाराणसी जिले के हसनपुर में ठाकुरों ने पाँच दलितों को पीट-पीट कर मार डाला क्योंकि उनमें से एक ने 'राजपूतों की हिदायतों' का उल्लंघन करके एक राजपूत द्वारा किये गये अपराधिक हमले के खिलाफ पुलिस में रपट लिखा दी थी। इससे राजपूतों की ताकतवर जाति गुस्से में आ गयी और उसने गाँव के बिगड़े हुए अछूतों के खिलाफ कानून अपने हाथ में ले लिया।[३]

लुइस के ख्याल से दलित-विमर्श का समाजशास्त्र अत्याचारों की हिंसक कार्रवाई से उपजता है। एक घटना के रूप में अत्याचार का वजूद दो तरह की हिंसा के बीच स्थित रहता है। एक तरह की हिंसा यातना देने के तरीकों में व्यक्त होती है तो दूसरी तरह की हिंसा सामूहिक है और जाति-संहार से ताल्लुक रखती है। अत्याचार को केंद्र बना कर अपनी शुरुआत करनेवाले विमर्श में दलितों की सामाजिक-आर्थिक प्रगति, छुआछूत मिटाने और ऐसे ही अन्य विचारों का महत्त्व कम रह जाता है। यही कारण है कि दलित-विमर्श में अत्याचारों के समाजशास्त्र की मुख्य भूमिका होती है। अत्याचारों और संत्रास का मुकाबला करने के मामले में अकादमीय समाजशास्त्र की भूमिका एंटीसेप्टिक और घिसी-पिटी लगने लगती है। इस तरह का समाजशास्त्र उत्पीड़न के भुक्तभोगियों की आवाज के ऊपर समाज विशेषज्ञों की राय को ज्यादा महत्त्व देने की समस्या से ग्रस्त होता है। यहाँ लुइस का आग्रह यह है कि घृणा, उत्पीड़न, हताशा, अवमानना, संत्रास और ऐसी ही अन्य श्रेणियाँ उस भारतीय समाजशास्त्र को नया रूप प्रदान कर सकती हैं जो अब तक वर्ग, समाज-व्यवस्था, जातिगत गतिशीलता, आर्थिक शोषण और छुआछूत विरोध की प्रचलित मार्क्सवादी यानी टकराव पर आधारित, वृत्तिमूलक यानी समुदाय संबंधी सहमति अथवा प्रतीक-आधारित खुराक पर पलता रहा है। भारतीय समाजशास्त्र के इस नये रूप में क्रोध और अवमानना के प्रश्न को अनिवार्यतः अंतर्संबंधित किया जायेगा।

अत्याचार को एक सामाजिक यथार्थ के रूप में समझना जरूरी है। एक हिंसक क्रिया के रूप में कोई भी अत्याचार किसी व्यक्ति को यातना देने से ले कर किसी समुदाय या तबके के सामूहिक उन्मूलन के बीच कहीं स्थित होता है। अत्याचार की हिंसा हमेशा कुछ ज्यादा ही बड़े पैमाने पर होती है। ऐसी हिंसा ताकतवर समुदायों की प्रतिष्ठा पर लगी किसी काल्पनिक ठेस अथवा खतरे की किसी अनुभूति मात्र से या किसी विवाद के बहाने भड़क उठती है। एक तरफ तो हिंसा की अनावश्यक विकरालता रहती है और दूसरी तरफ उसका जवाब देने की कमजोरी साफ नजर आती है। सरकार आमतौर पर जाँच कमेटी बैठा देती है। देर तक चली जाँच से इंसाफ ही नहीं, मुआवजे की जायज संभावनाओं पर भी पानी फिर जाता है। बची रह जाती है वह घटना और नृशंसता के वे प्रकार जिन्हें हम संगसार करने, पिटाई करने, आगजनी, बलात्कार और शरीर दागने जैसी कार्रवाइयों के रूप में जानते हैं। ये घटनाएँ छुआछूत की किसी सामान्य घटना से कहीं ज्यादा उत्पीड़न की अनुभूति, संत्रास और विवशता की छटपटाहट पैदा करती हैं। अकादमीय समाजशास्त्र अत्याचार की घटनाओं को सामुदायिक सहमति और टकराव के सिद्धांतों के बीच विरोध के जरिये समझने की कोशिश करता है जबकि असल में अत्याचार की वह घटना सिर्फ टकराव के समाजशास्त्र का प्रतिनिधित्व नहीं करती। वह तो बुराई को समझने और अवमानना के उस दृश्य प्रपंच से जुड़ी चुनौती है जिसका स्थापित समाजशास्त्र को अभी अता-पता ही नहीं है। आखिर में होता यह है कि अत्याचार के बारे में उत्पीड़ित का बयान समाजविज्ञानी के विमर्श में फिट नहीं होता। विशेषज्ञ का आकलन और उत्पीड़क का ब्योरा अक्सर अलग-अलग दिशाओं में जाते दिखायी देते हैं। अंतिम विश्लेषण में प्रचलित समाजशास्त्रीय औजारों के माध्यम से किसी अत्याचार को व्याख्यायित करने का परिणाम अतियथार्थवादी ही साबित होता है।

आज अकादमीय समाजशास्त्र को इसी संदर्भ में चुनौतीपूर्ण दृष्टि से देखने की जरूरत है। समाजशास्त्र की इस अकादमीय प्रवृत्ति के एक बड़े उदाहरण निस्संदेह आंद्रे बेते हैं।[४] बेते का रवैया एकदम पाठ्य-पुस्तकीय है। वे एशले मांटेग्यू की क्लासिक पाठ्य-पुस्तक 'मेंस मोस्ट डेंजरस मिथ : दि फालेसी ऑव रेस' का हवाला देते हैं। अगर उनके कॉलेज के दिन होते तो इसे समझा जा सकता था। आज भी छात्रों के लिए इस पुस्तक की उपयोगिता है। लेकिन बेते की समस्या भी यही है। पाठ्य-पुस्तकें चेतना की उन धाराओं की नुमायंदगी करती हैं जिन्हें अक्सर विजयी पक्ष को मान्यता देने की आदत होती है। ज्ञान के क्षेत्र में पराजित पक्ष का वजूद या तो मिटा दिया जाता है या फिर अवैज्ञानिक कह कर उसकी भर्त्सना कर दी जाती है। बेते यह तथ्य बताने में पूरी तरह नाकाम रहते हैं कि एक जमाने में नस्ल को विज्ञान के रूप में देखा जाता था। पिछली सदी में बीस के दशक तक अमेरिका के ग्यारह प्रमुख विश्वविद्यालयों में नस्ल को एक प्रतिष्ठित वैज्ञानिक विषय के रूप में पढ़ाया जाता था। पिछले पचास साल में नस्ल को विज्ञान के साथ

अंतर्गुंफित कर दिया गया है। बेते का यह कहना सही नहीं है कि सिर्फ उन्नीसवीं सदी में ही नस्ल और विज्ञान के नाजायज ताल्लुकात बनाने की कोशिश की गयी थी। बेते विज्ञान के उस इतिहास को नजरंदाज करते हैं जो बताता है कि नस्ल के विज्ञान से संबंध साम्राज्यवाद और नाजीवाद के संदर्भ में ही नहीं बल्कि मानवशास्त्र के संदर्भ में भी कितने जटिल हैं।[५] इस रोशनी में देखने पर नस्ल से छुटकारा पाने का बेते का प्रयास सरलीकृत लगता है। बेते का कहना है कि 'जाति को नस्ल मानना राजनीतिक रूप से शरारतपूर्ण है' और उससे भी आगे बढ़ कर वे कहते हैं कि 'यह दावा वैज्ञानिक रूप से मूर्खतापूर्ण भी है'। दरअसल, यह कहते हुए बेते विज्ञान और नस्ल के ऐतिहासिक रिश्ते के बारे में अपने भोलेपन का इजहार ही कर रहे होते हैं।

एक दूसरे नजरिये से बेते द्वारा की गयी जाति और नस्ल की यह अवधारणात्मक व्याख्या स्वागतयोग्य भी है। दलितों को आमतौर पर ऊँची जातियों द्वारा प्रतिपादित जाति की एक खास व्याख्या पर आपत्ति रहती है जिसके तहत जाति को निर्वैयक्तिक और विविधताओं से परे और वर्ण-व्यवस्था के प्रचलित दायरे के अंदर परिभाषित किया जाता है। इस रोशनी में बेते की यह चेतावनी संतुलनकारी भूमिका निभाती लगती है कि जाति को नस्ल मानने के चक्कर में कुछ अनजानी मुसीबतों का सामना भी करना पड़ सकता है। बेहतर होता अगर बेते अपने इन विचारों के साथ-साथ जातिगत उत्पीड़न के खिलाफ एक आवेगपूर्ण आवाज भी बुलंद करते दिखायी देते। बेते के लेखन से सहसा हेलन सिसू के उन उच्छवासों की याद आ जाती है जो उन्होंने अपनी रचना *मन्ना टु मैंडलस्ताम टु दि मंडेलाज*[६] में व्यक्त किये थे :

> इस किताब में करुणा को समझने की कोशिश की गयी है। लेकिन यह सिर्फ एक कोशिश-भर है क्योंकि मैं जैतून के उन वृक्षों के नीचे तक ही तो जा सकती हूँ, पर मैं अपने पैरों में उन कीलों को कभी महसूस नहीं कर पाऊँगी जो सार्जेंट विसेर ने बूढ़े विली स्मिट के पैरों में उसके गिड़गिड़ाने और आँसुओं के बावजूद ठोक दी थीं। मेरे ह्रदय तक तो केवल स्मिट द्वारा की गयी चिरौरी ही पहुँची है। मेरी सीमा यह है कि मैं सिर्फ सुनती हूँ पर महसूस नहीं करती और मैं रो सकती हूँ पर खून नहीं बहा सकती। अगले दिन तो मेरे आँसू भी नहीं निकलते। जितने आँसू मेरे पास थे, मैं सब बहा चुकी थी ...।[७]
>
> जब एक मार्च १९६२ को नैटल के पास डंडी के देहाती इलाके में अल्फियोस सिबिसी को यातनाएँ दी गयीं (लेकिन मुझे यह सब याद नहीं करना चाहिए वरना ह्रदय विदीर्ण हो जायेगा) ...
>
> तकलीफ उसे आहत नहीं करती। इसके बजाय वह दुष्टता को साक्षात और शैतान को गवाह के रूप में देख कर ज्यादा व्यथित होता है।
>
> नाम और मरने की तारीख को छोड़ कर मैं अल्फियोस सिबिसी के बारे में कुछ नहीं जानती। मुझे न उसकी सूरत के बारे में पता है और न उम्र के बारे में। उसे दी गयी यातनाओं की जानकारी जरूर है जिन्हें मैं क्रमवार डंडे, कीलों, उल्टा लटकानेवाली टिकटिकी और जंजीरों के रूप में गिना सकती हूँ। मुझे इतना पता है कि वह दर्द से चिल्लाया नहीं था। वह सारी रात रोता रहा था। उसकी

सिसकियाँ सुनी गयी थीं।

जो कुल्हाड़ी उसने चुरायी नहीं थी उसकी कीमत थी सिर्फ डेढ़ पाउंड और नौ डेनिम। अपने नथुनों, कानों, गले, ग्रासनली, आँतों और गुदा के जरिये आँसुओं, खून, माँस और उल्टी के रूप में वापस देनी पड़ी उसे वही कुल्हाड़ी।

लेकिन, इसे नहीं समझ सकता कोई ।

—मेरी बर्दाश्त से बाहर है तुम्हारी वेदना।

मेरी नजर के दायरे से परे चला गया है तुम्हारा वह निःसंग चेहरा। डॉलर की चट्टान के नीचे अपनी सुड़कती हुई नाक घुटनों में छिपाये हुए बैठी हूँ मैं गुड़ी-मुड़ी, अपनी अपर्याप्त आत्मा को तुम तक पहुँचाने की कोशिश में।

विक्षिप्तता के रौरव नर्क को जीवित भोगनेवाले, तुम्हारी मासूमियत ने खोला नृशंसता के रहस्यों को।

सारी रात तुम्हारा जीवित माँस वहाँ लटकता रहा।[८]

अकादमीय समाजशास्त्र से भी आगे बढ़ कर एक सवाल यह है कि क्या राष्ट्रीय गौरव की अनुभूति का सृजनात्मक इस्तेमाल किया जा सकता है? सिर्फ भारतीय संदर्भ में सीमित न रह कर तुलनात्मक अध्ययन के लिए नस्ल संबंधी विवादों से जुड़ी ऐसी ही अमेरिकी प्रवृत्तियों पर एक नजर दौड़ाई जा सकती है। इस सिलसिले में मेरे प्रिय दार्शनिक रिचर्ड रोर्टी की विशेषज्ञता शायद हमारी कुछ मदद कर पायेगी। अपनी रचना 'अचीविंग अवर कंट्री' में रोर्टी शुरू में ही दलील देते हैं[९] कि 'किसी देश के लिए राष्ट्रीय गौरव का महत्त्व वही होता है जो किसी व्यक्ति के लिए आत्मसम्मान का होता है।'[१०] इसके बाद रोर्टी अश्वेतों के लिए अलग राष्ट्र की माँग करनेवाले काले मुसलमान नेता एलिजा मोहम्मद की तुलना लेखक जेम्स बाल्दविन से करते हैं। बाल्दविन की रचनाएँ अवमानना पर किये गये बेहतरीन चिंतन का प्रतिनिधित्व करती हैं। अपनी कृति 'फायर नेक्स्ट टाइम' में बाल्दविन कहते हैं, 'यही है वह अपराध जिसके लिए मैं अपने देशवासियों को दोषी ठहराता हूँ और जिसके लिए न मैं, न मेरा समय और न मेरा इतिहास उन्हें माफ करेगा। उन्होंने लाखों जीवन नष्ट कर दिये हैं और करते जा रहे हैं। *लेकिन उन्हें इसका एहसास नहीं है और न ही वे इसके बारे में जानना ही चाहते हैं* (जोर मेरा)।'[११] रोर्टी के अनुसार क्षमाशीलता की इस कमी का परिणाम दो रूपों में निकल सकता है। पहला, एलिजा मोहम्मद और उनके ब्लैक पेंथरों की भाँति बेहद घृणा और घोर भर्त्सना के कारण राजनीति के कुछ खास रूपों के प्रति अरुचि पैदा हो सकती है। दूसरा परिणाम बाल्दविन जैसी प्रतिक्रिया में निकल सकता है। रोर्टी की टिप्पणी थी कि, 'जैसे-जैसे बाल्दविन द्वारा आत्म-रचना का आख्यान आगे बढ़ता है वैसे-वैसे हम देखते हैं कि वे किस तरह एक साथ क्षमाशीलता के प्रति अपनी अनिच्छा को जारी रखते हुए उस देश के साथ अपना तादात्म्य स्थापित करना भी जारी रखते हैं जो कभी उनके पूर्वजों को जंजीरों में जकड़ कर लाया था।'[१२] बाल्दविन दलील देते हैं कि, 'अगर हम एक राष्ट्र बनना चाहते हैं तो काले और श्वेत लोगों को एक-दूसरे की काफी जरूरत पड़ेगी ... यानी इसी तरीके से हम

पुरुषों और स्त्रियों को अपनी अस्मिता और अपनी परिपक्वता उपलब्ध हो सकती है।'[१३] एक तरह से देखा जाये तो रोर्टी की यह समझ सही नहीं लगती कि क्षमाशीलता की कमी के कारण या तो राजनीति से अलगाव अर्थात मात्र दर्शक बन जाने का नतीजा निकलेगा या फिर किसी परियोजना का कार्यकर्ता बन जाने का। दरअसल, ये दोनों ही नतीजे ऐसी सक्रियता के रूप में हो सकते हैं जिनका राजनीतिक परिणाम भिन्न हो सकता है। बहरहाल, रोर्टी बड़ी खूबसूरती से निष्कर्ष निकालते हैं, 'यह तर्क देने से कुछ हासिल नहीं होगा कि एलिजा मुहम्मद का फैसला सही था या बाल्दविन का गलत था। इसके उलट मान लेने से भी कुछ हासिल नहीं होगा। दरअसल दोनों में से किसी ने भी क्षमा नहीं किया ... दोनों में से किसी को भी सही समझा जा सकता है। लेकिन यह मानना उचित नहीं होगा कि दोनों में से कोई एक किसी तटस्थ और वस्तुनिष्ठ मानदंड को अपना रहा था और दूसरा नहीं।'[१४]

मेरी समझ में यह बात महत्त्वपूर्ण है। वस्तुनिष्ठ समाजविज्ञान के जरिये हम यहाँ कुछ नहीं समझ सकते। यहाँ तो मसला सर्जनात्मक मिथकों और कहानियों के जरिये की जानेवाली राजनीति का है। इसीलिए रोर्टी कहते भी हैं, "जो कहानियाँ यह बताती हैं कि कोई राष्ट्र क्या था और उसे कैसा बनने की कोशिश करनी चाहिए, वे दरअसल तथ्यों का सही-सही प्रतिनिधित्व करने के बजाय एक नैतिक अस्मिता गढ़ने की कोशिश होती हैं ... इन कहानियों से वह तर्क मिलता है जिससे हमें कुछ खास उम्मीदों को बनाये रखने और कुछ को त्याग देने में मदद मिलती है।'[१५]

दलित-विमर्श के रचयिता के रूप में लुइस के दिमाग में यह बात स्पष्ट होनी चाहिए। तथ्यात्मक समाजविज्ञान के स्तर पर की गयी लड़ाई से उनका काम नहीं चलनेवाला है क्योंकि दलितों पर ढाये गये हर जुल्म के प्रत्युत्तर में किसी दलित की प्रगति अथवा चुनावी होड़ के जरिये हुए किसी सबलीकरण की खुशनुमा कहानी पेश की जा सकती है। लेकिन इसके जरिये राजनीति तय नहीं होनेवाली। वह तो कहानी जिस शैली में कही जाएगी उसी के मुताबिक कहनेवाले की राजनीतिक पक्षधरता तय होगी। इसी जगह एक और सवाल का जवाब जरूरी है। क्या जाति का अंतर्राष्ट्रीयकरण 'एक राजनीतिक शरारत' भर है? क्या इसके माध्यम से राष्ट्र के प्रति घृणा प्रगट की जा रही है या संयुक्त राष्ट्र में यह मुद्दा उठाने के साथ-साथ राष्ट्र-प्रेम का दावा भी किया जा सकता है? इन सवालों के जवाब आसान नहीं हैं लेकिन इनका सामना तो करना ही पड़ेगा और इस प्रक्रिया में हमें इस बात का एहसास हो सकता है कि पाठ्य-पुस्तकीय समाजशास्त्र के साथ-साथ हमें किसी और चीज की जरूरत भी पड़ सकती है। हमें अपनी राजनीति को व्यक्त करने के लिए सर्जनात्मक मिथकों की जरूरत पड़ सकती है। हो सकता है कि बेते जैसों के लिए पाठ्य-पुस्तकीय समाजशास्त्र ही अपने-आप में पर्याप्त मिथक हो पर निश्चित रूप से लुइस जैसों का मकसद केवल इससे हल नहीं हो सकता।

लुइस और आंद्रे बेते की मुठभेड़ में इस प्रक्रिया के घटित होने का एहसास किया जा सकता है। समाज-विज्ञानियों की एक पूरी पीढ़ी बेते की रचनाओं की खुराक पर पली है। उनके काम का मूल्यांकन अक्सर श्रीनिवास और दुमों के समाज शास्त्र के प्रति-विचार के रूप में किया जाता है। हमारे दिमाग में बेते की छवि कुछ ऐसी है कि वे टकराव की बारीक समझ रखनेवाले कुछ समाजशास्त्रियों में से एक हैं। इसके बावजूद लुइस बेते को औपनिवेशिक और द्विज की मिली-जुली मानसिकतावाला करार देते हैं। वे आरोप लगाते हैं कि बेते का रवैया सरकारी होने के साथ-साथ उसी के मुताबिक और वर्चस्ववादी है; साथ ही बेते अपने-आप को एक भद्र और इंसाफपसंद व्यक्ति के रूप में पेश करने की कोशिश भी करते हैं। लेकिन लुइस को समझना चाहिए कि उनका दलित-विमर्श खुद को बेते की समाजशास्त्रीय उपलब्धियों से भिन्न दिखाये बिना भी अपनी स्वायत्तता स्थापित कर सकता है। अकादमीशियनों की कोशिश होती है कि अवधारणाओं का एक-दूसरे में घालमेल न होने दिया जाये। इस तरह वे वर्गीकरण के माध्यम से स्पष्टता हासिल करते हैं जिससे बौद्धिक जिजीविषा मिलने की संभावना रहती है। लेकिन इस बहस में तो कई स्तरों का घालमेल होता दिखाई पड़ रहा है। बेते को लगता है कि नस्ल की भ्रांति को राजनीतिक रूप से पराजित कर देने से उन्हें काफी मूल्यवान उपलब्धि हो जायेगी। वे कहते हैं, 'सामाजिक श्रेष्ठता के खिलाफ संघर्ष करते समय हम नस्ल की अवधारणा को ठुकराने के बाद उसे उत्पीड़ितों के पक्ष में इस्तेमाल करने के लिए पिछले दरवाजे से वापस नहीं ला सकते। चाहे श्वेत-श्रेष्ठता का दावा करने के लिए हो या वंचित समूहों के लिए माँगें करने के लिए हो, नस्ल का रूपक दोनों ही लिहाज से खतरनाक है।'[१६] जाहिर है कि पश्चिम-केंद्रित समाजशास्त्र के नजरिये से बेते का यह अवधारणात्मक आग्रह उचित ही समझा जायेगा।

लुइस का जवाब यह है कि बेते पश्चिमी विचार-श्रेणियों का इस्तेमाल कर रहे हैं और इनकी रोशनी में जाति और नस्ल की सहजातीयता के क्षेत्रीय विचारों को नहीं समझा जा सकता। खासतौर से जातिवादी दृष्टि में निहित चमड़ी के रंग संबंधी आग्रह तो दिखायी ही नहीं देंगे। लुइस का यह जवाब अवधारणाओं के स्तर पर न हो कर ज्ञान की राजनीति के स्तर पर दिया गया है। इसके मुताबिक जैसे ही जाति को संकीर्ण मान कर उसके और नस्ल के बीच अवधारणात्मक फासला पैदा किया जाता है वैसे ही जाति का दायरा स्थानीय राजनीति तक ही सीमित हो जाता है भले ही असल में चौबीस करोड़ लोग उससे प्रभावित हो रहे हों। नस्ल को दुनिया के पैमाने पर एक त्याज्य श्रेणी माना जा चुका है और नस्लवाद को सार्वभौमिक रूप से एक घिनौना विचार करार दिया जा चुका है लेकिन जाति को अभी तक स्थानीय समस्या ही समझा जाता है और दुर्भाग्य से स्थानीय समस्याएँ अंतर्राष्ट्रीय स्तर पर ध्यान आकर्षित नहीं कर पातीं। उन पर संयुक्त राष्ट्र और अंतर्राष्ट्रीय एजेंसियों के मंच पर चर्चा नहीं होती। वे क्षेत्रीय अथवा राष्ट्रीय राजनीति के दायरों तक ही सीमित रहती हैं। बेते अपनी अवधारणात्मक पहरेदारी और अकादमीय समाजशास्त्र

के जरिये भारतीय राज्य को 'जाति के अंतर्राष्ट्रीयकरण' के खिलाफ एक मजबूत आधार दे देते हैं। सरकारी एजेंसियों के हाथ में बेते के तर्क एक ताकतवर औजार बन जाते हैं। दु:ख तब होता है जब बेते को इसका एहसास नहीं होता। इस तरह वे ऐसे समाजशास्त्री के रूप में उभरते हैं जिसने मैक्स वेबर की तर्ज पर विज्ञान को व्यवसाय के रूप में तो देखा है पर जिसने वेबर के ही अनुसार राजनीति को व्यवसाय के रूप में नहीं देखा। बेते की नाराजगी इस बात पर है कि जाति को नस्ल बता कर अवधारणात्मक घालमेल किया जा रहा है और वे इसे दुरुस्त करने के लिए अपनी अकादमीय योग्यता का इस्तेमाल करने में लगे हुए हैं। समस्या यह है कि उनके अकादमीय समाजशास्त्र में दलितों पर होनेवाले अत्याचारों को न के बराबर महत्त्व दिया गया है। नतीजे के तौर पर बेते का विमर्श अपना प्रवाह खो देता है और उसे लुइस की भर्त्सना का लक्ष्य बनना पड़ता है। बेते के समाजशास्त्र में दलित आंदोलन के प्रति कोई हमदर्दी नहीं दिखती। खासतौर से जुल्म-ज्यादती के शिकारों के प्रति करुणा तो उनमें कतई लापता है। ज्यादा न सही वे संपादक के नाम एक अलग पत्र लिख कर दलितों के ऊपर होनेवाले अत्याचारों की निंदा तो कर ही सकते थे।

बेते की इस समस्या की तरफ इशारा करने के अलावा भी लुइस की रचना में राजनीति के अन्य बुनियादी रूपों का सुराग भी मिलता है जिन्हें कुरेदने से उनके दलित-विमर्श की स्थापना हो सकती है।

लुइस के मुताबिक चुनावी लोकतंत्र, संविधानवाद या विकास की अवधारणा में दलितों के लिए नागरिकों के रूप में जगह ही नहीं है। मुख्यधारा के विमर्श में दलित न व्यक्ति के रूप में और न ही किसी तरह की गुंजाइश के रूप में कहीं उपस्थित हैं। सामाजिक सूचकांकों की दृष्टि से लुइस बताते हैं कि 'संयुक्त राष्ट्र विकास कार्यक्रम की मानव विकास रपट, २००१ में भारत को उन ७२ देशों में रखा गया है जिन्होंने वास्तव में कुछ प्रगति की है। इसमें सूचना प्रौद्योगिकी के क्षेत्र में हुई प्रगति को महत्त्वपूर्ण माना गया है पर दलितों पर हुए अत्याचारों का इस मानव विकास रपट में उल्लेख नहीं है।'[१७] समाचार माध्यम बेल्लारी में हुई सोनिया गाँधी और सुषमा स्वराज की चुनावी लड़ाई में तो दिलचस्पी दिखाते हैं लेकिन वहाँ दलितों पर हुई ज्यादतियाँ खबर नहीं बनतीं। राजनीति हो, अर्थशास्त्र हो या न्याय हो, दलितों का जिक्र तभी होता है जब वे प्रतिरोध करते हैं। उस प्रतिरोध को भी नाजायज हस्तक्षेप के रूप में देखा जाता है न कि राजनीति के वैध रूप की तरह। चालू राजनीतिक विमर्श के प्रचलित मुहावरे में किसी दलित-विमर्श या व्यूह-रचना के लिए शायद ही कोई स्थान होता है। कई रूपों में दलितों को भारत के नागरिक की वास्तविक हैसियत नहीं मिल पाती। लेकिन जाति का ऐसा नुकसानदेह असर मध्यवर्ग अथवा अन्य पिछड़े वर्गों पर क्यों नहीं होता? कहीं ऐसा तो नहीं है कि जाति दलितों को तो सता रही हो पर मंडल और उसके कारण हुए सुधारों के कारण दूसरी जातियाँ भारतीय राज्य के प्रति खुशनुमा एहसास से भरी हुई हों? इसी बिंदु

पर दलित-विमर्श के लिए एक कार्यभार निकलता है कि उसे दलित और मंडलवादी परिप्रेक्ष्य के बीच फर्क करके देखना होगा। दोनों के बीच समानताएँ खोजने से भी ज्यादा महत्त्वपूर्ण होगा उनके बीच अंतरों की शिनाख्त करना। दलित-विमर्श अंतर्राष्ट्रीय मंचों पर ध्यानाकर्षण की राजनीति करने के लिए मजबूर है क्योंकि शायद बहिर्मुखी राजनीति ही उसे मौजूदा प्रतिमानों में जगह दिला सकती है। इस तरह दलित-विमर्श संवैधानिकता, अधिकारों और लोकतंत्र के चालू प्रतिमानों को चुनौती देता नजर आता है। वह बताता है कि राजनीति की प्रचलित परिभाषाओं में उसके लिए जगह न के बराबर ही उपलब्ध है और इसके दो कारण हैं। पहला, अभिजनों में राजनीतिक इच्छाशक्ति का अभाव और दूसरा, रोजमर्रा के जीवन में दलितों का कतई हाशिये पर होना और उनकी बेतहाशा दरिद्रता। लोकतंत्र और विकास केवल उन्हीं के काम आते हैं जो कम से कम दलित होने की सीमा रेखा से ऊपर हैं। बहस के इस मुकाम पर दलित-विमर्श अकादमीय समाजशास्त्र को नहीं बल्कि मंडलवादी राजनीति को चुनौती देता नजर आता है। दलित-विमर्श मंडलवादी नजरिये से अचेतन संघर्ष कर रहा है। इस सिलसिले में उकसावे के लिए लेखन करने के आरोप का जोखिम उठाते हुए भी मैं इस संघर्ष की कार्यनीतियों और व्यूह-रचना को सूत्रबद्ध करना चाहूँगा :

दलित-विमर्श : यह सार्वभौमिक आयामोंवाला विमर्श है, यह मुक्ति का सिद्धांत देता है, इसमें राज्य की संस्था की आलोचना निहित है, यह भूमंडलीकृत है, यह जाति-विरोधी है, यह कई वादों के संयोग से बनता है, इसके तहत आदिवासियों, दलितों और नारीवाद के बीच आसानी से गठजोड़ बन सकता है, इसकी राजनीति खुद को अवमानना की परिघटना के आस-पास कहीं ज्यादा केंद्रित करती है, इसे सार्वजनिक जीवन की मौजूदा गुंजाइशें सिकुड़ती हुई लगती हैं, यह वोट बैंक की राजनीति को नापसंद करता हुआ अपनी स्वायत्त अभिव्यक्ति की तरफ जाता है, इसमें हिंदू, ईसाई, बौद्ध और सेकुलरवाद की ज्ञानोदय संबंधी विचारधारा का मिश्रण है, यह राजनीति की चालू संरचनाओं को चुनौती देता है।

मंडलवाद : इस विमर्श के आयाम क्षेत्रीय हैं, यह आरक्षण पर आधारित है, यह राज्य द्वारा उठाये गये कदमों के प्रति प्रतिबद्ध है, इसका दायरा राष्ट्रीय राजनीति है, यह ऊपर से नीचे की तरफ जाति-समुदायों को राजनीति के लिए इस्तेमाल करता है, आमतौर पर यह समाजवादी दायरे में काम करता है, इसकी राजनीति शोषण और तुलनात्मक रूप से वंचित होने के एहसास के आस-पास केंद्रित रहती है, यह चालू सार्वजनिक गुंजाइशों का इस्तेमाल करता है, यह वोट बैंक की राजनीति से संतुष्ट रहता है, यह हिंदू अथवा सेकुलर दायरे में ही सक्रिय रहता है, एक प्रतिमान के रूप में यह खुद को चालू राजनीति के अंग के रूप में देखता है।

डरबन सम्मेलन के बारे में यह बात साफ तौर पर समझ लेनी चाहिए कि यह एक तरह की राजनीति से दूसरे तरह की राजनीति की ओर संक्रमण का एक मुकाम है। एक स्तर पर डरबन और उससे पहले की गयी कई महीनों लंबी तैयारी को एक

वैचारिक प्रयोग के रूप में देखा जा सकता है। इसे एक ऐसे प्रयास के रूप में समझा जा सकता है जिसके जरिये जाति की समस्या को नये सिरे से हल करने के लिए एक विकट परिकल्पना रची जा रही हो। दूसरे स्तर पर ऐसा लगता है मानो डरबन में नस्ल की भर्त्सना करने के लिए किये जा रहे महोत्सव में दलित राजनीति की भूमिका ज्यादा से ज्यादा एक आनुषंगिक तमाशे के अलावा कुछ नहीं है और इसके बाद वहाँ गये भारतीय कार्यकर्ता जाति-उत्पीड़न के दैनंदिन नाटक में शामिल होने लौट आयेंगे। यही वह बिंदु है जब दलित कार्यकर्ताओं को अपने गिरेबान में झाँक कर देखने और आत्मालोचना की विधि अपनानी चाहिए। उन्हें चाहिए कि वे सेमिनारों का एक सिलसिला आयोजित करें। उनके जरिये अपनी व्यूह-रचना, उसकी संभावनाएँ और अपने नेटवर्क के विस्तार का उद्घाटन करें। इससे पहला फायदा तो यह होगा कि डरबन के जिहाद में शामिल न हो पानेवाली जत्थेबंदियों द्वारा की जानेवाली बदजायका आलोचना कुछ मंद पड़ेगी। ऐसे लोगों को लगेगा कि अगर एक धड़ा नाकाम होता है तो दूसरे को मौका मिल सकता है। साथ ही इसमें सीखने की कहीं व्यापक प्रक्रिया भी निहित है। यहाँ समझने की जरूरत यह है कि नागरिक समाज में सक्रिय गैरसरकारी संगठन और दूसरे समूह भूमंडलीकृत राजनीति में कैसे हस्तक्षेप कर सकते हैं। यह भी देखना पड़ेगा कि संयुक्त राष्ट्र में पर्दे के पीछे होनेवाली दबाव गुटों की राजनीति में दलित गुट खुद को किस तरह पारंगत करते हैं। यह सवाल भी पूछना होगा कि कहीं फाउंडेशनों और अंतर्राष्ट्रीय एजेंसियों द्वारा मुक्त हस्त से दी जानेवाली विदेशी मुद्रा से दलित क्रियाशीलता में जंग तो नहीं लग जायेगी। हमें इस बात को किसी कीमत पर नहीं भुलाना चाहिए कि दलित-विमर्श और दलित-राजनीति के लिए हर स्तर पर स्वायत्तता सबसे महत्त्वपूर्ण पूर्वशर्त है।

यह बेहद जरूरी है कि समाचार माध्यमों द्वारा बना डरबन सम्मेलन का प्रभामंडल 'दलित-विमर्श' में विकसित हो। दलितों का यह शुभेच्छु अकादमीय समाजशास्त्र और राजनीतिक व्यूह-रचना के संदर्भों में अपनी उम्मीदों को यहाँ साफ कर देना चाहता है।

दरअसल, दलित-विमर्श बुनियादी तौर पर एक अलग तरह की राजनीति की खोज का नाम है जो उस मंडलवाद से कहीं परे जाती है जो अपने-आप को भारतीय राजनीति के नये चरण की तरह देख-देख कर आत्म-मुग्धता का शिकार हो चुका है। मंडलवाद भारतीय लोकतंत्र के संविधान, समाजवाद, राष्ट्र-राज्य, आरक्षण और चुनावी राजनीति के प्रतिमानों के दायरे में काम करता है। नये दलित-विमर्श की तलाश इस दायरे के बाहर जा कर ही हो सकती है। मुक्ति की नयी राजनीति डरबन को एक पाठ के रूप में भी और एक बहाने की तरह भी इस्तेमाल कर सकती है। दलितों पर होनेवाली ज्यादतियाँ और जुल्मो-सितम मानवाधिकार उल्लंघन के भद्र दायरों में परिभाषित करके सीमित नहीं किये जा सकते। मुक्ति का नया सिद्धांत तो गढ़ना ही पड़ेगा जिसमें साहित्य और राजनीतिक सिद्धांत का एक नवीन तालमेल

होगा।

अत्याचारों और मानवाधिकार उल्लंघन की घटनाओं के प्रति प्रतिक्रियामूलक रवैया अपनाने से दलितों की लड़ाई पूरी नहीं होगी क्योंकि दलित-समस्या मात्र मानवाधिकार से संबंधित समस्या है भी नहीं। अपने हल के लिए वह मुक्ति के ऐसे सिद्धांत की माँग करती है जिसकी पहुँच का विस्तार कहीं ज्यादा होगा, जो एक साथ विविध आवाजों में बोलेगी और जिसे थका कर यथास्थिति द्वारा हड़प लेना मुमकिन नहीं होगा। हमें पूछना होगा कि मुक्ति के प्रश्न को दलित-विमर्श किस तरह देखता है? जब दलित साहित्य और राजनीति एक-दूसरे में समायेंगे तो उनके समागम से कौन-सी आवाज निकलने की उम्मीद की जानी चाहिए?

यह दलित-विमर्श न तो काल के जरिये व्यक्त हो सकता है और न ही किसी निजी अथवा सामूहिक इयत्ता के दायरे में इसे नापा जा सकता है। यह बार-बार स्पष्ट करना होगा कि यह मानवाधिकार उल्लंघन की समस्या नहीं है। ज्याँ-लुक नेंसी ने इसीलिए कहा था कि अधिकार किसी समुदाय की खुदी का पर्याय नहीं बन सकते।[१८] मुक्ति की प्राथमिकता तो अधिकारों से भी पहले आती है। वह तो समता के मानदंड से भी परे जाती है।[१९] मुक्ति को इंची टेप या कल्याणकारी उपायों के जरिये नहीं नापा जा सकता जिस तरह संयुक्त राष्ट्र की रपटें अक्सर कोशिश करती हैं। मुक्ति अपने-आप में अतिरेक की माँग करती है और मुक्ति की हर कार्रवाई एक नयी शुरुआत की नुमायंदगी करती है। इसीलिए नेंसी के अनुसार मुक्ति का हर सिद्धांत चालू राजनीति के विचार को प्रतिस्थापित कर देता है।[२०] दलित-विमर्श की धारा बहते ही हमें चाहिए कि उसे केवल व्याकरण की कठोर कसौटियों पर ही न कसा जाये बल्कि उस पर एक कवि की भाँति प्रतिक्रिया की जाये। उसकेअंदर गहन अनुसंधान-यात्राएँ की जायें, उसे कदम-ब-कदम ग्रहण करते हुए उसके अंतर्निहित आश्चर्यलोक को स्वीकार किया जाये। केवल इसी तरह मुक्ति के नये नारे की नयी संभावनाओं का संधान किया जा सकता है। यह पूरा संदर्भ प्रतीक्षा करने की प्रवृत्ति के खिलाफ जाता है। प्रतीक्षा का विचार अश्लीलता में बदल जाता है क्योंकि आजादी अथवा मुक्ति के लिए इंतजार करने की सलाह या शिक्षा के सिर्फ हानिकारक परिणाम निकल सकते हैं। प्रतीक्षा का विचार दावा करता है कि दलित, बँधुआ मजदूर या आदिवासी अभी तक परिपक्व नहीं हुए हैं और उन्हें उस समय तक प्रतीक्षा करनी होगी जब तक वे मुक्ति का अवदान पाने के योग्य न हो जायें। मुक्ति हासिल करने के लिए ब्राह्मणों या किसी अन्य द्विज जाति की अनुमति की जरूरत नहीं हो सकती। इस तरह से हम देखते हैं कि मुक्ति की दलित-अवधारणा राजनीति के मौजूदा विचार को पूरी तरह पदच्युत कर देगी, भले ही वह विचार आरक्षण हो, राजकीय कल्याणवाद हो, चुनावी लोकतंत्र हो या फिर आत्म-मुग्ध मंडलवाद हो। मुक्ति के किसी भी नये सिद्धांत के प्रताप से स्थापित राजनीति की ये तमाम श्रेणियाँ भयाक्रांत हो उठेंगी। पिछले दिनों नागराज और ऐलय्या की रचनाओं का तकरीबन ऐसा ही असर पड़ चुका है।

समाजशास्त्री जिग्मंट बामान शुद्ध विचार के रूप में मुक्ति और मुक्ति की समाजशास्त्रीय धारणा के बीच अंतर करके देखते हैं। वे तर्क देते हैं कि समाजशास्त्र 'पश्चिमी, आधुनिक और पूँजीवादी दायरे में ही विकसित हुआ है इसलिए मुक्ति का समाजशास्त्रीय विचार पहले से बना-चुना और पूर्व-व्याख्यायित रूप में प्राप्त होता है यानी वह अनुभव को पहले ही बोधगम्य बना चुकी सामान्य ज्ञान में स्वीकृत आस्थाओं से संतृप्त होता है।'[२१] दरअसल, मुक्ति के दलित-सिद्धांत को इन दोनों ही तरह के विचारों की जरूरत है।

दलितों की निगाह में जाति की संस्था नियंत्रण से परे जानेवाली किसी बेहद द्रुत प्रक्रिया का नाम नहीं है। वे तो जाति को एक ऐसे नियंत्रणकारी मचान के रूप में देखते हैं जो निहायत ही लचीले ढंग से समाज के आंतरिक जीवन का अंग बन चुका है और जिस पर बैठ कर ऊँची जातियाँ निगरानी करने की भूमिका निभा रही हैं। दलितों की हर हरकत इस मचान से देख ली जाती है। चाहे वास्तविक हो या काल्पनिक, सामाजिक नियमों के हर उल्लंघन का जवाब उन्हें हिंसा से मिलता है। और हिंसा की भरपूर मात्रा उनके दलित होने की प्रतिक्रिया का परिणाम होती है। जब अत्याचार हदों को तोड़ चुके हैं तो मुक्ति की दलित-अवधारणा क्यों हदों में रहनी चाहिए? समता की नपी-तुली तलाश या मुआवजे की माँग से काम नहीं चलनेवाला है। यहाँ बाउमन द्वारा मुक्ति के 'सामाजिक उद्गम' की चर्चा की ओर ध्यान देने की जरूरत है।[२२] इसका मतलब मुक्ति के विमर्श में एक के बाद एक हुए उन परिवर्तनों से है जो लीक से हट कर किये गये कभी छोटे और कभी बड़े प्रयासों का परिणाम होते हैं। इस संदर्भ में डरबन और दलित-विमर्श को अरसे से चले आ रहे नैरंतर्य के टूटने और मौजूदा राजनीतिक व्यूह-रचनाओं की संभावनाओं के चुक जाने का प्रतीक समझा जाना चाहिए। डरबन के बाद की परिस्थिति में दलित सिद्धांतकारों और उनके हमदर्दों को चाहिए कि वे नकारात्मकता से मुक्ति के सकारात्मक विचार की ओर यात्रा करें जिसका जन्म संस्कृति के दलित-सिद्धांत से हो सकता है।

इस मुकाम पर दलितों को ऐसे बुद्धिवाद के सिद्धांत की जरूरत पड़ेगी जो जादू तक की हमदर्द व्याख्या कर सके। दलितों को भारतीय समाज में कहीं गहरे जड़ जमाये बैठी हिंसा को विखंडित करना पड़ेगा, खास तौर से जाति-प्रथा को प्रतीकात्मक रूप से स्थापित करनेवाली हिंसा को। असल में दलित उस सामाजिक संविदा का पुनर्लेखन करना चाहते हैं जिसके तहत हाशिये पर पड़े लोगों के लिए नागरिकता उपलब्ध ही नहीं है। क्या ही अच्छा हो कि दलित-विमर्श संविधान पर एक दूसरी नजर डाले और संविधान की समीक्षा करने के प्रयासों को पहले ही बेकार कर दे ताकि देश को एक और अक्षम दस्तावेज न झेलना पड़े।

इस विमर्श में प्रतिनिधित्व की धारणा भी बदल जायेगी। उसमें चुना हुआ विधायक लोकतांत्रिक रूप से चुना हुआ बिचौलिया नहीं रह जायेगा। दलितों के लिए संविधानवाद का मतलब मात्र चुनावबाजी न हो कर दृष्टिकोणों का

प्रतिनिधित्व होना चाहिए। संविधान अगर 'जन सुनवाइयों' की तरह हस्तक्षेपकारी पंचायतों का प्रतिनिधित्व नहीं करता तो वह स्वास्थ्य या रोजगार या श्रम से जुड़े संवैधानिक मुद्दों को 'दृष्टिकोणों' की तरह नहीं देख पायेगा। मौजूदा संविधान काफी-कुछ चाक्षुष किस्म का है और उसमें जीवन और साक्षरता के पहलुओं पर जोर दिया गया है। दलित-संविधान तो यह सुनिश्चित करेगा कि उसके दस्तावेज में पाँचों इंद्रियों का प्रतिनिधित्व हो। केवल देखने पर आधारित संविधान तो चाहेगा कि लोग सिर्फ दिखने में समान लगें। इस संविधान के लिए तो उत्पीड़न भी अपने-आप में महज दृश्य ही है। यह ज्यादा से ज्यादा सामाजिक बहिष्कार, छुआछूत और अधिकारों के हनन के बारे में कहता-सुनता है। जरा सोचिये कि अगर संविधान केवल देखने और सुनने पर आधारित होने के बजाय सूँघने और स्पर्श करने पर आधारित होता तो क्या होता? राजनीति का जगत तब ऐसा न होता जैसा आज है। उस तरह के संविधान के कारण यौनिकता भी द्विज जातियों द्वारा निर्धारित सीमाओं से मुक्त हो गयी होती। तब हिंसा को एक दूसरे तरीके से समझा जाता। गंध और स्पर्श को बेहतर तरीके से समझनेवाला संविधान मैला ढोने और गंदगी साफ करने की प्रक्रिया को ज्यादा अच्छी तरह से समझ सकता था।[२३]

यहाँ गोपाल गुरु द्वारा सुनायी गयी एक कहानी याद आती है। टाटा समाज विज्ञान संस्थान के छात्रों का दल एक दलित-झोपड़पट्टी में सर्वेक्षण के लिए गया। ध्यान रखने की बात यह है कि सर्वेक्षण भी अपने-आप में एक चाक्षुष रूपक ही है। छात्र एक घर के सामने एक बूढ़े दलित के साथ बैठे हुए थे कि एक सुअर दौड़ता हुआ आया और पालतू कुत्ते की तरह चुहल करते हुए उसने उस बुजुर्ग दलित को चूम लिया। छात्रों में भगदड़ मच गयी और उनकी अफरा-तफरी से घबरा कर सुअर भी भाग गया।

गोपाल के पास इस प्रकरण की व्याख्या थी लेकिन मैं इसका मतलब थोड़े अलग ढंग से निकालना चाहता हूँ। प्रतीकों का सामाजिक महत्त्व समझानेवाले मार्शल मेक्लूहन की तर्ज पर सोचा जाये तो लगेगा कि हमारे समाजविज्ञानी दलितों को देखना तो चाहते हैं पर उन्हें छूना या उनकी गंध सूँघना नहीं चाहते। दलितों का ज्यादातर शोषण को उन्हें समाज की मुख्यधारा से अलग और बहिष्कृत रखने के संदर्भों में व्याख्यायित किया जाता है। शायद इसीलिए लुइस बताते हैं कि दलितों को हमेशा गाँव की सीमा पर बसाया जाता है। जाहिर है कि गंदगी को भी चाक्षुष रूप से विस्थापित की तरह परिभाषित किया जाता है। मैं कहना यह चाहता हूँ कि अधिकारों और उनके उल्लंघन को संविधान एक चाक्षुष और स्थानिक रूपक की तरह देखता है। संविधान की समग्र अनुभूति पर देखने की इंद्रिय हावी है। नतीजे के तौर पर स्पर्श और गंध के रूप में अस्पृश्यता को संविधान प्रतिबंधित तो करता है लेकिन पूरी तरह समझता नहीं। संविधान की दलित-समीक्षा इंद्रियों के इस आपसी संबंध को पुनर्स्थापित कर सकती है।

इस विश्लेषण की रोशनी में हमें सोली सोराबजी द्वारा शौचालयों और उनसे

जुड़ी चीजों पर किये गये हल्के-फुल्के लेखन पर नजर डालनी चाहिए।[२४] तेहरान में होनेवाले नस्लवाद-विरोधी विश्व-सम्मेलन की तैयारी-बैठक पर टिप्पणी करते हुए सोराबजी शुरुआत में काफी समझदारी से जाति और नस्ल के घालमेल के खिलाफ चेतावनी देते हैं। इसके बाद अचानक उनका तर्क शौचालयों पर केंद्रित हो जाता है। वे कहते हैं कि किसी देश के सभ्य होने की व्यावहारिक शर्तों में स्वतंत्र प्रेस, विधिसम्मत शासन और आजाद न्यायपालिका के साथ-साथ स्वच्छ शौचालयों की मौजूदगी भी शामिल की जानी चाहिए। भारतीय शौचालयों की बदबू से परेशान सोराबजी भारतीय पुरातात्त्विक सर्वेक्षण और सुलभ शौचालय वालों का अभिनंदन करते हैं कि उन्होंने ३१ विश्व हेरिटेज स्थलों पर शौचालयों के रख-रखाव का अनुबंध किया है। वे शबाना आजमी द्वारा उपस्थित सांसदों से अपील का हवाला देते हुए अनुरोध भी करते हैं कि वे जाने से पहले जरा सफदरजंग जा कर सुलभ वालों का शौचालय तो देख लें। इसके बाद सोराबजी हाँगकाँग के चौबीस कैरट सोने जैसे चमकदार शौचालयों का जिक्र करते हैं। सोराबजी के लिए भी गंध एक चाक्षुष प्रभाव ही है जिससे वे दूर रहना चाहते हैं। उनका तर्क शौचालयों पर केंद्रित होने के बावजूद मैला ढोने, उससे उपजनेवाली अस्पृश्यता, उसमें निहित कलंक और इस पेशे की अंतर्निहित दुर्गंध के बारे में कुछ नहीं कहता। मुझे मालूम है कि सोराबजी को जाज संगीत काफी पसंद है इसलिए वे यह तो जानते ही होंगे कि जाज में नये प्रयोगों की गुंजाइश काफी रहती है। मेरे विचार से राजनीतिक रूप से दलित कार्यनीति भी जाज की भाँति प्रयोगधर्मी होनी चाहिए। अफसोस यह है कि सोराबजी इस बात को समझने के लिए तैयार नहीं हैं।

दलित-विमर्श सत्ता की अवधारणा को भी भिन्न तरह से समझेगा। फिलिप डाँडी के मुताबिक दुनिया-भर के संविधान 'सत्ता के आदिम किस्म के पश्चिमी विमर्श' पर आधारित हैं।[२५] डाँडी के अनुसार यह विमर्श 'प्रकृति को जीतने और अधीनस्थ बनाने, भौतिकी के नियमों को नियंत्रित करने और सभी चीजों पर अपनी सत्ता आरोपित करता है। उसकी तटस्थता भी मनुष्यों को वस्तुओं की तरह देखने की हमारी इच्छा में व्यक्त होती है। हम एक-दूसरे को ढाले और इस्तेमाल किये जा सकनेवाले औजारों की तरह देखते हैं मानो लोग मनुष्य न हो कर वस्तु हों।'[२६] सत्ता के दलित-विमर्श को उस आधुनिकता के परे चले जाना चाहिए जो लोगों को वस्तु में बदल देती है। इसके लिए नागरिकता के ऐसे विचार की जरूरत पड़ेगी जो कुछ अधिकारों के पुलिंदे के अलावा भी कुछ हो। एक नागरिक तो तरह-तरह के कौशलों और दक्षताओं का आगार होता है। वस्तु के रूप में वह एक दिन उपयोगिताहीन हो जायेगा लेकिन विभिन्न कौशलों के मालिक के रूप में वह स्वयं का नित-नवीकरण करता रह सकता है।

और भी कई बातें कही जा सकती हैं। मसलन, ज्ञान के दलित-सिद्धांत के बारे में सवाल पूछा जा सकता है कि वह लोकतंत्र की चालू परिभाषा को कैसे बदलेगा? क्या दलितों की खुदी अन्य लोगों की खुदी से अलग होगी? क्या वह

यौनिकता या हिंसा की प्रचलित समझ को बदल देगी?

अभी मेरी ये टिप्पणियाँ मात्र स्वांत: सुखाय अपेक्षाओं की तरह ही हैं। लेकिन मुझे यकीन है कि डरबन के बाद का नाटक अंतत: एक नये तरह की राजनीतिक समझ को जन्म देगा जो विश्व बैंक और चुनावी पंडितों द्वारा हम पर लादे गये लोकतंत्र के खुशनुमा सिद्धांतों से परे चली जायेगी। प्रकाश लुइस के आलेख को अगर डी.आर. नागराज[२७] और कांचा ऐलय्या[२८] की रचनाओं के साथ पढ़ा जाये तो भारत की आजादी के इतिहास के नये अध्याय के रूप में दलित-विमर्श की धारा शुरू करने में मदद मिल सकती है।

संदर्भ और टिप्पणियाँ

१. शिव विश्वनाथन, 'मंडल्स मंडला', *सेमिनार,* ३७५, नवंबर १९९०, पृष्ठ ३१-३५ (रितु प्रिया द्वारा मेरे लेख की बेहतरीन कुल्हाड़ी मार आलोचना के लिए देखें, 'क्रिटीक ऑव ए क्रिटिकल एप्रेजल', *लोकायन बुलेटिन,* जुलाई / अक्टूबर १९९०, ८ : ४ /५, पृष्ठ १०१-११६)
२. प्रकाश लुइस, *कास्टिज्म इज मोर होरेडंस देन रेसिज्म : डरबन एंड दलित डिस्कोर्स,* नयी दिल्ली, इंडियन सोशल इंस्टीट्यूट, २००१, लुइस इस संस्थान के दिल्ली स्थित कार्यकारी निदेशक हैं।
३. *उपरोक्त,* पृष्ठ १
४. आंद्रे बेते, 'रेस एंड कास्ट', *दि हिंदू,* १० मार्च, २००१
५. स्टीफन आई. कोरोवर, *फ्रॉम जेनेसिस टु जेनोसाइड* (केम्ब्रिज : एमआईटी प्रेस, १९७९) और फ्रेड्रिक वर्थाइम, *ए साइन फॉर केन,* (लंदन : रॉबर्ट हेल, १९६६)
६. सूजन सेलर्स (सं.), *हेलेन सिसू रीडर,* (लंदन, रौटलेज, २००१)
७. *उपरोक्त,* पृष्ठ १६५
८. *उपरोक्त,* पृष्ठ १६७
९. रिचर्ड रोर्टी, *अचीविंग अवर कंट्री,* (केम्ब्रिज, हार्वर्ड यूनिवर्सिटी प्रेस, १९९७)
१०. *उपरोक्त,* पृष्ठ ३
११. *उपरोक्त,* पृष्ठ १२
१२. *उपरोक्त,* पृष्ठ १२
१३. *उपरोक्त,* पृष्ठ १२
१४. *उपरोक्त,* पृष्ठ १३
१५. *उपरोक्त,* पृष्ठ १३
१६. बेते, *दि हिंदू,* १० मार्च, २००१
१७. लुइस, *उपरोक्त,* पृष्ठ २
१८. ज्याँ-लुक नेंसी, *दि एक्सपीरियेंस ऑव फ्रीडम,* (स्टेनफोर्ड : स्टेनफोर्ड यूनिवर्सिटी प्रेस, १९८८), देखें विशेष रूप से पृष्ठ ६६-८०
१९. *उपरोक्त,* पृष्ठ ७१
२०. *उपरोक्त,* पृष्ठ ७७
२१. जिग्मंट बॉमन, *फ्रीडम* (मिल्टन कीज, ओपन यूनिवर्सिटी प्रेस, १९८८), पृष्ठ ३
२२. *उपरोक्त,* पृष्ठ २९-३०

२३. कांस्टेंस क्लैसेन, डेविड होव्स, एंथनी सिनट, *एरोमा : दि कल्चरल हिस्टरी ऑव स्मेल* (लंदन, रौटलेज, १९९४)। दृष्टि और ज्ञानार्जन के बीच संबंध के लिए देखें, रॉबर्ट रोमनिशिन, *टेक्नॉलाजी एज सिस्टम एंड ड्रीम* (न्यूयार्क : रौटलेज, १९८९)
२४. सोली सोराबजी, 'रेसिज्म, नेम चेंजिंग एंड टायलट्स', *दि हिंदू*, ४ मार्च, २००१
२५. फिलिप डांडी, बॉमन में उद्धृत, पृष्ठ ४५
२६. *उपरोक्त*, पृष्ठ ४५
२७. डी. आर. नागराज, *दि फ्लेमिंग फीट* (बंगलूर : साउथ फोरम प्रेस, १९९३)। नागराज की अप्रकाशित रचनाओं में संभवत: इस समझ के और गहरे संकेत मिल सकते हैं।
२८. कांचा ऐलय्या की रचना *वाई आई एम नाट ए हिंदू?* (कलकत्ता : साम्य, १९९६) इस संबंध में विचारोत्तेजक होने के साथ-साथ विपर्यय के तर्क का प्रयोग भी करती है।

बहस : जाति को नस्ल मानने के खतरे

जाति को नस्ल की श्रेणी में रखने के बजाय जाति की श्रेणी में ही अंतर्राष्ट्रीय मंच पर क्यों न पेश किया जाये! जाति को नस्ल मानते ही उसका विमर्श बदल जायेगा और उसके डेढ़ सौ साल से चले आ रहे मौजूदा दलित-विमर्श पर नुकसानदेह असर भी पड़ सकता है। जाति के विमर्श के तहत दलितपन आगे चल कर विभिन्न प्रक्रियाओं के माध्यम से व्यापक भारतीय समाज में समाहित हो सकता है। इस तरह नागरिक समाज बनाने की तरफ जाने की संभावनाएँ प्रबल हो सकती हैं। लेकिन नस्लगत विमर्श में दलितों और गैरद्विज जातियों के अलग नस्ल बने रहने की समस्या कायम रहेगी। द्विज जातियाँ भी अंतर्राष्ट्रीय मान्यता के लोभ में नस्ल की तरह व्यवहार करना शुरू कर सकती हैं जिससे जातिगत भेदभाव के खिलाफ संघर्ष के समाज-परिवर्तनकारी आयाम साँसत में फँस सकते हैं।

नस्ल के आईने में जाति का अक्स

धीरूभाई शेठ

दलितों के उत्पीड़न को नस्ली भेदभाव का दर्जा दिये जाने की माँग के साथ ही दलित आंदोलन में एक नयी बहस छिड़ गयी है। जाति का अक्स नस्ल के आईने में दिखाने का भूमंडलीय अभियान शुरू हो गया है। पहले जिनेवा में इसके लिए एक बड़ा सम्मेलन हुआ जिसमें भारत के दलित संगठनों और बुद्धिजीवियों के अलावा कुछ सरकारी प्रतिनिधियों ने भी भाग लिया। इस सिलसिले को आगे बढ़ाते हुए अगस्त, २००१ में डरबन में नस्लवाद और विदेशी द्वेष के खिलाफ एक विश्व काँग्रेस हुई जिसके निष्कर्षों के आधार पर संयुक्त राष्ट्र से अपील की जानी थी कि जातिगत उत्पीड़न को नस्ली भेदभाव मान कर उसके खिलाफ विश्व संस्था के तत्वावधान में अंतर्राष्ट्रीय मुहिम चलाई जानी चाहिए। इस सम्मेलन ने माहौल को खासा गर्मा दिया। जाति और नस्ल के आपसी संबंधों पर पक्ष-विपक्ष में दलीलें शुरू हो गयीं। दलितों की नुमाइंदगी करनेवाले बहुजन समाज पार्टी और रिपब्लिकन पार्टी जैसे राजनीतिक दलों में से किसी ने इस विषय में अपनी राय व्यक्त नहीं की इसलिए यह मुहिम कमोबेश गैरसरकारी संगठनों के दायरे में बनी रही। खासतौर

से इसमें चर्चों की विश्व कौंसिल से जुड़े संगठन ज्यादा सक्रिय रहे। इस मुहिम का नेतृत्व कर रहे संगठनों ने कई तरह से अनौपचारिक दावा भी किया कि वे जल्दी ही संसदीय जोड़-तोड़ में फँस चुके मौजूदा दलित राजनीतिक नेतृत्व को दोयम दर्जे पर फेंक कर दलित आंदोलन की मुख्य कमान सँभाल लेंगे। एकतरफा सांगठनिक भागीदारी के कारण माहौल कुछ इस तरह का बन गया कि इन संगठनों के विचार से थोड़ा भी मतभेद रखनेवाले व्यक्ति पर छुआछूत का समर्थक होने या ब्राह्मणवादी होने का बिल्ला लगाया जाने लगा। दलितों के पक्ष में खड़े हो कर सोचनेवाले लोगों को भी बहस के इस एकतरफा रूप का खामियाजा उठाना पड़ा है।

सरकारी रवैया इस बारे में उसी तरह प्रतिक्रियामूलक है जैसे किसी भी स्थापित राष्ट्रीय संदर्भ के अंतर्विरोध में की जानेवाली हर माँग के बारे में होता है। मानवाधिकारों का मामला हो, बाल श्रम का मुद्दा हो या जनजातियों को मूल-निवासी करार देने का आग्रह हो, सरकार को ऐसी सभी माँगों से दिक्कत ही होती है। ऊपर से अगर किसी माँग के बारे में खुद उससे जुड़े सभी तबकों के बीच आम सहमति न हो तो सरकार को उस पर ध्यान न देने और उसकी उपेक्षा करने का तर्क मिल जाता है। लेकिन यह एक गंभीर मसला है और इसके प्रति किसी तरह की हथकंडेबाजी अपनाना उचित नहीं होगा।

मैं यहाँ स्पष्ट कर देना चाहता हूँ कि जाति की समस्या के अंतर्राष्ट्रीयकरण का किसी भी नजरिये से विरोध नहीं किया जाना चाहिए। जाति को भारत का अंदरूनी मामला बताने का तो किसी कीमत पर समर्थन नहीं किया जा सकता। इसका पहला कारण तो यह है कि जातिगत भेदभाव केवल भारतीय समाज की परिघटना ही नहीं है। मात्रा और रूप भले ही भिन्न हों लेकिन यह भेदभाव दक्षिण एशिया और पूर्वी एशिया के कई देशों में प्रचलित है। यहाँ तक कि वहाँ छुआछूत जैसी प्रथा भी मिलती है। जापान में एटा उर्फ बुराकुमों की किसी युग में चमड़े का काम करने के कारण आज भी लगभग वही स्थिति है जिसकी भारत में चमारों की स्थिति से तुलना की जा सकती है। इस सिलसिले में कोरिया के पीकचोंगों और तिब्बत के राग्यप्पाओं के उदाहरण गिनाये जा सकते हैं। दूसरी बात यह है कि अगर छुआछूत मानवता के खिलाफ अपराध है तो समग्र मानवता भारतीय राष्ट्र-राज्य की सीमाओं में कैद कैसे रह सकती है? छुआछूत का उन्मूलन राष्ट्रवाद के दायरे का सवाल नहीं है बल्कि यह तो मानव होने के अधिकार का सवाल है। इसलिए इस मसले को सभी उपयुक्त और उपलब्ध मंचों पर उठाना जरूरी हो जाता है ताकि छुआछूत की विचारधारा और प्रथा का विरोध करनेवाली राजनीति खड़ी की जा सके। इस प्रश्न पर एक सार्वभौम नैतिक विमर्श की रचना करने के लिए भी यह आवश्यक है।

मेरे ख्याल से जाति को नस्ल मानने या न मानने की बहस में पड़ना एक व्यर्थ की बौद्धिक कसरत ही होगी। सैद्धांतिक, समाजशास्त्रीय और वैज्ञानिक नजरिए से इस निष्कर्ष पर पहुँचना आसान है कि जाति की एशियाई परिघटना को नस्ल की

पश्चिमी परिघटना के समकक्ष नहीं ठहराया जा सकता। नस्ल एक जैविक संरचना है और जाति एक सामाजिक-सांस्कृतिक संरचना है। इस संबंध में हुए सभी अध्ययन बताते हैं कि भारत के हर क्षेत्र में रहनेवाले दलितों की नस्ल अगर कोई है तो उसे वह क्षेत्र ही निर्धारित करता है। हर क्षेत्र के दलित भिन्न-भिन्न नस्लों के हो सकते हैं और उन्हें किसी एक नस्ल के रूप में नहीं देखा जा सकता। यद्यपि जाति और नस्ल दोनों ही जन्मना होती हैं लेकिन जाति की पहचान नस्ल की भाँति सीधे-सीधे रंग के आधार पर न हो कर क्षेत्र, कर्मकांडीय दर्जे, पारंपरिक पेशे और सजातीय विवाह की मिली-जुली जटिल संरचना के आधार पर बनती है। इसीलिए नस्लभेद जातिभेद से अलग लेकिन रंगभेद का पर्यायवाची माना जाता है। वैसे भी किसी एक शुद्ध नस्ल और उसकी श्रेष्ठता या उसकी निकृष्टता के यूरोपियन दावे आज गलत साबित हो चुके हैं। लेकिन दलितों के नस्ल न होने का यह निर्विवाद तर्क इस तथ्य को नहीं छिपा सकता कि यूरोप, अमेरिका और अफ्रीका में प्रचलित रंगभेद के गर्भ से निकलनेवाले अपमान और अन्याय के कई पहलू भारत में होनेवाले जातिभेद जैसे ही दिखाई देते हैं। संभवत: इसीलिए दलित नेताओं की पिछली पीढ़ी ने कालों के ब्लैक पेंथर आंदोलन से प्रेरणा ले कर दलित पेंथर आंदोलन की नींव डाली। कई प्रतिष्ठित दलित साहित्यकार दलित-चेतना की व्याख्या करने के सिलसिले में रंगभेद-विरोधी विद्रोही-चेतना के प्रत्ययों का सहारा लेते रहे हैं।

II

दरअसल जाति बनाम नस्लभेद का यह मुद्दा अकादमीय न हो कर राजनीतिक है और इसे इसी नजरिये से समझने की कोशिश करनी चाहिए। किसी भी राष्ट्रीय समाज को तथ्यगत रूप से अलग-अलग नस्ली समूहों में विभाजित नहीं किया जा सकता क्योंकि विशुद्ध नस्ल का वजूद ही नहीं है, फिर भी नस्ल के आधार पर होनेवाला भेदभाव एक सच्चाई है जिससे इंकार नहीं किया जा सकता। नस्ल का विचार विज्ञानसम्मत न रह कर सामाजिक, सांस्कृतिक और राजनीतिक प्रथा में बदल गया है जिसके आधार पर आबादी के एक हिस्से को कमतर के रूप में परिभाषित कर दिया जाता है। इस तरह नस्ल-आधारित 'हम' और 'वे' की धारणाएँ प्रचलित हो जाती हैं। इसके पीछे आमतौर पर वह सांस्कृतिक मान्यता होती है जिसके मुताबिक चमड़ी के खास रंग, नाक के खास आकार और खास तरह के बालों के कारण किसी समुदाय को कुछ विशेष जैव-शारीरिक गुणों के मामले में अक्षम करार दे दिया जाता है। जाहिर है कि यह सांस्कृतिक मान्यता कथित वैज्ञानिक तथ्यों की बिना पर खड़ा करने की कोशिश की जाती है जो वास्तव में विचारधारात्मक विश्वास के अलावा कुछ नहीं होता। इन मान्यताओं की आधारभूत वैधता नकार दिये जाने के बावजूद उनसे जुड़े विचारों और पूर्वग्रहों की संरचनाएँ

समुदायों के आपसी संबंधों को प्रभावित करती रहती हैं। कुछ खास तबकों को अलगाव में डालने और सामान्य अधिकारों से वंचित करने का विमर्श पनपता रहता है। यही कारण है कि वैज्ञानिक रूप से गलत साबित कर दिये जाने के बाद भी नस्लवाद न केवल बचा रह जाता है वरन् विकसित भी होता है। इसकी अभिव्यक्ति किसी राष्ट्रीय समाज में समुदायों के आपसी संबंधों में तो होती ही है, साथ ही राष्ट्रों के बीच संबंधों में भी राजनीतिक रूप ले लेती है।

वैज्ञानिक रूप से आधारहीन हो जाने के बाद नस्ल की विचारधारा जाति के समान ही सांस्कृतिक-सामाजिक प्रत्यय रह गयी है। इस प्रत्यक्ष समानता के बावजूद अपने बुनियादी गठन में दलित-समस्या अश्वेतों की समस्या से कतई अलग है और इसीलिए जाति को नस्ल की तरह परिभाषित नहीं किया जा सकता। अगर कुछ गैरसरकारी संगठनों और विदेशों में रहनेवाले कुछ प्रमुख दलितों द्वारा किए जानेवाले ऐसे प्रयासों को संयुक्त राष्ट्र की मान्यता मिल गयी और जातिभेद की पुनर्व्याख्या नस्लगत विमर्श के दायरे में होने लगी तो विचार, संगठन और सरकार के स्तर पर जाति-उन्मूलन के सामाजिक और लोकतांत्रिक आंदोलनों की शक्ल में कुछ ऐसे परिवर्तन आ सकते हैं जो न तो मुहिम चलाने वालों को स्वीकार्य होंगे और न ही उन्होंने इनके बारे में सोचा होगा।

यह सच है कि 'अंतर्राष्ट्रीय समुदाय' जाति के बजाय नस्ली भेदभाव को आसानी से समझ लेता है। जाति को उसकी समझ के दायरे में लाने के लिए अगर नस्ल की पदावली प्रचलित हो गयी तो हो सकता है कि भारत की सौ साल से जारी जाति-विरोधी और छुआछूत-विरोधी आंदोलनों की उपलब्धियाँ हाथ से निकल जायें। डरबन सम्मेलन से उपजे विमर्श का एक लिहाज से अवश्य स्वागत किया जाना चाहिये कि उसके कारण दलितों के ऊपर किये जानेवाले अमानुषिक अत्याचारों और उनके मानवाधिकार उल्लंघनों की तरफ दुनिया का ध्यान आकर्षित हुआ है। लेकिन सवाल यह है कि जाति को नस्ल की भाँति देखने के विचारधारात्मक और अवधारणात्मक नतीजों का दलित आंदोलन के ऊपर क्या असर पड़ेगा? मोटे तौर पर एक प्रभाव तो यह पड़ सकता है कि दलित आंदोलन के लंबे तजुर्बे से विकसित हुए विचारों और धारणाओं की जगह नस्लवाद-विरोधी आंदोलन में विकसित विचार और बनी-बनायी धारणाएँ ले लें। उदाहरणार्थ, अभी तक होता यह है कि जातिवाद और छुआछूत की विचारधारा समुदायों के ऊँच-नीच के संदर्भ में व्यक्त होती है न कि जैव-शारीरिक भेद की शब्दावली में। जातिवाद और छुआछूत की विचारधारा नैतिक और धार्मिक भाषा का इस्तेमाल करती है। उसमें सामाजिक श्रेणीक्रम द्वारा निर्धारित दर्जे के आधार पर पवित्रता और अपवित्रता की सीमाओं का फैसला होता है। यह पूरी प्रणाली एक सामाजिक दर्जे का उसकी कर्मकांडीय श्रेणी के साथ संबंध का औचित्य बताने की भूमिका अदा करती है। जबकि नस्लवाद में ऐसा नहीं होता। नस्ली भेदभाव मानवीय समुदायों के बीच स्थायी और संपूर्ण अलगाव का कारक बन जाता है।

यह सही है कि श्रेणीक्रम-आधारित व्यवस्था की तलछट में होने के कारण दलित निचली श्रेणियों में सबसे ज्यादा वंचित हैं और आज भी कमोबेश अधीनस्थता की स्थिति में जी रहे हैं। लेकिन वे इस व्यवस्था से बाहर नहीं हैं। लेकिन नस्लवाद की विचारधारा शारीरिक रूप से चिह्नित किये जा सकनेवाले समुदायों को पूरी तरह से पृथक कर देती है। यह पृथक्करण 'शासक नस्ल' द्वारा अपनी सत्ता की ताकत के दम पर किया जाता है। हीन समझी जानेवाली नस्ल की अधीनस्थता को जारी रखने के लिए नैतिक-धार्मिक तर्क का सहारा नहीं लिया जा सकता। यही कारण है कि अश्वेतों का वजूद श्वेत समाज की नैतिक-वैचारिक सृष्टि और समाज-व्यवस्था के बाहर बना रहता है। अधिकारों के लोकतांत्रिक विमर्श और संघर्ष से दोनों के बीच सिर्फ राजनीतिक सूत्र ही बन पाया है। जातिगत भेदभाव के मामले में 'नैतिक' मान्यता का इस्तेमाल करते हुए अधीनस्थ के सहयोग का दोहन भी किया जाता है। नस्लवाद बलपूर्वक प्रभुत्व के जरिये लागू किया जाता है जबकि जातिगत भेदभाव उत्पीड़ित की सहमति से एक वर्चस्वमूलक संरचना के रूप में जीवित रहता है। जातिवादी समाज कुछ समुदायों पर कुछ परिभाषाएँ इस तरह थोपता है जैसे वे खुद उनकी आत्म-परिभाषाएँ हों ताकि वे अवमानना को एक स्वाभाविक स्थिति के रूप में स्वीकार कर लें। जातिगत उत्पीड़न की जड़ में पवित्रता-अपवित्रता की धारणा है जिसने समाज को छुआछूत की बीमारी से ग्रस्त कर दिया है। अत: छुआछूत में निहित अमानवीयता रंगभेद के किसी भी प्रचलित उत्पीड़न और अन्याय की अपेक्षा कहीं गहरे और जटिल अर्थोंवाली समझी जानी चाहिए।

नस्ल और जाति में एक महत्त्वपूर्ण भेद यह भी है कि भारतीय समाज जातियों को कुछ खास परिस्थितियों में एक तरह के ऊर्ध्वगमन का मौका भी देता है। यद्यपि पंचम वर्ण की जातियों को व्यावहारिक रूप से इस तरह के अवसर उपलब्ध नहीं थे लेकिन कुछ दलित जातियों ने दावा किया कि कुछ विशेष ऐतिहासिक परिस्थितियों में हुए अधोगमन के कारण वे दलित स्थिति में पहुँची थीं। तमिलनाडु में आज के शक्तिशाली नाडार कभी अस्पृश्य शानन हुआ करते थे। केरल की राजनीति में निर्णायक रुतबा रखनेवाले एडवा कभी अछूत समझे जाते थे। केवल पचास साल में ही इन दो जाति-समूहों में खेतिहर और कारीगर जाति-समूहों से भी कहीं ज्यादा व्यवसायगत विभेदीकरण देखा गया है। न केवल पूरे के पूरे समुदाय ताड़ी खींचने के अपने पारंपरिक जातिगत पेशे की जकड़ से निकल आये बल्कि उनके काफी सदस्य आधुनिक क्षेत्र के औद्योगिक और अन्य पेशों से जुड़ कर सामाजिक-आर्थिक प्रगति करने में सफल रहे। सफाई के पैतृक पेशे में लगे हुए लोगों में सामुदायिक रूप से न सही पर व्यक्तिगत रूप से बेहतर सामाजिक दर्जा हासिल करने की मिसालें मिलती हैं। इस संदर्भ में उत्तर प्रदेश के धोबियों और बनारस की डोम जाति का उदाहरण भी दिया जा सकता है। जाहिर है कि ऊर्ध्वगमन के दावे से सैद्धांतिक इंकार करना जाति-व्यवस्था में मुश्किल है जब कि नस्ल-

आधारित तर्क में किन्हीं दो नस्लों के भूत या भविष्य में एक होने की बात तथ्यहीन और तर्कहीन प्रतीत होगी। संविधानसम्मत आरक्षण के कारण धीरे-धीरे 'मध्यवर्ग' में शामिल होने की प्रक्रिया जाति के संदर्भ में भिन्न होती है और नस्ल के संदर्भ में भिन्न।

संभवत: यही कारण है कि भारत के दलितों ने पिछले पचास साल में अमेरिकी कालों को मिले हुए आरक्षण की अपेक्षा अपने संविधानसम्मत आरक्षण का बेहतर इस्तेमाल किया है। इस जरिये वे आधुनिक क्षेत्र में एक स्तर तक की हैसियत हासिल करके मध्यवर्ग में प्रवेश कर सके हैं। इस संभावना से कैसे इंकार किया जा सकता है कि पिछली सदी में हुई नाडारों और एडवाओं की प्रगति सरीखी परिवर्तनकारी घटनाएँ नयी सदी में देश के अन्य भागों के दलित समुदायों के साथ नहीं घटेंगी। जाहिर है कि उत्पीड़न का रूप भिन्न होने के कारण उसे खत्म करने के लिए उसके खिलाफ चलाए जानेवाले संघर्ष के भी भिन्न रूप अपनाने पड़ेंगे। लोकतंत्रीकरण और आधुनिकीकरण की प्रक्रिया में नस्लवाद की अपेक्षा जाति-भेद के खात्मे की संभावना कई गुना ज्यादा है। जातिगत उत्पीड़न की शिकार बहुसंख्यक जनता के सामने जाति-प्रथा के दायरे से बाहर की विचार-श्रेणियों का उपयोग करके इस प्रणाली को अंदर से उलटने की संभावना है।

दिलचस्प यह है कि संयुक्त राष्ट्र से जातिभेद को नस्लभेद के समकक्ष मानने की अपील कर रहे तत्त्व भी इन बुनियादी बातों को जानते हैं। फिर भी इस माँग को उठाने से जाहिर है कि उन्हें इससे दलितों के लिए कुछ ऐसे फायदे अर्जित कर लेने की उम्मीद है जो जाति भेद को परिभाषित करनेवाले मौजूदा राजनीतिक और संवैधानिक प्रावधानों के जरिए नहीं मिल पा रहे हैं। शायद पहला बड़ा परिवर्तन तो यह होगा कि जाति के आधार पर किए जानेवाले अन्याय को अंतर्राष्ट्रीय रूप से पूर्वपरिभाषित नस्लगत भेदभाव के तहत समझा जाने लगेगा और फिर इस अन्याय को अंतर्राष्ट्रीय मंचों से उठाने में सुविधा होने लगेगी। तब शायद सरकार और प्रशासन के लिए जातिगत उत्पीड़न की अनदेखी करना और कठिन हो जाएगा क्योंकि मानवाधिकारों के हनन की तरह जातिगत उत्पीड़न के कारण भी अंतर्राष्ट्रीय प्रतिबंधों की नौबत आ सकेगी। इसके अलावा कुछ और भी छोटे-मोटे फायदे हो सकते हैं। हालाँकि इस मुहिम का नेतृत्व करनेवाले इस सवाल का जवाब देने के लिए तैयार नहीं हैं कि अंतर्राष्ट्रीय मंचों पर मिलनेवाली इस मान्यता और उसके लाभों का पिछली एक शताब्दी से भी ज्यादा समय से जारी दलितों और निचली जातियों के आंदोलन पर क्या असर पड़ेगा? कहीं ऐसा तो नहीं है कि भविष्य के गर्भ में छिपे कुछ अनिश्चित किस्म के लाभों के बदले दलितों को दीर्घकालीन संघर्ष के जरिए प्राप्त लाभों से वंचित हो जाना पड़े? इससे भी बड़ा अंदेशा यह है कि जाति की शुद्ध भारतीय श्रेणी को नस्ल के पश्चिमी खाँचे में फिट करने के चक्कर में कहीं दलितों के हाथ से उनका संपूर्ण मुक्तिकामी परिप्रेक्ष्य ही न फिसल जाए? जाति को नस्ल मानने के पक्ष में तर्क जुटा रहे समीक्षकों और बुद्धिजीवियों को चाहिए कि वे

जाति को नस्ल मान लिये जाने के बाद आ सकनेवाली समस्याओं का अंदाजा लगाएँ। जब जाति के आधार पर किया जानेवाला पक्षपात नस्लगत रूप से परिभाषित हो सकता है तो तमिलनाडु के ब्राह्मणों, कश्मीर के पंडितों, लद्दाख के बौद्धों और विभिन्न राज्यों में बसे धार्मिक और भाषायी अल्पसंख्यकों को अपने खिलाफ किए जानेवाले भेदभाव को भी नस्ल के संदर्भ में पेश करने का मौका क्यों नहीं मिल जायेगा? जब दलितों के साथ-साथ अन्य जातियाँ नस्ल के दायरे में आ जायेंगी तब दलित उत्पीड़न का खास भारतीय रूप तो बना रहेगा लेकिन उसकी पहचान इस विशिष्ट रूप में होने के बजाय अंतर्राष्ट्रीय मुहावरे में होने लगेगी।

एक अन्य दृष्टि से भी इस मसले पर विचार किया जाना चाहिए कि जाति को नस्ल का दर्जा दिला देने का असर हिंदू समाज के बाहर की जाति-संरचनाओं पर क्या पड़ेगा। भारत के लगभग सभी धार्मिक अल्पसंख्यक किसी न किसी प्रकार से जाति की समस्या के शिकार हैं। हिंदुओं के मुकाबले संपूर्ण समता का दावा और आश्वासन देने के बावजूद वे जाति की परिघटना से मुक्ति पाने में नाकाम रहे हैं। नीची जाति के हिंदुओं के बीच से हुए धर्म परिवर्तन के जरिए उनके धर्मावलम्बियों की संख्या तो बढ़ गयी लेकिन इसका परिणाम यह हुआ कि उनके अंदरूनी दायरों में ऊँची या भूमिधर जातियों से बने ईसाइयों, मुसलमानों या सिखों के खिलाफ असंतोष के स्वर फूटने लगे। धर्म-परिवर्तन उनकी समस्याओं का हल नहीं कर पाया। इसीलिए आज सभी तरह के धर्मांतरित दलित आरक्षण प्राप्त करने की मुहिम चला रहे हैं। कुछ को तो यह सुविधा दुबारा मिल भी गयी है। कहीं ऐसा तो नहीं है कि जाति को नस्ल का दर्जा दिलाने में जुटे लोग अपने अल्पसंख्यक दायरों में जातिभेद के खिलाफ ध्रुवीकरण को विरल करने का मौका ढूँढ़ रहे हों और समूची अल्पसंख्यक राजनीति के नस्लीकरण का रास्ता खोलना चाहते हों। यह परिदृश्य अभी भले ही साफ न हो लेकिन जल्दी ही ये अंदेशे ठोस रूप में सामने आ सकते हैं। जाहिर है कि यह पूरी प्रक्रिया जाति संबधी विमर्श को ही निरर्थक बना सकती है।

मौजूदा दलित आंदोलन पर इसके असर को तात्कालिक और दूरगामी, दोनों दृष्टियों से आँका जाना चाहिए। दलितों को अंतर्राष्ट्रीय मंचों पर नस्ल का दर्जा मिलते ही भारत में पहली प्रतिक्रिया तो यह हो सकती है कि जातिगत भेदभाव के आधार पर उन्हें मिले संविधानसम्मत आरक्षण पर ही प्रश्न उठा दिया जाए। आरक्षण विरोधियों को एक बार फिर आरक्षण का मुद्दा कानूनी और राजनीतिक बहस के केंद्र में लाने का मौका मिल जाएगा। साथ ही छुआछूत की सामाजिक बुराई के खिलाफ उठनेवाला नैतिक आवेग भी दलितों के खिलाफ नाइंसाफी को नस्लवाद के दायरे में मान लेने से कमजोर हो सकता है। जातिवाद-विरोधी आंदोलन की समृद्ध समतावादी परंपराओं के कारण गैरदलितों में बीजरूप से विकसित हुई रेडिकल चेतना को भी इस नए परिवर्तन से प्रभावित होना पड़ेगा। हो सकता है कि नस्ल का विचार इस चेतना के स्वाभाविक अग्रगमन में बाधक बन जाए। जातिभेद-विरोधी विमर्श से निकला आंबेडकर द्वारा दलितों को दिया गया शिक्षित, संगठित

और आंदोलित होने का संदेश नस्ल की अवधारणा की रोशनी में फीका दिखाई देगा। बाबासाहेब द्वारा प्रवर्तित पूरा आख्यान एक विराट प्रश्नचिह्न का सामना कर सकता है क्योंकि आंबेडकर के चिंतन में दलितों को नस्लगत रूप से देखने की कोई जगह नहीं थी। आंबेडकर की मान्यता थी :

> *जाति-प्रथा का मकसद न तो नस्लों के सम्मिश्रण को रोकना माना जा सकता है और न ही यह प्रथा रक्त की शुद्धता कायम रखने के माध्यम के रूप में समझी जा सकती है। सच तो यह है कि जब जाति-प्रथा अस्तित्व में आयी, उसके बहुत पहले ही भारत में रक्त और संस्कृति के मामले में विभिन्न नस्लों का मिश्रण हो चुका था। जातियों के भेद को इस तरह नस्लों का भेद मानना जैसे वे अलग-अलग नस्लें हों, तथ्यों को पूरी तरह विकृत करना ही होगा। पंजाब के ब्राह्मण और मद्रास के ब्राह्मण के बीच कौन-सी नस्ली समानता हो सकती है? बंगाल के अछूत और मद्रास के अछूत में कौन-सी नस्ली समानता हो सकती है? पंजाब के ब्राह्मण और पंजाब के चमार में कौन-सी नस्ली समानता हो सकती है? मद्रास के ब्राह्मण और मद्रास के पारिया में कौन-सी नस्ली समानता हो सकती है? जाति-प्रथा नस्लगत विभाजन नहीं करती। जाति-प्रथा तो एक ही नस्ल के सामाजिक विभाजन का नाम है। (भीमराव आंबेडकर, एनिहिलेशन ऑव कास्ट, आनंद साहित्य सदन, अलीगढ़. १९८९, पृष्ठ ४०)*

बाबासाहेब दलितों को ऐसी किसी अस्मिता से लैस करने की परियोजना चलाने के पक्ष में नहीं थे जिसके कारण उनके समग्र भारतीय समाज से कट जाने का कोई खतरा हो। इस संबंध में धर्म-परिवर्तन का निर्णय करते समय आंबेडकर केऊहापोह और सतर्कता की याद की जा सकती है जिसमें उनकी एक कसौटी यह भी थी कि कहीं दलित किसी ऐसी धार्मिक पहचान में न फँस जाएँ कि आगे चल कर उनके भारतीय मूल पर ही सवाल उठने लगें। आधुनिकीकरण और शहरीकरण की दीर्घकालीन प्रक्रिया के माध्यम से नागरिक समाज के साथ अंतत: दलित पहचान के समरस हो जाने के लक्ष्य को भी इस नस्लगत परिप्रेक्ष्य के कारण ठेस लग सकती है क्योंकि एक सामाजिक और धार्मिक संरचना तो तिरोहित हो सकती है लेकिन नस्लगत संरचना हमेशा अपनी उपस्थिति का एहसास दिलाती रहती है।

III

जाति को नस्ल मनवाने की मुहिम के मौजूदा दलित आंदोलन के लिए कुछ संभावित परिणामों का सूत्रीकरण इस प्रकार किया जा सकता है :

□ दलित राजनीतिक कार्यकर्ताओं पर स्वयंसेवी संगठनों की संस्कृति हावी हो सकती है। परिणामस्वरूप पूरा आंदोलन दलगत और चुनावी राजनीति की मुख्यधारा से भटक कर राजसत्ता में बराबरी का हिस्सा हासिल करने की संभावनाओं से वंचित हो सकता है। अगर ऐसा हुआ तो स्वयंसेवी संगठनों के अराजनीतिक चरित्र के कारण यह मुहिम अपना आंदोलनकारी चरित्र खो देगी।

□ यह नयी प्रवृत्ति अराजनीतिक, वैकासिक और विदेशी स्रोतों से मिलनेवाले

धन से जुड़े आग्रहों के आधार पर आंदोलन के लक्ष्यों और मूल दिशा को प्रभावित कर सकती है।

□ इससे दलितों के स्थायी अल्पसंख्यकीकरण की राजनीति निकल सकती है। इस राजनीति के तहत दलितों को ऐसे धार्मिक अल्पसंख्यकों की तरह देखा जाने लगेगा जो एक खास राजनीतिक-सांस्कृतिक सीमा में कैद रहते हैं।

□ गठजोड़ों की रचना में दलित राजनीति की घटी हुई भूमिका के कारण धीरे-धीरे दलित-बहुजन एकता की संभावनाएँ तिरोहित हो सकती हैं।

□ नस्लवाद-विरोधी विमर्श की छाया में दलित विमर्श अपनी पारिवेशिकता में कैद हो सकता है जिसके नतीजे के तौर पर दलित बनाम पिछड़े वर्ग का ध्रुवीकरण होने का अंदेशा है। इसके नफीस बौद्धिक इशारे मिलने शुरू हो गये हैं जिनकी अभिव्यक्ति मंडलवादी राजनीति और दलित राजनीति को दो भिन्न-भिन्न मॉडलों की तरह पेश करने के रूप में हो रही है।

□ मुझे पूरा यकीन है कि द्विज जातियाँ नस्लवाद-विरोधी विमर्श का समर्थन करेंगी क्योंकि इससे उन्हें आरक्षण की बहस को दुबारा उठाने का मौका मिल सकता है। इससे मंडल विरोधियों को राजनीति में नयी गुंजाइश मिल जायेगी।

□ धार्मिक अल्पसंख्यकों की राजनीति पर इसका असर उसके एक बार फिर पूर्ण सांप्रदायिकीकरण में निकलेगा। इसके सहारे अल्पसंख्यक राजनीति में जातिगत भेदभाव को छिपाया जा सकेगा।

□ मौजूदा जाति-विमर्श में दलितों के मध्यवर्गीकरण की प्रक्रिया चल रही है जो बदल कर जातीय आधार पर गोलबंदी की तरफ जा सकती है।

□ आज जो बहस **मनुवाद बनाम बहुजनवाद** के संदर्भ में चलती है वह **राज्य बनाम दलित** के रूप में परिवर्तित हो सकती है।

□ दलितों में सरकारी बनाम रेडिकल दलितों का एक नया विभेदीकरण विकसित हो सकता है। परिणामस्वरूप दलित आंदोलन का बिखराव बढ़ जायेगा।

□ इससे राजसत्ता में हिस्सेदारी की वास्तविक राजनीति की जगह प्रतीकात्मक राजनीति का महत्त्व बढ़ने की संभावना है। खतरा यह है कि इस प्रक्रिया में दलित राजनीति द्विज जातियों के उस विमर्श के फेर में आ सकती है जिसमें राज्य को अधिकारहीन करने और बाजार की ताकतों को अधिकारसम्पन्न करने के आग्रह निहित हैं। ख्याल रहे कि द्विज जातियाँ मंडलवादी राजनीति के कारण राजसत्ता से दूर होती जा रही हैं और दलित समुदाय उसके नजदीक आते जा रहे हैं।

IV

इस पूरी बहस का सबसे तीखा सवाल यह है कि वह समय कब आएगा जब हम औपनिवेशिक मानसिकता को त्याग कर पश्चिमी श्रेणियों के जरिए भारतीय यथार्थ की व्याख्या करने का प्रयास बंद कर देंगे? यहाँ विचारों और अवधारणाओं के भूमंडलीकरण की आम तौर पर दृष्टि से ओझल रहनेवाली प्रक्रिया पर भी ध्यान

दिया जाना चाहिए। जाति एक दक्षिण एशियाई यथार्थ है जिसकी भारतीय अभिव्यक्ति सबसे सघन है। इस यथार्थ को तोड़-मरोड़ कर नस्ल की यूरोपीय संरचना के दायरे में फिट करने के बजाय ऐसा क्यों नहीं हो सकता कि हम अमेरिका, कनाडा, अन्य पश्चिमी देशों, जापान, आदि में भेदभाव को जातिगत भेदभाव की श्रेणियों के जरिये समझने की कोशिश करें? ऐसा करने का सबसे बड़ा लाभ तो यह होगा कि तुलनात्मक समाजशास्त्र की सकारात्मक पद्धति और समृद्ध होगी। अभी तक इस पद्धति के नाम पर प्रायः हमें अपने समाज के अनुभवों को नजरंदाज करने और ठुकराने की शिक्षा दी गयी है। हम वर्ग के आईने में जाति का और समतल समाजों के आईने में श्रेणीक्रम-आधारित समाज-प्रणाली का अक्स देखने की कोशिश करते रहे हैं। आज मौका है कि हम ज्ञान की इस इकतरफा राजनीति को संतुलित कर सकते हैं। बजाय इसके कि सिर्फ नस्ल के आईने में ही जाति को देखा जाये, हमें जाति के आईने में भी नस्ल को देखना चाहिए। नस्ली भेदभाव से पीड़ित समाजों के लिए नस्ल के जरिये जाति की प्रारंभिक समझ बनाने की कोशिश समझी जा सकती है, लेकिन यह मजबूरी हमारे ऊपर लागू नहीं होनी चाहिए। वस्तुतः अपना वैज्ञानिक-विचारधारात्मक आधार खो देने के बाद नस्लगत भेदभाव के रूप काफी कुछ जातिगत भेदभाव जैसे ही हो गये हैं।

दक्षिण अफ्रीका का उदाहरण इस मुद्दे को स्पष्ट कर सकता है। वहाँ के रंगभेद (अपार्थाइड) की जड़ में जाति को औचित्य प्रदान करनेवाली ब्राह्मणवादी विचारधारा की तरह श्वेतांगों की श्रेष्ठतावाली एक विचारधारा है जो कानूनी रूप से उन्मूलित हो जाने के बाद भी छुआछूत की तरह व्यवहार में जारी रहती है और जनता के बहुलांश को उपमानव की हैसियत में कमतर कर देती है। इसी के साथ-साथ यूरोप में जिप्सियों के निरंतर उत्पीड़न पर भी ध्यान देना जरूरी है। आज अगर कोई सर्वेक्षण हो तो जिप्सी शायद दुनिया के सबसे ज्यादा सताये गये समुदाय साबित होंगे। वे छुआछूत से तो पीड़ित नहीं हैं लेकिन उनके पास किसी तरह का अधिकार नहीं है। वे संपूर्ण रूप से बहिष्कृत और निष्कासित हैं। उन्हें किसी एक जगह टिकने नहीं दिया जाता है और उनके इस उत्पीड़न की कोई खास चर्चा भी नहीं होती। वे अंतर्राष्ट्रीय दलित हैं। जापान के बुराकुम समुदाय की उत्पत्ति तो भारत के अछूतों की ही तरह है। वे आधुनिक युग में अपने चमड़े के पारंपरिक पेशे को छोड़ने के बाद भी जापानी समाज में व्यावहारिक रूप से सामाजिक-नागरिक अधिकार हासिल नहीं कर पाये हैं। अगर भेदभाव के इन उदाहरणों को नस्ल के परिप्रेक्ष्य में देखने के बजाय जाति के परिप्रेक्ष्य में देखा जाये तो इनके कारणों और उनके उन्मूलन की समझ ज्यादा गहन हो सकती है। अंतर्राष्ट्रीय समुदाय भी तब भेदभाव के खिलाफ ज्यादा प्रभावी ढंग से पहल ले सकेगा। इसी नजरिये से अमेरिकी अश्वेतों और समूचे उत्तर-अमेरिका के मूल निवासियों की समस्या को समझने के लिए समुचित श्रेणियों की उपलब्धि की जा सकती है।

जातिगत अन्याय का अंतर्राष्ट्रीयकरण अपने-आप में कोई आपत्तिजनक प्रयास

नहीं है बशर्ते उसके कारण भारत में उसके खिलाफ की जानेवाली आंदोलनकारी और संस्थागत प्रयासों को हानि पहुँचने के बजाय मजबूती मिले। और ऐसा तभी हो सकता है जब अंतर्राष्ट्रीय मंच पर जाति को नस्ल की श्रेणी में जबरन फिट न करके जाति के रूप में ही पेश किया जाए और जातिगत भेदभाव के खिलाफ एक अंतर्राष्ट्रीय चार्टर को मान्यता दिलाने की कोशिश हो। पूरी संभावना है कि इस प्रयास से दुनिया के अन्य समाजों में होनेवाले भेदभाव के उन रूपों को समझने की एक नयी दृष्टि मिल पाएगी जो आज पुराने अभ्यास के कारण केवल नस्लवाद के संदर्भ में ही देखे जाते हैं। इस बात पर भी विचार किया जाना चाहिए कि डरबन के विमर्श से आखिर कौन-सा बौद्धिक लाभ हुआ है, दलित आंदोलन से संबंधित समझ में क्या बढ़ोतरी हुई है और राजनीतिक लाभों के संदर्भ में इससे क्या मिला है? कहीं ऐसा तो नहीं है कि नस्ल के आईने में जाति को देखने की जिद के कारण दलित आंदोलन सत्ता में हिस्सेदारी के साथ-साथ अपनी राजनीति को बहुजन दायरे में विकसित करने के दीर्घकालीन लक्ष्यों से भटक जाये और सामाजिक मुक्ति के लिए उसके पास भूमंडलीकरण की ताकतों का मोहताज होने के अलावा कोई रास्ता न रह जाये।

छुआछूत विश्व-मानवता और खासकर भारतीय सभ्यता का अंतिम कलंक है। इसे मिटाने के लिए भूमंडलीकरण की प्रक्रिया में जाने का स्वागत किया जाना चाहिए। यह इसलिए भी जरूरी है कि नव-उदारतावादी पूँजीवाद ने भूमंडलीकरण के जरिये-लोकतंत्र के जिस नये रूप की रचना की है उसके तहत दलितों जैसे हाशिये पर पड़े तबकों के आर्थिक-प्रणाली से बाहर फेंक दिये जाने का खतरा पैदा हो गया है। आज न केवल जातिभेद-विरोधी जमीनी संघर्षों को उत्तरोत्तर मजबूत करने की जरूरत है बल्कि अंतर्राष्ट्रीय मोर्चाबंदी भी आवश्यक है। 'नयी विश्व-व्यवस्था' में फौजीकरण, रंगभेद और राष्ट्रीय समाजों के भीतर होनेवाले शोषण-दमन की संरचनाएँ अंतर्गुम्फित हो गयी हैं। राष्ट्रीय अर्थतंत्र इस विश्व-व्यवस्था से जितना ज्यादा जुड़ेंगे उतना ही दलित सरीखे तबकों को आधुनिक क्षेत्र में अधीनस्थ बनाने के अंदेशे प्रबल होते जाएँगे। जाति के अंतर्राष्ट्रीयकरण का विरोध करनेवाले ब्राह्मणवाद के एजेंट हैं। श्वेतांगों के प्रति भारतीय मानस में पारंपरिक आसक्ति मिलती है और इसकी एंटीथीसिस के तौर पर कालों के प्रति तिरस्कार दिखायी देता है। इस मानसिकता की जड़ वर्ण-व्यवस्था में मिल सकती है।

जाति के भूमंडलीय पहलू

रजनी कोठारी

जाति को नस्ल मानने या न मानने से जुड़ी बहस तकनीकी व्याख्याओं और एक-दूसरे पक्ष की खामियाँ निकालने में लगभग फँस गयी है। इसे व्यापक भूमंडलीय और ऐतिहासिक परिप्रेक्ष्य में रख कर समझने की कोशिश न के बराबर ही हो रही है। भारत में समता, बंधुत्व और आधुनिक नागरिक समाज बनाने की दीर्घकालीन परियोजना से जुड़ी इस बहस को सही रास्ते पर लाने के लिए जरूरी है कि पहले एक कदम पीछे जा कर विषमता, भेदभाव, रंगभेद, शोषण, युद्ध, हिंसा और विध्वंस के उस सिलसिले पर नजर डाली जाये जिससे मानवता का अतीत आक्रांत रहा है। अतीत की इस संक्षिप्त यात्रा के बाद हम देखेंगे कि आज सारी दुनिया में जारी भूमंडलीकरण की प्रक्रिया का भारत में जाति, रंगभेद और खास कर दलित सरीखे समुदायों के मौजूदा हालात से क्या संबंध है।

हम जानते हैं कि धार्मिक युद्धों और विनाश का इतिहास बहुत लंबा है। इसी

क्रम में साम्राज्यों के भौगोलिक विस्तार की प्रक्रिया चली और नस्ली युद्धों की परिघटना सामने आयी। भारत ने एक प्राणांतक अवधि तक उपनिवेशवादी शोषण का जुआ उठाया जबकि उसका समाज अनगिनत वर्षों से श्रेणीक्रम पर आधारित दमन और उत्पीड़न की परिस्थितियों का सामना कर ही रहा था। ऊँच-नीच और शोषण-दमन के इन विभिन्न रूपों की प्रभावोत्पादकता अब कमोबेश कमजोर पड़ गयी है। इसी बात को यूँ भी कहा जा सकता है कि इनकी पुरानी संरचनाएँ अब पराजित कर दी गयीं हैं। यह कुछ-कुछ संतोष का विषय हो सकता है लेकिन इसका मतलब यह नहीं निकाल लेना चाहिए कि ऊँच-नीच और शोषण-दमन के नये रूपों और नयी संरचनाओं के पैदा होने और ताकतवर होने का खतरा नहीं रह गया है। वास्तव में आज के युद्ध अपनी संरचना में इतने जटिल हैं कि उनके अन्यायपूर्ण चरित्र को समझना आसान कहीं है। आज जो फौजी संघर्ष है वही नस्ली संघर्ष भी है। जो सांस्कृतिक और साभ्यतिक संघर्ष है उसकी अभिव्यक्ति फौजी संघर्ष के रूप में होती है। फौजीकरण, नस्ली संघर्ष और जातिगत भेदभाव पर आधारित दमन की परिघटनाएँ अंतर्गुम्फित हो गयी हैं। रंगभेद किसी एक या दो समाजों के बीच की घटना नहीं रह गयी है। बल्कि यह राष्ट्रों के बीच और उनके अंदर कई तरह के सांस्कृतिक-राजनीतिक टकराव की जड़ में मौजूद है। एकध्रुवीय विश्व में अमेरिका द्वारा आतंकवाद के विरोध और सभ्यता के नाम पर छेड़ा गया अफगान युद्ध इस जटिल यथार्थ का ज्वलंत प्रमाण बन कर उभरा है।

कुल मिला कर कहा जा सकता है कि अतीत के युद्धों और शोषणकारी रूपों को समझना आसान था लेकिन आज यही परिघटनाएँ जारी रहते हुए भी आँखों से ओझल रहती हैं। जो जार्ज डब्ल्यू. बुश अफगानिस्तान के खिलाफ युद्ध छेड़े हुए हैं उन्हीं के पिता बुश सीनियर ने अपने राष्ट्रपतित्व में 'नयी विश्व-व्यवस्था' जैसी अभिव्यक्ति गढ़ी थी। इसका मतलब यह था कि सोवियत संघ और समाजवादी राज्य-संरचनाओं के पराभव के बाद अमेरिका और ब्रेटनवुड संस्थाओं (विश्व बैंक, अंतर्राष्ट्रीय मुद्रा कोष और विश्व व्यापार संगठन) के नेतृत्व में पूँजीवाद का नया संस्करण दुनिया पर हावी होने की तैयारी करने लगा था। यहाँ स्पष्ट करने की जरूरत है कि पूँजीवाद के चरित्र में आये इसी बदलाव ने दुनिया पर एक नये तरह की चौधराहट थोपी। यह नया पूँजीवाद राष्ट्र-आधारित साम्राज्यवादी पूँजीवाद के संस्करण से अलग था। यह पूरी तरह से कार्पोरेट पूँजीवाद था। इसका एक केंद्र ब्रेटनवुड संस्थाओं में था और दूसरा बहुराष्ट्रीय कंपनियों के बोर्ड रूमों में। दोनों ने मिल कर इस नये पूँजीवाद को दुनिया-भर में फैलाया, खास कर तीसरी दुनिया के देशों पर इसका जबर्दस्त प्रभाव पड़ा। जिन देशों में सामाजिक-आर्थिक परिवर्तन का लोकतांत्रिक प्रयोग जारी था वे भी इस पूँजीवाद से आक्रांत होना शुरू हो गये। जाहिर था कि लोकतंत्र और उदारतावाद भी नये ढंग से परिभाषित होने लगा। आर्थिक-राजनीतिक-सामाजिक-सांस्कृतिक रूप से लोकतंत्र का यह नया विचार राष्ट्रीय सरकारों को मजबूर करता था कि वे वित्तीय पूँजी के निर्द्वंद्व आवागमन की इजाजत दें और सभी तरह की पूँजियों के साथ एक जैसा सलूक करें, भले ही इस

चक्कर में उनकी राष्ट्रीय पूँजी बुरी तरह पिछड़ ही क्यों न जाये। हर तरह से यह नया लोकतंत्र राष्ट्र-राज्यों की संप्रुभता का क्षय करनेवाला था। भूमंडलीकरण इसी प्रक्रिया का समेकित परिणाम है। कुल मिला कर रंगभेद, नया पूँजीवाद, वर्चस्ववादी सत्ता की संरचनाएँ, भूमंडलीकरण और फौजीकरण ने मिल कर एक विकट स्थिति पैदा कर दी है। इसका सबसे ज्यादा नुकसान दलितों सरीखे हाशिये पर पड़े तबकों को होने जा रहा है।

दुनिया के इस नये सरअंजाम में विश्व-अर्थव्यवस्था के साथ राष्ट्रीय अर्थतंत्र को जोड़ने की कोशिश के कारण हुआ यह है कि समाज के बड़े-बड़े तबके विकास के दायरे से बाहर छूटे जा रहे हैं। नव-उदारतावाद का बाजार और मुनाफाखोरी पर इतना ज्यादा जोर है कि व्यावहारिक रूप से हाशिये पर पड़े इन तबकों को आर्थिक-प्रणाली से बाहर फेंक देने को ही दक्षता और सक्षमता का पर्याय समझ लिया गया है। डरबन सम्मेलन के संदर्भ में छिड़ी बहस को इस परिप्रेक्ष्य में रखने के लिए जरूरी है कि राष्ट्रीय समाजों में प्रचलित जातिगत, नस्लगत और अन्य सभी तरह के भेदभाव की अंतर्राष्ट्रीय जड़ों की ध्यान से शिनाख्त की जाये। इस तथ्य को मान्यता देना जरूरी है कि रंगभेद अब समाज के अंदर की घटना ही नहीं रह गयी है बल्कि एंग्लो-सेक्सन और यूरोपियन मूल के राष्ट्रों द्वारा तीसरी दुनिया के नवउपनिवेशीकरण को तकरीबन नस्लभेदी आयाम मिल गये हैं। आज यह भूमंडलीकरण के नाम पर हो रहा है और जैसे-जैसे इसकी तीव्रता बढ़ेगी वैसे-वैसे राष्ट्रीय समाजों में हाशिये पर पड़े तबकों और समुदायों के खिलाफ हिंसा, दमन, शोषण और अवमानना में और बढ़ोतरी होगी।

नाना प्रकार के धर्मों, संस्कृतियों और सभ्यताओं के विकास की ऐतिहासिक पृष्ठभूमि में यह समानता देखी जा सकती है। राज्यों और समाज-व्यवस्थाओं के मामले में भी यह बात सही है। अपनी इसी दलील के साथ मैं यह भी जोड़ना चाहूँगा कि वर्चस्व और आतंक की अंतर्राष्ट्रीय संरचनाएँ जितनी ताकतवर और प्रभावी होंगी, स्थानीय समुदायों और क्षेत्रों की स्वायत्तता और सक्रियता की गुंजाइशों को उतने ही गंभीर संकटों का सामना करना पड़ेगा। भारत के संदर्भ में दलितों और उनकी बस्तियों के लिए यह बात सबसे ज्यादा सच है। भूमंडलीकरण की प्रक्रिया इस समय उफान पर है और सारी दुनिया में सरकारें उसे एक मॉडल के रूप में स्वत: स्वीकार कर रही हैं। तीसरी दुनिया की सरकारों की भी यही स्थिति है। भूमंडलीकरण के सांस्कृतिक परिणामों के कारण हम सभी जगहों पर प्रभुत्व और हिंसा की वर्चस्वी संरचनाओं में वृद्धि देख सकते हैं। इस नक्कारखाने में छोटी, कमजोर और स्थानीय आवाजों का दब जाना रोजमर्रा की बात है। वर्चस्वी संरचनाएँ हाशिये पर पड़े हुए समुदायों, वर्गों और जातियों के हितों को रौंद कर ही अपना स्वार्थ-साधन करती हैं। भूमंडलीकरण दलित जातियों के खिलाफ न केवल वर्णाश्रम के दायरे में ब्राह्मणवादी ताकतों का समर्थन करता है वरन् दरिद्रीकरण, अलगाव और अन्याय के संदर्भों में भी उन्हें कोने में धकेलता जाता है। विश्व और विश्व-व्यवस्था जितनी एकीकृत होती जाएगी, दलित सरीखे समुदायों की वंचना उतनी ही

बढ़ती चली जाएगी। इस परिप्रेक्ष्य के साफ हो जाने पर अब सवाल यह है कि इस पूरी बहस में जाति के प्रश्न को कहाँ और कैसे रखा जाये?

सच्चाई तो यह है कि रंगभेद जैसी अमानवीय संरचना नस्ल पर आधारित समाजों में अनधिकृत घोषित जरूर कर दी गयी है और वहाँ उसके व्यावहारिक उन्मूलन के उल्लेखनीय प्रयास भी चल रहे हैं लेकिन लगभग वैसी ही संरचनाओं ने थोड़े बदले हुए रूपों में उन समाजों में भी प्रवेश कर लिया है जो उस तरह नस्ली-विभेद पर आधारित समाज नहीं रहे हैं। यह रंगभेदी प्रवृत्ति इन गैरनस्ली समाजों की अपनी खास विषमताओं और उनके अवशेषों का सहारा ले कर पनपती है। दुनिया के पैमाने पर बढ़ती हुई गरीबी, अन्याय और हिंसा का मुख्य कारण यही है।

भारत में जाति के संदर्भ में रंगभेदी प्रवृत्तियाँ लोगों के व्यावहारिक चिंतन और रोजमर्रा के सामाजिक कार्य-व्यापार में देखी जा सकती हैं। मनोवैज्ञानिक रूप से द्विज जातियाँ अपने-आप को श्वेतांगों की तरह ही मानती हैं। वैसे भी भारतीय मानस में शास्त्रोक्त रूप से भी कई जगह वर्णों को त्वचा के रंगों का पर्याय समझा जाता रहा है। व्यावहारिक रूप से त्वचा के रंग मिश्रित जरूर हो गये हैं लेकिन दिमागों में गोरे रंग की श्रेष्ठता की मनोग्रंथि अभी भी कायम है। यह विचार परंपरासम्मत जातिगत भेदभाव के साथ घुल-मिल कर रंगभेद की एक भारतीय किस्म का निर्माण कर देता है। भले ही बाकायदा कहा न जाता हो लेकिन जातियों के बीच के संघर्ष को नस्लों के बीच के संघर्ष के रूप में भी देखा जा सकता है। दलितों के खिलाफ होनेवाली हिंसा और उनके मानवाधिकारों के हनन का मसला इतना महत्त्वपूर्ण और पहली प्राथमिकतावाला है कि प्रतीकात्मक रूप से इसे रंगभेद सरीखे अन्याय के उन्मूलन के संघर्ष में दुनिया के पैमाने पर आखिरी मोर्चे की तरह लेना चाहिए। दलितों के ऊपर होनेवाला अन्याय असल में नस्ली भेदभाव से भी ज्यादा गंभीर और जघन्य है। इसके लिए जातिवाद-विरोधी संघर्ष को अंतर्राष्ट्रीय आयाम दिये जाने जरूरी हैं। स्थानीय संघर्षों को मजबूत करने के साथ-साथ इस मोर्चे पर किये गये संघर्ष से जाति के प्रश्न पर एक बहुस्तरीय लड़ाई की भित्ति बन सकती है। दलितों द्वारा जातिगत भेदभाव को नस्ली भेदभाव के तहत परिभाषित करवाने की कोशिश इसीलिए हमदर्दी और समर्थन की नजर डालने योग्य है। चूँकि लोकतंत्र का नव-उदारतावादी विचार वित्तीय पूँजी के नये प्रसारात्मक चरित्र के मुताबिक हर चीज का भूमंडलीकरण करने पर तुला हुआ है इसलिए जरूरी है कि भारतीय समाज के भीतर जातिभेद को मजबूत करनेवाली अंतर्राष्ट्रीय संरचनाओं की शिनाख्त की जाये और उनके खिलाफ संघर्ष किया जाये। जाति का अंतर्राष्ट्रीयकरण किये बिना यह संभव नहीं है। इसका मतलब यह हरगिज नहीं लगाया जाना चाहिए कि मैं भारतीय समाज में जमीनी स्तर पर होनेवाले जातिभेद-विरोधी संघर्ष को कमजोर करने या उसे अंतर्राष्ट्रीय प्रतिमानों के मुताबिक चलाने की वकालत कर रहा हूँ। मेरा तर्क तो यह है कि समता के लिए पिछले डेढ़ सौ वर्ष से चल रही मुहिम के एक महत्त्वपूर्ण आनुषंगिक आयाम के रूप में इस प्रयास को संभावनापूर्ण समझा जाना चाहिए। वैसे भी भूमंडलीकरण से निबटने के लिए हमें स्थानीय,

राष्ट्रीय और अंतर्राष्ट्रीय स्तरों पर अपने संघर्ष के कार्यक्रम को सूत्रबद्ध करना ही होगा। केवल स्थानीय और जमीनी प्रयासों को सुदृढ़ करने के आधार पर भूमंडलीकरण का मुकाबला नहीं किया जा सकता।

दलितों पर होनेवाले अन्याय की प्राचीनता, उसको दी गयी धार्मिक और शास्त्रोक्त मान्यता और उसके उन्मूलन की कोशिशों को अभी तक पूरी सफलता न मिल पाना इस बात का सबूत है कि अन्याय का यह रूप असल में नस्ली भेदभाव से भी गंभीर और जघन्य है। मैं हमेशा से मानता रहा हूँ कि हमारी अपनी समस्याओं के हल भी हमारे अपने होंगे और उनसे निपटने के लिए हमें पश्चिमी तौर-तरीकों और विजातीय विचार श्रेणियों का सहारा नहीं लेना चाहिए। लेकिन साथ ही मैं यह भी मानता हूँ कि जब हम अपनी समस्याओं के किसी विदेशी संदर्भ से बिदकने और अंतर्राष्ट्रीयकरण से बचने की कोशिश करने लगते हैं तो धीरे-धीरे घरेलू दायरे में उस समस्या का सामना करने की हमारी क्षमता का ह्रास भी होने लगता है। डरबन सम्मेलन के संदर्भ में जातिगत भेदभाव को नस्ली भेदभाव के तहत परिभाषित करवाने की कोशिश के खिलाफ इस तरह के तर्क वास्तव में मौजूदा अन्यायपूर्ण व्यवस्था को बनाये रखने की चाल के सिवा कुछ नहीं हैं। यदि काफी नरमी से कहा जाये तो भी यह सामाजिक यथास्थितिवादियों की प्रतिरक्षात्मक प्रतिक्रिया ही मानी जायेगी।

अगर दलित-समस्या रंगभेद की एक देशी संरचना है तो डरबन सम्मेलन जैसे अंतर्राष्ट्रीय मंचों पर नस्ली भेदभाव की श्रेणी के तहत इस पर विचार का स्वागत करते हुए बाल की खाल निकालनेवाली बहस की उपेक्षा कर देनी चाहिए जो इस या उस दलील के आधार पर भारत में नागरिक समाज बनाने की दिशा में उठाये जानेवाले दूरगामी महत्त्व के इस कदम का विरोध कर रही है। इस संदर्भ में मैं प्रकाश लुइस, कांचा ऐलय्या और डी.आर. नागराज के विमर्श को काफी महत्त्वपूर्ण और बुनियादी मानता हूँ। नब्बे के दशक से ही अकादमीय और राजनीतिक क्षेत्रों में धार्मिक आधार पर की गयी गोलबंदी के साथ-साथ जाति के राजनीतिक इस्तेमाल की निंदा करने की प्रवृत्ति भी जारी है। इसके उलट देखा यह गया है कि जाति-आधारित गठजोड़ों और चुनावी समीकरणों ने संघ परिवार द्वारा प्रवर्तित सांप्रदायिक राजनीति के बढ़ते उफान को बड़ी हद तक थाम लिया है। इसने भारत के सेकुलर बने रहने में निर्णायक योगदान किया है। अगर इसे भूमंडलीकरण के खिलाफ संघर्ष के रूप में भी देखा जाये तो इसके और सकारात्मक नतीजे निकल सकते हैं। मेरी मान्यता है कि इसी तरह जाति को भूमंडलीय मंच पर ले जाने के भी कल्याणकारी नतीजे निकल सकते हैं।

बहस : विश्वायन (भूमंडलीकरण) और दलित राजनीति

दलित विश्वायन के कारण राष्ट्र-राज्य के कमजोर होने से खास आहत नहीं हैं, हालाँकि यही राज्य उनकी सामाजिक रूप से बहिष्कृत हैसियत के बरक्स राहत का एक मुकाम पेश करता रहा है। दलितों की इस समझ के विपरीत परंपरागत मार्क्सवादी समझ यह है कि विश्वायन से निकले नये किस्म के उपनिवेशवाद के खिलाफ संघर्ष का केंद्र राष्ट्र-राज्य ही बनेगा। आंध्र प्रदेश के तेरह दलित संगठनों की तर्क-पद्धति कतई दूसरे किस्म की है। उनकी चिंता भूमंडलीकरण की नहीं बल्कि होते हुए भूमंडलीकरण में दलितों के हिस्से की है। दलितों को डर है कि कहीं भूमंडलीकरण के खिलाफ एकता के नाम पर एक बार फिर उनसे अपना संघर्ष मुल्तवी करने की अपील न कर दी जाये।

राष्ट्रवादी चिंतन से परे

आदित्य निगम

हिंदुस्तान में राजनीतिक और अकादमिक बहसों में भूमंडलीकरण—इसे इस लेख में हम बांग्ला की तर्ज पर 'विश्वायन' कहेंगे—का तात्पर्य कई अर्थों और प्रभावोंवाली एक परिघटना के रूप में समझा जाने लगा है। इसमें कई चीजों का समावेश रहता है : वित्तीय पूँजी का भूमंडलीकरण, आर्थिक उदारीकरण, निजीकरण, रोजगारों पर हमला, विश्व बैंक, अंतर्राष्ट्रीय मुद्रा कोष, विश्व व्यापार संगठन, तीसरी दुनिया की खेती पर हमला, बायोपाइरेसी यानी जैव संपदा की चोरी, सूचना प्रौद्योगिकी में हुई क्रांति जैसी बातें विश्वायन के इस कलाम में एक साथ गुँथी रहती हैं। हम इनमें से किसी एक का भी जिक्र कर के बेफिक्र हो कर मान सकते हैं कि हर समझनेवाला उससे एक ही अर्थ निकालेगा और आम तौर पर यह मान लिया जाएगा कि ये तमाम प्रक्रियाएँ, संगठन या गतिविधियाँ उस बृहत्तर प्रक्रिया का प्रतीक हैं जिसे 'उपनिवेशवाद का नया दौर' कहा जा सकता है अर्थात जिसके तहत पहली दुनिया फिर एक बार तीसरी दुनिया को गुलाम बनानेवाली है। बेशक, इस बात में काफी दम है कि विश्वायन की प्रक्रिया कुल मिला कर दुनिया में ताकतों के रिश्ते नए सिरे से रच रही है जिनके चलते तीसरी दुनिया के गरीब तबकों की बेदखली और बेइख्तियारी की हालत बद से बदतर होती जा रही है। इस पूरी प्रक्रिया के केंद्र में मौजूद हिंसा और नाइंसाफी से भला कौन इंकार कर

सकता है। लिहाजा 'उपनिवेशवाद के नए दौर' का अर्थ अगर यह है कि इस के जरिए पहली दुनिया के सरमायेदार तीसरी दुनिया की संपदा पर अपना कब्जा जमाना चाहते हैं तो भी शायद इस बात की सचाई से इंकार नहीं किया जा सकता है।

लेकिन इस नए दौर का अर्थ अगर यह है कि पुराने जमाने की तरह कोई एक राष्ट्र या राष्ट्र-राज्य (या उनका कोई समूह) बाकी दुनिया के राष्ट्र-राज्यों पर आधिपत्य जमाना चाहता है तो शायद इसमें बहस की खासी गुंजाइश निकल आयेगी। आज दुनिया-भर में सरमायेदारी का चेहरा काफी बदल गया है। एक तरफ सरमाये का अंतर्राष्ट्रीयकरण हुआ है तो दूसरी तरफ भूमंडलीय वित्तीय पूँजी और विश्व व्यापार संगठन, विश्व बैंक और आईएमएफ जैसे राज्येतर संगठनों का उदय। मगर इन सभी बहुपक्षीय संगठनों में अंदरूनी सौदेबाजी और जोरआजमाइशों की काफी जगह है। अगर तीसरी दुनिया के कई मुल्क खुद को इस सौदेबाजी में नाकाम पाते हैं तो इसकी वजह यह है कि चीन की तरह इनके अपने बाजार बहुत विस्तृत नहीं हैं। इन मुल्कों में ज्यादातर की अंदरूनी बनावट हद दर्जे के शोषण पर आधारित है और गरीबी के कारण इनके बाजार निहायत सिकुड़े हुए हैं। इन देशों के सरमायेदारों और सरकारों को न तो गरीबी और शोषण के सवालों से मुखातिब होने की ख्वाहिश है, न बाहरी तौर पर साम्राज्यवाद से लड़ने की तमन्ना। बल्कि वे तो लगातार उससे सौदेबाजी करने की फिराक में रहे हैं।

इस संदर्भ में आज की विश्वायन-विरोधी चालू आलोचनाओं में रह-रह कर उठनेवाले 'उपनिवेशवाद के नए दौर' की या 'आर्थिक संप्रभुता पर हमले' की बातें बेहद समस्याग्रस्त हो जाती हैं। इसकी वजह साफ है। इन बयानों में लगातार राष्ट्र-राज्य की जमीन से साम्राज्यवाद की नुक्ताचीनी की जाती है और उसी जमीन को इसके खिलाफ संघर्ष का एकमात्र मुकाम बना कर पेश किया जाता है।

मिसाल के तौर पर अगर हम मशहूर मार्क्सवादी अर्थशास्त्री प्रभात पटनायक के हाल के लेखों को देखें तो यही पायेंगे। वे इस बात को तो स्वीकारते हैं कि आज का पूँजीवाद लेनिन के जमाने के पूँजीवाद से इस मायने में बिलकुल अलग है कि यह अब राष्ट्र-आधारित नहीं रहा और राष्ट्र-राज्य से उसका रिश्ता कमजोर हो गया है मगर विश्वायन की पूरी प्रक्रिया को वे महज पहली दुनिया के सरमायेदारों द्वारा तीसरी दुनिया के सरमायेदारों पर हमले के रूप में देखते हैं।

पटनायक की निगाह में विश्वायन दुनिया के पैमाने पर पूँजी के केंद्रीकरण का एक ऐसा तरीका है जिसके तहत एक तरफ महानगरीय उत्पादक पूँजी तीसरी दुनिया की पूँजी को उत्पादन से बाहर कर देती है तो दूसरी तरफ महानगरीय वित्तीय पूँजी तीसरी दुनिया की संपदाओं और औद्योगिक इकाइयों पर काबिज हो जाती है। यह कब्जा उसे पानी के दाम मिल जाता है। जाहिर है कि पटनायक द्वारा बयान किए गये इस खेल में राष्ट्र-राज्य की कोई खास भूमिका हमें दिखाई नहीं देती। बल्कि वे यहाँ तक कहते हैं कि इस दौर में 'पूँजीपति वर्ग के आर्थिक राष्ट्रवाद' का अंत लाजमी है। इस तरह सवाल पेश करने की एक दिक्कत यह है कि इसमें पटनायक

इस प्रक्रिया को मूलत: महानगरीय समरमायेदारों और देसी सरमायेदारों के बीच टकराव के रूप में ही देख पाते हैं। उनके इस ब्योरे में आप ढूँढ़ कर भी कहीं तीसरी दुनिया के गरीब-शोषित तबकों का जिक्र नहीं पायेंगे। यह सवाल स्वाभाविक रूप से पूछा जा सकता है कि इन गरीब-शोषित लोगों के लिए विश्वायन के क्या मायने हैं? विश्वायन से पहले उनकी गुजर-बसर कैसे होती थी? अब वे कैसे जीते हैं? ऐसा नहीं कि पटनायक गरीबों या शोषित मजदूरों और किसानों को भूल ही बैठे हैं। मगर उन्हें उनकी याद तब आती है जब वे अपना उपचार सुझाना शुरू करते हैं।

बकौल पटनायक इस भूमंडलीय पूँजी की गिरफ्त में फँसना जितना दर्दनाक है उससे निकलना भी उतना ही तकलीफदेह है। उनकी राय में इससे निकलना तभी संभव है जब 'अवाम इसका समर्थन करे'। इस पूँजी के चंगुल में फँसे किसी भी तीसरी दुनिया के देश के लिए इस भँवर से निकलने की सूरत तभी बन सकती है जब उसके राज्य द्वारा कड़े कदम उठाए जाएँ और 'समाज व राजनीति का ऊपर से नीचे तक लोकतांत्रिकीकरण हो'। वे आगे यह भी कहते हैं कि इसका मतलब यह भी होगा कि 'लोगों को प्रत्यक्ष रूप से फैसले लेने की प्रक्रिया में शामिल किया जाए ताकि उनका राजनीतिकरण हो सके और वे साम्राज्यवाद से टक्कर लेने के लिए तैयार हो सकें।'' दूसरे शब्दों में पटनायक की सारी बात का लब्बोलुबाव यह है कि व्यापक आर्थिक और राजनीतिक बदलावों के जरिए अवाम को राष्ट्र में एक जगह दी जाए। ऐसा इसलिए जरूरी है क्योंकि उनके खयाल से 'राष्ट्र ही हस्तक्षेप का एकमात्र व्यावहारिक मुकाम है' और आज की हालत में 'साम्राज्यवाद-विरोधी राष्ट्रीय संघर्ष के सिवाय इस स्थिति से निकलने का कोई और रास्ता नहीं है।'

गौरतलब है कि पटनायक अपने इस बयान में राष्ट्र की जो यूटोपियाई तस्वीर पेश करते हैं उसका हमारे सचमुच के राष्ट्र से कोई ताल्लुक नहीं है। वे पिछले सालों में हुई इस राष्ट्र की कठोर जिरह से कतई नावाकिफ लगते हैं जिसने बार-बार यह दिखाया है कि यह राष्ट्र दरअसल समस्या का हिस्सा है, समाधान का नहीं। यह माना जाता है कि राष्ट्र कोई एक ऐसी चीज है जो एक समतल 'अवाम' से बनती है। यही वह खयाल है जिसके जरिए अंदरूनी विरोध की आवाजों को दबा कर नाजायज करार दिया जाता रहा है। जाहिर है कि ये आवाजें हमेशा शोषित और सत्ताविहीन तबकों की ही होती हैं। यह भी गौर करने काबिल है कि 'अवाम' या 'मजदूर वर्ग' और 'किसान' जैसी श्रेणियों के अंदर भी कई आपसी अदावत के रिश्ते होते हैं जो इन श्रेणियों के इस्तेमाल से ढँक जाते हैं। आखिर जादूगोड़ा के उन आदिवासियों को आणुविक हथियारों से लैस राष्ट्र की 'साम्राज्यवाद के खिलाफ लड़ाई' में क्या दिलचस्पी हो सकती है जो उसकी प्रगति की खातिर विकिरण के शिकार बनाए जा रहे हैं? सवर्ण किसानों के अत्याचार तले रौंदे जा रहे दलितों को भला उस 'किसान एकता' में क्या मिल सकता है जिसकी बागडोर उन अत्याचारी किसानों के हाथ में ही हो? दरअसल आज इस चीज को खास तौर पर समझने की जरूरत है कि 'आजादी' के मायने अलग-अलग तबकों के लिए बिलकुल अलग

हो सकते हैं। अलग-अलग किस्म के शोषण के इतिहास से पीड़ित अलग-अलग तबकों के लिए मुक्ति का रास्ता एक नहीं हो सकता। अपने खास मुकाम से जब वे अपना रास्ता चुनते हैं तब विश्वायन के नए निजाम के साथ भी उसके रिश्ते अलग किस्म के बनते हैं। नीचे हम दलित राजनीति के एक रुझान की मिसाल ले कर इस समस्या के कुछ पेच समझने की कोशिश करेंगे।

II

हाल ही में आंध्र प्रदेश के तेरह दलित संगठनों ने राष्ट्रपति को एक ज्ञापन देते हुए आज की राजनीति और दलितों से उसके रिश्ते के बारे में चंद जरूरी सवाल उठाए। यह ज्ञापन इस बयान के साथ शुरू होता है कि 'बढ़ते संकट' के दौर में 'अछूतों और गैर-अछूतों के बीच शंकाओं की खाई' भी बढ़ रही है। इस दस्तावेज के मुताबिक दलित दौलत पैदा तो करते हैं मगर उस पर उनका कोई इख्तियार नहीं है। इसी बात की तफसील पेश करते हुए बयान में कहा गया है :

> हिंदुस्तान अपने तमाम नागरिकों के लिए एक राष्ट्र जरूर है मगर हम अर्द्ध-नागरिकों के लिए वह संदिग्ध अतीतवाला एक ख्याल मात्र है। (इसमें) हमारा बहिष्कार एक स्वीकृत नियम था...'
>
> जब हिंदुस्तान एक गणतंत्र बना तो उसकी तमन्ना एक राष्ट्र बनने की थी। दलितों और गैरदलितों की पहचानें एक हो जानी थीं। एक नागरिक समाज बनना था, एकता का एक बिंदु उभरना था। हमारे बहिष्कार का खात्मा होना था ... वह मंजिल आज भी एक सपना बनी हुई है। गणतंत्र के मालिकों ने अब सपना देखना भी छोड़ दिया है। ऐसा लगता है जैसे वह सपना ही कहीं खो गया है।

इस दस्तावेज के बारे में एक बात शुरू से ही साफ कर देनी चाहिए। जिस बढ़ते संकट का जिक्र इस दस्तावेज में किया गया है वह दरअसल भूमंडलीकरण ही है। यही वह संदर्भ है जिसमें ये दलित संगठन यह दावा कर रहे हैं कि हुक्मरानों ने सपना तक देखना छोड़ दिया है। दलित जिंदगी के संदर्भ में इसका अर्थ समझने की जरूरत है। इसे दो स्तरों पर समझा जा सकता है। पहला सीधे-सीधे सामाजिक हलकों से राज्य की वापसी के अर्थ में, जिसके कारण सार्वजनिक क्षेत्र में दलितों को मिलनेवाला आरक्षण भी अब खतरे में आ गया है। उत्तर-औपनिवेशिक भारत का यह एकमात्र हलका था जहाँ दलितों को सदियों से चले आ रहे अपने बहिष्कार से राहत मिलती थी। यही वह जगह थी जहाँ उनके लिए एक मुकाम सुरक्षित था।

लेकिन इसका एक और अर्थ है जिसकी तरफ यह दस्तावेज हमारा ध्यान आकर्षित करता है। यह अर्थ आरक्षण की राजनीति के अलहदगी के उस ख्याल से बिलकुल जुदा है जिसमें दलित सदियों की वंचना से निजात पाने के लिए अपनी अलग पहचान को सामने रखते हैं। इस दूसरे अर्थ में यह दस्तावेज उस राष्ट्र के न बन पाने का सवाल उठाता है जिस राष्ट्र में उसे नागरिकता और बराबरी का हक मिलने का वायदा था। जो राष्ट्र वजूद में आया वह हरगिज वह नहीं जिसका वायदा

था। यह ज्ञापन मौजूदा नागरिक समाज का कड़ा आलोचक है जिसमें उसे हद से हद 'अर्द्ध-नागरिक' का दर्जा-भर मिल पाया है। अपने इस बयान के जरिए वह एलान करना चाहता है कि दलित की अलहदगी की माँग का पूरा दारोमदार राष्ट्रवादी विफलता पर आता है वरना आज यह हालात ही न पैदा होते कि इस मुल्क में दो तरह की नागरिकताएँ एक साथ मौजूद होतीं। समाज में अगर अलहदगी और फर्क मौजूद है तो फिर राजनीति में 'समरसता' कैसे आएगी?

लिहाजा दस्तावेज अपनी बात करने के लिए राष्ट्रवाद और नागरिक समाज की दुहाई नहीं देता बल्कि जनतंत्र के हवाले से अपना तर्क विकसित करता है। जनतंत्र की वकालत करते हुए यह दस्तावेज इस अवधारणा को एक दिलचस्प मोड़ दे देता है :

> जनतंत्र एक लाजवाब सिद्धांत है। वह सब की मदद करता है। उसने पश्चिम की मदद की। आप अपने मिल्कियत के ढाँचों का जनतांत्रिकीकरण करें। आप जिन संस्थाओं के मालिक हैं उनका जनतांत्रिकीकरण करे ... दौलत पैदा करने वालों को बुलाएँ। उन्हें दावत दें ... हमें हमारी जायज नुमाइंदगी दें ...''
>
> पचास बरस बीत गये हैं मगर हमारा बहिष्कार अब भी जारी है। तमाम बिघटनकारी अंदेशे लिए दो समाज अब भी बरकरार हैं दोनों में फूट और आपसी नफरत बढ़ रहे हैं। राज्य ने थोड़ा बहुत कुछ जरूर किया है। सिर्फ राज्य ने। क्योंकि एक संविधान है। क्योंकि एक जमाने में एक संविधान-निर्माता था ...

इस दलील की दो बातें गौरतलब हैं। पहली जनतंत्र की इसकी समझ। इसके मुताबिक जनतंत्र महाज संसदों और विधायिकाओं तक सीमित चीज नहीं है। यह सिर्फ सवर्णों की मिल्कियतवाले कारोबारों में दलितों को बतौर सर्वहारा नौकरियाँ मुहैया कराने का भी सवाल नहीं है। वह माँग करता है कि मिल्कियत के तमाम ढाँचों का लोकतंत्रीकरण हो। गौर करें कि यहाँ मिल्कियत के लोकतंत्रीकरण का सवाल क्लासिकी मार्क्सवादी नजरिए के 'राष्ट्रीयकरण' के विचार से बिलकुल अलग है क्योंकि राष्ट्रीयकरण संपत्तिहीन लोगों की वंचना को कायम रखता है। इसके कारण न कभी कोई मजदूर मालिक बन पाया है, न ही 'समाज' के हाथ में संपत्ति की मिल्कियत आ पाई है। इस निजाम में सिर्फ राज्य के अभिजन तबके ने संपदाओं, संस्थाओं और पैदावार के साधनों पर अपनी जकड़ को और मजबूत-भर किया। दूसरी गौरतलब बात उसका यह दावा है कि पिछले सालों में दलितों के लिए जो कुछ कदम उठाए गये वे सिर्फ राज्य की बदौलत ही संभव हो पाए। व्यापक समाज में दलितों का बहिष्कार बदस्तूर रहा। इस बात को आगे हम थोड़ा और गहराई से देखेंगे। फिलहाल यह नोट करें कि बावजूद इसके कि जहाँ तक दस्तावेज राज्य पर इतना एतबार दर्शाता है वहीं सामाजिक हलकों से उसकी वापसी का सोग नहीं मनाता। अगर राज्य की भूमिका उसकी नजर में दलित जिंदगी के लिए इतनी अहम थी तो आप उम्मीद कर सकते हैं कि ज्ञापन लिखनेवाले संगठन विश्वायन के खिलाफ मुहिम के साथ खड़े हो कर लड़ने का रुख अपनायेंगे। आप उम्मीद करेंगे कि वे निजीकरण के खिलाफ लड़ रही तमाम दूसरी ताकतों के साथ

'कंधे से कंधा मिलाकर' लड़ने की अपील करेंगे। मगर वे ऐसा नहीं करते। इतना ही नहीं, वे आगे कहते हैं कि 'अगर आप अमेरिका से पूँजी और तकनालजी आयात कर रहे हैं तो मेहरबानी कर के उसका सपना भी आयात करें।'

पुराने किस्म के मार्क्सवादियों को यह वाकई एक हैरत की बात लग सकती है। आखिर अमेरिका से कौन-सा सपना मिल सकता है? इस सवाल का जवाब चन्द्रभान प्रसाद के ही **द पायनियर** की 'दलित डायरी' में लिखे लेखों में मिल सकता है। इन लेखों में वे अमेरिका में १९६७ में गठित कर्नर कमीशन का जिक्र करते हैं जिसमें कई जगह सकारात्मक भेदभाव के कदम उठाने की सिफारिश की गयी थी। याद हो कि इस कमीशन का गठन साठ के दशक में हुए नागरिक अधिकार आंदोलन की पृष्ठभूमि में हुआ था जिसके कारण काले लोगों के हकों का मामला अमेरिकी सरकार के एजेंडे में शामिल हो पाया था। अपने इन लेखों में चन्द्रभान प्रसाद इन सिफारिशों के चलते वहाँ पर गठित माइनारिटी बिजनेस डिवेलपमेंट एजेंसी का जिक्र करते हैं जिसका काम था कि वह अल्पसंख्यक समुदायों के कारोबारों को प्रोत्साहन दे। बकौल चन्द्रभान अमेरिकी सरकार ने ही इस तरह के तमाम कदम उठाते हुए 'पूँजी के जनवादीकरण' को अमली रूप दिया है। इसी क्रम में अपने तर्क को आगे बढ़ाते हुए वे तफसील से बताते हैं कि किस तरह आई.बी.एम. और माइक्रोसाफ्ट जैसी बड़ी कंपनियों ने इस संदर्भ में पहल करके कालों, हिस्पानिकों और मूल अमेरिकियों की भर्ती के लिए कदम उठाए हैं। वे बताते हैं कि ये कंपनियाँ न सिर्फ इन समुदायों के लोगों की भर्तियाँ करती हैं बल्कि उनके लिए वजीफों और विशेष प्रशिक्षण कार्यक्रमों का भी इंतजाम करती हैं और उनके कारोबारों को बढ़ावा देने के लिए उनसे माल खरीदती भी हैं।

यहाँ स्पष्ट कर देना चाहिए कि चन्द्रभान की इस समझ से हम इत्तफाक नहीं रखते कि इन कंपनियों द्वारा उठाए जा रहे ये तमाम कदम किसी अमेरिकी सपने का नतीजा हैं। इन पहलकदमियों के पीछे उस समाज में हुए लंबे संघर्षों का इतिहास है। मगर फिलहाल यह मुद्दा नहीं है। यहाँ नोट करना जरूरी है कि राज्य के बारे में कुल मिला कर एक सकारात्मक आकलन रखते हुए भी कई दलित बुद्धिजीवी जो रास्ता तलाश रहे हैं वह विश्वायन के खिलाफ साझा संघर्ष का रास्ता नहीं है।

इसी बात की एक और मिसाल हमें इस वाकये में देखने को मिलती है जिसे हम नीचे बयान कर रहे हैं। १९९४ के उत्तरार्द्ध की बात है जब मुझे इंडियन पीपुल्स फ्रंट (जो भाकपा-माले का संगठन हुआ करता था) के नयी दिल्ली में आयोजित एक सम्मेलन में हिस्सा लेने का मौका मिला। उन दिनों उरुग्वे दौर की गैट वार्ताएँ अपने अंजाम पर पहुँच रही थीं और देश-भर में डंकल मसौदे पर गरमागरम बहसें चालू थीं। सारे मुल्क में रेडिकल पार्टियों और समूहों की तरफ से इसका जबरदस्त विरोध हो रहा था। यही सम्मेलन की बहस का मुद्दा भी था। इस बहस में हिस्सा लेते हुए भाकपा-माले के एक अन्य संगठन दलित महासंघ के एक नुमाइंदे ने

दलितों के बीच मौजूद शंकाओं को सामने रखा। उनका कहना था कि साम्राज्यवाद के खिलाफ बृहत्तर एकता के सवाल को दलित शक की निगाह से देखते हैं क्योंकि उन्हें यह लगता है कि कहीं फिर एक बार इस एकता के चलते उन्हें हाशिये पर तो नहीं धकेल दिया जाएगा? कहीं ऐसा तो नहीं कि ठीक उस वक्त जब दलितों ने मुखर हो कर अपना दावा ठोकना शुरू किया है उन्हें फिर एक बार सवर्णों के नेतृत्व में एक ऐसी 'एकता' में झोंक दिया जाए जहाँ उनकी खुद की माँगें अनंतकाल के लिए टाल दी जाएँगी?

हमारे मौजूदा विश्वायन-विरोधी कलामों की सबसे बड़ी दिक्कत यह है कि वे अब भी साम्राज्यवाद बनाम राष्ट्रवाद के पुराने प्रतिरोध के मॉडलों पर निर्भर हैं। इन मॉडलों का आधार साम्राज्यवाद और शोषित राष्ट्रों के बीच अंतर्विरोध के विचार पर कायम है। इन मॉडलों में हर वह छोटा अरमान जो इस राष्ट्रवाद बनाम साम्राज्यवाद के विलोमों में सिमट कर रह जाने से इंकार करता था नाजायज करार दिया जाता था। इनमें प्रतिरोध का केंद्रीय काम एक बृहत्तर राष्ट्रीय एकता कायम करने का माना जाता था और जाहिर है कि ऐसी किसी भी एकता की कामयाबी के लिए उसमें ताकतवर और संपत्तिवान तबकों का शामिल होना जरूरी होता था। लिहाजा इनकी एक खास बात यह थी कि ऐसी एकता में बेहैसियत और मातहत तबकों के हित हमेशा मुल्तवी कर दिए जाते हैं। माओ-त्से तुंग ने भी जापान के खिलाफ जंग में गरीब किसानों को अपना जमीन का संघर्ष रोक देने की हिदायत दी थी। ऐसा ही हमारे राष्ट्रवादी आंदोलन के दौरान भी हुआ जब गरीब किसानों और मजदूरों की माँगों के साथ-साथ दलितों और अल्पसंख्यक समुदायों की माँगें भी मुल्तवी कर दी गयी थीं। आज हम जानते हैं कि गरीबों-शोषितों और दलितों से की गयी इन माँगों के बदले जिस भविष्य का वायदा किया गया था वह भविष्य कभी आया ही नहीं।

□□□

लेखक, अनुवादक और संपादक परिचय

डोड्डाबेल्लापुरा रामैया नागराज : कन्नड़ के अत्यंत प्रतिष्ठित और मौलिक साहित्य चिंतक। साहित्यिक सिद्धांत और सांस्कृतिक राजनीति की अन्यतम व्याख्या करने वाली विख्यात पुस्तक *साहित्य कथन* के लिए विख्यात। बौद्ध दार्शनिक नागार्जुन के संस्कृत ग्रंथ *विग्रह व्यवर्थिनी* के अनुवाद सहित उनके चिंतन की आलोचनात्मक व्याख्या करनेवाली पुस्तक *नागार्जुन,* आधुनिक कन्नड़ कविता का अध्ययन करनेवाली पुस्तक *शक्ति शारदेय मेला* और आधुनिक कन्नड़ साहित्य पर आलोचनात्मक निबंधों के संकलन *अमृत मत्थु गरुड़ा* के लिए भी बहुप्रशंसित। *अमृत मत्थु गरुड़ा* के लिए उन्हें १९८८ में वर्धमान साहित्य पुरस्कार से सम्मानित किया गया। १९९५ में नागराज को कन्नड़ में साहित्यालोचन के लिए आजीवन योगदान के लिए शिवराम कारंत पुरस्कार दिया गया। १९९३ से १९९५ के बीच औपनिवेशिक प्रभाव के कारण दृष्टि से ओझल हो गये भारतीय बौद्धिकता के विविध रूपों का अनुसंधान करनेवाली अक्षर चिंतन शृंखला के तहत १४ पुस्तकों का संपादन। भर्तृहरि, नागार्जुन, दाराशिकोह, आनंद कुमारस्वामी, आशीष नंदी, प्राचीन जैन गल्प, विद्यापति और इतिहास की वैदिक दृष्टि से संबंधित रचनाओं का अनुवाद। गैरकन्नड़ क्षेत्रों में नागराज को दलित आंदोलन की व्याख्या करनेवाली पुस्तक *दि फ्लेमिंग फीट* के लिए जाना जाता है। इस संकलन में शामिल उनका लेख **आत्मशुद्धि बनाम आत्मसम्मान** अंग्रेजी में सबसे पहले *दि फ्लेमिंग फीट* में ही प्रकाशित हुआ था। हिंदी में अमिताभ द्वारा अनूदित इस लेख का प्रकाशन *समय चेतना* में हो चुका है। नागराज ने कुछ दिनों तक विकासशील समाज विद्यापीठ में भी विजिटिंग फैलो के रूप में काम किया। अगस्त, १९९७ में असमय मृत्यु।

गोपाल गुरु : राजनीतिशास्त्रियों की नयी पीढ़ी में अपने दार्शनिक रुझानों के लिए विशेष रूप से प्रतिष्ठाप्राप्त विद्वान। दलित-विषयक चिंतन में सर्वथा नयी अंतर्दृष्टियों का योगदान। आरक्षण के प्रावधान का समाज-परिवर्तन और दलितों के ब्राह्मणीकरण के संदर्भ में उल्लेखनीय अध्ययन। अंग्रेजी के साथ-साथ मराठी में भी लेखन। विकासशील समाज अध्ययन पीठ में पारिख फैलोशिप के तहत 'अवमानना का राजनीति सिद्धांत' विषय पर अनुसंधान और दिल्ली विश्वविद्यालय में प्रोफेसर। इससे पहले पुणे विश्वविद्यालय के राजनीति और लोकप्रशासन विभाग में महात्मा गाँधी पीठ के प्रोफेसर। प्रकाशित कृतियाँ : *दलित कल्चर एंड दि डाइलेक्टिक ऑव दलित पॉलिटिक्स इन महाराष्ट्र, थियराइजिंग दलित मूवमेंट इन इंडिया, दलित लेंड स्ट्रगल इन महाराष्ट्र, डॉ. आंबेडकर्स कंसेप्ट ऑव पॉलिटिकल पॉवर एंड दि क्वेश्चन ऑव दलित इमेंसिपेशन, कांशीराम एंड हिज बहुजनवाद* और *इंटरफेस बिटवीन आंबेडकर एंड दि दलित कल्चर मूवमेंट इन महाराष्ट्र*। इसके अलावा *रिवर्स ऑरियेंटलिज्म, अंडरस्टेंडिंग ह्यमिलेशन* और *रीडर इन दलित पॉलिटिक्स* सद्यः प्रकाशित। *इकॉनॉमिक एंड पॉलिटिकल वीकली, मेनस्ट्रीम* और *फ्रंटियर* जैसी पत्रिकाओं में नियमित लेखन। इस संकलन में उनके दो लेख शामिल किये गये हैं। पहला अभय कुमार दुबे द्वारा अंग्रेजी से अनूदित लेख **अवमानना के आयाम** अध्ययन पीठ की अनुसंधान परियोजना के तहत लिखा गया था। दूसरा लेख **दलित बौद्धिकता और सांस्कृतिक दीवारें** मराठी से सुभाष गाताड़े ने अनुवाद किया।

अभय कुमार दुबे : लेखक, संपादक, अनुवादक और अनुसंधानकर्ता। नक्सलवादी आंदोलन से लंबा जुड़ाव। करीब आठ साल तक भाकपा (माले) (लिबरेशन) के कार्यकर्ता। लंबे अरसे तक एक्सप्रेस समूह के **दैनिक जनसत्ता** में काम करने के बाद **विकासशील समाज अध्ययन पीठ** में भारतीय भाषा कार्यक्रम के संपादक। नक्सलवादी आंदोलन, दलित आंदोलन, सांप्रदायिकता, नारी मुक्ति आंदोलन और संस्कृति संबंधी विषयों पर अध्ययन। सिनेमा और खेल पर भी लेखन। प्रमुख कृतियाँ : *क्रांति का आत्म संघर्ष : नक्सलवादी आंदोलन के बदलते चेहरे का अध्ययन; सांप्रदायिकता के स्रोत* (संपादित); *आज के नेता : राजनीति के नये उद्यमी* (बाल ठाकरे, कांशी राम, मुलायम सिंह यादव, लालू प्रसाद यादव, ज्योति बसु, कल्याण सिंह और मेधा पाटकर के राजनीतिक जीवन के आलोचनात्मक अध्ययन पर आधारित पुस्तक माला का संपादन और अरुण त्रिपाठी, अरुण पांडेय और अंबरीश कुमार के साथ लेखन); घोटाले में घोटाला (शेयर घोटाले पर एक प्रचार पुस्तिका); 'हंस' के महिला विशेषांक **स्त्री-भूमंडलीकरण : पितृसत्ता के नये रूप** के अतिथि संपादक; *भारत के मध्यवर्ग की अजीब दास्तान* (पवन वर्मा की कृति **द ग्रेट इंडियन मिडिल क्लास** का अनुवाद); *भारतनामा*

(सुनील खिलनानी की कृति **द आइडिया ऑव इंडिया** का अनुवाद) और *पूँजी के भूमंडलीकरण से कैसे लड़ें?* (कंवलजीत सिंह की कृति **ग्लोबलाइजेशन ऑव फाइनेंस** का अनुवाद) के अलावा आठ किशोरोपयोगी पुस्तकों की रचना और दो का अनुवाद। १९९५-९६ में सामाजिक चिंतन और विमर्श की मासिक पत्रिका **समय चेतना** के चौदह अंकों का संपादन। घनश्याम शाह द्वारा संपादित पुस्तक *दलित आइडेंटिटी एंड पॉलिटिक्स* में कांशी राम के राजनीतिक जीवन पर लिखा गया लेख *एनॉटॉमी ऑव ए दलित पॉवर प्लेयर : ए स्टडी ऑव कांशी राम* संकलित। इस संकलन में उनके दो लेख शामिल हैं जिनमें पहला **बहुजन समाज पार्टी और 'गुरु किल्ली'** का पहला मसविदा ऑक्सफेम के तत्वावधान में सेंटर फॉर सोशल स्टडीज, सूरत के अगस्त, २००१ में हुए दलित विषयक सेमिनार में पढ़ा गया था। दूसरा लेख **नये शहर की तलाश** *समकालीन भारतीय साहित्य* के जुलाई-सितंबर, १९९४ के अंक में प्रकाशित का संवर्द्धित संस्करण है।

आदित्य निगम : युवा राजनीतिशास्त्री। अंग्रेजी, हिंदी और बांग्ला के लेखक। वामपंथी और जनवादी आंदोलनों में काफी समय तक सक्रिय रहे। करीब दस साल तक मार्क्सवादी कम्युनिस्ट पार्टी के पूर्णकालिक कार्यकर्ता के रूप में काम करने का अनुभव। चार साल तक कई गैरसरकारी संगठनों के साथ काम और स्वतंत्र पत्रकारिता। मार्क्सवाद और कम्युनिस्ट आंदोलनों से जुड़े सवालों पर लेखन। १९९४-९७ के दौरान *दि पायनियर* में 'लेबर नोट्स' शीर्षक से नियमित स्तंभ-लेखन। कई वृत्तचित्रों का पटकथा लेखन। हाल ही में *सेकुलरवाद और भारतीय 'राष्ट्र'* विषय पर अनुसंधान पूरा किया। १९९६ के बाद से **विकासशील समाज अध्ययन पीठ** के साथ अलग-अलग हैसियतों में जुड़े रहे। पीठ के कार्यक्रम **सराय** और **लोकनीति** में काम करने के बाद अब पीठ में फैलो के रूप में कार्यरत। मजदूरों और मजदूर संघों पर *सेमिनार* के विशेषांक का संपादन, चुनावों पर *सेमिनार* के एक और अंक का रुस्तम सिंह के साथ संपादन, *फ्रंटलाइन* में रुस्तम सिंह के साथ १९९६ के चुनावों पर कई राज्यों के बारे में लेखों की शृंखला और *लोकनीति* के लिए राज्यों की राजनीति पर कई प्रबंधों का संपादन। आदित्य निगम के उल्लेखनीय प्रबंधों में *मार्क्सिज्म एंड पॉवर, कम्युनिस्ट पॉलिटिक्स हेजेमोनाइज्ड, राइट टु वर्क : रीडिंग राइट्स थ्रू दि डिस्कोर्स ऑन वर्क, मार्क्सिज्म एंड दि पोस्टकालोनियल वर्ल्ड : फुटनोट्स टु ए लांग मार्च, मार्क्सवाद एक विकासमान नजरिया* और *उत्तर-आधुनिकता के बहाने समकालीन मार्क्सवाद* पर एक नजर शामिल हैं। इस संकलन में शामिल उनके लेख **'ब्राह्मणवादी' आधुनिकता की आलोचना** का पहला पाठ इकॉनॉमिक एंड पॉलिटिकल वीकली में **सेकुलरिज्म, माडर्निटी, नेशन : ऐन इपिस्टिमॉलोजी ऑव दलित डिस्कोर्स** के रूप में प्रकाशित हो चुका है। उनका दूसरा लेख **राष्ट्रवादी चिंतन से परे** विशेषतौर से इसी

संकलन के लिए तैयार किया गया।

धीरूभाई शेठ : विख्यात राजनीतिक-समाजशास्त्री और अंतर्राष्ट्रीय पत्रिका **आल्टरनेटिव्ज़** के सह-संपादक। दिल्ली लोक अधिकार संघ के अध्यक्ष रह चुके प्रोफेसर शेठ **लोकायन** (सहभागी लोकतंत्र के लिए परियोजना) के संस्थापकों में से एक हैं। ग्रासरूट थियरी, राजनीतिक प्रणालियाँ, प्रतिनिधित्व की समस्या, भूमंडलीकरण, आरक्षण, भाषा समस्या, दलीय-प्रणाली, राष्ट्र-राज्य, सेकुलरीकरण और आधुनिकीकरण के भारतीय समाज और राजनीति से संबंधों के विषय में कई मौलिक योगदानों का श्रेय। धीरूभाई की महत्त्वपूर्ण कृतियों में *वेल्यूज एंड एक्टिव कम्युनिटी; सिटीजंस एंड पार्टीज : आस्पेक्ट्स ऑव कम्पटीटिव पॉलिटिक्स इन इंडिया* (संपादित); *द मल्टीवर्स ऑव डेमोक्रेसी* (आशीष नंदी के साथ संपादित) और *माइनारिटी आइडेंटिटी एंड द नेशन स्टेट* (गुरप्रीत महाजन के साथ संपादित) शामिल हैं।

पिछड़ा वर्ग आयोग के सदस्य और **विकासशील समाज अध्ययन पीठ** में निदेशक और सीनियर फैलो रह चुके धीरूभाई राष्ट्रीय-अंतर्राष्ट्रीय अकादमीय पत्रिकाओं में योगदान के साथ-साथ लोकप्रिय पत्र-पत्रिकाओं (हिंदी समेत) में भी नियमित लेखन करते हैं। इस संकलन में शामिल उनका लेख **गैरदलितों की नजर में दलित** मूलतः गुजराती में **बिन दलितोंनी दलित-समस्या : समझ अने अभिगमनु संकट** शीर्षक से दिलीप चंदूलाल द्वारा संपादित और लाइंस क्लब ऑव वस्त्रापुर, अमदाबाद द्वारा १९९५ में प्रकाशित *दलित-समस्या : उकेलनी दिशा* में प्रकाशित हुआ था। इसका सुरभि शेठ द्वारा किया गया हिंदी अनुवाद *गैरदलितों का दलित चिंतन* पत्रिका *समय चेतना* में प्रकाशित हुआ। मौजूदा लेख इसी का संशोधित और परिवर्धित संस्करण है। धीरूभाई का दूसरा लेख **नस्ल के आईने में जाति का अक्स** दैनिक *जनसत्ता* में प्रकाशित उनके इसी शीर्षक के आलेख का विस्तृत संस्करण है। इसे सीधे हिंदी में ही तैयार किया गया है।

घनश्याम शाह : वरिष्ठ समाजविज्ञानी। जवाहरलाल नेहरू विश्वविद्यालय के सेंटर फॉर सोशल मेडिशन एंड कम्युनिटी हेल्थ में समाजविज्ञान के प्रोफेसर। इससे पहले सूरत के सेंटर फॉर सोशल स्टडीज़ के साथ २५ वर्ष तक जुड़े रहे। दलित राजनीति, जातियों और राजनीति की अन्योन्यक्रिया, अल्पसंख्यक राजनीति, आदिवासी अस्मिता और सामाजिक आंदोलनों पर अपने काम के लिए विख्यात। अकादमीय जीवन की शुरुआत में **विकासशील समाज अध्ययन पीठ** के साथ संबद्ध और रजनी कोठारी के साथ मिल कर कई सर्वेक्षण आधारित कृतियों की रचना। अभी तक बारह पुस्तकों का प्रकाशन जिनमें *पॉलिटिक्स ऑव शिड्यूल्ड कास्ट्स एंड शिड्यूल्ड ट्रायब्स, कास्ट एसोसियेशंस एंड पॉलिटिकल प्रासेस इन गुजरात, माइनारिटीज एंड नेशन बिल्डिंग, इकॉनॉमिक डिफरेंसियेशन एंड ट्राइबल आइडेंटिटी* और *सोशल मूवमेंट इन इंडिया* प्रमुख हैं। हाल ही में प्रोफेसर शाह ने

दलित आइडेंटिटी एंड पॉलिटिक्स नामक महत्त्वपूर्ण पुस्तक का संपादन किया है। इस संकलन में शामिल अभय कुमार दुबे द्वारा अनूदित उनका लेख **अस्मिताओं का सहअस्तित्व** पहले *सोशल एक्शन* नामक पत्रिका में प्रकाशित हुआ था।

विजयबहादुर सिंह : वरिष्ठ राजनीतिशास्त्री, भारतीय निर्वाचन प्रक्रिया के अध्ययन में विशेष योगदान, समाज-विज्ञान में अनुसंधान पद्धतियों के व्याख्याता और लोकचिंतन ग्रंथमाला के दो शृंखला संपादकों में से एक। । आजकल **विकासशील समाज अध्ययन पीठ** के निदेशक। उनकी प्रमुख कृतियों में *प्रोफाइल्स ऑव पॉलिटिकल इलीट्स इन इंडिया; पॉलिटिकल फ्रेंगमेंटेशन एंड इलेक्टोरल प्रोसेस : १९९१ इलेक्शंस इन यू.पी.; इलेक्शंस इन इंडिया : डेटा हेंडबुक ऑन लोकसभा इलेक्शंस : १९८६-१९९१* (दो खंड); १९५२-८० के बीच हुए लोकसभा चुनावों और १९८२-८५ के बीच हुए विधानसभा चुनावों की *डेटा हेंडबुक्स* की शंकरबोस के साथ रचना; उत्तर (दो खंड), दक्षिण, पूर्व और उत्तर-पूर्व के विधानसभा चुनावों की चार डेटा हैंड बुक्स की शंकर बोस के साथ रचना; *बिटवीन टू वर्ल्ड : ए स्टडी ऑव हरिजन इलीट्स* (रामश्रय राय के साथ); *हिंदू नेशनलिज्म इन इंडिया : द राइज ऑव बीजेपी* (योगेंद्र के. मलिक के साथ), *सोशल एंड पॉलिटिकल साइंस रिसर्च मैथड्स* (एम.एल. गोयल के साथ) ; *डेमोक्रेसी एंड सोशल चेंज इन इंडिया : ए. क्रॉस-सेक्शनल एनालेसिस ऑव द नेशनल इलेक्टोरेट* (सुब्रत के मित्र के साथ); *प्राबल्म्स ऑव रूरल डिवेलपमेंट* (रामाश्रय रॉय और टी.एम. विनोदकुमार के साथ) और *स्टेट पॉलिटिक्स इन इंडिया : एक्सप्लोरेशंस इन कंपरेटिव पॉलिटिक्स एंड सोशल चेंज* (दो खंड) का आदित्य निगम के साथ संपादन) शामिल है। इस संकलन में शामिल उनका लेख **दलितों के अभिजन** विशेष रूप से इसी संकलन के लिए सीधे हिंदी में लिखा गया है।

मोहन दास नैमिशराय : हिंदी में दलित साहित्य के प्रमुख हस्ताक्षर। पत्रकारिता और नाट्यलेखन में भी उल्लेखनीय योगदान। आत्मकथा *अपने-अपने पिंजरे* पर दो खंडों में प्रकाशन के बाद व्यापक चर्चा। *आवाजें* (कहानी संग्रह), *आग और आंदोलन* (कविता संग्रह) और *मुक्ति पर्व* (उपन्यास) प्रकाशित। १९८४ के बाद से उनके नाटकों *हेलो कामरेड, अदालतनामा, क्या मुझे खरीदोगे* और *डेढ़ इंच मुस्कान* के कई मंचन हुए। १९८२ से १९८७ के बीच रेडियो के लिए सौ से अधिक पटकथाएँ लिखीं। इनमें *कौन कहाँ और कब* का प्रसारण एक साथ बारह स्टेशनों से हुआ। इसके अलावा *कथा पहेली, खुशियों का आँगन* और *नया सवेरा* जैसे कार्यक्रमों की पटकथाएँ लिखने का श्रेय। एक वृत्तचित्र *तेरे अंग मेरे संग* का भी लेखन। *लोकायन* के *दलित उत्पीड़न विशेषांक* का संपादन, *हिंदुत्व का दर्शन* का अंग्रेजी से अनुवाद, *डॉ. आंबेडकर और कश्मीर समस्या* का मराठी से अनुवाद। किया। *आत्मदाह संस्कृति : उद्‌भव और विकास* के अलावा *विरोधियों के चक्रव्यूह*

में डॉ. आंबेडकर का लेखन। पिछले पाँच वर्षों से दलित आंदोलन के इतिहास (अट्ठारहवीं से बीसवीं सदी तक) पर शोध-कार्य में व्यस्त। उनका लेख **दोनों गालों पर थप्पड़** विशेष तौर पर इसी संकलन के लिए लिखा गया।

रजनी कोठारी: भारतीय राजनीति के अन्यतम व्याख्याकार और सिद्धांतवेत्ता। विकासशील समाज अध्ययन पीठ के संस्थापक। काँग्रेस के दीर्घकालीन शासन और फिर उसके क्रमिक पराभव का राजनीतिक-सामाजिक तर्क खोजनेवाली तीन रचनाओं *द काँग्रेस 'सिस्टम' इन इंडिया* और *द काँग्रेस सिस्टम ऑन ट्रायल* एवं *काँग्रेस सिस्टम रिविजिटेड : ए डिसेनियल रिव्यू* के प्रकाशन के बाद राजनीति के विकास-क्रम के लगभग हर मोड़ पर मौलिक विमर्श के लिए अंतर्राष्ट्रीय ख्याति-प्राप्त। राजनीति में जातिवाद की प्रचलित धारणा को जातियों के राजनीतिकरण के रूप में व्याख्यायित करने के साथ-साथ भारतीय लोकतंत्र के बहुलवादी चरित्र को केंद्र में रखते हुए राज्य, राष्ट्र-निर्माण, समाज परिवर्तन, वैकल्पिक विश्व की परिकल्पना, सांप्रदायिकता, चुनाव संबंधी अध्ययन, सेकुलरवाद, गैरसरकारी राजनीतिक प्रक्रिया और दलित-बहुजनों के उभार के विषय में मूल्यवान अंतर्दृष्टि से संपन्न राजनीतिशास्त्र के विशाल वांङ्मय की रचना। दिल्ली विश्वविद्यालय में राजनीतिशास्त्र के प्रोफेसर रह चुके रजनी कोठारी भारतीय समाज विज्ञान अनुसंधान परिषद के अध्यक्ष, लोक अधिकार संघ के राष्ट्रीय अध्यक्ष और योजना आयोग के सदस्य भी रह चुके हैं। उनकी अनगिनत कृतियों में कुछ अत्यंत विख्यात रचनाएँ हैं : *पॉलिटिक्स इन इंडिया* (हिंदी और गुजराती में भी अनुवाद); *कास्ट इन इंडियन पॉलिटिक्स* (संपादित); *इंडियन वोटिंग बिहेवियर* (मायनर वीनर के साथ संपादित); *फुट स्टेप्स इन्टू द फ्यूचर : डायग्नॉसिस ऑव द प्रेजेंट वर्ल्ड एंड ए डिजायन फॉर ऐन ऑल्टर्नेटिव; स्टेट एंड नेशन बिल्डिंग : ए थर्ड वर्ल्ड पर्स्पैक्टिव* (संपादित); *डेमोक्रैटिक पॉलिटी एंड सोशल चेंज इन इंडिया : क्राइसिस एंड ओपोर्च्युनिटी; टुवर्ड्स ए जस्ट वर्ल्ड; सर्वायवल इन ऐन एज ऑव ट्रांसफॉर्मेशन; डिसआर्मामेंट, डिवेलपमेंट एंड वर्ल्ड ऑर्डर* (गिरि देशिंग्कर के साथ संपादित); *स्टेट अगेंस्ट डेमोक्रेसी : इन सर्च ऑव द ह्यूमेन गवर्नेन्स; ट्रांसफॉर्मेशन एंड सर्वायवल : इन सर्च ऑव ह्यूमेन वर्ल्ड ऑर्डर; रिथिंकिंग डिवेलपमेंट : इन सर्च ऑव ह्यूमेन आल्टरनेटिव्ज; पॉलिटिक्स एंड पीपुल : इन सर्च ऑव ह्यूमन इंडिया; ग्रोइंग एम्नेजिया : ऐन एसे ऑन पावर्टी एंड द ह्यूमन कांशसनेस* और *कम्युनिज्म इन इंडियन पॉलिटिक्स* (हिंदी में भी अनूदित)। इस संकलन में शामिल उनका लेख **राइज ऑव दलित्स एंड रिन्यूड डिबेट ऑन कास्ट** के रूप में सबसे पहले *इकॉनॉमिक एंड पॉलिटिकल वीकली* में प्रकाशित हुआ था। इस लेख का हिंदी अनुवाद अभय कुमार दुबे ने किया है। उनकी दूसरी टिप्पणी **जाति के भूमंडलीय आयाम** को इसी संकलन के लिए हिंदी में ही तैयार किया गया है।

बेला भाटिया : मानवाधिकार आंदोलन में सक्रिय और विकासशील समाज अध्ययन पीठ में एसोसिएट फैलो। गुजरात के साँबरकाँठा जिले में खेतिहर मजदूरों और सीमांत किसानों के संगठन में काम करने का अनुभव। दलितों, आदिवासियों और 'असली भारत' के संघर्षरत लोगों के बारे में लेखन। भारत में काम करने के अलावा खाड़ी युद्ध के खिलाफ अंतर्राष्ट्रीय शांति आंदोलन में भागीदारी और फिलिस्तीनियों को न्याय दिलाने के लिए संघर्ष। **नक्सलवादी बनते दलित** उनकी पी-एच.डी. थीसिस से लिए गये तथ्यों पर आधारित।

पुष्पेंद्र : कार्यकर्ता-बुद्धिजीवी। मार्क्सवादी-लेनिनवादी आंदोलन के साथ कई वर्ष तक काम किया। नयी दिल्ली के इंस्टीट्यूट ऑव ह्यमन डिवेलपमेंट में फैलो। एक्शन एड इंडिया नेटवर्क के साथ काम करने का अनुभव। *पब्लिक रिपोर्ट ऑन बेसिक एजूकेशन इन इंडिया (१९९९)* के सह-लेखक और *लेंड रिफार्म्स इन इंडिया : ऐन अनफिनिश्ड एजेंडा (२०००)* के सह-संपादक। इस संकलन में शामिल उनका लेख **वोट डालने वाले दलित** *इकॉनॉमिक एंड पॉलिटिकल वीकली* में प्रकाशित लेख *दलित एसर्शन थ्रू इलेक्टोरल पॉलिटिक्स* का संक्षिप्त रूप है। इसी लेख को घनश्याम शाह द्वारा संपादित पुस्तक *दलित आइडेंटिटी एंड पॉलिटिक्स* में भी संकलित किया गया है।

विजय प्रताप : समाजवादी आंदोलन से निकले विख्यात कार्यकर्ता-बुद्धिजीवी। संपूर्ण क्रांति आंदोलन में भागीदारी, आपातकाल में लंबी जेलयात्रा, जनता पार्टी के शासन काल में युवा जनता की दिल्ली इकाई के अध्यक्ष। **लोकायन** के संस्थापक सदस्य के रूप में लंबे अरसे तक सभापति, संयोजक और लोकायन बुलेटिन के संपादक-मंडल के सदस्य की भूमिका निभाने के बाद आजकल **वसुधैव कुटुंबकम** (ग्लोबल फोरम फॉर कंप्रेहेंसिव डेमोक्रेसी) के संगठक। १९८९ के बाद से फिनलैंड के नेटवर्क 'थर्ड वर्ल्ड कनेक्शन' से घनिष्ठ संपर्क। 'दक्षिण एशिया में लोकतंत्र संवर्धन के लिए संवाद' के संयोजक। 'लोकायन संवाद एवं समीक्षा' पत्रिका के प्रारंभ से अंत (१९८२-८९) तक संपादक। समता पार्टी के राष्ट्रीय सचिव लेकिन उसके भारतीय जनता पार्टी के साथ जुड़ने के बाद त्यागपत्र। विश्व व्यापार संगठन और भूमंडलीकरण के खिलाफ आंदोलन में अगुआ भूमिका। पत्रिकाओं और अखबारों में दलित अस्मिता, लोकतांत्रिक आंदोलनों और लोकतंत्र संवर्धन जैसे विषयों पर हिंदी और अंग्रेजी में लेखन। इस संकलन में शामिल उनका लेख **दल की तलाश में एक दलित** सबसे पहले लोकायन बुलेटिन में हिंदी और अंग्रेजी में प्रकाशित हुआ था।

शिव विश्वनाथन : लोकतंत्र, विज्ञान और समाज के अंतर्संबंधों पर अपने रूढ़िमुक्त चिंतन के लिए विख्यात समाजशास्त्री। उच्च शिक्षा पर भी उल्लेखनीय

काम। **विकासशील समाज अध्ययन पीठ** में सीनियर फैलो और फोर्ड फाउंडेशन द्वारा समर्थित **लोकतंत्र, जातीयता और ज्ञान प्रणालियों के अध्ययन की परियोजना** के निदेशक। विश्वनाथन की प्रमुख रचनाओं में *आर्गनाइजिंग फॉर साइंस; ए कार्निवाल फॉर साइंस* (कन्नड़ में भी संक्षिप्त अनुवाद प्रकाशित); *फाउल प्ले : क्रानिकल्स ऑव करप्शन, १९४७-१९९७* (हर्ष सेठी के साथ संपादन); *डेमोक्रेसी, डायवर्सिटी एंड दि यूनिवर्सिटी* (एम. गोपीनाथ और पी. जयल के साथ फोर्ड फाउंडेशन के लिए तैयार की गयी रपट) और *डेमोक्रेसी, वल्नरेबिलिटी एंड रिस्क* (चंद्रिका परमार के साथ ओडीशा के चक्रवात पर तैयार की गयी रपट) शामिल हैं। इनके अलावा उन्होंने *सेमिनार* का भूमंडलीकरण पर विशेषांक भी संपादित किया है। सेमिनार के अतिरिक्त *इकॉनॉमिक एंड पॉलिटिकल वीकली, फ्रंटलाइन, आल्टरनेटिव्ज, आउटलुक, हिमाल, लोकायन बुलेटिन, दि हिंदू* और कई दैनिक पत्रों में नियमित लेखन। इस संकलन में शामिल अभय कुमार दुबे द्वारा अनूदित उनका लेख **दलित स्पर्श से डरता समाजशास्त्र** फोर्ड फाउंडेशन की अध्ययन परियोजना के तहत **डरबन एंड दलित डिस्कोर्स** शीर्षक से लिखा गया था और उसका पहला प्रकाशन *इकॉनॉमिक एंड पॉलिटिकल वीकली* में हुआ था।

सुरभि शेठ : लंबे अरसे तक दिल्ली विश्वविद्यालय में संस्कृत का अध्यापन करने के साथ-साथ समाज, धर्म, समता और विषमता के अंतर्संबंधों पर चिंतन और लेखन। *रिलीजन एंड सोसाइटी इन ब्रह्मपुरा* की रचना। धीरूभाई शेठ के लेख **गैरदलितों की दलित-समस्या** का गुजराती से अनुवाद।

सुभाष गाताडे : वामपंथी राजनीतिक कार्यकर्ता और पत्रकार। विभिन्न पत्र-पत्रिकाओं में दलित समुदाय, मजदूर वर्ग और क्रांतिकारी वामपंथ से जुड़े सवालों पर हिंदी, मराठी और अंग्रेजी में लेखन। आजकल हिंदी पत्रिका *संधान* का संपादन। हिंदी की जन-राजनीतिक पत्रिका *लोकदस्ता* का दस साल तक संपादन। इस संकलन में गोपाल गुरु के लेख **दलित बौद्धिकता और सांस्कृतिक दीवारें** के मराठी से अनुवादक।

अमिताभ : पत्रकार और अनुवादक। विभिन्न पत्र-पत्रिकाओं में काम करने के बाद आजकल हिंदी के समाचार चैनल **आज तक** में संवाददाता। इस संकलन में डी.आर. नागराज के लेख **आत्मशुद्धि बनाम आत्मसम्मान** के अनुवादक।

योगेंद्र यादव : युवा राजनीतिशास्त्री। दूरदर्शन व अन्य समाचार चैनलों पर जाने-माने चुनाव-विश्लेषक और लोकचिंतन ग्रंथमाला के दो शृंखला संपादकों में से एक। समाजवाद के विभिन्न रूपों के विश्लेषण से अपनी अकादमीय यात्रा शुरू करनेवाले योगेंद्र यादव लोकतंत्र के तुलनात्मक अध्ययन की परियोजना चलानेवाले

अध्ययन पीठ के कार्यक्रम **लोकनीति** के निदेशक हैं। योगेंद्र के प्रमुख शोध-प्रबंधों में *कोलेटीज क्रिटीक ऑव मारक्यूज; पॉलिटिकल साइंस : पाजिटिविस्ट मेथड एंड फिलोसोफिकल क्रिटीक्स; मार्क्सिस्ट-सोशलिज्म टु डेमौक्रैटिक सोशलिज्म : आइडियॉलाजी ऑव द काँग्रेस सोशलिस्ट पार्टी : १९३४-४७; जेपीज़ चेंजिंग आइडियाज ऑन सोशल चेंज; सोवियत कलेप्स : इज इट मेक एनी डिफरेंस टु द इंडियन लैफ्ट?; फ्यू क्वेश्चंस फॉर गांधियंस; टुवड्‌र्स एंड इंडियन एजंडा फॉर द इंडियन लैफ्ट; रिकनफिगरेशन इन इंडियन पॉलिटिक्स : स्टेट एसेंबली इलेक्शंस : १९९३-९५; कम्पटीटिव इलेक्टोरल सिस्टम इन साउथ एशिया* में *इंडिया* नामक प्रबंध के लेखक; १९८९-९९ के बीच हुई चुनावी राजनीति पर *इकॉनॉमिक एंड पॉलिटिकल वीकली* के विशेषांक का आदित्य निगम के साथ संपादन; *इलेक्टोरल पॉलिटिक्स इन द टाइम ऑव चेंज : इंडियाज थर्ड इलेक्टोरल सिस्टम : १९८४-९९* और *अंडरस्टेंडिंग द सेकंड डेमौक्रैटिक अपसर्ज : ट्रेंड्स ऑव बहुजन पार्टिसिपेशन इन इलेक्टोरल पॉलिटिक्स इन १९९०ज़* शामिल है। हिंदी और अंग्रेजी लेखन पर समान अधिकार रखनेवाले योगेंद्र **विकासशील समाज अध्ययन पीठ** में फैलो के रूप में कार्यरत हैं और कई अखबारों और पत्रिकाओं में नियमित लेखन करते हैं। **सामयिक वार्ता** पत्रिका के संपादन में भी उनकी प्रमुख भूमिका है। इस संकलन में डी.आर. नागराज की स्मृति को ताजा करने वाले लेख **वैचारिक द्वैध के पार** के लेखक।

के.एम. मधुसूदनन : इस पुस्तक के आवरण सज्जाकार। पेंटर, फोटोग्राफर, फिल्मकार, कला समीक्षक। कई एकल और सामूहिक प्रदर्शनियाँ। मलयालम की अवाँगार्द सांस्कृतिक पत्रिका 'पच्चक्कुतिरा' (हरा घोड़ा) के कला संपादक। समकालीन चाक्षुष संस्कृति को दस्तावेजबंद करने में रुचि के कारण फिल्में बनाने की ओर झुके। पहली कथा फिल्म 'आत्म चित्र' कई अंतर्राष्ट्रीय महोत्सवों के साथ-साथ असाधारण लघु चित्रों की श्रेणी में न्यूयार्क के म्यूजियम ऑव मॉडर्न आर्ट में भी प्रदर्शित।

शब्द, तात्पर्य और धारणाएँ

विमर्श / आख्यान / कलाम (डिस्कोर्स) : इसका निपट अर्थ है दो वक्ताओं के बीच संवाद या बहस या सार्वजनिक चर्चा। लेकिन उत्तर-आधुनिक पदावली के प्रचलन के कारण समाज-विज्ञान में इस शब्द का बदले हुए अर्थ में प्रयोग किया जाता है। यहाँ विमर्श का अर्थ होता है अभिव्यक्ति के उन तत्त्वों और पहलुओं की संरचना जो अपने कुल जोड़ से भी परे जाकर कोई खास अर्थ देने की क्षमता रखते हों। इसे यूँ भी कह सकते हैं कि एक निश्चित सामाजिक संदर्भ में भाषा के जरिये किसी एक विषय के इर्द-गिर्द होती हुई बहस द्वारा व्याख्याओं, तात्पर्य और मान्यताओं के निर्माण की प्रक्रिया को विमर्श या आख्यान या कलाम का नाम दिया जा सकता है।

राज्य / आधुनिक राज्य (स्टेट / मॉडर्न स्टेट) : हिंदी में राज्य शब्द का अक्सर प्रांतों के अर्थ में इस्तेमाल किया जाता है। लेकिन ग्रंथमाला के संदर्भ में राज्य का अर्थ राजनीति की उस सर्वाधिक केंद्रीय अवधारणा से है जो राजनीतिक संस्थाओं की एक विशिष्ट संरचना के जरिये एक निश्चित भू-सीमा में अपना संप्रभुता, वर्चस्व और वैधता स्थापित करती है। राज्य की यह अवधारणा हमें पश्चिमी चिंतन से प्राप्त हुई है।

संभवतः सोलहवीं शताब्दी में सबसे पहले राज्य शब्द का एक अवधारणा के रूप में इस्तेमाल मेकियावेली ने अपनी विख्यात रचना 'प्रिंस' में किया था। बाद में सर वाल्टर रैले, हॉब्स और लॉक ने राज्य की संप्रभुता के विचार को और विकसित किया। आधुनिक राज्य की मैक्स वेबर की दी हुई परिभाषा सबसे प्रचलित और संपूर्ण मानी जाती है। उनके अनुसार इसके तीन मुख्य पहलू हैं : भू-क्षेत्रीय सीमाएँ, हिंसा पर एकाधिकार और वैधता। लोग राज्य का आदेश क्यों मानते हैं, इस सवाल का जवाब वेबर ने वैधता की धारणा का प्रतिपादन करके दिया। उन्होंने कहा कि राज्य अपने वर्चस्व को बनाये रखने के लिए अपनी वैधता की विभिन्न संरचनाएँ खड़ी करता है। कभी परंपरा के नाम पर, कभी करिश्मे के नाम पर और कभी वैधानिकता के नाम पर राज्य लोगों को आज्ञापालन की तरफ ले जाता है। दुर्खायम और फूको जैसे चिंतकों ने वैधता की बारीकियों में जाते हुए दिखाया कि राज्य के प्राधिकार की वैधता को हम कैसे आत्मसात कर लेते हैं और कैसे उसके प्रति संस्थागत सहमति कायम की जाती है। फूको के अनुसार राज्य केवल दंड

विधान, कारागार और फौज-पुलिस के जरिये ही नहीं बल्कि अपनी ताकत के सांस्कृतिक रूपों की रचना से भी जनमानस में स्वयं को स्थापित करता है।

मोटे तौर पर राज्य की अवधारणा के तीन रूप माने गये हैं : उदारतावादी-लोकतांत्रिक राज्य, यानी एक ऐसा राज्य जो विभिन्न हित समूहों की आपसी होड़ के जरिये अपनी गतिविधियाँ निर्धारित करता है और ये गतिविधियाँ बहुलता का सम्मान करते हुए सार्विक मताधिकार पर आधारित निर्वाचन के माध्यम से चलायी जाती हैं; मार्क्सवादी राज्य या समाजवादी राज्य, यानी जो मानता है कि अगर राज्य है तो उसका मतलब एक वर्ग की दूसरे वर्ग पर तानाशाही ही होगा इसलिए लोकतंत्र का बेहतर रूप बहुसंख्यक सर्वहारा का अधिनायकत्व ही हो सकता है; और, राज्य के तीसरे सिद्धांत की आधारभूमि उदारतावादी और समाजवादी अवधारणाओं से अलग हट कर सूत्रबद्ध होती है। इसके अनुसार राज्य कुछ विशिष्ट किस्म की संरचनाओं का नाम है जिनका अपना एक इतिहास होता है। ये संरचनाएँ अपनी-अपनी स्वायत्तताओं के दायरों में काम करती हैं। राज्य नागरिक समाज के दबावों से जितना मुक्त होगा उतनी ही उसकी ताकत में वृद्धि होती चली जायेगी। अर्थात राज्य में नागरिक समाज के हस्तक्षेप की सीमा ही तय करेगी कि आधुनिक राज्य 'कठोर' होगा या 'नरम', वह निरंकुशता की तरफ जायेगा या उदारता की तरफ, वह लोगों के व्यक्तिगत जीवन में ज्यादा दखल देगा या कम से कम दखल देते हुए उसके विकास के लिए सुविधाएँ प्रदान करेगा। बीसवीं सदी के मध्य के बाद उभरे भारत सरीखे राज्यों के लिए उत्तर-औपनिवेशिक राज्य की अभिव्यक्ति भी इस्तेमाल की जाती है जिसका सीधा मतलब होता है विकासवादी या वैकासिक राज्य। राज्य की एक चौथी परिभाषा भी उभरी है जिसका श्रेय नारीवादी विश्लेषकों को जाता है। उनका तर्क है कि राज्य एक ऐसी संस्था है जिसने पितृसत्तात्मक और नस्लवादी संरचनाओं को संस्थागत रूप से मजबूत किया है।

पारंपरिक भारतीय राज्य : पश्चिम से प्राप्त राज्य की अवधारणा के अनुसार राज्य की संस्था समाज और अर्थतंत्र पर हावी रहती है पर पारंपरिक भारतीय राज्य की अवधारणा में समाज सर्वोपरि रहता है और राज्य उसकी सत्ता का उल्लंघन नहीं कर सकता।

आजादी के आंदोलन के दौरान गाँधी के नेतृत्व में पारंपरिक भारतीय राज्य की इस अवधारणा को नयी जरूरतों के हिसाब से सूत्रबद्ध करने की कोशिश की गयी थी। बीस के दशक में भाषायी आधार पर देश के पुनर्गठन और भारतीय समाज की प्रवृत्तियों के अनुरूप विकेंद्रीकृत राज्य की स्थापना के कांग्रेसी संकल्प में इसकी झलक देखी जा सकती है। गाँधी द्वारा प्रस्तुत रामराज्य की प्रतीक-योजना को भी इसी संदर्भ में देखा जाना चाहिए। गाँधी स्वहित या हित-समूहों की होड़ वाले लोकतंत्र की धारणा के बजाय समाज के हित की धारणा के पक्षधर थे। वे हितों को आवश्यकताओं का पर्याय मानने से इंकार करते थे और जनता की बुनियादी आवश्यकताओं को प्राथमिकता देते थे। आजादी के बाद जिस राज्य की नींव रखी गयी, उसमें राज्य संबंधी गाँधी-विचार के पहलू कम-से-कम थे। वह न तो भाषायी आधार पर राज्यों के पुनर्गठन के सिद्धांत को मान्यता देता था, न विकेंद्रीकरण और संघवाद को एक उसूल की तरह प्राथमिकता देता था। इन पहलूओं को आधुनिक भारतीय राज्य ने बाद में आधी-अधूरी शैली में ही स्वीकार किया जिससे इनकी अंतर्निहित सकारात्मकता राज्य की संस्था को समाज के अनुरूप बनाने की तरफ नहीं ले जा सकी।

राष्ट्र या राष्ट्र-राज्य (नेशन स्टेट) : एक संप्रभु राज्य की भौगोलिक सीमाओं के भीतर समान संस्कृति, समान भाषा, समान जातीयता और समान ऐतिहासिक निरंतरता वाली जनता मिल कर एक सामूहिक सामुदायिक अस्मिता की रचना करती है, तभी संपूर्ण अर्थों में राष्ट्र बनता है।

राष्ट्र-राज्य उन्नीसवीं सदी और उसके बाद से आज के जमाने की सबसे ताकतवर राजनीतिक शक्ति है और उसी के संदर्भ में अंतर्राष्ट्रीय संबंधों का अध्ययन होता है। राज्य के साथ

जब राष्ट्र जुड़ जाता है तो राष्ट्र-राज्य को संचालित करने वाले अभिजन और उसकी वैधता का बड़ा प्रभावशाली मिश्रण तैयार होता है। राष्ट्र की अवधारणा के साथ समस्या यह है कि संपूर्ण अर्थों में राष्ट्र कभी नहीं बनता। राष्ट्र समरूपता स्थापित करने की कोशिश करता है और इसके विपरीत विविधताओं की ओर से राष्ट्र और उसे संचालित करने वाले अभिजनों को हमेशा किसी न किसी किस्म की चुनौती मिलती रहती है भले ही उनका दावा हो कि वे प्राचीन काल और स्वाभाविक रूप से राष्ट्र थे और हैं। इस तरह राष्ट्र यथार्थ में होते हुए भी अपनी अपूर्णता के कारण एक बौद्धिक और मिथकीय कारसाजी बना रहता है।

प्राय: राज्य की भीतरी विविधताओं को एक कठोर सूत्र में जोड़ने के लिए किसी बाहरी या भीतरी दुश्मन की संरचना की जाती है और टकराव की नकारात्मक मानसिकता के आधार पर राष्ट्र का वजूद टिकाने का प्रयास किया जाता है। बीसवीं सदी के आखिरी वर्षों में यूरोपीय संघ और ऐसे ही अन्य क्षेत्रीय ढाँचों के उभरने से राष्ट्र-राज्य के वर्चस्व को उल्लेखनीय ठेस लगी है। भूमंडलीकरण की प्रक्रिया के तहत अंतर्राष्ट्रीय वित्तीय पूँजी द्वारा सीमाओं के आर-पार अपने बेरोकटोक आवागमन का आग्रह करने से राष्ट्र-राज्य की अवधारणा पर परिवर्तनकारी दबाव पड़ रहे हैं। संचार क्रांति ने राष्ट्रीय संप्रभुता की धारणा को अनुल्लंघनीय नहीं रहने दिया है। इंटरनेट के जरिये एक सामान्य व्यक्ति भी एक सीमा तक राष्ट्र की सीमाओं और नियम-कानूनों से परे जा सकता है।

वैधता (लेजिटिमेसी) और वैधानिकता (लिगैलिटी) : वैधता और वैधानिकता दो अलग-अलग धारणाएँ हैं। वैधता समाज की जमीन से लोकतांत्रिक प्रथाओं, लोकतांत्रिक प्राधिकार और संस्थाओं के बारे में उठनेवाली भावनाओं से निकलती है जबकि वैधानिक निर्देश ऊपर से दिये जाते हैं। सक्षम अधिकारियों द्वारा दिये गये वैधानिक निर्देश ऊपर से नीचे की तरफ यात्रा करते हैं। जनता की मान्यता हो या न हो, उनका पालन करना ही पड़ता है। अर्थात वैधानिकता में बाध्यता का भाव रहता है और वैधता में वांछनीय के प्रति स्वाभाविक समर्थन का। मसलन, छुआछूत और दहेज को वैधानिक मान्यता नहीं है। इन प्रथाओं पर पाबंदी है लेकिन फिर भी तमाम वर्गों और समुदायों में इनका प्रचलन है। इन वैधानिक निर्देशों को वैधता तब मिलेगी जब समाज इन्हें वांछनीय और नैतिक बाध्यता के रूप में लेगा और खुद-ब-खुद इनका पालन करने लगेगा। हर समाज में वैधानिकता और वैधता के बीच संबंध-भंग की गुंजाइश रहती है लेकिन जहाँ लोगों के नजरिये और मूल्यों में परिवर्तन की कोशिश की जाती है, वहाँ पर यह संबंध-भंग ज्यादा मुखर होता है। हमारा समाज भी इसी दौर से गुजर रहा है।

प्राधिकार (ऑथॉरिटी) और सत्ता (पॉवर) : सत्ता के वैधतायुक्त प्रयोग से प्राधिकार बनता है। प्राधिकार का अनुपालन कराने के लिए ताकत के प्रयोग की जरूरत नहीं पड़नी चाहिए। प्राधिकार कानून पर आधारित हो सकता है जैसे कि नौकरशाही का प्राधिकार। परंपरा के आधार पर भी प्राधिकार बनता है लेकिन वह आधुनिक लोकतांत्रिक प्रक्रियाओं के जरिये बने प्राधिकार जैसा नहीं होता। करिश्माई प्राधिकार नियम-कानूनों पर नहीं बल्कि शख्सियत पर निर्भर रहता है। प्राधिकार विचारधारात्मक भी होता है।

सत्ता या राजसत्ता में थोपने वाला भाव निहित है। इसकी व्याख्याओं का पूरा शास्त्र विकसित हो चुका है पर मोटे तौर पर कभी बलप्रयोग और कभी राज्य के अन्य साधनों के चालाकीपूर्ण प्रयोग के जरिये आज्ञापालन सुनिश्चित करने को सत्ता की स्थापना कहते हैं।

कुछ विशेष परिस्थितियों में प्राधिकार और सत्ता के बीच का अंतर मिट जाता है। कुछ विद्वानों की मान्यता है कि प्राधिकार हो या सत्ता, दोनों को शासक वर्ग या अभिजन आम लोगों के ऊपर थोपते हैं।

अभिजन (इलीट) : सामाजिक जीवन के किसी एक क्षेत्र को या पूरे समाज को नेतृत्व

देने वाले छोटे से समूह को अभिजन कहते हैं। जैसे, संस्कृति के दायरे के अभिजन को सांस्कृतिक अभिजन कहेंगे। इसी तरह अंग्रेजीदाँ अभिजन के मुकाबले देशी भाषाओं के अभिजन के फर्क को भी देखा जा सकता है।

अभिजन की अवधारणा को मोटेतौर पर शासक वर्ग के अर्थ में समझना ठीक नहीं होगा क्योंकि शासक वर्ग तो अभिजन का एक छोटा सा हिस्सा हो सकता है और अभिजनों का एक हिस्सा शासक बन गये अभिजनों की जगह लेने के लिए संघर्षरत हो सकता है। लेकिन विभिन्न वर्गों, जातियों और समुदायों से आने के बावजूद किसी अभिजन का उद्देश्य केवल अपने वर्ग, जाति या समुदाय के हितों की देखभाल ही न रह कर पूरे राष्ट्र या समाज का किसी साझा समझदारी के आधार पर नियंत्रण करना हो जाता है। मसलन, जब यह कहा जाता है कि आजादी के बाद खास किस्म के अभिजनों ने राष्ट्र का नेतृत्व सँभाला तो उसका मतलब यह होता है कि वह अभिजन-समूह कम से कम राज्य के हस्तक्षेप के जरिये वैकासिक आधुनिकीकरण और समाज-परिवर्तन के उसूल में विश्वास करता था। यह अभिजन कई मसलों पर आपसी मतभेद भी रखता था और उनमें आपसी होड़ भी थी। इसके बाद भी भविष्य के राष्ट्र का सपना देखने के मामले में वह एक था।

लोकतंत्र में वही शासक वर्ग या अभिजन समाज की बेहतर नुमाइंदगी करता है जिसका आकार और सदस्यता व्यापक होती है। उदाहरण के लिए कहा जा सकता है कि पिछले दिनों भारतीय अभिजन-समूह के आकार में खासी बढ़ोतरी हुई है। उसमें बड़ी प्रशासनिक नौकरियों और विधायिकाओं की सदस्यता के जरिये निचली जातियों के सदस्य भी उल्लेखनीय संख्या में शामिल हुए हैं। जब कोई अभिजन-समूह उदीयमान तबकों और समुदायों के प्रतिनिधियों को अपने भीतर जगह देने से इंकार करता है तो राजनीतिक उथल-पुथल मच जाती है। तब बड़े पैमाने पर उभरे जन-असंतोष का नेतृत्व करके या तो कोई नया अभिजन उभरता है या फिर पुराने अभिजन का ही एक हिस्सा उसकी अगुआई करके अभिजनों की संरचना को बदलता है।

नागरिक समाज (सिविल सोसाइटी) : समाज का वह रूप जो राज्य की संस्था के साथ परिवार की संस्था से भी अलग माना जाता है। नागरिक समाज राज्य के मुकाबले नागरिकों के अधिकारों और उनकी सत्ता को व्यक्त करने वाली प्रक्रियाओं और संगठनों से मिल कर बनता है। इसका मकसद होता है राज्य को संयमित करना और उसे नागरिक-नियंत्रण में लाना।

नागरिक समाज की अवधारणा को प्रचलित करने में समकालीन अमेरिकी समाज-विज्ञान का खासा योगदान है। वैसे समाज-विज्ञान में अठारहवीं सदी से ही इस अभिव्यक्ति का प्रयोग हो रहा है। भारत में इसे हेगेल और ग्राम्शी द्वारा प्रयुक्त अलग-अलग अर्थों में समझा जाता है। जर्मन दार्शनिक हेगेल ने इसे बुर्जुआ समाज यानी पूँजीवादी समाज माना है जहाँ व्यक्ति अपने निजी स्वार्थ का खुला खेल खेलता है और तर्कबुद्धि पर आधारित राज्य उसे संयमित करने की भूमिका निभाता है। मार्क्सवाद और उसके अनुयायियों ने राज्य को हिंसा और उत्पीड़न का औजार मानते हुए भी नागरिक समाज के इसी मतलब को मान्यता दी और नागरिक समाज की रचना को श्रेयस्कर नहीं माना। खासकर शीतयुद्ध के जमाने में नागरिक समाज की अवधारणा सत्ता और प्राधिकार की ऐसी संरचनाओं की पर्याय बन गयी जो राज्य के प्रभाव-क्षेत्र के बाहर मानी जा सकती थीं। इस वैचारिक आग्रह के कई तरह के असर हुए। सोवियत संघ के नेतृत्व में कम्युनिस्ट खेमे ने इसे सर्वहारा के राज्य के खिलाफ पूँजीवादी साजिश के रूप में देखा। सोवियत राज्य के खिलाफ चल रहे अंदरूनी भूमिगत आंदोलनों ने कम्युनिस्ट पार्टी की हुकूमत के खिलाफ खुद को नागरिक समाज का पैरोकार करार दिया। उधर अंतर्राष्ट्रीय वित्तीय पूँजी के प्रमुख प्रतिष्ठानों, विश्व बैंक और अंतर्राष्ट्रीय मुद्रा कोष, ने इस धारणा को अर्थव्यवस्था में राज्य के हस्तक्षेप या विकास में राज्य की भूमिका को दरकिनार करने के रूप में इस्तेमाल करना शुरू किया। इन संस्थाओं के प्रोत्साहन से गैरसरकारी

संस्थाओं की परिघटना प्रकाश में आयी। आज गैरसरकारी राजनीतिक प्रक्रिया, मानवाधिकार संगठन और अन्य स्वयंसेवी संगठन नागरिक समाज के प्रभावी दायरे का निर्माण करते हैं। परंपरानिष्ठ मार्क्सवादियों की आपत्ति के बाद भी अंतोनियो ग्राम्शी जैसे मार्क्सवादी विचारकों की रचनाओं ने इस विचार को लोकप्रिय करने में हाथ बँटाया। उन्होंने नागरिक समाज के दायरे को उत्पीड़नकारी राज्य पर काबू पाने के माध्यम की तरह देखा। आजकल अमेरिकी समाज-विज्ञान ने

सार्वजनिक जीवन (पब्लिक लाइफ) : इस अभिव्यक्ति का प्रयोग आमतौर पर लोकतांत्रिक राजनीति और उसे करने वालों की सक्रियता के दायरे को बताने के लिए किया जाता है। सार्वजनिक जीवन एक नेता का तो हो सकता है पर किसी अफसर या न्यायाधीश का नहीं हो सकता। यह पद आधुनिक संसदीय राजनीति की देन है। मसलन, जब कांग्रेस अंग्रेज प्रभुओं को सिर्फ प्रतिवेदन देने की राजनीति करती थी तो भारतीय सार्वजनिक जीवन का दायरा बहुत संकुचित था। आजादी के आंदोलन में तिलक, गोखले और सबसे ज्यादा गाँधी के हस्तक्षेप ने कांग्रेस को जनांदोलन का रूप दिया जिससे सार्वजनिक जीवन का दायरा बढ़ा। लोकतांत्रिक प्रक्रिया में आम जनता की भागीदारी जैसे-जैसे बढ़ती है, सार्वजनिक जीवन का उतना ही विस्तार होता चला जाता है।

सार्वजनिक दायरा (पब्लिक स्फियर) : समाजशास्त्र में नागरिक समाज के एक ऐसे दायरे की चर्चा भी है जिसमें संस्कृति और समुदाय की विभिन्न अभिव्यक्तियाँ अन्योन्यक्रिया करती हैं। साथ ही सार्वजनिक दायरे की गतिविधियाँ किसी मुद्दे पर आम राय बनाने और उसके जरिये राज्य-तंत्र को प्रभावित करने की भूमिका निभाती हैं। सार्वजनिक दायरा सबके लिए खुला रहता है जिसमें अपने विमर्श के जरिये कोई भी हस्तक्षेप कर सकता है। फ्रेंकफर्ट स्कूल के विख्यात विचारक युरगन हैबरमास ने इस धारणा का प्रतिपादन किया था।

सेकुलर (धर्मनिरपेक्ष / जाति-धर्मनिरपेक्ष / जातिनिरपेक्ष / पंथनिरपेक्ष) : सेकुलर के समानार्थक समझे जाने वाले हिंदी शब्द दरअसल उसके सही अर्थ का निर्वाह नहीं कर पाते। इसलिए यहाँ सेकुलर, सेकुलरवाद, सेकुलरीकरण आदि का इस्तेमाल किया जा रहा है। इस अत्यंत विवादास्पद पद का सीधा मतलब होता है धर्म, पंथ या उसकी संस्थाओं से राज्य या सरकार का अलगाव। पश्चिमी देशों के लिए यह सिद्धांत चर्च और राज्य की पृथकता की तरफ ले जाता है और भारत जैसे बहुधार्मिक देश में यह राज्य की सभी धर्मों से बराबर की दूरी यानी सर्वधर्मसमभाव के रूप में सामने आता है।

धर्मतंत्र की संस्थाएँ भले ही खुद को राज्य-तंत्र से जोड़ने की कोशिश करती रहें लेकिन सेकुलर राज्य हमेशा खुद को धर्मतंत्र से अलिप्त रखेगा। सेकुलर सरकार को धार्मिक आधार पर कोई निर्णय या किसी का पक्ष नहीं लेना चाहिए और हर धर्म को अपने दायरे में सेकुलर कानून के दायरे में रहते हुए अपना प्रचार-प्रसार करना चाहिए। सेकुलर राज्य और धर्मप्राण जनता के बीच कोई विरोध नहीं होता। सेकुलरवाद का मतलब नास्तिकता कतई नहीं है। स्वयं राज्य के संचालक भी अपने निजी जीवन में किसी धर्म के अनुयायी हो सकते हैं। लेकिन जैसे ही हम सेकुलरीकरण की प्रक्रिया की चर्चा करते हैं वैसे ही इस पद का मतलब व्यापक हो जाता है। यह प्रक्रिया समाज, समुदाय और संस्कृति के स्तर पर चलती है। जैसे-जैसे समाज और समुदाय धार्मिक या सांप्रदायिक के बजाय लौकिक आधार पर अपनी पुनर्रचना करते जाते हैं सेकुलरीकरण आगे बढ़ता चला जाता है। सेकुलरवाद का सिद्धांत दुतरफा आक्रमण का शिकार है। राजनीति और सार्वजनिक जीवन में हाशिये पर चले गये धर्माचार्य और उनके बौद्धिक प्रवक्ता इस शब्द को समाजशास्त्रीय शब्दकोश से निकाल फेंकने के पक्षधर हैं। दूसरी तरफ आस्था और विचार से धर्मनिष्ठ न होते हुए भी आधुनिकतावाद के आलोचकों का मत है कि इस प्रक्रिया ने परंपरा और संस्कृति-प्रदत्त सहिष्णुता के विभिन्न रूपों का क्षय कर दिया है और उनकी भरपायी करने के बजाय नये किस्म की कट्टरताओं को बढ़ावा दिया है। आधुनिकतावाद के आलोचकों में वामपंथी और

मार्क्सवादी शामिल नहीं हैं। उन्होंने अभी तक सेकुलरवाद को आलोचनात्मक नजर से देखना शुरू नहीं किया है।

जाति (कास्ट) और जातीयता (एथ्नीसिटी) : जाति और जातीयता के बीच अंतर समझना बहुत जरूरी है। जातियाँ सनातन धर्म के तहत प्रचलित वर्ण विभाजन की देन हैं : ब्राह्मण, क्षत्रिय, वैश्य और शूद्र। अंत्यज या अछूत पाँचवाँ जाति समूह है जो वर्ण व्यवस्था के बाहर यानी अवर्ण माना जाता है। आमतौर पर सवर्ण होने के दायरे में पहले तीन वर्ण मान लिये जाते हैं जबकि कायदे से शूद्र भी एक वर्ण है इसलिए उसे भी सवर्ण समझा जाना चाहिए। हाँ, उसे उपनयन का अधिकार नहीं है इसलिए वह पहली तीन 'द्विज' जातियों के दायरे में नहीं आता। इस तरह सही विभाजन द्विज और अद्विज जातियों का हुआ। अद्विजों में भी शूद्र और अंत्यज अलग-अलग हुए। जातीयता तब बनती है जब जाति के साथ व्यापक राजनीतिक-सांस्कृतिक श्रेणियाँ जुड़ जाती हैं। इस तरह जातीयता सांस्कृतिक-राजनीतिक श्रेणी है। उसका आधार भाषा, क्षेत्रीयता, रंग-रूप, खान-पान और पहनावा, आदि होता है। जातीयता अपने आप में राष्ट्रीयता का आधार बन सकती है। एक जातीयता में सभी जातियाँ हो सकती हैं और एक से अधिक धर्म भी हो सकते हैं। तमिल बोलने वाले मुसलमान, हिंदू और ईसाई अपनी-अपनी पूजा-पद्धतियाँ अपनाते हुए भी तमिल जातीयता के दायरे में परिभाषित किये जायेंगे।

बहुलता / बहुलतावाद (प्लूरलिज़्म) : भारत ने लोकतंत्र का जो मॉडल ग्रहण किया है उसे विभिन्न हित-समूहों की आपसी होड़ पर आधारित उदारतावादी लोकतंत्र कहा जाता है। इस होड़ के जरिये व्यक्ति अपनी आजादी और विकास को सुनिश्चित करता है। कायदे से ये हित-समूह स्वायत्त और स्वयंसेवी भाव से सक्रिय व्यक्तियों की एसोसियेशनों (सभाओं) के रूप में लोकतांत्रिक दायरों में सक्रिय रहने चाहिये। लेकिन भारतीय संदर्भ में हित-समूहों का चरित्र, संरचना और परिभाषा बदल जाती है। व्यावहारिक रूप से व्यक्ति के ऊपर सामुदायिक हित हावी हो जाते हैं। यही कारण है कि भारतीय संदर्भ में बहुलतावाद का अर्थ है अनगिनत जातियों, कई जातीयताओं, कई धर्मों, कई भाषा-समूहों और कई क्षेत्रीयताओं की आपसी होड़। ऐसे बहुलतावादी लोकतंत्र में कोई एक समूह दूसरे पर संख्याबल के आधार पर हावी नहीं हो सकता। इस किस्म का बहुलतावाद आधुनिक राष्ट्र-राज्य की रचना के लिए जरूरी सामाजिक-सांस्कृतिक समरूपता हासिल नहीं करने देता। इस जद्दोजहद में दो स्थितियाँ बनती हैं : या तो एक विशिष्ट किस्म के भारतीय राष्ट्र-राज्य की रचना की जाये जो समरूपता की अनिवार्यता को ठुकराते हुए भी दुनिया के पैमाने पर राष्ट्र-राज्य के रूप में अपनी शिनाख्त करा सके या फिर किसी एक शक्तिशाली अस्मिता के वर्चस्व में बाकी सभी अस्मिताएँ खुद को समर्पित कर दें और यूरोपीय किस्म का राष्ट्र-राज्य उभरे। भारतीय संदर्भ में संवैधानिक और राजनीतिक रूप से यह तय हो चुका है कि हमारे राष्ट्र में विविधताओं का पूरा ख्याल किया जायेगा और उन पर जबरन समरूपता नहीं थोपी जायेगी पर कुछ राजनीतिक शक्तियाँ इस प्रश्न को दोबारा तय करने के लिए दबाव डाल रही हैं जिनमें राष्ट्रीय स्वयंसेवक संघ और उससे जुड़े संगठन प्रमुख हैं।

बहुसंस्कृतिवाद (मल्टीकल्चरिज़्म) : यूरोकेंद्रित और श्वेत-संस्कृति के आधार पर किये गये समरूपीकरण (मोनोकल्चरिज़्म) के खिलाफ विकसित हुआ सांस्कृतिक विविधता पर बल देने वाला वैचारिक-राजनीतिक-सांस्कृतिक आंदोलन जिसे समाज-विज्ञान में पिछले तीन दशकों में सूत्रबद्ध किया गया है।

बहुसंस्कृतिवाद मूलत: अमेरिकी परिस्थिति की उपज है। इसका जन्म श्वेत-अमेरिकी पहचान के आस-पास रचित अमेरिकीपन की शर्तों को बदलने के लिये चले प्रति-सांस्कृतिक और मानवाधिकार आंदोलनों के दौरान हुआ। अमेरिकी समाज को 'मेल्टिंग पॉट' कहा जाता है यानी विविध जातीय संस्कृतियों का एक अमेरिकी धारा में विसर्जन। 'मेल्टिंग पॉट' की धारणा के

मुकाबले 'सलाद के प्याले' की धारणा रखी जाती है जिसमें एक राष्ट्र की सीमाओं में रहते हुए भी संस्कृतियाँ अपनी अलग-अलग पहचान नहीं खोतीं। अमेरिकी संदर्भ की सीमाओं से निकालने पर बहुसंस्कृतिवाद की अवधारणा राष्ट्रवाद द्वारा आरोपित किये जो वाले समरूपीकरण के दबाव के खिलाफ काम करती नजर आती है। जाहिर है कि बहुलतावाद के बिना बहुसांस्कृतिकता की कल्पना भी नहीं की जा सकती।

यूटोपिया : यूनानी भाषा के यू और टोपोस से मिल कर बने इस शब्द का अर्थ हुआ 'कहीं नहीं'। लेकिन यूटोपिया का इस्तेमाल ऐसे कल्पित राज्य या व्यवस्था के लिए किया जाता है जो हर तरह से आदर्श और सर्वश्रेष्ठ होगा। मार्क्सवादियों के लिए साम्यवाद (सबको उनकी आवश्यकता के अनुसार और सबसे उनकी क्षमता के अनुसार) यूटोपिया है और गाँधीवादियों के लिए रामराज्य एक यूटोपिया है। राजनीति में यूटोपियाई आदर्श के बिना सारी गतिविधियाँ फूहड़ परिणामवाद में पतित हो जाती हैं।

प्रत्यक्ष लोकतंत्र (डायरेक्ट डेमोक्रेसी) : संस्थागत और प्रतिनिधिमूलक लोकतंत्र से अलग लोकतंत्र का मॉडल जो कुछ लोगों को वास्तव में 'जनता का, जनता द्वारा और जनता के लिए' प्रतीत होता है। जाहिर है कि प्रत्यक्ष लोकतंत्र की अवधारणा में जनता की सीधी और ज्यादा से ज्यादा भागीदारी का पहलू प्रधान है। इसकी प्रेरणा एथेंस और यूनान की प्राचीन राज्य-प्रणालियों से ली जाती है। अल्पजीवी पेरिस कम्यून भी एक ऐसा ही उदाहरण था। भारतीय संदर्भ में पंचायत आधारित ग्राम स्वराज के प्राचीन रूपों को भी प्रत्यक्ष लोकतंत्र के उदाहरण के रूप में पेश किया जाता है।

आधुनिक्ता और आधुनिकतावाद (मॉडर्निटी और मॉडर्निज़्म) : अठारहवीं सदी के दौरान यूरोप (मुख्यत: फ्रांस) में चले वैचारिक आंदोलन को ज्ञानोदय के नाम से जाना जाता है। इस आंदोलन ने जिन प्रवृत्तियों को जन्म दिया उन्हें हम आधुनिकता या आधुनिकतावाद के नाम से जानते हैं। समता और न्याय की धारणाओं के प्रचलन का श्रेय भी इसी आंदोलन को दिया जाता है। मोटे तौर पर इसे अंधविश्वास पर विज्ञान की और आस्था पर विवेक की विजय के नाम से जाना जाता है। ज्ञानोदय के विचारक मानते थे कि तर्कबुद्धि के जरिये सामाजिक, बौद्धिक और वैज्ञानिक समस्याओं का हल किया जा सकता है। वे परंपरा और संस्थागत धर्म के 'प्रतिगामी' प्रभाव की कठोर आलोचना करते थे। उन्हें मानवतावाद और प्रगति के आदर्श में भारी आस्था थी। लेकिन इसका मतलब यह नहीं था कि उन्होंने धर्म के वजूद को पूरी तरह ठुकरा दिया था। इमानुएल कांट के अनुसार ज्ञानोदय एक ऐसे आजाद और खुदमुख्तार मनुष्य को जन्म देता है जो अपने बारे में निर्णय लेने के लिए किसी के ऊपर निर्भर नहीं है। न धर्म के ऊपर, न समुदाय के ऊपर। उन्नीसवीं सदी के राजनीतिक-सामाजिक प्रयोगों ने ज्ञानोदय के वैचारिक वर्चस्व को मजबूत किया और धीरे-धीरे ज्ञान का एक नया सिद्धांत प्रकाश में आया। इतिहास का महत्त्व, प्रगति और विकास की अपरिहार्यता, सेकुलरवाद और राष्ट्रवाद का विचार भी इसी ज्ञानमीमांसा की देन है। आधुनिक राजनीति की समस्त वैचारिक और व्यावहारिक गोलबंदी इन्हीं धारणाओं के आस-पास हुई है। विचार के क्षेत्र में फ्रेंकफर्ट स्कूल के चिंतकों ने ज्ञानोदय के अंतर्निहित द्वंद्व को सामने ला कर आधुनिकता की आलोचना के द्वार खोले। भारत में इससे पहले ही गाँधी ने **हिंद स्वराज** लिख कर एशिया की तरफ से आधुनिकता की आलोचना की शुरुआत कर दी थी। पिछले तीन दशकों से 'छोटी पहचानों की बगावत', 'समुदाय की वापसी' और 'बहुसंस्कृतिवाद' की परिघटनाओं ने ज्ञानोदय के वर्चस्व को कड़ी चुनौती दी है। खास बात यह है कि यह चुनौती आधुनिकतावाद की आलोचना को आधुनिकता के व्यापक दायरे में ही संपन्न करती है। नारीवादी, अश्वेत, दलित, पर्यावरणवादी और अन्य विद्रोही विमर्शों में इस शक्तिशाली रुझान की मिसालें मिल सकती हैं।

ज्ञानमीमांसा (एपिस्टेमॉलजी) : ज्ञान का सिद्धांत जिसके तहत ज्ञान के तात्पर्य और उसे

हासिल करने की विधि का विश्लेषण किया जाता है। इसे ज्ञान रचना का सैद्धांतिक विमर्श भी कह सकते हैं।

पिरामिडीय / लंबवत / ऊपर से नीचे / स्तंभीय (वर्टिकल) : जो संरचनाएँ वर्टीकल होंगी उनमें स्वाभाविक रूप से ऊँच-नीच का भाव होगा, एक के ऊपर एक परतें या श्रेणियाँ होंगी और वे समतामूलक नहीं होंगी। जैसे, भारतीय समाज में वर्ण-जाति की संरचना पिरामिडीय है इसलिए उसे श्रेणीगत या स्तंभीय श्रेणीबद्धता भी कहा जाता है। जरूरी नहीं कि पिरामिडीय संरचनाएँ जाति की भाँति परंपरा-प्रदत्त ही हों। आधुनिक संरचनाएँ भी पिरामिडीय होती हैं जिनके सबसे बड़े उदाहरण के रूप में आधुनिक राज्य के प्रशासनिक ढाँचे को देखा जा सकता है। प्रबल प्रगतिकांक्षा भी ऊपर की तरफ गति को जन्म देती है और स्तंभीय संरचना बनती चली जाती है।

क्षैतिज / दायें से बायें (हॉरीज़ोंटल) : ऐसी संरचना या संगठन की प्रकृति प्रसारात्मक होती है। समरूपरता की प्रवृत्ति वाली यह संरचना समता की तरफ ले जाने वाली भी साबित हो सकती है। जातियों का अंदरूनी और उनका आपसी क्षैतिज संघटन उनके श्रेणीगत रूप को तोड़ता है। अर्थव्यवस्था के दायरे में समान स्तर के उत्पादन में लगी इकाइयों में क्षैतिज संघटन के उदाहरण आसानी से देखे जा सकते हैं।

अनुभवसिद्ध / तथ्यात्मक (एम्पिरीकल) : समाज-विज्ञान में सर्वेक्षणों और फील्डवर्क के जरिये तथ्य हासिल करने को एम्पिरीकरल वर्क कहा जाता है। समाज-विज्ञान की दूसरी शैली नार्मेटिव यानी सिद्धांतपरक या मानकीय मानी जाती है। इन दोनों शैलियों को आमतौर पर दो श्रेणियों के रूप में देखा जाता है। विकासशील समाज अध्ययन पीठ ने शुरू से ही भारतीय समाज और राजनीति के अध्ययन के सिलसिले में अनुभवसिद्ध अध्ययन पर बल दिया और पता लगाया कि जमीनी स्तर पर क्या हो रहा है। लेकिन एम्पिरीकरल श्रेणी में बँधने के बजाय विद्यापीठ ने अपने बौद्धिक प्रयासों को उन्हीं तथ्यों की बुनियाद पर सैद्धांतिक और मानकीय प्रयासों को भी जारी रखा।

राज्य-तंत्र (पॉलिटी) : राज्य, दलीय प्रणाली और अन्य सभी संबंधित संस्थाओं समेत राजनीतिक व्यवस्था का समस्त कारोबार।

श्रेणीगत (हायरार्कीकल) और स्तरीकरण (स्ट्रैटीफिकेशन) : जाति की श्रेणीगत संरचना में ऊँच-नीच और मातहती के संबंध अंतर्निहित होते हैं। स्तरीकरण विभिन्न स्तरों को बताता है जिसमें ऊँच-नीच के संबंध पारस्परिक होते हैं, न कि आंतरिक। आधुनिक धरातल पर श्रेणीकरण का उदाहरण मजदूर और पूँजीपति वर्ग के बीच आंतरिक मातहती के संबंध में देखा जा सकता है लेकिन मजदूर वर्ग और मध्यवर्ग के बीच का संबंध गैरबराबरी का होते हुए भी अंदरूनी न हो कर बाहरी है।

अवकरणवादी (रिडक्शनिस्ट) : यह एक ऐसा रुझान है जिसके तहत किसी परिघटना को समझने के लिए किसी एक पहलू को बुनियादी महत्त्व दे कर बाकी कारकों की भूमिका को उसी में विसर्जित कर दिया जाता है। यानी एक चाबी को ही सभी ताले खोलने के लिए इस्तेमाल करने का आग्रह रहता है। इसका एक उदाहरण वर्ग-अवकरणवाद के रूप में देखा जा सकता है जिसके तहत वर्गीय उत्पीड़न और वर्ग-संघर्ष के विचार में सभी संघर्षों और प्रश्नों को समाहित मान लिया जाता है, चाहे वे जातिगत संघर्ष हों या लैंगिक प्रश्न।

सत्तामीमांसा (ऑन्टॉलजी) : यह शब्द भ्रम पैदा कर सकता है कि कहीं इसका संबंध सत्ता या राजसत्ता से तो नहीं है। सत्तामीमांसा असल में तत्त्वमीमांसा (मेटाफिजिक्स) की एक शाखा है जो अस्तित्व की प्रकृति का विश्लेषण किन्हीं खास संदर्भों में न करके उसकी संपूर्ण सत्ता के संदर्भ में करती है। किसी एक सिद्धांत के दायरे में किसी अस्तित्व की सत्तामीमांसा से उसकी संरचना में निहित घटकों का पता लगाया जा सकता है।

व्याख्यात्मक / भाष्य (हरमेन्युटिक्स) : किसी एक पाठ या वैचारिक संरचना के अर्थों का विवादात्मक विवेचन। हरमेन्युटिक्स सामान्य वाद-विवाद से अलग इसलिए भी है क्योंकि यह बौद्धिक व्यायाम कोई एक व्याख्याकार भी अपने आप में करता रह सकता है।

प्रत्यक्षवादी (पॉजिटिविस्ट) : समाज-विज्ञान को प्राकृतिक विज्ञानों की तर्ज पर ढालने की मंशा रखने वाली एक दार्शनिक प्रवृत्ति। यह मानती है कि प्रत्यक्ष ज्ञान ही ज्ञान है और समाज परिवर्तन के भी वैसे ही अमोघ नियम होते हैं, जैसे प्राकृतिक जगत के विकास के।

विरोधाभास (पैराडॉक्स) और अंतर्विरोध (कॉंट्राडिक्शन) : विरोधाभास दो परिस्थितियों या परिघटनाओं के बीच पाया जा सकता है जबकि अंतर्विरोध किसी एक परिघटना की अंदरूनी संरचना से ताल्लुक रखता है।

संस्कृतीकरण (संस्कृताइजेशन) : नीची जाति या समुदाय द्वारा द्विज समुदाय को मॉडल मान कर उसी के आचार-व्यवहार, खान-पान और पहनावे का अनुकरण करते हुए सामाजिक प्रगति का प्रयास। अगर कोई गैरद्विज जाति खास तौर से ब्राह्मणों को मॉडल बनाती है तो इसे ब्राह्मणीकरण भी कह सकते हैं लेकिन संस्कृतीकरण में नीची जातियों ने अक्सर क्षत्रियों को मॉडल माना है। वैसे कुछ जगहों पर संस्कृतीकरण को ब्राह्मणीकरण लिख कर भी काम चलाया गया है। इस सिद्धांत का प्रतिपादन एम.एन. श्रीनिवास ने किया था।

सार्वभौम (यूनीवर्सल) और पारिवेशिक / स्थानीय / विशिष्ट (पर्टीकुलर) : जो हर जगह और हर समय प्रासंगिक है, देश-काल से परे जाते हुए सार्थक है सार्वभौम की श्रेणी में आता है। मसलन, नागरिकता एक सार्वभौम धारणा है और जातिगत पहचान एक पारिवेशिक धारणा है।

लोकलुभावनवाद / लोकरंजनवाद (पॉपुलिज्म): हिंदी में इसे लोकप्रियता या लोकप्रियतावाद (पॉपुलरिज़्म) से जोड़ कर देखने की गलत प्रवृत्ति का भी चलन है। लोकप्रियता एक सकारात्मक भाव है जबकि लोकलुभावनवाद का अर्थ है संस्थागत प्रक्रिया की अवहेलना करके आम लोगों को लुभाने वाली राजनीति करना।

इस तरीके से नेता सीधे-सीधे जनता को संबोधित करने लगता है और आरोप लगाता है कि संस्थागत लोकतंत्र जनता की सेवा करने में बाधक बना हुआ है इसलिए कुछ क्षेत्रों में इसे अस्थायी तौर पर दरकिनार किया जा सकता है। इस रुझान में करिश्माई नेतृत्व और उसके परिणामस्वरूप निरंकुश सत्ता के अंदेशे निहित हैं। दूसरी तरफ एक खास समय में लोकलुभावनवादी राजनीति उन तबकों को भी राजनीति के दायरे में लाने की वाहक हो सकती है जो सामान्य संस्थागत माध्यमों की सीमाओं के कारण लोकतंत्र में भागीदारी से वंचित बने रहते हैं। सत्तर के दशक की शुरुआत में इंदिरा गाँधी द्वारा 'गरीबी हटाओ' नारे के आसपास की गयी राजनीति इस प्रवृत्ति का सबसे प्रचलित भारतीय उदाहरण है।

अस्मिता / पहचान (आइडेंटिटी) : यह एक ऐसा दायरा है जिसके तहत व्यक्ति और समुदाय यह बताते हैं कि वे खुद को क्या समझते हैं। अस्मिता का यह दायरा अपने-आप में एक बौद्धिक, ऐतिहासिक और मनोवैज्ञानिक संरचना का रूप ले लेता है जिसकी रक्षा करने के लिए व्यक्ति और समुदाय किसी भी सीमा तक जा सकते हैं। वे खुद की और दूसरे भी उनकी अस्मिता के उसी दायरे के मुताबिक शिनाख्त करते हैं।

शुरुआत में चिंतकों का ख्याल था कि व्यक्ति का स्वायत्त वजूद अपने आप में एक असंदिग्ध तथ्य है और उसी से उसकी अस्मिता या पहचान प्रवाहित होती है। इसी विचार ने आगे जा कर उदारतावाद के केंद्र में व्यक्ति की इयत्ता को ला बैठाया। मार्क्सवाद अस्मिता की स्वायत्तता को स्वीकार न करके सामाजिक प्रक्रिया के अधीन देखता है। लेकिन वह वर्गीय संरचनाओं को छोड़ कर बाकी सभी अस्मिताओं को भ्रांत चेतना मानता है। भारतीय संदर्भ में इसकी मिसालें पिछले सौ साल में बिखरी पड़ी हैं। दलित अस्मिता एक महत्त्वपूर्ण उदाहरण है। कभी तो दलित समुदाय

खुद को आदि-द्रविड़ के रूप में, कभी पतित हो चुके क्षत्रियों के रूप में और कभी नागरिक समाज के दलित सदस्य के रूप में दखते हैं। इससे स्पष्ट है कि अन्य अस्मिताओं की तरह उनकी आधुनिक अस्मिता का कोई स्वायत्त, नैसर्गिक और स्थायी रूप नहीं है। इसी तरह राष्ट्रवादी अस्मिता भी किस्म-किस्म की होती है। बीसवीं सदी ने अस्मिता के इस विचार पर कई गंभीर प्रश्नचिह्न लगाये। चिंतकों ने पाया कि अस्मिताएँ सामाजिक-राजनीतिक-सांस्कृतिक परिवर्तनों के मुताबिक बनती-बिगड़ती रहती हैं। उन्होंने देखा कि एक समय में अस्मिता का कोई एक पहलू अधिक प्रमुखता प्राप्त करके उसकी राजनीतिक अभिव्यक्ति बन जाता है।

सामीकरण (सेमिटाइजेशन) : सामी धर्मों (मोटे तौर पर एक पवित्र किताब पर आस्था रखने वाले एकेश्वरवादी धर्म, जैसे, इस्लाम, यहूदी और ईसाई धर्म) की प्रवृत्तियों के मुताबिक किसी समुदाय या समाज का पुनर्संगठन करने की कोशिश। भारतीय संदर्भ में सामीकरण की कोशिशों को केंद्रीकरण और फौजीकरण के जरिये बहुदेववादी हिंदू समाज को एक राजनीतिक समुदाय में बदलने की मुहिम के रूप में देखा जा सकता है।

इयत्ता / खुदी / आत्म (सेल्फ) : जब कोई व्यक्ति अपने आप को 'मैं' कह कर पुकारता है तो वह अपनी इयत्ता या खुदी का हवाला दे रहा होता है। इयत्ता का मतलब होता है शरीर और मस्तिष्क से मिल कर बनने वाला वजूद जो चेतना के स्तर पर सक्रिय रहता है। इस पद का इस्तेमाल मनोविज्ञान, ज्ञानमीमांसा, व्यक्तिवाद और उदारतावाद के क्षेत्र में काफी होता है। सेल्फ एक ऐसा अस्तित्व है जो किन्हीं खास परिस्थितियों में अपनी लौकिक शख्सियत के ख़िलाफ खड़ा हो सकता है, अंतर्द्वंद्व का कारण बनता है और ऊहापोह को जन्म देता है। अपने प्रयासों द्वारा इयत्ता का स्तर ऊँचा करके व्यक्ति सामान्य पैमानों से परे भी जा सकता है। इयत्ता काफी लचीली संरचना है और अस्मिता के सवाल से जुड़ी होने के कारण संदर्भ के मुताबिक बदलती रहती है। एक व्यक्ति की कई इयत्ताएँ भी हो सकती हैं। समाज-विज्ञान में सामूहिक इयत्ता की अवधारणा भी प्रचलित है। सामूहिक इयत्ता व्यक्ति की निजी सत्ता को महत्त्व नहीं देती और उसे अपने आधीन करना चाहती है।

तकनीकशाही (टेक्नोक्रेटिक) और प्रबंधकीय (मैनेजेरियल) : सामाजिक-राजनीतिक-आर्थिक समस्याओं को हल करने की प्रवृत्तियाँ जो मानती हैं कि समाज और आम जनता द्वारा डाले गये लोकतांत्रिक दबावों से समग्र प्रणाली को अलग करके ही राष्ट्र-निर्माण का काम ठीक से हो सकता है। जाहिरा तौर पर यह एक अराजनीतिक रुझान है जो कुछ विशेषज्ञों के सहारे शासन चलाने में भरोसा करता है। माना जाता है कि राजीव गाँधी के जमाने में भारतीय लोकतंत्र की समस्याओं को तकनीकशाही और प्रबंधकीय शैली में हल करने की शुरूआत हुई।

रेगनोमिक्स और थैचराइजेशन : अमेरिका के राष्ट्रपति रोनाल्ड रेगन और ब्रिटेन की प्रधानमंत्री मार्गरेट थैचर द्वारा अपनायी गयी बाजारवादी नीतियों के लोकप्रिय नाम। इन नीतियों में आक्रामक निजीकरण का बोलबाला था और अर्थव्यवस्था में राज्य के हस्तक्षेप को कम से कम करने की प्रवृत्तियाँ थीं। इनके पीछे लोकहितकारी राज्य के सिद्धांत को छोड़ने का आग्रह और नियोक्लासिकल पूँजीवाद (बाजारवाद का आक्रामक रूप) की प्रेरणा थी।

□□□